李可心　王沁凌　著

《庄子》讲章

北京大学出版社
PEKING UNIVERSITY PRESS

图书在版编目(CIP)数据

《庄子》讲章 / 李可心，王沁凌著 . —北京：北京大学出版社，2022.5
ISBN 978-7-301-33072-2

Ⅰ.①庄⋯ Ⅱ.①李⋯②王⋯ Ⅲ.①道家②《庄子》
–研究 Ⅳ.① B223.55

中国版本图书馆 CIP 数据核字(2022) 第 096296 号

书　　　名	《庄子》讲章
	《ZHUANGZI》JIANGZHANG
著作责任者	李可心　王沁凌　著
责任编辑	陈军燕
标准书号	ISBN 978-7-301-33072-2
出版发行	北京大学出版社
地　　　址	北京市海淀区成府路 205 号　100871
网　　　址	http://www.pup.cn　新浪微博：@北京大学出版社
电子信箱	zpup@pup.cn
电　　　话	邮购部 010-62752015　发行部 010-62750672
	编辑部 010-62753374
印　刷　者	北京鑫海金澳胶印有限公司
经　销　者	新华书店
	650 毫米 ×980 毫米　16 开本　29.75 印张　511 千字
	2022 年 5 月第 1 版　2022 年 5 月第 1 次印刷
定　　　价	120.00 元

未经许可，不得以任何方式复制或抄袭本书之部分或全部内容。
版权所有，侵权必究
举报电话：010-62752024　电子信箱：fd@pup.pku.edu.cn
图书如有印装质量问题，请与出版部联系，电话：010-62756370

本书由兰州大学哲学社会学院"双一流"建设项目资助出版

项目名称:2020年"双一流"引导专项-拔尖创新人才培养

目　录

自　序 / 001

前　篇

第1节　我们对于道家哲学的基本认识 / 003

第2节　我们对庄子及《庄》书之基本了解 / 013

第3节　约　言 / 030

正　篇

第4节　《逍遥游》选读（一）：北冥有鱼章 / 051

第5节　《逍遥游》选读（二）：大瓠大樗章 / 073

第6节　《齐物论》选读（一）：南郭隐机章 / 095

第7节　《齐物论》选读（二）：以指喻指章 / 112

第8节　《齐物论》选读（三）：古人知至章 / 134

第9节　《齐物论》选读（四）：物所同是章 / 155

第10节　《齐物论》选读（五）：庄周梦蝶章 / 179

第11节　《养生主》选读：庖丁解牛章 / 199

第12节　《德充符》选读：申徒嘉章 / 236

第13节　《大宗师》选读：四子莫逆章 / 258

第14节　《秋水》选读（一）：埳井之蛙章 / 287

第15节　《秋水》选读（二）：夔怜蚿章 / 308

第16节　《田子方》选读：鲁少儒章 / 325

第17节　《天运》选读：商太宰问仁章 / 346

第18节　《在宥》选读：云将东游章 / 368

第19节　《天地》选读：今以天下惑章 / 390

后　篇

第20节　释疑（上）/ 411

第21节　释疑（中）/ 429

第22节　释疑（下）/ 448

自 序

　　庄子之书，好之者其来尚矣。发天人之精蕴，夺造化之玮辞，使人怳然而爱，泠然而悦，忘乎斯世何世，去心知之累，乐物变之游，超出世俗之内，独立无穷之表，一何快也！又畏之者众矣，"以谬悠之说，荒唐之言，无端崖之辞，时恣纵而不傥，不以觭见之也"（《天下》）。其沉浊天下，狎汰庄语，曼衍广寓，使人读其文也，如遇飘云深壑，往而无系，赴之沉响，其形象宛然若睹而不可常，其真义自在而丘树纵横，林烟迷离，道路且阻，旁曲九折，藏之愈晦。其高离思，其卑绝地，其言可诵也，其道难通也，莫攀莫跻，踪迹罕由，几何而不至于倘然自失、怃然气沮也。

　　故好而不舍，欲果有所得于庄子者，必贵所取径，如适远方，必赢资粮。前贤往哲，竭心力于兹者代而有之，是以庄子之书若今日之可读也。欲航而弃舟，愿翔而铩羽，其可得乎？然庄子之书，其包罗宏富，言非一格，道不一达，如无穷之藏，未可以时尽也。又学者之资性不一，感遇之辰不值，则其阐发各有独至，不可强其同，亦未可舍其异。故于庄子之学，古今谈之者如地之有众流，千蹊万径，俱以赴海为志，旧者日积，新者层出，蔚然郁然，蒸蒸盛矣。

　　若夫解庄之道，其术有二：一者会文辞，一者辨义理。此二者相关而不可一无者也。何故？古人言以写志，文以载道，言不空述，道不虚应，立其诚也。言而无文，行之不远，非但论事，尤在乎志之与道。若夫作者，其体道愈精，穷神入化，写物极微，其言文愈妙；反而观之，言文愈妙，则必道理充实有以使然也。故古之文家，虽重辞藻典实，论乎写作之工，必求原本于道理。道理彻达，则驱遣文辞，如根之孕华实，霆之射光耀，有不求而自至者矣。中心有物，虽欲隐之，不能也。故善达庄者，必以义理为归；义理之获，又必在于会其文辞。

　　文辞者，非但字为之训，句为之译，而尤不可忽于其文法。文法者，道理进退之序而拟诸文者也。古人谓"修辞立其诚"，文法者，即修辞立诚之术。道理，一也；达之，一也。体备而用生，理至则文行。道理非一蹴而就，初学未可躐等以酬，宜其因循有致，使人易入。故文不可骤，亦不可迟，不可赘疣，亦不可枯瘠。骤则捷给而寡实，迟则笔后而厌机，赘则滋惑而不中，瘠则苦思以乏人，其将以浅为深，以难为易，前后无分，上下无等，轻重紊而小大替也。所以析理而使明者，乃成其淆；所以导人而使至于道者，乃从而茅塞之，行其反尔。

古来慕庄生之理者多矣，然往往随文逐句，或理贯而文未周，或辞省而少综比，于其文法之进退屈伸、迎送设施，未能多发其妙，则理在而势孤，不足以晓畅厥旨。理弗唯好异，亦不徒镌深，而尚有阶级，高必自卑，巨必因细，非可以劣意褊衷，妄慕虚高，求所谓一言破的也。如是，浅者得其浅，深者得其深，如鹪鹩之与鹓鶵，或栖于一枝，或洁其练食，当其所性，据其所近，而各获一时寻味之益也。庄子之文，其不炼而精，不简而奇，一字与长行同功，密论与疏句等寄。其动也如御驷马，如执钓纲，策之非骤，抑之非迟，多其目也非余，少其目也非阔，左之右之，前之后之，上之下之，无不有法，莫不有其节奏次第，相引渐深，以归无穷，脱驾于广漠无为之野，偃息于道德恬淡之荫。玩其文理，其道乃尤光熙照人也。

至若尚文者，则往往猎其奇辞，揣摩唇吻，以为作文计。如学《离骚》，"才高者菀其鸿裁，中巧者猎其艳辞，吟讽者衔其山川，童蒙者拾其香草"（《文心雕龙·辨骚》），至若典诰之体，同于《风》《雅》，规讽之旨，披沥忠悃，则非辞客所及也。于庄子而论文者，亦类同此。彼裁熔诞言，汗漫神思，仿佛其气象，追迹其闲逸，虽取法古人，要为己出，可属于作者之伦，非与寻行数墨、守章钻字者比，以其终无关于心得创作，无当于人情之移易也。若后者之徒，于文也日求而日乖，于身也空劳而少补，所谓以有益为无益，聊倥偬其岁月而已。无道德以为本，虽文之俊迈奇诡，亦形之似者尔。若文也必缘质以为用，体道以为经，非刻镂于枝叶，修饰于容貌，贵有其心也。

综而言之，重理者，直情于理；嗜文者，雅瞩于辞，常各得一偏，未能兼采其善也。此亦有故。重理者，以文辞为筌蹄，得鱼兔则筌蹄可掷，恐滞辞以害义，泥迹以瞙道，理为上，辞为下也。嗜文者，以文辞为美，读而生悦，中心羡之，以比能为事，他则忽之，非忽也，虑所不及也。哲士之心邃，词人之意浮，邃者探本，浮者驰末。本以合末为易，末以附本为难，非有卓识，本不可睹也。然庄子者，文理同器，炉锤一体，其弥纶无隙，杳不可分，哲人而兼词人乎？

庄子之书，其文旨俱达，辞理并茂，不骤不迟，不赘不瘠，后之人也，其何间言哉！所当用心者，由文以通理，秉理以观文，而得其奥窍，发其精妙已也。使文不掩理，理不殢文，则善乎为解庄也。

今兹讲章之作，本为闻庄而欲有所知者发其蒙，导之以安步于正途，令不惑于所从入，而浊乱于莠说也。其本用于讲说，又以绎理为事，使初学者知庄子之书为文理妙合而凝者，必由文以见理，拾级而趋，层层为进，乃见道理之渐出，文心之缜密，非可若族庖之用折，良庖之用割，颛顸其力，敝刀败牛，非泛掠其标辞，则夹杂于成说也。泛掠者无实而自欺，夹杂者运说则牴牾，于庄子之学其犹然隔阂相距，岂不憾哉！

自来笃志于庄学，而结其锐思，辨以博识，积功历久，以遗其著作，奉为经典者，历历在也。凡研庄者所不可不恃以为渡险之津梁，辨难之义府，所在必读也。如郭象之注，超然独会，理趣特深，虽有转义，不离故实，人虽有疵，史或存诬。以理论理，度越等伦，妙契于庄，相视莞尔，顺流而下，未之能过，允称玄首。成氏之疏，发明注意，文丽而义足，补所未尽，灿然可观者也。至若后世集解，南宋与明，代有佳构，一得之善，不刊之说，因以不灭，其荟萃之功，不可没也。洎于近世，学问之道大昌，牛毛茧丝，皆加注意，音韵名物，无不备举，考证之富，信资来叶，其益夥矣。如郭庆藩之《集释》，根柢注疏，收拾字证，一字一句，并包数说，虽未必立论皆慊，要为训诂之渊薮。由此以后，著名之作，如钱穆氏之《纂笺》，体例朱子，准则《四书》，出入文献以百数，御繁以简，有笺尽当，注不乱本，读者所便。又钟泰氏之《发微》，竭数十年之力，专心于庄，以成巨帙，虽表曝儒心，诚有得之言，知人论学，甘苦酿兹，不可以曲说目也。此皆前辈硕学，扶翼庄书，没世不朽者也。乃今之人，于学问之博大笃厚，或有愧于前贤，而专门之论，一隅之说，后出转密，于疏解注译，传布流通之功，尤不让焉。此中作者如林，玉石同陈，朱紫交映，而特以陈鼓应氏为杰出。其《今注今译》，解释窒碍，条理文序，考古通今，取精用宏，最为博明，故初学莫便焉。若论不远于本，庄子之道凭借于此，则人人可以自求，虽研究者亦将以此为利器也。如钱、钟、陈氏，多流徙之人，经历世变，钟情于道家，慰藉于蒙叟，锥心渍血，非同常慨。大凡倾心庄子，沉潜好之者，必有其所以，不但好文，更非逃逸，乃目有所击，意有所惩，如雄鸡之先晨，柱础之知润。其逆睹世情，人欲张而天机遏，狂澜未已，性命凋残，亡故失常，心则大哀。心既默然大哀，乃欲假老庄素朴弃知之旨，以荡涤浮伪，解除倒悬，苏人心于大生也。

数子皆有功于庄学矣，然非无所慊。郭象之理虽超，其弊也大而化之，不出独化、足性之外，庄文之宏富密致、区以别者有不可见矣。郭庆藩之《集释》虽备，其弊也细碎缴绕，考据之新功居多，义理之用意存少，使览之者不能卒卷也。如钱氏《纂笺》，文则精省，其弊也不足以释疑，执卷茫昧者犹众，于理多未尝遣发也。其他章句之作，多依文循字，理不能畅，局于体式也。陈鼓应氏之《今注今译》，虽属详备，然其言则新，其体则旧，仍章句之贯，以词句为本，辅之以语译，文理非所着意。其他之新注新解，固有发明，然所得者二三，所因者七八，大同而小异，未可为典范。至于口说老庄，情系权柄，贪势角利，过于常人，其口虽辩给，文虽宠市，要为聪明之播弄，机锋之逞斗，内以炫己，外以哗众，与按理而说，不离本实，志道而行，心望恬退者，不可相提并论，亦无能为传庄老道德于万一也。

　　著述各有所本，故短长互见，难以责备。若讲章之作，亦何敢自贤，唯欲补往者众家所略而有阙者，以为初学之良媒，使知门径也。其要则在以文演理，以理按文，熟其茧，抽其丝而已。讲章欲显理致，可不厌其烦；章句求顺文义，宜贵用清省。故绎理之作，乃章句之所拙，而讲章之可巧者也。讲章之作，其来有自，大宗则在《四书》八股是也。循一章之文，依稀辞气，剖剥文理，使隐者以显，晦者以彰，首尾纵贯，略无遗蕴，用心至矣。虽多造作应试之篇，其于发明圣贤之心，功亦伟矣。惜乎，于道家著述，取此体而流传之佳者，甚寂寞耳。鄙怀窃欲振起之。又不但以其取法者少，亦在其可以独抒所得，以尽性灵，上下相顾，统为一体，不若论著之伦次节目，排比材料，割裂义理，聚于此者合以明，离于彼者分以晦。虽整顿其说，条理秩然，未尝不背道家之本实也。七窍凿而混沌亡，可不凛然为之戒哉！

　　又本作略像旧式，总文起序，开篇述例，以前、正、后分篇。序以明志，使读者不昧缘起也。述例者，即本作《约言》是也，或可以通说目之。总括心得，不便散见，约以言之，使见纲领，得其体要。约言，以条为序，不必其数目，以穷要为尽，意周则止。若前、正、后篇之分，或以为模仿庄书内外杂之分，实理乃有此，如道有阴阳之分，势亦有三分之运，皆自然而然，非必刻意求之。行有前后，居有主辅，前后以定体，主辅以奠位。若本作正篇，皆为选章而讲，章为一节。选章之准，以理趣相融者为上。不然，徒理则神思易疲，徒趣则无所深入，理趣相融，则往来不劳，道理易洽矣。后篇别为三节，总名曰释疑。释疑本皆往日对学生而言，因为流衍，各有所裁，特明一义，体近通论，其文稍有可观，未失薄趣。别有小序，更述彼意。三者相扶，或纳于规矩方圆之内，或出于牝牡骊黄之外，而意思尤完，骨骼风采其俱有所见乎？

又本作之取章，不独于内七篇，而于外杂两篇并用意焉。此亦所以异于常作。庄子其人，已不敢言有言无，特论其书而已，又何取舍？若乎外杂，其文理之精熟，不减内篇，或者转在其上，不可固执成说，于两间轻为抑扬，厚此薄彼也。古之人所以一归于庄子者，取其理；今之人汲汲以辨得失者，取其人。人固有分而谁辨？理则无碍而自通。学庄者，求于达而已。如其不达，则亦惑乎习庄也。

庄子之理肆矣，将见之于文，不于此厚论之矣。

谨述所以述作之由，言高而实不至者有之，虽不至，是所欲至，敢谢不敏？曾子谓："以文会友，以友辅仁。"微愿在此，又有存乎莫逆者。是为序。

前篇

第1节　我们对于道家哲学的基本认识

一、吾国思想文化无忝于人而弥足可珍

吾国思想文化，博大而古，百家九流，相互竞胜；五经四子，别子为宗。其间有流传一脉者，有分化并行，融铸新义者，有得势乘兴者，有为时所掩而力足相竞者，复有晦光息影，暗流不息，幸于未灭者，亦有中道斩绝，历久失传者。凡今日吾人可以取材之对象，皆足为吾人汲取营养之源泉，锻炼思想之宝库，虽得片言断简之遗，犹须加意珍视，况当其中，为学术之大宗者乎？

吾国学术，其高明者诚高，非妄自尊大，慕取虚荣，信如《中庸》之所赞叹形容，"致广大而尽精微，极高明而道中庸"，较西人著述之专深而殊无愧色。惟今日所以引憾生卑者，以文字异同之故，各有体式，其精神所注，天人异趋，主客交胜，是以愈远愈分，形若异类。通今者贬古，嗜古者蔑今，或欲夺其哲学之名，或欲守其封畛之旧，皆无当也。惟哲学也，简者易操，赜者难会，易操则可守其要，难会将支离于名。简者非浅，赜者不独贵，在其所取，何莫非至思极理之事？又名实岂有亏哉？各有攸宜，俱归至当而已。

于此，我们应当作数层辨析，即：一者，于某理也，于某思想也，吾国

学术其于历史之中果有果无为一事，吾人今日能否开采其所有、展拓其基绪为一事，不可以吾人之不肖不能而当其无有，轻去己责，厚诬古人；二者，吾国学术其有主流或古所谓显学、官学为一事，其有亚流、支流相与并行，或相扶翼、融透，同关国运，同植民性为一事，不可以主流岿然独上，空无倚傍，而以他家之学为无所系于斯民之性情与国势之盛衰，率尔外之也；三者，今日所遗某家学说之多寡详略为一事，其为重要与否为别一事，不可以其征寡而传微，在乎恍惚茫昧之间，即以为无伤大雅，摒不当治。见有高下，学岂有高下哉？吾人唯虚怀向学，不侮贤哲，乃能资外以博内，持古以御今。古人往矣，来者方兴，凡学能益己，识足通今者，乃为善学。

二、儒道两家同有造于吾人而道家为形上学之先

如是，我们应该认识到，中国之传统哲学，其包罗甚广，创义极富，而其精言遗蕴，合今之时，应今之变，犹有可以发吾人之心智者。其中，不仅儒家哲学占有重要地位，同时，道家哲学也占有重要地位，不遑让焉。吾国传统思想的主流，虽在儒学，而道家之学亦相与同振，未时或息，此兴则彼唱，彼兴则此唱，求其各自粹然之体而不可得，欲废其交相为助之功亦不可得。儒道两家成一种相互批判而又相互依存之势，为我们传统思想资源当中最为重要的两个流派。其他学派亦往往与之颇存关联，或者从中演化而出，如墨家同奖仁义，法家假道于老子。儒学与老庄之学，二者俱有造于吾国吾民，乃密不可分。这是我们所不应忽视的。

儒学之有裨益于世道，人人皆知之，即使不知者亦能存而信之。然于老庄之说，乃径然以为奇诡不经，以为损人嗜欲，悖人情性，如肩吾惊闻于接舆之言，称曰"大而无当，往而不返。吾惊怖其言犹河汉而无极也，大有径庭，不近人情焉"（《逍遥游》"藐姑射之神人"章）。则道家之说，其有待于讲明，庄老之精义，其有待于研微，使世俗乍闻而骇者能体究其深心，使模棱含混之士不至误于曲说以乱心智，则道家之学转较儒学为迫切。

道家思想取象于自然，本源于天道，其来有自。若夫俯仰天地，察变日月，以天地为生物之形本，以日月测阴阳之代运。一天地也，而得万物之全；一日月也，而尽万变之蕃。其取象虽简，而道理靡遗，范围天地，无或过之。又若乎飘风骤雨，江海山谷，树籁彀音，野马氤氲，寻常之所感，耳目之近习，众人睹物则熟，照理则昏，老庄乃无微不察，化腐朽为神奇，寄糟粕以至

论。其物象，众人能见之；其所以见之智，则非众人之所能及也。

取象乎天地，大《易》为宗，制以卜筮，取决吉凶。若乎超象以见理，总物以为名，凡物皆有，凡有皆形；出乎有形之上，入于思议之深，极本穷源，杳杳冥冥，索之则曰道，强谓之则名无。无方无体，纯任以思，论达有形之上，理涉造化之根，此则老子作其始。又概举天地，包举万物，言非一端，理不一事，统之有宗，会之有元，物莫能外，理莫能遗，斯以大全为念，非以日用目前为囿，则亦老子驾其先。又阴阳之说，虽不始于老子，而老子始用之为则，推而行之，天道之恢恢，上下、前后、美恶、小大、得失，无不见相对之理，而以柔弱谦下为本。于是乃有系统之说。合而论之，至老子，吾国乃有专门之形而上学，始有专门以大全为对象之学，始有本极要之原则以泛论万物万事而有系统之学。观此三者，谓吾国哲学发轫于老子，而以道家为古，或无不允。然老子虽根极理要，大辂椎轮，犹存简朴。至于庄子承源导流，波澜遂阔，发皇张大，几于再辟天地矣。

至于儒家，如孔子，"祖述尧舜，宪章文武"，为吾国两千余年思想之高山景行，承前启后，厥祀不替。其由礼言仁，会性归命，然终所罕言，学贵躬行，思在反己，不远于人道，未尝以形上虚无者为至教也。若《中庸》之天命性道、诚明诸说，唯提其纲，大义内蕴，括而未显，至宋儒而始光。孟子发明心性之源，表彰性善，于人道也可谓探本矣。其性命之辨，知人知天之序，亦可谓能调适而上达矣。然究不以讨论万物之理，遍通天地之则为意。荀子尤明于天人之分，使各相参，而不乱其官。由此观之，儒学之本志，可见矣。"天道远，人道迩"，不以远妨近也。"未知生，焉知死"，不以所不验害其所验也。人道之大源本于天，然天人非二，知人所以知天，尽性即为至命。"下学而上达"，儒家之学固有至理，然如先秦之际，儒学之明于知人，而略于谈玄，则非诬也。唯至宋儒乃大明之，而侈言理性命之说。其出入释老，贯穿五经，乃定中国古代哲学之大成，虽后之才人，其无能过也。当此之后，尚论思辨之深，玄解之妙，老庄虽不复独步，亦各守其道德之极至而已，未尝失色。

于中国哲学的发展历程来说，道家哲学化的进展可谓独早。其最先体现出了中国纯粹的哲学思辨形态，反映了人类思维辩证性的基础面貌，较之于孔孟荀的心性哲学，基础为更高。这一高度，甚至连后来中国哲学的发展，特别是宋明理学之大成时期的成就，也是未曾超越过的，不过在几个终极的概念之间上下徘徊：理学则在于性命、体用，道家则在于有（为）无（为）之际。

这里，所谓纯粹的哲学，即老庄道家着眼于更广阔的视野，能够超越世俗社会的有限性，进而认识到天地或宇宙的无限性；能从相对之见中走出来，走向"道"的本源性的形上世界。这个"道"，就是"大全"，就是"一"，就是"无"等概念所表示的内容。

三、道家本于天道而不计人情，兼论概念之于哲学

吾国哲学，其流别甚异，而其作始则很是相类，即皆起源于观象、观变于吾人之生存世界和生活世界，渐积渐精，卓然成体。生存世界，即吾人所生存之世界整体，借感官所能通达，借思议可以推想者。今人往往责中国哲学饶于感性，缺少概念之凝练和组织，以此为吾国哲学非哲学之一证，则迥失所鉴。

概念本为一种引导思考与组织论理的符号，其生成之法本无一定，依实责名，控名引实，求其相应而已。西人所谓概念者，在吾国则谓之名。凡有语言，即不能无名。语言者，名之有序组合，或曰依于文法以结构众名之方式。语言虽异，其有名则同；文法虽异，其有文法则同。无文法则虽有语言，则几于不可理解；无名称概念，则虽有其物，盖无以言表。所谓无概念之说，无稽之谈也。按其所谓，无概念则不过指无专门一定之概念，可为专名、术语，或曰抽象独立之物。彼意以为，概念者，则当内涵确定，无可转移，虽经百口，犹将不惑，虽千篇之中，犹能一律。此亦臆想而已，无当于用。今日之概念诚然谨密，然概念为虚理，所应为实物，虚实之间，必不能吻合无间，一类之内，亦自不能形神毕肖。所以愈求概念之一定而不移，则其为弊也愈甚。况名称者，指事类情，出于心术，触类可通，未有限于一物者，虽专名之专，犹存别用。

学贵入人，不贵离人。名贵其当，不贵其专也。概念者，达于用而已。其用也，指示所谓，不以名乱实，不以实乱名，名实足以相当，能所足以合意，则可矣。不必执着一定之名，若刻舟求剑，则以名为本，以用为从，颠倒本末矣。

如中国文化中，哲学乃起源于天道，其概念之使用及系统之结构，亦符合此特性，落落自在。外人不知者，以为皆写物之词，专为一物，不能通于悬义，或曰但为象形，不能至于绝质。如是，但善于描摹，不惯于论理，此则大误。如吾人谓生存世界，古人则谓为"天地"，为"两间"，为"六合"，其名称虽不定，然睹名知实，以不定言定，词虽变迁，义则一贯，未尝不明。吾

人今日极言生存之整体则曰世界，曰宇宙，曰存在，古人或曰"天地"即足矣。《中庸》谓："今夫天，斯昭昭之多，及其无穷也，日月星辰系焉，万物覆焉。今夫地，一撮土之多，及其广厚，载华岳而不重，振河海而不泄，万物载焉。"如老子，虽不以天地为根极，然天地为有形之大，万物之祖也。如是，举天地，则万物在是。或曰万物，则亦概举有形、有生、有在之大全而言之，非但谓目之可见，耳之可闻，区区在是者也。故天地、万物，皆为事物大全之称，此虽有象有质，未能为纯粹之内涵界定，然义在其中，言之而喻，不言亦喻。词见而心通，意周而寄深，岂有意必者之可同语哉？故古人之论理，非词之不达，读者之不善会也。

等致用也，当观其效。空无倚傍，离物绝系，所谓抽象论理者，往往使人苶然神疲，茫然寡会，如雕空镂影，梦中说梦，转不若中国哲学之形神兼备、物理并赅者之为足以入人，足以有验而信。此哲学发源之异，而吾人恪守中道之志也。如是，乃能存象会意，下学上达，理事本不相碍，道器原备于一，圣人有所不知不能者，夫妇之愚不肖，可以与知与能。此吾国人贯彻形上与形下之智慧，究而言之，为出入乎物而一无所住之哲学，无论其言形上、形下，皆形上之学所应有之义也。吾国形而上学本自有传统，自有真义，充实而不容已。以其为形上学，故不能不与其他形上学有其相同之义；又以其为一体无间、可践可履之形上学，故其当物而在，当身而证，又自有吾人形上学之特质。人我可以相互取法，未可自蹙以适人。

中国哲学皆本源于天地万物，起思于日用常行，以洞察物理，溯本性情，穷玄极微，道以之现，德以之立，文以之明。善夫！司马迁氏之言曰："其文约，其辞微，其志洁，其行廉。其称文小而其指极大，举类迩而见义远。"（《史记·屈原列传》）此虽以誉文，尤可论道。虽小物而有所指，其小不可舍也；虽迩事而能见义，其迩不可忽也。小以指大，迩以见远，此吾国思想文化所同遵之法度，文道一揆者也。观天地万物以立道义者，其远也，如《系辞传下》所谓："古者包牺氏之王天下也，仰则观象于天，俯则观法于地，观鸟兽之文与地之宜，近取诸身，远取诸物，于是始作八卦，以通神明之德，以类万物之情。""以通神明之德，以类万物之情"，此古今中西学问之极则也；然通神明、类万物，而不遗于物，不绝于人，则为吾国哲学之深义。至于诸子，何尝不如此？结之以道，归之于德，天地万物无不可观，天下之道未有所隐也。

以是，老子之学，出于"万物并作,吾以观复"，"夫物芸芸,各复归其根"，道尽于是矣。如孔子，则有川上之观，逝水之叹，又谓，"四时行焉，百物生焉"，孔子亦观变于天地而生其道心者。其又谓，"小子！何莫学夫《诗》？《诗》，可以兴，可以观，可以群，可以怨。迩之事父，远之事君，多识于鸟兽草木之名"（《论语·阳货》）。《诗》多草木鸟兽之名，以人情日发，无时不感动于酬接，遄兴于事物，则虽草木鸟兽之微细鄙野，犹足以涵泳性情，发明道义，可以起人之思，喻人以德，则天地何物不与人息息相关，内通于情也？至于《庄子》本文，东郭子问道所在，庄子则曰"无所不在"。"期而后可"，初则曰"在蝼蚁"，继则曰"在稊稗""在瓦甓"，末则曰"在屎溺"，虽言不及质，而道有可悟。道无不在而无专在，道有所在而非有方所可期。固不可以物尽道，然岂可离物以言道哉？观物兴道，体物以尽性，有以哉！如是，天地虽高远，万物虽赜乱，无非道体之流行、吾人之性命，非漠然为二也。

故中国哲学为本源于自然，推论于天道，而道家哲学为尤然。是以荀子非之曰"蔽于天而不知人"（《荀子·解蔽》），非不知人也，其以天为人，而以人之所为非性命之正也。天者，万物性命之所自出，亦其性命之所归正。以天人合一观念言，儒家之理与道家本来相通，然儒家之从入则与之异，不远天以言人，乃即人以明天。远天以言人，则空人所有以合天；即人以明天，则不弃固有而睹天。老子谓："人法地，地法天，天法道，道法自然。"（《老子》第二十五章）人之所为，将一法之于天行，天之所行，即人之所当为。如是，则非知天不足以知人。其于学也，必以知天为先。而儒家之学，虽启发于天行有常，必切近人事以谈知人，熟见人情自然之条理，所谓孝悌，所谓恻隐、羞恶、是非、辞让之心是也。知人而后知天，尽性乃能至命，不然，所谓之天，皆虚拟之理，无当于人心自然之所固有。

申言之，天者何在？亦芸芸夫物之大总名也。凡于天地之内，与人同生并处者，无非是物。故天行即物而见，物之动静生死，日月之屈伸往来，可以观天矣。天既体物而在，则物即天，天即物，吾人所将据以为道者，与物大同者也，非外物之道而别有所谓人道，物道、人道一也。如庄子谓，人之死生，如夜旦之常，其将化而为鼠肝、虫臂，任运而迁，无所用情，不以得人之貌为可欣然色喜也。是则，人不独贵于物，而与物齐。既任物化而不留情，则与儒家之尚人情者，偏其反尔。进而言之，道家贵无情以返性，儒家贵安情以尽性；道家以人情非道理所固有，儒家以人情为自然而不容已；儒家以仁义为自然之性，道家以无为为天道，以仁义为人为，所谓"多方骈枝于五藏之情者"

（《骈拇》）；儒家以天地人物之理为理一分殊，以人情有亲疏厚薄，直斥墨家之兼爱为毁人伦，为二本，道家则以天地人物为理一而不辨分殊，人唯一物而已，莫非自然。故道家可广引譬于鲲鹏蜩鸠，以物寓言，人事皆其所欲摒息者也；而儒家则必博列人事，疏通其节文，物理不足以言人道也。此其大较，所以一者揭仁义如救亡子，一者抨击仁义如戴桎梏，诋毁曾史均同盗跖，道不同不相为谋者也。

四、儒、道同以道德为极至

如果对以上数点，有了比较好的理解，我们便容易解释儒道二家在观念上的冲突。我们既要认识到，儒道两家在立说上有显著不同，非可苟为调和，也应认识到他们有共同的理想，即对道、德的追求。

"道德"二字之义，较今日所使用的观念来说，是大为不同的，甚至难以相提并论。何以故？我们今日所谓道德，乃就人类具体行为之善而言，就一般为人之品格而言，其意义甚局限，与传统所言之道德有广狭之分，仅可谓得传统道德之一隅。于我们古人的哲学中，道是对事物活动之根本规律或行为之总原则的指称，乃宇宙最高之主宰者。所谓主宰，并非如有人，如有帝，乃就其支配作用、为万物所服从而说。故道德不独对人而言，亦且包物而言。道既为万物之最高主宰，亦为万物生存之共同原理。"生存"二字，含有二义，未生而待之生，既生而待之存，以道而生，以道而存，生命之全幅过程皆受道之原理的规范。万物在道之作为最高原理方面，其活动之规律别无二致，也即，要维护道的统一性，万物不足相一，唯道能一万物。

老子谓"故道生之，德畜之，长之育之，成之熟之，养之覆之。生而不有，为而不恃，长而不宰。是谓玄德"（《老子》第五十一章）。万物生育长养于道德之圃，而其所以作用又极为特殊。德是道的总体实现或具体实现。道普遍流行之世，也可以称作是"至德之世"。故德必与道并见，或曰德必以道为或显或隐的前提。有道不必有德，无道也就无所谓德。德必依于一定之行为标准而言，这个行为之标准，也即"行之而成"的道（《齐物论》谓："道行之而成，物谓之而然"）。

道与德之分言，论其实际，唯对人类来说乃有意义，于他类事物而言，则没有意义或较少意义。以于其他事物而言，其接受道的作用，实现道之境界，多为本能而然，一往常合，于人则不如此。人有心思智虑，其行为皆遵从其意见之指引，意见不一，对于最高之道德原理有照见、无照见，有觉知、无觉知，则影响于行为即不一致，于道德也就有顺应与不顺应之分别。故无论就儒家还是道家，一旦人从其原始存在进入人之世界，道德之要求便发生。其道德之有无与程度之高低，即皆为人自身之智识所决定。

人是一文化概念，而非一单纯的生物种类。人之所以决定其自身的价值，即在于其对存在之最高主宰或原理之洞察和思议，并于当身虔诚服膺这主宰，力以践行这原理。其所观照之最高原理即为道，其于此最高原理之用力实践，即所谓德。德又可以境界表之，境界即为自身当下于道所贯彻实现之程度或地步。道不可由观照来实现，不以对其能够思议理解，遂尔称为有德。然道必通过人类自觉之观照、思议，乃能获得基本之认识，此一认识为必要。此一认识之不断形成，即自觉之不断发生。无自觉则道便不能呈现于人而保其无妄，此道于人物之际之大别。物于道可以不必有其自觉，不但不必有其自觉，亦无用有任何之知，且正以物不能于道形成若何之知，物乃有道，或与道不离。此知不是指自然之感受言，而指复杂之理智活动及产物言。物无知，故完全为道之体现；亦以人类独有其复杂之知的活动和形名语言之制作、使用，故人类乃有远离于道或曰与道分裂之可能。对道的认识，如无实践功夫，则道于我们之身心为空洞外在之物。我们于道的把握，并不以文句上的理解而充分，必随实践之得力，方能逐渐获得更深刻、更亲切的体认，体认愈久，道之义蕴即愈加丰富。于此，道之意义于吾人来说，是永无穷尽的。

德跟道在一般情况下，可以相互替换使用，以二者本相应而言，且共同指向在天之活动和在人之行为。我们谓有德，同样可以说有道；我们说天地之道，也可以说天地之德；我们可以形容某贤哲为有道，也可形容其为有德。德因道生，道于德见。老子谓"道生之，德畜之"，孔子谓"志于道，据于德"，是道、德之分，其来有自。于天也，德与道恒自相应；于人也，道与德常不相应，或曰唯有某种程度之相应。其故在于，人于道之认识常不充分，或于道虽有充分之认识，然于道之实践复不能够充分。故吾人于道德，常各道其道而各德其德。韩愈谓"仁与义为定名，道与德为虚位"（《原道》），道之与德于不同家学，命义不同，即于同一家学，二者亦不必指示相同之境。道与德作为名言，唯有形式意义的统一，论其实质则取决于特殊个体的学问和修养。道与德有至有不至，非特于"道"前标"至"标"大"，不足以指示道德之真、粹。

中国哲学对于"道"之一词的提炼使用，对于天地人物之为有道的认识，实于吾民族文化有莫大之功。因道之发明，乃有所谓中国哲学，乃有中国哲学之独特深厚的精神。道使我们的认识能够达于最高的程度和最广大的范围，也从而使天人、物我之际，能够上下一贯，遐迩一体，相参并生，殊途同归。

道家哲学在先秦时代对于普遍之道的发明，是最有力的。他们强调万物之动静俱有规律，万物都离不开道的作用，人类之生养与道的规律性相统一。同时，道的作用又具有与众不同的特性，即"无为而无不为"。

总之，道家之学，或道家之道，本于自然，袭于天常，以万物之运，造化之始终为法，直达存在之本源（存在在道家哲学中谓之为"有"，道作为特殊之物，非有而为"无"，此无之有为一形上之实体之有，非但为观念，以其实能造化，生有于无），而不直接从人性或人类社会的发展原理奠立根基。所以，它崇尚自然，效法天地，强调客观性，认识到某些向度上变化的必然性，往往不从情意上计较。

道家的道德，从自然立定根基；儒家的道德，从人情立定根基。道家不强调人在万物中的特殊性，儒家则强调人在万物中的特殊性。道家注重分殊，以无统有；儒家注重恒性，强调理一分殊。以无统有，虚以成用，有尽其有；理一分殊，实以体实，分殊者一。

道家的这一根本理念，对我们人类社会，特别是现代社会来说，是极为重要的。虚和实，有和无，看似两对抽象的哲学概念，它的作用其实很大，很切近我们的生命，给我们的生命以一种简要又紧要的调节，以使之不远于生命的本质（"本质"于道家哲学有特殊之含义，其含义非为抽象，本质即质朴，或曰某物之本然形态。我们之活动往往求有助于此本质，从而改变甚至戕害此本质），而得一种生命的平衡。从某种意义上说，道家哲学很是超前，或者说时代愈向后发展，道家哲学之隐衷愈能显明，其返朴之要求便愈适用于人生。其故在于，人类社会越发展，其知力越胜，非其知力之程度提高，而其知力之应用提高，如是物质乃愈丰富，工具乃愈便利，而人之自身除消化此过剩之物质，与操纵此智能之工具而外，几若剩物，则人之生命貌似日以舒展，阻遏之机日以消除，实则日以萎靡，而斫丧其本。于是时，生命本身既有强烈的欲望追求，又有无限潜隐的苦痛，或言，既感其舒适又感其不适，如庄子所形容有"阴阳之患"。吾人生命之一种本真意识，于其自身之生存计，不能不以吾人痛苦焦灼之感受使吾人思其自反。于是，回归于生命本身之愿望便日见豁然，其相应之意志也日加有力。注重生命本身，回归生命本身，返影内照，此即道家哲学"守素抱朴"之根本追求、根本宗旨。故我们不期然便从高度文明的物质社会折向道家的思想世界,这种契机在现代社会反而是极容易出现,极易引起共鸣的。

今日为赤裸裸之物欲竞逐的世界,道家从自家生命之本身与外在之价值为举世所追求者,相与一较多少,本心乃不容昧。如老子所谓"名与身孰亲?身与货孰多?得与亡孰病"(《老子》第四十四章),得此数问之逼向绝境,一穷到底,则无用若何高妙晦涩的学理,亦足以启人深思,稍回心意,岂非允质允信哉!

第2节　我们对庄子及《庄》书之基本了解

一、我们对庄子生平及精神的了解

庄子者，蒙人也，名周。周尝为蒙漆园吏，与梁惠王、齐宣王同时。其学无所不窥，然其要本归于老子之言。故其著书十余万言，大抵率寓言也。作《渔父》《盗跖》《胠箧》，以诋訾孔子之徒，以明老子之术。畏累虚、亢桑子之属，皆空语无事实。然善属书离辞，指事类情，用剽剥儒、墨，虽当世宿学不能自解免也。其言洸洋自恣以适己，故自王公大人不能器之。

楚威王闻庄周贤，使使厚币迎之，许以为相。庄周笑谓楚使者曰："千金，重利；卿相，尊位也。子独不见郊祭之牺牛乎？养食之数岁，衣以文绣，以入大庙。当是之时，虽欲为孤豚，岂可得乎？子亟去，无污我。我宁游戏污渎之中自快，无为有国者所羁，终身不仕，以快吾志焉。"

——《史记》卷六三《老子韩非列传》

惠子相梁，庄子往见之。或谓惠子曰："庄子来，欲代子相。"于是惠子恐，搜于国中三日三夜。庄子往见之，曰："南方有鸟，其名为鹓鶵，子知之乎？夫鹓鶵发于南海而飞于北海，非梧桐不止，非练实不食，非醴泉不饮。于是鸱得腐鼠，鹓鶵过之，仰而视之曰：'嚇！'今子欲以子之梁国而吓我邪？"

——《秋水》

（一）真实的庄子如何

道家人物为保全身心，摆脱羁缚，于世间名利，常能不动于心。其不贪荣爵，洒落于仕途，视世俗以身命所博之功名，如"腐鼠""牺牛"而已。故于他们的事迹，往往史无正述，唯存于师友传说，鳞爪只痕，流布人间。传闻者从而渲染，后来者乃据以为信实，未必然也。道家于世俗好尚，不但能够洁己自好，不热于衷，且往往逃累避患，唯恐不及。故道家人物，灭影歇踪，用智若愚，庸行类狂，"为善无近名，为恶无近刑"（《养生主》），即在当时声闻未必显达，何况后世久远，欲追论其事迹，可得真相乎？

庄子作为有道之士，必不自彰，其事迹难得而详。此正如《史记》对老子的记载，即有不同之数说，莫知孰是。如依其说以推之，并皆难以吻合，非史载为妄，本多虚传，不能核实也。不但如"畏累虚、亢桑子之属，皆空语无事实"，恐怕所语老庄之事若传信者，亦"空语无事实"。所以，关于老庄的记载，极少可靠。虽然极少可靠，等诸寓言，然其必合于庄子之道，符于他可能的行事，则可以为然。如楚威王聘相之事，或出于附会，而如果有诸侯之来聘，庄子也必不承应，甘愿污渎自快，如寓言所述。以历来庄子生平事迹的记载为实录，则不可；以其虽不能为庄子之事，而仿佛庄子之事则无不可。

庄子本求自隐无名，吾人锱铢求之，一一欲得落实，一则不能，二则不必。其不能如上，其不必则在于，庄子本欲传其道，而不在传其人。如庄子之文才丽藻，如欲自传，必能传矣，然自传其人，则不能尽其道，以有自私为己之心也。故庄子取此不取彼，为人非为己。庄子之道传，则庄子之人，虽不能多其事迹，考信生平，然吾人无处不见庄子，其俯仰应对于世间，事事皆可以仿佛其风度矣。如当此事，则庄子之言如何，庄子之去取如何，更当彼事，庄子之言行又将如何，无不可以理测。则庄子其人虽未详，亦可传而不朽，辨何者为庄子，何者非庄子，有矩不逾矣。此可谓不传之传。

（二）我们应了解何样的庄子

庄子之既有事迹，多淹灭沉晦，无法论定，其愈详者，恐愈难资信。此非古人为文，故意虚妄，实皆其假设寓托之法，以使读者如傍其人，如临其境，感动兴发，易作理会。

真实的庄子既不可知，倘若有真实的庄子，而今所流传下来的《庄子》又确实有庄子的著作手笔，或虽无其著作之笔而有其道德遗意存乎其中，那么我们于庄子仍可获得相当真实的了解。这种了解，在透彻性上来说，还要在事迹的了解之上。我们通过庄子的文笔，乃能了解其心地，沐浴其风神，不只是凭吊其世间曾历的若干陈迹。

庄子许久地，乃活于他的语言文字当中。庄子的生平事迹，我们无法历史地勾勒出来，但通过《庄子》一书，我们却能无比真实、无比充分地了解庄子，接近于他，比与之为邻，日相出入，甚至更能洞入其心扉，知彼之心事，聆听彼之所思所悟。这又是何等亲切！单纯事迹的了解，如果真确，自然有助，不过也往往易为外观所掩，无论是出于无意还是有意。而自身语言的表达，则将庄子内在的精神世界向我们玲珑剔透地塑造了出来，将他无声的心语，不足与浊世道者，绽放了出来，如是声色鲜活，万籁相和。现实的庄子反倒极有可能是一个内敛沉默，随顺于物情，而温温呐呐，无所可否，不易为人所察识的人。正如那折冲于千里之外的张良，人多想象彼为魁杰之士，却不过面如"妇人好女"。

我们关注庄子，除了直面他的文字，实在别无可靠的文献和门径。读庄子之书，开卷便有一股热烈奔放之生气而来，直冲人面。这既是庄子文字的活力，也是他自身之生命的活力。能够将自己之真生命完全融化进自己的文字当中，庄子可谓历世罕匹。所以，我们要真切地了解庄子，了解一个真正的庄子，那么我们当下便有两件要事须做：其一，便是读庄子的文字，成章成篇地读，读出其元气淋漓之态；其二，读之中与读之后，深求其文义，领会其神思玄理。所谓玄理，固然在表示此理之高妙，然亦不过表示其于通常之眼界难能理会罢了。这种道理本自坦然平正，依于理性自然可以通达。其玄，玄也；其所以玄，非玄也。任何哲学，无论中西，其本质为一种理性之产物，或思议之所至，即使最终所指向的不可思议、不可言说境界，亦首先为一思议所呈现和指示的境界，尽管作为此境界本身来说，非思议所行。

如果我们于庄子之语言有一种感触，那么我们便于他有三四分的认识，司马迁所谓"其言洸洋自恣以适己"是也。这非一种心灵的高度解放，是不能办到的，又非对于万物有入微的体察，也是不能办到的。倘若我们于庄子之义理，渐也能心知其意，神而明之，存乎于身，那么我们便于他有八九分的了解了，我们便有资格成为庄子"相视而笑，莫逆于心"（《大宗师》）的朋友了。善夫！吾人一志专诚，欲上友于庄，庄子亦欲吾人之能上而与友也。彼岂区区欲吾人劳精疲神，但能考校字句，辗转注疏，而又为注中之注，疏下之疏，钩章棘句，淹锢性灵，千载之下，复重因于为文哉？

（三）庄子之精神境界

> 寂漠无形，变化无常，死与？生与？天地并与？神明往与？芒乎何之？忽乎何适？万物毕罗，莫足以归。古之道术有在于是者，庄周闻其风而悦之。以谬悠之说，荒唐之言，无端崖之辞，时恣纵而不傥，不以觭见之也。以天下为沉浊，不可与庄语。以卮言为曼衍，以重言为真，以寓言为广。独与天地精神往来，而不敖倪于万物。不谴是非，以与世俗处。其书虽瑰玮，而连犿无伤也。其辞虽参差，而諔诡可观。彼其充实，不可以已。上与造物者游，而下与外死生、无终始者为友。其于本也，弘大而辟，深闳而肆；其于宗也，可谓稠适而上遂矣。虽然，其应于化而解于物也，其理不竭，其来不蜕，芒乎昧乎，未之尽者。
>
> ——《天下》

这是《庄子·天下》中对于庄子思想大体面貌的概括，不纯粹为思想之议论，更重要者，乃在突出了庄子的语言风格、思想气质与精神状态。"独与天地精神往来，而不敖倪于万物"，这是庄子哲学的最高境界。此不当但以一学说视之，而尤当注意体会其作为一种生命境界所流露出之气度。庄子之立说，千言万语，皆欲引导世人见识此境界，向往此境界，而最终成就此境界。如果我们只读庄子之文，感慨其谬悠无端崖之辞，无所深入，不能领会此中之境界，则终将不识庄子为何人，庄学为何学，如过其门而不入，又同食而复吐，或嗅以当食者一般，于身心并无归宿，于体魄毫无给养，则甚为可惜！

于庄子，我们要通过其文，最终来了解其心灵之所寄，思绪之所凝也。讽诵庄子之文，如春风之披拂于物，尘埃振荡，冻壤消融，窍苏穴通，生机豁朗，鼓之舞之，不胜欣悦。而沉潜其义理，乃如琼浆灵液之入体，浃洽骨髓，膏润肺腑，神明为之清爽，心地因以纯备，泊然淡然，道德以居。若嘘吸其文气,则神情速为之变化;能通达其义理,乃可果濒于其境界。于庄子,我们最应去接近者,就是他的精神境界。庄子是这种精神境界的创造者,是这种境界的描绘者,也是这种境界的实践者和追求者。对于我们来说,这是最能感觉到庄子魅力的所在,也是我们对于庄子哲学的最高把握,而决不是仅仅赏悦于几处文字可比的。

于庄子之精神,可会而难言,可言又难中,以为有所知,而又以为所知犹慊。庄子与老子皆所谓"犹龙"一类人物,唯老子潜龙之比,庄子则或为在天之龙,其入天则九天之上,其藏地则九地之下,不可方物。那么,依稀言之,如老子之强名于道,则庄子的精神境界到底作甚理会?我们将如何来把握?

这种精神境界,简言之就是"逍遥"两字,擘析开就是"独与天地精神往来,而不敖倪于万物"两句。这种境界本不宜于作为一种考究的对象来揭示,更不宜作为一种内涵被规定,而应由学者自身随文感知,任力体会,乃为有益。不然,徒为躐等径超,缺少内在实际的相应之物,只是一种空洞的影响之谈,作成了身心之外的东西,总隔膜下去,不能生根。学问有理智可以直接别白、当下明断者,更有需反复涵泳玩味,乃渐渐透发者,如明代著名的思想家陈献章(史称白沙先生)即主张学者要"静中养出端倪"。于天地之道,常人则懵懵懂懂,虽在其中,出入由是而不知,非体认精明者,不能若有端倪之露,而察见之也。体认之证深,口耳之入浅,故我们的哲学恒区别"闻见之知"与"德性之知"(此"知"字又非今日所用为知识之知,此知即为由内在德性所透发之知)。我们的哲学又可统谓之曰"性命之学",以必要求就自家性命固有隐微之处,着实用工夫。此不可不注意。

所谓"逍遥"二字也好,所谓"独与天地精神往来,而不敖倪于万物"两句也好,都不可仅作字面之义去理会,如草木之于华实,倘无土壤之养给,枝叶之运化,则华实立萎,决不能饱满充盈。庄子的精神境界,我们如果要理会得真切,还必要有长时的涵泳。那种没有日间功夫,只莽撞照字面去敷衍、去推想,乃至闭目臆说的做法,其所得必是肤廓的,甚且不相应的。此项之失,我们应加意避免。功夫当于超然处得手,不能从超然处下手,以为一超便入,一入便了,洋洋自得,自误而已。今我们要了解庄子的哲学,非于其精神境界有所预知,则难操要领,难得向上之力,不得已而需括要言之。

精神境界,乃为一人人格之所化;一人人格之成就,又乃由其道德修养来决定。有此道德之修养,即有此人格之铸就;有此人格之铸就,即有其精神境界之显现。精神境界,非一专在之活动领域,人格随人而并在,精神境界亦随其人之学养而遍现，如日之垂光，于物无声，有隙则入。得此精神境界者，即可随处转化其生活世界之日常意义，世界为此精神而转，而精神不再为此具体世界所拘束。

庄子哲学常用所"以"之"观"来表示这种境界的变化，如所谓"以道观之""以物观之""以俗观之"等是也。观，本心而发，即一种根本的看待事物及其价值之能力，非某种一时偶然的看法。人常持何种观点，即在何种境界当中，不能轻易变改；人在何种境界当中，亦即持何种相应观点，亦难轻易突破。"以道观之"，为最高之观照能力，此观照为对世界全体之物的观照。凡物无小无大，其于道而言，小者非不足，大者非有余，各如其物，意义皆等一无差。庄子之精神境界，即是所达到的这种"以道观之"的境界。如是，在此精神境界中的人，对世界中一切事物之眼光，及对自身之眼光，皆发生一种根本上的改变。自身将如司马迁所形容者，"蝉蜕于浊秽，以浮游尘埃之外"（《史记·屈原列传》）。这里所谓"蝉蜕"，所谓"浮游"，与庄子行文中动辄所谓"游乎四海之外"者，皆非指身体形态之变化，以至能飞升登遐，乃指其精神之活动与追求之不同或改变，表示其真精神或新精神与世俗寻常故态之庸俗精神，不能为一，或不复为一，而自持所是，自全所善。此为一种精神境界上的相蜕相外，而非生活世间中之相互疏离。

"逍遥"，我们今日容易作潇洒自在来领会，如取义适当，也未尝不可。唯今日所理解之潇洒自在，并不适当其义，不过表示一种任意、任性，打破规矩，无所顾忌地放纵心态和行态。此则为对逍遥义的误解，而且大有流害。据庄子之理，可以对应逍遥之义、最恰当者，无过"任性"。然此任性非彼任性，古今之义，悬殊太远，最恰当者，反成最不恰当。今日之任性，实则指一种性情、意气而言，以不遵理法，故责之曰任性。而古人之任性，乃就最不能性情意气用事，最当依照道理行事而言。我们古代的哲学，普遍认为，在天有天道，天象有变，天道不可改；在人则有人性，人行可诡，而人性则不能无。故于儒家哲学则主要讲尽性，道家哲学则讲任性。其对性之理解不同，故有谓尽，有谓任。逍遥，即能完全去除人性之负累，解释其倒悬，完全恢复人性之本然，恢复人之生命之固有境界。当然，有一点复需说明，即人性之完全恢复和实现，并非只在于人之内心世界，还要贯通这人类世界，这有形所寓之宇内，这天地世界。也即，人之随顺本性，不凿不擢，亦随顺这万物芸芸往来之世界，不忤不逆。逍遥，一方面直面自身，一方面复直面这万物充盈之世界，而使物我俱能自适，不累于本性。

这种将自身生命向天地敞开，将天地向自身生命敞开之卓绝境界，就是庄子之逍遥，就是庄子之精神境界的本质。敞开，即自我生命之开放姿态，或曰不拘守状态（《大宗师》："夫造物者又将以予为此拘拘也。"），或曰从有己向无己、从有我向无我的转进（此即进入"物化"之无限可能）。何以必要向天地敞开呢？最好拿庄子书中的两个观念作比对，即"人间世"和"天地"。我们恒人都生活于人间世，换言之，人间世为人的世界，交织着人类活动的百相，酝酿着人生之诸种可能。我们不能离开人，不能逃避了人群，我们要接受人为之规范与塑造，我们自身也自觉适应和追求这些规范，勇于被塑造。如是，我们于自身便施加许多非本己的约束，产生许多非本己的欲望，相与刺激，而日离日亡其本来面目。所谓本来面目者，不是粗疏地指我们过去之所是，而是指我们内在之真实本性，这种认识必须是最纯粹而最无伪的。道家所谓无伪，所"无"者非但指存意之虚伪做作，更指无意之人为造作。吾人真诚恻怛所立意以为之者，也在此"伪"字之列。要言之，凡人为即伪。此与荀子对伪之定义相近，而旨意相反。荀子肯定人伪对本性之改造化成，而道家则深虑人伪对本性的扰乱侵害。故道家之纲领乃在"无为而无不为"。"逍遥"则是"无为"之旨的一种意象化的生动表达。唯我们经历一番对人伪之充分剥落，对本性之完全归复，我们才能至于逍遥之精神境界。

然而人之本性之归复，实际不但为对自身之归复，亦是对道之归复，这种归复，唯有在道之通达以后，方有可能。何故？以个人为自然产物之局部或分段，万物一以造化为钧冶，受陶铸而成，一切有形有生皆为自然之道流行运化之表现，或曰一切特殊之生命存在，无不为宇宙大生命、自然大生命之构成。于有心思功能之人类而言，除非认识到其存在于自然之全体中，恒转于变化之大流中，否则即不能于自身之生命有突破性之认识，或曰无法实现一番"蝉蜕""羽化"之生命升华的过程。

唯有天地之大有，乃能使人世之卑微的欲求相形见绌而自生污秽之想；唯有天地之大美，才能使世人获得红尘劳攘之际所不能获得之崇高和快慰；唯有天地之至公无心，才能消解人类机心酬应之累辱，才能使之恢复身心之轻盈，沉浸于无涯的天真天趣！如是，天地之精神，即我之精神；天地之所有，即我之所有；天地之所是，即我之所是。形骸之我从此消泯，天人之间不复有际，则天一我，我一天而已，无往非天，即无往非我，何其大哉！既与天为一，则物亦天，我亦物，复何相"敖倪"哉？人之所以小者，以其有私。老子谓："是以圣人后其身而身先，外其身而身存，非以其无私邪？"（《老子》第七章）所谓"独与天地精神往来",质言之,即大无私之境界也。物虽或无心,然犹守形,唯天地乃并载并育,至小无内,至大无外,四时行焉,百物生焉,而无所用心,故为至无私。无私则与物相溟涬,物之乐皆我之乐,物之生皆我之生,至乐广生,吾人复何区区于人道之憾哉!

二、对《庄子》一书的基本了解

庄子者,姓庄,名周(太史公云:字子休),梁国蒙县人也。六国时,为梁漆园吏,与魏惠王、齐宣王、楚威王同时(李颐云:与齐愍王同时),齐楚尝聘以为相,不应。时人皆尚游说,庄生独高尚其事,优游自得,依老氏之旨,著书十余万言,以逍遥自然无为齐物而已;大抵皆寓言,归之于理,不可案文责也。

然庄生弘才命世,辞趣华深,正言若反,故莫能畅其弘致;后人增足,渐失其真。故郭子玄云:"一曲之才,妄窜奇说,若阏弈、意修之首,危言、游凫、子胥之篇,凡诸巧杂,十分有三。"《汉书·艺文志》"庄子五十二篇",即司马彪、孟氏所注是也。言多诡诞,或似《山海经》,或类占梦书,故注者以意去取。其内篇众家并同,自余或有外而无杂。唯子玄所注,特会庄生之旨,故为世所贵。徐仙民、李弘范作音,皆依郭本。今以郭为主。

崔譔注十卷,二十七篇(清河人,晋议郎。内篇七,外篇二十)。

向秀注二十卷,二十六篇(一作二十七篇,一作二十八篇,亦无杂篇。为音三卷)。

司马彪注二十一卷,五十二篇(字绍统,河内人,晋秘书监。内篇七,外篇二十八,杂篇十四,解说三。为音三卷)。

郭象注三十三卷,三十三篇(字子玄,河内人,晋太傅主簿。内篇七,外篇十五,杂篇十一。为音三卷)。

李颐集解三十卷,三十篇(字景真,颍川襄城人,晋丞相参军,自号玄道子。一作三十五篇,为音一卷)。

孟氏注十八卷,五十二篇(不详何人。)。

王叔之义疏三卷(字穆口,琅邪人,宋处士。亦作注)。

李轨音一卷。

徐邈音三卷。

——唐陆德明《经典释文序录》

(一) 关于《庄子》的篇数

《庄子》一书，我们已经习闻。目前所能见到的通行版本，其总篇数为三十三篇：内七篇，外十五篇，杂十一篇。此种格局，其来已久，世人乃或径以此为《庄子》成书之本来面貌，则误矣。古今图书，其样式面貌相差甚远，我们往往率然以今例古，便不免产生许多不必要的误解。

古今书写工具、方式、材料等，一直在发生变化。古人著述，早期往往刻写于竹简、木牍，或者丝织物如绢帛上，其空间有限，文字亦简约不费，故如《老子》一书不过五千余言，当上、下篇。而后纸张流行，后雕版印刷又流行，书籍乃流布易得，轻便易携藏。今人著书，采用纸张印刷装订，体量小而容量大，计量单位用种或册，某种之意也表示为若干册。古人计书，往往用"篇""卷"，而"篇""卷"的意义，前后也差别很大。我们今天新印古书，虽为一册，而内部往往析为若干卷，即沿用古人成规。所见线装书，一种往往函数册，一册或即一卷。然我们所见线装古书，虽一册又不必一卷，而可能包含数卷，即在线装书的时代，篇、卷之义已转变矣。我们今人的书籍，较古人为能容，一册可收线装书数卷甚至十数卷；而线装书较此前写本之简帛著述，亦为能容，一卷相当于其数篇甚或十数篇。古今图书著录，卷帙往往不一，相同时代，不同版本之情况也往往不一，除离析去取不同外，要在载体变迁。然变通于时者，多不废古，故于目录之中，每篇卷同见，古今并明。今所行《庄子》一书，首尾俱全，一握而已，于先秦时代则或需用车载。古人不能想象我们今人读书之便易，而我们今人亦难体会古人读书之勤劬矣。天下岂有恒情可执哉？执则成迷。古今之世变大矣，人情之转移深矣，以已度人则诬人，准今律古则冤古，必知世通变乃可语其方也。

即《庄子》而论，最早的著录见于《汉书·艺文志》，其中谓："《庄子》五十二篇。<small>名周，宋人。</small>"《艺文志》之作，本原于刘向、歆父子之校书，此于中国上下数千年之文献整理为一伟大之工作，而酝酿于汉世。

汉兴，改秦之败，大收篇籍，广开献书之路。迄孝武世，书缺简脱，礼坏乐崩，圣上喟然而称曰："朕甚闵焉！"于是建藏书之策，置写书之官，下及诸子传说，皆充秘府。至成帝时，以书颇散亡，使谒者陈农求遗书于天下。诏光禄大夫刘向校经传诸子诗赋,步兵校尉任宏校兵书,太史令尹咸校数术,侍医李柱国校方技。每一书已,向辄条其篇目,撮其指意,录而奏之。会向卒,哀帝复使向子侍中奉车都尉歆卒父业。

——《汉书·艺文志》

三代著述,历秦至汉,所亡逸禁毁颇多,所存留传承者亦尚夥。然分散冗沓,残煨灭裂,非经政府征集汇藏,设官校理,则其尚存者,经数代之流失,亦恐将淹没不闻,或踵其故讹。是以前汉保存董理三代秦汉文献,表彰一统时代之学术的贡献,实在是不可磨灭的,无此,则此后两千年之学术或将滞塞其源矣。其中,于我们今天之关于经典的认识,也可以说有塑造性的作用。如《艺文志》所言,刘向负责"校经传诸子诗赋",那《庄子》也自然在其中,合重校异,去其太甚,定著为五十二篇,当在此时。非此,不能有如是全备清整之规模。如是,五十二篇则为《庄子》之最初定本,且为最初成书之形态。至晋、宋时代,犹多存此本之体制。

然此后学者,其于是书,传习渐异,遂生别本。如陆德明《经典释文序录》中所载,有关《庄子》的著述,其或有二十六篇,或为二十七篇,或为三十篇,或为三十三篇,或仍为五十二篇旧贯,几于人自为书,家不相同,特别是晋宋之世,庄学著作蔚然涌出,庄子之学骤成显学。由各书篇数的差异,我们可知,《庄子》一书,在当时传播者并非一本,不以三十三篇为定本,至少这种众家并行的局面,到唐初尚存在。

各家著述所见篇数之所以有差异,其主要者即在取舍不同,或体裁不同,绝非其版本仅如其篇,全书难觏,以致不得不抱守残缺。有些注解,或仅取是篇,以他篇杂舛,故摈落不取;或仅成其篇,他篇未及,为未完之作;或通解全书,而与原文别行,或节录原文,或但作音义,故篇幅简少。这些情况,都有可能造成版本差异,今唯推想如此,无以质证。然不主一家,则信可言。

由五十二篇之本向今本三十三篇之转折,关键在于郭象之注,今本《庄子》之貌,可以说,成于郭象之手。《庄子》之书遂永为定式,其出入者文字而已。

郭象注日渐流行,至唐成玄英为之作疏,尊之与经传等,更因科第之故(唐代科举不但有儒举,又有道举),而独行矣,众本遂皆淹没。此如同时,汉魏六朝古经注经疏,至唐,以渐取一尊,他家遂缺亡无师;又如后世朱子《四书章句集注》行,科举奉为圭臬,他家注疏虽不尽亡,而废不行也。

郭象注之所以流行，非但以科举之襻带，乃特缘于其注本身之优越，更与唐代重道尚玄之风气相合，故被推尊。如陆德明所言："《汉书·艺文志》'庄子五十二篇'，即司马彪、孟氏所注是也。言多诡诞，或似《山海经》，或类占梦书，故注者以意去取。"由此观之，刘向父子所校理者，虽合公私藏书，去重汰冗，然于异文多未以意去取，轻事删裁，犹存其旧，然淳驳并收，或不精贯。职此，晋世注家，雅志玄理，不尚怪乱，乃更有别裁，以还其醇。郭象即认为："一曲之才，妄窜奇说，若阏弈、意修之首，危言、游凫、子胥之篇，凡诸巧杂，十分有三。"此亦人类理性发达，好尚转移，自然而然之事。巧杂者"十分有三"，所余之近正者则十分有七，以五十二篇计之，合三十余篇，与今本近似矣。除去取精审之外，陆德明还特别推许道："唯子玄所注，特会庄生之旨，故为世所贵。"此论非一家之褊衷，即今观之，犹的然公论。故学者解庄作音，"皆依郭本"，而陆氏纂述亦循以为主，后世遵之无改，渐忘所自来矣。

吾人之受赐于郭氏者厚矣，吾人之受惑于郭氏者亦代未有已也！衡量郭象改定《庄》本之得失，其功为大，其眚为薄。彼所弃者非无可观，要梦书海经，晋人已属厌，不传而无憾者也。况附会于庄子，朱紫杂糅，怪力伤理，于其清通远达有玷乎？庄子之书，诞而非妄，夸而有理，非与小说之徒取其怪诞、耸人听闻者比也。

（二）关于《庄子》内、外、杂篇的划分

古人立言，既著于竹帛，则篇幅不宜过巨，其作者虽有系属，却往往单篇成体，可以独行。此想之易见。《庄子》最初流行，必非整本，而只是部分地，即以单篇或若干篇的合抄形式流传，自然不存在内外杂的区分。所以，内外杂的区分是后有的，是文献积累到一定程度，人为认定和整理的结果。这种认定和整理，固非毫无所据，全凭心意，或有某种相传的说法，借此保存几分真意，然要之不过为传说之信而已。且经后人之继续整理，本态又损，则此几分真意，又加稀薄，难以追还。

著述分篇，本为常事，一义尽则一义兴，更端运思，自有起讫。又文或专明于道理，或特详于事迹，或端庄其语，或俚俗杂言，其用心既别，风格且乖，不宜比撰，乃类聚成篇，而以内外标之，互明其体，不相伦夺。著述各有所专，文俗用其有宜，亦理势之所自至。于说经之体、子学著作，其分别内外，自汉至晋，沿循风习，典型犹在。如《韩诗外传》，以"外传"命书，对

《内传》而言，明非解《诗》之正体，借事言《诗》，非步趋章句也。明代王夫之即仿其体制，作《周易外传》《周易内传》，其言二书之别曰："《外传》以推广于象数之变通，极酬酢之大用，而此（内）篇守《象》《爻》立诚之辞，以体天人之理，固不容有毫厘之踰越。"（《〈周易内传〉发例》第二五节）则著述内、外之界，其体制之别可谓极严矣。又如刘安《淮南鸿烈书》，史载，初"作《内书》二十一篇，《外书》甚众，又为《中篇》八卷"（《汉书·淮南厉王刘长传》），亦本自有内、外之分，今所存或以内篇为主，而莫辨内外矣。又如葛洪著《抱朴子》，亦分内、外篇，其自述分篇之旨曰："《内篇》言神仙方药、鬼怪变化、养生延年、禳邪却祸之事，属道家；其《外篇》言人间得失，世事臧否，属儒家。"（《抱朴子·自叙》）此则非以明理、权事以分内外，而以世、出世分别内外。如道家修养神仙之术为内篇，儒家经世理乱之道为外篇，虽仍有内本外用之意，然与此前之分别内外，其准则不同矣。此时，佛、道两教俱盛，与儒家相对，以内外为际，故佛经往往有内典之称。然各教以己为内，以他为外，相互诋訾，有流于无谓者。分别内外，晋世之风习似最流行。

约而言之，内外分篇，其根据有数：一者，于经学著述，其传、说正与非正之分也，沿袭正统之方式、依附本文者为内传，别出方式或发挥大义者为外传；二者，于诸子，纯理与倚事之分也，纯言道理者为内篇，广引事证或杂举稗说者为外篇；三者，于宗教，世与出世之分也，研死生虚实之理、神仙金丹之术者为内篇，论世间治乱、礼教法度者为外篇。此古人著述之体，准绳不失者。

于《庄子》之内、外、杂分篇而言，与上数条又有不同。《庄子》之书非作者自著，明其体裁，故为分之，多与后人整理有关。毋宁谓其分篇，不过为整理之需要和一时权衡之结果，且屡经校理，改次其序，乃底于写定。先秦子学，所以凸显，必非一人之智、一人之力，而应有传承，相与推毂，乃为学者政要所知，歆动当世。故子学者，皆一家之学，其言为一家之言，其传为一家之传，不然人亡学息，悄焉无闻矣。如道家，创宗于老子，发挥于庄子，战国中期而盛，变而为黄老之学，至汉初而极，武帝而衰，其传有序。当其兴盛之际，好其学者，乃收集其说，加以编纂，以便于诵习。如淮南王刘安，宾客众盛，而特好庄老，尝有《庄子要略》等作，于《淮南子》中引述庄子之语尤不少。庄书收集整理之事，前此未明，刘氏之功当居首要。

张恒寿先生于《庄子新探》一书中，特别揭示刘安于庄学之贡献，而尤以内外分篇即作始于刘安。此虽非有确据，然可信也。料其所以分别内外，必以篇籍杂积，略以著述之先后，篇章之性质，为次序之。如篇籍寡少，则无用分篇；如无准则，亦不能分篇。其所以分篇，必本之旧闻，以相传为庄子所著或本家学之典范为内篇，内篇者郑重其文也；又以杂说，未精审者，或后人可知之续作及时人之新作，有别于古文，而为外篇，外篇者意示有别，非言其不足贵也。如古今人于物产，往往好为品第，区分上中下品，书籍整理而分别内外篇，即有品第之意。然于物产，优劣易睹，而文章之品第，其格难断。若著作之醇疵，人各异见，以之论真伪，则无真伪矣。于刘安之整理，吾人与其认彼分别庄子所作与非所作为内外之标准，不如谓彼以时代先后，古今之文为标准。此虽为两标准，实多相合，庄子之作必先，时人附益必在后也，内以存古，外以融今，则条序不紊，本末不倾，而于家学益弘茂矣。

如以刘安为对《庄子》一书作出较早甚至最早之整理者，则刘向、歆父子之整理则为第二期关键之整理。若五十二篇之写定，可以断定，必由在后之刘氏父子，而非在前之刘安。史未详刘氏校书于内外篇划分之事，然其必有所本，不然内七篇历晋，不能如是一致，如陆德明所言"其内篇，众家并同"。刘向之分篇，今可无论。我们于《庄子》一书，所当知者，在其内、外、杂之划分，定本于郭象。内篇虽有出入，然大体为相传之旧，外、杂乃学者各出别裁，故莫能划一。因外而更有杂篇之设，杂篇者，外篇之外也。

郭象以前，《庄子》之篇数、格局未定，郭象刊析而定之；郭象既定，至唐初，犹未独行，唐初以后，成疏既作，乃几于独行矣。故此后，读《庄子》而欲不受郭象观念之影响，自不可能。又以如此，我们于《庄子》成书之来历，不能不疏通之，以免为整理者之观念所局限，于达庄之道生妨害。

分别内、外、杂篇，于古人而言，无论其刻意保存，抑或刻意删汰，皆出于一种审慎态度。不过，这审慎之故不同。于本家之学者，其分别内外，乃多出于崇敬先哲，谦抑后人；于文献家言，其分别内外，乃出于保存文献，明其疑信；后世玄学家，其既失家传，而世风亦变迁，虽同好老庄，其分别内外，乃决之于文理，文理弘通精深者为内，文理芜杂肤浅者为外。如是，有以存古为善，有以去疑为善，有以附益为非，有以附益为是，不可一概而论。

关于内、外、杂之分篇，于我们今日的意义已经甚微。我们今天宜秉持的态度为如何呢？首先，我们应有如上若干的了解。由之，我们须知，内、外、杂之分篇，其于文献整理的意义为大，而于家学的意义不甚大。我们自然应当尊重家学的传统，了解其文献传承综理之序，且有特别尊重、给与经典地位者，此即以内篇表示之，其历后发明创作而汇集者别为外篇，然非以其无关家学而外之。古代诸子之学，皆由创始者名书，非即谓全由其手著，而乃不断敷衍发挥完成，不断有经解传说，附入到原始文献当中，相得益彰，最终一道成为经典之部分，成型写定。对于这些不断附入的部分，我们不能用"伪作"来界定之，而应当从家学之传统，古人著述之通例来理解。这一点，我们的前辈学人已经辨析甚清，不容再起误会。

> 很早就有人指出，称为先秦某子的书，都是某一个学派的著作的总集，虽号称为某子，但并不肯定其中某些篇是某子所自著的，更不肯定全书都是某子所自著的。这个见解，章学诚讲得很清楚（见《文史通义 公言》）。我们不了解先秦著作的情况，往往把近代著作人观念加在先秦著作的上面。其实先秦著作人观念是不明确的，当然更没有所谓著作权。不仅号称为某子的书不是一人一时写的，其中的有些篇也不是一人一时写的，其中有些部分是陆续添上去的。
>
> ——冯友兰《再论庄子》

> 《庄子·让王》《渔父》之篇，苏氏谓之伪托；非伪托也，为庄氏之学者所附益尔。……诸子之奋起，由于道术既裂，而各以聪明才力之所偏，每有得于大道之一端，而遂欲以之易天下。其持之有故，而言之成理者，故将推衍其学术，而传之其徒焉。苟足显其术而立其宗，而援述于前，与附衍于后者，未尝分居立言之功也。故曰：古人之言，所以为公也，未尝矜其文辞，而私据为己有也。
>
> ——章学诚《文史通义·言公上》

章学诚作《文史通义》，通论古今学术，明其大义，为问学之宝钥，知古之要津。冯友兰先生所持子学之观点，即本于章氏，诚有识之通论也。又关于古书著作之情况，余嘉锡先生有《古书通例》一书，读之可以发蒙，于内外分篇之事，并有专论，可以参观。

我们所以倚重于内、外、杂篇之区分者，主要用途在于确定何篇为庄子自著，何篇非庄子自著，或为其后学所述，及他家掺入，换言之，何者可信为庄子之著作，何者不可信为庄子之著作。古人之分别，固然可以提供适当之线索，然内、外、杂之分篇，非直接与各篇之时代先后问题一致，不可径以内、外、杂之序以当时代先后之序。自来于内、外、杂三篇，其或以内为早为真，或以外、杂为早为真，或不拘于分篇，而主张打破内、外、杂之界限，依照种种方法而重新考订其先后真伪。如是诸说，各有代表。此中，要以内篇为早为真者居多数，为通常之观念，而又以打破内、外、杂而重新考订之主张，为今日合理之趋势。

就主张打破内、外、杂篇之界限者而言，其足供启发者，如冯友兰先生认为，可以《天下》为论庄为支点，据《逍遥游》《齐物论》贯通全书而衡量之。又如王叔岷先生认为，"晋人所注庄子，已纷杂如此，则据今传郭本以论庄子之书，不亦难乎？郭本内、外、杂篇之区画，盖由私意所定"。（王叔岷《庄学管窥》，中华书局2007年版，第17页）"欲探求庄书旧观，首当破除今本内、外、杂篇之观念，大抵内篇较可信，而未必尽可信。外、杂篇较可疑，而未必尽可疑。即一篇之中，亦往往真伪杂糅。"（王叔岷《庄学管窥》，第20页）。此种种论断，皆精核有据，读者虽不必执真伪之见，而于世俗之局促于内篇，闪烁于外杂，可稍悟其不然矣。又如张恒寿先生，希望"试为打破内外界限，推寻一下《庄子》书中较古的篇目，作为考论全书的起点"，又主张，"要对《庄子》思想进行研究，就须对全书各部分都加考察，不能漫信旧说，不加分析，即使《内篇》真为庄周所作，也须和外、杂篇的态度一样，经过审查，重新确定"（张恒寿《庄子新探》，湖北人民出版社1983年版，第20页），其考辨亦精密。

总之，如我们于《庄子》之分篇不有所了解，便只薄涉内七篇，以为理义浃贯，而于外、杂篇意存轻慢，便少蒙其益。如谓义理浃贯，又岂合内七篇而足？即内七篇之任何一篇，无不义理周备。更甚者，又何用文字？如此，则学乃任心，非心依学，猖狂离披，自我作祖，学之畏途也。《庄子》一书，一篇有一篇之义，一章有一章之义，其既相通，又不可彼此假借，非有此而彼为赘疣，有彼而此为骈拇也。吾人一一虚心体之，家学乃明，义理乃熟，境界乃开，譬转丸于盘，乃回环往复，曲折自如，不然，寻章摘句之徒而已。

（三）关于《庄子》的作者

《庄子》之区分内、外、杂篇，已然与作者问题相涉，今于作者问题，复有所断言，以祛疑雾。

《庄子》一书，可信者，必与庄子有关。此渊源有自，虽古而难明，踪迹灭晦，然非妄相附会，无端虚传也。其人之事迹难以传信，其人之姓名易于传信。

又，《庄子》全书之作者未必是庄子一人，甚至未必是庄子。我们今人以为一种学术，必要有本人著作之体现，然在古人，特别是先秦时代，这却不必然。今传儒家的经典大概多在秦汉之交，甚至是汉初，才著于竹帛，写为传本。在此之前，虽未尝没有以文字形态传播者，然口说之流传则甚为广泛，特别是在社会的下层。今考古所见战国时期及汉代之写本文书，皆为贵族墓中的随葬物品，一般人必不能有如此的资格。且经典书籍或重要书籍之流通，往往由中央王朝掌控，需申请方可授与，并非尽人都能有其书，此在汉代史书中尚多记载。后代要籍犹往往官赐，则于先秦时代似可推想。

在古代，人们往往很自然地把《庄子》的作者归属于庄子。宋代的苏轼开始疑《庄》，认为或有伪作掺入。如题为某人之著作，古人往往即目为某人之著作，似为一种普遍的态度。非古人易于盲信，实则他们抱有一种虔诚的历史态度以及一种宽广的学术观念。故他们于流传下来的历史往往存一种偏信，于学术的发展往往过重于敬始。即学术而言，古代学者无不抱有一种传统，在这种传统的依附中实现自我的发展，以及对此传统的延续和发展，罕有抛弃传统而独行其是者。故吾国的学术，往往以"家"来论。此吾国学术之伦理欤？

古今流传，其恒为显学者，儒、道而已。先秦时代则诸子百家，或儒墨为特显，或儒道为特显。凡一家之学，必特尊其作始者，如家族之追远于始祖。故吾国社会，不但家族为有宗法，即学术文化亦见有宗法。易言之，不但个人必有姓氏，即学术亦有姓氏，此所以儒学又称孔学或孔孟之学，道家又称老氏之学或老庄之学，后起之佛教本土学者则往往称为释氏之学。此可以见其习矣。佛教三藏数千部著作，不必皆佛说，然奉为佛说者众矣。经传而录为孔子言者亦夥矣，不必皆亲闻之于孔子。托于老庄者亦然。此固非不能辨其虚伪，然所以习而不辨，以至于今欲辨而寡征，非古愚而今智，乃古今为学之传统转移矣。今人以个人发明之权属与材料客观之归属为准则，求所谓客观价值，古人所重尤在天地间道术之发明与传授，个人或可隐而不彰，道必求其衍自正宗也。道术者，非时空中物，又岂可以时间辨乎？又道术者，天地间公共之物，又岂可以据为己私哉？道者，天地万物人心之至理，可由人心以发明，不可借人心而有无，以人心而有无者，意见也，非道术也。天下之学术，以道理为至归，吾国古今之人，亦循于学而践此道理而已。若其流转物我，离合天人，内外仁义，各局于一域一曲则有异，至于同宗于道理则未有异。道理洞彻，卓然不易，为见鞭辟，识度无蔽，则虽千万世犹一成纯也。

我们现代的学术态度，一般认为《庄子》内篇比较可靠，认作是庄子的作品，而对其他作品则持保守态度，认为是庄子后学或庄子学派之作，乃至别家作品掺入者。当然，这一做法也非通论，尤非定论。谓之非通论者，于这种今日流行意见之外，尚有不尽然甚至不以为然者，内、外、杂诸部都各有支持为庄子所作之学者，而亦非无理据。谓之尤非定论者，此种做法亦不能不属于据某种意见而然，为众多推断之一。

庄子本人之有无、生平尚成迷惘，属于约略推定者，则其著作之有无及确定篇目，求索之下，尤属难稽。且先秦之文篇，往往为章句，积句成章，累章成篇，少通篇大论。若其章句之组织本不固定，或可由授受者自我裁取，久远流传，乃约定熟固。故近来出土文献，如《易》之《系辞传》即如此，《老子》本文亦有如此者，故经传之版本，由来分歧。今以后人一成编定之书，而信为不易之典，以为合于原貌，则亦忘其武断，齐于末梢，枉煞许多精力。所信所否，未尝不各信本心，非可以论庄作之实然与否也。先秦久远，历史所遗，万不及一，以久远论恍惚，终非人之微智可以悬揣而料定。世有所谓"事倍功半"者，此也。

名定于实，实成于用。于用既有其习惯，于实则约定成俗，于名亦相因而有专门之义。故我们于《庄子》一书所涉及之主体，仍要适当区分，主要的称谓有庄子、庄子后学、庄子学派或道家这几个。今日吾人于庄学所可使用之观念有此数端，所以如此，亦本于求实之原则，有不得不然者，亦有不得即然者。首先而言，庄子本即为一未定之名，辨而未晰者，遑论其他？《庄子》谓"言者，风波也"（《人间世》），"名者，实之宾"（《逍遥游》），信其然也。吾人所安之名，精而析之，其重重相因而生，未可究诘，焉必其如实？故庄子者，吾人所已谓之人也，真实之庄子非吾人所谓也。吾人所谓之庄子，《庄子》之书及文献所载之庄子而已，过此则非吾人所知。故可谓有古以及今之《庄子》，乃有庄子，吾人研究之庄子终不能舍书而论人。于书之中，又见有议论之不同，道理之抵牾，乃谓有为师之庄子与为弟子之后学，此后人所离析，非古即然。又或以为不可明辨庄子与后学，乃统以庄学或庄子学派称之，皆取其不违于事理之便。吾人不分析之，则于学也若不精；吾人分析之，则于学也亦非即精。辨而无当，此今人为古学而拘泥于名实者之困境，于庄子之学则尤然者也。结茧密致，适以自缚；作法不善，徒将自毙，其有以也！精岂易论哉！假虚为实，以局为密，或求而日远其情也。

吾人论庄，取已有之材料，相与约定而已，不悖于既有，斯可矣。今之传，古之所传也，不悖于所传，是所以不悖于古也。若求毫发无失，虽当面犹不能，吾人唯论其大体可也。大体不失，则精义存，而吾人之心即庄子之心，所谓"万世之后而一遇大圣知其解者，是旦暮遇之也"（《齐物论》）。尚矣微哉！古人传其道，非传其人也。

第3节 约 言

约言者,约述作之意与习庄之旨以为言也。此与体例有别,体例者,明成书之则例规范,此乃述其心得、所以为书,并收其所不及详者,条列以为一节,兼有正本与拾遗之用,拟为初学读庄之助。文且取纲目之体,或略或详,纲摄其略,目纳其详,疏通所宜,合萃于此,而又不必求备于一区。

一、今日宜读庄。

今日所以宜读庄者,人习功利,世趋多为,逞知穷志,心念愈肆,技术日密。事无小大,举为划一,动辄更制,故群皆扰扰,朝夕迁荡,不获宁息,为心日劳,为力日拙,无从容之暇,少安隐之日,可谓疲倦矣。庄学者,非必求人人槁木死灰,老死不闻,以馨理极,但贵其能使人稍获苏息,小以苏心,大以苏世,不若今之惶急奔命,愁蹙于岁月也。世道愈发达,庄子之书便尤显其宜。

二、庄学为理性之学,攸关于人类之命运,吾人当问道于庄。

《庄子》者,忧世之书也,所以察天道,洞人心,探物始,通古今,全人之性，安人之命，发万世常存之道也。我们如欲了解中国文化，特别是关切于中国文化之前途，则不能不虚怀殷切瞩目于庄子之学。又进而言之，不特中国文化之前途大有关系于庄子之学问，且人类文明之前途亦大有关系于此种学问。是言非诞也。吾人徒知有为之利，徒信用知之益，孰能明无为之大利，不知之大知？吾人徒知物欲其盈，事蹈其极，孰能明事极则反，物盈则亏？此非老庄之学而谁？投药饵，下针砭，备当世之弊，还风俗之淳，此老庄之学所以为不可少也。

又，论乎攸关人类命运前途之决定，可出于冲动？抑必出诸理性？如必然出于理性，则庄子之思想为理性？抑为非理性，甚或反理性？于此，吾人往往误解最深。大凡学问，未有不出于理性者，虽主张反对理性而信任情感、直觉之派别，实亦不能不出于理性。理性非他，明审而能持物理人情之是者也。凡人所奉物理人情之所是，便为理性之所在。理性或知，诚大有弊，然此弊非出于理性自身之反省则不能垂照。故再质言之，理性即人类认知与生存方面之无限反省能力，理性自身之病况，亦在其反省范围之内。而此正庄子所彻头彻尾教告于吾人者。且庄子之学，为完全有致之论理之学，凡所出之理，无不广譬切喻，以牖导吾人于通达之境。此信而可征。吾人切不可以为庄子言无为，反用知，欲人"堕肢体，黜聪明"，便以其学为反知、反理性，则大非。此惑于论理与境界之别。道固不止于言，然言则必合于理。吾国诸子思想皆涵至理，但不必解析其理；尚思辩而能解析其理者，有之，庄子其尤者也。

从哲学之角度言，任何哲学皆为理性之哲学。然并非所有学说或思虑皆可上升为哲学。道家哲学可予吾人一种固有的哲学形态之示范，并增强吾人的理性意识。人类生活及社会构造之进步，必有赖于人类理性之程度。

理性哲学之弊往往流于机械，道家则归于自然而未至于机械。道家的核心价值在于维护人本身之地位，特别是作为自然整体之一部分的人之地位，从而对有损或背离此中心地位之行为、观念予以检校。道家竭力维护人之存在、一切生命存在之自然形态。事物本身之自然存在（顺性），即其哲学之目的。道家与儒家，在人之本性上都有深刻的洞见，也形成了二者的本质区别。道家的素朴人性论，没有给人性过多的内涵，而强调其自然的实存（固有的差异性和丰富性），消解价值的赋予，有其与现代理念的默契。

三、道家之学为独立之系统，庄子之学与老子有异。

中国传统思想文化当中，儒家的地位固然崇高，然道家的影响亦着实紧要。道家思想源于对以儒家为代表的流行思想的批判,然不止于对儒家思想的批判,而有其独立的价值和地位。道家思想的独立性,即表现为其为一套完整的哲学系统,表达了一种特别的对天人关系的理解。就此,儒道二家在中华文化的发展过程中不断融合,起到了相互批判及对文化的共同塑造作用。老子与庄子作为道家思想的主要代表,二者的思想固然相通,然其发展的倾向和风格有极大的不同,简言之,老子的思想主要为沉静的,收敛的,而庄子的思想则为游行的,开放的。

四、老庄之学非逃世苟全之学,尤非权谲数术之略,与田园理想有辨,其意犹在尊道进德,为圣人之学。

老庄之学,乃痛世道之祸,欲急起而解之者也。其痛也非独一世之祸,而揭千万世之祸于旦暮也。其学非空虚无实、乱人之情、反人之性,为逃世独善之道,尤非权谲数术之略也。庄子之书,所写人物众矣,其为寻常者不少,而散人畸士犹在常人之下,诚可谓易于平人,不远世情矣。然若但以田园度其理想,则犹属相对,未脱尽世故。庄子所鼓舞启发于后世者,人间之生活,人人之生活也,岂但为欣然于田园,冷淡于利欲者设哉?山林野处、屈伸导养之士,其形似而非神合者也。论老庄之旨意,犹然在求圣人之学。圣人者,与天同行,道尊德至,既充且和之谓也,非以其居高位、擅富厚也。圣人不但求成己,亦求以成人;非独意在于全身,尤笃志于化俗。吾人遵道之行,据德以进,则圣人可望。圣人岂有他哉?学以厉所行,行以副所学,学行交进,而寡过之谓也,士君子也。医者技进于道则圣也,庖者技进于道则圣也,木匠瓦师技进于道则圣也,士事依于道则圣也,凡百工之人本其分而进于道,无不可有圣之实与名。圣人岂离日用事变而专为道德者哉?圣人岂远乎人哉?

五、庄子之书不可不用精读,且不必一时贪多,要在滋味日腴,意思亲切。

世间流俗好庄者,多耳食之谈,不求甚解,乃生轻心,或至率任,因以弥误。精读乃见其中有物,乃知其理非可耳目剽窃,以求适己之用。《庄子》一书,其于后世之价值,并不局限于某一方面。后之学者,或采其文辞,或取其记叙,或爱其论理;即其论理而言,或趋其诡,或探其仁,或以恣肆,或以冲澹,是非日淆,莫可折中。习而益放,非唯无补,转滋摇荡,故于其书,不可不密解而慎求之，知理无空谓，言无虚发，既不失其质地，又不迷其统系也。

吾人略通大概，便可入细读，操刀作内里解剖的工作，以求精实，不然，总在似是而非之际而已。细读也不必贪多，按着一章篇幅合适者，寻文仔细研读，一周研读一章也不为少。切忌只是浮会，到底不经推敲，也自领略不到趣味奥妙。这种奥妙不是故意做作出来，只是理致深入。泛泛思之，不能得到罢了。若我们诚然见到，便知那一境地，是不虚的。吾人读庄，总要意思亲切，尝到滋味方休。

六、吾人读庄，当即文求道，不可割裂，或者玩文，或者抽理，皆非通学。

庄子所以著作，求明道也，此可无疑。论道而文彰，就其本意，道不掩于文，文以载其道，不空作也。取文舍道，则本末乖张；必即文求道，而后志合心得，庶几存其大体。文固可赏，道本应志。所售者珠而好其椟，指明月而顾于指，其于庄子不几于逆以成侮乎？庄子之书，必有言而言，其志何在，其道何在，此吾人所当研求者也。

七、吾人习庄，当重反身。

凡为学，必学与身融，以学润身，以身养学，学身交致，乃为有功。学庄而好为空言，无裨实行，功乃唐捐，匪益有损。论庄万言，不如机心毫忽之融释。吾国学问皆实学，深忌口耳之学，庄学亦然。观人之学，不唯其言，尤在其行。

当吾人未知庄时，吾人所习于庄者，书中所有也；当吾人既已深入，所知渐多，吾人所习者，吾人所有也，自省其至与不至，以实其身。庄书之理，浅则以浅，深则以深，随吾人学力所至而自不同。当吾人所问询于庄者加深，即见吾人对庄子之理解随以加深，而思与俱运，理与并周也。

此间须知，吾人所持之疑问与日见加深之理解，不但与庄子有关，其更重要之来源，乃在吾人整个之生命经验，及此经验与庄子学说之交涉、融会。故吾人对于先哲之问询，即为吾人对于吾人整个生命经验之反思与澄清。简言之，即对生命本质由不自觉到自觉之逐步窥见、操持。

如将庄子哲学，推而广之，一切堪为哲学之哲学，皆为对此等问题之精湛回应。唯睿智好学之人，乃能及此思考而树立其恢弘之信念。唯内心为此等问题驱策苦困者，百千回转，乃能登拾哲学之门户，而容托俯仰于其天地。故吾人于自身之生命以及天地间之所有，皆为一亲身问询之过程，或曰一寻求了解之过程。唯其所问之地步，及其了解之程度各不相同，然皆为吾人自身生命之流漫及与天地古今生命之沟通合汇也。吾人之生命感愈恻怛精诚，则吾人于先贤之学愈能相契，所本与所致者同是也。

八、庄子不易读。

庄子之不易读，可约有四点：一者其文诡，二者其文隐，三者其理邃，四者其义殊，而僻违之字不与也。文诡者，荒唐之言也；文隐者，寓言之体也；理邃者，其间曲折数四，非一穷可至，必随其径路，盘旋而上下也；义殊者，大乖常理，不近人情，狃于习心，而先有恶疑也。若夫一字一词之不识，非所谓难读。如以文字言，平易可识者七八，艰涩非常者二三而已，况艰涩非常者往往无害大义而可舍之不深究也？

九、庄子之学虽至于神秘而皆起于平常。

《天运》首章言："天其运乎？地其处乎？日月其争于所乎？孰主张是？孰维纲是？孰居无事推而行是？意者其有机缄而不得已邪？意者其运转而不能自止邪？云者为雨乎？雨者为云乎？孰隆施是？孰居无事淫乐而劝是？风起北方，一西一东，有上彷徨。孰嘘吸是？孰居无事而披拂是？敢问何故？"此不啻庄子之天问。今日固有倚科学诸说而若将陋之者，然两千年前人思议及此，句句闻来，皆足惊心动魄，何其用思之远大也！如此诸问，不必待学问而后发，童子可有，存乎人之好思之心。如《天运》首数句之问，天、地、日、月，有目共见，有心共知，而有启其思者，有终身无所用心者。答之难，问之非难也，然所以罕问者，心塞于近习也。心不豫则不思，心不静则思不远，吾人日茅塞吾人之心，使其不灵，以致思不出寻常之内也。

此则材料虽不必出于庄子，然实亦能揭示庄子思想之根柢所在。庄子哲学本起源于许多问题，而此诸问题往往又为日常经验中之平凡问题。其共同旨意，皆在于追寻当下事物之所以然。对于当下存在之事物而言，其所以给人以问题之困扰，乃在于事物具无限之多样性、差异性以及变化性。由此诸般之多样性、差异性及变化性，吾人乃及于世界万物整体或一般之问题意识，此哲学之契机也。诚哉！"夫子步，亦步；夫子趋，亦趋；夫子驰，亦驰；夫子奔逸绝尘,而回瞠若乎后矣!"(《田子方》)古今大哲人,其惑与世人同,而其灵明所存,深心所营,乃卓然独出于世人之表,为不可企。思则哲,不思乃惑;深心则智,浅心则愚。知之然否,于其浅深辨之而已。

十、庄学贵尚自然。

自然者何?自然即天。天者何?天即自然。此二者相互为训。故吾人知自然之外无天,天之外无自然。天者,吾国思想之至上观念。则学之为学,求知天理(天之所是即理)、明自然也。自然者,天行也;天行者,道之谓也。故庄子之论道,不过求人物之自然而已。

十一、庄学贵求真。

天地之间有真无真?真之与伪,其何以有判?吾人于所然者信以为真,其果真与否?既以为有真,吾人何术以求真?真果可得与否?此皆庄生所提示于吾人之诸问题。于此一点,有二义当明。其一,真者,真宰之真,万物之运行,其不可已,果有一超然独上之真宰,主持于其间乎?其二,真者,物物当体之真,或曰物物之自真。庄子之说,旁求真宰而归于物物之自真。自真者,不待于外,万物皆宛尔自得也。万物之真,循其自然而已。人之成人,达于真人而已。

十二、庄学贵全生。

贵全生,或可曰贵全性。唯得生之性,而后可以谓为全生。故必知性而后知生。性者,生之质或曰生之理,生所本然者也。人皆有生,然有得其生,有不得其生,其所以有得与不得者,以或顺或违于人生之本性也。何以贵全生?物之所有,以生为大,去生则无物,人亦然。庄子之贵全生,不以人之生为独贵,亦不以人之生为不足贵。等为生也,则等其贵。唯生之在人者,人必贵而全之。全生者,尽性之事也,正命之谓也。物各有其真,不害其真乃能全生。此欲人人之自成其人,而不害于物,申己自由之道也。

十三、读《庄》不可取俗本,当从经典注解本。

吾人读《庄子》,入手不能随便拣选通俗读本,以免受俗讲、俗说的不良影响，主意一倾，虽小节无失，而万牛难挽矣。庄子的高妙，绝不是世俗的智慧，尤不是心机、聪明揣测之物，非欲哗众取宠、迎合私曲者所及。我们应当读传世的经典注解本，作冷琢磨、笨功夫，而不当求热鼓噪、速本领。传世的经典，皆代代琢磨攻治过，贤哲心心发明印证过，故较为可凭。然虽经典，只能谓大体得之，非无可质疑，一味承受。即经典而论，其误会含藏之处，亦往往而有，有无关宏旨者，可以无论，有攸关宏旨者，在所必辨也。

十四、基本的几种参考书。

郭向《庄子注》，成玄英《庄子疏》，其解庄深也；郭庆藩《庄子集释》，此取材广也；钱穆《庄子纂笺》，其别裁精也；钟泰《庄子发微》，其按文理而有独鉴也；陈鼓应《庄子今注今译》，其注译清而文俗易也。

十五、读《庄》须反复诵绎原文。

吾人读《庄子》要反复诵读原文，原文正自明白，不可断章截句，全丧文气；不可全仗注释，好捷求简，都无本己玩味工夫；不可过多掺杂旁见，以免落在知识臼里，心地芜杂，惑而愈惑，难可收拾。参观注解为辅，诵绎本文为主。久久，不通处自通，不见处自见，莫会之处自然契会。

十六、读《庄》宜节节鱼贯而读，不宜凌乱翻读。

《庄子》之书，不但撰者有功，传者亦有功，连类成篇，内外相从，命题发义，乃见理秩。读《庄子》最好节节读去，方可汲历来荟萃整理之功，亦不亡引申触发之机。其初，自前向后，循循去读，如展草心，如破竹木，不宜急于贯通前后，反成缠绕；又不宜凌乱翻读，斩断统绪。

十七、读《庄》须先俯身求知其意，不宜急于作批评、任心取舍。

吾人读《庄》，不可急躁冒进，轻于诋诃作批判，自视高明，而应虚心先求理解。《庄子》书中，表面上不一矛盾之处甚多，如不真正理解，便将率尔斥之为非。其实，《庄子》行文，每处各有立意，其引导人有层次浅深之不同，如不能体会这些层次而混淆言之，以此责彼，便成大过。论学多有取舍，取舍必有准衡，准衡乃出于知学。吾人于老庄之学尚不知为何物而昧昧，则虽欲取舍而必不能。吾人于学不可不求取舍，亦不可妄用取舍，不然，所取或非所宜取，所舍或所不可舍，而徒重今日世道之祸也。

十八、读《庄》虽以义理为归，而众妙并宜俱赏。

吾人读《庄》，不应单纯地于义求高，只注重理智的事，还不应忽视对其语言之美的玩味，及对其境界之美的体会。《庄子》的意义是多重的，其间又有可相互涵养启发之处，并作整体之鉴赏，方能味其甘旨，神意完足，周流无穷。

十九、读《庄》应从无生机处读出无限生机。

吾人读《庄》，应从消极之意读出积极之意，应从无生机处读出无限的生机来。这是最重要的一点。如此，我们便算研读《庄子》有了成功，便能受着莫大的裨益。然此未尝易言。世人多责庄子之学为逃世隐遁，聊取幻乡以自慰，而忘其逆世之流、凌然独往之大勇力，忘其吸嘘云气、吐纳万物之大胸襟也。非死却众妄，则真机何显？此庄学"以明"之大智也。

二十、读《庄子》书，应由易会难。

庄子之文，其有大理而理诡于俗，其有至文而文传于讹，故今之董治而欲字字无碍，句句平通，其为难至，可以期也。然庄子之文，其理诡非不可通，其文讹非碍于义，吾人由其易明易知者推之，则难者可通矣，晦者向明矣，塞者渐开矣。故虽一段之文，必回环往复，上下相格，则隐者自现，难者乃化。寻文之道，必据于信必，如是其于说理，则审固而难破也。

二十一、读庄子之忌一：就一章一节，须先通本义，本义既明，而后辗转及其引申之义，不可漫为牵引。

每读一节一章，先求每节的本义，如此，才能读出每处的不同之寄，见出行文的微意。不然，泛泛去解，其间的微意都被埋没了，两下都得不着是处，只一片粗劣之心颟顸用事而已。

二十二、读庄子之忌二：寓言则当作寓言读，寓言之指示在人不在物，不可泥物而迷人。

在理解庄子的寓言时，研读者往往拘泥于物象，而通过事物本身的不可能来宽释庄子对人类的要求，从而忽视了庄子对人类本身的关切和崇高期待。

就蜩与学鸠而言，或者对埳井之蛙等《庄》书中所塑造的其他诸多寓言形象来说，它们本身的形体习性是常态的，相对稳定的，或者说就是出于天性，达其自然而已。我们没有办法让学鸠飞上九万里的高空，我们没有办法让埳井之蛙遨游于汪洋之内。《骈拇》篇言："凫胫虽短，续之则忧；鹤胫虽长，断之则悲。故性长非所断，性短非所续，无所去忧也。"各种事物的形体功能都足以满足其生存的要求，这些生理条件是很难改变，也无需改变的。如果刻意改变事物自身的本能，反而还会危及其生存，戕害其生命。这是《骈拇》《马蹄》等篇的精义，也可以说是庄子养生之旨的贯彻。改变事物的自然本性，对于庄子来说，是明确持反对态度的。不仅对于弱小的事物来说如此，即使对于鲲鹏、海鳖、鹓鶵等代表大之一端的事物来说，它们虽然生活行动于更为广大开阔的空间或时间当中，但就形体的限制、生命的本能来说，也必然受到源自天性的极大约束。能于小者固然难及于大，反过来，能于大者也未必能容于小，所以才会发生"东海之鳖左足未入，而右膝已絷"的后果（《秋水》）。

就辩证的思维来说，诚然如上，但对于庄子而言，其意谓决不在此。如果我们仅仅以事物的本性来为人类的境遇或命运提供一种妥协、安忍的理据，将会与庄子的本意大相径庭。当然，其中的根本原因之一，仍然在于混淆了庄子齐物与逍遥二义，可还有另一层重要原因，即执着于寓言的物象，从而考察点为物所夺，最终偏离了庄子本来对人之指向。

对于蜩与学鸠等一系列寓言中的物象来说，它们本身不能发出人类的语言，更不能具备人类的思维能力。所以，真实的情况是，蜩与学鸠不会嘲笑鹏程万里之高飞，而埳井之蛙也不会自以为天地尽在我的视野之内。这些都是庄子的假设之词，也正是寓言之为寓言的精妙之处，是毋庸赘言的。尽管我们对寓言的性质本身极其明了，但还是难免发生解释的偏差，甚至颠倒了重心。

就物自身而言，存不存在自然与不自然之分？自然，与不自然相对，而不自然所指涉的并不是天地万物的变异之象，如风雨雷霆之作，或者哀骀、闉跂支离无脤之辈（二人见《德充符》），而是指示人为或者文化之改造。自然与不自然，其分际乃天人之分际。"'何谓天？何谓人？'北海若曰：'牛马四足,是谓天;落马首,穿牛鼻,是谓人。故曰:无以人灭天,无以故灭命,无以得殉名。谨守而勿失,是谓反其真。'"(《秋水》)就事物自身而言,根本无所谓自然与不自然的分划,一切之不同皆因人类的认识或人类的行为而出现。就自然世界中的事物而言,无论其形状如何怪异,其表象如何反常,如果没有人类意志或心官的干预,都可以说是自然,当然也绝无所谓优劣之分。分别意识,即是人类的文化世界的总缘起。所以,就学鸠与大鹏、鸱鸦与鹓鶵、坎井之蛙与东海之鳖而言,它们自身本无区别,本无小大,尽管它们可能在事实上有形体小大的差异、性能的不同,但其自身无此意识,是可以相对确定的。庄子举之为寓言的本意,亦肯定不在于剖判这些不同事物的小大、善恶,庄子如此之寓言又必有所寓。其寓意,毫无疑问,应当是指向人类的。对于事物的改变,是庄子所不欲从事,亦未尝立意从事的,其借助物象,通过寓言,乃欲引发人类自身对于现状的反思,对于"道"的领悟。

事物本身的基本性能很难改变甚至无法改变,但这并不意味着庄子"小大之辨"一义的理论价值,就此落空。如果我们仅是着眼于相对性的小大关系,进而抹杀小大之辨,转而提倡郭象的性分之说,而忽视了"小大之辨"自身独立具有的命义,则庄子哲学的积极价值将会受到严重破坏,其理论意义很大一部分才会真正落空。对于客观事物而言,主体之人是无法从道义上加以责备的,其可施加责备的对象只能是人类自身。"方舟而济于河,有虚船来触舟,虽有惼心之人不怒。有一人在其上,则呼张歙之。一呼而不闻,再呼而不闻,于是三呼邪,则必以恶声随之。向也不怒而今也怒,向也虚而今也实。"(《山木》)事物不具有主观意志,因而对人类来说,也就不存在故意或恶意,无法用评价人类的标准来回应事物。所以,庄子哲学的主体内容不是"物论",而是借物论人。庄子对于物自身来说,是无能为力的,其哲学的诸多教义,其寓言等载道的形式,其目的应当是使人从道,而不是使物合道。作为自然之物,本来合道,无需人为的主张,只有人类的认识和实践,改造了原生的自然界,遭遇了治乱生死等诸多的困境,一言之,背离了"道",从而需要复归于母"道"。庄子一切寓言之本义,都在于对于人类自身的自我指示。

二十三、读庄之忌三:逍遥与齐物有层次之分,初学不可搅作一炉,性分思想不可泛滥为说。

逍遥、齐物泛滥为说,溟涬无别,特始于郭象,性分思想遂成解庄之利器。不知，二义固可通，然于庄子引导之机自不同。逍遥、齐物要先明其为二义，然后求通为一义。要求逍遥，必先识大，要求识大，必见其为一。唯识大者而后能见齐一，唯齐一而后能致于逍遥。齐物其方，逍遥其境。未识其大，而依照成说，漫然敷衍齐物之理，遂各自足，无待于闻大，不但不着于实，且有害于义。况且齐物之理，也不只是平面化的，而是立体的多层次的。囿于小之为小，大之为大，而知小大本相对而有，小者未必小，大者未必大，故小大可齐。然而庄子之义，并不是要去大者之大，而足小者之小，使物物皆因此而自多，人人皆因此而自大，如《老子》第七十七章所谓："天之道，其犹张弓！高者抑之，下者举之，有余者损之，不足者与之。天之道，损有余而补不足；人道则不然，损不足，奉有余。"如果以此来理解庄子齐物的用意便是严重的误解。在庄子而言，他有一个积极的面向，即逐步引导人们摆脱"聋瞽"的状态，"开其天之天"，而不止是"开人之天"，一味追求"开人之天"，便是"天之小人"。追求大，也就是对于道境的不懈追求，在这个过程中，人需要冲破重重的情感的以及理性的障碍，非可安然于既有。

吾人据齐物之理，往往觉小大、物物、人物之区别皆丧失意义。贸然混物我为一，下语虽若高而见地实转粗。如是，庄子之学说，将使人沦落于无意义而后止，流弊于"不求甚解"而后已，则亦过矣。庄子之学，决非引导我们到无意义而即止，无意义之上更有意义可见。于此而更知《逍遥游》之小大之辨，非但明小大本身之无意义，大而非果大则大犹为小，小而果至于道则虽小亦大，正破小而不见大、于无意义上不见意义之失。此正庄子所以开篇即欲令我们抽身到南溟去，抽身到九万里之上去之用意。一切若看得到底，看得伶俐，做出洒落模样，做出超然姿致，直成游戏，直成玩弄，正是世人矜持矫揉处，非即离了这矜持矫揉处，此正是俗肠，非到真际。我们读书，恰应戒之！书读而不精进，则如掘井到三五分，只是浅苦之水，非是甘水，以为得水，便舍了徜徉乐去，亦只终身受用这苦水之味罢了。庄子之理，岂易了哉！寻常读者勿作容易会，翻成自误。

二十四、读庄之忌四：吾人习庄，不当徒作见破之语，而尤当论所见到。

吾人读庄，往往出得俗套，又入一套。即庄子生涯，虽自脱俗，如但效其举措，揣摩其辞，便以为美，则虚言欺人，贾夫贩奇而已，又作俗态矣。习之者愈众，俗氛愈炽，转不如孔孟之书，犹为心地所近，能而不为，非若不能而矫也。一如文学之中，离风花雪月无以为诗，逸人之伦，舍梅妻鹤子更无事迹。吾人习庄，不当徒作见破之语，而尤当论所见到。见理切实，文思自至。

二十五、读《庄》，于文义之发，有多少、精粗、正歧（本末）、轻重、早迟、表里、偏全、主辅之权衡。

多少者，过其本义为多，不及本义为少；精粗者，深探本义为精，游辞旁说为粗；正歧者，明揭本义为正，附会杂说为歧；轻重者，言过其度为重，不及其量为轻；早迟者，义所未至而先言之为早，义既已过而心犹未得为迟；表里者，及于义内为里，滞在显文为表；偏全者，言义一端为偏，思周其体为全；主辅者，义之所归为主，义之所带为辅。初读《庄子》者，往往于文义各有偏在，善教者，如提权衡，悬文而称，若判其锱铢得失，亦足以醒发。于此诸际，有妙存焉。

二十六、《庄》书之文，意有虚实，有不得于文，无害于意者。

庄子之书，善用修辞，或比偶而说，或连类而及，为例无穷，通其一则知其二，知其二则概其全，不必处处皆纠缠于字义训诂，句句为解，字字行说，方称允惬，得其意则可。如此之类甚多，得其确说固善，不然，未免于凿也。某些字义之难解，不害其文义之可通。如《齐物论》"激者，謞者，叱者，吸者，叫者，譹者，宎者，咬者"是也，知其为万有不同之声则可矣，且文止于此，声不止于此也；又如《大宗师》"曲偻发背，上有五管，颐隐于齐，肩高于顶，句赘指天"是也，知其为极畸丑则可矣，其写止于此而畸犹不止于此也。文绘者有限，意达者无穷。吾人倘识得作者之意，文字但蛇蚹蝉蜕，虽有实之名，仅形式之用而已。

二十七、有古名言与今名言之差别，有旧义理与新义理之差别，吾人所不惬者非理而为名言。

名言之别，乃古今用语习惯的差别，不转古语者为旧名言，转古语为今语者为今名言。而新旧义理之别，乃东西义理表达形式之别，吾人所以往往以为中国哲学为不够哲学者，实即以其为旧义理，而非今日世界流行哲学之形态，意哲学必抽象化、术语化，从而晦涩难懂，乃为高明，乃可当哲学之真义，实则此乃恶道，亦出误解。中国传统哲学，以古名言承载旧义理，于名言及义理，皆有璀璨精当、不可磨灭之价值。其义理乃独成系统，独标风格，虽有难解神秘之处，要在境界，不在语言，虽最玄妙之论述，吾人皆可以诵之，非如西方哲学译著，往往不知所云。故中国文化决有义理，但于今人视之则平平，不得滋味，转失兴趣。此为今人之憾，非古哲学之憾。

二十八、哲学所不可废之义在物表之上，庄子哲学在求"适己之适"。

今日人文之学不能竞于自然科学，哲学亦然；其所以相竞者，乃又自同化于所竞，故尤不竞。相形见绌，此固可丑，亦且可悲。然哲学者，其果无益于今，而为空虚玩愒之物，徒作顾影之怜，以自尊揄乎？非也。哲学者，探赜于心性，游思于形上，所以求人之所是，使人成其所是，而不枉生枉死，疲役于物，以使人人各正其生，物物各怀其性也。此即庄子所谓"适己之适"，而不"适人之适"，自适也者。生至于适而可矣，适至于"自喻适志"而可矣，岂适口体之适哉？心不适，口体之适未有其适也。明此，哲学未尝可废，古人之学未尝可废，可以取慰于兹辰，可以兴穆于万古。

二十九、读庄子，宜识其文不徒为言理，亦具教法。

吾人于庄子之学，往往以为彼但盛有文学，诞敷至理，飘忽不可捉摸，议论漫衍，无可踪迹，非大智绝才，无以窥援，其学存乎妙悟而已，实则不然。庄子无径成之理，其理必有托，或寓于物，或见诸事，一言之不足而再言之，再言之不足而三言之，其或骤惊俗以大理，而复徐徐解剖之，浅深曲折，尽意乃止，行而有程，深而有秩，浅必中远，始必要归，唯期于使人易晓了而已。此庄子之苦心，而世人往往不察。古人为学，欲使人易知而禀益；今人为学，欲使人莫由，以高绝难攀、恍惚隐僻为贵，故其于世道愈隔膜而无用。吾人倘真能读得《庄子》，便见其蔼然善诱，成人之德之茂如也。其不但使吾人善出于俗昏，又教吾人何以成问，何以成答，何以问答综织，一递一进，以出至理也。故庄子之步步为文，其文理所存，即步步为教，使吾人知道理之所以也。

三十、大家读书要勤勉而有恒，不论何经典，皆须如此。

读《庄子》，其初可浏览，略知其大义宗旨所在，既略有所知，则不能留于泛泛，必深入其理。大旨一，而演变交涉，则非一，必深心以求之方可。故读书不必贪多贪快，以积贮为意，须索其连贯，前后演绎之，见文无冗文，句无冗句，意思方到，工夫始深。

三十一、吾人读《庄》，须文理相贯，乃得其妙。

古人之学，有所谓义理、辞章、考据者，又有补之以经济者，如是为学之堂庑周而法度明，体用备而虚实合，下学而上达，通经以致用，广大精微并包之矣。然其义可以相通，非隔阂各为一业。如考据固考据，义理亦有考据，辞章亦有考据；熟于义理者，是非可考也，精于辞章者，文理可考也；考据亦有理义，亦有辞章，非但琐屑饾饤，有微意也。考据者，"实事求是"，精益求精也，故为为学之本务。未得文字事情之实，学则不真，虚延岁月也。学者，所以稽古绍古（凡已往者皆古），以明其实，以取其信，故学以考据为先，此所谓历史之精神，亦客观之精神。非下学之基无以立高明之宇，非小学之功无以发大学之盛。务实避虚，乃至以实废虚，排心游为诞妄，蔑文章为空华，智性日开，愈重于此，势所必至，今日已见之矣。事物日演，则新旧暗蜕，本末不复相侔。古人重此，今人重彼，同修古典，同执一书，其去取多不相及，故今人之学广而纷，古人之道通而一，今人日言古人之所无，而古人日亡其所寄。学问之崇实厌虚使之然也。虚实相养，学不一在，不可相废，然天资不同，浸润有异，各措意于所好，而有所发明，虽不能极善，亦可以取善矣。况四者之外，犹有可补者乎？进德是也。学所以成人，成人者，进德也。《中庸》谓"尊德性而道问学"，德性首脑也，学问其修也。《文言传》曰："君子黄中通理，正位居体，美在其中，而畅于四支，发于事业，美之至也！"学问其修，德性其具，而后事业可弘，自然发畅，公私成德，美利天下。大哉！《大学》之言曰："大学之道，在明明德，在新民，在止于至善。"明德者，天之所命；新民者，化民于德而日新；至善者，道德之极也。此吾国哲学之宗极，虽道家亦在是，进道新德无已，不但考索之事而已。

今日研究庄子者，多注重其内外篇之区分，或曰庄子自著与后学所著之区分，此归而言之，乃求一种客观历史之态度，古人所谓考据辨正工夫。然此近代以来学术之态度，而非庄学固有之态度。庄学固有之态度，乃在宣明道术，非为文学之目的，亦非为历史之目的。此固中国学术整体之态度，在儒家亦显然如此。故董仲舒言"天不变，道亦不变"，而儒家之学，其根柢乃谓之为经学。经者,常也;常者,道理也。常道常理如是,故谓之经学,非但以文学、历史之故而被经学之名。经学固不能脱于文学与历史之功能,然三者之立意要自有别,不可淆乱。吾国学术之根本目的或曰终极目的,皆在于对道术之寻索。其所有之分化,若地域之分别与时代之分别者,亦无不本于对道术之理解。《庄子》之价值,固非可局限于某一方面,亦非义理所可独据,其价值为多样而丰富者。然即庄子本人为文之目的与其后学纂续编集之目的,则非尚其文章而贵其言道也。故习庄学而以训诂、考据为业,以求还原其本真之面目,此固研庄之一要途,然终非其本务。今日为学,门径大开,不必一格,然若非专门之家,寻常之人自当以亲近其义理为尚,求有当于身心,而非留滞于考索也。

庄学之不朽,在其所造道术之精湛瑰伟,其境界之通达自在也。其文学之价值与历史之价值,亦因此而生,相为一体。再言之,则庄学之意义,乃在使庄子所启发之真精神常传布于世间,于吟咏默诵之际而熏陶感染于吾人之心地,浸润吾人之骨髓,而终有似于庄子之大方于万一也。岂可抱筌蹄而舍真义哉!

三十二、本书之写法,在因文法以阐义理。

本书非以文字训释为主,而欲为道理连贯之内涵解析,通文法而明义理也。

三十三、本书之语言,自我所出,不准则于当世之规范。

"导读""讲章"之文,固以便于省览悟入为本,然非即谓为浅显肤廓,但为寻常敷衍而已。一般之导读,皆为入门之资,要在提供一种常识,然今所为导读,乃欲导而使知读庄之深法,得所以入于庄子神理之方轨。循如是之途径,吾人乃知庄文之若显而隐,若漫而精,其所以发言措辞,皆有所言而言,非可轻心掉过。

本书语言所用非习惯的语言,而为一种新旧夹杂的语言,此特为一种个人的风格,非勉强而为,亦非勉强可为。今人论文著述,必求一种入时之所谓学术语言,学术语言乃因今有所谓学术一业而生。古人于言,则求达意而已,谨于理而已,不必求合于俗,度量于人。故可以殊途同归,并辅道奥。古文史诸业若有分,然往往寄相同之理想,故于学也必求兼通。今之为学者,亦不能不彼此出入，相互采撷。语言本为言志明理载事之器，有见于内而形之于外，因人所习所性所论而有不同，非可必求其貌肖者。今之学术语言，其风格体裁，往往因提倡训练而流行，相熏相染，习成自然。若其规范则有之，其谨严则未必也，其有至理则尤未必也，求其合俗易晓，畅达近人，实亦未必能副所望，要仍为一种专业语言而已，非所以化俗蒙，开群智也。其言不必应手，手不必应心，徒以合规中矩，取发表为率。若其弊也，文日以千万增，猎虚誉而弃本实，创通少而繁猥积。其无用于世道，无动于人情也，念之可怆！

文之不振也久矣！文之不自我出也久矣！天下之文其有见于道理与否则无论也，其有见于道理而所见浅深则无论也，其无自我出之文，而随学之所至，天机漫衍，若庄老孔孟，文无一律，而各具神采，辞短而理富，文诡而义精，则久矣。此非谓文必稽古，言必轲、周，长于齐则齐言，生于楚则楚名，日诵古文而蓄养厚者，不期然而有其效。此人学养之所至，亦闻见之所限。人人皆有所至，即皆有所限，岂可一例求而矫揉获哉？文必自我而不为人，学必穷理而不迂俗，庶几真学可滋，真学滋而后真我可立，真我立而后真文日见。凡物皆真，而不徇于伪饰之风，则天下可化，文明日富乎？文虽虚物，其于更化易俗，所系最深，吾心所凛，不敢躁趋。文言可息，而操必在我，辞不苟于达而已。

三十四、本书所释道理。

庄子为通行观念之哲学著述与否，此或有疑议，然其为吾国固有义理之书，此可以信必而立。今日解庄，或旁通西方相近之哲理以为新邃之解，此本非可免，亦无用抵拒。然本书所尝试之态度，乃一遵吾国固有之学理，而为引申发挥，不必附会以传入之新理。至若其自相通，虽曲避莫能者，则一仍其事，非原相假借。中西古今学理，其必取融合之规，为学术发展之定势。然如非含融于内在精神，为自体之发挥，一任其道理之比附，名相之杂会，或未尝有益也。

三十五、读《庄》须辨其理境与实境，理境无穷，实境有限，当求身心之不断调适。

吾人读《庄》，一定要辨其理然与实然之际，有从纯理则可以如此，有从经验则断不能如此者。此若相紊，实皆人性所必至。吾人既有感性之需要，又有理性之需要，吾人既为有限之形体，又存无限之意志，此二者初如二马之各驰，相悖而挣，身心苦裂，最终又必协向而驱，两相调适，身为心养，心为身养。然欲如此，必知身知心，两尽其性而后可。吾人所易知而常体者，身也；吾人所难测而易乱者，心也。故知身之求，虽匹夫不待于教，若明心之道，虽慧者犹有不尽。知身之有心，心之有道，系于性，合于天，周物而无殆，淡漠而可常，则庶几矣。

三十六、习庄者，必有见于大。

所谓大者，吾人于己身心之行，反思一层，即阔大一层，至于冥极，乃入于至大，非名字可拘矣。何以须如此？以吾人身之所行，心之所虑，无时不或至于蔽，所谓反思，所谓见大，即解蔽之道。人既无蔽，则行合天行，情合天情，无往不正，正者，自然是也。如是，乃能"乘天地之正，御六气之辩，以游无穷"，所谓逍遥游是也。逍遥游者，吾人之性情，自得其天之谓。又见大者，必齐物而后然。于一物而有一见，于物之彼此，聚而观之，则又有一见；总万物而通观之，则又有一见。可以统万物而不遗者，道是也；统万物而不悖者，道是也。唯道大，故能遍万物。若一物，则安于一物而已，有见于己，无见于人，或有见于人，无见于己，故谓之小。小者，能以己观物，不能以物观物；能以今日之我反观，不能以明日之我反观也。齐物者，非划万物而一式，明万物各有独是，不可率尔相易，万物之各求自尽而已；又人之命行不一，天地之间，所遭所遇，无所不可，快然自往，若蝉之蜕，欣然从化，舍故趋新，其为我无已，穷达所不拘，死生所不限，皆我也，亦皆天也，此所谓与化为一，又所谓达化。吾人虽高蹈不及庄子，然凡遇事变，无所避违，直道行之，荅焉以处之，至逃无可逃，亦无所用逃，则亦可称善矣。一而已，是则吾人于世间之事，可以长往矣。世人之往，或出于匹夫之勇，若庄子所教，则道德之情也。其然乎？不然乎？必有以也。孰谓庄子为避世哉？吾见其能一天下也。

三十七、本书之作，欲学问返于素朴。

学不远于读书，读书而竟其起讫，心知其意，则善矣。勿为割剥作者、屠裂本文之技，有自矜耀得之气，而无沉潜玩味之功也。吾国古人之学问，无空事索奇钻新之志,一言以蔽之,体当于身心而已,以身心为学,非徒骛穿凿以为学也。吾国古人有未达之学,未有不可解之学。今人讲古学之弊,在生涩使人不可解,所以阐析古人之学者,反不如直从古人入手为愈,是焉得为疏通古学?又遑论接洽其精神哉?所谓疏通古学,非使人不辨其所出之谓也。故为吾国之古学,虽不能不开新合变,然必不可使失其本来面目。若欲得古人本来面目,返于素朴而已,返于读书明理而已,原原本本,浅浅深深,各从其是,卑者毋高,高者毋卑,勿徒假借于新说、纹饰以异学而已。此古学之幸,亦新学之幸也!

三十八、本书《庄》《老》之文所用版本。

本书所引用要籍为《庄子》《老子》,此而外则为儒家《论语》《孟子》之书。诸书皆百代之经典,虽有新发之本,要本体无改,相传有序,无需炫奇矜异,欲跨传本而越之。学问者,堂堂之室,坦坦之途,多在平常,不在僻仄,欲于僻仄觅学问,小得而大迷,今人所趋,非古学之本也。故诸书皆取常本,标点从其所宜。《庄子》以中华书局郭庆藩《庄子集释》为据,参以北京三联书店钱穆《庄子纂笺》本,凡文字多不从改校者;《老子》以楼宇烈校释之王弼《老子注》为据;《论》《孟》则俱以中华书局《四书章句集注》为本。他者偶有涉及,皆取通行文字,不特标其版本。至于一章之分段,则取疏解之便利,不必从诸本也。

正篇

第4节 《逍遥游》选读(一):
北冥有鱼章

　　北冥有鱼,其名为鲲,鲲之大,不知其几千里也。化而为鸟,其名为鹏,鹏之背,不知其几千里也。怒而飞,其翼若垂天之云。是鸟也,海运则将徙于南冥,南冥者,天池也。

　　《齐谐》者,志怪者也。《谐》之言曰:鹏之徙于南冥也,水击三千里,抟扶摇而上者九万里。去以六月息者也,野马也,尘埃也,生物之以息相吹也。天之苍苍,其正色邪?其远而无所至极邪?其视下也,亦若是则已矣。且夫水之积也不厚,则其负大舟也无力。覆杯水于坳堂之上,则芥为之舟,置杯焉则胶,水浅而舟大也。风之积也不厚,则其负大翼也无力。故九万里,则风斯在下矣,而后乃今培风。背负青天而莫之夭阏者,而后乃今将图南。

　　蜩与学鸠笑之曰:"我决起而飞,枪榆枋,时则不至,而控于地而已矣。奚以之九万里而南为?"适莽苍者,三飡而反,腹犹果然。适百里者,宿舂粮。适千里者,三月聚粮。之二虫,又何知?

　　小知不及大知,小年不及大年。奚以知其然也?朝菌不知晦朔,蟪蛄不知春秋，此小年也。楚之南有冥灵者，以五百岁为春，五百岁为秋；上古有大椿者，以八千岁为春，八千岁为秋；而彭祖乃今以久特闻，众人匹之，不亦悲乎？汤之问棘也是已。

穷发之北有冥海者，天池也。有鱼焉，其广数千里，未有知其修者，其名为鲲。有鸟焉，其名为鹏，背若泰山，翼若垂天之云，抟扶摇羊角而上者九万里，绝云气，负青天，然后图南，且适南冥也。斥鴳笑之曰："彼且奚适也？我腾跃而上，不过数仞而下，翱翔蓬蒿之间，此亦飞之至也。而彼且奚适也？"此小大之辨也。

故夫知效一官，行比一乡，德合一君，而征一国者，其自视也，亦若此矣。而宋荣子犹然笑之。且举世誉之而不加劝，举世非之而不加沮。定乎内外之分，辩乎荣辱之境，斯已矣。彼其于世，未数数焉也，虽然，犹有未树也。夫列子御风而行，泠然善也，旬有五日而后反。彼于致福，未数数然也。此虽免乎行，犹有所待者也。若夫乘天地之正，而御六气之辩，以游无穷者，彼且恶乎待哉！故曰：至人无己，神人无功，圣人无名。

本章，我们再熟悉不过了，但凡接受过中国中等教育之人，无不曾将此段文字口诵笔书，反复于心。然彼时我们学习，多为词汇文法知识，于道理难得用心，虽一时为文中奇伟的景象所感激，亦默然难以形诸思虑，但为灵明瞬息之悚动而已。今日我们重温，或许别有一番滋味，此亦智识上所应有之进步。

本章于庄子来说，实在太过有名。只此一段文字，在许多人那里，便可以作成庄子思想之代表，或者认为，这就是所谓庄子思想了。又因为本章为开篇之第一章，全书之第一章，凡讲庄子者无不从此入手，故其义蕴翻弄得几无剩余。如欲讲好，实在是件困难的事。所幸，庄子著书，本不是要图翻新，他虽自己不得已来作怪，意思却只是要人平平地理会他的道理，能够理会道理，便无不可；道理不能理会，或者理会不够真切，则纵使能够翻新出彩，能够引起众好，并不算作成功。况且，庄子的道理充满生机，常读常新，如老子所谓"虚而不屈，动而愈出"（《老子》第五章）。所以，我们亦不必过虑，庄子本章的道理无什么好讲，怎么讲也难好。讲好固然好，知味尤为重要。

于庄子的思想，仅具印象的了解，或虽以为了解而只在门畔徘徊者，自然要比能够真正领略的人要多。今人来替庄子说话，也不过愿使不了解他的人，感起兴趣；既有兴趣的人，能够入里了解；既了解了的人，于所知更觉亲切，更见意味之无穷。若只是要掀动听闻，逢迎取宠，使些蛊惑的伎俩，那便可鄙了。又若只是为截取材料，钻新取巧，横生枝节，为作论文计，那也就十分无趣了。

《庄子》虽为言道理之书，却能十分有趣。此"趣"字之可言，即在庄子有其真性情、真体验，非故作堂皇精致的门面话。我们古人之所以能有真思，能见至理，此真性情、真体验，十分重要。如是，于枯燥的道理之上，才有别趣。故诸子百家，其文风虽不同，其有趣却相同，老子有老子之趣，庄子有庄子之趣，孔子有孔子之趣，孟子有孟子之趣。这个趣字，就是道理本身的生机，从身心发出来，又通过文字洋溢出来，浸润感动我们。读庄子，我们如果有一个简要的宗旨可持，那就可以是——不失理趣。

想来，这一章在古人看来，也是十分经典，所以相传放在内篇的首篇，又放在首篇的首章。这在编排者来说，是有深意的，而这一章即使单独地看，也有深意，所以，我们今日讲解庄子，特别宜于拿来作起讲。这不但是庄子义理之具体展开，也是其全副思想的先期准备。正如习练武术，必要先舒展肢体，抻拔筋骨，乃能沉稳端正，动静合度。学习一种道理亦然，要有所接引或铺垫。

庄子之训练我们的心智，自有其独到的办法，那就是寓言。寓言固然不能信以为真，寓言又于不真之中存真。寓言之妙用在于，它能于我们俗常之世界之外，别构任何意想之世界，思到笔到。我们于俗常世界，陷溺太深，几于不能自拔。如以此俗常世界中的事物来教导我们，非流于刻板，即坏于重拙，因在这俗常的世界当中，我们已经形成稳定的习惯和认识，难以旋转，难以抽身，难得心思之灵动。故必有一番激荡扫除，改换一番天地，才能将我们拯济出来，才好重新让人们正当地使用其心灵，运展其理智。换言之，寓言的作用，就是要将我们从我们的世界中接引出来，进入一个非我的世界，从与我利益相干的世界——人的世界，带入一个与我们绝无利益干系的世界——物的世界。我们先暂时在这个世界里来着一着脚，平息纷争。在这个物的世界当中，我们人类不再是永远的主体，而成为他物的旁"观"者。道家哲学，于人所用的身份，最多的要说，就是这天地万物的"观"者。

观一物，一方面表示我置身于物之里，我们唯有进入物的纷纭世界，周匝皆物，才能观物；而一方面又表示，我们置身物外，我们究竟不是物本身，不着自相，唯有置身物外，我们才能对物有独立清楚的观照。此外，观一物，还有一层意义，即我置身于"我"自身之外，不复以个人之得失搀杂其中，所观者物之得失而已。唯有走出自身利益的牵缠，摆脱自我眼光的局限，我们才能得到对事物之真性的认识。

而寓言之妙还在于，当我们从纯粹之旁观者而得到事物之理或天地之理的时候，人心所有之反观的能力，便会涌现。无论我们置身于物内，还是物表，物我乃同处于一个世界，为一个世界之道理所共同约束，物之所以然，即人之所以然。如是，知物则可以知天，知天则可以知人。物我一理，天人不二。到此之时，寓言之真相，寓言之实际用处，便豁然显露。于这个世界当中，我们不但通过人来照见自身，我们还更多地通过物来照见人类自身。在道家哲学当中，特别强调这个万物的统一性，人只不过为一物，究竟谈不上什么优越灵异，也并不必以人有什么独尊独贵，有什么特别的对人生的恋舍。所以，就庄子的寓言来说，我们与其称之为从物到人的回归，不如称之为从物到物，或从人到物，更警醒明达。

本章就是庄子寓言的一则大手笔，在其诸多的寓言当中，尤其惊心动魄，非如此之惊心动魄，又不足以发挥其药力。我们不妨把这首章，看作庄子的一剂对治世俗心疾的药引子，引子奏效，正药便可源源而施。到正药奏效，这引子也就不再作引子观了，它的药力又浓，透骨透髓，与正药无二。

一、鲲、鹏之形象

（一）境界之开

本段材料，主体描绘了鲲、鹏的形象，极意彰显了鲲、鹏之大。其文笔生动，且故作夸诞，乃有为而为。其用意何在？在这里，我们要体会庄子的恢弘之笔，其在开篇便要让我们充满强烈的视觉上的震撼，如开盲者之目，如发聋者之聪，不同凡响，引导我们去经历一个不一样的无比开阔的世界。

其言鲲则曰"鲲之大，不知其几千里也"，其言鹏则曰"鹏之背，不知其几千里也"。当然，鲲鹏并非世间可有之物，纯出于庄子之想象，我们不必援求训诂之据，正如李太白"白发三千丈"，只是发泄一种诗歌的豪情，决无什么难懂之处，且正以为读者闻者只作常情来会，惊讶其物，故作者才如是着笔，不必更推求隐情，以鲲为鱼子之类，反把庄子明白的本意来遮没下去了。庄子的语言毕竟是哲学的语言，与诗歌的语言相似而有别，亦无意于在琐末之处故弄机关，自乱本志。诗歌的语言，往往任情，或虽有理致，多出于直觉；而哲学的语言则寓理，并非求渲染事物，宣畅感情而已，乃欲启迪人心，且其理出于自觉，非冥然适会。

对此章之第一段文字，我们不必急于寻求细微之处，只要张大眼睛来睹这人世间未曾有之物。正因为人世间绝无此物，而世间之人的心思也绝不能到此物，所以庄子要虚造出这物事来，要把我们震惊一番，将我们从昏沉的梦境中唤醒，去注视这非凡之物——浮沉于天地之际，去发那非常之想。我们目光所不及，思议所不到之处，庄子尽为我们幻化出来，驱策我们去瞻望，去思议。一句话，庄子之描写鲲鹏就是要让我们习惯了微琐眼光的人，放大眼孔，洞开心灵，从绳索桎梏当中，从浮生浪死当中，解脱出来，打破可能与不可能的界限，去凝视那不可能，去追随那不可能。难道我们阅读本段，尚没有随鲲而游，随鹏而飞吗？我们且不急切把鲲鹏与我们合一，至少我们已经随之上下于天地之间，得未曾有。我们借着鲲鹏，把壮阔的景象，也暂时领略到了。如果日后，能离了鲲鹏，不假导引，我们的心灵依然能够如是翔举，那我们的工夫必是大进了。因忆及王静安先生"偶开天眼觑红尘"句，于此当之，再适合不过了。

尽管这里已经涵着庄子哲学之全部义蕴，我们且不过为揭示。在此开篇，我们应多去领略，沉浸其中，虽然是短暂的，有借助的，也大有益处。

（二）鲲鹏之大

这番景象，我们尽可以用壮阔、夸诞等词来形容，不过，庄子的本色用字乃在一"大"而已。这个"大"字似不甚着意，自然带出，十分寻常，然庄子用来，实在不同寻常。《逍遥游》一篇，我们可以说，总总是要写一个"大"字，而庄子哲学，也总总是要我们识取一个"大"字，这个"大"字最终将落实到道的意境。我们此处固不必径然过渡于道，让这论理的抽象思维妨碍了耳目的暂时解脱，暂时愉悦，重回枷锁，但我们必要格外注意这个"大"字，这个"大"字，绝非寻常，其意义亦有层次。这里的"大"，就是"大"的本义，"不知其几千里"也是来形容这个大字。至此，我们已经浑然不觉地进入了庄子哲学的境地当中了，不只是在欣赏一段奇特的文字。一句话，庄子要我们通过鲲鹏的形象，所领得的感受就是——大。

除了鲲鹏二物，是大的直接表示，这一段尚有其他形态的大。首句言"北冥有鱼"，鱼之大不知其几千里，则不言北冥之大，而其大见矣。此不必正面着墨，只一旁点染，则通体俱现，写鱼而北冥在其中，写大而大之大又在其中。不但北冥为大之大，尚犹有更大之境界在。北冥而外又有南冥，鲲鹏虽大,不过寄居于两者之间而已,北冥虽大,尚且有偶。鹏从北冥徙于南冥,这一行程也是"大"物,对应后文,"适莽苍者","适百里者",尤见其大。又若"怒而飞,其翼若垂天之云",前"不知其几千里"为虚写鹏之大,此则以实写之。"怒"字可注意,怒非愤怒之怒,而为奋怒之怒,用力之貌,不是指情绪,而是指气势,鼓翼冲天,其气势威猛逼人,天地犹且若为所震撼。"怒"字既见鹏飞之动作,又带出气势,可谓一字而传神。此写鹏之大,一虚一实,而笔法完整。

二、鲲之化鹏

(三)"化而为鸟"

本段尚应注意者,为"化而为鸟"。上文暗示,"这里已经涵着庄子哲学之全部义蕴",便包括此处而言。我们如果把两处作为寓言之情节来读,便只作情节离奇稀有看,轻慢过去,而不容易思考其学理。所谓学理,非如物理规律,事物运行必遵守之,而指庄子之哲学原理。庄子哲学有此原理,故能有此情节,虽若不合物理,却合其原理,绝非空作设想,毫无理据,只是文学之造作物象。也因为我们仅按照一般物理之规律来看待鲲鹏之事,以为绝无此理,便把庄子的文章只作修辞看,所以更难领悟他的哲学之原理。

须知,这只是我们的境界狭小,信任我们知识的能力,便以所知的物理的规律为一定不移,为遍在而有效,为可以穷尽天际,更无出奇。鲲之化鹏,我们以人类之感知,当然是未有之事,但于人而未有,于天地间自有、可有之事,不计其数,吾人以为未有者,焉知其果未有?鲲鹏之事,可未有也,如鲲鹏之事,未必没有。是则,鲲之化鹏,我们以为怪诞虚构,又未必果为怪诞虚构。我们不知天地之大,大而无穷,一旦果知天地之大,大而无穷,则鲲鹏二物,如蜩与学鸠之飞于榆枋丛薄之间,寻常事尔,又如地球之于浩渺的宇宙,尚细于微尘,则几千里之鲲鹏,更何足惊异?所以惊异者,只是吾人眼孔尚小,未能睹大。况若果依生物进化之律,鸟非不从鱼来。又如春蚕之化蛾,不必其形似。此则落于科学求实之态度,与庄子哲学之精神,本无干涉,然科学之律,若放诸久远,亦自不能违背哲学之精义。以哲学所讲者,为"至大无外""至小无内"(《天下》)的学问,不以区区一时一地、一事一物之实际为论断之依据,而物自莫能外诸其理。此独出于神会,非感官察验之所至。

庄子欲吾人睹鲲之化鹏,而知天地间尚有"化"之一事,某物与某物之间,尚有由此化彼之可能。这也算是他要让我们所识之"大"的一部分。万物之间,有相化之一事,为我们所不敢凭信。这是我们坚持理智的结果,理智告诉我们:难有此事。然吾人认为运用理智而得正确之判断者,或许正是理智之误用,因为理智作为一种判断的能力是固有的,但其自身并不产生判断的内容,其所有之内容,必由经验而来。判断乃是理智对于经验内容经过其思维过程所得出之结论。故经验之范围即决定理智使用之范围,而理智使用之范围又决定其判断之准确程度。在一定范围之内使用之理智,会得出此范围内之合理判断,或曰在此范围之内,理智尚能自洽,一旦逾越此范围,则理智之判断就无准确性可言,而必须依照扩大之经验范围重新作出判断,如此以至无穷。则吾人果能信任吾人之理智为能得出正确判断乎?如脱离相应经验之范围,便谈不到判断的准确与否。

庄子写此鲲鹏之事,必比我们还要清楚我们不会生信,但他恰要于我们不生信之处,要来引导我们生信,来动摇我们的常识。当我们能够生信之时,也便是对他的原理有相当了解之时。当然,在这里,我们还不宜把化的事讲得太多太深,因为这并不是庄子此处引导学者的初心,我们目前只要注意到这化之事,知道这非同寻常,关着庄子哲学之至要原理,就可以了。因为,后文还要郑重详明地来讲这事,来揭出其原理,那就是"物化"。在这里,仅凭鲲之化鹏来讲,还嫌单薄,还不合时机。庄子并非一股脑要将其学堆积给我们,那太超等了,那也太不负责任。他要在无形之中让我们已然蒙其教化,甚至,等到他教导完毕,我们还要莫名其妙地再向他寻呢。

又,北冥、南冥之间,其水域不通,鲲既化为鹏,则可以凌空而至。既凌空而至南冥,南冥同于北冥,当为水域,庄子虽未明言鹏之复化为鲲否,吾人或可存此想,鹏非化而为鲲,不足于南冥有自在之生活。如是,庄子未言,而其事又有非如此设想不可者。其言者可知,其未言者虽不必知而非不可知;其未言者既可知而又不必言,漫作游笔也。是其文法大妙之处!奇哉!然变化之事,孰可前知?有未可以常理测者,姑言之耳。

(四)"是鸟也,海运则将徙于南冥"

鲲之化鹏,为一事,这事将使我们略微对物化之观念,产生一点内在的印象,存留着,待到日后成熟的时机来悟透它,来恍然明了这并非一时兴致,偶然着笔。

这里还有一事要注意,即"是鸟也,海运则将徙于南冥"一句所表示的意思。分析至此，我们已经可以看到，庄子虽短短一段文字，其句句字字都有胜用，都非苟且，都非可有可无、可增可减。其笔触一进即有一事，一事即有一义，不可彼此相覆冒。

"是鸟也，海运则将徙于南冥"，其不同于鲲之化鹏者在于，这里并不是表示此物之化为彼物，而是指不同事物之间有密切相顺之关系。海运，运即大动，海运即海之特别剧烈的活动。我们不必把"海运"作成一专名，"海运"二字即一主谓短语，亦照应"北冥"二字。"运"字虽未展开，已具无限声势。《徐无鬼》言"匠石运斤成风"，此"运"表某事物于空间中的急剧之运动，从而产生空气之流动，即形成所谓风。此处虽言"海运"，而风已在内，带风而来，不言须知者也。尽管如此，庄子此处对海运之情势尚无直接描述，只是欲令我们知道，鹏之飞往南冥，并不是随时随意可以实现。其缘故亦值得玩味。

鲲既化而为鹏，其将飞翔至于南冥，然飞翔非一哲学之事，而为一物理之事。庄子不使此虚化之物，即化即飞，或随心意所悦而飞，必借助海运乃飞，非可以不顾物理而妄行。故鹏之不能随意而飞，完全是受到物理之约束；而鹏之飞又之所以受到物理之约束，以其自身之体型过于庞大，非有足够之动力则不足以腾空起飞。如是，则鹏飞之关于海运，必海运而后徙于南冥者，以其大也。其大非常，故其飞亦非常；其飞既非常，则必待非常之至，条件满足，乃可起飞。故此句"海运则将徙于南冥"一句，若只是又一情节，实则完全从上言鹏之大贯下，鹏之大又从鲲之大贯下，鲲之大又从北冥贯下，且即句末之南冥，亦尽从上之诸大贯下，可谓一贯之大。庄子之文若荒诞不经，然不经非妄，无一有妄，不妄者，无不循理也。

不但如此，大鹏固将等待海运而飞，鲲之化鹏，亦必待海运而化鹏。不然其既化为鹏，一不能水生，二不能起飞，则为待毙垂死之物而已，其化而为鹏为无益，为无着落。此又庄子不言，而吾人可以意知者。

如是，鲲之化鹏，鹏之起飞，无不有待于海运。此有待，有两方面之意义可言。一者，大必待大，大鹏体势巨大，非海之大运，风之大起，不能飞也。二者，时机之相待，非其时，虽欲待而不可得。此皆物理之定则，虽非实有，如其所有，则必然如此；又虽非实有，可以推诸实有，凡有无不然。道理无他，事物并存并生之关系是也，不但科学以之为研究之对象，哲学亦以之为研究之目标。然科学求其实，哲学运其虚，其实非有缜密之观察与演算不能知；若日月之一往一来，事物之相互有待，其自然有序，有目所见，有心所知，不必待于物物着实而后知,范围天地而不违者也。

此处有待之义,我们亦不必过为发挥,只就所显而易见者有所致思,知大鹏之大,亦不自由,而有待于海运,全受自然世界物理规律之约制,而自然之理于万物,又使之相互大顺,处处理合,无疵可指,如此即可。不然,义理俱要,而又头绪多端,非至于牴牾不可。且庄子在以后诸篇当中有专明此义者,不宜于此过为牵入,以乱本义。

三、"《齐谐》者"至"而后乃今将图南"一段

(五)"六月息"及"生物之以息相吹"

鲲鹏之事,吾人骤读而怪,然庄子初不言出于志怪之书,到此方言,示我们,吾人所以为奇怪者,非不奇怪,正自可怪,于彼为知其怪而为之也。到此,其初令吾人奇怪者,便无可责。"齐谐"者,有作人讲,有作书讲,作书为宜,以言"志"怪,志者,记也。谐亦见义,谐者,谈之不经也。自"《谐》之言曰"以下,上所略言者,乃详述之。

"鹏之徙于南冥也,水击三千里,抟扶摇而上者九万里",乃状上"怒而飞",唯形象以言大鹏之飞,入细而已,无他深义。可注意者在下"去以六月息者也"。上言"海运"而止,此则明其时节与实际所指,海运正是北冥"六月息"。这是上下句之枢纽。"六月息","息"字之义如何断定?一者由上句,一者由下句。由上句则"抟扶摇而上"是也;由下句则"生物之以息相吹"是也。上句字隐而实见,乘风或"御气"是也;下句则字见而义广。比而参之,则息之义,广狭俱得矣。反观初谓"鹏之徙于南冥"句,虽无他深义,却与下文自有干涉,先显出"息"象,以便下文结束到"息"字。

息者,气运也;气运,气之动也。海运乃就海而言此运,气运则就气言,实一事。鹏之"去以六月息",气之动于鹏,鹏、息之相吹也。此到下句"野马也,尘埃也,生物之以息相吹也",意义乃明。鹏与六月息,为一特殊之气息相动之例,若自然界中,万物之动况如何?庄子非但为一事而止,其笔锋微漾,便至于一般之原理,得出一般之结论,所谓"生物之以息相吹"是也。然其不直接落脚到此,而从"野马""尘埃"转来。野马,多指游氛,即气之蒸腾言,尘埃则就质之微细者言,二者俱小物,与鹏与海运之大物相对。不必再繁举,而生物之小大无不如此,可以推知矣。"生物"者,万物也,统众有而言,物之全也。可注意者,生物与今生物之义不同,今指有生命之物,古人之

生物除此义外，犹常指所生之物、生存之物，凡有皆可言生。不然，尘埃非今所谓生物矣。

"生物之以息相吹"，为一讨论万物活动关系之总原理。"吹"字似落形象，非抽象论理之用词。须知，古人论理，不必其词，存其意可也。吾人今日解读，稍事还原便易见理。如"吹"者，动也；动者，相互作用是也。这里隐然蕴含事物活动之动力因，以至第一因或真宰问题，为形上学之第一问题。然庄子在此只淡淡引出，又平平放下，未尝大张声色，以待吾人日后于其学说有充分之了解，方能深入。吾人今日只能浅浅读之，及将来重览，道理乃厚，不徒作意象萦目矣。

（六）"天之苍苍，其正色邪？"

由鲲之化鹏，引出"海运"，又由之引出"六月息"，引出"生物之以息相吹"。到此，稍换地步，便又意义大殊，景象更阔。

人或疑，鲲既生长于海，何需化鹏而南飞？不能奋其长鳍，由海通海，游行而至乎？庄子无乃为多事乎？此在庄子，非无设想，何以见之？其所以居鲲者，北冥；所以致鹏者，南冥。冥字，除通溟有水域义外，亦表极义。两冥，犹然两极，地极悬远，中必以陆相隔而不通，不然，鲲自可以游行以至，无劳于化鹏而飞。又，尤为关键者，倘无鲲之化鹏，则不足以引出海运一事，无海运一事又不足以引出抟扶摇而登乎九万里之事，无九万里之事，则正色之问，何从而发？庄文每一层进，三言两语，用言虽少，而用意颇深，关系极紧，不可漫然闲视之。

"天之苍苍"，吾人困于地上，所常视者，苍苍而已，遂以为正色。其果然乎？非然乎？吾人既不能超出地上，其目光不能有所改变，无以验所知之是非。今大鹏乘海运之力而翱翔于九万里之上，其出地表如是之高，则于天为近，于天之色辨之恐益真。于鹏而言，天犹然苍苍乎？苍苍果为正色乎？可以借彼以问。吾人以为九万里之高，可以距近于天，得天正色，如是而知可止。知止于正也，不得其正则知不止，有所谓正则知止。然庄子复发一问"其远而无所至极邪"，则虽九万里之上犹或有无穷之天。既有无穷之天，则虽大鹏在上之高，亦不能得天正色。此一问又将吾人之成局打破，不使吾人稍抱一成见。

此由顺鹏之上飞而言，吾人之眼光唯随之向上注目，庄子又陡然笔转，谓"其视下也，亦若是则已矣"。上下本相对之处，其理一概，举一可以知二。

吾人恒在地上，既不能如大鹏背负青天于九万里之上，以睹天之正色，亦不能出禹迹之内而睹地之正色。吾人以为脚亲于地，目近于地，而地之正色可知。然其于九万里之高空以视地，其色果如何，亦莫得而测，则吾人自以为知地之正色，亦妄也。吾人据地以观天，大鹏正自据天以观地，此出于地以反观于地也。由九万里之天以推天色之变，易；以天色之变而反诸身，以观地之色，难。吾人能外天之天，而不能外地之地也。明上下一理，天地同致，"亦若是则已"，则亦无难。然吾人信彼而不能信此，能观彼而不能反观，故难。

此数句，又似闲问，然较上数义尤要，乃引出"正色"问题。正色者，吾人于色之知也。能知正色即为有正知。扩而言之，吾人不但于色而求正色，于凡物无不求正色，无不以为有正色，无不持此正色。故正之问题，实即知之问题。庄子欲借鹏之变换视界，以使吾人于正之问题、知之问题，有所觉悟，知所谓正者未必果正，所谓有穷者未必有穷，上之上犹或有上，大之外复或有大，目有所穷，知有所不尽也。

庄子只微事翻弄，吾人之心已数驰顿而惊怛。文岂仅作平平无意诵之哉？然此处仍宜只做寻常感触来会，能知视角不同，所见或变，则可，不必过为发挥其理。以《齐物论》有"正处""正味""正色"等说，言之尤详，入理更深，是其处也。

（七）"夫水之积也不厚"以下至"将图南"

上已质疑，鹏之飞何需"海运而后徙于南冥"，吾人以为此中有物理规律之制约，不能任意行事。然此规律为何，庄子蓄而未发，预为伏笔，使吾人筹思于心。至此，乃为揭出，一收一放，各得时用。

此中道理，甚显著，无用辞费。可注意者，犹是笔法。庄子不直接由风讲起，先用水来譬喻；其用水又不从正面讲起，而从反面。其一正一反，同样紧扣小大之对照。芥为之舟，小也，然置杯焉则胶，不以小为小，而以小为大，又奇。小者犹如此，大舟尤然了。可知，必小以应小，大以应大，必各称其物。在水如此，在风同然，非有风积之厚，大鹏不足以飞，故其必待海运而后图南。"风斯在下"，可"培"也；培者，冯（凭）也，乘也，培风，乘风也。

四、"蜩与学鸠"一段

(八)"蜩与学鸠笑之"

庄子写鲲而化鹏,而抟风图南,一事似尽,却又不然。锋芒一转,乃引出蜩与学鸠事,义理愈进而愈深,则前之所正写者,声势虽隆,意匠虽奇,又成偏笔。所谓偏笔,如鸟独扇一翼,未见全体,须合下文一翼乃备。故吾常谓,庄子行文,有其前,不令吾人知有后;既读其后,乃知必应有其前,而前又必应有其后,不可离析,各成片段。

前既着力写鲲鹏变化之奇,鹏飞有待于海运,必于风也积厚而抟,皆使吾人一意见大,今则将小者写出,而大之所以为大,小之所以为小,意义尤明。大固奇矣,可惊可叹,然犹未必能使小者豁开心目而解脱翳蔽。睹大称奇为一事,睹而能解悟其理,为另一事。庄子固能于吾人幻现此大,然其知吾人犹往往各安自守,无动于衷。因以蜩、鸠二虫,写出此番心理,肖其锢塞之深,以至不自觉知。无论实至此大之境界与否,能识大之理,通其所谓,已属不易。

庄子在对鲲鹏描写的基础上,对比蜩与学鸠(或斥鴳)二者的飞行,显示二者之间巨大的心理差异。在此,我们应当注意理解,庄子对于鲲鹏和蜩与学鸠,其表面的态度为如何?有无扬抑?

世人往往为蜩鸠解说,不论其见识之小,而反着意鲲鹏之大非大,此则偏矣。我们读书,不能刻意穿凿,所谓穿凿,即指罔顾本文显著之意,而任由己说。我们依文读之,此意自见,吾人反不安所见,此当面蹉跌也。何以言之?吾人首先当注意一"笑"字,如用"言"等字,则作者或无用心,而"笑"则不然。笑者,嘲讽也,非微笑之笑。此意又何见?以"奚以之九万里而南为"见。奚以,何用也,其语气为嘲笑大鹏之愚也。其意谓,必九万里而南为,乃多劳,可不必如此周章行事,反不如彼在榆枋之间,上下无不自得,更见逸乐。此以己度人,不能知己知彼,故以大鹏九万里之飞为无益有劳,多此一举,劝其且息远图。不能知鹏之所以高飞,此蜩鸠之一陋;不知而笑彼,此蜩鸠之二陋。蜩鸠之笑大鹏,吾人读之而笑彼,则梦之中犹有梦耳。达者急于自反,愚者乃终生自以为是。世间写蜩与学鸠者不少,庄子此数句赋之,已如活现,岂必连篇累牍而后为文哉?

庄子先述蜩鸠之语,则其心理可见;可见而不明,故又以"适莽苍者"数句,补明其理。道里有远近,则所备饮食多少自同,不能以适莽苍者以为适百里计,又不能以适百里者以为适千里计。蜩鸠犹适莽苍,大鹏如适万里,其为计不同，必各有其相应之准备，不然少则犯饥渴，多则累辎重，非所宜行也。蜩鸠之飞，与大鹏之飞，各有其程，一者在榆枋之间，一者在两冥之际，不可同日而语。蜩鸠不能不在榆枋之间，大鹏不能不九万里而南为，其理一而情不同。以己度人而笑之，故陋也。何以更知庄子乃有责于蜩鸠呢？即末句"之二虫，又何知"是也。二虫，蜩与学鸠也。又何知，又如何能懂得（这道理）呢。此乃径然贬斥二虫之谫见卑智也。

到此，小大之义乃全。然此中实有两番旋转：其一，以鲲鹏极意写大，令人开眼见大；其二，于大也虽多方开示，世人徒如盲人之无睹，如聋者之无闻，茫然而已，更从而以己固有之小而笑大。如老子所谓"夫唯（道）大，故似不肖"（《老子》第六十七章），"下士闻道，大笑之，不笑不足以为道"（《老子》第四十一章）。鲲鹏，象也，像天地之大，像道之大；蜩鸠，象也，像世俗之人，像吾辈未解之人。此所以为寓言。常遇说者为蜩鸠争地步，为鲲鹏折地步，不知蜩鸠鲲鹏之地步自在，不待吾人来损益，吾人之地步不在，吾人却不去求益。蜩鸠鲲鹏不过为庄子所假之象，蜩鸠其于寓言中固为无知，然吾人不知蜩鸠即吾人之形象，而不能察己，岂非较蜩鸠而更愚？寓言者，寓人情于物态，要在为人下针砭，于物何有？又更何至于为物理冤？

反观开篇，庄子不首先写世俗之人之小，而先写鲲鹏之大，而后写蜩鸠之小。此叙述之序，虽若无足轻重，实大有轻重。如先写小而后写大，不过小则小，大则大，虽相对照，然至于大而已，无遗义矣。如庄子本文先后之序，则不但于先所写之大中含小，且又于后所写小中而更见大。何谓也？吾人开篇所以能见大者，正以吾人小也；而蜩鸠于见大之后，而犹然以小为是，以大为可笑，则大虽在眉睫之前，吾人犹不能识，其小非果小，其大非愈大乎？此笔法也，于义参差而互含，文外有文，义中有义，无一毫可紊。

五、"小知不及大知"一段

（九）"小知不及大知，小年不及大年"

庄子之文，先之以譬喻，收之以实理，理喻交进，相得益彰，必欲使吾人得悟而后已。

行文在此之前，无一专门之理言，皆寓言，理在其中而未明白托出，如酒之在蒸，氤氲化熟，火候一齐，乃滴沥而出，由浊返清，芳馨沁人，使人不饮而醉。到此，乃始见明白之理言。所谓明白之理言，于理有所断言也。理不可常在游移不定、待人捕捉之中，亦不可唯有疑问不决、进退两可之辞，不然，无所确论，徒令下士含惑，中士增惑而已。

今则明白揭出"小知不及大知，小年不及大年"两句断语，令人立地无疑。于知也，小知诚不如大知，于年也，小年诚不如大年，凡有识者皆不惑于其数。或吾人虽不必信任此理，而吾人可不惑于庄子此处所指示之理。此两句又有轻重主辅之别，不可等观。吾人须知，后一句为轻为辅，前一句为重为主。古人为文，常用偶句，非但为文法之规整，亦兼相致明。如但言"小知不及大知"，恐吾人犹不能以理而解，辅以"小年不及大年"，则常情俱以为然，年之小大既明，则知之小大，其关系亦可论定，后句不可无而非所重，前句虽在前而结义则在后。如此解，于作者之意，方有归宿，非漫无伦次。

于此，我们复须看明，此"知"字缘何提起？为何这里蓦地转入严肃的"知"的主题？虽然可能理解起来虽本无困难，但这种反思却极有必要，不然则不能谙达其理路。我们可以先下一言，即从开篇到此，甚至到终篇，就落在这一"知"字上，一字万钧，不容小觑。吾人前面说"大"说"小"，神情活现，声色并茂，到此又成表象；褪尽声色，拨开内蕴，此"知"之问题，乃为庄子意识之实里。小大之问题，不在鲲之背，不在鹏之翼，不在蜩鸠之学起而飞，此皆大而不能小，小而不能大，物体之客形，当身而难改，非可以任意变通者，而在可以大而小，可以小而大者，即能小大变通之体。质言之，唯人为然，唯人有此小大变通之可能，亦唯人乃真有此"知"之问题。如是，我们为蜩鸠争大争小，皆成闲话，犹"鹔鹴明已翔乎寥廓，而罗者犹视乎薮泽"（《史记·司马相如列传》）。物当用为贵，既陈而化作刍狗，犹然执而宝之，筐筥以盛，锦绣以饰，则昧于时义矣。

于"知"之引出，紧承"之二虫，又何知"一语来。反过来，我们再理会"又何知"，也更觉亲切多味。初读大概只作一般的训斥之词，然不知这里已经笔意带下，在乎庄谐之间、理事之间矣。"又何知"，非无知之意，即所谓"小知"。鲲鹏的寓言到此结束，而寓意也到此微微一发，末句有如点睛之笔，神意闪见，然犹须善会。

圆睛既朗，灵珠暗转，则"小知不及大知"可以顺理而出。然庄子犹未使吾人坠入理窟，又更回理向物，别开生面。其转合之妙，无穷波澜，真不可胜言！何以见之？一者，庄子先由"小知不及大知"承上，又以偶句"小年不及大年"起下，如合页之两片，体量虽小，而襟上带下，力运全章。二者，由知及年，由年启下，举飞翔之程以论小大者既尽，乃继之以年岁之历。于吾人身心，反复锤锻，可谓谆谆不厌其诲人之心。

又，吾人不但要从"知"之来龙去脉上留心，更须从"小知""大知"上留心，知为主题，"小知""大知"乃见作者本意。吾人如以为蜩鸠虽小，安其所知既足，不必为小知，鲲鹏虽大，犹需培风，不必为大知，则小知、大知为无着落矣。可知，吾人于上文作此解者，为误。得此一句检校，则理路乃盘得其正。

如是，于知之问题，庄子乃欲使吾人舍小知以向大知。大知之所谓如何，于此尚且不明，然大知为庄子所以引导吾人之境地则无疑。于知也，有小大之辨，小大固为相对之物，虽大者可小，而小者对大乃不能大。吾人必常自揣，己识为大为小，而日开其大。知之小大不易言，大知者未必知其为大，而小知者尤未尝自以为小，不如年岁之久暂小大为易较。庄子本章之下幅，故借以明知。朝菌、惠蛄，或命寄一日，或托形一岁，此年之小者。冥灵、大椿，命历千、万祀，此年之大者。风以积厚为大，年以历久为贵。然此皆即物而言，段末乃引出彭祖，以众人与之相匹，则由物转人，而论世人之可悲。言物者虚，论人者实。吾人或许以为，人命在天，不可责人；然此犹表面之见，非其实也。何故？吾人须谨记，庄子写年之小大非本意，而为权法。本意何在？知是也。权法何谓？假年以明知也。庄子之笔，有虚中虚，有实中虚：寓言，虚也，物之中复有物，如鲲之后有鹏、鹏之后有蜩与学鸠，虚中虚也；写物虚也，写人实也；写人之年，虚也，写人之知，实也。不辨虚实，则用意含混不清，义理难征。

故本段，结束在众人与彭祖相匹而可悲，非年之足悲，知之可悲也。年之可悲，于笔为实，于意为虚；知之可悲，于笔为虚，于意为实。庄子不向吾人揭出何者为大知，而向吾人揭出何者为大年，大年可言，大知难言；大年既言，大知又不必言矣；于可言者申明其理，于难言者，遂用同理推之。故于此段必知，庄子写年，正所以写知；其悲小年者，所以悲小知；所以悲小知者，以其不及大知也。不及，非但为比较之意，更指力所不能逮也。通篇若散漫，若处处起意，而其意实皆绾合于一"知"字当中。大知果何知，庄子仍蓄而未发，令吾人读庄者，时时存心也。

又，或以"知"为通"智"，此解可不必，作"知"为优。知者，指吾人自身认识能力所及的范围或内容而言。知的小大，即取决于吾人认知程度的浅深，或认知范围的小大。故下文说"朝菌不知晦朔，惠蛄不知春秋"，此两"知"字决不可作智解。由此可悟，我们读书不可远离文本，而任意附会或曲说，以无端之深巧为美。

那么，我们对"知"该怎么理解？浅言之，知不过为一种自我的认定。凡知无不具此性质，不但小年大年为如此。由是，我们最于身心无疑之知，反或成为我们知的最大局限。

（十）"汤之问棘也是已"

"汤之问棘也是已"，或疑有脱文，而以古书补之。补之，可也；不补，亦未尝不可。汤之问棘，必有典故；庄文所以引此典故，必合本处上下道理；上下道理既明，则典故不引而可知其义。故本处要在"是已"，非要在"汤之问棘"；"是已"为正应，"汤之问棘"为虚拟，一笔带过可也。"是已"者何是？小知不及大知也。至于汤、棘孰为小知、大知，可以无论。

六、"穷发之北"一段

（十一）论鲲鹏情节之重出

吾人读至此段，乃或笑曰："何文之重复如此！其为重出、异传乎？"其为异传，信也；率然以为重出，非也。虽作为异传，于情节大同，然其轻重又大别，故不可作重出无新义看。吾人观文义，不当但求大义，又当体贴其细微差别之义，如较量锱铢，审度尺寸，精入毫厘乃善。如是，前后详略可以互参，其间曲折深衷，乃愈见发露，一一无隐。

如前但言"北冥有鱼"，而今曰"穷发之北"。北地荒寒，草木不荣，穷发之地，可谓极北，而乃用"穷发之北"，则极北之北，虽为设言，可以喻远矣。得此，则"北冥"之义乃更明。又如"其广数千里"，虚言也，虽有数而无数，更加"未有知其修者"一语，以补其意，则非人所能量，而鱼之大极大也。其写鹏亦然。本处形容之妙，较开篇处益微益胜。于其所同者，可见不同。

然其理路，与开篇处大不同中，又见其同。开篇初欲引出"化"义，故有鲲之化鹏一节，又欲点出"有待"之义，故有海运一节，本处则俱舍之矣。其与开篇处，若连若断，若断若连，既非一体，又为一体。如鲲之化鹏，此处不言，得前处可知；鹏之所以飞，必待海运而动，亦得前可知，不言自明，不烦累述。本处之意向，尤收敛，尤专注。

其所专注何在？写鲲之大，并写鹏之大，要在托出飞之高，别无其他义理枝节。又直接转入斥鷃之笑,乃两相对比,以见小大之别。笔法可谓不粘不滞,步步紧凑,直捣窾窍。

(十二)"飞之至","此小大之辨"

即斥鷃所笑言者,尤可注意处有三。其一,此先言"彼且奚适也",则劈头剖开斥鷃本意,令无闪烁。其二,此处对照也更显然,一者"九万里",一者"数仞",不如前犹待读者意会。其三,为最紧要者,即写出"飞之至"一语。如前处,犹有为蜩与学鸠回护余地,得此"飞之至"三字,斥鷃心事,吾人再不可作回护矣。何以言之?非斥鷃之上下数仞,为不足取,为伧陋,物各有其所能,不必强同。然如于飞也而自以为已至,于事也而自以为已善,自信更不能出此而有所至,则诚伧陋矣。斥鷃之笑为嘲笑,斥鷃之知为小知,以此之故,非以形骸之故,要在于知或用心之过。"飞之至"、事之极,岂易言哉?至者,物之各以为至,未必其果至也;自以为至,乃适见其小。吾人于识,其局限往往如此。全知全能,人之狂妄亦不至如此,则所谓小知者何?以为己有所知也,其所未知固不能知,其所已知则信为己知。人人皆据其已知以为知,故为小知。知果易言乎?知果可言乎?此庄子所以将启迪于吾人者,此处则但揭出小知一事,令吾人自反而已。

又本段可注意者,于文末作总结之言,"此小大之辨也"。此总结,一方面可以看作本段之小结,一方面也可以看作开篇至此之总结,或者贯彻本章上下之中心。上虽言"小知不及大知",乃为一具体判断,此则可看作通章之结题,问题穷矣,本义现矣。本段与上文,若非一体,又为一体处,正在是;本章千百其语,流行所到亦不过在是。

七、"故夫知效一官"一段

(十三)"其自视也,亦若此矣"

上文说,庄子到"小大之辨"为一结束,为通章之结题,然通章之结题非即通章之结束。"小大之辨",一中心问题而已,其解决之道或曰结论如何,并未展明。且多在物上寓意,未合人事,犹存影响之下。庄子于一结束之处,若山穷水尽,又凿开蹊径,直反到人事上来,无所依傍,摭实言之。

上文所以明小大者,蜩、学鸠、斥鷃与大鹏而已,今到人事,庄子笔法不但不收,反更放开去,一层又逼一层,一境又压一境,理致在三折之上,直写到无可更去，乃曲终奏雅，空阔洁净，汰绝俗迹。

循其理秩，由一官而一乡，而一君、一国，为一大层；由此而宋荣子，又为一层；由此而列子，又为一层；由此而乘天地之正，乃为无待之最高境界，言尽意绝，动乎自然矣。中间，虽以境界分别，实仍用小大贯彻。一乡大似一官，一国、一君又大似一乡，犹老子"以身观身，以家观家，以乡观乡，以国观国，以天下观天下"（《老子》第五十四章），次第井然。此虽有序，要为世间俗常之伦，无关道意。至宋荣子乃始出俗，至列子而道始高，至无可名而道奥始尽。

于宋荣子以前地位，皆世俗之知能，可注意者，"其自视也，亦若此矣"。"若此"者，承上斥鴳以己飞为"飞之至"也，而更提掇出"自视"二字，于义大妙。凡小知者，无不自视而然，以为己能无可逾越，天下之至善存乎一身。故于人也，知效一官则不知有乡，行比一乡则不知有君、有国，知有君有国而不知更有境界，各以德能自囿，而无以破其所囿。然其所以为囿，需借下一地步乃可明了。

（十四）"定乎内外之分，辨乎荣辱之境"

宋荣子所以不以众德众能为意而笑之者，众之所好不足好也。世所好者何？举世所誉者也。世所恶者何？举世所非者也。吾人谓俗，庄子称"世"。此誉之、非之，皆世俗之心，好恶以人者也。世俗以毁誉，动人心襟，树立名声。故其于一官而见知，于一乡而论行，于一君而称德，于一国而征能，为善必有名，为名必徇人。宋荣子所以笑之，所以超出世俗者，"举世誉之而不加劝，举世非之而不加沮"，世俗之毁誉，无所动于心，"定乎内外之分，辨乎荣辱之境"也，又所谓"彼其于世，未数数焉也"。

然宋荣子以能"定乎内外之分，辨乎荣辱之境"而出俗，又以能如此而薄于为道。何也？其固能明于内外之分、荣辱之境，不以外之毁誉为毁誉，独守其是；不以人之荣辱为荣辱，而安固其心。然其亦格于内外之分而不能泯然无分，制于荣辱之境而不能宠辱两忘，故犹有未树。

于本段，宋荣子固非大得道者，然庄子之意未尝无所许可，吾人切勿漫然等而下之，以为不足取。其与世俗之知，固有小大之辨。吾人不能为至人神人，而为列子可也；不能为列子，而为宋荣子可也；宋荣子而下，不知内外之分，荣辱之境，虽一君之德、一国之能，不足观矣。为道有要，得要有序，能为小德而后大德乃至，空臆大德，日渐之德犹且不成。是为吾人之戒！庄子可以以道下抑宋荣子,吾人不可与庄子同其抑扬;在庄子可,在吾人不可,地步差池也。不劝不沮,有定有辨,岂易成哉?是进于为道而未至者也。

(十五)"御风而行"

宋荣子之所树,对俗已明,其所未树,复需借下文列子地步乃明。列子"御风而行,泠然善也",善诚善矣。吾人于此所应注意者,不在列子之能御,而在其所御,即风是也。列子御风一事甚怪,吾人切宜用思。

风者,飘乎天地之间,往来无系,自然而化,不因人有,公共之物也;"蓬蓬然起于北海,蓬蓬然入于南海,而似无有"(《秋水》),虚无无形之物也。风之为物,与世俗所欲求之物固有别。世俗之物不出名利,有心而为;风之为物,无状无象,无心而动。德行毁誉者,世俗世界中物;风者,自然世界中物。如是,列子乃跳出世俗世界,进入自然世界,能得自然之趣矣。故到列子境界,不复与世俗争得失,其天地乃已焕然改观,朗然不同。此列子所以又远在宋荣子之上。

于列子,吾人既知御风之意义,而又有根本可注意者,即"御风而行"。通观此四字,深意乃见,要在所以"行"也。由此,吾人乃由物理空间之问题,更进入哲学之问题。吾人于世间也好,于天地也罢,根本之事,即在一"行"。"偈偈乎揭仁义,若击鼓而求亡子"(《天道》)亦行也,"民居不知所为,行不知所之,含哺而熙,鼓腹而游"(《马蹄》)亦行也。其为行则或同,其所以行则绝异。道者,行也。道不同,则行即不同。故不可不谨于所以行。而境界之小大高卑,亦于所以行者见之。则于行而求其所以行,非根本哲学之问题乎?

因"行"而有所谓"御"。御者,乘也,凭也,以也,运用也,表使用工具媒介之动词,可以有御马,御车,御风,御气等等,与表"用"之"以"字同义。御为驾驭工具之词,故凡谓工具之用者,多可用御字表之。列子御风而行,其行之"所以"乃风,因乎自然之力,而人为之力微矣。反上以观世人,其行也,亦有"所以",亦有所御,名利是也。高者为名,下者为利。然与其谓彼世人为御名利而行,不如谓彼被名利所御。

宋荣子能不为名利所御,故与俗别,然其亦止于能御名利而不为所御,所御犹不出名利。列子所以高出宋荣子,在能御风,而名利在下矣。如是,本段之中心问题,即转化为吾人行为之所御或所以行之哲学问题。其所御不同,则其于道即有远近,于境界即有上下。

上言,于宋荣子之未树,需借列子地步以明,则在"彼于致福,未数数然也"。列子能摆脱"致福"之心,宋荣子大抵犹不能,故此处特言之。致福者,老子"福兮祸之所伏"之福,宋荣子知世间毁誉之无益而招祸,故竭力克制以邀其福,然未知大道,犹屈俗域,其所以抗俗者,乃所以适俗。不但宋荣子为有未树,即列子文中且谓"虽免乎行,犹有所待者",则列子更进于道而犹存一间未达。何故?风者虽为自然之物,老子谓"飘风不终日",时有作辍,不可常御,故风止则行止,难于恒任。是以列子不得已,"旬有五日而后反"。风虽无心,不能专恃,故谓"犹有所待"。此处犹有所待,非谓行可以离待,而谓有所专待;有所专待,待尽则穷,不能无穷也。列子与神人之差,一者为"旬有五日而后反",一者"游于无穷"。此二者之辩,质言之,即有限与无限之谓;有限、无限,进言之,无限者无所不待而无待也,有限者有所待也;更进言之,则无限者乃无待而得自由,有限者以有所凭借而不能自由也。顺而言之,至自由其极矣,反而观之,自由者,与物而无待也。物既不能无与,而待复可以无待,非徒任己而戾物也。此乃庄子哲理之妙。

(十六)"彼且恶乎待哉"

列子一层,已极逼真际,唯差一线。又已归结到"有所待"问题,而真义于句中若隐若现。故庄子行文,更不作迂回,乘势直上,扶摇驰入最高一层。前皆不作正言,此则为极正之言,真而又真,到而又到,庄子哲学境界之至高之义,如天开云霁,更无不澈。又此即"小大之辩"之真正止境,或曰,此即庄子所论真正之大,大之至也。前"飞之至",到此亦成途中逆旅,汇入此"大之至"中,而波澜不惊矣。

此最高境界与列子境界所差何在?即一者御风,一者"乘天地之正,而御六气之辩";一者"旬有五日而后反",一者"以游无穷";根本言之,一者"犹有所待",一者"恶乎待哉"。有待之义似易明,而无待之义则犹难言。有待无待与所御或所以行有关,待者待其所御,无待者无待其所御。故待之义与御之义,内涵最密,于人所御可论其有待无待也。

上已言,无待其所御,非谓无所御,而乃无所专御。何以更见之?庄文谓"乘天地之正,而御六气之辩",乘、御一义,"天地之正"与"六气之辩"亦同指。"六气"者,统天地间所有之气而言也,故六气即指天地之所有。"天地之正",吾人或专求"正"字,解释之要实在"天地"。天地大矣广矣,非风之一物可比,万物尽在天地之内。故此处天地亦为统指,乃万物合成之天地。天地见诸万物,天地之正即万物之正,万物之正即六气之变。

万物无非气之氤氲化成，聚散流行，气之变即物之正，故必唯变所适，乃为得正。"至当归一，精义无二"，岂天地之正之外，复有六气之变？岂六气之变之外，复有天地之正？吾人须知，此皆行文修辞之法，一义也，偶言之；偶言之，则须变化其词。如是，一则语气调畅，一以相互见义，词茂义周，此即古汉语之妙胜处。不知者，逐文咬字，惜乎，暗于文理，不达于义！

（十七）"至人无己，神人无功，圣人无名"

分析见《后篇》第21节第七章。

（十八）本段、本章与"逍遥游"之关联

吾人至此，解读全章，功夫已毕，而实有一件紧要之事，未可忘怀，即"逍遥游"与本章有何关联？"逍遥游"乃文题，非正文成语。然既拟以为题，吾人不可不会其所以题篇之义，及其与正文主意如何相应。

"逍遥游"之释义，历来众矣，各出心裁，每有胜义。吾人如以庄子文义当之，应作何观？本章有无消息？消息何在？吾以为，"逍遥游"即对庄子哲学最高境界之指示。所以谓之指示，以逍遥仍不过为一状态词，非直言道体，或曰非一抽象之哲学概念，可得明确之定义。其虽然对庄子哲学之最高境界有所形容，然作用不过为指示而已。吾人由此，可对逍遥游有所领会，然不可单独凭此而知"逍遥游"果为何物，必顺应庄子正文之理，乃能得其确实之义。

"逍遥游"者，逍遥之游，游而逍遥也。本章末段言"乘天地之正，而御六气之辩，以游无穷"，正点出"游"字，为篇题中"游"字所本，亦逍遥游义坐实之处。"游"为庄子哲学中，最为独特之一词，他家哲学皆难用此字贯彻，老子哲学亦不能，唯庄子哲学惯用游字，而取义贴合，意味无穷，最为传神。

吾人欲得"游"字真相，需先得"御六气之辩"之真相；欲得"御六气之辩"之真相，需先得"御"字真相；欲得"御"字真相，需先得"行"字真相，而"行"字真相，吾人上已得之矣。"行"者何？吾人之动也，鲲之化鹏也，鹏之去以六月息也，生物之以息相吹也，世人之争毁誉也，列子之御风也。吾人之动，无不有所御，所御不同，其行之效则异，唯能无不御而无所专御者，乃能得动之至，所谓"**御**六气之辩"，是即成**游**矣。游即御物而行，游之本义即行也。游字当取广义，非如鱼之在水、鸟之在天为游，凡动皆游。

生物之以息相吹，野马、尘埃，游气、游质也。唯其动也，无所用心，

无适无莫,自然游衍,不知所始,亦不知所止。故逍遥游,人不必上九天,亦不必蹈大海,即其动静作为皆游,然必至于"御六气之辩"而无所用心,乃可谓逍遥游。又"御六气之辩",非能主宰六气,或遍体六气。吾人之身与万物之体,无非六气化合而成,吾人于物既还原其为六气之本,吾人于己身亦还原其为六气之本,则万物六气而已,六气一气而已,何往非一?何往非"以息相吹"?是为"御六气之辩"也。能御六气之变,则能游于无穷,是即为逍遥游。又御六气之变,则为无待,无待者,无物我之辨也,道通为一而已。此义后文更明白言之,今姑从略。

第5节 《逍遥游》选读（二）：大瓠大樗章

惠子谓庄子曰："魏王贻我大瓠之种，我树之成而实五石。以盛水浆，其坚不能自举也。剖之以为瓢，则瓠落无所容。非不呺然大也，吾为其无用而掊之。"

庄子曰："夫子固拙于用大矣。宋人有善为不龟手之药者，世世以洴澼絖为事。客闻之，请买其方百金。聚族而谋曰：'我世世为洴澼絖，不过数金。今一朝而鬻技百金，请与之。'客得之，以说吴王。越有难，吴王使之将。冬，与越人水战，大败越人，裂地而封之。能不龟手一也，或以封，或不免于洴澼絖，则所用之异也。

"今子有五石之瓠，何不虑以为大樽而浮乎江湖，而忧其瓠落无所容？则夫子犹有蓬之心也夫！"

惠子谓庄子曰："吾有大树，人谓之樗。其大本臃肿而不中绳墨，其小枝卷曲而不中规矩。立之涂，匠者不顾。今子之言，大而无用，众所同去也。"

庄子曰："子独不见狸狌乎？卑身而伏，以候敖者；东西跳梁，不避高下；中于机辟，死于罔罟。今夫斄牛，其大若垂天之云。此能为大矣，而不能执鼠。

"今子有大树，患其无用，何不树之于无何有之乡，广莫之野，彷徨乎无为其侧，逍遥乎寝卧其下。不夭斤斧，物无害者。无所可用，安所困苦哉！"

本节选自《逍遥游》文末两章，有三种用意。一者，吾人前既取《逍遥游》首章详细论之，以见《庄子》开宗之义，今取尾章，更观其于一篇结宗之义，则篇旨周贯，于篇题亦可得深会。二者，本节所选，乃在全章专明一义，与"北冥有鱼"章所在不同，而于庄学义理尤宜切入。前者放，今者收；前者虚，今者实；前者绝尘，今者达用。其文笔虽等妙，而气味又有别。三者，本节合选文末两章，而非一章，欲使读者知，虽同一主旨，前后文字相接，情节相类，然写来却正有异，不可以为文笔冗沓，当观其进退相辅之义，非一体而又为一体，为一体而又非一体。前节亦已说明此义，今更举以示例。

一、"大瓠之种"

（一）"呺然大也"

庄子之设物比方，如信手拈来，皆臻卓绝。其神思也，取焉不竭，有如天府，忽然而泻，又忽然而逝，其来也无迹可寻，其去也瞠乎若后。

今庄子借与惠子之对话，来敷阐道理，非实有其事，仅可作寓言观，不然则如痴人说梦矣。本处神奇之处，在于庄子又为我们化出"大瓠之种"一象，介乎吾人能解、不解之间。能解者，瓠也，寻常日用之物；不解者，大瓠也，非寻常之所曾睹，又非思议之所企及。大瓠于寓理之妙，如大鲲、大鹏，同为不可言！

复于此，我们可见，庄子于《逍遥游》首尾，俱写大物，以大物振起，以大物收煞，大之义可谓贯彻始终。然"大"者固为一义，而大之中又包含无穷之义。老子谓"道大"，至大者道也，至道者无不包而无不大也。以世俗之耳目不出寻常之内，故必开之以大，乃能见道。然大但为道之一义，非全义，大当与他义相发明，乃能尽道之义。不然，或将如蜩鸠之笑鹏，睹大而不识；鹏之大，犹蜩鸠以外之大也，乃不识己身所有之大；又或能识己身所有之大，而竟不能用之，如惠子之苦于大瓠。不能用大，踌躇怨嗟，则大非我有。鲲鹏一章,导吾人于大,而未尝教吾人如何用大,今则教吾人用大之术。故两处同为言大,而其所以言大之义不同,不可浑然一视。

庄子言"大瓠之种",为魏王所遗:一者谓其物种稀有,非庸凡物;一者暗含讽意。何谓也?此处不正言惠子与魏王之交际,但寥寥一侧笔,由赠送大瓠之种带出,以见二人关系密迩。于二人关系之中,意犹不在魏王,而在惠子,非惠子之乐于游说魏王,则魏王不能敬重而贻以佳种。如是,于无声无息之中,已将惠子之热衷权势之态写出,不费笔墨,而微意已足。庄子此处,以惠子为俗界之代表,但为设境,不可以实情来会。离于俗者进于道,昧于道者在乎俗,不能不两下相衬,乃可资悟。

下文照应"大瓠之种"而写,一者种则非瓠,待种而后成瓠;二者既为大瓠之种,结瓠必大,故将写大。大瓠之大,不同于大鹏之大——"背若泰山,翼若垂天之云",而大各有其大,必贴物写出。本段正面写大瓠之大者,"实五石","无所容","呺然大也",而实通体写大,以写其无用即写其大也。

(二)"吾为其无用而掊之"

本处固通体写大,又不着重在大,而在大与用之间。吾人可以作此理会,即庄子欲由吾人先期预备之"大"的观念,转而进入"用"的观念,更进而盘旋于大之问题与用之问题之交涉当中。如是,吾人将进入庄子之另一哲学主题——用之观念。"用"于吾人似乎不成为一哲学问题,如吾人转换言之,用的问题即为价值问题、意义问题,即为事物之所以为事物的问题。

用之问题,所以为哲学问题者,可以从两方面言之。

其中,一方面在于,庄子非讨论某一具体事物如大瓠者之用,而为一对于物之普遍之用的讨论。进而言之,物跟用有本质之关联,物因用有(当然是就物之观念之生成言,非就其客体之生成言),物之本质即为用,离用无(所谓)物。再进而言之,用并非事物自身之本质,而为外来所赋予者,其最终所关联者,为人于物之生成活动(亦就观念而言,物固可以指示某种实际存在,而尤为人类意识之产物,待意识之认定而呈现)。故,于某物,吾人必先生起"其为物何用"之观念,虽对之可有形态特性之描述,而亦必将归于用之追究。

庄子之讨论用的问题,虽然从物之普遍义上来观照,来论断,用之问题为对物之问题的根本揭示,然他最终归宿的问题,不在物之用,而在人之用。

这是其作为哲学问题的另一方面。至于哪一方面更为哲学，或其轻重之辨，因人而异。注重物之本源讨论者，或以前者为更哲学；注重人类本性之回复者，或以后者为更哲学。或曰，有以突破人类而向外为纯客观之论者，为更哲学；有以远而知返，以纯粹内在心性之学，为更哲学。然此固各趣其趣，要不能相离。于中国哲学之传统中，本是如此，通物而论，约归于己，于物见己，于己逆物，不是内外物我折作两橛。

即用的问题，于人之用而言，又有两方面可以分析：一方面，吾人需认识，凡物之用，非物之用，而为人所需求之用；一方面，吾人需认识，不但物有其用，人备万物，各物其物而用其用，即反观人类之自身，亦一物也，亦一存用、待用之物，而其所以用其身心者，又未尝不出于人之规范，而未必用所当用，各尽其用。如是，我们将得出吾人人生之用的问题，进而言之，何者为吾人之正用，吾人当如何使用吾人身心之物。《德充符》谓："受命于地，唯松柏独也正，在冬夏青青；受命于天，唯尧、舜独也正，在万物之首。幸能正生，以正众生。"万物各有"受命"，故须知命；知命则知生，知生则知用，此一体之事。不得其用，则不能正生；不能正生，则不能顺命。儒、道学说，宗旨虽不同，要皆求正生、至命。正生、至命，则吾人之生命乃获得最自然之实现，亦获得最崇高之意义。故人生之用的问题，实即吾人今日所寻求之人生意义、人生价值问题。此于古今，同为第一等追求。于人之用的问题，可简单言之，即，一为人之用物，二为人之自用。

那么，我们具体看庄子在本处如何显示此问题。"树之成而实五石"，首先把中心之物抛出来，搁置在这里，一大物也，如璞玉之献，或以为石，或剖以成玉，待人而售其用。

下则言惠子所以用之。"以盛水浆"，储水也，一可能之用也；"坚不能自举"，失其用矣。坚，质地也。举，持也；自举，自持也。坚不能自举，可作是角：瓠固可以容水，然其壁缘薄脆，一旦用以储存水浆，则易破裂，不堪水重也。庄子不从人着手，而从瓠着手，要在写瓠之不成其用，非人之不能此用。又思"剖之以为瓢"，一可能之用也，"瓠落无所容"，又失其用矣。"瓠落"，形容词，以声见义，无常字形，同"阔落""濩落"，指大貌。容，储藏意，非指大瓠容积言。大瓠本大，剖之为瓢，则尤凌乱枝拄，所占空间更大。于是也，瓢之用可能也，瓢之储不可能也。

此两言大瓠可能之用，终皆不得其用。故庄文结之曰"非不呺然大也，吾为其无用而掊之"。呺然者，中空也。意谓，大瓠大则诚大，然大而不得其用，犹等于无用，无用之物，人所不取，如同废物、弃物。故惠子以"无用"二字，评说大瓠，虽百计而不得其用，可谓智穷矣。

又可注意者，"掊之"二字。掊者，击也；击者，毁也。大瓠固无用，然处置之法众多，不必掊之，而惠子掊之者，唯掊之可稍利其无用也。何者？大瓠无用而留之，不但无用，反多妨碍。今掊击之，则实归于实，虚还于虚，大瓠不大而反小矣。此非于无用中求有用，而于不利中求有利也。其又所以警示吾人者，吾人于物也，常以有用无用衡量之，有用则竭其用，无用则去其所不利。物或用之以敝，或无用而毁。于物而尽用，或犹以为得物用，于无用而毁物，则直鲁莽灭裂矣。人于物也，几何而不至于鲁莽灭裂哉！故于物也，吾人有能其用者，有不能其用而不吝毁之者，物因人不识其用而遭其毁者众矣。"掊之"二字，庄子用之若平常，而实寓无限痛心于多物之无端被毁也。

二、"拙于用大"

（三）"世世以洴澼絖为事"

惠子之话，庄子只用来展示一番世间常态，到底是物果无用，抑或人不善其用，此须待下而明。

庄子谓"夫子固拙于用大矣"，此一言以蔽之也。惠子之过，世人之过，"拙于用大"四字尽之。此但道理上如是，庄子更起寓言，以事迹晓譬之。其所假之物为"不龟手之药"，"不龟手之药"固为奇方，比之"大瓠"尚可理解，非顽然一无所用。此庄子故作退步语，由全不得其用之物，退而言专有之用，则稍易解，而道理因之可绎。

"不龟手之药"，宋人所以用之者，"世世以洴澼絖为事"，则为洴澼絖之用而已。此中可注意者为"世世"二字，吾人可思，"不龟手之药"为有洴澼絖之用而世世为事乎？抑为世世如是用之而仅供洴澼絖乎？故"世世"二字大有深义。吾人于物也，一方面人人如是用之，便以为物用唯此；又或世世相传如是用之，故亦沿袭旧轨，如是用之。约言之，物之用出于"习"也，相习而然。习之势力于人极大，既习而欲改之，则积习难改，不但念念在是，而且难以念念不在是，借庄子后文之言，则"成心"是也。"有机械者必有机事，有机事者必有机心"（《天地》），于此可谓，有成事则有成心，有成心者则有成事，"成事"者，洴澼绕也，"成心"者，以为药必为洴澼绕用也。

下则引"客"出场，非客不能于药而有他用。客者，与主人相对，来乎外或出乎内，乃为客。于物，人非超出日用眼光，或有超出日用眼光者，不能见其异用，以既安日用，则物各循常矣。

此中犹暗用小大之辨。客"买其方百金"，宋人世世用之，"不过数金"，则同一物也，其价值贵贱悬殊。庄子此处似郑重述其事，而实意存滑稽。一不龟手之药也，世世为之不过数金，有客买之，乃需"聚族而谋之"；又以世世数金以易一朝百金，而若利益巨厚，不胜愉悦，群"请与之"。如此，庄子愈郑重其事，则愈显出宋人合族之滑稽可笑，宋人即"北冥有鱼"章之蜩与学鸠也。庄子寓言，处处以道、俗对扬，故其相似乃尔。

更有甚者，庄子有写出者，上文是也，有未写出而可以推测者。宋人聚族而谋，以为利厚，既惊且喜，以己为得计，其心中宁无谓客为失算乎？于彼族人心中，决不能知客以百金买此区区之物，将致何用，故必以为客亦不过为洴澼绕而已，浪掷百金以买世世数金之物，却终不过为洴澼绕事，其心中宁无以为客乃大愚之人乎？宋人非自智而愚人者乎？其以为，己以数金一朝易百金，为得之大也，客为失之大也。此庄子所未写出而吾人可以情知者。庄子心事如是，笔端如是，不言而胜于有言，真奇诡也！

（四）"所用之异"

宋人固守其蒙，津津以乐其得利之大，其形象既陈，则为刍狗，庄文转引吾人注意客所以使用此"不龟手之药"的问题，顺理成章。

宋人于"不龟手之药"用之于族之洴澼绕，客用之于吴越之水战，以致裂地而封，诚不可同日而语。吴越战事，无用多言，不过交代客所以致用其所得之药而已。由此，庄子导出"能不龟手一也，或以封，或不免于洴澼绕，则所用之异也"一结论，此特可注意。

于一物也，"或以封，或不免于洴澼绕"，则物之用，并非唯一，可固守不移。进而，一物也，其既可用于此，又可用于彼，不唯两途，乃有无穷可能之用，只是人们意想有所局限，不能充分实现而已，非不可能。"不免"二字，庄子下字亦有斟酌。不免者，必至于是，或不得不止于是也。此中缘故，非由外物，全因内识，安于故习。

如是，吾人世世以为洴澼绕者，可以免于洴澼绕，或曰，以不龟手药必用之于洴澼绕，为不必然之认识也。吾人勿谓物之用小，此不必然也。所用可异，其大小可移。不但小用之物如此，即吾人以为无用之物，何尝不然？其理相同。吾人见其小而不能见大，见其无而未尝见其有，故不免于洴澼絖，或不免于"以为无用而掊之"。此过在人，不在于物。要而言之，物用之小大，物之有用无用，皆一理，在乎"所用之异"。以为不免洴澼絖者，可以裂地而封；以为无用者，他人或能显示其用。

由此，我们复可以回思，惠子所谓大瓠之无当于用者，指何而言？惠子非眼中不见有用，正是太过滞着于用，乃于大瓠不见有用。其于通常之瓠，知其所用，或以盛水浆，或以剖为瓢，遂率然仍以通常之瓠或曰小瓠之用求之大瓠，求而不得，乃怨为无用。不知，事物既别，虽为一类，小大不同，其用即殊，不可以此度彼，转失物用。更进而言之，吾人与物，本自有别，不可以人度彼，而求物用，以为是用也，即物之本性，如吾人穿牛之鼻，驱遣驾车，以为牛性在于负重。如此，伤物、掊击于物者，众矣。不但于物如此，于人亦然，吾人以为合心知之用者，其于伤身灭性者亦众矣。到此，吾人可知，物用问题，与物性问题，实为一个问题。庄子于此，犹特以用言之，若性之问题，待后分疏。

可见，吾人于日常世界中事物之用或曰意义，观念受制约十分牢固，一旦遇到非常之物（此两种层次，庄子习惯用小大区别之），便无所用心，莫知适从。此日常世界中，吾人习得之蔽也。吾人以为固然者，本非固然，乃余习之力。于此世界中，凡物之用，皆约定俗成，其用也"不免"于是用，外此则茫然其用。物物各有其用，吾人或得其用，或不得其用，乃不能适变所致，知物之同而不知其异。就物物而言，其用不同；就一物而言，其作用亦非有定。物用不同，物之性也。然于物之性、用，有本性本用，不关于人者，有赋畀于物而出于人者，此不可不辨。物之本性不可知，而人所赋畀者无有定；物之正用不可言，可言者人之用物也。人物之际，其道微矣，乃庄子哲学所欲发明而两全者也。

三、"有蓬之心"

（五）"虑以为大樽而浮乎江湖"

大瓠之用，惠子不得而明，庄子乃换一地步，借"不龟手之药"说明其理，得出"所用之异"。"所用之异"，即为物异用。此仍为从理上说，如于宋之族人，但谓之曰："不龟手之药，可以有异用，汝试求其大用？"则彼固可以信洴澼絖之外果有大用，然终不能知大用何在，而不免于洴澼絖。于论理为一事，于得实为一事，此不可无分。

如是，庄子示吾人以"不龟手之药"之大用，吾人因知异用；于大瓠，庄子虽示吾人以异用之理，吾人犹不能得其用。庄子既形于言，吾人可知也；庄子之未形于言，吾人不可得而知。庄子之智，诚不可及也。

大瓠之用，吾人或有能思议其方者，其方或至于百，至于千，然吾人之用大瓠，必将在"用"上存心，所得者不过用之用耳。如庄子不言其大用之方，吾世人之智者，或以为："此极矣，无以加矣！"然洎知庄子所以用之，吾人又不能不自惭其智，吾人不可与庄子相比方也。

庄子何以用大瓠？"虑以为大樽而浮乎江湖"也。此用也，奇而有趣，如孩童之想，又如非人间者所能用心，飘然从天外飞来。读者所疑者"虑"字之义，此字主要有两解：一者，虑，思虑，构想；二者，虑，音通于络，连络，捆合。

吾人读书，常徇字面，望文生义，此固常态，复有其弊，不可不博求其义。如虑字，吾人今日常义即在思虑，以为思虑解，固通。然博学者，深考之，乃发明络义，以为不当从字面义，在此作捆合解。于大瓠捆合而为樽，似无不通，且尤近义。然考证孰谓其无弊？考证而信其博，有时反不如循其字面之为得。何也？吾人考证一字之义，则以此一字为中心，广征博引，别入他境，而出乎此境矣。不知，此字也，本为此处之用，其字固要，然字乃见于句，句乃见于章，非以一字为中心，而以上下相贯、通合一义为中心。考证者着眼于所考证，必辗转出入乃得；解义者，即本文上下而斟酌之，每在其里。两者各有所长，亦各有所短。虽以心解义，不能无本；虽考证之博，必吻合本文。两者并用，乃得益彰，又唯达者能兼善其用，不达者多受其拙。其得其失，要以于文条畅为验，虽博而紊，亦无足凭，空好博而已。

于本处虑字，吾人初读，以为思虑义；更参详注解，转以思虑义为浅，而以连络义为确。此信博之过也。何也？吾人读书，每嫌义浅，必欲深之，求深之心反有害解义。于虑也，此处当从常义，即思虑、构想解。连络义所以不然之故有四。一者，大樽寻常皆独体，未尝有连络而为大樽者。其二，大瓠既五石之大，庄子又于此处特言"五石之瓠"，提点其大，则一瓠足矣，无烦连络。其三，庄子重言自然，不好机械，洒然脱落，与物宛转，若待连络，无乃多事？况大瓠之大，其绳何长？其连络如何牢固？大瓠犹可言连络，若御六气之变，则于六气无乃用连络乎？即人为而莫施，况连络乎？连络之设想固密，然非复同庄子于琐琐细人之心？其四，或以为将大瓠与身相连络，此尤滑稽。所以为大樽而浮乎江湖者，为适也，今乃绳索加身，与瓠一体，加紧则难适，用松则致危，又如何人瓠相连络乎？况既与瓠相连络，在上则需偃卧，在侧则易失重；如系于腰，则五石之瓠，非腰可系。吾人可料，以身与五石之瓠相连络，必不舒适，苦之不迭，乐从何言？

总之，以为大瓠相连络则不合（樽义），以为浮樽而用连络则不顺（于自然），以为人瓠相连络则不适（于身心）。此深求之过，而于文理不应。究其所以过，乃认"虑以为大樽而浮乎江湖"为实事，不知此庄子浪漫之想而已，大瓠既世间所无，况浮以为樽之事乎？又五石之大，亦形容其大，五石犹属虚词，非果五石而止，但引吾人致思其大而已。又大瓠所以为大樽者，其节收束，形似而已，非必修饬而后同于大樽之制。以大樽而浮乎江湖，犹列子御风而行，犹至人御六气之辩，吾人但可设想有此事，而不可言其所以行事，以本唯作虚诞之寓言、应理之设想而已，本无其事，以实事按之，则不通其趣矣。是亦吾人不能超然出俗，每滞尘想之证。

如是，于"虑以为大樽而浮乎江湖"，吾人但以为，此不过庄子神思驰纵，示人以大瓠为介而行其乐，可也。要在乘大瓠而浮乎江湖之乐，不在何以用大瓠而浮乎江湖。然吾人不可以为，庄子以大瓠而浮乎江湖，为偶一设想，其所以设想，深合大瓠之性，且不悖于浮动之理。大瓠"呺然大"，故可浮而人可乘。得物之用，必因于物性，非人意无本，驰想为然。

"虑"字，此而外，尚有可言。"何不虑"，乃庄子文中谦逊之语，不尽谓方法自我而出，我但为提示，使惠子自思虑其事可行与否。此可言之一。又，"虑"字对"忧"而言，又应"有蓬之心"而言。未得庄子之言，则惠子之心，在忧大瓠之"瓠落无所容"而已，甚苦恼之而无计可出；既得庄子启发，其可以转念而虑浮游之事矣。同为用心，一则以忧，一则可虑；一则"有蓬"，一则无蓬；岂非井然相贯，于文理文义两俱无违？此可言之二也。

又进而言之，庄子本章所归结在于"有蓬之心"。世人之心，皆有蓬之心也。有蓬之心何心？茅塞之心也。孟子谓："山径之蹊间，介然用之而成路；为间不用，则茅塞之矣。今茅塞子之心矣。"（《孟子·尽心下》）两下可谓有异曲同工之妙。人心之内，天机畅发，用而不当，转茅塞之，杜遏天机。是以，见此则在此，用彼则在彼，因循成执，不能与变同适，曲尽物宜。

庄子所为，即在要去除世人"有蓬之心"，经其点拨，则在惠子为无用而可忧者，在庄子为得用而可乐。前言"不龟手之药"为小"异其所用"，今五石之瓠，乃为大"异其所用"，正中有偏，小中有大，环环相生，层层相扣。

又，吾人可思庄子之所谓大瓠之用，其果何用？此可与列子之御风共参。御风何以为大？二者皆非人世间可陶铸之物，亦非人世间名利场中所有之事，故庄子一以为浮乎江海之外，一以为"彼于致福，未数数然"，皆透此意。其言曰："天之小人，人之君子；人之君子，天之小人也。"（《大宗师》）吾人可谓：天之所弃，人之所宝；人之所去，天之所贵。无用于人者，乃成其天。庄子此处虽若必于大瓠求用，但"所用之异"而已，未明言"无用之用"，实则已寓此意。大瓠之所以成其放达之用，正以其无用也。吾人皆于用处求有用，庄子则于用处求无用，于无用处求有用，此间甚微，不可不用心体之。然此犹含蓄，待下章则语意遂晰。

四、"吾有大树，人谓之樗"一段

（六）"不中绳墨"，"不中规矩"

本章转入大樗，主人翁仍为庄子、惠子，与上大瓠章相同。然文虽相接，不宜作一章看；又文虽两章，而当作一章看。作两章看者，事迹异也；当作一章者，道理通也。此固或出于学庄者之类理，然其措置布序，极有手眼，妙达庄心，虽与作者有别，要其伦次撰比，断续有章，疏密合度，使非一篇而成一篇，功不可没。

此两章，开始情节极类似，一为大瓠无用而欲掊，一为大樗不中而不顾。然自有隐费之不同。其不同在于，大瓠但言"以盛水浆，其坚不能自举也。剖之以为瓢，则瓠落无所容"，以为失用，或曰不中于用而止，未揭出或提到"绳墨""规矩"地步，今大樗则明白揭出此意。

"绳墨""规矩"之名，初闻甚美，以为人能之巧术、良工之利器，既久历世情，或则黯然气沮。天下既有规矩，则吾人皆为应规矩之物矣。一物生则有一规矩，或以一规矩量天下之物；事事无已则规矩无已，又或以天下无穷之规矩量此一人；擢之黜之，丰之约之。吾人虽心中不乐，而不明所以，以为过不在规矩，一意反己。规矩者，虚物也，非世间本有之物，则天然自合者无一，天然不合者遍是，将谁无规矩之苦？自以为邀规矩之利者，亦自规矩之百苦中来，而又有千苦将尝也。不合规矩之苦，则人人知之；既合规矩之苦，虽苦者而未必知其为苦，其苦甚于不合者。苦衷既深，则虽不敢昌言绝规矩，去绳墨，然视之如猛水烈焰，心有余悸，则规矩绳墨，天下荼毒之剧者也。

吾人于树，虽不见树，已自有规矩绳墨在胸，即见千树，而犹然此规矩绳墨在胸，吾人处处以此规矩绳墨度量于物，欲其大而中规矩，直而合绳墨，则吾人所见者但规矩绳墨而已，岂一一之树，其高低不同，粗细不同，曲直不同，坚脆不同哉？又推广言之，吾人于世间所有之物，何一而不怀规矩？何一曾不携绳墨？直隐于心而无形，藏于识而莫觉罢了。吾人恒使天下万有不同之物，以就吾人之唯一绳墨规矩，中者为良材，不中者为无用，而不知事事物物自有其规矩绳墨，不待吾人之绳墨量而直，不待吾人之规矩揉而曲，天机自张，烂漫其形也。吾人以绳墨量物则不中者多矣，吾人以规矩度物则不合者遍在矣；又吾人以物合吾人之规矩绳墨，而物之丧其本然者不可胜数矣。人以规矩绳墨取材，而天下之材争入规矩绳墨之域，规以重规，矩以叠矩，雷同一式，天下遂云无材，祸斯酷矣，则又谁之过哉？

故庄子于此点出"绳墨""规矩"二词，意义尤重，而绎理又进，非平行相偶，有文无义，如枝指而已。

（七）"今子之言，大而无用，众所同去也"

本段极力渲染大樗之不中于用，与大瓠一节笔法无异，然而在这里，又有一重要的引申之点，值得注意。

大瓠章，庄子但就物用以言物用，而今则特别点明"今子之言，大而无用，众所同去也"，则无用之寓意，不但为对事物之评价，亦且指向庄子之立言本身，庄子之言即此所谓大樗也。如是，大樗者，所言之物之寓也，而言此之言亦寓其中，寓中有寓，能所俱寓，如镜中之镜，重重互现，因陀罗网，圆觉妙明。这一点，应为我们所特别认识到。庄子笔法，一步一境，又于境上成境，吾人稍粗心浮气，便与交臂失之。庄书，固非用浅心可读，食不知味，只珍其物。

庄子之言，何言也？庄子之言，即代表庄子所有通过语言而传达出来的学说，或曰其哲学之主义，而非语言之夸诞形式。即此而观，所谓庄子之言"大而无用"，其实本于其立说之性质，自然如此。其能破除世人小大之见、有用无用之见，故能知小，如入蜩鸠肺腑，又能谈大，鲲鹏怒而不惊；既能明用，裂地而封，复识无用，浮海而游；随处天趣，绝无俗响。其所以无用，乃众人不能轻易理会其学说之故。

又"大而无用"，将大与用直接关联起来，则所谓大的问题当中，自然蕴含此用的问题。而此语虽为批评之意，实庄子自道，正惬彼怀。庄子极意写大，不但要将吾人导向大的境界，且更要导向与大相应之无用境界，正以大而见其无用。庄子所求者，正大之无用也，是乃为境界。吾人既大乃能无用，吾人至于无用乃能知大。何者？以"用"本身即为世间观念之根本代表，一切世心皆伏藏于此，以为窟穴。吾人不能解脱"（有）用"之观念之桎梏，则吾人即不能脱离人世间之沉闷苦厄，即不能获得真正之生息，而为奄奄待毙垂死之物而已，老子所谓"人之生动之死地"（《老子》第五十章）是也。

"用"与"利"字有别，二者虽往往可以相通，然"用"字更为一哲学之观念，"利"字虽可为哲学所使用，然其不如"用"字之义深沉广大。何以言之？利者乃于效果言之，或实有效果为利，或逆睹效果而计利，此虽然为一普遍之问题，要不能与对事物之本质的认识相当。一物之有利无利，与一物之本身为何，乃不同之问题。"用"字义则不然。有用固可以言利，而有利非即言物用，物用与利可以漠然不相关，必因用言利，利用乃合。"用"乃更切中于对事物本身之认识，吾人于物之认识，即从其性能、功能出发，能则成用。用为对事物本身之内在性与活动性之总括。某物之用即意味着对此物之规定，物有此用，故可行此用；其无此用，则不可行此用；又其既有此用，乃不能不行此用，或曰实现此用。于一物之用认识不同，或规定不同，则其为物之实现即不同，或曰所至之"命"即不同。儒家哲学至宋明理学，一对极重要的观念即体用观念；而理学之发展，一重要的主题，即辨析体用之关系；而最终之层次认为，即体即用，非用外有体、体外有用。如是，吾人谓体、用之义为同指，可也。吾人谓体，体是用之体；谓用，用是体之用；一物而析言之也。可见，哲学之根本处，乃关着物，而物的根本之处，又关着用。庄子言"用"而不言"利"，其于哲学之眼光为更恢弘，或者反过来说，可以用以证明庄子之恢弘的哲学眼光。庄子为文，绝非只是以物象动人，其见识直是透骨透髓，惊鬼惊神，洞彻而无隐。

又，吾人可细味"众所同去"一语，此表示出庄子学说的处境。众所同去，正以见众人无法同情于庄子，而庄子之学乃大乖谬于世俗。庄子虽借惠子口中说出，实不啻自己亲口说出；又一言"众"，再言"同"，以强调学绝于世；则其悲哀寂寥之感，又默然溢出，无声而胜似有声。此诚大哀也，庄子之学不为世用！此又诚大幸也，庄子之学乃益信将用于世！学绝道丧，道、学乃见也。一学说之价值，往往不在合俗阿世，而在其能脱俗自立，进而在能导俗化物，以牖高明本真之境，或以古人的信念言之，即使人人"志于道，据于德"(《论语·述而》)也。

呜呼！庄子为世人哀，吾人复为庄子哀。庄子非可哀也，世人之哀长无已。吾人智不足以先觉，学不足以觉人，势孤身微，困于浮涡，乃为吾人之大可哀也！

五、"子独不见狸狌"一段

大瓠章，庄子所以讥惠子；大樗章，惠子转来讥庄子。于此，惠子诚可讥，而庄子难以讥，讥庄子者，适以成其反讥。同一讥也，庄文一正写，一反写，妙笔横生。

又大瓠章，专在讨论物用，而大樗章则不但在讨论物用，讨论物用为偏，讨论庄子学说为正，乃由一片面问题，上升到对庄子学说之整体认识问题上来，而通过如此之讨论，又一次来显示庄子哲学之精神归宿，与其最高之境界。"北冥有鱼"章最后形成一高潮，进入庄子哲学之最高境界；本章到最后亦形成一高潮，而涌到庄子哲学之最高境界。两相比较，前一章之最高境界为虚中虚，本章之最高境界则为虚中实、实中虚，又不相同。合此首尾两章，庄子逍遥游之内涵，一以穷高，一以归本，乃更加充实可悟。

（八）"狸狌"

上文既引出惠子对庄子学说之批评，一语中的，所谓"大而无用"是也。庄子故设此批评，以便接续引发下文的阐发。但他不直接来回应惠子的责难，而笔端又荡开去，借物说理。庄子的这步接续，极为重要，将有用无用，作了更深一层的引申，直到其哲学的根荄，不但为回答责难而已。

庄子从作为植物的大樗写起，又转到作为动物的狸狌，这也是他切近主题的步骤。荀子谓："水火有气而无生，草木有生而无知，禽兽有知而无义，人有气有生有知，亦且有义，故最为天下贵也。"（《荀子·王制》）则草木、禽兽之别，在于同为有生，而草木无知，禽兽有知，草木附着于地，而禽兽可以动静由己。以草木喻人，人或觉其远；以禽兽喻人，则人易睹其近。此庄子过渡之法，愈言而愈向人一边归拢。人与禽兽之辨，儒家认为在于仁义，人与禽兽相去几希。在庄子则并此仁义而去之，则人与禽兽并为"生物"（见前"生物之以息相吹"）而已；又不但人与禽兽之际如此，人与植物与水火之物，亦并为"生物"而已。生物者，首要表示一种已然的存在，其次表示具有主动或被动之活动性能。故于庄子，"生物"如同今人言物质，乃为一哲学观念，而非生物学观念，其所表示者为最普遍之存在物，凡有皆存在，凡存在皆生物，上文已言，生物之生不必表今人生命义，而为被造或被生义。进而言之，生之观念附随于物之观念，以物即隐含被造之意义，故庄子文中每见"物物""造物"之说法。

如是，庄子哲学中，一切所有，一切事物，即皆为"生物"，每一"生物"虽不尽有一般之生命，然有作为自身之特殊存在的意义，也即，凡物必作为物本身而在（或曰生），而不能不作为其本身而在（或曰生）。事物之意义在于自身内部，或者事物只有对自身才产生意义问题。任何事物只能获得其自身之意义，而不能获得其他事物之意义，甚至不能了解其他事物之意义。故意义对于事物自身而言是封闭的，事物不能相互赋予意义。就哲学而言，事物之意义存在于自身，但又就哲学而言，事物之意义并不来源于自身，且不止于自身。其原因在于，一切作为事物之物，皆是被造而如此存在，或被生成而已然存在的，即庄子所谓一切事物皆"生物"，或曰所物（为动词）之物。一切事物之意义因被造而生成，这与一切事物之作为物而开始存在，语义相等。我们可以说，一生物开始在（或生），我们也可以说此物对自身产生意义。

这一层原理，在儒、道两家哲学中同谓之"命"。命是意义的最终来源，我们于一事物，与其说其因为生成而获得自身对自身之意义，不如说，此事物因为"被命"而具有对"能命"或曰"天（命）"之意义。当然，一物自身对自身而具有意义，与其被命而具有意义，是可以统一的，或者说是相顺的。因为一物之成其为自身，而不是成为他物，即是被命的。一物被命而成为此特殊之物、唯一之物，也就具有独有之意义。

根本而言，此物并不具有独立性，或曰不成其为一物，因为其存在是被命的，其不复存在，将同于其不得不存在，俱非是内发的，而为命定的。命定为一矛盾体，即命既定而又不定，因为命不来源于事物自身，而来源于更高之存在，或者这种更高之存在，乃为真正之存在、唯一之存在。换言之，普通之一一事物并非真正之存在，而只是更高存在之变现（为此最高存在之片段显示）或假象（指物不能作为可以成立或具有自性之物而言）。

从最终意义上言，只有最本真的存在或最高存在，才能作为存在，一切之物或有，不过为此最高存在之流行变现。一切之物既构成此最高存在，也即是这最高存在本身。而这个最高存在，必作为一而存在，即这个存在是大一之在，"其大无外"，"其小无内"。我们人为之眼光，乃认事物是一一独立的，而各有意义，然即此大一之在而言，并无许多事物，并无事物之际可寻，或曰大一未尝走向万物之分裂，也即，大一为一"混沌"之在。如是人类所赋予一一事物之可能意义，便既不成为事物之外来意义，与此同时，也不能成为事物自身之内在意义，而并归于了无意义。因为一方面，就意义之出现来说，必然是封闭性的，或曰是相对性的，也即是物对物而然，或曰此封闭对彼封闭而言；而另一方面，作为大一之在来说，或者就事物本质上存在于大一之在而言，是超越封闭而无所封闭的。这也就是庄子《大宗师》所谓："藏小大有宜，犹有所遁。若夫藏天下于天下而不得所遁，是恒物之大情也。""藏"即获得一封闭之空间。就相对之封闭空间而言，是相互叠架或重构的，也即此空间被置放于彼空间之上（"上"表依托关系），而彼空间复被置于另一空间之上，如是无已，重重相因，乃为叠架。于自我而言，此封闭为"固"，或曰几于绝对；然作为相对空间而言，此并非"固"，也即不形成封闭，而在所置之逐层变大的空间之视野内，因而成为敞开的，而更有空间可入，形成新的相对封闭，也即"犹有所遁"，"遁"即一种更大视野下，空间的相对转移。如是，事物并非一成，也即并非一命，于其一成之中、之后复有无限之成，于其一命之后复有无限之命，即于一成、一命之中（为人）亦复有无限之成、无限之命，则物果何物？意义复果为如何之意义？于是，物将失其为物，意义复将失其为意义，唯一大命流行，不可断截，唯一天机自化，不可执物，而其在固在，其真自真，如其所是，不可用思。

由庄子对于"生物"之瞩意，推演其理，亦非冥造。吾人以为庄子之心在于爱物，爱一一之物，其心虽在是，而其所以爱之之理则不在是；庄子未尝一一爱之，而正欲破除吾人一一之爱，而于大一之中，实现其爱物之心也。吾人于庄子学说，或知其心而不明其理，或知其理而未达其用，学非可以骤期，亦非可以理尽，循循不已而已。

（九）"此能为大矣，而不能执鼠"

即本段所言之事迹言之，吾上已言，乃又有一重要引申，决非虚标。庄子由大樗引吾人到狸狌地步，便于人为近，而其道理又转，非但在物用而已，又原自物用中脱胎。狸狌，人所常见，以人所常见喻人所不常见，亦庄子教导之法。狸狌巧黠多智，以行其猎，身法敏捷，无不如意。然其能得物，而不免于为人所得，所谓"中于机辟，死于网罟"是也。此何意也？但言狸狌之不幸欤？吾人于此若有未解，可先通下。

下则转言"斄牛","斄牛"者，庄子虚构之物也。庄子虚构之物，若神奇，又实无奇。鲲者，鱼而大者也；鹏者，鸟而大者也；大瓠者，瓠而大者也；斄牛者，牛而大者也。以牛则吾人可知，以斄牛则吾人若不可知，吾人执实之心重，故不能游意于虚。"其大若垂天之云"，云象无定，或如牛形，此不但以云像牛，亦且暗以牛像云。云者，兼象与虚二义。庄子何以要虚构此斄牛之象？此则非在言大，要在言大而无用，以与狸狌小而有用相对照。又此不但言大而无用，尤在言有用之不免于枉死，无用而转获其幸生，此即老子祸福倚伏之机也。"不能执鼠"，此对狸狌而言，狸狌即今之猫，以捕鼠为能，斄牛则固无是能。言不能执鼠，但明其无用，非谓执鼠之外，可以驾辕，或者取乳，以不能执鼠表无所可用。

大瓠章由大以言无用，此则初由大以明其无用，进而由无用以明其所以至于如是之大，斄牛如此，大樗亦如此。两章文理浅深轻重，有似相同而实相反者。

此段文义，要自末句而明，"此能为大矣，而不能执鼠"。吾人初正读之，斄牛大而无用；继当反序读之，即"不能执鼠，故能为大"，无用乃可大。复反推狸狌，其所以"中于机辟，死于罔罟"，必以其能执鼠；其所以能执鼠，又以其巧黠多智，身法敏捷。内有此能，故外成其用，能、用相为表里。然狸狌之死亡，非谓其身体小而有用，乃由其能、其用而来。这里"大"字之义，看似指形体之量，实则指久义。物得其生而不中道夭亡，则能至于大，中道夭亡则不能至于大。此处小大之辨，实则指寿夭而言，其义又转。"中于机辟，死于罔罟"八字，于本处主旨显示最明，有用无用，攸关死生。

到此，"大"之问题，不但为一体形外观的问题，而实际指示生存的问题，而生存问题又关联有用无用的问题。则大的问题转为表面，而用与生之关联乃沁入于本质层面。寿夭问题，究竟言之，即生命之保存或保养问题。关于如何保养生命，《养生主》专门言之，实际不但彼篇专明此义，庄子全书之最终目的即在实现理想之养生，故养生之旨贯穿于庄子全书，字字都关乎养生，都在开示所以养生之理。吾人于养生问题，不可作枝节来看，而应作头脑来看。养生问题，一方面关乎实践与境界，一方面关乎原理及方法（或其道），即使纯粹讨论知识与辩论的问题，在庄子也决非止于理论兴趣，而是指向养生之宗旨，或对于生命本身存养之需要及价值。

通过本段，我们应当意识到如下观念：一是，在这里，庄子引出了对于生的最根本的关切；进而，对于生之存养的工夫，在源头上跟对于事物及人类自身之有用、无用之评价有关。具体的观点，我们可以简单表达一下，即，有用则会构成有生之累，乃至生之毁灭，无用（就纯粹意义言）则不会给自身带来生的危机。如是，用的问题，既为生之问题的根本症结所在，同时也指示出了养生之道，我们简单概括此道即为，无用以生。这是庄子在此处表达出来的对于养生之道的总原理，且也可以作为其全部哲学之总原理。当然，原理尚属于空洞的，具体如何为无用，仍于理论和实践中存有无限之思辨和体验环节。本处讨论可以姑且到此为止。

六、"今子有大树"一段

（十）"无何有之乡，广莫之野"

此复回扣大樗。惠子以为大樗无用，"匠者不顾"者，可以不失其用。庄子虽若未尝经意于对"今子之言"的批评，而实回应即在其中。这一笔法，可谓虚中有实，实中有虚，与但虚以言实者有别。何以言之？于惠子之意而言，用在批评庄子学说，而庄子必以回应此批评为主，此所谓写大樗为虚，写言为实，妙在惠子不直斥，庄子不道破。于行文主体而言，又要在写大樗之大为实，写庄子之言为虚。此二义合为一体，既不能析之，亦不容混之。物中得我，我中见物，我与物莫得其际，相与为一。此又何谓？物之用即我之用，我之用即物之用也。

庄子写大樗之用，与大瓠之用，同一奇诡，然浮之江湖，此尚可着想，"树之于无何有之乡，广莫之野"，此则几于不可着想，愈出愈奇。又大樗与大瓠取象又自有别，大瓠无用，则需人为储藏，大樗无用，则吾人不顾而已。一者为我有，一者非我有；我有者不知其用而毁之，非我有者以为无用而舍之。如是，大樗之无用，尤寓深意。属我者，我可得而成毁之，非我有者，我亦不必舍之，且又有不能舍者。此总庄子一片于无用中求有用、于有用中求无用之深心。

庄子所以使大樗而有其用者在于，"树之于无何有之乡，广莫之野，彷徨乎无为其侧，逍遥乎寝卧其下"。此为本处精华所在，与"乘天地之正，而御六气之辩，以游无穷"者同妙，甚至更妙。此句结构与大瓠处亦类似，但语序又倒而已，可正作："何不……，而患其无用？""何不"之后，"树之""无为其侧""寝卧其下",三者相应,为递进之动作,与大瓠章"虑""忧"相对不同。

"无何有之乡""广莫之野",广莫、无何有,相互为训,二语乃以境言,而非以理言,就大樗来行文。吾人观之,应从境言以合理言,不然,作空旷无物、唯此大樗来解,便不得其意。庄子借此二言,不过通过"无何有""广莫"之意来暗示吾人之意识,使空诸所有世俗纷乱之念,而进入无所束缚、任心自得之冥想境界。其所用意,看似在树,实则在人;树不可移,人心能转。人心既转,树仍其树,而境非其境矣。故表面观之,无所有者为空间中物,实际所无者,吾人世俗求用之心也。此求用之心,遍于物物,遍于处处,遍于时时,交织而成其所现之物的世界;凡一物既有一用,无往而非有,则吾人现实世界非"困于有之乡"乎?"无何有之乡"之设,正对俗之有其有而不能无,使吾人暂时出离此世俗世界,从困顿劳辱中解脱出来,而得片刻之安适。

(十一)"彷徨乎无为其侧,逍遥乎寝卧其下"

境因心转,心因境移。吾人既置身于"无何有之乡""广莫之野",则用心息而情意放,乃可以有"彷徨乎无为其侧,逍遥乎寝卧其下"之事。至于"彷徨""逍遥"则由境写人,有如是之境,乃有如是之人。"彷徨""逍遥"一义,吾人于"逍遥"义难明,于"彷徨"义易明,二者互训,由"彷徨"可知"逍遥"之义。此庄子"逍遥"义之实指,后人发挥,多离其本,反致难会。其实,逍遥不过为一状词,用于摹写"寝卧"情态,或"游"行之情态而已,于彷徨之摹写"无为其侧"同用。

吾人虽可确定逍遥为状词,摹写情态,然其义果如何,仍需楷定。吾人欲楷定逍遥义,可先由理会"无为其侧""寝卧其下"来实现。庄子写有道之人,或曰写正面人物、正面行事,往往没有特别具体的事迹,不过为"行""居""浮""游",或动或静而已。其故何也?庄子本对世俗生活持一种批评的态度,不以众人日所营求的事业为可为,如孟子所形容"鸡鸣而起,孳孳为利";且庄子更连孟子所保留的前半句"鸡鸣而起,孳孳为善",亦一同否定;则世俗生活无论为利还是为善,都不符合庄子对于人生之期望。世俗世界之全部活动,大概都可括之以义利二字。故庄子对于世俗生活之否定,乃近乎整个之否定,当然反过来,世俗生活对于庄子之学说,也是"众所同去"。如是,庄子之理想生活即为摆脱世俗生活之痕迹、之影响、之侵蚀的形态，也即还原为纯粹行动本身之形态。其中所有之活动，不过为人作为自然生命所有之活动性能，而并不带有世俗活动之目的性，也即抛除了世俗之功利道义，"民居不知所为，行不知所之"（《马蹄》）二语，最可肖此。

事因目的而有，有目的则发为行事。于行既抛除了其功利道义之目的，则行即为无目的之自然漫衍活动，也就不成其为事。故庄子屡言，"孰弊弊焉以天下为事"，"孰肯以物为事"（《逍遥游》）。天下亦一物也，不肯"以物为事"，为一否定性的普遍论断，这对于从积极方面来概括地理解庄子学说甚有助益。然此中之"事"特指世俗之目的性活动，这在庄子学说之理想中是不予许可的。人之活动既无任何之目的性，则其意志之功能也即消失，如是，不但于事不成其为事，而人亦将不成其为人。总之，于庄子之理想世界，人事俱尽，而只有自然性之活动本身。而且，就这些表示活动性之词语来说，庄子又特别选用那些能不违此义，进而能表示此义、顺合此义之动词，并强化了此义，如"游"字最为突出。不然，则于普通所习用的动词，加以否定性的使用，缀以"不""无"或"未"等字，如上引"不知所为"，又如"彼于致福者，未数数然也""无所用之"等。

顺此稍引申一点，庄子于人生，既不以普通人之生活行事为事，其谈论人生，不过言死生而已。在他看来，人的生存，如果有事可言，不过化约到生死两件大事；而死生究竟又不过为同一自然之化之不同表现。总之，庄子并不认为人生应有许多事，人并不必为许多事而劳攘操持，到头不过一事，即自然之化，我们所谓生，不过要顺应这自然之化而已。

就本处而言，庄子于人处于"无何有之乡"之动态的描写，所用措辞即为"无为其侧""寝卧其下"。"寝卧"，一方面有止息之意，表示日常事机之停止，与"孳孳"相对；一方面为人之自然行事，为纯粹描述性动词，不具有目的性。此为能直接顺合庄子之主张行为无功利性之动词。"无为其侧"，"无为"一词虽然属于道家哲学最重要之列的专门用语，此处有其具体之义。"无为"所对为"寝卧"，二者虽非互训，然相对立义，可以互明。寝卧乃就动作之止息言，无为则就动作之活动言，或曰一言静一言动。"无为"之所以言动，需要我们理解其此处之义，无为并非表示无所动作，而是其目的、意志上的表示。无为的充分意思，即无所为而为，或老子"（上德）无为而无以为"（《老子》第三十八章），也即，当一行为取消其目的性、功利性时，就从"为"变成"无为"。反过来，我们也可以理解，我们通常所谓之"为"或"事"，皆以蕴含目的而成立，此正如我们通常所谓之"物"，皆以蕴含某用而成立。换言之,"为"和"物"都尚且是世俗之观念,不能作为庄子哲学的顺手之物来使用,而必要有所澄清。我们进而言之,一"为"或一"事",以及一"物",实皆具有其内部的规定性,庄子今则取消其内部的规定性,而使之原本作为一通常观念的功能消失,或丧失意义。从而,为变为无为,事变成"孰肯以物为事",物则变成"无用"之物。经此一番抽撤,则我们日常世俗世界即告解体,而庄子之精神境界即相应出现。也即其文中所谓,我们从忧患事物之用的世界,进入到"无何有之乡,广莫之野"——人与万物自在的栖居之所。这里,一者隐则一者显,具体言之,就是人为世界隐而无为世界显。

  如是,本处"无为"乃庄子对于停留于大树之侧之人,任何可能活动的总写,具体的活动细节不能写定,但可以作想象。下边,我们可以再考察"彷徨"和"逍遥"之义。上文已言,二词不过为对动态之修饰形容。就彷徨而言,乃一往来折回,反复走动的过程,与徘徊义同,这个意义我们比较熟悉。庄子用之与我们接近而又不同。我们今日使用彷徨,多表示犹豫不定,以意志不定故,则形成一无主意之踌躇苦闷状态。所同即在当事之无有主意;所不同,我们今日乃用思而求主意,庄子乃去思而任此无主意,并无所求,如有所求,亦不过求无主意而已。所以,彷徨所表示者,为无主意或无用意之精神状态,更简洁言之,即无意、无心状态。以无意之故,动作纯然自发,无所驱使,可见者唯有动作之变迁往复而已。所以"彷徨""逍遥",皆庄子为更充分显示"无为"意而特别甄用的词语,二词本身即被庄子赋予无为义之暗示,或者说所有这类词语(包括"无为",在此它实际也是对某种特殊动态的描述)作为语言符号,共同指示无为义。我们学习庄子哲学,要特别能够领会,庄子语言对其义理的指示功能,所谓"得意忘言"。当然,言是意的保存,本不必忘,所言忘者,不过对泥于言者来说,"不忘"即不成其"无为"。

  我们理解了"彷徨"义,那么我们也就理解了"逍遥"义,二者此处完全是互文用法。二者又与"无为""偃卧"相与为一体,既各有语法的功能,又意义相互贯注,彼此诠释。我们可以说,如此境界中,彷徨即表示无为,逍遥即表示偃卧(偃卧即无为之一种动态,其本身复表示无为而安止),反过来,无为即表现为彷徨,偃卧即表现为逍遥。所以,无论是虚构的理想境地,"无何有之乡,广莫之野",还是意想的行态,"彷徨乎无为其侧,逍遥乎寝卧其下",如果冲破文字形象的形式性的铺展,只有一个内核,那就是"无为"或者"无用",进而言之,就是只任生命自身之天趣,纵横洋溢。

（十二）"无所可用，安所困苦"

庄子行文，虽不断折出，开辟新的理境，然又总是扣住寓体，不远而复。上数句，讲人物之俱适，所谓"彷徨""逍遥"是也。然其又不止于逍遥，而更进一步，重申主题，以见逍遥之实质意义，非但为空想之神悦而已。

"不夭斤斧"，"不夭"二字可醒，如大樗之无用，树于"无何有之乡"，乃得不夭也。"物无害者"，再重言之。"不夭"与"害"，与下"困苦"，皆为对生命适用之词，以见庄子要在导吾人之识见，归于对生命本身之安养维护上。"不夭斤斧，物无害者"，在前为果。"无所可用，安所困苦"，又一结之，而因果俱见。前文（以至全篇）如是曲折周转，精义不出此八字。吾人皆知，逍遥游为庄子哲学之至境，齐物论为庄子哲学之至理，不知此八字乃其至实之言，于境而合逍遥，于理而统齐物也。不明乎此，则虽有逍遥，但为驰想，夸论齐物，不过玄谈，皆往而无归者也。

（十三）有待无待到有用无用

本章末段的描写，无疑是极重要的，它虽然仍不免文学的修饰，却可谓透露真实底里的话。逍遥游对于人类来说，或者对于万类来说（这一点在《逍遥游》篇还未充分展开，到《齐物论》篇便充分展开了。），并不见得就要作九万里的高飞，乘风御气。这些用词，我们不妨仍视之为文学的语言，而逍遥游从前面所谓有待、无待的问题，转入后边有用、无用的问题，则其哲学的意蕴便尤其显然，而《逍遥游》结体之密彻及逍遥游之本义也都同时变得明朗。

就有待与无待来说，其所讨论者乃事物自身之完善性，事物自身是否能够独立实现自己的价值或诸种可能。从另一角度讲，即事物自身是否是有限的，或从反面角度讲，事物自身是否是受限的。

而这一问题继续引申，便是一最重要的哲学问题，即事物自身是自生自存的，还是被创造被主宰的。此乃就事物一方言，若我们就其对立方言，此问题即为，是否有一主宰或造物主，来产生万物，来持续地作用于万物，使万物有其生，使万物有其成。当然这一根本问题的次生问题便是，事物之间、人物之间是何种关系？有无共生的必要？能否相互脱离？这种相互脱离的程度有多大？

这也就与事物之有用无用的问题，发生关联。有用无用，并非就事物自身来判断，而是依照一种相互关系来确定的。这种相互关系不确定，或发生转移,那么这种用就会发生改变。有用无用,是对他者的价值,是出于他者的评价,或者更准确地说,这唯有在一种相互的评价体系当中才会可能。事物对自身之用或才能的认识,其标准也不是内在的,而是外来的,或曰起于相对之关系。进而,我们可以讲,事物之间的有用无用,即表示了事物之间(包括人物之间、人人之间)存在一种有待的关系。物不能不待于物,人不能不待于物,同时也不能不待于人。

然而,我们应当反思,这种待,表示的是一种物质的存在依存关系,而并不是庄子的认识论意义上或精神哲学意义上的有待或无待的关系。庄子哲学之立意在于后者,而不在于前者。

我们应当认识到,有待的存在,跟有用的观念一样,其发生乃出于我们的精神意识,而不单单是一个物质的事实。庄子所不能否定的,是这个物质世界的存在,但是他认为虽然是同样面对这个存在,可以存在差别悬殊的不同的认识或觉解境界。存在不是我们自身所制造出来的,但对于存在包括对自身的认识是自己决定的。有待无待,是我们精神生活的问题。有用无用,是我们的认识世界和功利世界中所有的看法。而在道德境界(道家哲学的意义上)中,这是可以取消的,即可以回归于或达到无待、无用的。

七、结言

本节两段寓言,所论要在事物之用,而归本于无用之用,是为大用。此若论事物之用,而实则因物及人,以论人之情性。庄子之文无往非表一种根本之人生态度,非徒为论物之说。此吾人所应谨知者。

本节两段同为论有用无用之理,固甚相近,然相近之中亦有非雷同、可一概观者,其渐引渐深,而每用加切,意蕴迭出,深弘理致,固为吾人所不可忽也。此所以欲使学者知义必有当于本文,不可以其相近之旨而漠然观之,不然,终将道理无从邃密,人心浮薄而劣也。

浑而言之,虽庄子全书,道理皆可以相贯,然错落其言者,道理不可以空提,必皆付诸实物。所谓卮言无穷,随在而现,其机自别。观之熟则会之深,体之全则烛其蕴。可以无言者,而必假于言;可以一言止者,必周回其文;一言之而不尽,则再言之,再言之而不达,则反复言之。故言必极意,文必趋变,然后学者于义也,生于心而若固有之不穷。此则忘言之学所以不已于言也。

第6节 《齐物论》选读（一）：南郭隐机章

南郭子綦隐机而坐，仰天而嘘，荅焉似丧其耦。颜成子游立侍乎前，曰："何居乎？形固可使如槁木，而心固可使如死灰乎？今之隐机者，非昔之隐机者也。"子綦曰："偃，不亦善乎而问之也！今者吾丧我，汝知之乎？女闻人籁而未闻地籁，女闻地籁而不闻天籁夫！"

子游曰："敢问其方。"子綦曰："夫大块噫气，其名为风。是唯无作，作则万窍怒呺。而独不闻之翏翏乎？山林之畏佳，大木百围之窍穴，似鼻，似口，似耳，似枅，似圈，似臼，似洼者，似污者。激者、謞者、叱者、吸者、叫者、譹者、宎者、咬者。前者唱于而随者唱喁，泠风则小和，飘风则大和，厉风济则众窍为虚。而独不见之调调之刁刁乎？"

子游曰："地籁则众窍是已，人籁则比竹是已，敢问天籁。"子綦曰："夫吹万不同，而使其自己也。咸其自取，怒者其谁邪？"

庄子哲学皆从一"道"发挥出来，众篇章如源之有流，流之汇海，又如束薪之相互依持，交立而不散。其一步一境，境境转深；非深也，吾人当于同中见异，异中会同，彼彼相照，又彼彼相摄，言有尽而意无穷，故为深也。

今转入《齐物论》，其论理最难。何者？彼是相生，是非交质，言皆相对，莫得其定，故辩则辗转，终于无穷，不可获明也。然此理至要，不可不明，既明此理，则如网在绳，条然秩然，义理虽殊，无不综贯，其于庄子哲学思过半矣。

本章为《齐物论》首章，开篇引端，状物写声，其文最具生动；又其理极深，亦且极隐，言在义中，义在言表，为吾人揭出庄子哲学之第一谛。

一、"南郭子綦隐机而坐"一段

（一）"荅焉似丧其耦"

本章的中心人物是南郭子綦与颜成子游，非子綦则子游无所察，非子游则子綦无所答，一者善察，一者善答，庄子之义理于是顺势而出。又二人者，一者为师，一者为弟子；一为得道，一未得道；于得道者，又昔未得道，今乃得道。庄子此中措置，皆有地步。其中隐含者，既有师弟，则道（凡属第一义者，皆以道括之，非必直言道也）可学否，道可传否；如何得道，道为何物；得道与否，其征表如何，今昔何异，等诸问题。无论其明言与否，吾人皆当暗中用思。

开篇三句，写南郭子綦形态，前两句实而后一句虚，前两句轻而后一句重，由乎可见，入于可思。"隐机而坐"，写其形也；"仰天而嘘"，写其气也；"荅焉似丧其耦"，写其神也。"嘘"字，或以为叹气，或以为吐气，皆近似而用意稍重。由下文，既心如死灰，则无所用情，又何所叹息？人之气息吞吐，于常人且不可见，况"真人之息以踵"者乎？故吐气当亦不切。人仰视则口易开，嘘字，不过表口开而气息自然出入貌。且此数句，为下"形固"两句张本，作先声也。意为，子綦枯然静坐，形骸既止如槁木，唯气息自口中出入，与天相通，生机尚存，为未亡之象也。此初形容子綦得道之状。

本处最可注意，亦最为难解者，在"荅焉似丧其耦"一句。荅焉者，古亦无明解，多谓"相忘貌"，近是。以此类之词，在庄子文中，多为一种独特用法，即为动作之形容词，必结合动作与语境来理会其用法与意义，非有常训可依。近似之词尚多，如"成然寐，蘧然觉"（《大宗师》）、"倘然止，贽然立"（《在宥》），如必一一按实来解，反过于拘泥，但意会则可。如其有可说，则乃俱表示一种不知其然而然之意，或曰人为动机之消杀状。以庄子于真纯之境，绝去心知，凡所动作，俱无心而化成，非有为而为，故皆不知其然而然。虽用"苔焉"等为修饰，实不在以词义来明确其动作之所是，而在以词意来着重其动作之所以成。其下语皆前后借以互相发明，苔焉者似丧其耦，似丧其耦者即苔焉意也。

"苔焉"为无心或心死之貌，其义既明，则要在"似丧其耦"之解。"似"字为比拟之词，以事迹拟人形容，使读者易于明白。此处最生分歧者为"耦"字之义。耦，通偶，匹偶也，对偶也，凡相对之物皆可称偶。然偶或为婚匹之偶，或为形神之偶，或为其他对立之诸观念，意义虽相通，于本文或有远近疏密，应需推求。

又本处除"耦"字之义值得注意外，"丧"字之义，亦须注意。本段"丧"字两见，一为"似丧其耦"，一为"吾丧我"，乃前后相照应。然其用法有别：前者只是若不经意间引出"丧"字，其用轻而理浅；后者乃发明至道，用重而理深，不可等观。故前一丧字，犹为俗用，无需特为发明；后一丧字，乃庄子哲学之所取用，别有深义。二者既相扣，又相别，由浅入深，自外及内。明此分别，则界限易定。

此句之义，得"似""丧""耦"三字之灶，疑可略去。何者？其一，此丧非彼丧也，不必于浅言深；其二，似乃比方，以事迹明其神意，非以理言理，转增晦涩；其三，耦字因于"似""丧"，似既为比方，丧既为俗用，则耦为实指，非为虚理。如是，以丧其耦为亡其形神对待观念，则用意求深，未必相应。庄子述理，皆循其序，由渐以入，自表及里，未尝径达仓促。

本章首三句，实代颜成子游写出。子游乃侍学而非得道者，故其不能从道果观之，唯可从俗眼观之。其与吾人虽或有间，等为俗子。庄子言道，往往对俗而谈，如前设惠子与庄子之言，乃相敌而辩，此则设师弟子之言，乃相顺以教，达于道而后已，要在解释俗惑，使睹昭然也。

如是，开篇三句，不能作至理观，但示表象。吾人所见即子游所见，子游所见即吾人所见，子游者，吾侪读此文之众人形象也。于文则子游为实，于意则吾众人为实，不可不辨。进而，下文子游之所疑即吾人之所当疑，子游之所问即吾人之所当问，吾人作是理会，则庄子行文关节之妙乃见，读之愈觉亲切。庄子首先示吾人以子綦得道表象，此吾人可察见者，进而引发吾人之疑，此何得而然。其文序如此。

故"苔焉似丧其耦"，不能过为发挥，仅可作表面通常之义解，即子綦之神情，如遭妻子之亡殁，悲不自胜，漠同心死。"夫哀莫大于心死，而人死亦次之"(《田子方》),《齐物论》本处则非在写哀,而在以悲哀之事写其心知之死(枯槁之状)。此虽非明理,然理已在其中,俗者察其貌而不达其理,庄子乃先显其貌而后彰其理。

又或者以耦为形、心相对之身,即子綦所执自我之身,非是。一者,子綦身自在,隐机而坐者是也,旁观者不能以丧其身为言;二者,似为比方之词,非不定之词;三者,常人既能测其所丧,不待师者之教,则下文为失用矣。此不明本处言"丧其耦",乃以"人死"写其心哀,以其心哀写其心死。开篇三句,一句充分一句,首言形止,次言用气("虚而待气"),末言心死。至若所以如此然之理,子綦下文乃方启发言之,设为三籁之喻,而子游犹然未会,其又何能于方始而识其所以哉?子游所睹,其外露之象;子綦所谈,其中实之理;于得、未得之际,岂可掺杂而乱其次!

(二)"形固可使如槁木,而心固可使如死灰乎"

上言,开篇首三句为下文张本,下文则逐层解剥其义理,如蚕茧混成,渐抽其绪,愈引愈长。初只窥端倪,后则丝纶缤纷,相牵相引,本末俱达。"荅焉似丧其耦",犹在晦昧者,得子游一问,其实乃彰。

子綦之形态,异乎平常,当甚可诧,故子游侍前而问其故。子游之问,可分两层:第一层,"何居乎",此省语,补充作"何居乎而形如槁木,而心如死灰"。此前后关联之法,以后足前而前言可省。换言之,即,"何居乎荅焉似丧其耦"。形如槁木,心如死灰两句,乃正写"荅焉"一句之意。"何居"犹居何,居,据也,以也,句谓以何而致此。第一层乃子綦既如此然而问其所以致此然,第二层则不问其所以致此然,而问能否致此然,其所问加切。吾常人之观念,以形必尽其生机,心必务于灵活,而子綦乃反其道为之。人皆知形、心必生,而不知其可以枯槁而近死,故子游问之。"固"字意味尤显,固者,本有其道,非自外也。

于形、心二句之中,吾人又应有所分别,形之如槁木为表,心之如死灰为本,本立道生,非心之如死灰,则形不可如槁木。故二者之中,乃有重轻,或曰心死为因,形槁为果,不可漫不见所分别。

此第二层之问,为子游惊骇于子綦之貌而发。庄子虽借子游之眼来观照,借子游之口来说出,二人所言于理解庄子哲学之精神,俱极关键!所谓形如槁木,心如死灰,乃为庄子哲学修养论之第一要义。此与《大宗师》"堕肢体,黜聪明,离形去知,同于大通,此谓坐忘",及《在宥》"堕尔形体,吐尔聪明，伦与物忘，大同乎涬溟。解心释神，莫然无魂"二说之理俱同。吾人之构造，合形与心，乃有其名。周敦颐所谓"形既生矣，神发知矣"。形以主动，心以致意，心知而明，形动以随。世俗之见，皆任心知而重体魄。道家反之，以为"德荡乎名，知出乎争"，知者，心之大用，非道德之器。心知于人，摇精损生，为危殆之物，不可凭恃，必知已而安，《养生主》所谓"已而为知者，殆而已矣"。

此处虽已豁开庄子哲学修养论之内质，精光乍泄，然意犹不主在此，以如欲理解此番道理，而下着实功夫，非有更根本之原理以预奠其基础不可。故此处但作触发之笔，不作正笔来写。循此，渐渐引到天籁上去，未尝于"坐忘"功夫多事盘桓也。

（三）"今之隐机者，非昔之隐机者"

本句乃子游所下一断语，于意当在先，而于序乃在后。又"今之隐机者，非昔之隐机者"，即导出下"吾丧我"句。庄子论理，读之似难，而实解析最为周详，无用过求旁证，即其本文上下连络之，则其义自见。其文法自如此，上一步包笼下一步，下一步舒发上一步，步步相承，言言有应，如链之环环相咬。读者可以流连反顾，以此推彼，以彼推此，由易知难，由难而会易，不啻自为训诂，自为释义也。此庄子著作之法，亦吾人诠释之法。

上言，"今之隐机者，非昔之隐机者也"，于意当先，于序乃后，何者？子游侍侧，于子綦必先感其异；于其异也而后细察其形如槁木，心如死灰；又后则惑其所以致此之方。今乃先问其所以然，而后论其今昔之异，则于序为倒。此又何故？"形固"两句，义固极要，然非本章所欲直接发明者，但顺势点出，以睹其效则可矣。本章义理所在，乃"今之隐机者，非昔之隐机者也"一句，故由子游最后道出。此犹为一事实之陈述，观感所至，为义似浅，而实藏深。其所欲引出者，乃"吾丧我"之义。"今之隐机者，非昔之隐机者也"，子游之旁观也；"吾丧我"，子綦之自道也。旁观者，其表；自道者，其里。又，旁述者，为引；自白者，为正。吾人于子游之言，先识端倪，于子綦之言，乃会归道理。

如是，庄子行文至此，已有数关纽矣。先者"苔焉似丧其耦"，其应在"形固可使如槁木，而心固可使如死灰"，其再应则在"今之隐机者，非昔之隐机者也"，其又应则在"今者吾丧我"。意逼理显，表里俱合，本章要在发明"吾丧我"之义。

又，除吾人当识其草蛇灰线，尚需理会，人之有道与否，得道与否，俱有其外在之征表，如孟子所谓："君子所性，仁义礼智根于心，其生色也，睟然见于面，盎于背，施于四体，四体不言而喻。"（《孟子·尽心上》）性形一体，显微无间，其邃密有如是哉！

通过今昔的对照，我们可以体会出，丧我与未丧我之际，其间乃有显著的差别，在人之为人的状态上，能够得到形象的反映，触目可睹。从而也说明，道德对于人来说，能够给以实质的或内在的改变。人之有道德或无道德，于其情，并不是同一状态或曰同一意义。

（四）"今者吾丧我"

"荅焉似丧其耦"犹在疑似之间，今"吾丧我"则义正而辞明。子游所观测而言者，到此，得子綦之印证。

"不亦善乎而问之也"，此过接之语，无此，则子游之言虽近理而不敢凭信，今则子綦一语而首肯之，于是，不但为师之语为经法，弟子之言亦允中于道。又由此语可知，子游所言，不过为启问而已，非直述道理，子綦所答乃正应道理。本章语脉，要自子游之善问而来，又自子綦之善答以终，由善问兼写善答。

"今者吾丧我，汝知之乎"，子游固能见"荅焉似丧其耦"，形如槁木，心如死灰，今之隐机非昔之隐机，然非能实明其义，由"汝知之乎"可以见之。汝知之乎，谓非汝所知也。由是，益信上所言"似丧其耦"，但写表象为然。

"今者吾丧我"，庄子虽未多言，然我们固可知，此为子綦最终得道境界，为其修养功夫之极致。在这里，庄子向我们展示了一种应可肯定的人之存在状态（或者说"在道""合道""道德"境界，或者说一种真的存在状态），从而也向我们揭示了人之为非真存在，或违离道德境界的根本原因，即未丧我，也即有我。"我"之观念的生成和固执，对于人之意义具有根本性影响，或曰此即为人之存在与其所发生之一切认知之总缘起，也为哲学意识之萌芽和哲理演绎之始源性奠基。"我"未必为一自始即自觉呈现或曰入乎显意识之观念，但其与人之作为人的本质性构造，有内在之关系。人之为人，即我之为我，"我"为人类所有活动之核心，一切活动和观念都重重附着因缘于此。吾人甚至可以说，因人类之"我"的意识的诞生，乃与天地并大，与日月共明，相参为三。

"吾丧我"，此作为开篇一章之要旨，实亦一篇之纲领，复于末章"庄周梦蝶"而回应之，所谓"物化"是也。唯"吾丧我"，乃否定性之表达，遮所非有，以通于所有，"物化"则为积极性之表达，而足以见理。两义既相互贯通，又互相诠解。今此处，庄子论说虽尚未至于物化之理，而如欲明"吾丧我"之理，非得物化之道，不足以彻达本源，无所窒碍。

吾人读书，切不可望文生义，如"吾丧我"三字，倘依字面，则理自不通。丧我，非杀身殉道之谓，实为老子"绝圣弃知"，返于素朴之意，非丧我不足以有真我也。世之学者，或分别"吾""我"二义，以为"吾"为近真，"我"为俗用。此说可不必。"吾"即"我"，但言有宾主，声有乖顺，丧我存吾，其犹有我。此但称言之弊，若至达意，我之既丧，吾将何施？离言去纷，无所用争。吾人但需知，所丧之我为俗我（主为之我），所存之我为真我（无为之我），斯可矣。

道家哲学虽尚虚无，然非以事物为虚幻，等若空华。虚无者，道之用也。道者，虚无无形，岂可言有？以有众有，不能无用。故吾人于用而识道，以无而名道，非道为虚无。众有因道而有，道岂非大有哉？道有其有，不同凡有，以对凡故，名道为无；即体而称，无本是有；离名绝言，何有何无？一实而已。道家学说以宇宙万有皆实有，唯必依道而有，乃有之正；行于所化，乃为至命。此其所以与儒家为近，而与佛家为远。吾国哲学，虽于物异论，错焉不齐，然未尝抹杀吾人寄身之天地，及天地中所有之万物，而观其纷赜反复，以得其理秩，则所同也。故吾常谓，中国哲学之精神在于唯实（儒家特言诚）。其为唯实，较唯识而不同，一者以天地固存，万理自根，识有限而实无限也；一者则以唯识所现，物由心造，物有穷而识恒转也。其为唯实，又与唯物不同，言物则与我有际，论实则神形等一，非有本末之端，可轻生去取也。中国哲学之所以不同于西方哲学，以今日所通常理解者，其离合亦在于此。中国哲学往往被讥为实践伦理学，此固为其一方面，言外之意，则中国哲学缺乏理论哲学之系统，此则非也。中国哲学之唯实，表现有二：一者，见实理，或曰见理实，非于知上有所通明，则虽实践亦无门径，亦无法得力；二者，躬行，或曰体证实，凡吾国圣贤之理，皆内以存身，外以治世，坐而可论，起而可行。如是，但徇一曲以论中国哲学，难免于偏坠而不中矣。

"我"但为虚名，其义落实何在？上既明，本段数句皆相关纽，吾人若欲得"吾丧我"之真相，可从"形固可使如槁木，而心固可使如死灰"两句着手。形如槁木，形我之丧也；心如死灰，神我之丧也。形神俱丧，则我丧矣。

子游但能分别言其所丧,子綦则一语破的,合形与心,一我而已。故此虽若相诠,实进一层。又,子游以为"若丧其耦",此以子綦之致此若由于人,今子綦乃自道,非由于人,自我而已。子游言两"固可",本意以为非固可也,非固可,则形不自形,心不自心,非其自然而然,他使所致也。如是,我们反复演绎其间之关系,则若待后文方出之理,此已暗寓。"吾丧我"者,形固可丧,心固可丧,总之曰我之固可丧也;我之固可丧,我之自丧也;我之自丧,俗我之丧而真我之得也。如是,所以丧我者,乃所以生我。"正言若反",道家哲学以反为用,不能反之,其于得也有间矣。

我们如可从本段文字的反面,来理解这种"有我"状态的表现,即形的活动与心的活跃。我们可以更进而来考察形与心这两种因素,在使人转而为非真或违离道德境界过程中的作用,心较形而言,定然居于更为关键的地位。如是,人之形如槁木所以可能必先见于心之如死灰。故于道德之修养,形实随心,心之既修,则形无所劳;心之未修,则虽形欲自全,渺不可得,动静乃多妄也。

(五)"女闻人籁而未闻地籁,女闻地籁而不闻天籁"

"非汝所知"以下,庄子不顺写何为"吾丧我",而又铺张开去,谓"女闻人籁而未闻地籁,女闻地籁而不闻天籁",引出三籁之喻。则三籁者,所以答子游"何居"之问,而释"今者吾丧我"之义也。唯其理隐喻显,不但需学者善问,且需其善悟。理解者浅,实悟者深。理解者随人,实悟者由己也。

三籁句,又作两进:其一,汝闻人籁而未闻地籁,人籁易闻,地籁难闻也;其二,汝闻地籁而不闻天籁,地籁、天籁相比,地籁转易闻而天籁转难闻。难易者,皆相对为言。又,此两句递相假设为言,姑谓如此,非实如此。其意,如果说汝听闻过(知晓)人籁,而于地籁则未能闻之(不知其谓);进一步说,如果汝于地籁尚且可能听闻,至于天籁则决非汝之所及。总此三籁,以写天籁;既写天籁,又反识地籁,特别是人籁。人籁者,人人所习闻之音,欲其不闻而不得,故确言"汝闻人籁"。地籁以至天籁,则与人籁有别,地籁为人籁向天籁过渡之枢纽,其同为自然之物,然义正有别。于此虽不能道破,而其为一物非一物,非一物而又一物,天籁、地籁之层进,与人籁、地籁之层进,非同一概,观下文乃可明。

三籁为设喻,各有其象征意义,或各作一种境界。子游但在人籁境界当中,子綦今与闻天籁之音矣。既在人籁境界,则所触闻,无非人籁之意义。然人籁与天籁，终非判然两个世界，唯觉性有差。故子游非不能察子綦今昔之变，而睹其槁木死灰，然究竟未达一间，茫乎其理，待子綦以成教。

本处语序，有类于老子"人法地，地法天，天法道，道法自然"（《老子》第二十五章），而语义亦通。唯老子为近理之谈，庄子取譬以喻，其设教之方异尔。

在这里，南郭子綦将话语从"吾丧我"的问题转向"天籁""地籁""人籁"三籁的问题，我们应注意其间的关系何在，三籁如何反映有我、丧我的问题，以及进一步体会天籁、地籁、人籁三者之间的差别所在。

人籁者，人为制作之音也；地籁者，物象相动之音也；天籁者，不在言象，而明神理，乐不以音，闻不以听，天机自鸣，物各蠢动而已。

二、"大块噫气"一段

（六）"是唯无作，作则万窍怒喝"

"敢问其方"，此子游求教之语。子綦既以子游所未闻为言，则子游乃敬事而问。方者，道也，句意即地籁、天籁其道如何。子綦遂言其方，然并不明谓所言果为地籁抑或天籁。

本段，并无陈理之言，所有者形声而已，故无难解；虽难解者，亦不必饶力去解，其所有之价值，除文学上肖物之工、修辞之巧，则形式之价值尔。至于形式之价值，吾人所得或无所留滞，或有一二以至数句之迟涩难懂，甚至通段皆在恍惚之间，无一据信，皆无关紧要，不害宏旨。

如文中最零碎细腻处，"大木百围之窍穴，似鼻，似口，似耳，似枅，似圈，似臼，似洼者，似污者。激者、謞者、叱者、吸者、叫者、譹者、宎者、咬者"。此间有易解者，"似鼻，似口，似耳"是也，"似枅，似圈，似臼"则吾人或稍有疑矣，至于形容诸声，"激者、謞者、叱者、吸者、叫者、譹者、宎者、咬者"，则尽在模糊当中，不明所谓。吾人须知，庄子此等笔法，虽为有用，然多为修辞之助，本不必字字而会其义；虽不必字字而会其义，亦无损于吾人之会其意。字计之而不足，句言之则有余，此即所谓文学上之形式价值。又，就形式价值而言，吾人既可以坐实理会，又可以凭吾人通常所知觉者理会之，即以吾人所能解者替换此所不能解者，以少数可解者推广其所不解者，于行文之效果毫无改变。如是，吾人乃知，于诠释文义，本不必强不知以为知，即其所知以求其所不知，而不知者亦可得其似矣，况于意也，虽增其句而不为加，减其句而不为少乎？

　　本段要在写风作、"万窍怒呺"之盛况。风作，激发于物乃有声，故先写"而独不闻之翏翏乎"，仿佛招此风于吾人耳畔作之，翏翏而过，以至动摇山林，摩荡长天矣。众音之小大不同，风、物相合而然，风不可状，故特下写众窍穴之形。"山林之畏佳"，或以"山林"为"山陵"，非。山林，应"大木"字；"畏佳"，写山林之幽深隐奥。"山林之畏佳"，此设境也，如"无何有之乡"，但较近实。唯幽深之山林，众木掩映，人迹罕至，乃易有百围大木。"百围大木"，想象中物，与"大樗"同观。

　　下则繁写窍穴之众异。有窍穴之众异，乃有声音之众异，此其先后之序。上已言，庄子所比拟而写之众形众声，其主要价值为形式价值，此处虽然多难理会，其难理会处却正是易理会处。吾人大可不必为之色沮眉攒，如族庖之遇大䝙也。庄子所以要极意作诸比拟者，以与"万窍怒呺"之势相应，以写众异也。本段之主体，即在写异，穷尽形声之异。故庄子不能不作一一之列举。一言之可也，两言之可也，六七言之可也。然形声之异，非文字可尽，有可以形象比拟者，有未能以形象比拟者，此所列举者虽多，而所未列举者犹不计其数，举此以包众也。大风既作，摧枯拉朽，势力无穷，不可以短言骤止，故必借铺排以见势，不然则局促顿踬矣。所谓"似鼻，似口，似耳，似枅，似圈，似臼，似洼者，似污者。激者、謞者、叱者、吸者、叫者、譹者、宎者、咬者"，吾人读之，不可作文字来观，当作风声来听，疾言短韵，如劲风直入，令人屏息，风虽不可见而若可见，宛然破纸冲面而出矣。

　　庄子之写异，又不但于众形声而止，其通段皆写异，首尾尽在异中。其始也言"作"，终也言"济"，此作济之异；下则言形之异，继则言声之异，此形声相应之异；又言"前者唱于而随者唱喁"，此前后、于喁之异；继则言"泠风则小和，飘风则大和"，此泠风飘风、小大之异；又始则风之翏翏，势可摧山，终则调调、刁刁，和如柔抚，此风力之异也。庄子此段，有两两相对之异，有万有不齐之异，无一不相对，即无一不为异；于凌乱嘈杂之中，而秩序井然，秩序井然而又无斧凿痕迹。此一章不啻一篇风赋也。我们若能理会此间众异，则于文读过半矣。

　　此处，庄子为我们描绘了可谓一场形声杂会的交响之乐，其形则极形，其声则极声，世间之乐，亦决无如是之变复壮阔。我们应着重理会，其何以要用力渲染此间的千差万别之象？此一问题，将导吾人于有形之上。

（七）"大块噫气，其名为风"

"万窍怒呺"，如是洋洋济济，历众形而备万声，穷极于变，蔚为大观。吾人复当思考，此变化之发起、高潮、尾声，若无序若有序，其所以进行之主持者或指挥者为谁？大块噫气，至声响之盛烈，至音声之凋息，孰为推动？如吾人但止于耳目之观感，得其表面之畅快则已，如吾人不甘惑于表浅，而欲明其所以，则此思虑为不可少。庄子正欲从声华场中，逼出吾人此一念也。

吾人首先当注意"大块噫气，其名为风"一句。万窍怒号，自风作而来，而风之作，乃自"大块噫气"而来。"大块噫气"，吾人可有两重思量：一者，大块言地也，大块噫气，气运成风，风动成响，所谓"地籁"是也；其二，"大块噫气"，犹属表象，象则有因，动必有机，大块又必有其所以噫气者，但以地道博厚，不可致诘，故统谓曰"大块噫气"。就后义而言，大块乃统体之称，如《逍遥游》"乘天地之正，而御六气之辩"之"天地""六气"为无外之词，指目全体。如是，"大块噫气"，又如《秋水》所谓"天机之所动"。自然所存，实唯一气，万物之动，"以息相吹"，"噫气"即气息之吹拂也。大块虽指地，而可以合天，义有偏全，不主一是。又，噫气者，反扣"仰天而嘘"，噫气即嘘气也，一者在人，一者在天，强弱异尔。

张载谓"凡圆转之物，动必有机"（《正蒙》），"机"者，动之机，古人以之表示动力因。其因虽未必可明，然动必有机，则为可明。此如宋明理学言物之有理，物之理待格而后知，非可坐臆；然物皆有理，一物有一物之理，则可断言。此为哲学之玄测，与科学质测之学大别。"天机"者，天谓自然，自然而然，莫测其源，故谓天机，犹言动而有机，唯其机不可得明也。如是，虽言天机，同于莫名其机，然又不可谓无机，动必有自，乃以天机名之。天机一词，又犹庄子哲学中之言"命"，命者有其必至而不明其所以至也。故天机与（天）命，皆究竟之辞，天道之所不已，而人知之所易穷也。换言之，于所欲知，非知所知，虽谓为天机、天命，等于本无所谓。或曰，天者，大本之称，物之大本在于天，吾人之知至于天而后已，天者，物论之极也。天道无妄，旁行有理，然天之隐微，非吾人所可睹闻思议，则归于天而已矣。如是，则"大块噫气"之上，更无可追溯矣，或曰虽有可言而可不必言矣。所谓"有始也者，有未始有始也者，有未始有夫未始有始也者……"，虽可无穷推之，理同一概，虽多无益，不如其已。故庄子谓"俄而有无矣"（《齐物论》），"大块噫气"，虽若有言，所言皆虚，等于"俄而"而已。

在此，我们复可联系《逍遥游》所提出的有待、无待问题。复可回思"野马也，尘埃也，生物之以息相吹也"之意。物之动，无过生物彼此以气息相吹拂、相鼓动而已，无过事物间之相互影响、相互感应而已。一物为然，其所应亦顺其然而然，如风之吹窍而众声自作，窍如是则声音且如是，此理之自有，势所必至。故吾人不待于明其所以然而知其当然。此之谓自然。

如是，我们引出自然的观念。这一观念对庄子哲学甚至对道家哲学来说，是最为重要的。自然，并非否定事物之间的相互关联，更不是否定事理或规律之存在，而在表示事物联系以及事理作用的必然性，此不依赖于吾人认识与否，而自然存在，自然发生作用。中国哲学，不抹杀人为之价值，尤不敢抹杀自然固有之道理，理学常言"天理具备，元无欠少，不为尧存，不为桀亡"（《二程遗书》卷二上），在道家尤其如此。人类尚有始终生灭，而天地之大道则无终穷，不可以死生论也。故吾国哲学之主导精神，乃以人文合天文，非以人文销天文也。

依照此理此势，事物之间自然生起此种种动变。而理势微妙幽隐，往往非人知之所能知，甚至终极而言，其必不为人知所周知。且其相互之关系又连绵延宕，绳绳不绝，非可一一割析而了然。虽今日科学为大昌，亦于宇宙万有之真相，仅能知其微分而已。吾人知事物之间当有若干关系，而不能穷究此种种关系。此种终极之知，对于人类的认识能力来说，几于不可能。然对于人类而言，亦有方法解决此等困境，哲学之发展即解决此终极之惘然之途径也。吾人于常识而不能办者，哲学能以其神理而解释之；吾人以耳目之实际所不能考察者，哲学乃以抽象之论思以逼取之；吾人物物而论、寸累铢积者，哲学乃可统之有宗，会之有元，为至大无外、至小无内之通观也。

三、"地籁则众窍是已"一段

（八）"敢问天籁"

子游此问，最可玩味。庄子"大块噫气"一段，乃承三籁之说，欲解释子游所未闻之地籁或天籁。依照普通的逻辑，或曰思维之格套，必先谈地籁，再谈天籁。然庄子并未明言所言者为地籁抑或天籁，至于调调刁刁，戛然而止。又以其所言为"大块噫气"，"百围大木"，皆地上景观，故易与人以地籁印象。此常人读"大块噫气"一段后之普通感受。庄子知普通读者无不如此，陷在格套当中，着在形迹之表，难以领会其真意，于是知而故为，以使吾人求问，既问而复使吾人反思前文，恍然得悟。庄子于吾人，诚如见其肺肝然。唯知人者，乃善于用权设教，如善医者于人之病理，腠理骨髓，无不洞达，而妙于施方投剂也。

颜成子游果于南郭子綦所言仅作地籁看，以为地籁既闻，而子言遂竟，天籁犹在未闻，故有天籁之问。人籁易知，地籁难知。其难知者，南郭子綦既为彼详言之矣。而地籁易知，天籁又难知，南郭子綦若未尝用言。故颜成子游不得不有是问。如是观，子游不过为吾常人之设，吾人闻南郭子綦语，亦自不能不有是疑，子游之疑即吾人之疑也。吾人能解不能解及作何解，都在庄子腹量之中。人言庄子行文诡诞，其时时洞悉吾人心思，曲折分寸，一一无失，何诡诞之有！又于以观庄子论理之迹，其前后几微相承，起承转合之权，操之密矣。其论理，皆起于吾人所应起，假于吾人所易解，疑于吾人所当疑，而致吾人于所未曾知也。

如是，本章最后落脚在追寻天籁一问题上。通观下文，庄子亦未尝言天籁为如何，如子游所谓"地籁则众窍是已，人籁则比竹是已"，以界定其形似。则子綦果未尝言天籁乎？其既言天籁乎？如其既言天籁，则天籁在上所言之内乎？在上所言之外？吾人寻之，不能不明其所寄。

实则天籁问题未尝别有所在，即地籁而见之矣。庄子知吾人必于地籁之外更寻天籁，不识地籁之中即见天籁，所以使吾人困于心，衡于虑，自求得之，然后乃愤而启，悱而发也。吾人于地籁诸象所生之疑惑，所遇之不解，皆用以指向天籁问题。何为天籁？狭义言之，出于天者之音，乃为天籁；广义言之，举凡出于天者之动，皆天籁也。天者，何也？物所自生，物所自起，物所自已，无论物之理势若何，举凡物之自然而然者，尽可谓之为天。一言之，天者，自然也。自然，则不忧其不然，不虑其将然，不悔其已然，非可人为而然也。非可人为而然，则吾人复何有为于其间？任物之自然而已，放诸彼之天而已。故，南郭子綦归于"咸其自取"。

（九）"咸其自取"

子綦末段之言，乃点醒主旨，于吾人施以醍醐灌顶之术。前所言虽形象热闹，吾人自堕在五里雾中，不识个中滋味，非有提点，不能获致实义，如五石之瓠，反忧其瓠落无所容也。

本处，所难者在对"使其自己""咸其自取"的理解。风吹一也，而其声或如此，或如彼，千差万别，未可穷数，何也？"万""咸"皆就众物而言，物各如其是而有所受，物各有所是，即各有所受，故如是之分歧多态。物不失其是，则不失其取，自取者因物之所是而取之，则取不失己也。

在这里，我们又当注意"自己"与"自取"二语之间的关系。自己者，由己而然，非由于彼也。自取者，自己而有取于他，非无所取而纯自恃也。取者，有待之词。"生物之以息相吹"，在此为能吹，在彼为取吹，则在庄子文中，取、待本为一义，而互相发也。故吾人于此处的理解，不应急于否定事物之间的关联，而空言"自己"。气来虽外，而吾自有取，取之所在，则由于己。

且吾人在注意"自己"之时，同时应注意"使"字。使者，力自外也。物则有己，己则有外，外虽使物，而物必不失其己，方可。如外之使物而物反因以失己，则不可。使物者，有以使之；使之者，所以不失物己。物非无遇，物非无使，但贵于不失其己而已。不失其己，非隔绝于物，但取物而不失己也。如风，使物者也；大木之窍，使于物者也。树窍不同，而窍之取风亦不同。

如是，"吹万不同"，不同者在窍乎？在风乎？风者，气也。《人间世》言"气也者，虚而待物者也"，气之为物而近于道，以其能虚而待物也。风亦然，虚而动物。故唯虚者能使物，亦唯虚者能受物。在使者当虚，在己之取亦当虚。而天籁者，亦缘其能虚而无所怀也。风虚以使物，其使非使也；窍虚而自取，其虽有使而亦非使也。是则庄子所谓之"自己"。自己者，自然也，外者不入，内者不出，如《大宗师》所谓"相与于无相与，相为于无相为"，乃尽道之情也。故结语曰"怒者其谁"，"怒者"，鼓动之者也，与前"使"者同谓。此句反问，意为无有使者。

然我们亦应善会此"无有使者"之义。无有使者，亦表万物自然，动非自外义。无使而有动，于常理为不可解。在庄子，其世界决非一安静无为之世界，而为一"生物之以息相吹"，生机盎然，充满各色活动之世界，其所以言"无有使者"，乃就万物活动之最高原因或最终原因而言，或曰就道而言，使我们理解道之主宰万物，并非可以普通观念来限定或描述者。普通观念所可以区分描述者不过为物，而道并非如同一物。物是能被呈现者，而道非呈现者。返而言之，"使者""怒者"之观念，亦不过为普通物理世界之基本观念，并非道之活动性能，换言之，"使者""怒者"或曰普通动力之原因，不过为物理观念，不能作为真正之最高原因，也即并不能达到哲学观念之程度。唯有道，乃为真正之哲学观念，而非物理观念之所及。也因而，唯有哲学之解释,乃为对物象活动之最高原因的解释。进而言之,最高原因虽名为原因,并非人类普通之理性或认知能力所能企及,所能澄清,普通认知所能解释者皆落于"物"之观念范围,乃局部之原因而非全体、终极之原因,即使自以为对最高原因有所把握,而其所把握者与此最高原因,犹然为"二",所谓"一与言为二"是也。唯其可识或曰可以解释,故普通观念并非对最高对象或存在之把握,最高存在非可以认知之方式来把握。如果可以说,对于局部原因的认定或普通原理之解释,从本质言,只是相对之原因或假定之原因,并不足以成为真正之原因,而犹滞于现象。

《庄子》一书中,《则阳》篇对此问题有专门之批评。其言曰:"或之使,莫之为,未免于物而终以为过。"又曰:"死生非远也,理不可睹。或之使,莫之为,疑之所假。"又曰:"道,物之极,言默不足以载。非言非默,议有所极。"这里,提出两种似是而非的观点,即或使之说与莫为之说。《齐物论》本章,"使其自己""怒者其谁",便暗示一种"或使"之理论,意为,事物活动之发生,乃为有因,此因又出乎事物之外,而为一种推动作用。庄子明确否定了此种论点,认为别无怒者。这种态度,与《则阳》篇对"或使"之说的批评是一致的。故我们不应当通过寻觅事物之动因而设定一特别原因的方式,来解决事物活动的可能问题,这并非庄子哲学所许可者。然我们也不必即走向另一极端——"莫为"之说所代表的观念。"或使""莫为"乃相对立之二说。"或使",是一个形式命题,"或"者不定之词,有所指而不定其指,可以涵盖更多的具体观点。然"非'或使'"并不即为"无使",莫者,无也。何故?吾人认有所谓"物",认有所谓事之象,如死生,如"鸡鸣狗吠",此皆所习闻习知,然究其所来,"虽有大知,不能以言读其所自化,又不能以意其所将为","理不可睹"也。故吾人于所自以为知者,乃竟无所知。或使之然否,一无知也;莫为之然否,亦一无知也;二者俱以人意测天心也,焉必其当哉?或使、莫为,皆在语言当中流转,皆在知识境界中翻回,即庄文所谓"言默不足以载(道)"也。

物固有成也,有毁也,其状可言也;且其必有所以致此然者,天道无妄也;然其所以成与毁,其理不可知也,不可言也。如是,"咸其自取,怒者其谁",使者不可求,虽求亦不可得,乃谓之"自己""自取"。"自己""自取"所以止于自也,止于"自",犹止于"天"也,"天"与"自"二者异名同谓也。又,"天"与"自",姑谓之为因而非因也,姑有所言而无所言也,如言其是自是,又如佛教之言"如如",入言筌而又不落言筌,皆不可更有所言，为最上第一义谛。又要而言之，"天机""自己"，归于吾人之无知而已。

（十）"自己"与"吾丧我"

吾人既通释全章，可作数点总结：一者，天籁即"吹万不同，而使其自己"；二者，地籁即天籁，非地籁之外更有天籁，地籁其象，"吹万不同"是也，天籁其机，"怒者其谁"是也。然此中犹有未解之惑，即"天籁"或"自己"与吾丧我之关系如何。

庄子开篇即引出"吾丧我"之义，而后以三籁之说譬喻之，归于"咸其自取"，则其与"吾丧我"之深义有何关联，犹然藏而未发。其言也，一则曰"吾丧我"，一则曰"自己"，无乃前后相悖乎？既丧己而何以自己？既自己又何以丧己？非以此相悖之相示吾人，吾人不知所以为"丧我"，所以为"自己"也。何谓？丧我而后有我，自己而后为真丧我也。此中关键又在于人之心，人心之本又在于求知。吾人之心，非恒据自我为主，使物从我，则用意攀援，而求物主。主者，事变之因也，心之大用在有知，知之为用在明理，所谓理者，物变之所以然也，换言之，因果关系是也。心者自信其用，以为物理可明，因果可推，知识乃可日出日密，不知此皆人心之妄，姑假设而寄止，如舟之暂泊于港，以避风雨之飘摇、命途之难卜也。如是，其攀援求知之心愈重，其人生愈劳；其所知见愈多，其所蒙锢蔽愈甚也。地籁所以同于天籁者，以自然风物，皆无所任心，而人籁所以为下者，有心故也。有心则有成心，有成心则有是非，有是非则性命乃不得其正，适其适而不能适其所不适。无心则俱适也。无心者，虚也，无可无不可也，乃得大生，乃得广生。

故"吾丧我"者，心如槁木之谓也；心如槁木，无心也。"自己"者，非己人之己，己天之己也；己即天，天乃己，非有心之我为己也，有心则非己；可丧者有己之心也，丧有己之心，乃归于真己，乃归于自己。

参照一：

南伯子綦隐几而坐，仰天而嘘。颜成子入见曰："夫子，物之尤也。形固可使若槁骸，心固可使若死灰乎？"曰："吾尝居山穴之中矣。当是时也，田禾一睹我而齐国之众三贺之。我必先之，彼故知之；我必卖之，彼故鬻之。若我而不有之，彼恶得而知之？若我而不卖之，彼恶得而鬻之？嗟乎！我悲人之自丧者；吾又悲夫悲人者；吾又悲夫悲人之悲者；其

后而日远矣!"(《徐无鬼》)

参照二:

　　子不见夫唾者乎?喷则大者如珠,小者如雾,杂而下者不可胜数也。今予动吾天机,而不知其所以然。(《秋水》)

第7节 《齐物论》选读（二）：以指喻指章

  以指喻指之非指，不若以非指喻指之非指也；以马喻马之非马，不若以非马喻马之非马也。天地一指也，万物一马也。
  可乎可，不可乎不可。道行之而成，物谓之而然。恶乎然？然于然。恶乎不然？不然于不然。物固有所然，物固有所可。无物不然，无物不可。
  故为是举莛与楹，厉与西施，恢诡谲怪，道通为一。其分也，成也；其成也，毁也。凡物无成与毁，复通为一。唯达者知通为一，为是不用而寓诸庸。庸也者，用也；用也者，通也；通也者，得也；适得而几矣。因是已，已而不知其然谓之道。
  劳神明为一而不知其同也，谓之"朝三"。何谓"朝三"？狙公赋芧，曰："朝三而暮四。"众狙皆怒。曰："然则朝四而暮三。"众狙皆悦。名实未亏而喜怒为用，亦因是也。是以圣人和之以是非而休乎天钧，是之谓两行。

  本章之中，我们所最熟悉者为狙公赋芧或朝三暮四一节寓言。本章之精义,该则寓言固尽之矣,然如单凭寓言,吾人所能得者恐流于粗浅而难尽其实。寓言诚妙,而本处庄子之论理尤妙!其思辨之演绎,如有万钧急下之势,令人力不暇给,而又举重若轻,连环转注,一气呵成,繳而不乱,多不失贯,真可谓金声而玉振之也。读庄周论理,一何快也!由理应事,因事顾理,理事相参,乃全其善。吾人未尝不可由寓言以绌其理,然吾人所绌之理,未如庄子自言者为简明精当而神采耀耀也。

本章之义理,根柢则在"道通为一",发明"齐物"之本义。首章言"吾丧我"而归于万物之"自己",同属"齐物"总义之一分义,然两下所揭之理若决不相似,此则庄子之道大而理周,不出一义而又各作分义。"吾丧我"义,于身也切;本章之义,则于道也达。极而言之,万物分者通为一而已。故于本章,吾人当特尽心焉。

一、"以指喻指之非指"一段

(一)"以指喻指之非指,不若以非指喻指之非指也"

在这里,庄子使用了很抽象的语言,使我们理解起来极为困难。我们该如何来解析这一段材料?

首先,我们应当认识到,在这里,庄子所使用的是两组相对反的观念,即指与非指,马与非马。这一点十分明确,我们便可由此最明确的部分入手,而对于指、非指、马、非马的具体含义或确切含义,暂时不去寻究。

庄子在这里,其语言的表述或其推理的过程,也同样明确,即"以指喻指之非指,不若以非指喻指之非指也;以马喻马之非马,不若以非马喻马之非马也"。

我们要着重来理解这一逻辑关系或义理关系(中国哲学之逻辑观念,即表示为道理如此或理上合当,也即论理之正当性。故凡是合理的,我们也可以说合乎逻辑;反过来,我们今人所谓之逻辑,在古人则都在"合理"的范畴之内),这是最难之点。

指与非指、马与非马,庄子所取之二名或所假之二例而已。就此二例来说,马与非马一例,似尤易解(马的观念指向是明确的),所以我们不先从指、非指问题入手(以此除可从作为通常事物的"指"来理解外,尚有可能牵连到名学当中的"指""非指"之专门观念,则于理解大不便),而从此更容易理解的地方入手。庖丁解牛寓言谓："批大郤，导大窾，因其固然，技经肯綮之未尝，而况大軱乎？"此不但论解牛之术，亦解文之术；又不但解文之术，凡解析物理，行事之情，无不如此。即解文之道而言，易者其大郤大窾也，难者其大軱也，易以寻易，无不易矣；无不化而为易，则初触以为难者，不见其难矣。此庄子所谓"以无厚入有间，恢恢乎其于游刃必有余地"，又老子所谓"天下之至柔，驰骋天下之至坚"（《老子》第四十三章）之道也。

甲、出于概念界定之马与非马

"以马喻马之非马"，知马之为马，而欲令人反过来，理解马如何又转变成非马，这一过程是困难的（而并非不可能）。原因在于，我们熟悉了马的概念，或者说，我们已经接受了马的界定。我们能从概念上很容易辨别马与非马，但我们从概念上却很难证明马又是非马。其故何在？因为我们证明马之为马，或马之非马，即依据于马的概念界定（从我们易于接受的积极概念出发），而马之概念，乃所以使马与非马的观念得到厘清而非淆一。如果我们得出马为非马的结论，那么，这在思维上是矛盾的，不成其为论证。进而讲，马而为非马，即意味着否定了概念本身的存在，也即取消了概念，这对于接受或正使用马之概念（或非马之概念）者来说，是不可能的——他不能在使用概念而又同时取消了概念。我们无论要说明马之为马，或马之为非马，更明确地讲，如果我们要坚持使用概念，并让言说有意义（概念的使用，本身即为了使言说清楚而具有意义，概念含混，言说也就模糊了意义，消弱了意义，甚至丧失了意义），就都要恪守此界定：凡符合此界定者即是马，凡不符合此界定者即非马。

如是，要理解马之为非马，我们就不得不跳出马的界定本身，来重新认识马之是否为马的问题。

乙、马与非马向自我与非我的还原

所谓跳出马的概念界定，其实也即从更广泛的视角或存在意义上，来审视原有的问题。

就更广泛的视角来观照事物，非马代表了马之外的广泛的具体存在事物，而这些事物在其被定义或命名的方式上，跟马是没有什么本质区别的。任何一事物，只要可名，就是一特殊之名或曰殊名，而就其内涵而言，又为一种类之名或曰类名。事物的名义是一种相对性的产物，事物的存在是一种相对性的存在，事物的存在又是一种富有变化性或多样性的存在，因而也就可以说是一种不太具有确定性的存在。

我们可以看到其他事物的存在（非马），跟马的存在并没有本质的区别：有其所是（内涵的明确），有其所非（外延的限制）；以己为己（是其所是），以他为彼（非其所非）。

站在马的立场上来观照（我们可以认为，庄子在此对"观"作了一种最宽广的使用或设定，不但人心能观，凡物皆可有一种类似之观，或曰可推广人心之观而普遍地应用于他物。人并不是唯一的具有存在意义之存在物，而只是所有具有存在意义之物中的一物），它突出的是自身的存在感（我或是，"感"复可作意义来言），而在其他事物自身看来，也同样如此（突出自我）。无论对于马来说，还是对于非马来说，它们自身所有的，并不是马或非马的观念，而是我与非我的观念（而我与非我的观念，本质上即是与非是之观念，或自我指示与他指之观念。如是，我们对庄子的"彼""是"二词，可得一种用法，即今人所谓"这个""那个"之指示，其所具有之意义为一种形式之功能）。

人类逐渐发展出了其概念系统，不但有自我意识，亦有概念之意识；然而对于事物来说，其并不具有相应于人类的概念系统，而更本质地保有的是其自我意识或自我存在感。对于马本身来说，马并不是马，或有如同我们所有的马的概念意识。归根结底，马是人所塑造之物，或者准确说，我们所能理解的马，不过是人类的产物，而马之本身，其实如何，并不关乎我们的理解，亦无须人类概念之介入。或者可以说，如果我们转换到马的立场，马即不成其为原来之马，而成为具有新义之"马"或新"马"（与马不同之马）。然此仅能假设以明意，而实践上正如同我们直接站在人类立场上（我们永不能摆脱的立场）来理解马一样，马之本身对于我们并不是开放之物，而是冥晦之境。当然，这只是一种"知"上的不可能，而并非全部的不可能，唯一的可能就是进入"道"之境界；而道之可能，又在于对出于知之名、基于名之知的双重摆落（无所用知，亦无所用思，而任事物之天行或固是），以名或知之途，必导人于歧途险路也。

由此，也可以说，名虽然对人的思维活动以至生命活动都有无以估量的支配权能，然而名并不即代表事物之真相，只是一种从人出发因此也局限于人的认知，并不足以为生存活动之适当指引。与名相比，事物（包括人）内在之实，才是最重要的，最本己的；而事物之内在的本实，可以与名不相应，甚至无所关联。换言之，凡物都有其自然之生，对于事物来说，最正当的生就是如其自然而生，而不是如其所以为然之生而生。自然之生，是自然地主动地发生的，而人为主导的生，则是僭越地或迷误地主动发生的。

所以，在这里，我们不当仅就其为客体之物来理解马与非马，还应就主体之物来理解它们。

如是，这里真正的对立，就不是马与非马，而是我与非我的对立（或者说，我们将问题作如是之转化，还原为更具一般性的主题来讨论）。

当我们放眼看时，此一之我，与彼众之我，并无不同。我之为我，与彼非我之为我，亦无不同。彼非我之为我，亦与我之为我等。就此而言，非我是我，反过来，我也同时成为彼之非我。

如是，即我而观，他者为非马；即非马而观，我之为马，亦何尝可以为马而有定哉？明非马之为非马，则自他无二，而我亦为非马矣。

此可合庄周梦蝶而观之，则孰能辨乎周之为蝴蝶，与夫蝴蝶之为周也？周者，"非蝴蝶"也；蝴蝶者，"非周"也。如是，周（"非蝴蝶"）之为蝴蝶，而蝴蝶乃非蝴蝶矣；蝴蝶（"非周"）之为周，则周乃非周矣。如吾人以蝴蝶而谓非蝴蝶，则孰信之，而孰服之？此之谓以"非蝴蝶"而喻蝴蝶之非蝴蝶也。马之例即然，理一也。

丙、马与非马作为名和认知问题

进而观之，马与非马，不过名的相对。马、非马，皆名。而物名之所起，乃源于人类的认识和制作，称物而名之。物之名，人所命也。所以，马与非马之名，其所以有意义、有限定，皆对人类而然，一旦超出人类的认识范围，则其意义及限定即发生动摇，以至消失。

此皆就马与非马，或事物之间的相对关系来说。

还原到人的认识问题来看，我们应当认识到，我们的认识自身充满了局限性，而马之为非马是有其可能的。

那么在这里，庄子的意图并不是要取消马与非马物理上的区别，他要取消的是人之认知上的、心理上的区别。无论马也好，还是非马也好，这终归为人的认识问题。事物在存在的本质上，往往是相通的，人为地在认识上设置的对立，既是人的认识的可能所本，也是人的认识的局限所在。马与非马，看似是一种认识的清晰化、确定化，然而我们在做出非马的认定时，与做出马的认定时，其思维是毫无二致的，即我们所以称为马，与所以称为非马，是同一的根据。或者说，马与非马，是我们同一认识能力和认识标准的产物。

马非马的问题如此，指非指的问题也同样如此，一切相对之名的问题无不同此。由此，我们又可体会庄子哲学语言之形式价值。我们诵读庄子的文字，仿佛其措辞、描写多是具象之物，而非专门或抽象之哲学概念，此则泥其表象之故，乃不求甚解之过。形式语言，虽取具象之物来作论理之用，实则我们于具象之物，不能但作具象之物来理解，不然将极大地限制论域和论题的价值，如此处马非马与指非指的问题即然。我们固然应求对本章这对称两句的各别理解，且我们可以通过选择一种容易的路径，来获得对两者的充分理解。如上，我们先从马非马之容易攻破处着手，以返观指非指的问题。其实，我们大可在开始解析之时即明确，这两个命题不过是一个命题，我们只要理解了其中任何一个命题，我们即同时理解了另一个命题。也可以说，庄子为我们所将通向的目的地，设置了两条道路，相互指示，以更好地使我们达到目的（甚至可以说，我们可以脱出这两个具体命题，而有其他无数条道路可寻）。而这里的论题，又决非限于马非马和指非指，牛非牛、石非石等一切之物的对反关系，都可以为此处之论理所涵括。我们完全可以把此处的具象表达转换成形式语言，而毫无损失其论理的意义。也即，庄子之具象语言，同时也带有抽象之功能。

我们的认识问题，即表现为名的辗转相生；或者说，我们对自身世界的认识无法超越名的制约；或者说，我们世界的边际即我们语言的边际。当我们以为我们能从马之名中剥离出非马之名时，我们没有意识到，非马也不过是我们之一马，反过来，马亦不过我们之一非马。这是一种哲学上的思辨。

> 道常无名，朴虽小，天下莫能臣。侯王若能守之，万物将自宾。天地相合，以降甘露，民莫之令而自均。始制有名，名亦既有，夫亦将知止。知止所以不殆。譬道之在天下，犹川谷之与江海。（《老子》第三十二章）

观老子本章之旨，于名的来源、性质及后果，已经洞察得极清楚了。人为智力所制作的名的作用，使我们从自然世界进入一个复杂的名的世界，并吞噬了原初的自然世界，渐令其窒息，如混沌之被凿而亡。混沌被凿的寓意，不在直接的肉体或实体伤害，其深层寓意在于人为制造出了矛盾、冲突和各色杂舛的认知，使本真的认识遭遇困境而成为不可能，使本真的存在陷入永无休止的求真和目睹此真的不断覆灭当中，使具有灵魂者或生命之精神者，永无法享其安宁。此可谓之为灵魂的失落或生命之动荡也。这个名，既使我们认为对这个世界有了系统的了解，并能不断地加深了解，又从另一面阻隔了我们对这个世界的了解，设置许多界限，制造许多割裂。这两个方面是同一个进程。此正如现代之普通的居住环境，由于人为技术的应用，越来越封闭，也越来越逼仄，而使生命愈发孤立、萎靡和卑琐,使心理越来越压抑、沉闷、不适、惶恐而起破坏、逃离之想。

老子在两千年前,既已对"名"(广言之,即今所谓"语言",语言本身之明白性后的遮蔽性)持此警惕之清晰认识,此非一种神秘的预言,而为一种哲学上的坦达之洞见。作为预言而言,是充满神秘和不可知之效应的,而作为哲学的洞见来说,这是可以无比确信、明定,无需乞灵于神秘之机的!

哲学给人类一种真的智识,这种智识也即人类最高智慧的体现(哲学并非一味肯定理性,但它本身却是理性智慧的产物),因为它以根本之理和万物普遍之理为对象。这种根本和普遍性的获得,固然可以表面上由感性之直觉(中国传统所言之体悟)而来,然又不能以此感性直觉之表象即揭示了认识的全部隐义,也即悟的实质是一个综合的过程——以感性为契机的理性的跃进(或完成)过程。任何经由感性直觉而来的印象或观念,都是具体的,必然要辅之以理性之推扩或抽象活动,才能成为通达之物,才能到达根本或普遍之所。也即这个具体之直觉,并不止于触发之物,而思周全体,是一与大全之融合。这个悟的过程,不仅获得了对某物之深广意义的领会,更是获得了对全体之物的深广意义的领会。

(二)"天地一指也,万物一马也"

如上所言,马、指,都是具象化的名,任何的具体的名,其正反相对的关系,都可以得到如上的说明或论证。马、指只不过是庄子所选取的当时论辩所常举或为人所熟悉的两个例子罢了。这一从具象到抽象之论理的跃进,我们如能不拘泥于文辞,自然可以引申而出,不过庄子之论理也自然存此一步,不使吾人犹疑也。

经前两句之论证,庄子得出更具有一般性的结论:"天地一指也,万物一马也。"这里,天地、万物应作互文看。天地即包括万物者,万物即天地之所有。

此两句中,我们还先从后句解起。"万物一马也",要在一"一"字,句意谓,万物与马有某种可相同一的关系;消极言之,即万物与马之所是无二;进而言之,万物可作为马来看待;总归言之,万物与马并无分别。此犹信心而解,如回扣前文,则万物者,非马也,是句即作:"非马"一马也。前文言"不若以非马喻马之非马",则非马一马也,马亦非马矣,诚可证也。如是,则前文所言"不若以非马喻马之非马",即:不若以万物喻马之非马;而万物之所以可喻马之非马者,在万物一马也。又如是,马与非马(万物),何从而分之?"天地一指也",亦同然,已毋庸赘述。

这个结论直接表示的是:指与非指的统一,马与非马的统一,天地万物的统一。无论是统一于一指,还是统一于一马,这个"所统"并不重要(无论是马还是非马),这个统一或"一"本身才最为重要。

庄子要引导我们从事物的相对关系,来更容易地理解事物自身的不确定性(本质上讲,即人为认知或分辨之不确定性),及事物之间的统一的确定性,当然这又构成了一组新的相对关系。

二、"可乎可"一段

在这一段,问题较前为更深一层,乃从一种相对的破除(马—非马,指—非指模式),转向自身的单方或片面的肯定,或说从"相对之是"走向了"绝对之是"。如以相对的关系来认识事物,事物将无法达于确定;如果认识到相对之不通或不可凭借,那么便应当回归到事物自身以认识其自身,而不应通过相对者(或外来)之眼光来衡量之。

(三)"可乎可,不可乎不可","然于然","不然于不然"

就对事物之认识来说,我们可以空洞地谓:物可,物不可,物然,物不然。当然,可、不可、然、不然,都是判断词,于实际当中都应有具体的内容指示,即所可,所不可,所然,所不然。可乎可,并不言其所可为何。不可乎不可,亦不言其不可为何。然于然,不然于不然,亦类此。此种用法如"君君,臣臣,父父,子子",虽是具体的,又是形式的。我们于此,但能知君必如君之实(或名),臣必如臣之实,而不知君、臣之实,又知君之实必不如臣之实,不然君臣将一名或同实,是谓正名(或正实)。

可不可、然不然,就哲学之意义言,尤为根本之论。君君、臣臣,乃就具体事物之当体而求其义,可不可、然不然则就一切事物贯通无二处来显其义。此分殊与理一也。就后者来说,可从一般性上包得前义。换言之,君必有其可,必有其不可,此儒家所谓义与不义。义在儒家学说当中,是绝对的,所谓绝对,即指义唯主宰于自身,而不曲枉于他种因素。儒、道哲学同明理一分殊之义,然儒家之落实,理一乃在分殊之中,或曰下学而上达,故以随处明理(或体认天理)为归;而道家则分殊乃在理一当中,但得理一,无所用心,分殊不明乃自明，因此并不崇尚格物穷理致知。故儒家有名分之教（礼教），物正其名乃尽其道；道家无名分之教，攘臂而仍礼，以"名者，实之宾也"（《逍遥游》），系名则害实。此其义同而道不同也。

就可不可、然不然的具体内容来说，其意义是千差万别的，但就一切事物之有其可不可、然不然来说，则是同一的，可以概论的，不妨碍我们但从可、不可、然、不然来对事物之具体内容作形式的判断。而且可、不可与然、不然，也可以类归为一，对二者我们作一种修辞的分化来理解即"可"（或不失其"然"）。

依庄子之文，可、不可之义，是"可乎可，不可乎不可"；然、不然之义，是"恶乎然？然于然。恶乎不然？不然于不然"。可者，其可自可，不待不可而后可；不可者，其不可自为不可，不待可而后为不可。然、不然也是如此。此两处可以比照参观，句义一致。前句可补充作："恶乎可？可于可。恶乎不可？不可于不可"。然所以义同而句不同者，此间亦有布置之微意。何谓？"可乎可"，为肯定之判断，语意果决；"恶乎然"，则设疑而答，意明而势缓。又二处之微异，其要尤有在。"恶乎然"，承上"物谓之而然"句，又欲导出"物固有所然，物固有所可"两句；"可不可"二句，则欲牵出"道行之而成，物谓之而然"两句。其行文如连珠，位次不同，其义即转，而又首尾合贯也。

本段理致可通作三层来领会，而一层进于一层：第一层之结论为"道行之而成，物谓之而然"，第二层之结论为"物固有所然，物固有所可"，第三层之结论为"无物不然，无物不可"；而此三层又构成一整合之论证。

（四）"道行之而成，物谓之而然"

甲、"物谓之而然"

可、不可者，人意所分也；可有其可，不可有其不可。可者，谓也；不可者，亦谓也。此所谓"物谓之而然"。"谓"者，人言所称，心意所指也。物本无"可"，本无"不可"，是则物本无"谓"，且本无"物"谓，本无"无"谓。缘人意造作而指谓、名义乃丛脞而起，因遂有"谓"，于"谓"也而遂有"物"之谓，于物之谓而遂有"可""不可"之谓。故凡名言皆谓也，或以命物，或以会意；凡所有之物，亦本非有如是之"物"，无非所"谓"之物也。

"物谓之而然"者，此中可注意者，"物"也，"谓"也，"然"也。

然者，所谓也，物之然也；有是"然"，乃有是物之实。谓者，能谓也，人谓之也；有是"谓"，而后有是物之然。无"然"则无物，无"谓"亦无物也。可、不可、然、不然，凡有之名，此诸所"谓"，皆出于人，则"物谓之而然"，其意义之分析如下：物成于谓，谓出于人，是则物出于人，天地本不见有是"物"也。"物谓之而然"，此以言物，诚无上之至理，而又俗谛中之第一谛也。

乙、"道行之而成"

于物也，其可有所自（根由）也，其不可亦有所自也；可、不可以人意而有分，以其本之所自，则无分。其可之所以可，与不可之所以不可，由道使然。道者，物之所以也。如是，可行乎其可，不可行乎其不可，可、不可俱有所自，俱有其所以不得不如是行之理。故吾人由是可得：道行之而成。道无所不行，可、不可俱不超出于道，不但可为在道，不可亦为在道。

《大宗师》谓"且方将化，恶知不化哉？方将不化，恶知已化哉"，化有不化者在，不化而复有化者行于其中，则化不化俱化、俱不化也。又，《达生》谓"不开人之天，而开天之天"，有人之天，有天之天，《列御寇》谓"夫造物者之报人也，不报其人而报其人之天"。后者所报之"人"即前者之"人之天"，后者之"人之天"即前者之"天之天"。天者，道之化也，人者，行之伪也。天道故诚，人道易伪，人道之伪，在天犹诚，《大学》所谓"小人闲居为不善，无所不至，见君子而后厌然，掩其不善，而著其善"，斯理学家所谓"善固性也，恶亦不可不谓之性"，道无间于动静，亦无间于善恶，正与不正、可与不可而已。是则天固天也，人亦天也，天人俱天也。合天与人则一天也，合化与不化则一化也，合可与不可则一道也。是则谓"道行之而成"，以其皆一诚之所行也。

人于可而见其可，不见其不可，于不可则见其不可而不见其可，犹于马但知其为马而不知其为非马，于非马但知其为非马而不知其亦马也。马即马，非马亦马，是万物一马也。可即道，不可亦道，是道行之而成也。可、不可，人为之辨也；道之所行，非人为所能意必也。如"四时之行，百物之生"，不言而自然，又岂论其可不可哉？马一名也，可、不可亦名也。名者，"人"也，非"人之天"也。道行之而成，如儒家所谓直道而行，又孔子谓"无可无不可"（《论语·微子》），又谓"君子之于天下也，无适也，无莫也，义之与比"（《论语·里仁》）。儒、道两家，其道不同，而道之于天下无不可则同。

"物"者，虚名；道者，实体。名出于知，实见诸行。物不定，而道主于一；物可识，而道非所识；然物虽可识而非即真，道虽不可识而情可信，庄子所谓"道有情有信，无为无形"（《大宗师》）者也。"道行之而成，物谓之而然"二言，于道、物之分际著矣：道者无分，而谓者成物。

"道行之而成，物谓之而然"这两个命题，向我们揭示了道、物二者成立的意义。道是用来行走的通道，凡行之而可通，行之而有所达，那么就可以谓之道。物是用来表示某种存在之性能的，或者说表示某种存在之所是，即所谓"然"。当赋予此存在以特定内涵时，其作为物便存在了，或呈现了，因之而然。所以，就道、物来说，更多的应注意其实然的意义。道则必有所成，物则必有所谓，于是，便足以成立为道、物。

这又表示，我们对事物的命名或评价，决不足以限制事物的内涵，抹杀它们的固有本性，阻碍它们在道的领域中的通而为一。换句话说，道更能够接近事物的本质（"本质"在中国哲学中为本和质的合成，二者又可意义相通，表原始为真的存在状态。孟、荀、董氏学说中，即多以质言性，道家哲学中，本质亦接近本性之义，又与素朴义通。此种观念与今作为抽象之物之本质，意义不同），而人的认识则会与事物本身相疏离。

（五）"物固有所然，物固有所可"

上一层所言者，道、物之际也，本层所言，物之各有其正也。上层所言，当其可而可其可，当其不可而不可其不可，是则道并行不悖，兼体无累，所谓"道行之而行"。道贵于行而不拘其所，道何方所之有？故并包兼载，在乎所行，不在所择。本层似与上层无别，实又不同。上层"可乎可，不可乎不可"作一贯读，此则"恶乎然"与"恶乎不然"作对举读，要在何以然、何以不然之问。

"可乎可，不可乎不可"，是道之无可无不可；"然于然"，"不然于不然"，是论物之所以然、所以不然。"诚者物之终始，不诚无物"（《中庸》），物虽出于谓，物虽名之所命，然凡有皆有，凡有皆出于天，物之"谓"固未必为物之情，然物不失其为物，不失其为有，则不失其天。于物也，即所谓而言，诚有所然（或是），诚有所不然（或不是）。此诚有者，即"固有"也。固有者，出于物之本然，而非出于所"谓"。这里应当注意两个"固"字，此亦庄子习用之语。"固"，表示内在本有，而不是取决于外在标准。事物之有所然，有所可，皆内在于其自身。内在于其自身，即不因外在参照或环境之变化而改变。这样的然或可，即表示：其所然则必然，其所可则必可。吾人于所"谓"而可言，于物之"固有"则不可言。吾人于物之"固有"所可言者，唯形式之语言而已，即"然于然""不然于不然"是也。"然于然"，"自己"而非他也；"不然于不然"，亦"自己"而非他也；"自己"即下所谓"固有"。然与不然，一词之转而已，不然亦然也，然亦可成不然。故然、不然之义，可以相摄。物不但固有其所然，亦固有其所不然，言其所然，所不然在其中矣。

此第二层，不从道言而从物言，道无始终，物有始谓，既谓之物，则物有其物；物有其物者，固有所然，固有所可，吾人当从物之自身而求其然、可，不当从吾人所"谓"以论物之所然、物之所可。"物谓之而然"与"物固有所然"，"然"字不可同论。前者之"然"出于人之所谓，后者之"然"出于物所固有。

又，"然"者，"可"者，皆出于物，表物之正，二者之用，有类于性。性者，亦指物而言，出于物而不出于人。如于人之性，天之所性存乎其自然流行或发用实现（二词皆为对"行"之诠解），而不在仁义，仁义者，人所谓人之性也。吾人为人，而知人之性（然或可）乎？儒家以仁义为性，而道家以仁义非性，各有所谓，而仁义不必为人之性也，或曰仁义未必足以尽（或当）人之性也，则人未必自知其性。然不可谓人无性，或曰无所然，无所可；其然也然乎然，其可也可乎可而已。是物之然、可或曰性，皆存乎物之自身，见于天行，非人心所能明，人心虽有所明而未必惬也。吾人为人，定有人性而不定知人（性）之所然所可，则于物之然、可，其尤茫昧矣。

庄子在这里的用意，乃欲向人们展示，我们不当以人类的眼光，可不可、然不然来评价事物，而应当以事物自身的可不可、然不然来肯定事物，甚至我们当维护事物自身之可与然，而不应当付诸认识之事。我们所可知者，即事物必有其可，必有其然，如此而已。我们唯可以从道上来肯定之，而不当就认识上来束缚之、限定之，于实践上来改造之、斫丧之。

（六）"无物不然，无物不可"

于此，庄子又向前一步，提出"无物不然，无物不可"。即断言，事物皆有自身之然，皆有自身之可，一切事物皆应作如是观。前层所重在"固有"，此层所重则在"无不"，特作普泛无外之结论。

无物不然者，道所以然之也；无物不可者，道所以可之也。"无物不"

者,"可乎可,不可乎不可"也,总"可"与"不可"则遍物矣。所然、所可者,物所固然,物所固可也。是则,末句乃统前两层而为致一之论,以引出下文"道通"之说。

学者或谓本段有错乱脱误,然观其文义连贯,用语之微密,论证之次第,知其推测引证为不可信或不必从。此不通乎庄子行文前后相摄之法。其能以简御繁,以少总多,非必如吾人浅心,所以辞费汗漫也。

三、"举莛与楹"一段

通常或以"复通为一"以上属上段,固善(与下"唯达者"有分),今乃分而从下,以义类相聚,各彰其美也。上一段,然不然、可不可之论,为最纯粹之论理,层次井然,可以独赏。又,指非指一段,言"一"而未及"道";下"可不可"一段,及"道"而未明"一";至此段则"道"之与"一",乃密合共见,义理灿然大出,彬彬备足。

"故"者,承上之词,上二段通为理据(不但紧接"无物不可"一段),此乃得其结论,为本章义理所归,同为庄子哲学之最高义(数言最高义者,以诠表异也),道至于一而极矣("一"固有言,而意在无言)。

(七)"道通为一"

"故"既承上,理致已明,今乃举用以明之。合理之体、用,反复教示,道理乃无隐情,可以和盘托出矣,所谓"道通为一"是也。而此处之用,又作两层:一者,举物以明一;二者,举事以明一。

举物者,"莛与楹,厉与西施"也。厉与西施(非"厉"),美丑之相对也;莛与楹(非"莛",二者可无论其实如何),小大(或粗细)之相对也;举此二物,则凡相对者尽包之矣。此二例,可视作马—非马、指—非指之延伸,唯前者从明确之对反意义来讲,此处则从正面之为异物来讲(虽若无关联,而有"异"之关联,异即"非"也),实一理。马—非马之根本原理既明,此等处自然无需费力。莛与楹,厉与西施,犹人所熟悉、可以为举者,更广而言之,无论如何"恢诡谲怪"之物,言所不能举者,无不如此。物无穷而言有尽,言有尽而理不尽,言之所穷,理之所行也。故虽言有尽,不尽者在所尽之中,不害理之自明也。

举事者,成毁是也。举物而未言"莛者,楹也;厉者,西施也",举事则曰"其分也，成也；其成也，毁也"，其"为一"之义尤显。吾人所以为"分"（分者，物之离散，即所谓毁也）者，未尝不可从某一角度而言"成"；反之，吾人所以为"成"者，从某一方面未尝不可言"毁"。成者，正也；分者，毁者，"非成"也，成之反也。如是，凡物与事（事者，物之然。由此，无无事之物，无非物之事，物皆即事而言之也。唯物名不迁，事则屡变，故分言之），统为一理，解析之法，本无二术。成可为毁，分可为成，则成不为成，毁不为毁，无成与毁矣；或曰其成固成，其毁亦未尝非成，则一成无毁也；其成既一成，其毁亦一毁而无成也；是以可得"凡物无成与毁，复通为一"。

又成毁义，犹有可引发者。庄子此处之成毁，乃泛论于物。物者，皆在变迁之中，有其成，有其毁，可以成毁论之。即人而言，死生一成毁也。推而广之，效其句法，则：人之生也，死也；人之死者，生也；于人也无死无生，乃通为一。故理体则简，理用则广，无分人之与物，俱可适用。然人之自视与视物有别，死生与成毁有别，故人重死生过于成毁，而于死生当中，又重生而过于死。此人之自私誉己之情也。于道也，成与毁一也，吾人视其成而忘其毁，视其毁而忘其成；死与生亦一也，吾人贪其生而忘其死，惧其死而忘其生；更有进者，人与物亦一也，吾人自得于为人而忘其为物，于物也斥其为物，而忘其成毁与人无所差也。《德充符》谓："人不忘其所忘，而忘其所不忘，此谓诚忘。"人"所忘"者，性命之正也，"不忘"乃存（道以实有为不忘，俗以留意为不忘）；人"所不忘"者，有形之短也，必"忘"而后得；天人异致，此所不忘而彼所当忘，此之所忘而彼所不当忘也。今世俗之人，乃恒不忘其所当忘，而忘其所不当忘，与道意相背驰也。

"道通为一"者，所谓"以死生为一条，以可不可为一贯"（《德充符》）也。得此"道通为一"的道理，乃真如所谓"枢始得其环中，以应无穷"（《齐物论》）。"枢"者，"道枢"也，"彼是莫得其偶，谓之道枢"（《齐物论》）。"莫得其偶"者，无成与毁，无楚与樧，无厉与西施，无马与非马，无指与非指也；所谓"可乎可，不可乎不可"，所谓"物固有其然，物固有其可"也；所谓"天地一指，万物一马"也。无偶与为一，正反言也。

（八）"为是不用而寓诸庸"

上言道之所行，无可不可，当体而成，不待假借，则众所相对，皆通于一。一者，绝对之义也。物有同是，物有同非，皆所固有，不由所谓；虽有所谓，而谓人之谓，非谓物之谓也。今之所言，则"达"道者之所以依道行己也。道无所不体，故我亦有道，行为应以合道为率，所以合道而致行之方，庄子曰"不用而寓诸庸"。

"不用而寓诸庸"，此义甚难解。故庄文自为转训，以揭其义。由此及彼为转，意义相明为训，所谓转训者，即意义相近之词，递相发明也。

此间"道"与"达者"有辨。"道行之而成"，无所用知，无所用言，而"达者"则必有所达，必有所知而后能达，故庄子谓"唯达者知通为一"。上文论证之理，即在导吾人于"达者"之列。所达者，道通为一，或物通为一（"万物一马"），有是道故物乃可通。

"唯达者"两句，有两层义：上层落于"知"，下层落于"寓"（行）。"寓"者，行也，己不为主而为客，托凭于物而任其所之也。庄子文中，"寓"字与"游"字同妙，最见其哲学之精神。游者，我入于物也；寓者，我托于物也。二词皆表一种物我相处之关系，而此种关系又极微妙，意为，我能释去心知，全载于物，与物宛转也。又"寓"与"乘天地之正，而御六气之辩"之"乘""御"二字同义，数词若有一种主动之情态，实措辞之不能无疵，未可以辞害义。

"为是不用而寓诸庸"，为是者，为"道通为一"之故也。既知道通为一，万物一马，则又焉见物异，以生分别拣择之心？可则无不可，不可则无不不可，俱可也，俱不可也，等为一而已，故无所用知以俱适。无所用知，则"寓诸庸"，寓诸庸而行。又，同于道义，"道行之而成"，任行而已，行则有成，不事（事者，为也）而自然，体于道而离于"谓"（谓，言也，可、不可俱谓）矣。

此中可辨者，"用"与"庸"二词之关系。二词之关系，庄文自为转训而明之矣，所谓"庸也者，用也；用也者，通也；通也者，得也，适得而几矣"是也。其中既言"庸也者，用也"，则二词本相通，于意义上不必刻意分别。而所以于字形上特意分别者，以此"庸"非彼"用"也，何谓？"不用"者，不用知以分别也；"寓诸庸"者，寓于道之用或物之用（如"御风"即见风之用，"乘天地之正"即见天地之正之用）也。如是，"用"表人为之用，俗之用也；"庸"表道用，正用也；以字形别之，义本无别。又庸之义较广，一者与用相通，二者可表常义，常者，物之正也。寓诸庸者，凡物皆可寓，触处即是，无劳远求，物各有正，得正为寓诸庸也。

此处用、庸之关系实不重要，而"不用"与所寓之关系乃重要。此之不用，正彼之可寓，释此归彼，得道之趋，犹言用彼不用此，或曰不（此）用以成（彼）用也。进而言之，"寓诸庸"者，即"道行之而成"之义。庸者，用也；用者，行也。用之过程即为行，唯于行中乃见用。故寓诸庸，即付诸实行而已。此又如言"已无为而无不为"，为者，人行也；不为而为者，道之行也。人行与道之行，俱谓之为，而此为非彼为，犹此用非彼庸也。

　　庸、用义既通，唯所指有别。而文中转训"用"义，曰"用也者，通也"，此非言用之义为通，而指用之境界当中，道通为一，或物通为一；物通为一，则用通为一（即用识物，即物生用也）。此如孔子所谓"言忠信，行笃敬，虽蛮貊之邦，行矣。言不忠信，行不笃敬，虽州里，行乎哉"（《论语·卫灵公》）。"言忠信，行笃敬"，据于德也，有德则无所不可行，如庄子此处，达于道者知寓诸庸，则无行不通，通即"道通为一"之通。行而至于通，则为实得；反思之，则不能"知通为一"而"寓诸庸"，以辨物为能，以任知为得者，乃为不得。"德者，得也"（《礼记·乐记》），行至于得则为成德，道正德成，则"几"矣。几者，近也，相距微也。此处则非谓仍有余间，乃同于尽义；几者，达也。适得而几者，至得而达矣，尽矣，无他事矣。既几则可已，故下文言"因是已"，已者，已于人之所为也（知在其中）；既已其所为而不用知，则不知其然而然乎其然，此乃为道。庄子由上文"道通为一"而复结之以道，又与"道行之而成"相照应。道非无行，非无为，但行不知其然，无心而为而已。本章上半言知道，下半言体道（或达道者之所为），知而不能体，道犹非我有；非我有者，未"适德而几"也。

　　本段就文义复须特别说明者有二：一者，"庸也者"以下至"适德而几矣"，此虽转相为训，要领不在词义而在义理，由所难明至所易明，由所已明至所欲明，故有其序。凡行之道，以得为志，必至于得而后已。然得者，效也；道者，方也；行此道，固有此效，不得其道，乃无其效。故道为贵，效将自至。此数句之间，义理虽逐层推进，然精要不过在于"通"而已，此所以应用上文之结论也。吾人与其谓此乃对"为是不用而寓诸庸"之解释，毋宁谓为对"道行之而成"的解释。用者，行也；无可不可，通也；适德而几，成也。此间之实义，唯用之"通"而已。

　　其二，"因是已，已而不知其然谓之道"两句。"因是"以承"适德而几矣"为宜，以"寓诸庸"可有得，故可寓，理相辅也。前"已"字或以为语助词，似非；后"已"字，取王引之说作"此"解，固为一说。然"已"字二解，前后不同，又于庄子之哲学观念无涉，非善之善者。已者，止也。"因是已",因是而止也,"因是"即"为是","已"即"不用","因是已",再叠言"为是不用"也。"已而不知其然",已即"不用",两"已"字义同,不用者知也;既已其知,故不知其然;不知其然,又发明"寓"字之义,寓者,无知无心乃为寓。"已而不知其然",即"不用而寓诸庸",句不同而义同,以不同而发明其同也。"已而不知其然谓之道",此非如上云"道通为一",就道言道,此乃就"达者"之能体道以言道也,我必止其在我者而寓其在物者,乃为得道;我得于道,道在我矣。

又有一重要的问题须说明者,有学者认为"庸也者"以下二十字为注文窜入,非。注文但释所注之文,去之无碍原文之理解,此则非但释所注之文,而有文理之演绎,于上下皆有衔接,于文意皆有必要,非可省也。其具体之关联已详上,不复赘说。

四、"劳神明为一"一段

(九)"劳神明为一而不知其同"

上文所言,皆意在发明正理,就"达者"为言;下文则就其反面来设教,举不能达道者为例,以见其妄,以破其愚,而复结之以正理也。

甲、"为一"

"劳神明为一而不知其同",此乃总括世俗之智,针砭其弊,下则以事明其乖谬。神明者,吾人心思之用也。一者,承上文所言之"一",以见世俗之人对于"一"之为道,颇存误解。本句之意谓,世俗之人空操劳心思,用力追求所念之"一",却不知道其所去与所取(或所是与所非),原无差别,本来相同,为一物也。故"其在道也,曰余食赘行"(《老子》第二十四章),其求"一"也,为多余无用之举,属蒙昧荒迷之伦也。

有学者以为"劳神明为一"有误,"一"非一,当为"二"字之残笔。其说以为,既已知为一,何劳神明?既认"朝三暮四"与"朝四暮三"为异,又岂为一?"劳神明为一"句有数义。其一,"一"乃所执之一,犹所谓"是"。吾人执其所执以求所是,虽若去所非而得所是,实所执与所去,未尝有异,徒为空劳。其二,吾人以为有所谓一,求此以合彼,而不知彼此本来无异,无用求合而为一,亦无用求离而为二,焉用神明之劳以为之哉?其三,"一"者,事之实情也,事象虽不同,名义虽有别,而事之实情则相同。故此

"为一"，在于道，则为真实无妄之一；在劳者，则偏执之一，有为之一，非"道通为一"之"为一"。若以"劳神明为二"言，则殊不成语，焉有求二者哉？求别、求异，言之尚可，未闻以"为二"、求二为词者。纵使有之，亦不经也。

如或者之说，既已知为一，无用再劳神明，此非也。对"达者"则可，对世俗之人则不可。如以指指月，上根之人循指望月，下根之人，注目在指。庄子上文言"已而不知其然谓之道"，是道必知止（或曰"不用"）而后得，所止、所不用者，即知也。本处"神明"即知之同义语，非庄子正面使用之"神明"义。真达道者，知其为一则"不用而寓诸庸"，故不劳；不达者，虽教之一，如镜花水月，向迷处求，徒成其劳。且本句，前言"劳神明"，后言"不知（其同）"，不知所以用神明，用神明所以致劳。"不知其同"之"同"非彼所劳之"一"，知既错舛，故行亦劳攘。此尤见世人执迷不悟，已然而不知其然，尚且张皇旁求，丧其固守，转亡其一，愈为一而愈不一。"劳神明为二"，则意白而理浅矣。

况人之自是，正以其不见异同之际可泯，执己之是，责人之非，自然流露，何用劳也？其为二不劳，其为一乃劳也。劳者，对不劳而言，力可省而枉费之也；劳与功字，此处有别，功者有成，劳者无功。为二，各得其是，为之有功非劳也；唯对为一而言，乃空名无事实（之改变），本来为一，今乃于一中求一，乃劳而无功也。为一可劳，为二非劳。故其于"同"则不知，于"为一"则成劳，此"一"者，世人各自所见之"一"，亦是非相对之一，或曰此一"一"也，彼一"一"，各劳神明以为己之"一"也。儒家以中、和为尚，然孔子谓"知和而和，不以礼节之，亦不可行也"（《论语·学而》），孟子谓"执中无权,犹执一也"（《孟子·尽心上》）。此处"劳神明为一"，亦所以为"执一"而非真"为一"；如真知"（道通）为一"，则无所为而寓诸庸矣，寓诸庸复何劳之有？

"劳神明为一"句，吾人不可偏重其与下文之关系，此本承上文而言不"达者"之病，与"达者"之能"寓诸庸"而不劳神明，相对成理，乃通论不达者于道"一"之迷误。故紧要在"一"，"一"字为上下之系纽。

乙、"朝三"

"谓之朝三"，"朝三"乃指代词（代前"劳神明"一句之义），又为寓言之题，非朝三既能明义，犹外杂篇往往取篇首二字，以括全篇，为形式之称名而已。理体净阔，借事乃显，故先述其理，后佐以事。

狙公赋芧，先朝三而后暮四，少者在前，多者在后，闻少则不悦，故众狙皆怒。及先朝四而后暮三，多者在前而少者在后，闻多乃色喜。众狙所见，朝之数，暮之数，而未见合朝暮之数。朝三暮四为七，朝四暮三之数亦七，数未有变，情则相代，一喜一怒，因名而迁。众狙所求者，一日之食也。一日之食，狙公所赋，七者其数也。众狙但见减朝为三，而不知增暮为四，但见增朝之四，而忘其减暮之三，朝暮皆己之食，所增于己者，亦将减于己，平其增减，犹然七数。如是，众狙乃以朝为切己，而不知暮亦切己，一己也而作朝暮两段，有亲疏远近之分。故数有定而时有分，以暂所见为喜怒，劳神明，为不知全体之一也。

　　合朝与暮，为一日之通；合三与四，为一数之通；合喜与怒，为一我之通。一日也，一数也，一我也，自以为所求为我（为我者一也），乃不知朝之我，无异于暮之我，何爱朝之我而不爱暮之我？是则，为我而非为我，"为一"而非为一矣，有见于多（少）而不知其同也。同者，通也；通者，合变也；无变则无通，无异则无同；通则变可俱适，同则无心于其异矣。

（十）"名实未亏而喜怒为用"

　　本句更发明"朝三"寓言之义。朝三暮四，朝四暮三，皆名实也。亏者，损也。世俗之人，于所求之名实，往往毫无亏损，而不知其未尝亏损，乃转起不平之心，以为有亏，而喜其多，怒其少，喜其得而怒其失，喜其是而怒其非。此所以"唯达者知通为一"，不达者不能知通为一（非无其"一"）。"喜怒为用"者，喜怒为所知用也；所知不明，故喜怒妄起而不得其正。喜怒为用，所以劳神明也。"因是"，因"劳神明为一而不知其同也"；或作"犹是"解，犹如众狙所为，依因其似，亦可。

　　"名实未亏"，言一；"喜怒为用"，言不知。名实本一，而今以为有亏，乃求名实之不亏（或曰一），此所以为"为一"。为必有志，志必有定，不能二三，故"劳神明为一"，乃合庄子原义，非有讹误。

　　此寓言直接批评我们日常行事，有类于众狙，惑于名实，固执其是，因物而迁，屡为喜怒，劳神明为一而不知其同也。吾人颠倒于名实之见，以为不同，而不知其本同；求其相同，而不知其已然为同；"名实未亏"，不劳于求，虽求为之而无益于所求也。是以终生劳攘不休，亦孔之哀。

（十一）"是之谓两行"

此章末结语，更明白指示吾人行道之方式。上已就达者之事而言其方矣，所谓"为是不用而寓诸庸"，实与结语之义全同，唯就知之两端，再作说明。

甲、"和之以是非"

吾人所以劳神明者，无他，任知也。知者神明之用，知大用则神大劳。知之所以见用，计算多少，辨别得失，剖析是非也。然吾人常常以多为少，认少为多，以非为是，误是为非，故多少失准，是非淆乱，察不能辨，知不能裁。知不能裁，乃愈任知，故不至于神明大劳不止。不悟夫小大一而是非通，物者均而得失齐也。故圣人于是非不辩，而用"和"。

张载谓："有象斯有对，对必反其为；有反斯有仇，仇必和而解。"（《正蒙·太和》）象之可指，物之有名者，无不有对，如有马则有非马，有是则有其非。反对者，反其为而相仇嫉，则非和。和者，"和而不同"（《论语·子路》），"以他平他谓之和"（《国语》），老子谓"万物负阴而抱阳，冲气以为和"（《老子》第四十二章），则对立者（或异己者）之并存不仵，以交利其生，乃为和也。此处则言是非之和。是非之和，非存是而去非，是有其是，非亦有其是，前所谓"可乎可，不可乎不可"是也。是非如交相诋，兼相攻，则非和。二者虽俱存，而不相冲突，各安其是，乃为和。是非和，则失其反对之象，有是非（不同）而不见是非之迹，或曰同于无是非。如是，则是非通而为一矣。

是非之通而为一，非取消是非自身之个性（物固有其可，物固有其然），而乃就是非之各有所是的贯通性或一体性来说。如朝三则暮四，朝四则暮三，"彼出于是，是亦因彼，彼是方生之说也"（《齐物论》）。是出于非，非出于是，是其所是，即意味着须非其所非；或非其所非，即意味着须是其所是。吾人所以为是者，正吾人所驳为非者；吾人所以为非者，未尝非吾人所信以是者。总之，离吾人所谓是则无吾人所谓非，离吾人所谓非即无吾人所谓是，其一体之说而恒为一者也。吾人劳神明于是非之辩，不知吾人所以责非，同时即为责吾人之是；证吾人之所是，同时即为证吾人之所非。故庄子一言之曰"劳神明为一而不知其同"，再言之则曰"名实未亏而喜怒为用"，皆劳攘愚妄之行，与猵狙之智无异。

乙、"休乎天钧"

"和之以是非"与"休乎天钧"，二义相辅相成。欲"和之以是非"，则需"休乎天钧";既"休乎天钧",乃能"和之以是非";一理而共贯者也。

"天钧"者,制陶有陶钧,陶钧所以成陶器,在天有天钧,天钧所以化成万物。天钧,乃假象以言理,圆转之物,循环而无穷,陶铸万物者也。天钧,犹天运,大钧运而不已,则万物自成而不息。天钧又犹天机,一以言运转之器,一以言动因之所发,异指而同体。凡物之行(或曰动、运),皆归于天而后已。天者,万物万事之大原也。休乎天钧,休即止也,寓也。休非不动,动不由己而任乎天。天行者,道之所行也,"道行之而成",则无是非可否于其间,无不可,无不然,是非俱存而是非俱泯,实存而名亡。实者,物所固有之可与然(是)也,或曰物所各有之天也。天无不贯,道无不周,得休乎天钧,人乃同天,与道偕适。

丙、"两行"

末句,言简而义丰,"和之以是非"为一义,"休乎天钧"为一义,"两行"又为一义。所谓各为一义者,独有所明也,其所明又自相通,非异义也。

两行由"和之以是非"而来。两行者,两者俱行也;两者,是与非也,广言之,物之相对者也。是不失其为是,非不失其为非,是非各得其实而丧其名也。"名者,实之宾也。"(《逍遥游》)实者,物所固有;名者,人约以为称。人之知有限,故其制名非即真,真者唯存乎物所固有之实;物所固有之实,则无所谓是之与非,皆一真也。故是非者,物之一偏,在道则通为一,无不是也。

两行之义,是必有其是,非必有其非,是不因非,非不因是,则是非和而解,不相为仇。此一也。又是之不异于非,非之不异于是,天地一是也,万物一非也,求其是非之际而不可得,又焉有是非之两?而吾人所谓之是非,又无不可,是谓两行。如此,则两行又一行而已。庄子所以谓两行者,见所谓通而为一,非以是去非,以此去彼,而独行一是,必知两者各有其是,其是等为一是,乃为真能通而为一。不然,犹是执两,非为一也。故虽有两行之谓,非有两行之交争,和其两而行也。

如是,我们可以于庄子相对之理而有更深刻之认识。相对者,两也。两者,物之相反或不齐也。庄子所以对待相反或不齐之物,一方面,于事物而言,非不肯定其差异,而承认其各自之合理性(此合理性毋宁谓物之自性),于两者之中,无所执着,而睹彼此各有其是,其是存乎物所固有,非人可以有无之;一方面,又从更根本之立场上,贯通事物之所是,于人而言,此是实为共同或相通之是。吾人所以谓马者,与吾人所以谓非马者,等一无二,吾人所以执是者与吾人所以执非者，等一无二，是则"名实未亏"也。

总而言之，吾人于"两行"之理，必一方面知物之各有其是，其各有其是为一也，或曰于道为一，且其是固是（绝对之是也。此绝对之是，非意想之是，其是已是，为一存在或现实之绝对，有此物即有此绝对之是），不关于人之所谓；又必一方面知，于吾人而言，凡相对之是非，皆一知而已，所识若为两或万有不齐，然于能识之理则唯一也，是亦出于此能识，非亦出于此能识，虽是非迥异，而有交相是或会于一者，有交相訕又交相成者。

于两行之异则言和，于两行之通则言一，于两行之各行其实则言两也。又，两行者，言物情之实也（犹言"咸其自取"）；休乎天钧，言其入道之方也；和也者，言其达道之效也。非休乎天钧，不足以有入道之几，非两行不足以得和之实，又非和不足以尽两行之义。和者，两行之和也；两行者，和之两行也。此较上文"可乎可，不可乎不可"之单明绝对义，又深一层，以论乎两（对反义）而能和、和不失两也。

张载哲学深受庄子影响，其两一之理，有得益于庄子者，其表彰"太和"，又与老庄之旨相应。吾国哲学，儒、道两宗最后所希冀之境界，和而已。和者，万物之俱和也，《天下》所谓"不敖倪于万物"是也，又《中庸》所谓天下至诚，"能尽其性"，"能尽人之性"，"能尽物之性"是也。大哉，和之义也！大哉，两行而和！

第8节 《齐物论》选读（三）：古人知至章

  古之人，其知有所至矣。恶乎至？有以为未始有物者，至矣，尽矣，不可以加矣！其次以为有物矣，而未始有封也。其次以为有封焉，而未始有是非也。是非之彰也，道之所以亏也。道之所以亏，爱之所以成。
  果且有成与亏乎哉？果且无成与亏乎哉？有成与亏，故昭氏之鼓琴也；无成与亏，故昭氏之不鼓琴也。昭文之鼓琴也，师旷之枝策也，惠子之据梧也，三子之知几乎皆其盛者也，故载之末年。
  唯其好之也以异于彼，其好之也欲以明之。彼非所明而明之，故以坚白之昧终。而其子又以文之纶终，终身无成。若是而可谓成乎，虽我亦成也；若是而不可谓成乎，物与我无成也。
  是故滑疑之耀，圣人之所图也。为是不用而寓诸庸，此之谓"以明"。

  《逍遥游》言"小知不及大知"，知诚然有小大的分别，所谓小大，不但就数量来比较，更就其开放的程度与精义的程度来言，也即，看其是否更能接近于真实无妄，更没有粗疏偏蔽之缺陷。知识愈开阔，愈精到，就越可谓之为

"大知"。这种大知,并不是普通的知识,或曰普通常识及科学意义的知,而是哲学意义的知(在科学与哲学之意义相交合处,也可以成立这种知);彻底的大知,也可以说是"至知",或曰最高的知。

之所以强调"知"的哲学意义(有时与其宗教意义很难分别),首先,哲学也是一种求知的活动,至少哲学是求知的产物;再者,哲学虽然是最高的学问(作为"学问"的意义而言),然而哲学并不是人的最高存在状态,也即用知并不是最完全、最理想的或者最终的生存处境,而只是生存之一种表现,甚至是畸形发展的表现。哲学蕴含着对自身之批判甚至否定,当一种哲学成功之时,很可能便是此哲学终结之时(作为一种工具或介质而完成,而代谢,即庄子哲学所谓"得意忘言"。哲学者,言也;言者,筌蹄也)。这种"终结"的意义,表示它进入了一种更高的存在领域或境界当中,它对自身的否定不意味着消亡而是蜕变——更加深沉而生动的实现。

庄子哲学便是这样一种典型,儒家哲学或者说整个中国哲学,都是这种典型。这种哲学本质上规定自身不但是一"知"的活动,更是"行(践修)"的投入——在(合乎本然之知地)实现着。过分的知或思或(为)学的过程,反倒会妨碍这个"行"或"体(当身而有或见诸于身)"的实现。所以,哲学的本义,应当是智慧地生活,而智慧又是对生活(存在,作为广义的生活,并作为全体)本身的通彻理解,换言之,智慧是对如何生活(也即生活之道)的洞察和觉悟。

如是,哲学并不单以知为崇尚,至少不以之为最后的目的,或曰一知便了,而以知为必然经历的道路。知对于哲学而言,是不得不为之事,是哲学发轫的契机,也是其持续进展的动力,从而作为哲学构成的必要部分。但作为知的哲学,不过是对事物的旁观和解析,它力求接近事物的本质,但并不能真正地达到事物本身,更准确地说,达到人的本身。哲学是人的学问,充分言之,哲学是人对人及对物进行根本探究的学问。它无论是直接以人自身为对象还是以他物为对象,都是致力于发明人自身之存在的根本性和丰富性的学问,简言之,哲学研究的最终目的有二义,即:认识人自身,并实现人自身。哲学从来都是对人生及人类生活的引导,甚至屡屡发挥变革的作用。它的这种作用,如同暗夜忽现的微火,被细心且充满魄力地采集、保存、吹吁、养护,火光越来越稳健明亮,以至最终普遍地照耀整个人类,解除其昏昧的视觉,使世界的景象豁然朗彻。

到本章这里,"知"作为纯粹的问题,在庄子哲学中就完全显现出来,尽管也只是其有关"知"的观念之一隅。庄子看似只是在作文学上的富于想象力的写作，令人衷心怀悦，实则不间断地从一个严正的哲学问题跳跃到另一个严正的哲学问题，处处显示出他天才的领悟力和可诧的思辨能力。庄子虽仅向我们提供了一条独特的哲学路向，却为我们提供了诸多共同的不朽的有待展开的思想主题，与人类上扬的精神同在。

一、"古之人"一段

（一）"古之人"

论知而先言"古之人"者，古之人，对"后之人"或"今之人"言。则就知的问题上，庄子认为古今有其区别。就古今言，唯有古之人，其知曾经"有所至"，后之人则转而失其所至，愈后愈甚，今之人则为尤然了。如是，则隐含一种人类之知每况愈下，逐渐堕落的悲观意识。

我们不必先急迫地来批判庄子厚古薄今的观念，我们且要理解他何以有此一种判断。这种古今的差别，既有其理论设想的意味，又有其真实的历史性。我们不可否认，人类的文明史，作为文明的出现和发展而言，就是知识日益开通的历史，没有知识的积累和跃进，就无所谓文明。而且，人类历史的正向进程中，知识确实越来越显耀，威权越来越隆重，人类对知识的开发和追求义无反顾地向着极致行进。科学（作为最规范、最谨严的知识），正是我们所标榜的现代社会的根本特征（相比于此，其他抗衡因素，皆荏弱而待毙者也，唯科学之习，无往不摧）。作为一种不可避免，从而必然能够预见的关于知的趋势，庄子有理由表示其哲学上的洞见和危虑。"今"之生活，与其谓蒙益于知的日益开拓，倒不如说是被知裹挟以俱进。人类在知的本性的日益发挥和弊病的日益暴露中，漠然茫然而又毅然决然地走向难以挽救的分裂。

这种"古今"的对照，可以使我们反思我们现有的知，其为何种性质的知，其与古人原初所至之知，究竟有何区别？而我们目前所竭力追求的知，何以（从何时起）竟成为一种知的堕落？既为堕落，那我们又该探求何样的知？这些对于知的本性的认识来说，都是极重要的。

如果说，中国哲学的历史中，曾经有过对纯粹之知的问题之热切而沉痛的关注，有过对知的本性的难以逾越的深刻理解，那就非道家莫属了。对于诸子的不同学说——"是非"，道家特别是庄子，作了最终的还原，不过为世俗之知的争端罢了。正以此一为知，彼亦一为知，而无法摆脱知的本性和局限，故貌似热烈之思想的交锋，在庄子看来不过是用知之结果，职此，乃同属于世俗之分内。本章后段牵出昭氏、师旷、惠子三人杰，便表示对以三子为代表的世俗之知的批判态度和凌越姿态。

（二）"其知有所至矣"

前文言"唯达者知（道）通为一"，这里即有对于最高之知的暗示。我们说"道通为一"，就是最高之知。对于道——作为最高之知的对象，其最本质的内涵就是"通为一"。所以对于希求达道的人来说，就要首先获得这种"通为一"的真切领会（不是只做名言上的重述，或机械之论理上的演证）。当有这种真切的领会（"知"）时，其也就从常人而升格为"达者"。

"达者"的意义是丰富的，不仅作为自觉之"知"者而言，同时也作为"为是不用而寓诸庸"（或"休乎天钧"）者而言。所以，这里蕴含了对于最高之知（"至知"）的两层理解，简单地说，就是作为至知而言，一种为知之知，一种为非知之知。知之知，是作为求知之对象来说，所获得的最高认识，即对"道通为一"的理解上的把握；而非知之知，则是知所把握的最高认识之本身的实在，当此境中，并不发生知的活动，而只是道本身的流行，与道无间（知则催发裂隙）。庄子此处所谓"古之人，其知有所至矣"，就是从后者而言。

如是，我们也可以说，就知的活动范围之内，会达到一种最高的认知（接近于知的边际，因为最高的知乃对全体的判断或为哲学之神解，这将意味着知犹然活动，犹然作出判断，然已临近于自我取消）；而一旦平息了知的活动，不复以知为求，或以知求知，知的内涵融入当体的实现之中，那么作为回归于本真的生命状态或境界来说，才如知所知，才是最高的知。知的实现，比知本身要更充分，更彻底，后者才是知的真正完成，从而可称作至知。所以，"知至"和"至知"是不同谓的两个观念，前者是知的极限，后者是极限的知（容纳行在其里，从而是一种更广义的知或更具思辨性的知。王阳明的知行合一，实为中国哲学之共同表征和共通要义，或者说，在知行之辩证关系中，知和行都达最深彻之意义，因此通而为一）；凡能见诸至知者，不必知至（于行见知而不以知明知），而凡能知至者，不必能见诸至知（滞留于知）。然，二者实可相通。其通不通，系于真不真。凡真能知至者，即能行其至知；而不能行其至知，吾人可谓必非真知至。故在真的意义上，这两种表达并无不同。如庄子谓"唯达者知通为一，故为是不用而寓诸庸"，"知"与"寓诸庸"有其必然的承继关联。对于我们来说，虽于庄子之理有所知，而不能有所行，只是未能真"达"，离其所谓"知"尚且遥远。吾人万不可以为略会字句，翻说道理，便漫以为理已无不尽，此间琢磨功夫尽是悠长劳苦，非等闲也。

本段以下，则就古人之知所以为至，而后来之知何以非至，逐层进行描述，故紧接着即发出"恶乎至"一问。问者，所以欲释证其理也。吾人多以中国哲学皆由神思偶掣，圣人道理不可踪迹，唯可恭受，即庄子而言则大误，其言必有解，或先标道理而后释证其说，或寓意既明，乃归束正理，未尝徒施教条，铄于人心，但恐其用思微密，吾人不察而冤之也。

（三）"未始有物"

知之至的状态，在这里是作怎样的描述呢？即"未始有物"，庄子并用"至矣，尽矣，不可以加矣"来反复强调这种"知"达到极致的意义。

甲、物的意义

首先，我们要对"物"一词作一理解。物表示什么？是分殊之万物的统称，还是笼统不分之一"是"或一整体存在？物的呈现跟什么有关？而"有物"表示何种意义？

这里的关键问题在于，要认识到"无物"跟"有物"的本质区别何在。

就"无物"来说，我们肯定不能做"存在为空无"的字面理解。"无物"不指示存在之空虚，或对客观实在性或物质性的否定。物质之实在或存在之实有，并非庄子学说所关注之重点，或者说只是他的一个潜意识的认定，而他的学说所欲反复寻究明白的根本性问题，乃在于人的知之问题。知的问题，不单单是对客观事物的反映；更与人的能力结合在一起。

乙、说名实

作为"物"而言，一般观念下将其理解为对真实（或客观独立）存在之表示，而其最真确的存在，实际是作为名的价值或功能。在这里，就名实问题来说，不但名是人为所命赋的，即所谓的事物本身或曰"实"，也无非出于人之识的构造。名、实二者之间，似乎存在一种能指与实存（所指）、主与客之间的对应关系，从而也存在本质的区别（观念与非观念）。殊不知，若无人类认识能力的作用，事物本身是可以呈现而不必仅如是之呈现，亦不会为人类所自觉认识到的。换句话说，若无人类的认识之眼，我们便看不到具体的东西（事物虽在而不现，更确切言之，不呈现于人的视野和意识之中）；若无人类的认识之光，世界（事物之世界，其间的事物——可指可名的世界）便不会向我们遂加显耀。

这种缺乏以至取消了人类积极的认识活动之参与的世界，也便剥离甚而取消了所指的意义或存在对象的意义。这将是一个无名的世界。无名的世界，同时即是无物的世界。

名与实，物与我，是最为本质的相对概念或意识。它们也要受到相对关系所带来的不确定性的影响，受到相对者之性质同一性的决定（成立"名"并不比成立"实"具有更多的意义，成立"物"并不比成立"我"具有更多的内涵，反之亦然，以相对故，而又以主体同一故）。

就名实来说，我们可以说实规定了名，其实我们更可以说，名的内涵或特指规定了实。如果没有了名的内涵的确定性，便无从指示事物，便无从有其相应之实。这里，我们可以借用庄子"以马喻马之非马，不若以非马喻马之非马"的说法。如果让我们"以实喻实之非实，不若以名喻实之非实"。名作为对实的指称，与物之实有别，此容易理会；但作为实而言，仿佛便是所指称之物的本身，如果说实非物之实，那就难以理会了。殊不知，无无实之名，名固所谓，实亦为所指，与名虽或有参差，然必与名同有其所谓，非可即认作事物的本实。知名之为谓，实可类举矣。不但实如此，"物"岂不然？名、实、物三者于人若可符一，非一于物之自身，而一于人之意也。

丙、无物与有物

理解"无物"是困难的，我们可以反过来先理解"有物"为何。

"有物"，表示我们可以把某些存在从更浑然的存在体中剥离出来，或者直接说，可以从我们混沌的意识底层剥离出来。存在是先于我们的认知存在的，但存在的呈现必然有待于人的认知。不然，其存在便如同无，或曰如同不存在。我们不能认识不能向我们显示的东西或者自晦的东西，或者说，我们不能认识没有进入我们认识视野的东西，再换言之，我们不能认识我们不能认识的东西。这种不能认识，根本上讲，不一定是尚不存在，而是尚未被我们从意识当中给予呈现。

所以，就"有物"来说，就是有物向我们呈现，我们的认识意识到有物（物作为意识的对象或内容）。就"无物"来说，就是无物向我们呈现，我们无法意识到有物。当然，所以无物向我们呈现，或者因为确实无物，或则因为虽有物而我们没有投以适当的意识，必诸因和凑，物乃呈现。

文中所以要特别用"至矣，尽矣，不可以加矣"，即表示这是我们认识所能思议的极致，过此以往，则可以无论矣。

丁、无名、有名

名的问题，于道家自始就是极深邃的问题。《老子》第一章就讲："无名，天地之始；有名，万物之母。"第四十章讲："天下万物生于有，有生于无。"无，就是老子所揭示的本源境界，或庄子所谓的"物初"境界，而这也是老庄所同谓的道之基础意义。道，是能有之无，或能生之无；再言之，道是能有之有或能生之生。而这样的道，是必定无名的，因为无法指示。如谓在此，则不能在彼，非道也；如谓在彼，则复不能在他，又非道也；如谓道为道，此则有在（名的本性就是限定），而非道矣；如谓道为大全、道无不在（言者，义之所在，又名之积也。名有限，则言即有限），则道乃有谓，又非道矣。

万物，我们虽不能一一指示其名，然而我们实际认定其皆有各自之名，用荀子的措词，"物"即为万物之"大共名"。分而言之，万物一一各有其名；合而论之，万物皆为"有名"。万物之各有其名不同，而万物之俱为有名则同。故，名对于一切可加称谓的事物来说，是最为重要的（名不但是一形式的符合，同时代表着一定的内涵或规定性）。名的诞生，意味着人文世界的诞生，甚至意味着世界的诞生——从一混沌体，走向了有物，走向了万物清朗各殊的境域。就此，"有名"从人文的意义上，造成了"物"，造成了"万物"（世界），可以说是"万物之母"。

名既并非自始就有，那么就要经历从无到有的创制过程。有名之前，即推定为无名之境，便称有名之所来为"无名"。显然，"无名"就存在而言，更为悠久，更为本源。故称"无名"为"天地之始"。天地，物之大者；万物，物之细者。在中国哲学中，天地既作为一物而在，又作为产生万物的直接本源而在。也即，天地既是创生者，又是被创生者。天地表示大道创生之最初的分化形式，预示单纯之对立物的出现，如同阴阳在宇宙论中的初始意义；万物则表示生化之原始生物杂合衍生的无限过程。故，天地和万物分别作为宇宙生化过程中之独特环节，同时也构成思议之相应环节。

无名，所以始物；有名，所以成物也。无名，所以物隐；有名，所以显物也。

（四）"有物矣，而未始有封"

文中接着讲"其次以为有物矣，而未始有封也"。"有物"则表示我们人类逐渐从混沌状态走出来，发展出对事物的积极感知，对自我的反向意识，并且不断培养出日益高级、稳定、系统性的对万有的认识。

在这个持续的过程中，虽然走出了混沌，但还未至于"有封"，虽然有朦胧的对象意识，但还与后世的知识系统相去辽远。有物，即人类认识之分别功能的开始，或简言曰别物之始。其实，有物与无物相对而言，于道家哲学所表示之主要意义，并非事物本身之存有问题，而为人类精神之进展问题，从无物到有物，为一种人类精神境界之根本变化。这种精神的进展，既是历史的（经验过的），更是哲学的（不可经验而纯为推理的）。

"未始有封"与"有封"相对。"封"表示疆界区划，于国则有属国，于人则有属地，于物则有属类，伦理棨然，不容踰越。从人的认识角度讲，即起一种认识的执定，以防制事物间的冒滥。"有物"与"有封"，在精神境界上的差别在于，"有物"只是表示（事物之）存在感，存在感是一种最为基础、最为单纯的意识——事物在或有物在，而缺少对更具体的存在内涵指征的把握（诸指征对意识为空无，或意识对诸指征为不能）；"有封"则表示一种事物作为此事物之本质上的确定，在事物存在的基础上更融入或发展出事物如是而在的充分意识或敏锐意识。封作为界限之义来说，就产生了事物的特定规定性，使一物成为此一物，并与他物区分开来。单纯的存在感尚属于空洞的对物意识——除了有物在之外，别无其他的具体意识，故此时只有"物"而无"某物"。"封"的产生，乃可以说真正产生了"物"，准确地说就是"某物"。物不但作为具有共同性的存在之物而在，更作为具有自身具体规定性的存在而如是存在。

那么，未始有封，即虽有物，而界划尚轻，物我之分、物物之际尚浅。此则认识进展之初机，如混沌初凿，耳目诸官未至大用。在此种知的境界中，尽管意识得到了最初的开发，却并不足以辨物，于物犹然为混一之体，仅次于"未始有物"也。

（五）"有封焉，而未始有是非"

即本段，我们可以仿照《老子》第三十八章"失道而后德"之句式，转化言之，作：

> 无物失而有物，有物失而有封，有封失而有是非。是非者，争之端而德之薄，攘臂而仍之矣。

甲、势所必至

此为"其次以为有封焉，而未始有是非"的阶段。于此，我们看，物也好，封也好，是非也罢，其发生皆有次第，逐渐引申，非躐等骤至。庄子之所以特言"有某"，而又接之以"未始有某"者，可见其前后、有无之意义，决然不同，形同泾渭。有物与有封，有封与有是非，为不同之境界；既为不同境界，则有本质上的差别，难用窜乱。

无物有物者，有无之间，而无专执；有物有封者，彼此之分，而未尝致意；有封且有是非者，则可否之间，相攻讦而尚论争矣。无物者，冥于分也；有物者，启其分也；有封者，笃其分也；有是非者，乱物之分也。是非以上，虽有分而复有常；是非而下，则分无定而操无常矣。

就"未始有物""有物""有封""有是非"四者来说，"有物"出于"未始有物"，"有封"出于"有物"，"有是非"出于"有封"，虽等而愈下，亦势所必至。何谓也？"有物"虽未至于"有封"而必至于"有封"，"有封"虽未至于"有是非"而必至于"有是非"，其间虽有轻微重滞之差，要之，所以"有是非"者即所以"有封"者，所以"有封"者又即所以"有物"者，如源泉始发，其汩汩也，又混混也，又洋洋也，而波澜放决，望无涯涘矣。"有物"以下，虽程度利害大别，然机缄则一旨，皆出于"未始有物"之本源境界，而为人文世界之肇造，循乎草昧，以至大明也。此一机缄者，意识之萌蘖，知之胎始也；意识之萌蘖，知之胎始，即人之所以成其为人也。故吾人可言，未始有物，不但无物复且无人，以无人而无物，非以无物而无人，物不自物，物谓（现）于人；一旦有物，则即有人，物命于人；吾人易于因人而识人，忽于因物以自反也。

于道家哲学，人之所以为德，即天之所以为失德；人之所宝，即天之所弃也。人能有穷，生物无限，以有穷之能，干无限之生，则腾乱天常，为祸斯世，所得不偿所失，亦惨酷矣。

乙、道家之于心知

然人缘何于"未始有物"之源初境界，忽然生起物感，而转入有物境界，沦丧于日下之邪途？此于道家哲学，亦不能不归为天机之动，自然而然。老子谓"始制有名，名亦既有，夫亦将知止"（《老子》第三十二章），其所能者，于"既有"之后而能"知止"，不能使其无"始制"也。人之为贵，不但能作始，亦且能善终，皆本于人心之知。此知也，既为人道之祸，又为人道之福；一以为愚，一以为灵也。纵在道家，于道，也非可舍知而成教。然其知知之可以成教而又知知之不足以尽道，故由知以明道，又舍知入于无知以应道，与综织概念，空好论理，而一往执知，希冀以知引知、以知尽理之流行信念，为大异也。

道家哲学虽抵制人类心知功能之过度发挥，不崇尚文明社会之普通价值（物质与道德之双面价值），然实则其于人类心知能力所发扬之程度，较普通哲学为有过之而无逊色，其本身同为对人类文明之卓越贡献。就人类心知之功能而言，道家哲学所发挥者，其形上之纯思与自我批判两个方面，最为高明光辉。故道家哲学虽反对心知之任使，实即心知自身对自身之合理节制及引导，从而以自身保存自身也。如是，道家虽有反知之倾向，乃真正能够恰如其分地实现知之宝贵价值。西人言，不经过反思之生活是不值得过的，于道家亦可谓，不对知加以节制的知，是不值得推重的，因为此知也，于荒悖而不能见，于至理也而不能达，莽莽为物欲之涡流所催动不已也。

况且，天机烂漫，何是何非？何得何失？其有是非得失、死生穷夭者，皆人类所有事。人所以利其知者，即所以戕于知；人之用知所以利己，人之知止，复所以利己而已，皆人知之自我救拔，其何有利害于天？天地自然之机，动而无伪，于众有之死生得丧，无所经意，直如粒沙之于瀚海，蔑如也。其可忧者，徒在于人，不在于天。故万物于天地之间，其自生也，其自成也，亦自毁亡。于人也，不知其知而有知；既有其知，则是非可否，乃有其道。明者知道，暗者迷道。本无所谓之道，因知而有所谓之道，又因知而有所谓迷道。故于人则不能不言知，言知则不能不有道（道者，知之至也，知不至则不为知，知既至则命为道，故道因知有或因知而明。即天地固有之道，其有其无，其是非是，非可以人意测矣），言道则不能不睹（入）于无知。无人则已矣，无人则无知；无知则已矣，无知则无道。故有人则不能无知，有知则不能无道。人者自人其人，自道其道而已；道者，理之标而知之至也，所以利人之生，所以利人之死也。存知而不至于道，则浑浑而已，噩噩而已，伤理乱性，无所不极，与素朴之为浑蒙，非同谓也。

（六）"是非之彰也，道之所以亏也"

有封者，知物有分，而各安其分；有是非则相尚以智、辩争口角，而不复守其素分，彼我之间、事物之际，以意自画，转难合通。此则人类之知，盛极使然，势所必至之地也。

文中说"是非之彰也，道之所以亏也"，则是非与道之亏缺，极有关系。

庄子用"道之亏"以言是非，则"是非"为知之堕落，意自显然。是非者，意见之知而已；意见之知，非真知也。有是非，则无定见，无定见则不能有常见，不能知常则不能知道，轻为曲说谀见所淹没。道愈分而愈裂，知愈用而愈密，然其所见乃愈来愈局促。故以一己之眼观天地之大，以一己之心度天地之心，则必不相应，而焉能知道？焉足闻道？不能有见、有知于大，则不能知道、见道，意有所在，知即有所穷，而道是以亏也。亏者，失其大也全也，失道之大全，则道非道矣，知非知矣。此尚且于知见中求正见，又况知见本即为蔽而障行止乎？故谓"是非之彰也，道之所以亏也"。

庄子尝责问"道恶乎隐而有真伪"（《齐物论》），则道之隐，以有真伪也。此中之真伪，伪者固不必真，而真者亦不必非伪，真伪杂糅，莫可澄汰，故道乃隐。道之隐与真伪之出现，为同一事体。庄子又指示"道隐于小成"，则有"小成"，乃有真伪而道隐也。小成者，一时一地之成，即一时一地之是非。《则阳》篇言："蘧伯玉行年六十而六十化，未尝不始于是之，而卒诎之以非也。未知今之所谓是之非五十九非也。"如是，于人也，日有化而岁有成，今日是而昨日非，新者造而故者迁，时未已则所化成即无已。日所造、岁所成者，即小成也；小成者，即始之是而终之非，终之非而始之是，是非一是一非，日交代于前，而莫知其止，望道犹未见者也。真伪与是非同义，而与道不相兼容，是非存则道隐，道存则是非隐。道与是非之知的根本区别在于：道无不可，是非则有所可有所不可；就可不可而言，又非可者近道，不可者违道，可不可虽有辨而莫得其正，不可与可，俱不合道，本同一意也。《老子》第五十五章曰"知常曰明"，常即道也；明道知常，勿竞逐于是非之场，乃能安静；既安且静，则神不内侵而形不外劳，可以保全其生矣。

这里，庄子进而揭示，"道之所以亏，爱之所以成"。道者，理之公也；爱者，情之私也。道者，通而为一；私者，一物所是，即"我"也。执一物之是，将好同而恶异，自是而非人，自贵而贱物，亲其所爱，远所不爱也。于是，好恶错出，取舍万端，天下欲静而愈肆其喧噪也。

"是非之彰也，道之所以亏也。道之所以亏，爱之所以成"两言，首先就是非处揭出道亏之病源，又就"爱"之成以指示其结纽，而又隐以"爱"之成映出"我"——作为主体——之所在，则理可谓显微俱尽而无亏矣。非有我之成则无爱，非有爱则无执，非有执则是非不形，此表里同体、相与为一之理也。

（七）知与无知

这里复有一根本吊诡之事，即文初所言"知之至"，不过为无物而已；无物者，无所知也。故庄子所言"知之至"，不过为无知而已。

就有是非而言，则为人类认识能力的极大提高，不但能明于物物之际，且能各自持之有故，言之成理，不相上下，非知之盛而何？然此思维愈入于微细，持说愈能久固，反愈为闻道之害，非无知而何？

如是，前之无知而为知之至，后者知之盛转为真无知。则庄子之所重之知何在可知，而其所论之道亦可从之而知矣。

参照：

> 南海之帝为儵，北海之帝为忽，中央之帝为浑沌。儵与忽时相与遇于浑沌之地，浑沌待之甚善。儵与忽谋报浑沌之德，曰："人皆有七窍以视听食息，此独无有，尝试凿之。"日凿一窍，七日而浑沌死。（《应帝王》）

二、"果且有成与亏"一段

（八）"果且有成与亏乎哉"

上言"道之所以亏，爱之所以成"，提出"成""亏"二词之用法与观念，吾人乃执词成信，以为此果为成，彼果为亏。是处进而言"果且有成与亏乎哉？果且无成与亏乎哉"，以疑问掉拨吾人之意见。到"道之所以亏，爱之所以成"，于义若穷搜底蕴了，而此一转，复又成为下文之发端。庄子论理，真如宝珠在盘，灵动圆应，绝无淹顿。于此，我们又当善加理会。

庄子所论在形式上亦不过为一是非罢了，他人之是非有亏于道，自己之有所是非，亦未尝不然。庄子深晓此理，并且其智可以反影自照，以防仍蹈于文字上的固执，流落成见。由此，可见庄子行文之缜密，不背所宗，毫厘不漏。行文之密，乃由达理之精练使然；唯鉴理之精，乃能行文无苟，以见深心也。

庄子每欲借文字、寓言使我们对其道理有所通达，他亦时时警惕，恐误导我们对其文字反生偏执，故每追救以两可之语以破除其隙。然他虽然不欲使我们执着于言语之迹，又非不欲我们有所通达，即明悟于道。言不足以尽道，故必流转以符其妙应也。

具体而论，成、亏观念相互抑扬，此伸则彼屈，此屈则彼伸，又犹朝三暮

四、朝四暮三，名实倾注为一体者也。吾人之积习，恒以成亏为二分，彼此冲决，立义不侔，以成计执。此皆认名言太实之过。不知名言者假诠也，虽有所明，复有所晦，得其明而被其晦，则得一失一，犹然俗智。思议为里，名言为表，论理不可以无言。言者有言，名立义成，则在一方，而道理无方，应物不拘，故言不可以尽道，唯意尽道；又意（思议所行）不足以尽道，天行（道在于天，唯天同道）乃能尽道。故吾人必知，言皆假诠，非即道体，虽言中理，理不在言也。所谓道言，但以破俗，非即立真。知真为对俗而谈，俗盛真显，俗解真隐，犹沉疴去体，药饵即停，则可以无惑于所谓真矣。

即如成亏，犹属名言之界，吾人知识所以为然，或所"谓"也。俗谛为假，真谛岂真？真谛之中，自有其真，然真非此所谓也。俗谛之中，以理观之乃俗，而不知俗中非即无真。则真可转俗，俗可化真，如不与道理随时相应，守其一成之迹，则真俗等妄耳。如吾人以为"道之所以亏"，而道遂失其本体，则非妄乎？道焉有亏？而若遂复以道体自在，无所用亏，猖狂恣行，无复顾忌，则又妄矣，道岂无亏？"爱之所以成"亦然。如以爱而有成，则爱岂能外道而自成？如以爱而无所成，则爱与道又诚非一物。吾人所以为然者，有不然；吾人以为不必然者，又转有其然。理非一达，知岂有止？所谓之知，相对可言而已，非真知也。物情既变，则所知随改，知以当物为贵，不以一言取足。

本处，庄子从正反两方面来暗示我们成、亏之理：一者，果有"成与亏"否，有则如何；一者，果无"成与亏"否，无且如何。

如是，首先"成与亏"为存疑待定之问题。成亏相与为一对待，而"果且有""果且无"复相与为一对待。其层次固然有别，而为一种认知上的肯定或疑问则同一性质。就事物之发生言，其为有与无（未始有）的对待；就事物之本质言，其为此与彼（非此）的对待，如马与非马之例。

以昭氏鼓琴为言，有成与亏，则昭氏之鼓琴，表示昭氏其人乃有所为，其行为乃有所表示，此中有可认定之事实，即我们将有一定之对象，我们对此对象有一定之知。此但言其成，亏虽不言而可喻。不能有成而无亏，亦不能无亏而有成，词之命义相成而相摄也。又，有成与亏，则不但有昭氏鼓琴之事，且有所谓"昭氏"之人，有所谓"琴"之为物，如是，一成则俱成。事者，人物之联动也。

无成与亏，则昭氏之不鼓琴，此表示昭氏虽有鼓琴之动作，而其并无所表示，无可认定，我们并不于此动作有特别之注意与理解。此即，昭氏之鼓琴，纯为一动态，我们于昭氏鼓琴之动态，不生成特定的对象意识，故亦不形成某种具体之知（为鼓琴与否，为具人文意义与否），或曰我们于事实，如同无知，更准确言，我们对某事实不作出我们认识之断定。此如对牛弹琴，于人则为琴音，于牛则只不过为声音之断续（此亦不过假设）而已。

这里应当注意，不鼓琴，非指无所动作，而是指无所认取，无所看定，不构成我们特定之认知和追求。质实言之，所谓成者，不过有名有谓而已，或曰人为赋予事情以特别之意义，使之人文化而已。然此意义究竟能否建立，殊值得推敲商榷。

于此，我们复可引入人言与"㲉音"之关联，人言也，"其以为异于㲉音，亦有辩乎？其无辩乎"（《齐物论》）。如以为有辨，则人言有所言，非但天机之发而已；如以为无辨，则人言如㲉音，但感动兴鸣，非有为而为也。人以为"言者有言"，然"其所言者特未定也"，夫言既不定，何以成言？则言者，但为声音之传而已，非有成也（复非无成也）。吾人又可以回顾三籁之说。"人籁则比竹是已"，鼓琴者，人籁也，丝竹之相和，曲律之谐奏也。然人谓之为鼓琴，音调谐畅，物以为然否？人之中，亦有好，有不好，唯好者能好之，不好者自不好也。其为鼓琴，果有贞实确固之意义乎？据此一事，果可以有其最高之成就乎？以鼓琴为成，凡有声音者，其同为一道乎？既同为一道，事归等义，又何以鼓琴之成，高自标置，独擅风雅哉？

三、"唯其好之也"一段

（九）"彼非所明而明之"

上文犹模棱两可，平行端列，未有别裁。以理上之两局，瀹启吾人之思，以示成之与亏，未宜轻论。下文则举三子为例，以更加明确地切入知之问题。成之与亏，皆知之偏执而事之荣华者。其知愈盛则其成见即愈深，非古之人"其知有所至"之知也。

昭文善琴，师旷善音，惠子善辩，三子于其所能（统知义），各极其至，故其为知（统能义）皆几乎盛大，非常人所及。"载之末年"，载，持也；末年，命终也，即下"终身"义。其意则谓，三子终生持其所以为然者而不改。其所以持之不改者，自信所知，以之为盛，以为知尽在是而可止于此矣。

甲、"异于彼"之"彼"义

此中可商榷者，要在"唯其好之也以异于彼，其好之也欲以明之。彼非所明而明之，故以坚白之昧终"一句。此句陈鼓应先生译作："正因为他们各有所好，以炫异于别人；他们各以所好，而想彰显于他人。不是别人所非了解不可的而勉强要人了解，因此终身迷惑于'坚白论'的偏蔽。"

在这里有一"彼"字，"彼"字不明，则通段茫然无可措手。此处"彼"义果何指？俗以为，彼者，异己者也，即三子之外的他人，句意谓不可以我所持之道理教诏他人。此解实不甚恰当。彼者，三子所求知之对象，即开章所言"其知有所至"之至知。三子于"彼"皆能知好（求知之至），然好之虽诚，于"彼"则实不知求之之道。何者？"彼非所明而明之"之故也。明者，知之发明也；彼非所明，彼不可以知求之也。故知愈盛而愈违"彼"实，其好以知知，乃反以知乖（不得其知）。如惠子喜名辩，善解析，持坚白之论，自鸣得意，终生以为壁垒高固，穷理尽智，故曰"以坚白之昧终"。昧者，暗惑也。"载之末年""以坚白之昧终"二语，皆表示大惑终生不解之意。人自以为知之已盛，而至死不知于"彼"为无知，哀之甚也！子孙相踵故习，前后袭于颛昧，父既终身无成，子复终身无成，哀之又甚者也！终身无成，对上达而言，非对下俗而言也。

如以"彼"为异己之人，则无从言"其好之也异于彼""彼非可知"（可知、不可知，乃于知之对象言，非于知之主体言。如于知之主体言，则曰可教、不可教，可喻、不可喻，如俗语"不可理喻"，不言可知、不可知）等语。他人世俗之知能俱不及此三子，当在三子之下，不然文中无以谓"三子之知几乎皆其盛者也"。可见，三子之知能极为出众，或曰于世俗所崇尚之知观之，乃可以为极致。则世俗之他人，不当超出此三子，或与三子齐伦。此三子"其好之也欲以明之"，而世俗之他人亦当或尤当"欲以明之"，其所明或不同，然其"欲以明之"则无不同。三子之知之盛，仅为俗知之盛耳。三子不过为俗人之推许为有得者，而俗人不过三子之知有未善者，同一用知，同一在俗。故三子之外之他人，仍不免"其好之也欲以明之"之病，非彼此有异。

如以他人为不可使明，则文义狭陋，无关要旨。此中要旨乃在，世人争相求明之，然皆南辕北辙，与所欲明者适相反，非在众人彼此之不能相明。彼此之不能相明，言语文字成无用之物，日用废弛，人伦解体，亦何成世道？世间之人，有离异，有合同，虽有是非不能相下者，然亦有是非之苟合麕聚者，非果泛焉无归，流徙纷披，有散无会也。且庄子所愤者，无乃世俗之同嗜名利，

"适人之适而不自适其适"乎？无乃以世俗之人唯知为人而不知为己，未尝有以自立乎？故以"彼非所明"，而谓为世人之各持是非而不足以相喻，虽有其说，然文旨偏浅，于文理不合。

乙、"其好之也"之"好之"

其实，庄子此处，举世俗之尤者为言，乃概世俗而统言之（非以三子与异己者对言，乃以世俗与道真对言）。世俗之各有所见、所知则然，而其各持所知、所见以为是非之所在，则无以异，或曰"其好之也"本自同。三子而然，世俗之众人尤可知其然。此处，"唯其好之也以异于彼。其好之也欲以明之"，寻此中语脉，所"异于彼"者，"其好之"也。庄子所论为"好之"而非"所好为如何"，或曰乃就好之之方式言，非就好之之内容（各人之义理）言。故下文言其所以相异，在于"欲以明之"。如是，则本处乃欲揭明三子之好之，与"彼"之可好相异，迥然不侔。

下文可进一步明此。其文曰："彼非所明而明之，故以坚白之昧终。"何以上文言"其好之，以异于彼"？就三子而言，其好之之方式为"欲以明之"；就"彼"而言，其本身之特性即下所申言——"彼非所明"。彼非所明，而三子欲以明之，故为"异于彼"，故为"终身无成"。

上已言，三子与他人同持世俗之知见，好之之方并无不同，且三子以世俗之知衡之，转在众人之上。又世俗之人，未尝不欲极其知辩如惠子，未尝不欲精其艺能如师旷、昭氏，但恨智力有不足，不恨其有余，皆学三子而未至，或曰皆是三子之所是，皆非三子之所非，而愿效法三子以进其知能者也。三子犹然如此，他人等而在下，可以无论。

统而言之，世俗之人虽知能如三子之盛，其所以好之，皆"欲以明之"，与"彼"相异，愈好而愈惑，"大惑终身不解"，如惠子之知，"载之末年"，"以坚白之昧终"是也。

此处引三子，意在以人物形象之实践，申论"是非之彰，道之所以亏"，是非出则道亏。是非出于知，用知以明道，乃所以亏道，虽知极其盛，比肩三子，犹然不可，况下者乎？"是非"亏道，而非谓其亏人。如以为彼此不能相明，则亏人也。人之不明，于其心则以为可明而未至于使明，故继事以求明，其求明无已，如今日之科学是也；道之不明，乃在于道诚不可明，人欲明之，明之适以亏之。道之不可明与人之不足明，此间大有辨别。

（十）"终身无成"

甲、"其子又以文之纶终"

"其子又以文之纶终，终身无成"，首先需要解释者，"其子"之义。或以为惠施之子，因为承"坚白之昧"来；或以为昭文之子，以言"文之纶"，认"文"为昭文之名。此皆未尝不可，而又俱不可。庄子取例，皆存形式之用意，三子为一类型，故此然则彼然。如是，个体一方面能代表种类，另一方面又与种类之涵盖整体有别。但能识取形式之意，则于词指，便无可无不可，名变（无达诂）而意未亏也。

又，"文"之义如何？"文"固可作昭文之名解，然忽由惠子折入昭文，文序似紊，不如作统谓之说为当，"文"兼三子言也。然"文"如何理解，方能义兼三子言呢？"文"字或为"父"字之误，原文作"其子又以父之纶终"，纶者，绪也，父之纶，父业之遗，世业相传者也（此中但表一种承继关系，父不必果有子，子不必果传父业）。如"文"字无误，则文者，文华也，外见者也，凡有条理声华之可观者，皆谓之文。三子之知能各有所见，或以琴艺，或以辩才，其事业所托即文。文之纶，言遗业绳绳相传不绝，句意同谓子承父业。

这里的"终身无成"，无成不是指其琴艺无成，听音失准，辩才不彰，而是指上所言"彼非所明而明之"，故终身无成。于"其子"之业，应分作成与无成两方面来理会。其子以文之纶终，此琴艺等之有成也；终身无成，其于"彼"之无成也。而"彼"实即对于道（至知）的指代。所以，从某种意义上说，其子为有成；从另外一种意义上说，其子又为无成。前者，我们可谓之世俗的意义；后者，我们可谓之道的意义。

人世间如惠施之智、昭文之能，且加以累世相承缵绪之功，继绝增高，犹然以昏昧而终，终身无成，则知能为不可待，而无成为人类之宿命欤？彼数人之成就，皆小成而已，望道未见，而自诩为得，终身无旋转之机，所谓"道隐于小成"，有以哉！人类知能所成与道之所成相去悬远，知能不可以僭于达道也。昭然睹以知求"彼"（至知），为终身无成之迷途，则吾人乃幸其未远而知返乎？今之人也知盛而亏道，其必如"古之人"而至于"未始有物"乃得于道乎？与道相应，速于影响；其不相应，终身劳攘。

乙、"物与我"俱成俱不成

"若是而可谓成乎，虽我亦成也；若是而不可谓成乎，物与我无成也。"

这句话该怎样理解呢？我们先要疏通这里的"我"字。我，乃人称词，又人之自称也；然"我"不但可以指自我之我，亦可代各人之我、各物之我，泛指众人、众物。故下文言"物与我"，则上文之"我"可兼物义。又以此，知下"我"字为小我，上"我"字为大我。物、我之际，在这里并不必加以分明，可相互转通。

如是，"虽我亦成"，即表示，如以数人之秉业为有成，则众人之秉业亦无不成；"物与我无成"，即表示，如以数人之秉业为无所成，则众人之秉业亦无所成。彼所以有成无成之根据，即物我有成无成之根据。进而言之，则物无不有所成，无不有所不成，一成则俱成，一不成则俱不成也。此则与我们上节所言"可乎可，不可乎不可"，"物固有所然，物固有所可"，于理上合辙矣。此所表示者，即齐物之思想；齐物思想之本质，即从众有之统一性、齐一性的角度来理解它们，也即走出相对，就绝对意义——道的视角，来观照事物。如是，事物本身的差异（相对性，作为知的标记，如成与不成）也就消除了，而只有道的同一性（"无不……"的句法表达）。

见物之有成有不成（亏），是为一境；见物之无不有所成，无不有所不成，此则又为一境。是非致纷，道归一揆，知"名实未亏而喜怒为用"，则何得何失，何喜何怒，何成与不成，而理趋一冥，动顺于化，可以解纷释累矣。

四、"是故滑疑之耀"一段

（十一）"以明"之说

就文末两句来说，可以说是庄子之真言或质言，明白表示他自身的观点，点醒道理于此。这里有三点须做好理解。

甲、图耀

"滑疑之耀，圣人之所图也"，"滑疑之耀"可有两种理解：滑、疑并言，滑通猾，多智术也；疑，多思虑也。二者并为有智之征。耀，智术之显发也。此其一。又滑通汨，浊乱、昏沉、没溺之谓，引申为埋藏、遮覆。如此，则疑之耀为汨之宾语，意为不尚心智之用。此其二。此单从"滑"字着眼。若得"滑疑之耀"义，需合"圣人之所图"观之。图者，或者以为啚之借，省啚也；或者以为鄙之误，轻下也；实图如本字解为当。图者，志之所在，有图成与图去二义，善者图其成，不善者图其去也。蒋锡昌先生释"滑疑"义，援引证据,以滑作乱解,谓"其(辩者)说足以使人之心乱与疑也",其说甚可从;然其说图字,以借作啚,则不可从。

"滑疑之耀",重点落在"耀"字,耀者,光大明也。故耀字又照应上文"三子之知几乎皆其盛者"(盛即耀)与"明之"之意。明之者,以知光显之也;耀者,知之光芒也。然"彼非所明而明之",故"彼"不能以知得光显,所光显者徒知之纠乱疑惑而已。纠乱疑惑,是非丛出,即"滑疑"之义,言"明之"之事与效也。知欲求耀,乃闪烁不清,至于招乱启疑,枉思任臆,道乃愈发沉晦不明,知之耀而道之隐也。故圣人必图去此知之耀显。"滑疑之耀"宾语前置以突出之,此句正言作:圣人图(去)滑疑之耀。故下句紧接着说"为是不用",不用者,圣人所图去也,所不用者,"滑疑之耀",即知也。又,图(耀)与不用(耀、知),"以明"也,三词连贯而下,异名同谓也。

乙、"不用"

"为是不用而寓诸庸",为是,承上之词,表因果关系。不用,不用其"明之"之术也,即不用己之知辩;寓诸庸,寄于事物之天行,"休乎天钧"也。本条之义,上节已详,可参。

丙、"以明"

"以明"之义甚要,习庄子哲学者往往拈出,以为法眼,而大加揄扬。然此中歧义最深,以至幡然相反,落处两极。故不可不辨。

上文言"彼非所明而明之",则明不可用,或曰不可以,以者,用也。然谓之"以明",乃从正面立论,释"以"作用,则成鼓吹用明,与"彼非所明"、"(用明)终身无成"、圣人图耀诸说不相合。故不当作用明解,而当作不用明解。则以之义,同已,止不用也。故以明,即同"为是不用"之意。

前辈学人论"以明"者多矣,而徐仁甫先生《庄子〈齐物论〉"以明"解》(见《乾惕居论学文集》卷二),深中肯綮,撮述其理致如下:

就古文之一般用法而言,"以"和"已",古字相通。进而就"已"字之单独用法,且就《庄子》中之文例言,"已明"之"已"即"马知已此矣"之"已","已"训止,见《马蹄》成玄英《疏》,则"已明"就是"止明"。就"止明"义言,又可分广义与狭义。"止明"之广义,即老聃之"绝圣弃智";"止明"之狭义,则为"止辩"。就外证来说,《荀子·修身》:"夫'坚白'、'同异'、'有厚无厚'之察,非不察也,然而君子不辩,止之也。"就内证为言,《庄子·天下》:"君子不为苛察,不以身假物。以为无益于天下者，明之不如已也。"《庚桑楚》："学者，学其所不能学也；行者，行其所不能行也；辩者，辩其所不能辩也。知止乎其所不能知，至矣！若有不即是者，天钧败之。"最后一点则申发，止辩于庄学之中，又可称作不言之辩。

徐先生此解，于文字之用法，于义理之符契，既不奇僻，又见充分，可谓言之凿凿，吾人可以息喙矣。然其中尚有微瑕可指，即训"以明"之狭义为"止辩"，于本处不切，庄子此处为一般之结论，当从广义；且放诸庄子全书，亦当以止知之义为通说，止辩之义诚狭而不足当大理也。即徐先生所举诸证，亦足观之。

要而言之，庄子所以归结于"以明"，以"知止乎其所不能知，至矣"，而三子之知之"几乎皆其盛者"，而不能明"彼"，非至也。以今之语言之，则通过考察，我们发觉知不能给我们的认知带来确实性，而只能带来纠乱疑惑，无限的意见纷争与行动的冲突，也即，知不能通达最高的确定的知，这条通过知来求得至知的道路是行不通的；以其不通，所以我们最终要无奈而清醒地承认知的不能，在这条迷乱的道路上及早地停息下来，从而减少更多的纠乱疑惑（"滑疑之耀"是相互牵引而增剧的），以避免对自身的生命造成危殆。

"以明"，正如庄子在《养生主》开篇所疾呼热谏者，"已而为知者，殆而已矣"（可视作"以明"之最扼要精当的诠释），作为庄子哲学之积极表达，简洁明快，掷地有声，其思想之宗趣，吾人可以正面把握者，无过于此，非如"逍遥""齐物"之存义深至，而一时之间，难以捉摸。

然而，吾人又须切忌，不可武断地认为庄子乃彻底地反知，或抛弃"明"的价值，从而也否定以知为表现的人类之灵秀本质——人之所以为人，最终否定人（自然之外最崇高的创造主体，就其创造性言，可以同天之功或曰"与天地参"）之意义。我们首先必须谨记一句话：庄子并不否定生命本身——人作为存在者而在，作为有生命者而生。他更迫切地希望从最高（也因而是最宏通）之视角（道），来真实理解并彻底维护人之生命本身以及一切生命（作为整体而关联转化）之自然实现。知作为世俗社会之权能，对于生命之指示与改造，并不是适当的，甚至是最违反自然的，因而也是对生命本身最具危害性的力量，是生命遭受压迫戕害的根本来源。

庄子哲学是生生之哲学，但其与世俗相吊诡之处在于，他否定世俗所肯定的，而肯定世俗所不能肯定的；具体而言，就是瓦解并否定世俗对人（人性或人道）所给出的任何规定性（任何规定都将与天性不符），进而否定给出规定性（"所"）之"能"——知。规定性的不适当来源于知的无能，知只不过是相对性中的偏执——对于至知（道）的片面化理会，知永远不能达到道之整全性（只有在自然中才可以体及），因为哪怕对于道之整全性的用思，也并非整全性，而恰是对于整全之分裂。合道的生命是生命本身，也即整全之生命，对于道的分裂也即对于整全生命本身之分裂。就知的本性而言，知永远是分辨的；而就知对于道的分裂而言，也同时是对生命本身之分割，或者戕害。生命总是在人为赋予的虚假本性——知（及其产物）中，承受来自妄我的侵害。

庄子既洞察到这种伤害之源源不断地产生，从本源上产生（只有通过道的体察才能发觉，或者说通过知的自我觉悟及其正当使用才能发现），于是认为只有通过本源性的解决——"以明"，才能终止这种伤害，才能保全生命本身（全形、全神、全德）。我们应当理解，人有其天性，但这种天性是实现的，而不是理论性的，理论试图描述或揭开天性之所是，然而它只能推测这种天性而不足以确立这种天性，换言之，我们可以无比真实地实现天性（天性始终与我们同在），但我们却又永不能认识我们当体的天性（天性不能映入我们的眼帘，凝练于我们的思维）。对于知，我们可以有相对好的使用，但永无纯正好的使用；知的应用是无限的，但知的本质是有限的。所以，生命本身并不必依赖于知，生命本身有其固有之诚，诚则有物，诚则动物，知只不过是生命之一隅的表现，除却知，除了损失知，它于生命本身并无损失，更谈不上否定生命。以知为生命之本质或主体性之所在，为一种知的谬见或诞妄。

在庄子看来，只有通过"以明"，生命才能真正恢复它本身之所是，重现它自然的健旺的生机。知使生命有威力，但谈不上使之健旺。

第9节 《齐物论》选读(四):物所同是章

啮缺问乎王倪曰:"子知物之所同是乎?"曰:"吾恶乎知之!""子知子之所不知邪?"曰:"吾恶乎知之!""然则物无知邪?"曰:"吾恶乎知之!虽然,尝试言之:庸讵知吾所谓知之非不知邪?庸讵知吾所谓不知之非知邪?

"且吾尝试问乎女:民湿寝则腰疾偏死,鳅然乎哉?木处则惴栗恂惧,猨猴然乎哉?三者孰知正处?民食刍豢,麋鹿食荐,蝍蛆甘带,鸱鸦耆鼠,四者孰知正味?猿猵狙以为雌,麋与鹿交,鳅与鱼游。毛嫱丽姬,人之所美也;鱼见之深入,鸟见之高飞,麋鹿见之决骤,四者孰知天下之正色哉?自我观之,仁义之端,是非之涂,樊然淆乱,吾恶能知其辩!"

啮缺曰:"子不知利害,则至人固不知利害乎?"王倪曰:"至人神矣!大泽焚而不能热,河汉冱而不能寒,疾雷破山、飘风振海而不能惊。若然者,乘云气,骑日月,而游乎四海之外,死生无变于己,而况利害之端乎!"

本章在庄子的文字中,为极精彩的一章,也是极典型的一章,特别是当我们将之抽出,独立观赏的时候。

本章的形式，是一场问对或论辩。就问者言，其设问之高超，责义之犀利，使吾人心府洞开，叹服不已；就答者言，其初回应之呆滞刻板，其后试言之洋溢充沛，博举物情，出落天地，又使吾人既骇且惊，瞠乎其后。问答跨跞常思，行文穷奇达变，此所以为极精彩。

又本章主旨，通贯在"知"，逐层问答，俱系于此，披窾捣窍，悉其底蕴。由是以见，世间种种，为智为正，为痴为愚，总总不出于所"知"与能"知"，一言之，曰"知"的问题而已。庄子哲学，吾人谓之为论知之哲学（明知之栖泊有穷，释知以止纷），非过也。世人慕知，至人入神（无知之知），知之与神，其有辨矣，二者之为知，又可同日而语哉？佛家有所谓"转识成智"，于庄子者吾人可谓"转识入神"。本章于识，下以见其功利之卑，中以论其思理之穷，上以彰其神识（不识之识）之妙，凡言识者，无是过矣。此所谓极典型也。

本章以问对体故，来如激矢，应如回渊，锋缓则响沉，簸厉则波溢，其义理行文，因物设情，法度谨饬，层层相逼，未杂茬笔，浓淡枯腴，并具风致。以下尝试解之。

一、"啮缺问乎王倪"一段

（一）"物之所同是"

这里第一要注意的是"物之所同是"之问题，这是一根本极要的问题。庄子觌面抛来，反令吾人惊慌失措，莫知酬应。这是本段问对的起点问题，而于通常世俗之（哲）学来说，本当作为终点问题。可见，庄子于世俗之学问，未尝屑于逐一作商兑，而径直从其最高结论处，以斥其义。世俗所刻苦艰难其思者，于庄子如屈指抚手之劳，瞬息拂落矣。

庄子固不以此等问题为可"明"，或曰有切实之定论足征，然其作为一深湛的问题而言，庄子虽于道的立场上轻视之，于人心思理之必要性方面又极重视之。如果其欲消解世俗之争论，廓清世俗之谬见，从而证成自身学说的正当价值，则不能不正视此一问题。

且此一问题，非但为世俗论理领域内之第一等问题，也是庄子哲学自身所应阐发之棘手问题，因为他的思想中处处流露出"（事）物之所同是"的倾向，物有"所同是"，即物之齐也。那么，"物之所同是"，既是齐物论思想的一种表达，又是齐物思想中疑点之所聚，也即：齐物到底是否表示事物有同是，如何来理解此同是。如果齐物为物有同是，则是否即取消了齐物的意义；如果齐物为物非有所同是，那齐物是否内在蕴含对自身的否定性。如果对"物之所同是"理解不当，便不得齐物之真义，也不能实现符合理想的优容境界。

"物之所同是"，物者，万物也；同是，皆是、皆然，无不是、无不然也。在这里"是"之说法，值得注意。"是"在西方哲学的汉译中，是形而上学的一个核心的基础观念，在中国哲学中也固有"是"之哲学用法。不过，在中国哲学中，"是"有实义，虽然难解，究非晦涩。吾人哲学虽然达至高度的论理，然要不在解析概念，玩弄语词，以至术语稠叠，非专门深修，无从窥隅，而在实造理境，导以常情，因于常言，虽语有胜用，本志于人人可期也。"是"之性质，在西方哲学中，常人所不敢问津，而在中国哲学中，理达而言平，非畏途也。

人类之认识至于"是"，则完成了最高度的抽象活动，或者说达到了最高度的存在统一性。我们单就中国哲学中"是"的用法而言，"是"与"然"同为特定对象或内涵的指示代词。其中，就一物而言，一物有一物之是；就万物而言，万物复有万物之（同）是。"是"既可指示事物之整体存在，又可指示事物之本质存在。如谓人之是，一方面可以表示对人作为存有物（现有物）之完全承受，一方面可以特指人作为人（区别与他物）之所以或根据。是的指代意义很广，凡可知可感可思可言者，都能够用"是"来表示。如宋明理学所谓"理"，就属一"是"。如此，我们可以说，物必有是，物必为是，物必是其所是，物不能不是其所是。当然，这些都是形式表达，只表示"是"，而不表示"所是"。物皆有是，与物皆有理，除了表示内涵的广狭之外，在形式化上是等同的，具有哲学上的判断意义，而不具有事实上的判断意义，可以启发思想，但不能增进经验。

"物之所同是"，也即万物归一之处，或最高的共性。尽管这一问题未必有确当的答案，庄子也无意于从此种意义上来确论其所是，但此一问的提出乃极本穷源之见，超然入于形上之域，是人类思维发达的标志。人类于一一事物而有若干认识，其理性必不能满足，而欲求更高之认识（唯一之根源与统一之根据，或最后、最高之真理），则此等形而上的问题自然次第发生，而哲学乃有以可能。

由是，也表明我们古人所注意的问题，绝不是事物表面之问题，而是至深至极的问题，也即，万物之所以归一的问题。他们也决非止于通过表面之现象的关联来解释存在之根源和意义，他们的解决程度，同我们今人一样，甚至比我们今人还更有兴趣,从思议之去无去处,也即达于极限处,来为彻底无余的解决。

(二)"吾恶乎知之"

甲、三问三答

在这里,我们当进而注意到啮缺与王倪之间三问三答之事。此三问三答,殊有步骤。所提问题固然重要,而所得答对尤为庄子主意所在,吾人理应悉心体会。

第一问答,啮缺问曰:"子知物之所同是乎?"王倪答曰:"吾恶乎知之!"此就正面发问,一问到底,集全副精力,欲穷其本源,以一当百也。

第二问答,啮缺问曰:"子知子之所不知邪?"王倪答曰:"吾恶乎知之!"此就反面追问,因其最初所致问答而复有是问,作退转语也。其意,子既于物之所同是不能有积极之知,然子能于子之不知而有所知乎?即谓,积极之知("是"如何)或且有待于对外在对象的了解,方可言知,而消极之知(对不知之知),则无待于外,反身自识,理应有所知。或谓此问意指,子于子所不知而有知否。其说非是。人所不知,焉用复问其知否?既已知其"不知"矣,又何问焉?且作此解者,其意极浅鄙,于论理殊无推进,形同赘疣,岂高明者所屑耶?

此二问答,一正一反,一进一退。于前一问答,难问而易避,于后一问答,则易问而难避。

第三问答,啮缺问:"然则物无知邪?"王倪答曰:"吾恶乎知之!"此则濒于啮缺所可问者之边际矣,过此以往,将复何问?人既不能知于知,复不能知于所不知,然于知与不知,两俱无知耶?知与不知皆无知,则人乃彻底无知矣。经上两问,初者问到知之山穷水尽处,进无进地,中间尚有知之转身处,今乃蓦然问到知之穷处,四下都着不得倚傍,退无可退,故啮缺遂茫然,不以知问而以无知问也。如将无知,则知可息,而问亦可息矣。

乙、"物无知邪"

啮缺数问,欲得所答;如有所答,则对所问之问题既有所知。然王倪三问而三不知,于知几于绝望。所谓"无知"者,当指人之有知无知言。此所言非"人无知邪",而为"物无知邪",则殊可怪异。人可同于物乎?此中尤见庄子用笔富于变化之妙,而文字极尽精练之能事,小大相涵,绝无冗笔,称体摘文,绝无谬笔。何以然?物者,大共名,万物之总称,人亦物也。且人为物之灵秀，人既如此，物将尤然，不问而可以意会，所谓举一隅而以三隅反也。故论其智能，物无过人，人可以概物；泛言众有，物而非人，人不可以统物，而物可包人。则一"物无知邪"，义有两层：一者，承上而言人（"我"）无知，此为结证；二者，由人之无知而进括之以物，物俱无知也，此为推理。庄子于推理，不见其过程，但用一字（"物"而非"人"，或非问答之"我"）转变，则兼有之矣。

此尚似以一己之意说之，举证如下：

其一，王倪所尝试言之者为："庸讵知吾所谓知之非不知邪？庸讵知吾所谓不知之非知邪？"此则就知与不知的辩证关系进一步发表看法，其中所用之词为"吾所谓知"，"吾所谓不知"，乃澄清上文王倪所谓"知""不知"问题，以明王倪所谓不知未必果为不知，亦即说明物非必无知。则"物"之义首先是就王倪（"吾"）来说，进而扩大至普遍之人类与全部之物类来说。

其二，"吾尝试问乎女"以下，所列举之物众多，有猨猴、麋鹿、鱼鸟等等，其文则转就群物来说。可见，此"物"字上承王倪来说，下统万物来说，人物俱摄，乃最普遍之称谓。

故一"物"字，乃上收得为"我"之人，下开得人外之物，乃文章眼法，其机缄杼轴在是。吾人所以疑惑者，以通常之观念，往往不会混淆人物，以物视人，而多贵人贱（下之也）物。庄子则不然，于庄子之世界，本所有者，皆物也，人亦造化之一物，非有特贵，偶获人貌，无足自矜也。

丙、"物无知邪"之歧义

此处又有一问题，即，"物无知邪"一句，殊有歧义。

一种理解为，物无能知，即难道事物不能有知吗？或曰，难道事物不能禀有一定的认知能力吗？此就物之认知可能来说。物无能知，表示物本身不能构成对他者的认识能力。此能知之不能，如上所言是也。

另一种理解为，无知于物，即难道我们不能知物吗？或曰，难道我们不能形成对物的认识吗？此则作倒装句来理解，正言则为"无知于物"，乃就认识主体（人、文中之"子"）对于物的认识之匮乏言。此所知之不能。

第二种理解虽然不悖于庄子的思想，然不合这里的语境。首先，本段最初三问，皆就王倪之知不知的问题来发，侧重在知，或曰人的认知能力本身，而不是在于认知的对象。其第一问，就"物之所同是"来问，似乎与物有极大关系，然此问已不同于泛泛对物之有所知，而是对物之同是之能知。至第二、三问则尤直接指向知、不知的问题（不是对象之不能，而是主体自身能力之能不能),与认识之对象物无涉。其次,下所言,皆泛就事物各自之独特感受或认知来说,不就人对事物之认知来说。

更为重要的一点,这里庄子欲探讨的是一个极大的问题,即"物有知无知的问题"(作为主体之认知可能的问题),而不是人对物有知无知、有何种知的问题。这个问题,普遍地包括了人和人之外的事物在内,是一更具内在性而非取决于外在对象的问题。所以,以为对物的所知,在这里是不妥当的。

(三)"吾恶乎知之!"

在这里,最可注意的一点,即王倪所答三问皆同,即"吾恶乎知之"。"吾恶乎知之",我哪里知道它(所问)呢,以反问语气表示加强之肯定意,即不知也。然此即表明,王倪毫无所知吗?也即,由此果真可以导出啮缺之问"物无知邪"之结论吗?我们应当如何正当地来理解"吾恶乎知之"一句话?其所表示的意思为何呢?

首先,这表明,王倪于啮缺所问"知物之所同是乎"等三问,诚无所知,非故作矫饰。三问乃逐渐从有具体对象(内容)之问,进而及于对知之本身的询问。然每一问之内容即成一对象,或曰有待于知者。凡有问,即有对象,即为一问之内容,亦为知所可能之知。

其次,凡对于可以被垂问之对象而言,我们于彼皆无知,或不能有判定之知。这里应注意,是一切同类之对象,包括知本身(如果其被呈现为对象,从而具有具体指向的内容),如啮缺问"子知子之所不知邪",在此"不知"较"知"反成为更具确定内涵的知,而此"不知"转成为知所反思的对象。

其次,这里的"无知",乃就其不确定性而言,或者说,就知之正确性(可参照或待生成之标准)而言。关于无知,可有如下情况:我们于物或本即无所认知,亦不自觉其无知,此一种情况;我们于事物本来无知,而能自觉无所认知,此一种情况;我们于物虽有所知,但我们不能确定我们之所知果为真知与否,故虽有所知而不敢贸然以为真知或曰有知,此另一种情况。就《齐物论》以上数节所选读的材料来说,末一种情况更值得讨论。

之所以我们对于事物有所知(同于有所言,有所谓,有所名)而不敢自居有知,这一情况更值得讨论,原因在于,我们不能否认我们存在于世界当中,我们与世界有密切不可断绝之关联,发生着相互之影响,故我们不能不对世界有所感受,并作出各种可能的反应。此在比人类低级的物种尚且如此,人类自不能避免,这是就常情来说,亦可作一种前提性的事实来认识。所以我们对于世界、对于其中的可接触、可遭遇的事物，乃有特定的自然的反应或感受，或一言之曰行动（生命或存在都是作为动态之过程，由此，存在从时间性或宏观视野来观照，即为一连续的动静之变化）。此反应或感受，乃为人类生存之本能，亦为其生存之可能，亦为人类于事物形成认知之可能，亦为人类知识进化之基础。我们或者直接说，这一对物之反应或感受，即为人类对物之知（对于人类更准确地说，是自觉意义上的反应或感受）。故此知，不但可以就人类来说，亦可就事物来说，也即知是广义的生存物之本能活动——发之于身体的判断和发之于心知的判断，构成具体的判断，无论是理性的还是实践的，即可谓形成了某种知。

当然，发于身体的判断与出于心知的判断，意义大别。发于身体的判断或知，乃即知即行，或以行为知，其行为对于周遭环境之反应，即其知的回应。我们通常所谓的知，更具有反思性和自觉性，是从身体行动或器官活动中抽离出来的独立考察。身体活动，即行动即意义，意义不别见，而心知活动则其行动有待于赋予意义，意义不必符合行动本身之内在性。或者说，唯有脱离（外在）于生命本身，我们才能有对生命本身之知，才能给予生命以意义，也即在生与知间，有此悖论：生而不知，知而不生。知尽管为生所发育出来的一种主体性功能，融合于生命之内，但它并非生命之全体。以部分行使对全体观照和论断之主权，这是知所不能胜任的。如是，生与知的关系，更准确地说，为：知既在生之内，又在生之外；或曰，生既包容知，而又不包容知。

此知，作为自人类发出之一种反应或感受，其反应或感受就人类主体来说固为亲切甚且（自觉）适当，然其于事物（作为对象）来说为正确之反映或认识与否，对自身生理为正确之反思或觉解与否，则不必然。或曰，吾人主观所形成之对物的反应或感受，乃唯具有特定之自我规定意义或引导意义，其对事物则不具有本原性的规定意义或决定意义。故，此知虽为对物之知，然其更确当地说，乃为吾人一方之片面的知，而非绝对的客观之知，因而也无法达到不同认识主体之认识的同一程度，以及对物之同一认识（知的纷乱，恰印证知之无能）。知的片面性虽然有其实用的功能，却从知的本性上取消了自身：片面的知不足以构成严格的（符合知的规定性的）知。也即，知的自我反思，终将导致对知的自我否定。我们虽然自以为进行着知的探求（为了认定而探求）和认定活动（是非之生成），然我们却始终无法自许为有知，而不免于无知。这就是极为现实而又极为深刻、冷峻的处境，我们有知而无知——知永远处于待定，待赋予（新的）规定、意义、价值之悬置状态。

如是，我们不否认我们对于事物有所知，这是作为事实（生命体之活动或如是而在）被认定或不得不先行接受——事实从来不应被否认而应作为一切认知的起点，然而，作为通常所理解、具有反思和觉解能力的知，就应该受到质疑。这样的知，使自然反应或感受之知，获得了被赋予的内涵、价值、目的、意义，具有了明确的规定性。本能的反应，使一存在物合乎天然（就此天然来说，也可谓之为天理，天理不比天然具有更高的明确意义）地在；而心智之知，乃以对物的探求为天性，其要求如何而在，或重新选择、规定、生成其在。我们可以不必用知而在，但我们一旦有知而又骤然要摆脱此知的用事，便比从无知进入有知还要艰难百倍。

（四）知之无知与无知之知

由上，王倪三答皆曰"吾恶乎知之"，其表示对于所问内容无以有确定的知，或曰其为无知。凡对事物之本身所有（或由主体生成构造）之知，皆为不能确信之知。此为知之无知。

然我们亦应注意，王倪虽然表示无知，于其无知，却时时为有所知，或曰有所自觉。也即，王倪在对事物之无知上表示了确定的知。但这种知却是自我否定的知。这表明，我们固然难以有任何可以确信无疑之知，但我们却可以有相对确信之对于无知的知。我们不能从人类之眼光去获得对异己之物之任何确定的关乎事物本身的知，但我们可以有对无知之自明。我们愈是对事物普遍的无知，我们愈加确定地获得对于我们无知的知。这是一种无知之知，也是作为知之基础的无知之知。

此外，还有一种无知之知。由上，无知并不是简单表示我们对于事物不能形成任何反应或感受，而是表示我们对事物之反应或感受，不足以构成对事物本身之确定的认知，充其量为一种对人类自身有效的知。所以，我们并不是毫无所知，而是于所知之为真知与否，乃不持一种确定之态度，或曰虽有所知而不定其为真知。

如是，我们于无知而可以生起一种特别之知，我们于知亦仅为一不可勘定之知而已，并非一无所知。此则又蕴含另一种无知之知。

进而言之，我们之无知，不但为对于自身认识能力之自知，亦同时包含对于事物之可认识与否之认知，这是一事之两方面。唯其不可认知，故吾人无以认知。此则为认识之真理，而为一种大知，或根本可能之知。

（五）"庸讵知吾所谓知之非不知邪"

王倪之回答，到此又一翻转，前所执定之"吾恶乎知之"，今乃复成疵义，如刍狗为应礼之迹而待扫除也。吾人于前心中或疑庄子不惯于为执实之论者，如何有此坚定肯决之见，复可以释然于怀。庄子行文果未尝有纤毫之苟率粗疏，留供吾人之指摘也。言皆明意，意既迁代，言岂无敝？守言者，可以观过矣。

庄子上文，用"吾恶乎知之"之加强句，以表示肯定之不知意，而又反复三言之，进一步加强此肯定意。此处则用两反问句，来消解上所形成之决断姿态。其于相对之说，不主一是，如鸟有双翼，平行并举，不蹉不跌，乃致高翔，可谓完矣。又以"尝试言之"一语，弥缝救助，尤为周密。

此两反问句，吾人如作等量观，又差，当作两层来看。前一句"庸讵知吾所谓知之非不知邪"，此对世俗之人言，其常以为于物之是非能有所知，虽无所知而其知能知，不知此所谓"知"就其实情来说，未必"非不知"。后一句"庸讵知吾所谓不知之非知邪"，此就王倪自指而言，吾上所谓"恶乎知之"，又岂果为不知？其不知或许正所以知之。老子谓："知者不言，言者不知。"（《老子》第五十六章）言者自以为有所知而言，不知其知未必知，言而未必当也；不言者，非以不言为知，无所用知，默守道本，乃为知也。此处，庄子虽皆就已言而发，于言知或为不知，于言不知或即为知，若两明其义。然其本在后句，其末（用）在前句，本以导真，末以批俗。

又，"庸讵知吾所谓不知之非知邪"，此句合上王倪之答，为着实语，然"庸讵知吾所谓知之非不知邪"，亦非徒作补衬语。所谓补衬语，指本句对"庸讵知吾所谓不知之非知邪"，为理所当有。以为补衬语，则为理上虚出，于文无实。此非也。其实乃见诸下文，"且吾尝试问乎女"一段内容是也。吾人于正处、正味、正色、仁义是非，如率然问之，无不以为有知，意中皆有所当，甚至笑以为常识，及质以物理，责其果然，吾人乃不复自持，而动摇其知。下文即以常情所习其然者，以见其不然。故此"庸讵知"两句，俱有着落，二者相对，一以接上，一以系下。庄子之文，未尝有虚语，空出无应也。

此两言，与前三言"恶乎知之"同趣，非有异旨。何者？其意，吾于三问，皆自以为无知，彼取其无知，吾于以见为知，无知乃知（了然于知之局限）也。而吾倘如世俗之人，好言可知，乃反入于不知（所知皆如空华，现无根柢，无所附丽，故不能持久）也。庄子于相同之说，而申其复合之义，以发挥道家精练之辩证法，即于一端（是）之辞，既如此，又如"非一此"，既为正题，又合反题也。又于此见，吾人之知（一端之辞），果非定理，无待而可恃，一成而不变也。

就吾人可以对事物有所认知来说，我们不能持肯定之态度，然不即否定吾人所已有之认知，唯无以肯定，同时亦无以否定。其为真与否，虽不能为吾人所明确信知，如其非真，其非真自在，如其有真，则真者自在，真之与否，无用吾人必知其然否而后断其为真、不真。故吾人以为真者，或非真；吾人以为非真者，或有真。此皆存乎自然，非更须吾人从而核定之。吾人之核定乃又起一新知，而又须一新之核定，故永永无穷。由此一途，知之真妄，终不得底于明定，故唯有付之自然而已。吾人不可抱片面之知之成见，误以为永恒之真理；永恒之真理唯自在，不可以言传，言所传者，未有非相对（有待，或存有条件）之真理者。

如是，真理（知）之权，果在于吾人类之手中否？以为未有真理，则妄也；以为真理循乎人能而可知，此亦妄也。天理流行，万物竞适，或生或灭，或成或毁，无心而自然，不知而顺至，其然也不得不然，其不然也又不得不不然，无一非出于命。命于物者，理于天也，岂有梢忽之妄哉？其理自诚而明，自在而流行，非可妄言其无。真理岂他哉？生成毁灭，物之所至即成理，物所遵行即为道也。然道恒而物赜，象显而理隐，物象既总杂而无穷，道理复漠然而无形，人之知能固有限也。故各道其道而理其理，道理皆适于我而无当于天，以真理为可穷，此人道之奢望，虽性分所不容已而势力（经验之能）必所难至也。故若真理，吾人唯可"存而不论"〔此处"（绝对）真理"为对天言，对人又不妨各有其（相对）真理（之用）〕。

二、"且吾尝试问乎女"一段

（六）"孰知正"

此承上"物之所同是"而试反问之也。前啮缺为问而王倪为答，今王倪反问而令啮缺为答；虽为反问，正欲使啮缺无辞以解，而不啻王倪之以问代答也。其文虽多，所言不过为同不同的问题，复理前绪；进而言之，则为"孰知天下之正"的问题。正者，知之标准，可以断其为真者也。庄子托出"正"字，则辞尽而意昭。世人之惑，咸生于一求"正"、得"正"之心，此犹蜩鸠斥鴳之以榆枋之飞为"飞之至"，无不以所知在是而止也。

这里举例提到了"正处""正味""正色"之事。同一处境，以人与诸物对比而言，人以为然者，物不必以为然。如是，物情各不相同，将以谁之然不然为是非之正（准则）？则人之是非，不足为群物是非之正；人之为物，其所有之知，物亦有所不受。如以天下之正处在我，必以重楼华屋，以居泥鳅，则鳅渴亡矣；必以"义台路寝"以栖良马，而马之真性斫矣。物各有所适，不待人而自适，人越俎而求其适，有物不适矣。又如《至乐》篇言：

> 昔者海鸟止于鲁郊，鲁侯御而觞之于庙，奏九韶以为乐，具太牢以为膳。鸟乃眩视忧悲，不敢食一脔，不敢饮一杯，三日而死。

此鲁侯以己所以为声音之美者，推诸海鸟，而以为彼将同美；以己所以为滋味之厚者，推诸海鸟，而以为彼将同嗜。不知，人之所美，物或骇之；人之所厚，物或薄之。故结言曰："此以己养养鸟也，非以鸟养养鸟也。"庄子以人与万物等观，不以人为先物而特矜其贵，或如今所言，操人类中心之劣见，此其所以溥博于物也。

又何但人物其性相远者为然？即人类之群，其相交与，复同此理。以己度人，其有不中矣；推己所欲，将有所恶矣；怀爱人之心，而于人或行毒蛰侵侮之实矣。吾人犹然自以为名正理顺，行其在我，坦然无忌，责彼不化，以美善相撄，不知其"未达人气""未达人心""殆为人灾"（《人间世》）者，已酿之熟矣。此庄子所以深虑于人也。

溯彼祸由，端在于人类之任知以概物，而其知复囿于私心自是，不达物情，不本恕心。吾人读庄子原文，此意可见。庄子每举一例，则曰"孰知（正处、正味、正色）"，"孰"者，合数物而总言也，则各物有各物之知，知不一在。此"孰知"之知，不独就心知为言，物所感应趋避皆知，取其广义。然物之知与人之知有辨，物之知当身而现，无所用思，亦无所推理；人之知则不然，成于思议，用之推理，由己及物，遍历天下，而以为得理之正，群必来效。庄文虽合物言"孰知"，要在勘正人之所知。人所以求知，以论事物而料理之也。今其所知未必通于事物，则其知不足以得事物之正、性命之情，可明矣。知者，事物情理之正（真确义）也，故知必求正；有正则有知，无所正则无知。今既无正，是无知也；无知而用所知，是悍然行其不正也；悍然行其不正，则致危阶祸、浊乱天下之大咎也。

这里，我们当注意到"物之所同是"与"天下之正"的问题，为相近而有不同。何者？同是者，物之归于一而众物皆是；正者，物之尊于一而有是有不是。同是所以合异，正者所以别物，然二说俱出于心知之用。且推求物情之正，不可横以意决，又必以其所同是者为准。原庄子之文"三者孰知正处"，亦以三者不同而难言其正，若三者处同则可以知正矣。乐求物同，与强言其正，用心一也。

（七）"仁义之端，是非之涂，樊然淆乱"

本段文理大可玩味。其事有四，论正处，正味，正色，仁义是非（正论）是也。四者一理，当平行并观，无所谓此重彼轻，此本彼末，然于吾人之情则有轻重本末，故庄文之用即有轻重本末。以其轻重本末言之，吾人往往以为仁义是非、人道之论为重为本，滋味声色、口体之适为轻为末。以庄文论证之法言之，则滋味声色为理之据（或例之证），而仁义是非为理之用（或例之推）。前例既明，后事可按，轻者既融，重者随倾，此庄子本处说理之序也。

又，其写四事，乃用四种笔法。写正处，人情显而物情隐，用两反问句；写正味，则人物之情俱显，用四陈述句；写正色，笔墨最多，先之以物情，而后襟之以人事，又返诸物情，前两处犹含蓄其异同，此则明写抵触，大体用两组对称句；最后写仁义是非，直指其况，而结以判断句。庄子行文，累事而不拙，言约而不寡，尺幅笼百态为有余，数字写物情而不遗，其逸趣横生，富于机变如此，读之可快也！

此中有一微事当辨，即"猿猵狙以为雌，麋与鹿交，鳅与鱼游"中"雌""交""游"之义。陈鼓应先生《今注今译》无注有译，作："猵狙与雌猿作配偶，麋与鹿交合，泥鳅和鱼相交。"此误，乃忽于文理，但求训诂所致，故文理不可不讲求也。何以言之？如以雌为配偶，交为交合，游为相交，三词（连下"人之所美"义）之诠释必一贯，而此显悖常理，庄子必不违物理而妄说，则释必有误。三句之本义无他，即俗所谓"物以类聚"是也。雌、交、游（此字义最显），皆相与为类义（此处庄子所用类之观念犹为广义），同类相求，故相交游，雌即交，交即游，言其相友好而共处也，引申为相美（美亦广义）之义，不必至于秽媟之行。猿猵狙为类（举三物可见类义），麋与鹿为类，鳅与鱼为类，同类知爱，非所同类，不相为爱。此为物之大情。下则转言人之所求所美，人（不必为异性）以毛嫱丽姬为美，鱼、鸟、麋鹿则不然，非彼所美或所求，故悍去之也。先明物之所美，后明物不以人之所美为美，而美不可推于物也。前后对称而言，此处之文法也。唯庄子行文，变猿猵狙为鸟，因鱼而及鸟，或以猿猵狙犹与人之类为近而嫌，故舍猿狙言鸟，此文有定轨而思无常寄也。

　　庄子之书，无疑为说理著作，说理而欲使人明理，必有理致（非理致不足以显明道理），而理致必不离文法。文法者，不但纯粹为文学鉴赏之趣味计，同时可以作为说理之辅助手法，提高说理之信受程度。说理之文，以义理为骨骼，以理致为筋络，以文法修辞为血肉也。无血肉，则筋络不舒，而骨骼槁矣；血肉既充，生气乃行，绰约乎风神盈动，自尔玲珑可人。不顾文法，昧于修辞，虽有至理，以训诂横通，如持长枪大戟，凛凛向人，所在穿决，相视狼藉，亦何足以服人心哉？故见理为一事，服理又当别论。理可以一言而决，然所以不决之者，欲入人深也。庄子之文法修辞，理同而寓异，事类而词谲，迂徐宛转，倍结心力，要在浸润转移，使人服而不忤，化而知爱，不在姑售其理也。

　　文法之道既知，理致之数亦明，如是，本末稍分，势如破竹，下贯而已。仁义是非之理难明，声色滋味之体易譬，易者一言之不足而再言之，再言之不足则三言之，易者既克，难者可乘。此庄子论辩之法也。声色滋味之辩为虚，仁义是非之的为实，或曰，前者为理论之准备与接受过程，后者则为理论之敷施应用过程，庄子之用力在此。吾人以上之理既明，而后仁义是非问题，自可迎刃而解，故不劳置辩而断之也。

　　仁义之端，多端也；是非之途，多途也。仁义之外，有非仁非义之说；即仁义之内，此仁义与彼仁义，亦不能无分歧。此所以角立门户为多端也。是非尤然，此亦一是非，彼亦一是非，各是其是，各非其非，人人有是非，物物有是非，则争流竞派为多途矣。况仁义、是非，其名言相引无穷，一一名言，皆复成是非之榛棘，故樊然淆乱。樊然者，交错杂乱貌。杂则无统，多则易淆，莫衷一是，是非不可从而辨也。不知其辨，非能而不为，实则虽辨而不能，以无正（超然独外以衡量众是非之标准）也，所谓之正，皆又特别之是非也。此与《齐物论》言两人辩而不得其正，同义。

　　仁义者，儒家之说；是非者，诸子之言；古人谓之为论，为辩，今人则曰观念、主义，其情形相同。结语"吾恶能知其辩（其辩，之也）"，四言"恶乎知之"也。前三"恶乎知之"为未展开者，今则为展开者；前者以情直言，此则以理剖之，情理两到。诸子之言"樊然淆乱"，乱则既不能证其真，亦无以证其伪，进退无据，知可谓穷矣，仍归于无所知而已。无知者，此之是非也一无知，彼之是非也亦一无知，则安所用知，是非大齐。是非者，物之所知也；有是非者，物也，故是非之等一无知，所谓齐物也。于物也，此不为长，彼不为短，此不为是，彼不为非，各受其天命，安其天行而已。天命者，遭而无妄,无非天也;天行者,真实而不已,《易》所谓健者也。

三、"啮缺曰"一段

(八)"子不知利害,则至人固不知利害乎"

本章理路,初言知不知的问题,继言知不知的辩证关系,进而引出正非正的问题,正不正所以核知不知也,结于"吾恶乎知之"(正非所知),知的问题似无讨论之余地矣。庄子之行文,至此却又继续推进。上文自始即埋下伏笔,以待吾人启疑,啮缺之疑,吾人所当疑也。吾人可谓,啮缺善问,王倪善答,而庄子善寓(假设寓言,条然有秩)也。

甲、"子"——"吾"

本处啮缺问曰:"子不知利害,则至人固不知利害乎?"要在一"子"字之揭出,"子"者上文王倪处处自谓之"吾"也,"吾"者我也(吾、我至少在本处用义无别)。我之一字,吾人用之最为自然,最为滑熟,故最易轻忽,而几于熟视无睹。凡有所知,何往而非"我知如何"?既王倪之不知,亦已不能无言,其言也又已不能离"吾"。吾人通而计之,其始则曰"吾恶乎知之",再而且三;继则曰"庸讵知吾所谓",一而且再;转则曰"吾尝试问乎女",间则曰"自我观之",终则曰"吾恶能知其辩";凡有八"吾"(姑不别吾、我),可谓稠密。吾人未察本处之问,虽满目之"吾",目阔心昏,皆以为自然用法,莫加深省,不知此正庄子埋伏之笔,有意为之,下文至理之机关所从出。既察后问,乃见庄子行文处处为吾人标识,欲触目惊心,使得自忖,有如父母从旁提命。

上文所答,既无一非王倪之自况,则一人之我私而已,可谓即与至理相准乎?纵王倪所言,于其自身为真实之感触,或为个人独见曲说,未必可概论于人人,故不能无疑。如是,王倪以为"吾恶乎知之",未必为知之极境,彼所不能知者,或有至人将能知之,王倪所见未必道理之应也。

乙、王倪之定位

此中又有一问题浮现,吾人可思虑者,即王倪这一角色在庄子意中所设计之定位如何。从上文观之,就问答关系来说,啮缺为请教者(发问者),王倪为受请者(答问者),王倪地步于知为优,于道为高。就王倪之所答来看,王倪能洞见世俗是非之弊,不以有知为高,而以无知为情,则诚然对道的理解为优越,远过常人。按照老庄在知的问题方面的一般学理来说,王倪之答也甚符契。然我们遂可以认王倪为得道之人或道的真实体现者,也即为至人否?如无后文之问,我们恐怕极容易作此着想,而将王倪与至人之关系含混过去,将庄子哲学严正深至之理,一番寓言托付之意,得粗略精,草草辜负。

何以如此郑重其辞呢?因为庄子对于王倪在本寓言中之角色定位,不但在啮缺末一问中,露出形迹,更在其对答本身当中,已暗然而彰,甚至王倪一开口便已透出消息。王倪虽然对于知(无论其对象如何,也因其具有对象而成为知)的本性已具理解,且这种理解乃从道的视野发出,但这种理解却仍然属于知的范畴,准确地说,即用(或行)知。如借用孟子"行仁义"和"仁义行"的语言区分,我们可以说,王倪虽然免于行知,而未能免于知行。知作为一种主动性的活动,仍在继续发用,因而,王倪能够接受啮缺之问,理解其问,并应机作答(无论其如何作答)。

在这里,知的问题和言的问题,交揉成一体,知的可能直接体现为言的可能。王倪之局限,就表现在语言对答之流畅性上,也即,啮缺之语言对于王倪来说是共享的,一致适用,并不存在隔阂。这种语言的可交流、可沟通性,即为知的相通性的一种表征。王倪虽然对知的问题能有一种反识(求知与正为不可能),但他并没有从根本上摆脱语言和知的束缚,具体地讲,就是二者为世俗所生成或赋予的意义,仍然作为王倪内植的意义系统而存在,而发挥作用。啮缺、王倪对话的可能,就是道之离失或不正面在场的一种证据。所以对于上文(以及通章)的对话,看似合道式的经典回应,却在庄子更深的布置上,是一种不彻底性的存留。所以,啮缺在最后的问话中,并不以王倪为至人之化身,而王倪自身也不自以为至人之代表。在庄子之用意,王倪不过为常人通往至人之媒介,正如庄子本人之于其哲学理想之宏伟境界而言,也不过为一引路人。媒介的作用便在于,他能够从理智或原理上通达于道,深彻地理解此道,但仍不失为道的言说者,而不能与无言自化之道密合无间,也即其仍然有作为对世之言说者的意愿,从而不免于在知和言之局限性的林莽当中穿行。

关于此番更进一层的意义,庄子在《知北游》的第一章作了极为生动充分的描写。就道的认识而言(道作为最高的知或知的系统,在《知北游》中展开为"何思何虑则知道?何处何服则安道?何从何道则得道"等三问),这是"知"(寓言形象)不安所处,主动寻求的对象,对"知"具有使命般的神圣意味和预言意味,也是其(不断发)"问"的蕴藏于本性内的动力,或者说上下求解的生命历程之可能。这体现为人类最现实而最占势力的一种生命状态(或境界),也即世俗常态,同时又是庄子哲学欲特加反省的状态。

在《知北游》中，庄子设计了四个人物形象，也即代表了各自相应的生命境界，分别是：知，无为谓，狂屈，黄帝。知穿梭于另外三者之间，或得其门而入，或不得其门而入。就四者之中，"我（知）与若（黄帝）知之，彼（无为谓）与彼（狂屈）不知也"。如是，知与黄帝可归作一类（"知之"），其他两者为一类（"不知"）；就不知之中，无为谓与狂屈又各自代表一种境界，无为谓"以其不知"，狂屈"以其忘之"。故四者就对道的印证来说，可约分为三类："彼无为谓真是也，狂屈似之，我（黄帝）与汝（知）终不近也"。我们如果用知和答的组合关系形式化地来说，三类即为：不知答，知不答（"欲告而忘之"），答所知（对于王倪之有答而言，可谓——答不知）。

黄帝在《知北游》中的角色设定与王倪在《齐物论》中的设定，可以说有近似之处。庄子分别通过二人之口，传达出了我们从知的视界之内，对于道所可能呈现的面貌或可有的理解。这种对于道的理智方面（理智意味着可思可言可传）的理解，对于把握道和趋近于道，是有重要意义的，这是其积极性。但对于道本身而言，这又构成了无法从知的自身获得突破和解救的困局，也即，这既是可知之道的最真实可能的情况，又是真实之道所不应赋予的规定（知即意味给予规定，使之明确）。再换言之，当道被言说或成为言说之对象时，道又被遮蔽了，被扭曲了，道不再成其为道，而变为文字的结纽关联。此也即《知北游》所谓"有问道而应之者，不知道也；虽问道者，亦未闻道。道无问，问无应"。这是从知上理解道产生的消极后果，并将阻塞通达道的进一步可能。语言一方面向寻求者揭开了道的面纱，另一方面又牵制了寻求者的视线（专注于某所），使之见其所见，而不能见所不见。于是，道成为"方可方不可"，方现方隐之物。

但在庄书中，对王倪与黄帝（也与狂屈）之设计，并不完全相同，就王倪而言，其犹介乎知之与不知之间（一方面"吾恶乎知"，一方面又有对得道者——至人的言说），黄帝则作为知者（尽管其知道自己不近于道）而被表征。《知北游》意在根据知所用事的程度（或比例），来显示三种境界本质上的精微差异，《齐物论》是处则欲显示并论证知之不可能（无知）。两处义理极为相近而相关，同可以视作庄子论知、道关系的典型寓言，既可独立解析，又可相辅相成。特别是对于本处之潜在义理的发掘，《知北游》的参照将使之更易彰显，说明并非妄意附会，实藏其理，有待发覆。

庄子通过王倪，使道获得了比较可靠的论理（以知和语言的形式）上的表达，也给我们展现了一个对道充满同情的人物形象，但这里面也容易造成幻象——误以为王倪即得道者。这种误解，有两个起因：一是王倪能够真切地描述至人，二是他对啮缺所有之问，皆概以不知回应。此可谓既有论理的同情，又有实际的姿态。但这对于道或至人来说，仍不充分。与之相比，无为谓才算"真是"，也即真正的知道、安道、得道者，如果我们要寻找一个得道者的形象，或者对至人的样态有所描述，那么无为谓正是其人。我们甚至还可以肯定，狂屈的境界也在王倪之上，其"中欲告而忘之"，逾于王倪之"恶乎知之"，身体（体证之体）之功要更进于理智上的同情，虽然二者都为一种实际的姿态，而非做作。

王倪在这里，并非得道者，而是与狂屈"似之"程度有异的另一种"似之"。通过他，庄子向我们传达出他在此处有关道的理论和实证上的消息，并且蕴含了更深刻的启示，也即，道在语言上可能如何，以及通过语言，道如何不可能。

与对王倪的角色定位有关，我们还可以稍及啮缺这一角色的问题。在本处，啮缺始终是作为发问者，王倪作为应答者。问即表示寻求对疑问的澄清，所问者理应较有解除疑问的能力。我们可以从广义上，把这种问答者之间的关系理解为师弟子的关系，问即求教，答即授教。如是，啮缺即以王倪为师，正如天籁一章中，颜成子游与南郭子綦之间的问答为师弟子关系一样。庄子书中的许多寓言都以对话的形式展开，这些对话的主体关系又大概可分作两种：一种是世俗之人（知）和出世（庄子意义上的出世，如"藐姑射之山""乘天地之正，而御六气之辩"）之人（知），也即，持异见者或道俗之关系，如惠施和庄子；一种是未知（于道）之人与知道之人，也即师弟子之关系。本处，我们即可理解为师弟子关系。

庄书《天地》篇有一段记载师承传绪的文字："尧之师曰许由，许由之师曰啮缺，啮缺之师曰王倪，王倪之师曰被衣。"这段文字，完整地（王倪的传承得到延伸，啮缺的也得到延伸）展示了从世俗到得道者间应有的位序（这种位序，并不是单纯的代际传授序列，而是得道程度浅深之共时序列），因而十分重要，对于理解本章诸人的位序或境界差异，极有启发。其一方面可以印证我们如上理解啮缺、王倪关系为合理，另一方面，也是更重要的一点，可以印证我们如上对王倪所作的分析为合理，即王倪并非合道的适当代表人物（"真是"者），而不过为一具有较高程度的"似之"者。

丙、"利害"

啮缺末问，义有两转：其一如上，由王倪之回应转到至人之状态；其二则由知无知的问题，转到利害观念上来。知不知的问题，忽而转为利害之计量，似缺乏自然的顺承，然庄子必有所谓，此我们所应再用其思者。

首先，"子不知利害"，为啮缺对王倪回应之总结性评论，子诸所谓"恶乎知之"，一言之曰"不知利害"而已。这当然是啮缺所已习成观念的进一步反制，表现为其论辩过程中自然而有力的推理逻辑。在他的眼中，知的问题和利害问题，二者之间不需借助其他观念来接引，直接可以归结为一，或互相演绎，而王倪所谓是非的淆乱，知之分辨的无能，都可作一种利害态度来简洁处理。其意为，子对诸种切要问题，皆漠无所知，乃是个人对于利害的洒然超脱，或者个人对于利害认知上的一种缺陷、迷误，至人（拥有更高的认识能力或者充分的认知可能）必然能够洞悉利害，分毫无隐。其言外之意则为，知必然应与利害相关联，所求之知皆带有相应之后果上的利害，甚至可以说，所谓之知，不过为对利害之具体考量审断而已。啮缺还认为，利害之考量审断，对于一般之人并非易事，唯有至人才可能真正了然于利害之际。如是，至人之知，转非对利害之超脱而为对利害之精察；至人为最有知者，同时也成为最明辨于利害者；对于利害的审断程度，也就决定了知的程度。这正是世俗最深固的成见或习而成性的底层意识。

在此，啮缺将知的问题，进一步转化为利害问题，不过，与其谓为问题的转移，毋宁谓为知之内涵的基层展开——知并不是纯粹对"物之所同是"等高端问题的尝试解决，而是对于根本利害之判定，利害旨在对行动之指引。知不仅出于理论上的兴趣，更具有实践上的目的，或者说（应）用之需要。在此，利害心理与大瓠大樗章所言用之心理，为同一物。从正面言，有知即意味着能够明辨利害（包括是非、用等，利害本处为广义观念，与知的观念相符）；从反面言，不能明辨利害，即意味着无知。这样，啮缺末句所言，就显得顺理成章。

其次，就利害观念而言，乃是对于生命本身尤为切己之物。利害本身作为相对性的效果判定，需要有一个标准或依据，才能成立。所以，利害观念的表象之下，就隐藏着一个"我"（生命体，存在体）的观念，作为利害观念的根基。利害的本质，首要表现为对己性。循着自身之直觉感受或者理智之计度，利害才得以显现。这样，利害就是依据我的感受能力和判断能力，所作出的后果上的综合认定。但这种认定，由于主体的相对性，利害本身也就具有相对性。于是，利害的问题，又返重到上文"孰知天下之正"的疑问上来，又重新回返到知的可能性上来。利害虽然切己，但知的相对性、片面性并无法保障利之为利、害之为害，也即，利害观念同样是形式的，紊乱的，得不到澄清的，利害也就不成其为利害，最终被消解，失去任何可靠的价值。如是，利害只不过是一种私（我之）见，不定之知，知之不知。

从终极目的来说，对于道的逼近或澄清，与普通之知并无区别，都是对于生命体之我的生存境况的维护、提升、改善，都服务于生命活动之展开、实现、充实，一言之，都以生命本身为根基，如枝柯之多歧，原为同本，如江海之分派，岿然一源。我们可以说，道（理智所能考索推论者或者作为对象化者）亦是一种知，只不过其为经过深层反思而更加地真实切己。利害观念犹如老庄著作中所常用之"吉凶"观念，都为行事对己（生存）之一种切近的响应。两组用词，都指向一切行事之后果上的分判，思想上的用意正等；然就感受性言，唯"吉凶"严重，而"利害"细密。老子哲学（又如《易》占）常以吉凶耸人或诱人，即体现了一种强烈的反己意识，使人能对自身的生命整体刻刻保持密切的关注。明道（知）或占卜（前知），即对己身得失给予指引的理性能力或非理性（神秘）方式（作为方式之发明和所寄意而言，又是合理性的）。

但我们不能把世俗外铄之利害观念与合道之本源性的利害观念，混淆为一。啮缺所代表者即外铄之利害观念，之所以谓彼为外铄，因为这是一种利害为己（作为已然生成之正当生命体）的假象，也即置（己）身于万物之纷纭相对之中，所受取的毫无确定性的利害之知。此即《山木》所谓"（物物而不）物于物"者，又即《大宗师》所谓"役人之役，适人之适，而不自适其适者"，也即孟子所谓"物交物则引之而已"（《孟子·告子上》）。利害作为缘物（一切之存有物，包括人）而来（生）的综合后果，不但其对我处于时空内的相对多变关系（利非恒利，害非恒害，难以捉定），也从根本上使我作为我而言，同样成为相对之我（或物）。利害对物而现，我亦对物而现；利害作为对物之形势的研判，成为对我之规定性，也即，我（作为一现实的存在，本无规定或不显示其特别的规定性）被物所规定（此规定更准确地说是揭示，在对来物的回应中，我特别呈现出来了，因而就所呈现生成了特殊规定。当然，我被物规定的同时，物也为我所规定）。但这一过程，在主体（已失其主体性）之我看来，却是给予来物以规定（我能操利害之权以还制于物），故成为假象。所以，"我"在与物的交道中，始终是相对之物（逐物而见），也即假象，或者说我研丧了自身。

寻究其根源，这乃是自我用知之过，或者分辨["吾恶知其辩"之辩（通辨）]所致。利害即是分辨的产物，但所分辨之利害并不克当真的利害（从利害视角上的计较，亦无所谓真利害，但言其所期待之利害而已）；不仅利害为分辨之产物，"我"亦为分辨之产物，我所计执之"我"同样也不克当真的我（所自期之我）。我用知分辨之利害将不成其为利害，而失去其指导行动之价值；我用知分辨所现之我亦将不成其为我，而为我之假象，误导对本我之从事与回归之路向。

故王倪所谓"吾恶知其辩"，乃为对知之无能的体察，乃提示了向道的可能，由之乃能达于本源性的真正利害，即无利害之利害，也即无分辨之利害，或曰不任知的利害。这种在知的道路上的迷途折返，将消除无谓之应物的烦劳，摒弃无益之分辨的扰攘，而使物自是，使生命自是，与物通而为一是，从而还原一切为其本身之鸢飞鱼跃，变化流行，各适其适。在此境界中，发挥的是生命（《逍遥游》"生物之以息相吹"之"生物"义，凡生而有之物）本身之健动力（或即曰生力），而不是知之力（人为之助发力），二者难以合一（人不可以代天，老子谓"代大匠斫希不伤其手"），此消彼长，所谓天人之际是也。

（九）"至人神矣"

啮缺所期待之至人——能够对利害作出最终之裁断，因而具有最高之知的人，当然只是其世俗常心之最后一跃，投入到渴望肯定自我的幻想中去，而与庄子之道理始终不应。这种以利害起知，以知求利害的内心分辨活动，并不是至人的特征，恰是至人所将化解之弊症。世人与至人的对待，即表现为从利害观念之根深蒂固，到利害观念之解除或无利害之境界的实现。无利害境界，其本质即为分辨之不可能，同时也意味着知之不可能，利害之不可能，三者为同体之物。

甲、至人之神

"至人神矣"，"神"所表示者，为对世俗知能的超越，至人之行事（常人只能观照其外在行事。至人所以为至人，在于其内在性之改变，而不在外在形迹之解体，也即对于至人仍有常人可加理解和不可理解之两分，如颜成子游之于南郭子綦），为常人之知所不能知，为常人之能所不及能。神即表示这种对世俗的超越，或者内在理解上的不可能。故至人，也可谓神人。

下文列举了至人的种种"神迹"，即"大泽焚而不能热，河汉冱而不能寒，疾雷破山、飘风振海而不能惊"。这里的意思是极清楚的，这里的语言也完全可以理解，即焚、冱的意义，寒、热的意义，"疾雷破山""飘风振海"的意义，惊的意义，是符合世俗取义的，但这些用词或事态之关联的意义是不能或难以理解的，也即发生了"神"的效果（非人所能——人作为正常人、普通人）。就焚而言，人当感觉到（或知）热；就冱而言，当感觉到（知）寒；就风雷之发作和破坏而言，当感觉到（知）惊；此常人之情，理所应然，或理所不应不然。而对于至人来说，则一切常人所以为应然、当然者，咸失其律准。对于寒热来说，感受性或因人而发生若干变化，但庄子并不纠缠于此嫌疑之境，而直接从无可疑虑处（极言之）展示其相互之关系，言热必至于大泽焚，言寒必至于河汉冱，则不能不热而竟不热，不能不寒而竟无寒，故至人为神。

不能热者，则热失其为热而无热矣；不能寒者，则寒失其为寒而无寒矣；不能惊者，则所惊失其为所惊而无惊矣。如是，天地之内，孰有能感动我者？感而有觉乃有知，惊而有异乃起觉，知觉者，物我相与之辨也。无觉无辨则知隐而利害之情息，利害者，觉知之违适趋避也。

今所举大泽之焚，河汉之冱，疾雷、飘风之势，不但为足以动人，且足以灭身，而至人犹凝然不动，故非区区寒热之足祛，亦为死生之无变。死生者，利害之大也。人之利害无过于死生，死生无变，则利害之不及死生者更无待于言，举大可以明小。至人其不然者既如此，其所然者何如？"乘云气，骑日月，而游乎四海之外"也。本句与《逍遥游》"若夫乘天地之正，而御六气之辩，以游无穷者"同意，为假象（象征）之辞，不可拘于其象以为乘御者唯在此，如列子之御风。凡有之物，无不可乘骑，乘骑亦拟动之词，所表示者为一种物我之顺适关系，相与而无害，相因而俱化。此庄子哲学至人所行境界，或曰极境。云气降风雨，日月出大明，若云气可乘，日月可骑，而泽、汉为不足介，风、雷为无足惊，游乎四海之外，脱诸尘寰之累，同体天地，并生万物，所在为我，何所穷竭？外死生，绝利害，不宠不辱，不惊不骇，为一而已。

乙、至人之有无

然吾人或疑，此至人果有乎？能不为寒热所侵，不为威势所振者，于世间之内或于人类之中果为可能否？吾人可以答曰：当然不可能。吾人进而又可曰：当然可能。

其所以当然不可能者，因为作为现实中的人，我们的感受性实在无法取消，感受性即为人类之自然反应能力，或事物间之相互作用力。人、物为共生相与之一体，有感即有应，生命即为被感受性所催动之过程。冷热饥渴都是这种感受性的表现，"惊"也是此感受性的反应。感受总是处于变化当中——这也说明了感受性时刻活跃，时刻与物（或周遭世界）联动，甚至说感受性就是生命力之显示，它不断寻求与周遭事物之调适（饥渴通过饮食得到解除，即为一物我之调适）。所以，尽管庄子哲学取消冷、热、惊之感受判断，但仍不能不描述活动——乘、骑、游等。感受带来活动（行为），此感受性可以说造成一纯粹活动（或动态）之世界。没有活动（人类之行为），就无生命，无存在，无整体，而为一僵死之所，不成世界之世界。因为，无活动，就无时间义，无空间义。时空作为存在之形式，其本质就是变化（不独时间性之变化），变化乃使时空呈现。时空的自我揭示，就是物（物本身也为变化所揭示，为变化之所见）之有，存在之活动。所谓变化就是异的相续，异的相对才造成变化，带来秩序（异的时空结构）。即对庄子而言，要做到大泽焚而无所感受，也是不可能的。此处所描述之至人的神异，唯存乎理想而已。故此死生无变于己之至人，为当然不可能。

然感受性世界之为自然，并不意味着意义世界同为自然；感受性之不可取消，并不意味着意义世界之不可取消。自然之世界，为一活动世界而非意义世界，也即意义世界为生成世界；自然世界为一直行（或直情）之世界，而非反识之世界（反识本身之于能反识之主体而言为自然，然反识之于其对象或世界之本然而言，非即自然，而生成所谓对世界整体之认识——世界观。世界观为主体之衍生物）。"热""寒""疾""振"都是意义之表示，一切语词都具有意义，语言文字便是意义世界之最根本甚至全部之载体。语言文字（名言），包括有形与无形两分。就狭义言，有形者为文字，有声者为语言，无形无声而有实者为思虑，无语言文字则思虑即不可能，因为语言文字之本质为分辨之用，而思虑亦是分辨之活动，凭诸观念，使不同之情势理义得以区分。故，可以说，至人之为至人，并不在于临大泽之焚而不热，经河汉之沍而不寒，而在于剥除了此意义世界中众多观念之炽然分析与森然峙立，有感而无识（非寒非热），是非未彰而道不亏，从而不受观念意义之牵制割裂，恒处于意义混沌之中，混沌之所示即一——内全之一。如是，至人乃能做到不起意，不起意则无名、无己、无功（得失、利害）。

世俗之世界为名言之世界，也即分析之世界（已凿之世界），故名言于世人乃操无上的威权，决定所谓正与不正，利之与害，知识之力量犹不及语言之力量为甚，或者知识不过为语言之嫡子而已。语言的本性即在试图转化一切能够捕捉的对象，使恍惚游移、不能确定者获得定在之描述或形式之规定（比如对于"道"），其不断向虚空之境（"无名""朴"）瞻望窥觎，掠辟疆土，起造城郭，滋殖人烟，驯扰百物，俨然为比人王之足迹更加悠远之君主。对于庄子哲学来说，地上之人王犹不足论，而名言（是非）之主宰（缠缚）乃其所欲排击而消解之宿敌（解其倒悬）。寒热一名言也，利害一名言也，死生一名言也。其锢人于无形，刻心镂骨，无绳约而难解，疾趋驰而无归，不亡待尽，竟为之殉，可不哀耶？

人皆有神，至人能全而常人亡泄之无已，犹孟子所谓夜气之不存。常人所以日丧其神者，神守不一而交败也；神守所以不一，利害日现前也；利害所以现前，名义有分也；名义有分者，知所用辨也。故非达于至人之一而无辨（一则无知。知必有分或见异，无分无异则知不形），则名义之樊然淆乱，无以理清，利害之交杂冲悖，无以平息。至人之神，无知而已，既不知于利害，又不知于死生，寒不能寒，热不能热，举世俗所有名言之分析、意义之赋畀，俱不相应，而意义世界乃寂然瓦解而不存。是非利害，为世大乱之源，起于任知。"塞其兑，闭其门，挫其锐，解其纷，和其光，同其尘，是谓玄同。故不可得而亲，亦不可得而疏；不可得而利，亦不可得而害；不可得而贵，亦不可得而贱。"（《老子》第五十六章）呜呼，贵哉！不可得而利，不可得而害，岂任知之所及？知则有间，而利害乘入矣。

又，《老子》五十章谓："盖闻善摄生者，陆行不遇兕虎，入军不被甲兵。兕无所投其角，虎无所措其爪，兵无所容其刃。夫何故？以其无死地。"此与庄子所形容之至人，同一"神"也。其所以神，要在俱"无死地"——不见（知）有所谓死，有所谓地，故而神意不为知所分，无惊无骇，无欣无悲，善与物和，死生俱得。与有形之身体相比，无形之精神更为生命之本质，而对于精神的伤害——利害之内热，宠辱之惊怛，较对身体的直接伤害（以至于死），也就更为重要或更有意义，此行之在我（我为意义之源）而非在天者也。外有利害之事以行险，内有利害之心以自煎，所谓重伤其生。患害多为自己徼之，"未至乎事之情而既有阴阳之患"者众矣，"（事）若成若不成而后无患者，唯有德者能之"（《人间世》）。有德者之能之，不择而安，无所用辨（知）也。

当然，此仍然是从纯理上来讲，而推于极端，达到超越对待——特别是死生观念——之寥廓洁净纯一之境界。这种哲学之推行，不必以极端为期，凡于世间是非之执着偏恣而有所缓或有所损，"损之又损，以至于无为"（《老子》第四十八章），使生命真机萌蘖得存，不至于濯濯以尽，便可以说都在其"道"中。故道之作用，乃在一种对于世间迷执、裂隙之逐渐消弭，填补渗漏，这在实践上将是相因之无限过程。庄子至人之境，于常人固然不能，于今日之人类甚至亦决难涉其涯际（为两重世界），而作为理境来说，则永为开放，永为可能，永有其感化启迪之用——"反者，道之用"，保持、完成对俗常之批判，昭示卓越的理想。此所谓当然可能之义也。

第10节 《齐物论》选读（五）：庄周梦蝶章

昔者庄周梦为胡蝶，栩栩然胡蝶也。自喻适志与！不知周也。俄然觉，则蘧蘧然周也。不知周之梦为胡蝶与？胡蝶之梦为周与？周与胡蝶则必有分矣。此之谓物化。

本章为《齐物论》之末章，众所熟闻之庄周梦蝶是也。曲终奏雅，遗响绵邈，字不满百，意蕴幽深，所谓言有尽而意无穷者也。古之为文以意，言足以副之而止，故清省而妙达；今之为文在言，意不足以副之，牵揉补缀，故言有余而寡实，适于一嚼，更无滋味者也。

本章之特别，可从二处言之。其一，如谓本篇之主题为齐物思想，那么这里便揭出了齐物之又一原理，且更加扣住齐物来讲，物化是也，物化导向齐物（或物之齐）。物化之理，既可以对自然世界言之，也可以对人文世界言之；既可以积极言之，又可以消极言之。物化，如积极言之，则为一种实相；如消极言之，则为一种幻相。根本的齐物思想，只是一理，"吾丧我"，"道通为一"，"孰知其正"，以及本处之"物化"，都是从不同视角或侧面对齐物思想之一种剖显或论证，各有相宜。

其二，这里诉诸一种很奇异的方式，即梦，来表达物化之义。庄子文中言梦者非止一处，本处自有其特色。如前"丽之姬，艾封人之子"一处，"梦饮酒者，旦而哭泣；梦哭泣者，旦而田猎"，"梦之中又占其梦焉"，乃是就梦之无限开放言之，以显示梦的不确定性（不可前知），而本处则为封闭的回环式的困境——思之迷惘。梦既是日常的生活体验，又可以引发深层的哲学观照，梦在庄子哲学中，是对人的现实存寓状态的直接表征。

不过，还应强调，庄周梦蝶决不是一番浪漫的文学设想，而是哲学的冥思，它指示了人生的根本困境，更准确地说，是庄子谐趣而又庄重地将人抛入了这样一种迷失自我（或悬搁自我）的处境，以动摇其日常世界的基础。当然，这是庄子有意为之。困境即昭示道路，只有在困境浮现之处，适宜的道路才可以预期，甚至只要意识到困境，道路便随之涌出。吾人常以为庄子不过揭示事物相对之理，停而不决，付诸"两行"，非果有益于问题之解决，不知其所以批显此相对之理者，即至理之所藏，一间而已。由此，物化既是幻相，又是实相；梦既是迷思，又关通真际。

一、"昔者庄周梦为胡蝶"一段

（一）"昔者庄周梦为胡蝶，栩栩然胡蝶也"

昔者，往也，尝也，言曾有此事。昔与今对，昔有其事，今则举述其事。

本段起语，用庄周为主语，则以庄周尝梦为蝴蝶，非蝴蝶尝梦为庄周，所言者庄周之事也。虽周与蝴蝶究莫可分辨，然如下笔直曰："昔者蝴蝶梦为庄周"，则悖俗反情，事可怪矣。故文初所言，仍循常理，指切人事，言而可喻，非骤使人步趋而难阶也。

庄周梦为蝴蝶，为一具体之睡梦经验。凡人皆有饮食睡眠，此人之通性，故寝卧而梦，遇非稀有，虽不必人人皆梦为蝴蝶，然梦中化身作异类之物，此亦寻常人人所曾有或可能有之经验。物有美恶，情见憎愉，于梦等致，虽美固无可矜也。

栩栩然，形容之词，摹写事物情态之生动逼肖，仿佛使蝴蝶联翩鼓舞于吾人眼睫之前，目睹其态，用在引起想象，不必确有赋义。又，栩栩然，如下"蘧蘧然"，"蘧蘧然"有单用作"蘧然"者，如《大宗师》"成然寐，蘧然觉"，可见"蘧蘧然"与"蘧然"为状语，其意义相同。然词之含义，不但取决于其既已规定者,更应体现于具体情境中之用法,由此可说,词之含义皆随文生成,引申变化,并无常格。"蘧蘧然"之改变于"蘧然"者,重言"蘧"也,此非词义之变而为用法之变,或曰为一种语法修辞上的技巧。在此,"蘧蘧然"与"栩栩然"合观,尤见其效。栩栩、蘧蘧者,皆有连动之象,以音节而见动作之节奏,故尤加生动。即栩栩然而言,更为关键者,非在说明蝴蝶之生动,而在以蝴蝶之生动,说明庄周之梦为蝴蝶之了然无分也。如成疏作"欣畅貌",司马彪以栩为喜貌,皆偏在情绪,失于有在,削弱了本词之传达功能。

总之,本句虽简,已交代了叙事的主要情节,看似离奇(所化也)而又全然可解(等为梦也),甚至不过为极平常之共同经验。所以如此者,庄子一方面须适应说理之需要,渐次引导;一方面也非刻意使然,庄子之哲学往往从众所经历、人人习知的经验出发,而进展到极深刻乃至具有颠覆性的反思之中,使日常经验富有哲学之灵魂。吾人素以为寻常无所留意者,飞腾之雀,众窍之木,一咳唾,一寝梦,皆有至理存乎其间;吾人以为当然而墨守安分者,稍用质疑,则目眙神张,恍然如失,其然岂其然哉?"是其所美者为神奇,其所恶者为臭腐。臭腐复化为神奇,神奇复化为臭腐。"(《知北游》)有以哉!思则得之,理岂有隐?吾人舍本己之思,逐没于世情日远也。

(二)"自喻适志与!不知周也"

自喻适志,此四字殊可味。适志者,(己)适己之志也。适,合也,顺也。志与意、心等,此处义通,如庖丁解牛处"踌躇满志"之志,非谓有明确的志求,但表一精神性的状态。"适志"之适,"满志"之满,又突出此精神状态之调和、饱满、充盈。适志,即合己之意,顺己之心。充分言之如此,省略言之,谓之适志,谓之适己,皆可,文虽不显,意思自完。故适志归结为适己,或倒言之,为己适、自适,适己者唯己,己自适己而已。如是,适志与自喻,本皆一意而复言之。

喻者,有能喻,有所喻,能喻者喻其所喻,意达也,心得也。自喻,自达于意也,自得于心也,实即内在自我精神适合之意。成疏以喻为晓,崔注以喻为快。自喻,自喻于己之身心,唯表一自得状态,非有所知晓,虽合字说,不如自达、自得为宜,达、得不必偏在知解一边,亦不必有反省活动,而可以表示身心之直觉体验。如以为快,有失含蓄,词锋太利。自喻,极言尽情,达物之真,非徒快意而已。

此四字中所最重者，"自"字耳。自喻，则就能喻为言；适志，则就所适为言。如上，二词皆以自喻自，以己适己，非有外入者。此四字所表示者，即一充分自得状态，或曰充分是其所是，或曰即所言物（不可辨其何所是。文中假为蝴蝶，按理言之，亦无从分辨，故直言曰"物"或"是"）之真生命也。此处更无从着得他语，故唯一"自""适"而已，"适"者，己之对己而显为己也。

具体而言，此所喻所适，指蝴蝶而言。自者，蝴蝶也。此四字，形容庄周梦为蝴蝶而完全蝴蝶化。其所喻所适，完全为蝴蝶之是，故言"不知周也"。且不但不知有周，亦且不知有蝴蝶，其所有者何？一"自"而已。且亦无有"自"，唯适而已。且又更无有适，"适"尚且为一观者形容之词，"自喻适志"四字尚且为从旁描写之语。当适之时，并无有言；言则不适，适则无言。形容之则若此，自得之则若彼。此吾人所当辨者。

（三）"俄然觉，则蘧蘧然周也"

俄然，犹言无端，形容蝴蝶之复转为庄周，乃不知其然而然，非不久义，非谓其既梦不久而还醒也。本篇前文有"有有也者，有无也者，有未始有无也者，有未始有夫未始有无也者。俄而有无矣，而未知有无之果孰有孰无也"，"俄然""俄而"用法同。推原有无之所起，有上有无，无上复有"未始有无"，以至无穷，故有无不可测其孰先孰后；然今则有所谓有无矣，则有无有所始。有无有始而又不得其始，故以"俄而"言有无之有。"俄而"者，恍惚而有；恍惚者，不知其然而然，无明而有也。如以不久义解释"俄而有无"，显见不切。非时间可测，或可测而不定其久暂，故言俄而，此理上不得已言之也。

庄周与蝴蝶之间，其转化必有始终起讫，然虽有起讫，其人却不能知此起讫。起讫不可言，或言不能有清晰之时间界定，故用俄然。俄然，非用以形容转变之速，尤在形容转变之冥然难会，或非思议可判。"俄而有无"与"俄然觉"，不但"俄然""俄而"之用法相同，且其句中所涵道理亦全同。有无之间，与梦觉之间，其相持为据，莫有底定，孰能从而辨之哉？孰能有此分辨之知哉？世人所有者，皆相对相生之知，辩究而一无穷者，虽有圣人不足以知之，"是黄帝之所听荧也"（《齐物论》）。

蘧蘧然，成疏作"惊动之貌"，似不切。蘧蘧然，形容初觉之貌，故多修饰"觉"字，且"蘧蘧"连用，有舒缓之象。如"栩栩然"为描写蝴蝶本相，

"蘧蘧然"亦当描写觉者本相。意则谓，既觉而自察，不过为一大梦初醒、睡眼惺忪之庄周罢了。蘧蘧，今读之语急，若引起一番惊动，实以缓读为宜，方见如此写梦之初醒者为传神。此句所表示者，为从蝴蝶之异化状态以及身份之游离恍惚疑虑状态中走出来，对自己身份获得重新之确认，而有一种释然之心态，别无惊动之意，若曰：我方才梦中自以为是蝴蝶，原来自己不过还是这个庄周呀。

从本章开端到此，叙事已毕，奇则奇矣，然奇而不诡，皆常情所有。自此以下，乃云气蔚蒸，飘忽生谲，骇心动目，不可方物，见庄子之为庄子，常情之为常情，非智之伦也。

二、"不知周之梦为胡蝶与"一段

（四）"不知周之梦为胡蝶与？胡蝶之梦为周与"

这是本段最重要之部分。如百花酿蜜，此则事上萃义，前所描写，不过欲引出这一极端之问题（非解答而又寓有通向解答——"道"的可能或暗示）。

本段开头说"昔者庄周梦为胡蝶"，则以庄周梦为蝴蝶开始，这里则进一步深入，原来吾人所自视为当然者，乃不必其当然，不但庄周梦为蝴蝶为一可能，且蝴蝶之梦为庄周亦一可能。"不知周之梦为胡蝶与？胡蝶之梦为周与？"其充足的语意为：不知庄周之梦（见自己于梦中化）为蝴蝶？蝴蝶之梦（见自己于梦中化）为庄周？其清晰的语意为：蝴蝶与庄周的合一（化而为一），不知是蝴蝶在庄周的梦中（为不真），还是庄周在蝴蝶的梦中；或曰，不知蝴蝶为庄周的梦（迷识）所现（或所化），还是庄周为蝴蝶的梦所现（或所化）。

能梦能觉者，必有精神活动之主体为使然，我们通常以为人乃有充分之主体资格，他物所有唯本能之生理活动，虽或许有梦之现象，实则不能由非理性者梦为有理性者。也即，我们通常认为，人为有理性之存在，动物为无理性（就严格意义来说）之存在，人较动物为高级，二者之间有本质之差异或不可逾越之界限。因而，低级存在不能产生关于高级存在之意识活动，人能梦为蝴蝶，蝴蝶不能梦为人。

特别是在这里，庄子将所述之梦的境界，又做了无限的扩张，不但所述为可能之一梦境，而此述者亦可能又在别一梦境当中，昔之栩栩然者可能为庄周梦为蝴蝶，今之蘧蘧然者可能为蝴蝶复梦为庄周（"蘧蘧然"之显示为庄周之生动性，犹如"栩栩然"之显示蝴蝶的生动性）。故庄周所谓"蝴蝶之梦为周与"，在上文中，就其合乎人之常情的叙事逻辑看，并无明确的对应，然如依照后起之深刻的反思言，实又有其对应，甚至通体都为其对应。我们说，直接的对应之点为"俄然觉，则蘧蘧然周也"，这貌似为旧梦之结束，实则可能为新梦之开始。又，如果庄周之梦为蝴蝶，与蝴蝶之还化为庄周，不能确定其孰为梦孰为觉，则彼又可能为梦中之梦，也可能为觉中之觉（梦觉相对一义），蝴蝶通（含其梦中梦言而为通）可能在庄周之梦中，而庄周通可能在蝴蝶之梦中。

如此，庄周之梦为蝴蝶的"故（昔）事"，就不是庄周梦为蝴蝶，而是蝴蝶从（昔之昔或今）所梦之庄周还原为其自身（正如庄周从所梦之蝴蝶，还原为蘧蘧然之周），蝴蝶之栩栩然就是蝴蝶之真实本体（本相）；今之蘧然觉的庄周也就不是庄周，而为蝴蝶之所梦。这样，"昔者"所表示者，也就不一定是过去时态，而可能是现在时态——正在进行的梦中的形态；而所谓梦也不成其为梦，所谓觉也不成其为觉，梦或即觉，觉或即梦；所有成词之意义，皆变得模糊不清，蕴含着相反的可能。所以，蝴蝶之梦为庄周，对于庄子的本意来说，就决不止于单纯形体的映现，而是作为一个事物本身之完全的展示，也即，梦为蝴蝶就是完全之蝴蝶，梦为人就是完全之人，如蝴蝶之所是，如人之所是。

如是，则在庄子的思想里，事物之间，皆充满相对相互之关系，物我皆然。人不再具有天然的优越性，人亦不过为万物当中之一物，与其他一切之物，皆具有相等之地位及可能。北宋程颢尝言："放这身来，都在万物中一例看，大小大快活。"（《程氏遗书》卷第二上）此言万物一理，于物见有小大之形，于理则非有小大之殊，一体之仁也。其虽为儒家言，要可以达庄子之道妙，从最高之原理观之，万物自一也。蝴蝶为物，人亦物也，人与蝴蝶之间，物与物之关系也。充分言之，人与蝴蝶之间，即物与物之相互转化关系。简而言之，这种物与物之间的转化关系，即所谓物化。

这里，庄子给我们提出了很玄妙的两个问题：一是，梦觉的问题；二是，物化的问题。下面我们再具体讨论一下这两个问题。

（五）梦—觉问题

甲、梦觉—物

梦觉的问题，即谁究竟在谁的梦中？谁为实体，谁为幻象？这个问题的本质，前言为"思之迷惘"，也即仍是讨论主体认知的问题——一切之迷惘都属于知的后果或主体（有知者）之苦恼，质实说即何者为真知，或曰如何才算破除大梦，实现大觉。真理的获得，在中国哲学中的表达，更适当的用语即"觉"——心智内在对于实相或理体（最根本之物）默然恍然之洞见（照会）或冥契，这个过程是内在发生的精神性剧变，而决非语言文字之形式推理可以相应，是一种既自然又神秘之体验。知的升华，我们可以说是导向觉。

在庄子这里，觉即表示主体的一种真实的存在状态，准确地说，为主体关乎存在的一种认知上能够判断为真的状态，于觉之时方有实体、真知之可能。反言之，于梦之时，或幻之时，其体则非为实体，其知则非为真知，梦幻所变现而已；梦幻者，迷识也，为一种劣识，有识而非真。梦、觉，分别代表知之相对的两种程度，一者为真，一者为假（幻有）。

梦觉、真假，为一事之两面，觉则知梦之为梦矣，知梦之为梦则觉自为觉矣。此一既定，则彼一随定，梦、觉彼此相成。彼此相成之物，如梦觉，乃相互蕴含之关系。知其一则知其二，不待知其二而后为知其二，以二者不能相互脱离。离觉，吾人无以知梦之为梦；离梦，吾人亦无以明觉之为觉；依梦有觉，依觉见梦。

且此二者相互蕴含之关系，不但为不可脱离之关系，亦且为性质同一或曰同质之关系。知梦之为梦，则梦非梦而为觉矣（梦为真实之梦，非复梦中之梦，而为觉中之梦，如是，不但觉为真实，梦亦真实。实则，"梦"之一词，既已表觉之裁断）；觉非真觉，则觉非觉而为梦矣（虽自许已觉，而犹有翳蔽，觉识不真，仍同梦境，如是，不但梦之为梦，觉亦同梦。实则，觉即系于所觉——梦，二者不具优劣以相裁也）。故梦觉之断定，乃于此成为庄子所注意之根本问题。

吾人知有为梦者，有为觉者，此为一回事；吾人能爽然辨别梦之为梦、觉之为觉，则又为另一回事。此二事，其难易不侔，不可混淆。

乙、物我之际

即此处梦觉问题而言，不但为一己之事，但论我之梦觉而已，复为物（他者、异者、并生者）我之际之事，或物我关系之事。

如此处庄周与蝴蝶，于自然物理之世界当中，为共生并列之两物，各有其形体方所，为一不能融合（互为质碍）之空间关系。然若引入梦觉问题，则空灵多变，其并生关系，一以转化为主客之虚实关系，一以转化为先后相继之时间关系。

此何谓也？就并生之空间关系言，我不能取消彼物之存在，彼物亦不能取消我之存在，二者皆为质实已成之体。然主客之虚实关系则不然，彼为主，我为彼之客形，具体而言，则彼为实体，我为彼之梦幻形象，彼实我虚。我之存在为彼幻现，亦为彼所取消，即我之存在，可能为"不真"之存在，梦之幻现而已。当然，此主客关系可加颠倒，彼物则为我之梦所幻现。

又，事物并生之空间关系，至此成为梦觉之辗转相生的关系。推本当下，蝴蝶可能进入庄周的梦中，庄周复可能又进入蝴蝶的梦中。事物之存在的可能，乃在时间的推移中行进，而复以时间之无限推移，彼物之存在永只是一可能状态或悬而不定状态。

丙、物我之全境

即此物我关系或物物关系来说，在这里庄子的说法或其论理，蕴含着极不一般的观念。在说明此观念之先，我们当有如下之认识。

首先，我们当知，庄子的行文无论如何近实，都应当作寓言看待，庄子之兴趣并不在于单纯的记事而在事中托理，故其往往能够小以明大，少以载多，一言而穷本末，收隐显也。以此，本处仅是特举蝴蝶之例而已，非必蝴蝶而后可。此中梦觉的对象，可由蝴蝶推广之，凡为我们所熟悉的自然世界中之任何一物，无论为动物、植物，无论其为有生命、无生命之物，皆可用来取代此蝴蝶之形象。故但取蝴蝶之形象，乃一种文学上的有意选择，使语境更富于浪漫可人的气息，更增添美妙欣动的感觉而已，实则蝴蝶不过为一形式符号的具体填充。庄子之文，其所寄托之形象，既是具体的生动的，又是象征的一般的，由其一物，他物之无限可能皆蔓引牵束而在。

又，此事之发生，不但仅于庄周为可能，于我们任何之一人，皆同样可能。于此，庄周也不过为一人物符号或象征，我们每一人都可以将自身代入到庄周之角色位置上。庄子著文，亦正求引导吾人反身自识耳。吾人不敏于反身自识，庄子乃以身为例，教吾人自反也。如吾人于凡文读过，仅作庄周观，仅作他人观，仅仅为客而不为主，不知其讽己谕己，殷勤谆复之意，则不但辜负庄子化导之热心，亦且虚遣有用之为学岁月矣。学者，以人而反诸己也。

如是，则我可以于我之梦中化为万物中之任何一物——人或非人；同时，万物中之任何一物，也可以于彼梦中而幻化为我。此"我"又不独就人类而言，一切有知之主体，甚至凡物作为一有，都可以目之为我，故"我"乃一极泛之称。

其次，彼我梦觉之关系，不但为一一之物的对应关系，而实可以兼一一之物而言，或统合万物为言。即我来说，我不但可于自身之梦中化为蝴蝶，亦可化为（现作）树木，化为虫蚁，化为大地，化为日月，等等，则不但一物为吾所化，即诸物或梦中所现一切之物，皆可为吾所化，皆为吾梦中所现，或皆为吾之分体（身）。反之，于物之梦亦然。

则吾之所是与吾所见诸物，乃并处于吾觉境之中，或并见于吾梦境之中。如是，则不但吾与某一物之真假成为问题，即吾所处世界之一切存在或全部境界，其真假皆成问题，有待考问。由此，则不但为吾一身之真假的问题，亦成此世界整体之真假问题，具体而言，即此对我而现，充盈众象（相）以成之世界的真假问题。任何事物，无论真假，都是作为整体情境或世界中之部分而现，当此物为梦为觉，其整体情境或世界亦必与之翕张相应，为整体之在梦或在觉状态。故庄子此处所提虽然只是物与物的单一关系，实有其无尽之潜在世界为彼依持，方得树立。庄子之文，可谓以简御繁，吾人之解析，则应须化简为繁（复杂化而彰其理致）。

如是，庄周梦蝶则不但关系一种单纯的知识论（真假与知之能否），而由此知识论进而上升到宇宙之本体论（存在之是，存在之虚实。所谓宇宙之本体论，不过犹为知识论的本体论，本体论实在也不过为知识论的部分或衍生）。

可见，吾人之世界观，着实建立在特定之认识论的基础之上（世界观即所成立的一种大识，无论此认识论为自觉，为不自觉）。不同之认识论，即有不同之世界观，或对存在之整体得出不同本质的认定。

丁、梦觉广义

至此，我们可知，庄子此处讨论之梦蝶问题，看似为一偶然之个体经验，其实乃关系全体存在之真假、虚实问题。然，此仍有疑问，即梦为一特殊之经历，吾人固可以常有梦，但吾人宁总在梦中乎？我们可否用偶然之梦的经历，来为自身与物的实然之判定？如仅以偶然之梦，当然不足以达此结论。然梦不过为一境，梦所表示者，吾人不能有清晰准确之认识而已。世所谓之梦境固然如此，而世间除梦境之外，类此者亦遍现而在。

故以梦觉之个别现象论真假，固然有失其当，然以知识之真确与否，别物真假，则常常而可。于是，梦觉问题，自然过渡到或推移到知之真假问题。知之真假问题，又自然关涉物之真假问题。

如是，我们于梦觉，不但可取其狭义之界定，为吾人生理之自然活动，尤当取其广义之内涵，即知识论中的相对两境：凡一切可以认定而有确切之认识者即为觉，凡一切难以认定而无法获得确切之认识者即为梦；觉为真识，梦为假识，识而非真。则梦与觉，遂可具有普遍之认识论意义。

这样来理解梦觉，与庄子之普通思想也正符合。庄子关于知的判定，所习惯使用的词语是"是非"：是者，其是是，可以明定其是；非者，其是（"非"非无所是）不是，是尚未至于明定（未达，犹然在迷误之途，待于勘定）。然是果是乎？非果为非乎？此又将起一新的是非，以至是非稠叠而生，无有止境，恒相对也。这里梦觉所表示之微意，与是非等概，但作一种形象化之是非，或是非之形象化而已。吾人普通之是非，犹如吾人生理经验之梦觉而已，处其非如梦，当其是如觉。

又，若当梦觉相互推生无已之时，吾人之觉既不成其为觉，而总可能在一更大之梦（迷、惑）中。梦始终作为可能或现境（梦安于其是；在场），觉亦始终只作为一种可能或前景（觉不安于其是，而求超越此是以审观之或批判之；出场）。就梦觉之本性相对而言，梦（在场，活动本身，自失——主客之际泯）比觉（出场，呈象，反观——主客之形见）是一种更近乎现实（已是，已成为）之真实状态（就其永有更高程度之剥离言，或面向无穷之觉的可能言，觉表示从已是走向不是——对已是的否定，从而已是总内涵一种否定性——梦的寓意所在）。当然，这种已是之内涵的无限否定性，并不足以否定此已是，因为它可以无限的远离自身——否定其是，也同样可以无限的回归自身——肯定其是，无论否定自身或肯定自身，都生成觉的意义，觉是对已是（梦，作为待反思的对象或客体）的无限反思。

所以，我们对于庄子的梦觉观念，不能局限于狭义，而应延伸到其广义的知识论的层面，甚至是本体论的层面。

戊、自我之认定

以上于梦觉的内涵及关系，略有说明。下复对梦觉之主体与客形关系，为一说明。庄周梦为蝴蝶，则庄周为主体，蝴蝶为客体，庄周非蝴蝶，而庄周在梦中与蝴蝶无别。蝴蝶梦为庄周，则蝴蝶为主体，庄周为客体，蝴蝶非庄周，而在梦中与庄周亦无别。在梦觉足以区别的前提下，蝴蝶与庄周可以区别，而在梦中，则庄周与蝴蝶实不足以区别。故欲对庄周与蝴蝶做出明确的区别，必先对梦觉做出明确的区别，否则前者即无法实现。

在梦觉不足以区别的情况下，蝴蝶与庄周乃不能区别，或者说不能析而为二。不能析而为二，意味着什么呢？即意味着，庄周可能是蝴蝶，蝴蝶可能是庄周，或者说庄周可能既是庄周，又是蝴蝶，还可能既不是庄周，也不是蝴蝶。庄周与蝴蝶纠缠在一起，得不到澄清。如是，我的存在，仅是一种可能，既可能是其是，又可能不是其是，可能为庄周，可能为蝴蝶，还可能为其他之任何存在者（庄周与蝴蝶俱在他者的梦中）。

进而探求，这里就复蕴藏着另一极重要的问题，即自我（己）之认定问题。无论我之梦为蝴蝶，还是蝴蝶之梦为我，都与我有直接而本质的关系。我或为庄周而梦到在梦中现为蝴蝶，或为蝴蝶而于梦中现为庄周。在我与他者之间，因梦的介入而变得迷离不清。那么，我到底是谁？我是庄周？抑或我是蝴蝶？我无法确切地分辨出二者，我即无法真实地知道我自己是谁或我之所是，那么我就同样也成为一个逼真的幻象（悬而未定，未能祛除梦之阴翳），一切未经澄清者（或觉醒者）都将作为幻象而闪烁摇曳。

所以在这里，庄子把我们引向了一个绝大的困境，即我是谁（我作为主体，乃知的根基，我的树立才能带来众有的确定性，我的悬浮未定，乃使知漫无基础）？我怎样知道或判定我是谁（知在使用，知在知觉，这是一种诚然的知，然而主体不明不现之知觉，亦何所建立？知对于自身之是，乃陷入迷思。吾人固可谓知即主体，然知之自证与知对主体之澄清，仍当视为两问题）？由此而言，则我们无时无刻不在使用"我"之指示观念，但又未尝刹那真切地知道过或能够确指这个"我"是谁。我们对于"自我"竟是茫然无知的，当然，也可以说，这种茫然无知又蕴含了"我"的无限可能性。

己、出梦入觉

我们再返过来，重新看待梦觉和庄周与蝴蝶这两组对待的关系。

梦觉并不是一觉而定的问题。吾人于梦之中不知为梦，及吾人既觉，乃知往者为梦。然吾人之既觉，其觉果为真觉否？吾人之以为既觉者，其觉未必果为真觉。

出乎梦，乃为觉；非真觉，即为梦。如是，吾人以为觉者，或非真觉；非真觉，则犹在乎梦。吾人所谓出梦入觉者（物必有所是，出此是则非此是，而为非此是之是，所非是为出，新所是为入。老子有"出生入死"之说，一式也），仍不过出于一梦而入于一梦也。而吾人于彼之一梦复有觉时，而其觉乃或又成一梦。如是，则梦之中有梦，觉之中生觉；梦中之梦又复有梦，觉中之觉又复起觉；以至梦为无穷辗转之梦，觉为无穷辗转之觉。

此一情况，很容易使吾人联想及于前文有无、始未始之问题。于彼处，庄子作言曰：

　　有始也者，有未始有始也者，有未始有夫未始有始也者；有有也者，

有无也者，有未始有无也者，有未始有夫未始有无也者。俄而有无矣，而未知有无之果孰有孰无也。（《齐物论》）

始者，起论之端，有始则于理当有"未始有始"；既有"未始有始"，则复成一新始，复将有所始，如是无穷。有无亦如此，以现前为有，有必有始，当其未始，则未始"有"，则有"无"也；当其有"无"则复为有"有"，而更有"未始有无"，以至无穷。这样一种无穷推举，看似语言游戏，实则为知之不断的自觉活动，也同时为破除其固执之活动，其功在此，其弊亦在此。固执者，以为当下之情确定可信而无事于思辨矣。然知之本性恒起意识，恒执所取，即空无来物，唯执取自相，意意相续，后意察前，前意成物，新故相代，犹能空转不绝，迁流不竭，而况万品辐辏，其来无涯乎？故知也，恒起（现）恒谢，现时宛然为真，既谢则刍狗已陈，如花容之当时而香艳照人，既谢乃枯萎无光也。

即蝴蝶与庄周之关系论，若蝴蝶为庄周之所梦，既觉则知吾身为庄周而所梦为蝴蝶；若庄周为蝴蝶之所梦，既觉则知吾身为蝴蝶而庄周为所梦。吾人觉梦之未判，则孰为孰梦中之物，乃无以断定。于是，焉知蝴蝶为庄周所梦，而庄周非复蝴蝶所梦耶？焉知蝴蝶非蝴蝶所梦庄周梦中之物耶？焉知庄周非庄周所梦蝴蝶梦中之物耶？如是辗转，沦于无穷，则孰果为能梦？孰果为所梦？吾人从而有真知、有真觉乎？

又有说焉。吾人之所谓梦，所谓觉，乃吾人所自以为梦、自以为觉，自以为能明辨之，其一重根据，即吾人所感，以为梦中之时少，觉醒之时多。故吾人虽偶有梦，而自以为常觉，且吾人能觉吾人之觉。然此果然乎？如套用庄文所尝用之一句式——"庸讵知吾所谓知之非不知邪？庸讵知吾所谓不知之非知邪"，则曰：庸讵知吾所谓觉之非梦（不觉）邪？庸讵知吾所谓梦（不觉）之非觉邪？如是，吾人以为觉时多、梦时少，觉时而知其为觉者，或竟皆未觉之梦也。吾人以为梦者，或乃即觉。觉梦之间，其有定乎？吾人所识觉梦之间，其有定乎？则梦觉其有常质乎？有大惑终生不解者，焉知无大梦而终生不醒者？焉知吾人所谓终生非一瞬乎？焉知吾人所谓一瞬非终生乎？梦或即觉，觉或即梦，各因情识而转，梦、觉本一也。一者，齐也。上节言，知不知，一也。梦觉、知不知，岂远乎哉？

这也可以看出本节与《齐物论》通篇主旨的关系。

庚、梦觉之无庸辨

又进而言之，吾人于梦觉固不易判其界限，区别其际，然吾人于此有无可能乎？此为永不可能乎？关于此一点，上文已明，实将陷入梦觉之无限循环，而未有所止，故不可能，理应如此也。

吾人于彼梦彼觉，诚难判其界限，有最终澄明之觉知，然吾人终无所知觉乎？非也。吾人固难于梦觉有积极之知，辨析何者为梦、何者为觉，然吾人于吾人于梦觉之无以为精确之辨析，则为有所知。吾人于梦觉之辗转相生，则有所知。吾人于梦觉之或同为梦，或同为觉，则有所知（于此有二释。其一，梦中有觉而忘其梦，则梦即觉；既觉未彻而仍为梦，则觉亦梦。此梦则彼觉，彼觉则此梦，相待无穷，凡梦皆可为觉而觉皆可为梦也。其二，梦中有觉而觉非真觉，故虽觉亦梦；觉其所梦而梦亦成觉，故梦非是梦。梦则俱梦，而觉则俱觉，一时无二体也）。一言之，吾人于梦觉虽不能有具体、片面之知，然吾人于梦觉乃有可同之知，等为梦也，等为觉也（二说一义，又与一梦一觉循环之说等义，名言析之耳），即所谓齐，所谓一也。

如是，则梦觉之孰为梦、孰为觉，吾人虽不能辨，而吾人亦无庸辨矣。此为不可辨，而吾人之知（或辨）亦无足以辨之问题。何故？吾人不能知吾人所不能知，吾人之有所知不能不由吾人之所知，吾人不能由吾人之知以论吾人之知之是非也。吾人所用以裁判吾人之知之真妄者，即为吾人所欲裁判之知也。用吾人之知是非吾人之知，特别是否定吾人之知，乃是悖论。吾人之所知、不知，吾人之私知也。吾人之私知，吾人一人所适用之知，而不必即为真知。

故吾人肯定性之知，未必增进吾人之真知，而吾人否定性之知，亦未必减损吾人之真知。吾人肯定性之知，未必真。同理，吾人否定性之知，未必假。吾人肯定与否定之知，皆出吾人相同之知力，故二者之为知，实则为同一主体之知，为同一性质之知，无本质之差异。其肯定性之知，即其否定性之知，如谓之梦与谓之觉，但"物谓之而然"，非梦与觉可有两种独立截然之实（梦中必有觉而后能显为梦，觉中亦带梦故觉有后觉），非于物之本然而有两体（梦为一知体所为，觉为另一知体所为）。其若相对立互异者，吾人知识之所构造，心意之所分别执取耳（有分别，有执取，而不能定其分别之所是，以相对故，相对则不定）。彼二者，皆为吾人之知之表现或转现形式。

辛、无知与真知的辩证

然则吾人终于梦觉无所知乎？于知不知无所觉解乎？或曰庄周将但启吾人之疑问，滋吾人之困惑，谑然为乐，而不求解释之欤？非也。

庄子一方面引导我们至于无知之困境，一方面又引导我们至于真知之理境（亦但理境而已，若真实道境则非可指引，亦离名言，其所言至人神人之事，吾人亦仅可作理境观之而已，非便能实体而默会）。此二境乃遵循同一之轨迹，乃基于同一事实，变合而凝，相与一体，不可作两物分坼观。此仍贯彻着庄子之深厚的辩证精神。

吾人无知之困境，即表现为，我们一切分析对待之知，皆游移而莫定，此例已极多。故我们无论如何不能于相对待之一方或两方（此为同义之语）而有确定之知。正与反两方面之知，乃随时可以发生相对性质之转移，且此转移可无限进行。

然此相对转移而莫定之形势，一方面将我们逼入知之困境（无岿然贞实坚固之知），一方面也同时把我们引入知之真境（无岿然贞实坚固之知）。它使我们反观于知，反观于自身，而见此知绝非片面之真，而为一贯彻之物，为统一相对两方之物。此不但使我们对真有所了解，且使我们对知之本身获得精深的了解。我们日常所知之正反两面（以"是非"为代表或形式），皆为知之可能。而知不是片面的可能，知是可能的无限展开（此无限可用有限形式来表示，即相对之合）。

故知不是片面的是，不是具体（有内涵，有断定）的知（这样的知仅知其所是，而不知其所不是。这种不知又表现在：一方面，所不知不能映入知的观念中来，另一方面，虽能映入知的观念中来而仅给予否定性之认定），知当无所不是，无所不知（这种知实际已超越知之本性，不复是普通意义上的知）。知在肯定中否定自身，同时也在否定中肯定自身。也即，单纯的肯定性或单纯的否定性，都不是知的本性，知的本性是肯定性中寓有否定性，否定性中寓有肯定性。又即，知既是又不是，既不是又是。如是，知就是永待实现而不是已然实现者，或曰，知永为一自身展开之活动而非一拘检自身之结论。也由此可以说，知永是未展开者、未充分者、未有定者、未成为自身者（知而未知者，故亦为未是其所是者），也即知的当下永是无知——知不能在某一瞬间完成自身，成为自身之所是；然知又总是自身，因为它无间断地展开为自身之活动而不懈地向自身回转。这是知的本体显现，本体之知即此无知之知，所谓无知，就是指永无所断定，而对一切之知的经验皆予以收纳，又皆予以拒绝。在这种意义上，知就与道合一，或成为道化之知，表现为永久的澄明和宁静。

结合庄子的具体讨论来说，知经过相对的否定过程而走向自身的否定——即不知，而不知又在自我否定的意义上变成确定的知——即真知。我们于具体的知，皆不能有确定的知，但我们于我们不能有此知而可有确定的知（"吾恶乎知之"，知的无能使其不能为自身提供任何可靠的基础，除了对其无能的真切反思）。故真知乃知与不知的统一。真知既不肯定具体的知，同时也不否定具体的知。因为任何具体的知，都具有知的虚妄性，也同时具有知的真理性。这也可以理解为对所知真假的悬搁或分际之取消。

（六）"此之谓物化"

庄子哲学之一理论上的特征，乃在其不但精于采用托物寓言的方法，来生动地含蓄其理，使人易入，且使人驻足寻味，还擅长对物赋名，故使其文章意象充盈，物、理吻合，而收神采飞扬卓卓之效。如全书开篇第一句则谓"北冥有鱼，其名为鲲"，虽所造作之物，亦必称举其名，他物如大鹏、大瓠、大椿、不龟手之药、啮缺、王倪等，不可胜数，而尤在其善于且自觉注重于理论之提炼或总结。就自觉注重理论之提炼总结言，其突出的表现即在，庄子行文中有一极常用之句法："此之谓……"或"是之谓……"，《齐物论》中所见者，如"此之谓八德"，"此之谓天府"，"此之谓葆光"，"是之谓两行"，"此之谓以明"；他处所见，如"此之谓混溟"（《天地》），"此之谓天乐"（《天道》），"此之谓本根"（《知北游》），"此之谓不言之辩"（《徐无鬼》），"此之谓丘里之言"（《则阳》），"此之谓重伤"（《让王》），等等。又有省作"此谓……"或别作"是谓……"者，如"此谓诚忘"（《德充符》），"此谓坐忘"（《大宗师》），"此谓德人之容"（《天地》），"是谓同德"（《马蹄》），"是谓独有"（《在宥》），"是谓照旷"（《天地》），"是谓反衍"，"是谓谢施"，"是谓天；……是谓人"（以上俱《秋水》），"是谓天门"（《庚桑楚》），"是谓天均"（《寓言》），等。又有作"谓之……"者或"此……"者，"谓之道枢"，"已而不知其然谓之道"，"谓之朝三"（《齐物论》），"古者谓之遁天之刑"（《养生主》），"物得以生谓之德；……谓之命；……谓之形；……谓之性"（《天地》），"此小大之辨也"，等。此皆其显而多义，又文而具法式者，其他文而无法式，但标其名者亦夥，如"天籁""见独""全德""畸人"，等等，是也。庄子于寓言说理之后，往往结之以特名，约之以专言，可见，他很注重理论的总结与提炼，从而使其道理有适当的名言可以约指，尽管并非一定是抽象之概念式表达（名言与概念同用而仍有区别）。

思想之理论上的定型或格式化（特定概念或名言之生成及组织），即对思想作一种凝练或压缩之工作,以获取一种简要之指示功能,从而便于思想之掌握、记忆、沉思、交流、传播。对于一种理论的自我揭示和传播来说,这是有必要的。而我们古人在这方面有着高度的自觉,殊有值得我们今人在精神思考方面加以借鉴之处,特别是面对时代涌现的特殊或新异思想(未现成而有待于生成其体,表现于名言概念者)时。

我们这里将遇到庄子最核心之一理论化思想,即物化观念。就物化来说,也采取了"此之谓物化"一句式,这是哲学观念之理论上的进一步生成,可以使读者摆脱具体事物关系的涩滞(尽管作为具体情境而言,更容易通达,但作为一般理体的寄寓来说,反倒沦为晦涩),而得到一般义理的启示(反诸具体的事物关系,亦使之变得易于清理)。物化所对应之具体内涵,即前文整体之所指示,作为概括指示和具体指示而言,二者相互通达(相互具有必要性,而非重复)。

这里我们要注意原文的表达,即"周与胡蝶则必有分矣。此之谓物化"。那么,物化所指示的意义,就包含两个基本面向:一,蝴蝶与庄周谁梦为谁,此二者于实然上是莫可分际的;二,庄周与蝴蝶又是"必有分"的,此二者从应然之意义上,又是应当存在分际的。这是很出乎意外的澄清。伴随着梦觉之齐一性的暗示推理,庄子在这里却又作出了极为刚性的判断——"必有分"。那么,这一指令,在给我们增加了解释难度的同时,也给我们提供了更多维度的思想基准,使我们更不易偏离它的本旨,而过多地泥于玄思。对于庄子哲学来说,更为基本的,是我们仍需要踩在常识的土壤里,感受世界的真实,而不是迷乱于知的空际。

现在,问题就转变成对此的理解:物化就是表示事物之间"有分之不分",或曰"不分之分"。

甲、"必有分"

物化,不是片面地强调不分,其中也贯注了对于"必有分"的信念,这将是前提性的认识。下面,我们要着重理解"必有分"的意义。

恰恰是庄子在就梦蝶之事,从普通之叙事逻辑,跃入到论理(思辨)的态度,"不知周之梦为胡蝶与?胡蝶之梦为周与",作了情理的大幅拨转,得出相对之两种事态的平衡关系,从而顺理成章即将迈向齐物之理时,又自己一言打破(或干扰)了自己的理路,使之从悬浮无着状态而若有失之偏坠之虞,若有刻凿其隙,使物不齐之险。其于道理所系何在?

这里,庄子用了"必"字,一字千钧,掷地有声,表示了某种强烈的肯定用意，甚至带有警示意味。此说明，就具体的存在而言，我们的普通认识肯定诸事物间存有差别的事实，这是不错的。也即，我们被造成不同样态之存在，这是客观的，就常情的角度来把握，也毋庸讳言。即使从道妙的意义上讲，也不能抹杀事物间的这种区别。作为差异本身，就是道的产物，事物的差异性，甚至比事物的齐一性更为本源。人作为人而言，其最本真的意义就是"人之貌有与也"（《养生主》）的自然生命，而非道德价值的人为塑造。对于人来说，生而为人，也并不具有可期待性，"今一犯人之形而曰：'人耳！人耳！'夫造化者必以为不祥之人"（《大宗师》）。所以，万物各有其"貌（形）"，其为物的差异性，直接基于为"貌"或所犯之形的差异性。这是源于天命的。蝴蝶与庄周的差异，也首先在于形体的不同，就其精神之内在活性言，都有其"自喻适志"，反不甚相远。

我们不必再对事物之差异性作更多推测（很快我们就会陷入知的泥淖），满足于直观即可，这或许正是庄子所期望的。无论如何，我们从"周与胡蝶则必有分矣"的教告中，可以明确地获得庄子对于世间事物（作为存在者）的哲学信念。庄子的哲学思想整体上是反世俗的，但他对于事物之虚实有无的认识部分，却是合俗的、通乎常识的。这在他看来，并不值得去讨论，即是最真实的，是展开其他一切思辨的前提。所谓蝴蝶与庄周的辩证关系，并不是就蝴蝶之为蝴蝶、庄周之为庄周作为存在物而言，是可疑的，而是作为清醒之认知来说，是可疑的，也即庄周梦蝶一寓言或物化思想，并不是就存在论的意义上有价值，而是作为认识论有其价值，或曰是作为纯粹知的问题而被设定的情境。我们前文曾言，中国哲学是以唯实观念为主导的理论形态，其并不反对普通之经验感受，而着力于批判人对现实经验感受所形成的知的不彻底性——偏执不通，未达于道（"道通为一"）。

就庄子来说，世界是真实的，并不是可疑的，并非依赖于人的心识，为彼变现。在这一点上，庄子哲学与佛教哲学斩然地区别开来，因为，二者的看法正好相反，佛教强调心识的根本功能，而庄学不强调心识的根本功能。他虽然竭力辨明心识问题，以至心识的论理占据主要内容，但用意并不在解析心识之理，而在取消其理。就自然世界与人类精神世界（心知的产物）而言，自然世界为本，不是心识变现自然世界，而是自然世界运化心识世界。所谓自然世界，即古所谓天，所谓心识世界，即古所谓人，天道为本，人道体天，人心之用所以合天法道，而非戕天悖道。故人的心识不是世界生起的本源，不是万物繁生的所以，世界万物是自然本身之所树立，不依赖于人而有，这是庄子最坚固的哲学信念或理论基石。也即，庄子承认"造化"或"造物"（即自然世界活动之整体，也即《逍遥游》所谓"六气之辩"，进一步言，世界为物的世界，而万物之本原为一气之流行），相应地，也承认所造之物（物是就造物之一成而言，就其流行不息而言，则万物通为一物），都是最为真实不妄的，世界是有；就有无的辩证关系言，无是使有（世界）成为可能，而不是取消有（世界），使之不可能，唯有有"无"，才能最确实而充分地使有有，如其有而有（不削弱损伤其有的本真性、整全性）。

所以，庄子"周与胡蝶则必有分矣"一语，即深刻地彰显了他这层更潜在而为世界立基的信念，而不是作为推理的结论出现。蝴蝶作为存在而言，与庄周作为存在（人）而言，是不同的被造物（无论其名为如何，只就相应的指示而言），必然是有区分的，但在梦觉（知，判断的欲求）的意义之中，二者的区分则被阻断。庄周与蝴蝶的区分，是实然之分，在存在意义上而自明，而在认识论中又无以"明之"（"彼非所明"或知不可能通达物之所"是"）。

然而庄子所言亦仅"必有分矣"而止，我们于其有分而知其为必然，我们于事物之所分，则不能知其必然。故，此所必有之分，乃就其有分或分之可能而言，不就其分之实现或能而言。简言之，我们知分必有分，而不能分分之所分。"必"字，一方面表示此有分之决断，而另一方面又显示着不得其分的无奈，莫可如何。

分必有分，这种说法，只不过为形式的语言，而不关涉内容或实质，也不能增加我们对内容或实质的了解或裁断。然唯有此种形式的知，才可为确切之知，或具必然性之知，如谓物必有理。所以，这里庄子例外地用了"必"字，即谓物作为物，不论其为物如何（断定为何物，此属知之事），必各有其是，各是其是，或者说各适其适（"自适其适"，而非"适人之适"，语见《大宗师》）。超此形式，而进入具体内容之判断，即为特殊之经验，而不具有必然性，或不足为真知矣。任何判断，都以对象之先在为前提，当其判断能够成立时，此对象之物作为物必先自成立（就物与对物判断相适合的程度），而物必作为一是，而不能不是。就此而言，如判断可能，物之必亦可能，物作为与彼物区别者，而必各是其是，不同其是，亦必可能；唯当我们裁定其是或不是之具体内涵时，即转化为不必然，陷入迷惘。

"周与胡蝶则必有分矣"，与《齐物论》前文"夫言非吹也，言者有言。其所言者特未定也"，其存义正同。作为具体之呈现物而言，庄周、蝴蝶、语言（被言说出者——有声有形，作为物质性的被造者），都是一种实存（或实有），但对于其具体的意义来说，则是有待赋予或有待生成者（获得自身的人为规定），因而并不是天然自明，甚至并不是能够得以建立、成就者。语言之发生，仅就其确实地发生，确实地有所是而言，为有"定"，即具有必然性（有分）；而其具体的所言（意义的生成和差别之序），则是"未定"（不可分）的，即不具有必然性（不可得分）。周、蝶之有分而不可分，即梦觉之相对无穷关系；语言之有定而未定，即是非之相对无穷关系。

乙、物化：有分之不可分

物有分而不可分，是即为物化。

关于物化，我们首先当取其字面义来理解，即事物之间的相互转化。在本处庄子以梦觉关系来作为物化发生之可能背景，所直接表示者即我们认识（省悟）能力上的有限，对事物（包括自身）之为物的认识并不一定真确，同时，梦觉也不过为一隐喻，即除了表示知的相对性外，还可以喻指，我们的生死即是一梦觉的交替过程。生死只是作为存在形态的转化，从一种形态转化为另一形态，就是生死之化，《大宗师》所谓"若人之形者，万化而未始有极也"。生死在庄子，并不表示一种特立价值（唯有特立——我作为我，才显示为价值）的诞生和消亡，而只不过是形态转化。事物之存在，无论从宏观还是微观，可以说只有确定的生死相续的过程，即广义的生之变化，《养生主》所谓"指穷于为薪，火传也，不知其尽也"。梦觉的真实内涵，并不表示所谓真实与虚妄的判定，而仅仅表示一种相对之差异，死生亦然。除了这种相对差异（形式或形态上的差异）是客观的，并没有意义上的客观性，也没有知之判断上的真假性。即物态言是平等的，即物物之关系言是均衡的，真则一真，妄则等妄，既已为一，则真妄可无论矣，其分可不分矣。这就是所谓"有分（即物态言）而不可分（即知能言）"，进而言，有分而无用分（即意义言），再反过来，无用分又将取消此分（复即知能言），付诸自然、冥然（自行其是）而已。

就事物之存在来说，大概只有以下几点是确实的，即：事物在（有），事物有命（以被造故），事物常变（以恒被造故），事物有异（以常变故），事物恒是（以变不失在故）。物化思想表示物之是的开放性，物不但是"是"，而且是可能之"是"，更且是无限的可能之"是"（"万化而未始有极"）。就此，我们也可以把物的无限可能，进一步标定为"我"（作为物的反指）的无限可能。这也意味着，"我"从相对之无限纠葛（偏执偏计之冲动）中，走向了绝对（无我之我，固有所是之我）之平释。

物化者，非但表示此物化为彼物，或彼物之化为此物之关系，而尤表示事物间或存在之一种融通关系。事物之间的分形，并不即表示事物之间的对立（"爱之所以成"，私），而事物之间的对立，在本质上可能出于人为认识的虚构或存想。凡一切对立之物，有形、无形者皆然。在事物对立的表象之下，更真实的是其差异性（对立为彼此物我，即有意义的附随，"是非之彰也，道之所以亏也。道之所以亏，爱之所以成"。而差异性并不必具有意义，只是呈现，所谓"其次以为有封焉，而未始有是非也"）；而较差异性言，更真实的可能是事物差异表象下的统一性、混一性（即所谓"其次以为有物矣，而未始有封也"，作为"物"而言，已表示名言可及之最高统一性），而超越名言（知之探求）之本源统一性，则唯在于"未始有物"境界当中。

事物之间，不是封闭之关系，而为相互开放之可能关系。这种开放，不是静态的而是动态无限的过程。即庄周与蝴蝶言，还可以引入无数其他之物，实现一种更广泛意义或更大程度的物化，乃至最终成为容纳全体之物、一切存在之通体物化。也即，每一物皆以其他一切事物为自身之可能，而每一事物，也为其他一切事物之共同可能。也即，一即一切，一切即一。当然，这一切关系都以彼此之对待为最基本的存在形式（现实客观之分）。

如是，我们并没有走向事物界限的清晰，这是不可能的；同时，我们也没有彻底地流于混沌，而有了对于一的更高的知。当然，这里又要注意两点：

一是，庄子向我们揭示无知的同时，也向我们揭示了知。真知在无知当中呈现出来。这意味着，我们达到了知的边际。我们不复能再超越这个知的界限，一切试图的超越，都会被这个界限所阻拦，或者被知的引力所挈回。再换言之，一切超越知的言说，都是知的重复。再换言之，我们达到了形式之知，或者纯粹之知。

二是，这种更高的知，并不是实体的知，而是理性思辨的知，或者它还不过是知之知，尽管它通向了一，以一为认识的终点，但它并没有达到这个一或实现这个一，它始终还只是一知。所以就这个意义上来说，这个对于一的知，还不是一，或者说，还不是道，还只是言、思于道（向道）。道不复落于言、思，或道虽然可以成为知的最高或最后对象，但它本身是不能用知来实现的。

第11节 《养生主》选读：庖丁解牛章

庖丁为文惠君解牛，手之所触，肩之所倚，足之所履，膝之所踦，砉然响然，奏刀騞然，莫不中音，合于桑林之舞，乃中经首之会。

文惠君曰："嘻！善哉！技盖至此乎？"庖丁释刀对曰："臣之所好者道也，进乎技矣。

"始臣之解牛之时，所见无非全牛者。三年之后，未尝见全牛也。方今之时，臣以神遇而不以目视，官知止而神欲行；依乎天理，批大郤，导大窾，因其固然，技经肯綮之未尝，而况大軱乎！

"良庖岁更刀，割也；族庖月更刀，折也；今臣之刀十九年矣，所解数千牛矣，而刀刃若新发于硎。彼节者有间而刀刃者无厚，以无厚入有间，恢恢乎其于游刃必有余地矣。是以十九年而刀刃若新发于硎。

"虽然，每至于族，吾见其难为，怵然为戒，视为止，行为迟，动刀甚微，謋然已解，如土委地。提刀而立，为之而四顾，为之踌躇满志，善刀而藏之。"

文惠君曰："善哉！吾闻庖丁之言，得养生焉。"

吾人读《齐物论》，长篇雄笔，理事相推，望之不尽，如身入重峦叠嶂，阴晴无定，出云峰，穿林霭，傍绝壁而倚流泉，上清下骇，达者有登仙之怡、心契之快，不达者受跋涉之劳、思理之困。初犹觉《齐物论》为畏途者，今可以出齐物之玄理，而入于养生之妙境，化险为夷，徐整其辔，而得赏心悦目之观矣。

　　庄子之书，合为一体，散为百节，诚文章之渊海，义理之巨薮。其未有也，则求多多益善，当其既有，则如手足之不可去体，虽一章一句，弥足珍贵，乃绝无仅有，不可复少。此虽出后人之攸好，亦古人垂重使然，精义入微，玩索引申，乃可无不综贯。他者无论，即内七篇则以义题篇，有此义不能无彼义，通此义不可不继事彼义，非但以各有所贵，实则通为一体，彼此相足而又互发，愈见道理之起讫有致，其宏富如是，其周密如是。朱子尝谓人曰"一书不读，则阙了一书道理"，于庄子书可谓一篇不读，则欠缺了一篇道理，又不但欠缺一篇道理，纵所读者亦有遗憾也。进而言之，非道理有欠缺，实吾人读书，智识非夙成，不可一超直入，必有待于启发浸润，多方磨砻，道理乃愈转愈出，如橐籥之无穷，又圆明晶莹，如宝珠之无遮也。

　　《养生主》即题而观，则所谈养生之理，存主所在也。此道家义理之素质，他皆渲染证向此理，吾人谓道家哲学为养生哲学，道家玄理为养生之理，正得其是，故不可不明。后世道教特以道家学说立本，而发展丹铅修炼延年之术，有以也。然此所谓"养生"，非今所谓养生或俗所谓养生，"生"者固不离区区肉体之身（或形），然非但止此，必于自然之大理中识得此身，方可谓之识生；不能识得自然之大理，虽养此生，而非养生，适道家所谓戕生、贼生也。生者，统物之所有为名，未有外生而可以言物者。道家贵生，其贵生非以生可贪恋，贵生所以贵天。天畀吾生，岂可苟妄，以颠偾梏亡此生哉？故吾人必得其养生之道，以"保身""全生""养亲""尽年"（《养生主》），亦儒家所谓"父母全而生之，子全而归之，可谓孝矣。不亏其体，不辱其身，可谓全矣"（《礼记·祭义》）。全身之义大矣哉，上通于天，而岂区区在己者而已！认得此身浑然是天，无非有命，一毫非己有，乃见道义之肃穆，又见天机之生动，乃去得滚滚躯壳病痛，而全得此身，无一毫非己有。此中国哲学之真精神，而儒、道之通义也。

　　吾人往往以养生事小，其念属私，而不以为至教，不知有生之事，莫不以存生为本，而求正其生。《德充符》谓："受命于地，唯松柏独也正，在冬夏青青；受命于天，唯尧、舜独也正，在万物之首。幸能正生，以正众生。"世人之知爱其生者众而能正其生者寡，不能正生，则枉其生而杜其机，未有不中道夭者。此道家之所痛心，而其哲学所以衍生。故习庄子之学，不可不知养生之理，不可不达乎性命之情，知天乃知养生也。《逍遥游》，言其境也；《齐物论》，通其理也；《养生主》，正其事也；《人间世》，明其应也；《德充符》，彰其效也；《应帝王》，尽其用也。七者之理各有所重，而未有常序，起于所起，止于所止可也。故七篇皆可为本，皆可为末，如以事本论之则在《养生主》，如以理本论之则在《齐物论》，如以境本论之则在《逍遥游》，他者同然，无不条达理贯，洞然廓然，但学者循其所宜入之可也。

一、"庖丁为文惠君解牛"一段

（一）"莫不中音"

庄子此处以极精练的笔触而又极连贯周密的动作，描绘了庖丁解牛之情景，并将解牛之声比诸音乐之动听。其中既有声音之事，又有形体动作观感之事，人类的普通感受都被调动起来，无形者借有形者洒然而见，有形者复借无形者得到提升美化，耳为目用，目为耳宾，动以写声，声以状动，于有界之中若浑然无界，于繁杂之中又理而可循。庄子把解牛之事，通过综合的感官效应，有条不紊地呈现给了我们。

这里，有两点值得我们注意：一是对于庖丁解牛之动作描述，一是将解牛之效果与音乐之比附。

甲、全体相应

庄子正面描写庖丁解牛的文字，"手之所触，肩之所倚，足之所履，膝之所踦，砉然响然，奏刀騞然"，只有二十四字，而生动传神，令人不觉有遗憾。这种生动的描写，几乎是完全写实的，非有真切之生活经验、敏锐之观察能力与娴熟精湛之文笔（文字之肌理，在庄子已能自如解剖之、驱驾之矣），不能达到此效果。庄子之所以如是周密地描写庖丁解牛的过程，不仅期望提供真实的解牛场景，增强庖丁解牛技巧之可信度，显示本寓言的议论为知者之言，更在于通过这一必要的整体性描写，把一种动态的合物性（内在地讲即合理性）展现出来。文字之效果，不但在于一字一句之具体意义的甄定，更重要的还在于整体的组合，如剧场演出，不当求一人一器之独鸣其善，而当求合众之协奏。这种字句的协和，可以说是形式的，但同时也在生成更高级、更微妙的意义，意义就在整体性的自然流转当中。

就解牛而言，应有三方面之构成：庖丁，刀，牛；或者说，主体，工具，客体。解牛，为庖丁操刀以入于牛体而使其分解的过程。然解牛又非独手、刀与牛体局部接触或交锋之事，而为人、刀与牛之全体相应之事。故庄子描述庖丁，乃合其全身之动作为言，每一肢体都有适当之动作，都有适当之投放位置，或触，或倚，或履，或踦，从而使人身与牛体处于一种默契的"配合"与相互的稳固之中，以便于操刀之手的游动。恰当地讲，不但用刀以使牛体剥离的具体活动为解牛，即身体之彼我投合，已是解牛的华丽施展。更进一步讲，刀也只不过是庖丁身体的延伸，所以入乎牛体的有形标识，其作用既是现实的，又是象征的，对于无形者的象征（所以运刀者）；而庖丁之身体也同时作为工具，和刀融为一体，投入其中，发挥更主导的作用。简言之，解牛之过程，不但为刀具的投入和使用，也是（庖丁）全副身体的投入和使用。从整体的寓意来说，庖丁解牛既是能寓（理体），又是所寓（理用）。这里的物象的意义，都是多重性的，交摄的。

乙、"音"与"天籁"

"砉然响然，奏刀騞然"，则从形体动作转入声音，从主体转入工具之运用。"砉然响然"，此言行刀解牛，刀肉相触而肉解之声"砉然"，"砉"，拟声词。此从响言，专言声也。"奏刀騞然"，奏刀，进刀，行刀也；"騞然"即"砉然"，刀肉合而有声，刀肉之响，一响也。此则从刀言，特写刀也。庄子之所以将视觉与听觉两种官能结合起来描写庖丁解牛，以形体动作虽然有视觉之真切，然只能做到大体衔接以生连贯，且往往重复，手、肩、足、膝，各见所用而止，不宜反复描写，则解牛之自始至终的无间流动性、整体性，无法得到展现（有间断），非借声音之感觉，不足达此效果。动作之不可述者或述而有穷者，声音之功能恰可弥补。视觉如单帧之图片（有所专注），听觉如图片之连放，乃可使独立之视觉印记"活动"起来，生机贯通。

对于庖丁解牛，庄子特别注意运用声音之道以充分传达行事之情，并进一步将这种声音的效果与古典之音乐作比附，以突出其美妙，所谓"莫不中音，合于桑林之舞，乃中经首之会"。解牛技艺的高明，在这里，不是通过牛体之分解（形）的完美效果来展示，而是凭借过程中声音的美感来揭示，如是，解牛之所有活动都输送、汇向声音这一通道，或者自然地使人与声音的特性发生内在的联想（并不独声音具有音乐性，音乐性是一种普通的美感形式）。

这里，最为关键的句子是"莫不中音"，"音"决非一种随意的声、响，因为作为声、响而言，无所谓中、不中，它就是声音本身，只有作为一种特殊形态的声音，才可以称为"（中）音"。这种特殊形态的"音"，恰恰就是庖丁解牛技艺的有效印证或标识。为了进一步明确作为"音"的特指，庄文作了更具体的说明，将之譬为"合于桑林之舞，乃中经首之会"。"莫不中音"，是声音本体之陈述，而"合于桑林之舞，乃中经首之会"，乃是辅助性的阐发。也即，奏刀之声，作为本体而言，只是"音"，并不是"桑林之舞""经首之会"，所谓"合""中"，是就其所达到的特别意义而言，不是就乐律之格式而言。"桑林之舞""经首之会"，我们不必去理会其具体的音乐演奏形式，我们（甚至庄子）亦无从再领略之，而只需作为庄子所意指的"音"之内涵的象征来理解即可。

庖丁解牛，本是完全与音乐无关之事，在这里二者却发生如此内在性的关联，甚至是势所必至，这足以引起我们更多的沉思。"音"作为通常的观念，只存在于乐舞演奏当中，故下文紧接着用"桑林之舞""经首之会"来形容之，但在解牛的过程中确实出现了这种效果，故庄子连用三字，"中""合""中"，来表示其与"音"的契合。质实而言，这种"音"的特别意义，就在于庖丁解牛所给予我们的音乐性之美感，这种美感又不局限于声音的"中音"，而应当作为庖丁整体性活动的同质感受性。"音"作为无形有质之物，一方面是有形的肢体活动之转现，一方面又是更高级的无形无质之物（神）的托体，内蕴极其丰厚。

关注到"音"的深刻意义，我们很容易又联想到在庄子文本中更具有明显之哲学赋义的"天籁"观念。我们可以谓这两个观念，共同构成了道的声音化或声音的道化，即音喻道，道体于音。在天籁的呈现中，庄子特别注意了（"万窍怒呺"之无限）差异性，而没有突出声音之美感，尽管同时其描述的文字又具有相当之秩序性（层层之相对）。作为其中之隐义，在庖丁解牛处得到了彰显，而"音"的深义，也仍需要结合天籁章才能获得更理性的把握。

"音"的本性，固然直接表现为声调的动听，然而其本质义乃在不同音响之"和"。唯有众音之和，才能产生美妙深邃之乐感。中国哲学的精神或境界追求，就在于这种乐感之和的实现。所以，和在中国哲学中，既是音乐领域的核心观念，又超越音乐之部门而具有更深广的哲学意蕴。《庄子·天道》篇言："所以均调天下，与人和者也。与人和者，谓之人乐；与天和者，谓之天乐。"和的要义，即在"均调"，均调于人（或天下，"天下"者人之政治世界）则谓之人乐，均调于天（万物）谓之天乐，境界愈大，为乐愈大。均、调、和三者，"异名同实，其指一也"（《知北游》），即皆指示人际之间、物（此时人亦物）际之间差异性的顺适，进一步言，即无不各得其所，自得其得（"自喻适志"），也即表现为所有生命（在相关性中）之本然舒放（自适）情态。天乐之和，必是全体的均调，必是万物之自得，所谓"吹万不同，而使其自己也"（《齐物论》）。如是，"音"的美感意义，就自然与"天籁"之哲学意义得到会通，只有差异性的自然和调，才是"音"，才是"天籁"；甚至，差异性的本己实现，就是和调，"咸其自取"，无有调和者。

丙、美与理

就庄子哲学来说，其最终的论理往往很自然地走向"音""乐"，不可视为随意地或有选择性地比附，只是作为辅助性的说明。这种"音""乐"的效果，就是其道论思想或道化境界之固有部分，也即道（理）与美有着内在本质的联合，二者即为一事。故《知北游》谓："天地有大美而不言，四时有明法而不议，万物有成理而不说。圣人者，原天地之美而达万物之理。"这是对庄子哲学最高明、最全面的概括，特别是"圣人者，原天地之美而达万物之理"一句，即代表了我们古人最完善的精神信念，也明示了一个哲人哲学活动之所当务，标宗千古，同准四海。哲学（或最高的精神事业和追求）既是达理的，又是原美的，既有理的智性的洞悉，又有美之深切的经验感悟，理与美结合，学与乐相即。

进一步讲，在这里，美和理完全是一事，并不是两样事物，更决非两学（所谓美学与理学或哲学），此与今人为学之割裂横断迥别。天地以其固有之道理而美，而所谓道理未必容易得到揭示（即使揭示也未必如实），但其给予人的美感，却相对容易体会（美感并不依赖于知，而为直观或内在之涌出，经过反思的美，只是美的理念而非美感本身，所以美的理念并不美）。然美与理确是一物，唯于认识上有浅深而已：美的本体来源是未经揭示的理，未经揭示的理产生美；而且，恰恰因为作为本体之物（自在自化之物或诚者）产生了美感，才能印证其为理（以及有理）。

美固然有其未经揭示的来源，理有此美，甚至，理同样是可以未经揭示的，而且理往往是未得到揭示的（也即虽然有理之反思与称名，却并无具体之内涵性规定，如我们可许有人之理，然对于人之理为如何，并非自明或必定能明），在庄子则尤其反对对此理的具体揭示（揭示实乃人为之规定而非即是理体之本然）。当此未经揭示之理而言，它的意义就与美更为接近，二者又与"命"之意义接近，命自行也，理自运也，物自化也，其充实不已，"自喻适志"，则美之洋溢也（孟子谓"充实之谓美"，见《尽心下》）。所以，在庄子哲学中，甚至在中国哲学（合儒道而言）中，理不一定是需要揭示的，而是自至的，自生生的。其自然流行，其势所自至，或曰"天（行）"，就代表合理性（天即理，自然即合理），所谓之合理性反过来，也不过指示自然之必然性，也即"命"（命即蕴含自然的规定性之意，而非人为对规定性的设置）。当人的认识、行动真切地合（中）乎此自然之合理性时，就是其最本己之活动，从而即会产生或伴随本己之愉悦，呈现为美、乐之境界。

所谓理，在今日则完全抽象概念化，不知吾国古人之理，就是指事物自身、事物之间以及事物变化之纹理、条理，究竟言之，理者，（有）秩（有）序而已，秩序者，（合乎本然之）适当而已。由此，理的本质义与美的本质义，并无二致。唯有秩序（整体性中之适当，而非规则义），唯有生命之本然舒展、发见、流行，才能呈现为理，才能生成美感，换言之，一切事物俱如其本己所是，咸自得其所是，才是合理的，才是"中音"（美）的。理和美，在中国哲学中，并非漫然流于纯粹认知的趣味，而共同指向生命（作为存在者而有生）的情态，揭示生命之本来面貌。

如是，我们可以重新回来理解庖丁解牛之所以与音乐发生关联，而庄子所以要将庖丁之肢体动作亦作一流动性的处理。这种行为的流动，就是自然之运化或推行过程，只有这种过程的吻合，才能显示其合道性。道者，行也；行者，由此至彼也。而这样的流动性的圆转，就贴近了音乐的本质。音乐之美感，本于音节之流畅，节奏之合理，俗所谓行云流水，又所谓一气呵成是也。其美妙，要在一顺字；而顺字之可能，又要在一合字（合乎物之固然，物之固然即理）；而合字之完全，又要在于物我无间，彼我无碍；欲物我无间，又在行其自然，唯自然乃能无不然（达于无造作之俱适）。行其自然何以可能，此则庄子下文所欲阐发者。

解牛（庖丁之解剥牲禽）本为日常社会生活场景中寻常事件之一，解牛而克臻此美妙，则生活中之一切事项，亦将同有其可能。由此可见，庄子并未消解我们之社会活动（或者说，解牛、肉食并不违背自然，凡自然者皆理应有其展开，有其实践形态），而意在赋予我们日常社会生活以新的更高的意义，或曰使事务（人之所为）呈露（非阻抑）本身内在、自然之美感而已，也即于"行事之情"中而达到物我无间、人天一贯的境界。

二、"技盖至此乎"一段

（二）"技盖至此乎"

本处我们要着重理解文惠君观看庖丁解牛后之反应，其尤为体现了庄子文法与道理自然进退相应之微密程度。上文已言，庄子对于文章之肌理的领会，已能达到绝无斧凿、驱遣自如的程度，故我们此处（并宜扩及全书），不但应注目于庖丁解牛，同时且应瞩意于庄子之行文（解牛为行刀，两正相应）。关于行文，不但文字有其待传达之义（积文而见），而文字之传达活动本身（如是传达）即体现了义——道的踪迹，行文与道的自然（与自觉有异而能通）契合，即是道的漫衍而出，现为重重之妙。故不独庖丁解牛足叹为观止，庄子之著文亦应别加赏心。

文惠君的反应，完全通过语言来表现，而这里的语言又有超乎语言之成分在，《毛诗序》所谓"言之不足，故嗟叹之"。首先，他惊呼曰"嘻"，一字也，又虽字非字，因为其字并无意义，而只是一种情感化的声音之摹写。这个声音，犹然在混沌之里，虽然透露了一定的意向（赞赏），但触物（道之大美，声之大音）而动，发于自然，未经反省或思之涉入，如同水击濑鸣，又如林鸟嘤嘤，纯为天机之发，玉之在璞，不经人点染剖凿也。此一"嘻"字，与其认为语言，毋宁认为声音，天籁之音，戛然一响，电光石火，倏忽一透，虽无意义（意所不及）而又最贴近本真之意义——物情之真是也。

接着，文惠君又发出第二言"善哉"，善者，意所亟许，心所深好也。此则凿破浑沌，而意义朗现，心有所用而睹所谓"善"矣。"嘻"者未明之善而善在其中，此则既明之善，思而后得，入于语言。语言者，有意义之符号系统（或曰公共之格式，裁物以入言，准言以出物）也。"嘻"之与"善"，犹天籁降格为人籁，其为理相去，不啻千里。然"善"字统以断其所是，唯将未呈现为意义者，一转而成既觉之意义而止，犹且不失含蓄笃厚。

文惠君之第三言则曰："技盖至此乎？"言愈多，思愈用，意愈豁而情愈薄矣。此一句可有两解，系于"盖"字之理解。就"盖"字言，可如本字读，可通"盍"读。作"盖"本字读，则盖为语辞，表约略而不定，此处有惊异若不能尽信（过于信）意，犹竟然义，句为反问，意为解牛就技艺而言竟然能达到此般程度吗？此用与"形固可使如槁木"之"固"字有相近之处，固者，目睹其然而诧其本不能然（即竟然义），超出所思（于"固"不可），故反问其实，求论其理（"固"有为理）。"嘻"者一叹，"善哉"二叹，"技盖至此乎"则可视为三叹（以惊疑为赞叹，问之意轻，赞之意重）。一叹非意所生而自起，二叹虽有意向而犹大朴未漓，三叹则意见为主而指切于事，知运于其间矣。此所谓一唱三叹，由浑然以至憬然也。惟心迹渐白，而意存一贯，文惠所感，犹大木之臭"使人狂醒三日而不已"（《人间世》），又如所形容"孔子见老聃归，三日不谈"（《天运》），"庄周反入，三日不庭"（《山木》），入之深则醒之迟，由自然以达于自觉（出离而能反观为觉），久而复定也。

"盖"如通盍，盍者，何也，句为疑问，意则汝之技艺何以达到此般程度？当然，就此而言，疑问之中复带感叹，兼不失上解之意。此则由纯然之赞叹（自失其中），而思正其位（行思之用），求问其所以如此之道（犹颜成子游"敢问其方"），乃由赞善之境落于求知之境，欲解析其混茫，使内在之隐秘，昭然示掌，为可说可道而化诸名理（生成为知）也。

此二解，何种更符合这里的文理？就其为说而言，各有所据，择一可也。本章行文与"南郭子綦隐机"一章十分接近，皆先示其人有得（合道）之象，引起观者之惊异，继而事问（颜成子游有两问，前后之问，意义不同，前者问轻感重，后者感轻问重，与此处"盖"字二说分别对应，本处则唯一问，故不可率然类比），得道者乃从而引申解释之，以开显其理，结正主旨。非今昔、道俗之不侔，无以激发惊异之情，非惊异之情不足以起思起问，非有事于问则道理无由推阐。理无妄教，愤悱为资，故问者，道理之触机，文章之关纽也。由此观之，后说为合于文理，有是明问（何以），庖丁乃有下文之详答。

然庖丁之答，不必固由于明问，而可乘彼惑情（不解为惑）。由问生答，固为常轨，然庄子虽不必特好立异，亦不必每徇于常，因时蜿蜒，各得其妙。何谓？吾人寻庖丁下文之答，则首在辨是道非技，而上下言语之契机要在文惠君脱出一"技"字。如是，着一"技"字，本为赞辞，反成贬语，在文惠君固非有心（知所限而不及道，滞于俗见），然暗于大理，实可悯惜，故庖丁乃欲有所澄清而溉益于彼。"技"字虽单，声臭悄然，关引大义，文眼也。故文惠君不必明问而问势自备，直穷其（赞叹惊疑之）情，情尽俗披，言定意著，问虽尤彰，而不问尤化，文格更高也。如以"技盍至此乎"，与下固有响答之应，而于上则语意仓促，转捩过迅，方蓬蓬然而忽凛凛然，文浅白无蕴藉，不足以示惊异之深而达乎庄子之文心也。

以盖通盍，因有"何以"之问，故承以如是之答，如机械之设，合于俗笔；以盖为盖，反问而仍留于赞叹之不已，问、赞兼得，而痕迹希微，问以为事，赞以为情，"技"以为眼，于情而现理，其重重相关，而浑然俱化，又合本文，无用旁通，故此说为优而深也。

（三）"所好者道也，进乎技矣"

庄子行文，其序井然，由庖丁解牛以触发文惠君之感叹赞誉，而由此赞誉之未达，以引之于所达境界。

文惠君观庖丁之解牛，而叹到"嘻！善哉！"，是其不能不欣然为庖丁解牛之技艺所感染。然其所发亦不过为"技盖至此乎"，仅仅以技视之，而未明其渊源之理，是则其赞誉有至，其所见未至也。庖丁知文惠君之所未达，乃正色告之，此非技之事，而至于道矣，以技视此，未明其所以也。如是，本章乃进入正题之陈述，而纲领实全系于此。

由文理而言，其关联递演如上；就义理而言，其关系则为由事而技而道，事为一重，技为一重，而道又为一重，其交涉如此。庖丁解牛，一事也；事者，人物（物就他者为言）之交与（孟子所谓"物交物"）而发为行也。物不一来，来非一应，故于人（凡有皆相与，不独有知有生者为然）之有生者言，其存在乃事为之相续或曰行动之无已也。若其行事，有本于自然者，有出于识知者；其所识知复有合乎自然，有不合乎自然者；其为态万状，其居物无方，而祸福利害，继踵相随，故不能不审于事而慎于情，以达于物之理。物理者，物我相因，行事之自然，而居物之正术也；自然（天）即物理，非自然之外复有物理。凡有生即有自然（万物皆受命，命之所行即自然之所至），故事情之得失当否，一皆准于自然，自然而通，通则利，不自然而忤，忤则蚓，于此以见其上下之判，乃有技、道之分，而庄子所欲详示者也。

庖丁初句所答，使此问题得一深入，从而引出道、技之关系问题，或者说，从技的问题折入道的问题。如是，在庄子的视角来看，道与技不可同日而语，二者非处同一层次之问题，具体言，即道有进于技，而技未跻于道。这里，庄子将庖丁解牛之事，复提炼为一经典之哲学问题——道、技关系，吾人遂将自觉于道、技关系为一深澈之注意。虽解牛之事，其中必依循于道而后善，则他诸行事，无不此然，亦可以一隅反矣。吾人当知，吾人生活之常境之上，复有一道境。吾人不可但止于常境而忽于道境，道为吾人生存活动之所应当熟求者。

道、技、事之分，三者皆可生成其哲学之意义（为哲学所一体洞察，成为专有用语,而代表普遍之生存之境):事为有生(飞潜动植)或存在之(原始或本体)现象,技为日常处事之能,道为处事而合乎本然之达。然三者之关系并不一致。事为存在之本相(交与而起灭,或有名或无名),道、技皆其应用,道、技固有高下之判,然皆应物之方。故技者,应物之道(有以之方,方同而为方可不同)也,道者,为技之至(如"飞之至""其知有所至"之至,事可不同而道必同,物无二道)也。此二者之分若截然而实于现象之上并不显然,故于一事也,文惠君目为技,而庖丁说为道,其毫厘之差,非真能体之者不能辨之。吾人或曰,技者形而下者,道者形而上者。即形而下者观,所见者"手之所触,肩之所倚,足之所履,膝之所踦",所闻者"奏刀騞然"而已,技者,有形之操持也。即形而上者观,则在手而非手,手之所以触也;在肩而非肩,肩之所以倚也;足、膝与声亦然,其象为耳目所及,其所以然非耳目所及,故道者,无形以运物者也。常人滞于有形,乃沦于技;达者以无形为有形,乃贯乎道,老子所谓"无有入无间"(《老子》第四十三章)(无间者有形之实也,无有者无形之虚也),可以譬之。故道、技不可不辨,犹小大之辨也。凡境界有分,如人有腠理,唯达道者能辨而解析之。

又,庖丁谓"臣之所好者道也",所好之"好"字,殊可味。孔子曰:"知之者不如好之者,好之者不如乐之者。"(《论语·雍也》)分析言之,知之者,我为能知,彼为所知,以理推索,得其所是,然彼我有间,非在我者也。好之者,中有不能自已,勤求其是,不以为倦,非以一知为足,与物无穷者也。乐之者,所得能反诸己,物我一体,内外无际,相知之深,亦自得之裕也。在庄子这里,好字实兼有孔子所谓好与乐二义,深湛于道,好而能乐,其过于知之远矣。为道必至于能好乃为有造,区区以知解获之者,口谈指挥,矜其得色,非偏执一是则守其影响,似是而非,俱未至也。道体于内,行之于身,身心相适,乃有其真,岂炎炎口耳之夸哉?

三、"始臣之解牛之时"一段

庖丁谓"臣之所好者道也,进乎技矣",然道非骤跻,凡事为之初,必由于技。技复非易,必习而成,况于道乎?此犹为学之序,不可先以乐之、好之为尚,必力求知之(不能相得故外入而见力),知而后能好,好而后能乐(既亲切内化,故在己而乐易),不知而乐,如不煮而食,物不熟,习不化,无以享其补益也。故下文所详,即庖丁所述解牛之由技以入于道的经历。

道可习乎？庖丁业之贱者而能之矣。道可传乎？庄子言之不厌其详，所以欲传之也。然教而不习，止于（求）知之而不能好之，诳言烂漫，终非己有。"为学由己"，此所以"臣不能以喻臣之子，臣之子亦不能受之于臣"（《天道》），非身亲之，道不可得也。

（四）"所见无非全牛""未尝见全牛"

这里我们要注意体会庖丁之由初学而渐进于道的过程，三个阶段各自所代表的境界为如何。再化归于一个具体的问题，即庖丁所见或全牛，或非全牛，此变化体现了何种道理？

关于三个阶段的划分，原文有两重标识，十分显然。第一重标识，为时间性用语，"始臣之解牛之时"，"三年之后"，"方今之时"；第二重标识，为视觉（所"见"）上的变化，"无非全牛"，"未尝见全牛"，"以神遇而不以目视"。在这三阶段的进展中，本有许多可供考察之视角，可供呈现之内容，而庄子特别集中于这两个方面，又值得我们去体会。时间性与视觉官能对于道的实现来说，理应具有关键意义或不同寻常的启发。

甲、时间与化

就任何事件而言，都在时间维度当中，有其起讫，从而具有时间性。时间从更本源的意义上讲，就是存在的内在形式，存在就是在时间性中的展开（用更中国化的语言描述即"变化"或"易"）。进而讲，时间不但作为一种无以剥离的伴生形式，见证存在的展开，它本身就是赋予存在以展开、以变化者。存在在时间中获得无间之差异性，存在差异性之最本初形态即为时间之差异性——这种差异是时间之纯形式的差异，差异只有在时间性中才能显现，才能得到密切的关注，事物也因此被精细地考察，获得展开性的揭示。因此，事物生生，更严密的说法是，时间在创生，时间作为永在流行者，它使事物获得其是，失去其是（仍是），生死交替，正是这种或宏观或微观的变化，使事物被展开而成为事物——恒被展开，或者恒有事物在展开。

这在庄子的思想中有充分的注意。《则阳》篇曰："蘧伯玉行年六十而六十化，未尝不始于是之，而卒诎之以非也。未知今之所谓是之非五十九非也。"如果我们说，蘧伯玉今六十而以为是，觉五十九之非，此乃出于知之分裁，若行年六十而六十化，其始于是之，而卒非之者，决非可谓皆知之所任，则今是而昨非，就不是一知的结果，而唯见为"行年"之"化"，也即时间本身之差异性的展开或生成（知渐与相应偕起而化）。"化"有着强烈的时间内涵，且时间无可阻滞地自行其化（仿佛从无尽的本源冲冲而来）。

即内篇而言，最突出的事例为南郭子綦隐机章，颜成子游道出"今之隐机者，非昔之隐机者也"（庄周梦蝶章见"昔者"而"今"字隐），今、昔即作为时间之概指（已往之时为昔，当下之时为今，未至则非时，故合今昔为时间之体），万物皆在时间中酝酿、生长、成熟，寻求成为其所是，至于瓜熟蒂落。时间保存旧者，涌现新者，可能被捕获，丰富性得以增添，从而使事物更便于观照，更容易被揭示（走向"熟透"）。只有时间才能成熟（或腐朽）事物，只有时间才能揭示秘密（也只有时间能够制造秘密）。秘密就是一切未来有待于显现者（秘密未是），当其时间到来时，秘密即不成为秘密，事物成为光显者——从最初之是到最终之是的完成。就时间之特性言，事物总是在完成，达到此是，而又恒未完成，面向彼是。时间中，一切皆真，又一切皆逝，真者在到来。即南郭子綦言，今昔相形，若今是（合道）而昨非，然实又非在时间中断裂，而只可视为在时间中成熟达于"纯（于德）"。道非一蹴而就，需要经过时间的酝酿发酵，以臻于成熟（让自身显现在物而使物殊——今昔相形，"殊"即内含时间义，时间使物殊可能）。故宋人"今日适越而昔至"为妄，所谓"见卵而求时夜，见弹而求鸮炙"，"亦大早计"（《齐物论》）也。"大早计"者，事未作而意成，时未至而心行，老子所谓"前识者，道之华，而愚之始"（《老子》第三十八章），未能随时顺化，"以无有为有"，"不诚无物"者也。

甚至，我们还可以说，道就是化，化就是时（昼夜为时，而时非昼夜，时微密不可计，所计者时之权法也），无时则无化，无化则无道，道即时，时即化，三者异名同谓也。道的创生或化生，就是时的不断涌现，道的流行即是时的流行；物与时间同时不断涌现，或时间使物无间涌现；唯道与时为恒在，时之贯注于物，即道之贯注于物。庄子谓："适来，夫子时也；适去，夫子顺也。安时而处顺，哀乐不能入也，古者谓是帝之县解。"（《养生主》，又见《大宗师》，文字微异）适来，人之生也；适去，人之死也。人之生死（作为相续之体），皆"时"也。进此，则万物皆时，万物之是皆适时而是（获得定在）。故时者，无形有迹，所以生死万物，成物之是，非道而何？通乎时变，则几于道矣，是以名"帝之县解"。天地间，一时而已，何逃于死生寿夭？何免于时之命也？时之义，大矣哉！庄子哲学，时而已，顺时、达化、通于道，一物也。

即庖丁解牛而言，其解牛之技进于道，由知乎？由时乎？若其始解牛之时，非知如何为技，如何为道，如何而利，如何而钝，皆懵然无辨也，则其解牛非始于有知。三年之后，则（大）有进，其不能不有进也；且不必三年而后有进，一年有一年之进，一日有一日之进，时使之然也。时所以使之然者，物我相交，必久而后入，相与为适，一日则密于无日，一年则密于一月，三年又密于一年，此自然之势。物感致应，安顺苦逆，趋利避害，其得为得，其不得亦有得，物交之常情也。至于"方今之时"，则时之大熟，物我密合无间，于牛之体如在己者，无心而动，动必顺应，时之久而大化也。当此之时，其又有知乎？无知乎？时化而已。

　　如学为操舟，"善游者数能（数习而能，速也）。若乃夫没人（生长于水者），则未尝见舟而便操之也"（《达生》）。所以然者，"善游者数能，忘水也；若乃夫没人……，彼视渊若陵，视舟若履，犹其车却也"。善游者，习而忘水之害也。没人如鱼，性成于水，生则即然，不习而自忘也，故能视水如陆，波浪不惊，未尝见舟而便操之。或习成，或性成（性成若始有，而性成实亦习成，习在前而忘其有习也。由此，习成亦性成，同乎自然也。物相适为性，性必见于自然），皆合水之性而若一者也。如吕梁丈夫所述蹈水之故曰："吾始乎故，长乎性，成乎命。与齐俱入，与汩偕出，从水之道而不为私焉。"（俱见《达生》，达生与养生其理一也）此中，有"始"，有"长"，有"成"，而俱于时间中默化潜移，致乎"从水之道而不为私"，非有道可柄也（吕梁丈夫自述"亡，吾无道"）。

　　如是，一则庖丁以为"臣之所好者道也"，一则吕梁丈夫自述"吾无道"，若为矛盾，则果有道？果无道乎？吕梁丈夫释命为，"不知吾所以然而然，命也"，则道非于有处有，而于无处生也。所谓无处生者，初不见道，久习而忘，成乎自然，乃见所谓道。故善游者与没人之亲于水，习也；习者，相与之久（其久不一，有若生而然，有若长而然，适而止）也。庖丁亦然，彼所谓"所好者道"与吕梁丈夫所谓"吾无道"，异辞同谓，一道也，非"知吾所以然而然"，久习而然。故庖丁所述，其必始终于时间之观念，道无他，时化也，非知能也；如知其所以然而然，则不能顺时而化，道屈于知，亦不能成其道矣。

　　道无时不运，所异者，吾人顺道与否。又，此顺逆于道，于道非见顺逆，顺者道顺行之（化之），不顺者道亦顺而行之（化之），然于人而言，则利害不同，故必求合于道，乃获安、适。故庖丁所谓由技进于道者，由未能合道而进于密合于道也，犹行路之人由歧途复还返于正路，乃坦然平荡，免于荆棘虫蜇虎兕之危苦。

由此表明，庖丁解牛，并非伊始就达到最高水平，而有一逐渐练习精熟的漫长过程。这一过程，即由技之生熟而至于道化自然的过程。也即表明，道于常人，特别是于人事上说，并非固然而备，自然实现，在道事之间，也即天人之间，有一逐渐融通接近之过程，如痀偻者承蜩之巧，必由"五六月累丸二而不坠"，以至于"累五而不坠，犹掇之也"（《达生》）。行事之通利，物我之无间，只有在时间之熟化过程中才能实现，人之鲁莽灭裂或者"强梁"之性才能得到陶冶。少知者任力，多知者任知，皆任我而欲横通于事物，不能因物以为物。这种带有"强梁"性之活动，即不同程度的技术运作，质言之，技有通有不通（不通者，刚克也），不如道之无不通（"莫不中音"）。由是，道作为一时间性的必要过程而言，决非一知便了，亦决非知所能了，唯有"投身"其中，与物磨合，以几于忘（忘言自然），乃能遇道。故中国之学问，必求履之蹈之，亲之体之，物来顺应，妙合而凝，不知而自行，乃为大成，或曰"实证"之学也。

由此又表明，道之获得实非不可能，于庖丁之人尚属可能，对于其他人而言，同为一种普遍的可能，唯吾人求之与否耳。所谓求之者，非独囿于思理（此常流于知之妄而不知），乃于实行证之。于实行证之者，又见诸时化之力也，所谓有一日之功则愈于无日，有一月之功则愈于一日，有一岁之功又愈于一月，有三年之功又愈于一岁，有终身之功又愈于三年也。时行不息，道化无已，行年六十而六十化，物岂有常？变于时也。道岂有在？应于物也。故安时处顺，笃志于行，则道必有应，道岂虚哉？焉知人而不入于天？事所不能者，习其技巧以办之；技所不能者，为之为之，而又为之，为之不已，时将化之，鬼神将助之，如《管子·内业》所谓"思之思之，又重思之，思之而不通，鬼神将通之"。时可至也，而不可求；鬼神可期也，而非可使。有在人者，有在天者。通之不可期必，故非在我；然又非果有鬼神以通之，思所自至，行所自成，自然而已，时成而已。

乙、"全牛"与"非全牛"

庄子于庖丁之言，除特别注意时间之进度，又格外注意视觉之效果，此尤有微意。非时则效不可见，非效则时义不明，必合观之，庖丁所谓"道"方大明。在这里，具体言之，庖丁技艺精进的过程，体现在从"所见无非全牛"到"未尝见全牛"的变化，前后各立身于一境。

对于未从事过解牛之业的人来说，牛作为（古人）日常生活世界中的常见事物，是熟识的，然而作为解牛之专门活动来说，牛又是完全的陌生者。所以，我们对于世界周遭之物既熟悉又陌生。熟悉者，我们能轻易将事物通过名言以及外形等直观特征辨认出来；陌生者，我们独于事物之内在构造、超乎直观之视觉能力处，又晦暗不明。当我们欲深入事物之中时，因为官能作用的限制，经验的匮乏，事物成为对我的封闭之物。这种封闭，使之如一堵墙壁，阻隔在物我之间，使我欲进莫由，也即，当我欲求深入通达事物时，事物自身却成为我的意愿之障碍物——除了显现的外观，视觉官能所及者，内在漆黑一团，又如顽石一块，无法（通过目光或心灵）穿越它。如是，对于事物，我们只能就所察及（视觉印象往往率先到达，且作为对事物认识的主要标准及触发其他感觉的机制），获得其外在整体之轮廓性的认知，而作为内部之构造、活动之性能等，非凭借感官之进一步的接触，时间之适宜的过程，经验之充分的积累，则不得不付之阙如。

  如是，当初解牛时，牛就只能是"徒有其表"的观照对象，映入眼帘——作为整体（浑然者）而又是无其内在的整体。此时，牛对于庖丁而言，既已有所是，而又未是，也即，还远远未被充分揭示，彼此为二而不相通（"入"）。那么，我们可以说，全牛者，空洞之物，而未入于细理之表征也。在此后三年之解牛的不断尝试中，庖丁乃于牛之内在所是获得接触，牛之内里从"裹藏者"成为"所见"者，牛之所是不断涌现（或被遭遇），汇向庖丁之感官心知。在此三年中，牛可谓日新其新，越来越成为其所是。那么，"未尝见全牛"的意义即在，牛于庖丁非复如初所见，仅为空洞之物，而入于细节、着于实在矣。牛不再是笼统之物，或"徒有其表"，"空有其名"，不但作为一外观上的所是，而成为众多所是之合成（或积集）之是，概括言，全牛不是，全是乃牛。

  在此合成中，牛体之每一部分都成为"自是"者（殊是），而不是隐匿或被忽视者。如是，则牛就从整体之有限者化为部分之无限者，也即从全者变为不全者，唯有通过局部之一一履实，牛才成为真正之全体。全牛并不是庖丁解牛之对象，因为全牛并不能成为一个入手，只有每一刀与牛的局部接触，才是真正的发生物或实在物——这使解牛得以完成。解牛的本意即蕴含着，将牛从不分之整体分割成适宜的部分，也即从笼统的是，还原为各是其是。因此，牛体之每一部分都应得到独特之对待，牛要变为真实、无间之被经历者、在者——无一不在，而不是埋没于虚名当中（"全牛"）或不完全的指示中（全牛而不全）。这个过程，我们也可以说，是由名走向实、走向物之自身的过程。当我们愈不了解事物时，我们越依赖于（或仅有）名的指示，以名得物；而当我们愈掌握事物时，则我们便直接亲入其里，以实得物，让事物在自身中成为其是（无所假助或不通过媒介，名成为不必要，得实忘名）。

三年之训练，是庖丁与牛相"尝（与）"之过程，或相"亲"之过程，或者使彼此更"是"以至于俱"是"的过程。从全牛到非全牛，其所表示者为庖丁对牛之体验的深入，或曰对牛之骨肉肌理、内在结构之了解的增多，由陌生达到纯熟。吾人于事物愈多了解而得其所是，则愈能深入，与彼合一；了解愈多则晦暗愈驱，阻滞愈少，相与则愈能顺遂。这里需要澄清，我们所谓"了解"，并不是一般所谓官能之知，尽管不能不与之发生联系，而是指行动的感受性，在亲尝（行动的接触）中获得自证的"知"。中国哲学重视一般之知的价值，然其所谓深层之知，往往并不是（或不复停留于）理智思维的认识活动，而指被激发或所回复之自然感应的（道德）行动能力或实践力，如张载谓"德性所知，不萌于见闻"（《正蒙·大心》）之知，如王阳明所谓"良知""知行合一"之知，此皆非起思起念之事，而为本体之诚，自然感通流行，现为胜用。

唯止于名，或观望不前，只能获得空洞之一般物，一切实在的都是具体的，只有不断地亲尝或练习，才能把握具体，培育实践力。庖丁之至于未尝见全牛，经历了三年，可见此非朝夕之功，必有相当经验之积累乃为可能。经验者，吾人知识与实践能力之所本也。经验愈丰富，其知识乃愈精确，其实践乃愈有力，三者相互促进。而知识者，非但可对应吾人理性能力所提炼之论断，尤为吾人与物相与浃适状态之实证。故经验知识之见于事物，实即为吾人处物之能力。经验必经相应之积累方能然，故其非可但凭普通知识之了解为足。普通知识可以促进经验之深入，然不可取消或代替经验之现实过程。物我之相与（或人之处物），其具体之恰适感，必于经验中反复校正方能实现。是以庖丁三年而后有进。

（五）"臣以神遇而不以目视"

庖丁解牛，从最开始"所见无非全牛"，到三年后"未尝见全牛"，我们说，这是一个逐渐由空洞到笃实的过程，由虚知到亲知的过程，同时也是牛逐渐从视野（所见）中消隐的过程——这是牛之解体从视觉上的映照，从全到分，从有到无。然而，这仍然不是所谓纯然道的境界，只是在通向道，在时间中走向技的升华。

就三个时间阶段来说，分别代表了三种境界，而不同之境界即意味着某种本质性的差别，如《逍遥游》所列宋荣子、列子与至人等的差序。在这里，这种本质性的差异又何在？即庄子所提示之视觉上的变化："所见无非全牛"，"未尝见全牛"，"以神遇而不以目视"。"未尝见全牛"，固未尝见全牛，然意亦谓未尝都无所见。是则第一境界与第二境界之分判即在，见全与不见全，同为有见，偏全之分、粗细之别也。"以神遇而不以目视"，见出于目视，不以目视则无所见，故第二、三境界之差别则在，犹有见与都无见。牛之逐渐消隐，为客体之呈现，于主体而言，则为官能活动之解除。

如是，"三年之后"，并非代表解牛技艺臻于完善，只是对于"所见无非全牛"之成见的克服。通过三年的操练，牛不再是唯名之物或空洞之物，而是渐渐充实者、具体化者，庖丁将通过所见之牛的解体，从而分解之。如是，解牛并不是人使牛解，而是因牛之解以解之，当解牛可能时，必是牛之既解（与能解相应程度）之时。"三年之后"，犹必有后，方能达到"以神遇"的完善境界，而"方今之时"决非"以神遇"之始，只是庖丁已进入道之境界后的恒稳状态，在今犹昔。

在这里，我们重点要体会庖丁所谓"方今之时"的状态如何，其所表示出来的道理为何，这是本章之最高原理。

甲、"官知止"

于此，庄子又将开始时所提炼之问题——道、技关系，进一步深化，转变为官知与神欲的关系，或曰形（器质性的存在）、神（之用）的关系。人作为器质性的存在物（凡物皆器），是有形者；作为生命体，其形体具有敏锐而全面的感受功能——从低级到高级的感受和反应能力，这些发诸于形体或器质性的功能，便是"官知"，"目视"即"官知"之一。尽管"目视"在此处被着重描述，但"官知"是综合性的功能，是官能活动之全部内容。而此"官知"，又不但指示感觉官能之知（反应之明，如目有所见即目之知），还兼包心官之知，也即，感亦知，心亦官。故颜成子游言"形固可使如槁木，而心固可使如死灰"，形、心并言，而所谓形如槁木，心如死灰，正是此处"官知止"的剖解。

这里，官知和神欲之间构成此消彼长的冲突，一"止"则一"行"，犹如理学所谓天理、人欲之间的关系。朱熹谓，"人只有天理、人欲两途，不是天理，便是人欲"（《朱子语类》卷四一），"天理人欲，不容并立"（《孟子集注》卷五），且二者之间有"相为消长分数"（《朱子语类》卷六一）；

阳明亦谓"减得一分人欲，便是复得一分天理（《传习录上》）。官知与神欲亦如此，二者为理异，境界殊，相为敌体，此行则彼隐，此消则彼现，其不相容如是。故工夫全在止其官知。止者，停而不行，止其用也。官知止则神欲自行，非有神欲可操，俨然别作一物现前，推而行之，此则知其然而然，有为为之，非神也，犹官知也。止官知，可谓庄子哲学之根本工夫，"吾丧我"在是，"坐忘"在是（"堕肢体，黜聪明，离形去知，同于大通，此谓坐忘"，见《大宗师》），而庖丁解牛亦在是。

乙、"神欲行"

"官知"既明，则"神"之为物犹存恍惚。神者，知不可测，物之极效也。唯化入神，唯熟致化，熟者时而习之，反复为之，心手相应，不为而自至。神也者，天之大德，人之成能，物无过神，合天乃神。此中国哲学儒道所同贵，其所以然有理，其至之有方，故必尤属意也。

就第三阶段，或在道状态而言，其实质即完全凭借于"神"来活动。如果用官知与神的"分数"关系再来对三重境界加以区分，即，第一阶段为全凭目视之状态，第三阶段为全凭神行之状态，第二阶段则介乎形神之间，不全滞于官知，亦非全入彼神行。

于此，庄子明确表示了在道之境界中"官知止"的必然要求，更明确地说，理应做到，"堕肢体，黜聪明，离形去知"，使形如槁木（感官功能之解除），心如死灰（心知功能之解除）。那么，人作为富有生命的存在，复将如何显示其生命活性？官知或形心之俱灭（止），也即南郭子綦所谓"吾丧我"的消极意义，使人作为人之一切主动性、积极性都被取消，也使日常之自我的实现与对物之通达的可能，尽被堵塞。从道的显现来说，我们需要摒弃官知之用，然而从事实上言，我们又必要与物发生关联——应物，因为物我同在。此意味着，我们要不通过（我的）目之视而仍看见事物，不通过耳之闻而仍听见事物，不通过心之知仍能把握事物，又即《人间世》所谓"无听之以耳而听之以心，无听之以心而听之以气"，官知在实现自我和沟通事物方面的功能，不再具有道的合法性、必要性。这使我们深陷一种困境，既有止息官知的必要，又有实现感知（于物）的必要。那么"我"将何以成为我？我将如何来处物？在我的生命本真当中，在物我之间，是否还存在着或保留着更源初性的活动（交与）之可能？"官知止"的确切意义又为如何？这些问题，将迫使我们更加谨慎微细地对待庄子的言说。

我们应当认识到，"官知"对于人之存在而言，是不可或缺的（不能不有，存在整体作为与他者的感应或互动之物，也即人物整体便是一感知官能，于下分别有耳目鼻舌身等具体官能，然耳目鼻舌身之缺陷，无妨于存在整体之仍为感知官能。如是，形体的残缺并不影响事物之存在本质，作为通过感知而在者），因为这些功能完全是自然所赋予（或启发），生而禀有之能力，其他事物尚然，况于人乎？唯其程度有异。故官知，即是天性最显著的体现，所以应物之具也。而庄子学说中屡屡言之，或作为一般原理对官知所施的抑损，并不是取消其固有的本能，使目视而不见，见而不思，如枯死之物，毫无生趣。这恰恰是违背天性的，所以颜成子游在对形若槁木、心如死灰的惊诧中，特别使用了"固可"字样，询问其是否出于本性。我们说，庄子哲学是崇尚天性之哲学，一切天性之所然都理应（或不能不）被保留，反之，一切可以取消者则必皆非天性之所真是。对于"官知止"，我们理应从一超越意义上来理会，也即从人性之自然进一步跃入天性之自然或者说更高程度的自然（与更高之自然比较，则初始之自然转非自然）。

此可借孟子"小体""大体"之说为喻，官知皆小体也，"官知止"乃通于大体。何谓？小体皆于私我之主体而见为有效（"爱之所以成"，爱则物欲重而官知行），大体则为与天地并生而忘其内外之际。如是，官知用于区区小体，目有所见，心有所知（或以有见而生目，以有知而生心。目作为见体而并不见其见，有心乃见，心者反识者也），以是其所是而非其所非，其官知皆小体所不能不有，固为性。然如通于物、达于道，不以我观物而各物其物，则目犹可见而无用其辨，心犹能知而不用其知，官知皆不为区区小体之用，而行乎大体之自然，《系辞》所谓"寂然不动，感而遂通"是也。故别物则官知之用盛，此在我之性也；不别物则丧乎我，官知不为我用，概循乎天性也。以人性观天性，则人性即天性，人不外乎天也；以天性观人性，则人性未可即谓天性，在人者而已。别物以论性，则物性各不相同，"我"以一性格万性；合物而观之，一天而已，感应之自然者为性，无不同也，乃总万性为一性。辨则辨中有辨，七窍为凿；不辨则不辨亦无，混沌之生。此小大之辨也。

进而言之，感官之用在于形，形则有碍；心知之用在于私，私则有蔽。神之用则无形无私，无形无私则无碍无蔽。要而言之，官知之用有限，神欲之行无穷；有限则有所不通，无穷则所在易入。故庖丁之至于神欲行之境界，乃从形而入于神，从有限至于无限之过程。无限则无待；无待者，大通也；大通者，神之往来也。

丙、心、神之辨

耳目官能之用为有限而多穷，此则易见；心官之用，"俯仰之间而再抚四海之外"（《在宥》），其不亦无限而非可制者乎？吾人常所尊者心也，勤以事者心也，心明则智，心仁则圣，何莫非心？而今一旦与耳目同弃，非过举欤？其说何在？所高言者神，心与神其一乎？其二乎？一者其分体用乎？二者其相悬绝乎？吾人如于庄子心神之际不明，进则疵于道，退则谬于俗，两失之矣。

实则心、神关系，不但于庄子为一根本重要之问题，于儒家亦同根本重要，唯其于心若提倡，若消解，表象不同。凡物有名，有名则必有义，其义参差，则为说自异，非必皆抵触扞格，各居其秩也。心之义最多歧，故于心不可一概而论，可论者其常耳。

庄子行文，心常与形相对，如《齐物论》"形固可使如槁木，心固可使如死灰"，如《人间世》"形莫若就，心莫若和"，又如《应帝王》"劳形怵心"，则形之与心，乃统括人事为言。形者，人之形体感官及其用也；心者，人之内在情感、思虑、意识、认知等凡今所谓精神活动，其主此而现者，俱谓之心也。形体实而心体虚，形体动而心体明，形不自主而心能为主。形之与心，必于形上见心，亦必于心下论形，形得心以使，心藉形而彰，心形相与为一体也。心与形若决不同，实则形而后有心，心者形上（上乃时序义，犹言先后）之精微者也。目有所视，心别其色，从而名之以黑白；口有所尝，心别其味，从而名之以酸咸；以至此色也，此味也，此目也，此口也，无非心从而别之，无心则无色味、口目之名。形则躬体之，心则从而辨之，反以思之，以定其所是，以决其所应。不有口目，心为无用；不有心知，则口目虽感而无味色。是则形感于物，心又感于形；形所以收万物，通内外，接物我，心所以为主于中，制其身而裁于物也。故心形为一体，形为本而心为主。万事辐辏而来，耳目日输其用，心思理其万机，心之主于形，如君之御天下也。故荀子曰："心者，形之君也，而神明之主也，出令而无所受令。"（《荀子·解蔽》）

荀子于心说最明，其言曰："心有征知。征知，则缘耳而知声可也，缘目而知形可也。然而征知必将待天官之当簿其类，然后可也。"（《荀子·正名》）征者，缘据也，不自己而自他，取物以为己用也。故心不自知，权耳目以为知，耳目接于物（"当簿其类"），导其所受，心从而辨析之，以知声知形，乃有所谓知；以为喜为怒，乃有所谓情；以为是为非，乃有所谓理。外耳目，则心知非心知（心知所以裁断于来物，来物既绝，则心知废）；离心知，耳目亦非耳目（耳有闻而不闻声，目有见而不见色；无色与声，则闻非闻，见非见，耳目复非耳目，尺寸肤也）。故耳目者，内外交通之窍，物我相与之际，天使之然，备物以生也。耳目既用（各立其官），则心思情虑蜂起，真伪百端，樊然淆乱，喜怒苦而是非杂矣。"听止于耳，心止于符"（《人间世》），官能之受有限，心知之用有由，故不能不各得其偏。荀子谓："心不使焉，则白黑在前而目不见，雷鼓在侧而耳不闻，况于使者乎？"（《荀子·解蔽》）此一以见心所以制耳目，一以见心之不能无使。心有使则蔽且私，其道则一曲，其情则妄发，其耳目所感则非自然而交眩矣。故荀子倡"虚一而静"之说，于庄子则言"心斋"之道，欲使人"徇耳目内通而外于心知"（《人间世》）。如是，则物我犹通，私意潜消，耳目循于自然，不与心知交乱矣。

　　故以用言，则心知为大；以弊言，心知为甚。世之所以重心者此也，世之所以怀伤于道者，亦以此也。虽去取异途，俱有事于心，以为根本工夫则同。然人心究竟不可去，如形之究竟不可槁，所谓"外于心知"、槁木死灰者，意有在也。形之与心，生而有之，此自然也，所当存也；其用之有累，动为物诱，非其自然也，所当外者也。故于庄子哲学，其所嫉者"劳形怵心"也。人既合形心以为人，"劳形怵心"，则内外交攻，并伤其生。"形劳而不休则弊"（《刻意》），心用而不已，至于"喜怒相疑，愚知相欺，善否相非，诞信相讥，……百姓求竭矣。……天下脊脊大乱"，溯其所由，"罪在撄人心"（《在宥》）。撄者，触其机，逗其性，引其能也，如"以扶吾形，寻擢吾性"之擢（《则阳》），又如孟子所谓"揠苗"之揠。物本有之，乃能撄之，撄之引之则非物之本然，人不胜天，擢乃失性，故庄、孟同著为戒。所以撄心者，物欲也，名利也，宠辱也，得失也。心既撄，则入之者多矣，物屡挠之，心常为役（"劳神明为一"，此"神明"即变指心知言），用而不明则惑，惑而行之则殆。必止其用，纾其役，乃不罹其殆。故心必求和、静、平、淡。"百里奚爵禄不入于心，……有虞氏死生不入于心，故足以动人"（《田子方》），爵禄、死生之念一入（或感，《应帝王》有"何为以治天下感予之心为"）于心，则撄之矣，不入则不撄，"万物无足以挠心者，故静也"（《天道》）。因此，庄子屡谓，"形莫若就，心莫若和"（《人间世》），"游心乎德之和"（《德充符》），和者，外物不入，内守纯全，舂容调适，安所固有也。则庄子所外者，心知之用，物撄而后起，"排下而进上，上下囚杀"（《在宥》）者也；其所求者，心体之和也。

人心，攖之则纵驰而溃乱，存之则淡和以大宁。庄子虽不能绝心，其视心诚与世俗迥异。若于世俗观之，耳目之感不辨，喜怒之情不发，是非之理无论，则心虽不亡而亡之矣。彼数者，皆心之生机，所以见为心之不容已，而何可一无所入乎？世俗以尽心（之用）为当，庄子以无攖为极。心既不尚，形亦同槁，庄子所存者，"神"而已。神者，人所以持生之大本也。人之形有心，复有其神，形不可大劳，心不可大用，神不可数摇。"夫神者，好和而恶奸。夫奸，病也，故劳之。"（《徐无鬼》）神之与心，同好于和。形劳则弊体，心劳则索神，心和则神全。心者，神之妙用也，虽无形而有物以持之，如烛火之燃脂，火虚明而脂质实，火盛则脂速尽，心知盛则神亟竭。知为主而神为虚，神之得失，系于心，此心、神关系之大要。理学常谓心为虚灵，而道家乃目心为有物，故心形过劳则同为有损于生，而不可不啬之；啬者，保其固有使常盈而不亏，则生可久矣。

于庄子书中，心、神不同而最相应，故其心形相对而言之外，又有形、神相对之说，如《徐无鬼》"劳君之神与形"，如"无视无听，抱神以静，形将自正"，"神将守形，形乃长生"（《在宥》），又如"形体保神，各有仪则"（《天地》），又如《逍遥游》"肌肤若冰雪，淖约若处子，……其神凝"。此皆就人生之正言之，论夫形神相守之道，尤在神之抱、保、守、凝。形神之说与形心之说，形神相与为得，形心相与为失，其于庄子，一者为积极之论理，一者为消极之论理，前者欲求其一，后者愿使之亡也。形神皆欲求其全，形神之间，神全则形全，亦可谓"形全者神全"（《天地》），二者相保；非形全不足谓神全，非神全亦不足谓形全，二者一体事，见于形则谓之形全，见于神则谓之神全。道家有"神全"之说，而未有"心全"之说（儒家极倡"尽心""大心"之说，可当"全心"，而与道家"全神"自不同），与神为进退消长者，心也。神之所以亏，实缘于心（喜怒之情，是非之辨）之作用。故庄子往往不正言心而言神。

与神相近之观念为"精"，故庄子亦常以精为言，"外乎子之神，劳乎子之精"（《德充符》），"无劳汝形，无摇汝精"（《在宥》），"形劳而不休则弊，精用而不已则劳"（《刻意》），"弃事则形不劳，遗生则精不亏。夫形全精复，与天为一"（《达生》），"疏瀹而心，澡雪而精神，剖击而知"（《知北游》），"小夫之知，不离苞苴竿牍，敝精神乎蹇浅"（《列御寇》）。可见，庄子之学所贵重者在于精、神（《刻意》谓"圣人贵精"）。精、神之文各有其来，其为不同有训，然于庄子，精、神之辨已微，俱指示生命之内在本真，名异谓同，故有形神对言，有形精对言，不必重现；又由精、神之各言而渐起精神合言，以视精、神之义一致故也。又精、神其所以偶有同见而分言者，骈偶行文，修辞之术，可以互文。有名则可辨，精以致神，神本于精，言使之分，实体不可分，生命之源，非有二本，"神全"为至，"精复"亦至，等至也。况精、神无形（对形而言），物之极微，又孰能果辨之而不遗锱毫哉？唯会之而已。

总而言之，庄子哲学认为，人生有形、神，亦复有心，三者相动，而以精、神为本，其意则在贵精保神，以神保形；神之保则在于不亏，神之所以不亏在于无摇无劳；无摇无劳则在于无撄人心，无撄人心则在于物欲不入，而游心于和。如是，则"其天守全，其神无隙，物奚自入焉"（《达生》），至于物无自而入，神无间隙之亏，则生可以全矣。故至道之要，尤在于心术。心与形神之间，心和则神全而形全，心不和而日驰其用，则神亏形弊而体殃矣。此《让王》所以谓"养志者忘形，养形者忘利，致道者忘心"也。形无得而忘，忘不忘者，亦心之事也。所谓忘心忘形者，物有其本，忘其末用而守其本体也。

丁、返观"神欲行"

如上所析，心神之间，大有关系，而亦有辨。其关系者，心神亦一体，和则俱和，劳则俱劳。实际论之，神之精发以为心而能明应于物，故有"神明"之说，非别有一能知之心在于内也。吾人习于儒家以神为妙用之说，不知道家乃以神为生本，而心乃神用，心者，物之精（精则致明），神之灵明者也。然心非如镜，照而无损，心小用则疲，大用则殆，与神相煎。是则可视心属乎神，心既言劳，神亦攸瘵。神本不欲劳，心不守和，发越于外，神乃泄而为劳也。

"夫志，气之帅也；气，体之充也。夫志至焉，气次焉。"（《孟子·公孙丑上》）此与庄子心神之说略近，其理一也。吾人仿其句曰："夫心，神之帅也；神，体之充也。夫心至焉，神次焉。"志为心之精，心为神之精，神为气之精。庄子谓"游乎天地之一气"（《大宗师》），"通天下一气"（《知北游》），是众有皆气也，虽精、神、心、知之高明者，亦未始非出于一气，但有本末精粗而已，精合生物，神明百化。自出者本也，所出者精也，"譬如从牛出乳，从乳出酪，从酪出生酥，从生酥出熟酥，从熟酥出醍醐"（北凉昙无谶译《大般涅槃经·圣行品》）。精者用盛，盛则还挟制其本，故神不欲大用，大用则成乎心，为心所帅而不得自宁矣。《徐无鬼》曰："水之守土也审，影之守人也审，物之守物也审。故目之于明也殆，耳之于聪也殆，心之于殉也殆，凡能其于府也殆，殆之成也不给改。"耳目不欲其聪明，府藏不欲其显能，心者不欲其殉也；殉者，言心之能，当通恂，恂齐通敏，非殉身之殉。道家贵本，不欲极用，故以"物之守物"为教，而使"于目视目，以耳听耳，以心复心"（《徐无鬼》），不出其位，不逾其性也。如是，则耳目心知各还自守，以安其神，神静气澹，庶无殆焉。

故耳目之聪明与心之知虑情伪百端，皆神之所忌，"神"绝非可与"心"相等同或替换之观念。于神也，不但耳目官知之功能失其操，心知之官能亦被弃舍，唯虚而已。虚者，神之本也。然神虽虚，自具胜用，此所以《人间世》谓"无听之以心而听之以气"，气者，神气也，精气也。气自有应，感而遂通，故谓之神，神即气（之精爽者）也。"气也者，虚而待物者也"，心有成心而主于所私，故心自明而神不自明。心求应物，神亦应物，其所以应不同。神无方，心有迹；神得其实，心总其杂；神者不劳，心乃日拙。故必扫除心地，修洁涂舍，以致其神，所谓"唯道集虚"是也。

官知者，心之用，神之耀，生之末，道之华也。今既去其末而还守其本，依本不依末，则释心用而全神用也。神为心上之更高作用或最高作用，依神以生，乃为庄子所提倡之人类生活生存之最高理想或可能境界。吾人或轻谓庄子哲学乃使人成为非人之哲学，必如木石土苴无心而后已，实则庄子乃欲使吾人由心敛耀息明，而阶及于神，由有限而达于无限，由常人而为神人也。神人岂不尤贵哉？其存生应物之行无改，其所以应物之方有进，如庖丁解牛之由技进道也。道技之间，所象者实即释心入神。

然方息心用，而复申神用，神其可用乎？用而不扰乎？上文已言，心之用私，神之用虚，如依老子之言，则心之用"有以"，神之用"无以"，则心之用为用，神之用非用，无用之用也。官知既止，则神气现前，"虚而待物"，遇物而交，便有自然感应之诚，而无心思真伪之集，外通物情，内保其真，虽用而不劳，数而无损。神用何以无损？精、神之有损，以内气不和；内气不和，以阴阳有患。"阴阳者，气之大者也"（《则阳》），"阴阳于人，不翅于父母"（《大宗师》），"阴阳之气有沴"（大宗师），在外有形骸之畸，在内则有精、神之患。人之患有二，外则施罚于形，内在激楚于心，故《人间世》谓"事若不成，则必有人道之患。事若成，则必有阴阳之患"，《列御寇》亦谓"宵人之离外刑者，金木讯之；离内刑者，阴阳食之"。可见，人之生由于阴阳，人之衰病亦由于阴阳，阴阳和则生物，沴则败物，故阴阳为大患，"寇莫大于阴阳，无所逃于天地之间"（《庚桑楚》）。然"非阴阳贼之，心则使之也"（庚桑楚），心错驰则气帅于心而舛戾，乃为患矣。当其神也，心则不用，故气亦安和而无害。

神之用者，神行也。神虽不耀，为物之精。所在皆物，同气相成，故神必有遇；唯精唯微，触物无违，故能常行。不睹而见，不闻而获，不思而得，气感而神应之也。此《在宥》所谓"君子苟能无解其五藏，无擢其聪明，尸居而龙见，渊默而雷声，神动而天随，从容无为而万物炊累焉"，又《田子方》所谓"若然者，其神经乎大山而无介，入乎渊泉而不濡，处卑细而不惫，充满天地，既以与人己愈有"也。"神动""神经"者，神行也。故神虽虚而无所不经，神虽不用而无所不能，"神动而天随"，孰知其然哉！

又，庖丁言"神欲行"，非神有欲，有欲则不虚，言神欲者，与官知偶辞也。神欲行，即神行，犹前单言"神遇"（对"目视"）。欲者，心所趋向，此则言动感为欲。心明而欲定，若神则虚而无明，虽有趋向而不定，无不之也，《刻意》所谓"精神四达并流，无所不极"。故"神欲"虽合以成词，其要在神，欲者言其（因物）有趋，遇物有往，如水之润下，火之炎上，虽无欲而乘势有方，非自己求之也。

（六）"依乎天理"

官知既止，神欲见行，乃主体方面之准备，若解牛具体的活动经历，有待于进一步的展示。庄子已经在开篇为我们作了外观之细致的描写，而其内在情形，所谓"神遇"者，则待下文继述。此段可谓承"奏刀騞然"而来，前者但见其然，今乃适可以明其所以然，不可见者转得剖露如见。

"依乎天理，批大郤，导大窾，因其固然"，其中"依""批""导""因"，皆言用刀之法，"天理""大郤""大窾""固然"皆就牛体而言。天理，指牛体内在天然之纹理结构。理者，物之区以辨者也；郤，离间者也；窾，空虚者也；固然，物所本有也。固然之天理、大郤、大窾，乃牛体所以自相分别之处，顺应这些分别之处，就能够自然而然地完成解牛工作。这里突出了两个方面的意识：其一，牛体自然有其可区分处；其二，当顺应牛体自然可分之理。事之易者未有过于可因，事之难者未有过于能见可因（固然之天理）。

此四句，可视首句为总，中二为分，末句为合，精义就在"依乎天理""因其固然"。《天地》言"物成生理谓之形"，则物禀理而来，以结其形。物载于形，形依于理，凡物都有其固然，都有其天理，天理即事物作为自身之所是。如要使事物成为自身之所是或依照于其真，便应把握或顺应事物之天理。而对于天理之把握或顺应，最终不是通过官知而是依凭神欲。又须注意，庄子此处所谓"天理"，与理学所谓形而上之天理义不同，非主宰运行于物者，而乃构成凝合此物者，实为形下之物，"大郤""大窾"即是天理所当，即物而在，犹言理路。

"批大郤，导大窾"，此肢体官能之作用。可见，在神行状态中，并非完全脱离肢体之活动，肢体之活动犹属必要，事作为肢体之活动犹在进行，只是此肢体之活动乃受更高能力之影响，即神之作用。故吾人可谓，此一进程乃以神御形（较以心运形言）。神之作用之实现，乃体现在对"天理"之依循，而此"天理"者，"其固然"也。

这里复有两点值得注意。于牛之体，其骨肉之间，有固然之窾、隙，宜于行刀，因之则顺，不因则困。而庄子特用"大"字以修饰之，曰"大郤""大窾"，窾隙虽有，何至于大？大则物之体何以相属乎？又何必待此庖丁，族庖亦能之矣。此庄子夸饰言之，且有意为此，突出此固然之间隙如得其所在，为甚有余裕。然于理也，间隙虽微，对无形之神而言，其微又非不大，则庄子之修辞又非夸矣。此谓似诞而有理，非诞也。下言"技（枝之形误，从俞樾说）经肯綮之未尝"，则对前窾隙而言，窾隙为虚，"技经肯綮"（交络系着复杂之处）为实，如经行于"技经肯綮"则难矣。"大軱"又对"技经肯綮"而言，前者为实之大者，后者为实之小者。解牛之无难，在于避实击（批、导）虚，故虚求其大，实欲其小。如是，本句之意则谓，庖丁之"依于天理"，乃完全行于窾隙之虚无之中，虽小弱之实犹且不遇（尝，遇也），况其刚大之骨乎？以见，所谓"神欲行"者，果为神虚而行，行于物之间理也。此第一点可注意，"大"有微意，又寓虚实之辨也。

另一点可注意者，此处所描写，"天理""大郤""大窾""固然""技经肯綮""大軱"，皆牛体内部构造之物，非耳目从外所能直接观见，需久于解牛，才能亲知其物（唯"遇"而后见）而成于名言。此暗应上文"未尝见全牛"之笔。当此之时，牛体以内，实者为实，虚者为虚，隙者为隙，窾者为窾，骨骼为骨骼，经络筋肉为经络筋肉，名实纷纷，络绎于前，全牛者焉在？于牛之外而见有牛，于牛之内则无牛矣，然非无有也。物各为其物，有可名，有不可名，无一可肖，则无一不别，虽牛刀所不尝而意已解之矣，物各有其独是也。由此，牛体固然之天理昭昭然，纵横透迤，且隙则大郤，窾则大窾，神之与刀如行于康庄通衢，傍乎林木泉石，迎乎飞鸟走禽，进退驰骤，上下冈恋，物备于万，俨然一世界之奇。则物之外，为无穷之世界，物之内亦无穷之世界，非时以化之，神以经之，虽有其物，无能遇之，况名其谓乎？名有限，物无穷，故名不足以尽物，孰谓全牛为全？目见无非全牛者，不识牛也。此其二。牛内有理，物微而著，见小如大，各成其天，不相代而自辨也。

四、"良庖岁更刀"一段

（七）"刀刃若新发于硎"

于解牛之事，人、刀、牛乃相与为一体，前言已多，而刀犹未正面出场，所谓养生意义最直接的体现，尚未揭示，至此乃一明之。

这里有三重观照，于人也，于时也，于刀也。于人则有良庖、族庖、"神"庖之分，于时则有岁、月、久（十九年）之分，于刀则有割、折、依（于天理）之分，三者同见一事。良庖，世人观之可称善者；族庖，族者庸也，庸鄙技恶者。割，有以为通豁者，缺口，折则为折断，二者就用刀之效言，同指刀之缺坏，实非。割、折，当皆就刀法言。折最蛮横，砍击令断之意，上所谓尝"大軱"者是也；割亦见用力，唯于柔软处行之，上所谓"技经肯綮"在其内。如以割、折为效果，不足以就技法上与庖丁作对比，实际上，庄子已于岁更、月更见效果矣，而刀之更虽族庖亦不必至于折而后更，可知割、折不当言效果。上文"依于天理"等，正是庖丁刀法（故此但言其效，不复言刀法），此举等而下者之刀法，以相参照，正文理之序，而字字有应。割、折，正是解牛运用技法的显示，坚则折，柔则割；折者，技之最下，离"所见无非全牛"不远；割者，技虽高明，抵柔而不能入虚，犹远于"以神遇"，介乎其间。用折，以刚行刚，恃强力解牛，物全相违，故刀最速坏；用割，以刚行柔，违之小者，而不免于结纽，故稍久亦坏；唯依于天理，行于窾隙，能历久不坏，物所不能伤也，物所不能伤，又以未尝遇物也，虚而已，行于间理而已。

这里的时间意义也值得注意，且与上文庖丁自述中的时间性不同。时者，若月若岁，一方面见为事之行，一方面又见为物之年，《养生主》篇首言"可以尽年"，后义当之。自然（天）于时中过化，时进无已，复且停匀，积之而已，故有物同受，无所爱吝。然物为有成（以所成为物），故有成有毁，有始有终，其行有年，非无尽者。然物尽有天年，有夭亡，不能尽天年者，皆可谓夭亡。《人间世》言："不终其天年而中道夭，自掊击于世俗者也。物莫不若是。"刀之所礜,正是此理,于人而尤然。故物以"尽年"为贵,年者,物之生(留为是物或是形,《天地》言"留动生物")也,尽年者,得养生者也。故此处所言时间,实即指示刀之年。岁更刀,则刀之年尽于一岁;月更刀者,刀之年尽于一月;十九年如新者,刀之年不见其尽也。

庖人之刀,或月而更,或岁而更,或十九年仍旧如新,刀本无异,而敝有迟速,其所以异者,在于用之。刀得其用,乃可长久,失其用则敝坏废弃。用物之道,即所以为养物之道。本节讲用刀之法,揭出与养生之关涉,可以观养生矣。人之养生犹刀养用,养之有道,不循其道,无能为养。如是,良庖如常用割,虽终身而刀犹岁更,族庖如不改于折,则虽终身而刀犹月更,技止于技,自恃而不迁,时不能使之熟化而一旦至于道也,时之使其自至者,刀日亡其形,积而殚残其用也。故割则时应之以岁更,折则时应之以月亡,以神遇则时应之以常新,技止于技,神通于神,成者成之,亏者亏之,大乖者早亡,小谬者后随,物无妄然,道总稽之。

(八)"以无厚入有间"

前"依乎天理"数句,为言用刀之法,此则言如此用刀所以使刀如新之理,于文一层明似一层。

节者,物(接)合之处。有间者,有间隙未充塞,即上所谓窾、郤。解牛要在使骨肉相分离而又略保持其相应之完整性,那就须根据牛体之组织构造,特别是结合处(节),来做细腻的处理。节者有间,则牛体天然之理在是,故解牛必得其间。刀刃无厚,刃虽锋芒,未尝无厚,此乃极言之,喻其微薄。"恢恢乎其于游刃必有余地",此最有趣,与"大郤""大窾"言"大"同妙。恢恢者,空间之大也。骨节之地,虽固有间,可以容刃,然何至于恢恢?如写蛮触争地,伏尸数万,皆庄子诞谲瑰奇之笔,别开生面,尤见其心眼通彻,小大互摄而不违,万物等观而交入也。常人所难,庄子得其易,不但得其易,且为恢恢之易。易不可及,其恢恢尤不可及!孰能于凡事而见恢恢哉?恢恢者,不但形容行刀之有余地,更在表明得物理者之人生情态。恢恢正与"拘拘"(《大宗师》)相对,二者形容精神又过于形体。恢恢者,精神之脱却束缚,解放自任,畅物而游也,实与"逍遥"同致。

本处最可注意者,用刀之妙,"以无厚入有间"数字尽之矣。彼无厚者,在我也;彼有间者,在物也。在我之无厚,无我也;在彼之有间,有理也。无我,虚也;有理,顺也。不能循理,则我不能虚;循理,则为物大顺。故养生者,处物之道也,必物我兼尽,神理并茂,乃能持生如初。"独与天地精神往来,而不敖倪于万物"(《天下》),于此见之矣。

五、"每至于族"一段

(九)"每至于族,吾见其难为,怵然为戒"

这里,庄子为什么行文又转一笔,节外生枝,而有"虽然"一段文字?其所表示之意义为何?这值得我们仔细玩味。

上文已经对庖丁解牛的精髓之处再详之矣,刀所以无伤之理在于"以无厚入有间"也已说明,这些都是通论。本处又就"族"之处,再做一焦点式的描述,以使对庖丁解牛取得更恰当的理解。

甲、"族"

族者,簇也,物之结聚错糅、难通为碍之处。凡物都有组织,当此组织可以被了解掌握时,便不为碍;当其陌生隐秘而未投入感知之域时,或者呈现为组织的复杂性,难以疏解时,便成"为簇之物"——待清理之物。故簇不但有生物组织的意义,也含有人物之亲疏关系意义,且主要是后种意义。因为,事物都有自身之组织,其组织也各有其差异性和复杂性,所谓簇也不过为一种特殊的组织。簇于物本身并不具有簇之意义,单纯作为自身之组织而已。簇主要是一种对待关系中的意义呈现。簇,作为事物之组织(或者作为分解物的组合关系),就是事物之天理的一种构造形式,并不比其他部分更为无"理",或者更不可解。任何事物作为"有理物"(《天地》"物成生理",《知北游》"万物有成理而不说"),都有其固然的可解性(理即表示可解性),也即一旦物理昭然,物皆可解,簇亦不例外(下文即言其解)。狭义言之,簇有专指,广而言之,任何相对之他物(或进入我的感知领域内者)于我都可视为簇,最初之全牛即为一簇(物之纠集或合成)。簇乃相对而言,有人以为难解之簇,有人则不以为然。簇的主体意义,即物理之对我的晦暗,但簇亦不失其固然之天理。簇的实践意义,即行动中所应之物对我尚未消融,故表现为聚结物,表现为艰难可畏之情绪。

对于庖丁而言,其既然已能够做到"以神遇而不以目视",那么解牛或动刀的过程中,便不应有为碍之物,或者有某物之个别意识("族")的跃出,正如前边所描写的情形,"批大郤,导大窾","技经肯綮之未尝,而况大軱乎"。"族"在此的意义,首先作为特殊指示,即牛之结构组织复杂难克的部位,不过这也是一种一般性的特殊指示,"族"并不确定或曰仅为待定,"至于族"我们也适宜仅理解为一种情境。"族"须以非"族"之潜在为前提,才能作为特别的感受性(而非对象意识)而突现出来,只有被感受为特别的事物才能跃入感受当中。这说明,即使是神行境界当中,对于事物之感受性并不是如一的,更根本的原因在于事物并非平铺一律,而始终保持其差异,作为所依之"天理"来说,也存在显著的分殊。神是对事物分殊性的充分体贴以至于熨帖的能力。

乙、"戒"

就解牛来说,虽然达到"神欲行"的境界,虽然可以有"以无厚入有间,恢恢乎其于游刃必有余地"之从容悠闲,却仍不是一件可以漫然的游戏之事,而是一事——物我交涉之事而非独在我之事,故同样需要慎重对待,而不是大而化之,一了百了。如同人间世之四处布满危机,解牛也可以形容为一场惊险的旅行,其中随时("每")会遇到"族",构成对行事的阻碍,使之不能尽善以至停顿。"吾见其难为",在此为语言陈述(反省,有所"见")状态,而在解牛的实际过程中,应当是未经反省,未尝从神的感受性当中剥离出来的。

"怵然为戒",特别值得体会。"怵然"并不是对心而言的"(劳形)怵心",表示心的惊扰悸动,而应是神的自然反应,并未生成心的观照明觉之用。在庄子哲学中,我们应严守心、神的界限。"戒",是一种应物的畏谨情态,是主体自我的操持工夫,无论就"戒"还是所戒之情境来说,都体现出精神方面最高程度的严重性。戒与畏甚有别。畏是面临(方来之)有害事物或可忧境遇,对其后果无以消释(而非无所预见,亦非无所防范)的压迫感以及焦灼心理。此特为一种不知所措的心理状态,正因为无有相当之积极举措,以大幅消除不利后果,故不免于畏。畏是内心的应急反应,就其为反应来说是真实的,而就其所以畏来说未必是明智的(当畏与否,如何除畏)。因为畏所形成的巨大或持续的心理压力,对于畏来说,是一种经过反省的状态,或自觉的状态——心对自身的高度预警。《盗跖》篇论到富人之畏,"内则疑劫请之贼,外则畏寇盗之害,内周楼疏,外不敢独行,可谓畏矣",并认为畏是六种"天下之至害"之一。

戒则不然。戒不是一种无所安顿、无所酬措从而慌乱无主的心理,仅作为一种危机感本身存在(使当下之生陷入不安且不得消释),戒并不会带来不安,使此心慌乱纷驰,以寻求镇定。戒既是对物的感受方面的肃重对待,又是回应方面的有力酬付。与畏处于险难的不确定性比，戒对于所迎面之物有深入的把握，故生成"难为"（"族"）之意识。难为与不知所为（足够有效之为），有本质的区别：不知所为故产生畏（无能而示弱），"见其难为"（而可为，尽管并非有十足的把握）往往产生戒（如上场前的叮咛）。所以，戒是能使事依照其能顺利完美地完成，并且因为戒而使其行事之能更得到加强（格外留神）。更切实地讲，戒代表一种对行动者的行为约束，但在此并非戒条、训令或指南之谓，可以遵照执行者，而是神自身的自我约束，再准确地说，是神的自我收敛、凝聚，神的完全投入，以达到更加敏锐的感受性——神与感受性有关，如果这种感受性不被混同于心的知觉活动，我们也可以称之为神明之力（神明是无知之明）。"用志不分，乃凝于神"，《达生》对于佝偻丈人承蜩之所以巧妙的原理揭示，作为根本之理，同样适用于此处对庖丁"怵然为戒"内涵的揭示。另外，藐姑射山之神人所以有"使物不疵疠而年谷熟"的能力，也是出于"其神凝"（《逍遥游》）。神凝，精神凝聚收敛，即表示精神完全（"神全"）之意。庄子的"为戒""神凝"之说，与理学"持敬""戒慎恐惧"工夫有相通之处。

"视为止，行为迟，动刀甚微"，这是为戒的外在配合表现。神用于视则分于视，要顺利地分解"族"之处，就必须凝神，故视当止，这即上文"官知止"的重申。这一过程必须经由神而不是官知，否则无以精巧地完成。行为迟，乃是对神行之内在细微程度的写照。如向客奉茶，举止稍鲁莽，水便洒溢，神必须轻缓运之，不然粗心浮气，稍有蹉跌，神乃动荡失凝矣。"动刀甚微，謋然已解"，"动刀甚微"上与"行为迟"相应，下与"謋然已解"相对，以突出解牛的效果。由此可见，解牛的关键在于内在而不在于外在，外表若无其事，而内在实全神贯注，毫厘无苟，大有功在。这两句也可以看作是对上文"奏刀騞然"的照应。"謋然已解"，先之以声，心知其已解；"如土委地"，逐见于形，复目睹其解。或据他本于"謋然已解"下补"牛不知其死也"六字，阻隔文气，非；至于"族"之解时，牛死已久，焉忽谓"不知其死"？妄也。

"如土委地"，真可惊泣之文！牛之肉体，有质而软，以水之类者比之则不及，以石之类者比之则远过，唯土相近。于其相近非最也，于其相宜则为最，何也？牛体整，土体松，故土之下覆，乃见流动之性，肉则不及于土。而庄子所以用土喻者，形容庖丁解牛之无粘滞，无系连，解体之通透，散落之流利也。人有言常恐不足，至于缕缕，庄子之譬，数字写之，往往有余，且其道来如出平常，察之又不可思议。故读庄子之书，不但于理睹所未有，于文之巧夺化工亦睹所未有也！孰谓庄子之赐？天之赐也！

（十）"踌躇满志"

庄子既于"族"处着特笔，今又波澜有余力，于庖丁施以特笔。章首但言文惠君观解牛后之感受，今乃又见庖丁之神情，文可谓周矣。行文之法，当止其所当止，又当不止其所不当止，如苏轼自谓"常行于所当行，常止于不可不止"（孔凡礼点校《苏轼文集》卷六六《自评文》，中华书局1986年版，第2069页），二者各有所宜。此又如《齐物论》之述风吹众窍，其末也载之以"独不见之调调、之刁刁乎"，声有余势，事有余情，非戛然辄止，如是更见体物写情之造微擅绝也。

解牛之时，手足并用，手有所触，肩有所倚，足有所履，膝有所踦，今解事既毕，乃提刀起身，挺然而中立。提刀者，抽身而出，器尽其用，刀与我并而未分也。立者，如四下无物，而我独在，牛还自牛，我还自我，先为一体者，乃各彰其是。为之四顾者，四顾，周视也；为之，之者，牛之理解（依理而解）而大顺（"如土委地"）也。所以四顾者，"为之"也；所以"为之而四顾"者，"踌躇满志"也。四顾言其表，满志言其内。踌躇者，意欲动、神欲扬也，犹今言跃跃欲试之跃跃，内不容已而欲出。满志，满者充也；志充其为志（自是），而无缺憾，故为满志。此处满志，如庄周梦蝶处之"适志"，志存于己而无外累，故为适志。

"为之而四顾"，如蔑视众人，不可一世；"为之踌躇满志"，如自高显而有矜伐之容。此二者皆吾常人之所鄙薄，庖丁达道，何竟不免？此无乃庄文不谨而失贯乎？满志，吾人今日已习为不美之词，在庄子用之，则别有意义，物忌其盈，神欲求满，相异之道也。志，不可作心意所在看，而为（精）神之表示。心意之志，有自觉之期许，精神之志，则无所期许；心意之志有所帅导，精神之志则无所帅导。故心意之志乃有所向，流而为锐；精神之志本无定向，故发而为和。于庄子文中，志之正面意义，即内在神气之表征，内神愈完，则其志愈满，充晬盎然，见诸形色，而不可掩。满志之志，与神欲之欲字相应，皆神之无心以帅而盈然（或清虚）自动之意。

此处所以"踌躇满志"者，亦由"为之"，乃从解牛之"如土委地""莫不中音"中来。"子在齐闻《韶》，三月不知肉味，曰：'不图为乐之至于斯也。'"（《论语·述而》）吾人聆听天籁之音，以致浑然自忘，手不觉舞之，足不觉蹈之，以至肢体为堕，神采浮游，若与造物者为人，愉悦欣快，志意饱满，莫可如之。自然之行，心无所计，目无所营，官知不侵，故神志大得，所以为美。今人言美感，言美出于无功利，皆此理。庖丁"为之而四顾，为之踌躇满志"者，即美感之荡漾，神志之自喻，使行不自己，不知其然而然也。常人亦有踌躇满志，若自然而然者，实由鄙心而见于神色；有道者则顺于天机，道德充而形色举，清泠飘逸，笃厚光辉，得神志之实。满志者，神全也；神全者，德充也。

"提刀而立"，牛虽已解而事犹未毕，其所以未毕有二：一者，庖丁之神犹有余动，上所解析"为之而四顾，为之踌躇满志"是也；其二，牛还为牛，我还为我，而刀犹未还其为刀，必有所处，不可草草。庄子不厌其烦，于收场特加展述，实论解牛不得不然。吾人以为解牛但使牛体分解便了，此识心之粗，事不止如此。解牛乃一统体之事，有见于人者，有见于牛者，有见于刀者，复有见于解之前者，有见于解之中者，有见于既解之后者。不然，吾人解牛乃滞在功利境界，见事有限，非游艺于道。所谓道者，一方面须超越技术，一方面又须超越功利，如此方能作为境界而言。易言之，道必须体现为浑然之自然，也即始于所当始，止于所当止，不由于己，而顺理于物，密合于神。"善刀而藏之"，奏刀，刀之用，藏之，用之息，时行则行，时止则止，《系辞上》所谓"圣人以此洗心，退藏于密"也。刀所以况神，刀之藏即神之藏也。刀藏有所，神藏无方，神藏者，澹然体静也。又，善刀者，非但拂拭使洁净之谓，敬重之也。而所以善刀，又非止于既已其用，行刀之时，"怵然为戒，视为止，行为迟"，亦所以为善刀。故刀为牛用，神为刀用，戒（虚凝）为神用，用此者所以善彼也。

六、"吾闻庖丁之言"一段

文惠君所得养生之术为何？这一则寓言何以与养生发生内在之关联？所体现之养生思想为何？在最后乃一笔带出，则前但作解牛之事观者，今又须以养生之理重加反刍。

中国哲学之义理，往往映带回环，非一省而足。潜思其中，天高其天，地深其渊，无穷之趣寄焉；琢之磨之，晶之莹之，幽隐内烛，精采光焕；非徒文辞之事，又神明之所主，此其所以为贵。越于形骸之表，卓乎匠石之工，为道非为技，为己非为物也。而庄子尤重于此，其文其理，于浑然之中见井然，又于井然之中见浑然,真如牛之骨骼肤理俱在,浅者蒙于全,深者掇其理。文法不彰,道理降为架虚;道理不精,文法苦其难密。文得理则曲折愈富,理寓文而踪迹堪寻,故文理之凝,不但可以期道,复可以示教。行虽美,离道不达;道虽高,无教不获。于何明教?乘于文车也。庄子指示备矣,道何隐哉?人谓庄子道高,吾补之曰叟之教备,文法在是,道法在是也。

本章之言,以文惠君始,又以文惠君终。其始也,昧道而谈技,识不足也;其终也,观解牛而通养生,识有余矣。养生者,全生、尽年之谓。万物各有赋形,吾人各有天年,顺以尽之,保而固之,无撄无攫,无戕无贼,乃为全形,乃为养生。反之,非出于天然,乃以心知求索,以人力补假,日夜斗净,情伪交竞,以致损伤,以招夭死猝亡,是谓未能养生。故养生者,养吾人天然固有之生也。

吾人有天年,吾人养之,尽天年而已;尽天年者,不使天年有所不尽也,去所不尽,则尽之矣。尽其天年,如其然而然,顺之而已。故养生者,顺生也。吾人欲顺生以养生,必识吾人之生理(性)。吾人之生理,必有而不可识,可尽而不可言,可言其伪而不可道其真。所谓必有者,凡物皆禀命而来,受形以生,命成形定,乃有其固有,所以成其是也,无物不然。此物所固有,即物之生理,人何得不有?然不可识、不可言(所言即识),以识者,心所取也;心所取者,思议所及,非思议所不及,故有遗而非其本体之全,以意测之而非即理也。又以是,生理之真不可道,所道者强名也,以生理非言,言辄有咎,可言者生理之伪也(伪非真而不必纯伪)。

凡言生理者,极而论之,皆伪,今言其伪亦伪,犹如庄子所谓"丘也与汝皆梦也,予谓汝梦亦梦也","梦之中又占其梦焉"(《齐物论》)。故言不一足,言之外又必有言(后言以申前言),以是相引,终生无穷,万世无穷,犹如江河不能实漏卮也。执一言以为真,则必伪。庄周之言,吾人今日辩之犹未休,各以为得真言,又谁定之哉?孰能使无复辩净,"相视而笑,莫逆于心"?儒墨之学同然且又过之,"孔墨之后,儒分为八,墨离为三,取舍相反不同,而皆自谓真孔墨,孔墨不可复生,将谁使定世之学乎"(《韩非子·显学》)。故学非言辩可尽,识论多所不真。吾人破其不真,则日渐于真;息言而遵行,则日存厥诚。吾人所以生理不尽者,肆趋驰于妄情妄识也。为学者所以破迷妄而已,迷妄销则真者存,真者存则生理安,生理安则尽性,尽性则养生。生理虽不可识而可尽,识虽不即真而可以识其识之非即真。识盛则道隐于小成,言盛则意隐于荣华,此乃以识为学,而不以尽生理为学,故学问日炽,性地日芜，认指为月，遮没所本，自以为日近之而实日远之，冒失为得，滥叨其荣，此学者之咎耻也。生理全受于天，生而有之，非以学识而有增，非以不学而加损，顺与不顺、尽与不尽而已。学以尽性，非以乱性，学止于行而不止于辩。故学必知本，学而无尽性之功，无养德之效，则学为妄识，人为穿窬。

又，吾人不但须识吾人之（有）生理，且须识万物之（有）生理。如庖丁不识牛之生理，则刀无以顺行而有割折之患，人于身不安万物之生理则有疲劳困辱之忧。吾人之身，内有所运，外有所遇。故养生者，举凡吾人一身之所系，动静之所遇，无不善理之而后可，必内外之患兼除之而后可；不如是，不能养生。则养生者，非徒经营吾人之一身而已，乃所以经营物我之际，既为养生之事，亦为处物之义，实即吾人与存在整体（世界或宇宙）关系之料理。生义既广，养生之目自不同，故庄子之养生，非续命延年之说，而为所以生或存在之哲学问题。此不可误会，但作保身之劣义求。

万物皆有理，理者，物之自然也。识物我之自然，则无我无物，而唯其自然之任，不以我心窜乱于其间，而于物我之理轻有加损。如是，则虽有我而无我，虽有物而无物，其理一也。吾人之生所以不养，物以招之，欲以荡之，动以犯之，思虑以煎之，皆危身之道。要而言之，内不足而神守不完，以亏其一，所以生不得养。内之不足，自外夺之。"以瓦注者巧，以钩注者惮，以黄金注者昏。其巧一也，而有所矜，则重外也。凡外重者内拙。"（《达生》）外之所以倾内，实内意不平，贱瓦石而贵金玉，故内外相病。如瓦不失其为瓦，金不失其为金，不以心上下于物，又焉有彼此之辨，贵贱之分？瓦如金，金如瓦，抟聚者而已，又何至于外重而内拙？此乃内外不和不顺，官知用事之过。故庖丁解牛特言于此，明所以使内全而和顺于物者，"以神遇"也。所以，能顺物我之理者，唯达于神。神之所以神，虚一而冥于物也。潜天潜地，潜内潜外，无所不入，而尽物我之本然。故神者，尽己之道也，尽物之道也。尽己尽物，而后可以言养生。

解牛所以启发于养生之理者，即在于，刀如人身，牛体如吾人所处而活动于其间之世界，所遇"技经肯綮"即芸芸万物。刀游刃于"技经肯綮"之世界当中，吾人则游身于万物丛薄之世界当中，与物逢迎，利害乃生。故所谓养生，即使吾人之生和顺于世界中之万物，而不伤于所遇，如刀之不挫刃于大骨。

凡求有得者，得必有失；凡动以为生者，生必有损。庄子所谓"一受其成形，不亡以待尽"，"与物相刃相靡"，是也。生必有死，死有自然之期，寿不可以人而招，亡不可以人而拒。人不养亦亡，养之复亡，皆自然也。不养而亡，自然至夭，养而后亡，自然尽年。然何以崇养生而责不养？大钧运物，无所不载，载而不留情，物各得其正。人有识知，乃独不安化，故动而多过，所以谈人之养生者，欲其不违正性。庄子谓："不开人之天，而开天之天，开天者德生，开人者贼生。"（《达生》）此称名善矣，言理至矣！若自然之名，其质有分，人之天，亦天也而非天之正，唯天之天，乃谓其正。养生者，为生之事；不得养生之道，乃入死之事。当死而拒死，此非自然；当生而不能安其生，以入于死，亦非自然。故死当顺化，生当顺养。养生者，非增益吾人之天年，乃不失吾人之天然也。以长生言养生，非也。故有百岁之寿而夭于七十，虽七十不谓能养生；有三十之寿而尽三十，虽三十不谓不能养生。养生之理，岂有齐哉？亦各尽其自然而无中途之殒折而已。

第12节 《德充符》选读：申徒嘉章

申徒嘉，兀者也，而与郑子产同师于伯昏无人。子产谓申徒嘉曰："我先出则子止，子先出则我止。"其明日，又与合堂同席而坐。子产谓申徒嘉曰："我先出则子止，子先出则我止。今我将出，子可以止乎？其未邪？且子见执政而不违，子齐执政乎？"申徒嘉曰："先生之门固有执政焉如此哉？子而说子之执政而后人者也。闻之曰：'鉴明则尘垢不止，止则不明也。久与贤人处则无过。'今子之所取大者，先生也，而犹出言若是，不亦过乎！"

子产曰："子既若是矣，犹与尧争善。计子之德，不足以自反邪？"申徒嘉曰："自状其过以不当亡者众，不状其过以不当存者寡。知不可奈何而安之若命，唯有德者能之。游于羿之彀中。中央者，中地也；然而不中者，命也。

"人以其全足笑吾不全足者众矣，我怫然而怒，而适先生之所，则废然而反。不知先生之洗我以善邪？吾之自寐邪？吾与夫子游十九年，而未尝知吾兀者也。今子与我游于形骸之内，而子索我于形骸之外，不亦过乎！"子产蹴然改容更貌曰："子无乃称！"

第12节 《德充符》选读：申徒嘉章

道家哲学，甚至中国哲学，朴实地讲，实即首推道、德二物。老子曰"道生之，德畜之"（《老子》第五十一章），孔子曰"志于道，据于德"（《论语·述而》），"道""德"是中国哲学的两个核心术语，也为中国哲学最高的两种观念，也最能透露中国哲学的根本意趣。哲学观念的凝练，术语的生成，其本身即是哲学的奠基性活动，即是哲学智慧之创造性的光映，绝不仅仅作为概念工具而存在或被使用。至少对于中国哲学来说，"道""德"，包括转义性的"天""命"，展开性的"仁""义""心""性"等，这些观念本身，就已经在道说中国哲学，就已经"是"中国哲学，就已经涵化着最深沉的宇宙之思和本体之思，就有着哲学相应的完成性，不必至于诉诸命题、判断、论证而后见其为哲学。

我们甚至可以说，当这些观念在历史的进行中，一一呈现出来，散朴为器，哲学便逐渐获得现实之完善生命——哲学在诞生和长成，它们比具体的哲学观点更为哲学，更具持久的生命力。任何一个此类观念的创造，毋宁说是从人的心智中的涌现——恰如其是，仿佛只是一个固有的东西获得发现，都将如一颗恒星般经久地照亮精神的宇宙。哲学观念的凝练，将与它产生于其中的民族语言同在；在这种语言中，哲学一旦被念及，这些观念术语便会不可回避地被溯及，不断地跃入思的视界。唯有这种超越任何个人创造性的历史催产下的降生之物，才是特种母语的哲学之子——嫡子，它与其语言，与其民族，与其陶铸下的人，才最为相宜，最为得体，无现代重塑语言的矫揉之感。如果我们承认中国哲学作为汉语文明的构成，富有难以超越的民族智慧甚至人类智慧，那么这些哲学观念的提炼、经典化，将是其中最崇高的部分，是哲学王冠上辉熠的明珠。

就"道""德"而言，它们是这些核心观念群中最具统领性的观念，我们如果使用"哲学"一语，而觉得忸怩，甚至难明所以，不知所应，这是因为，哲学并不是母语的自然产物。作为一种哲学来说，在其母语文化当中如果存在，必然早已存在，而不是由后来的子孙（在某种意义上，不同程度遗失了古人的智慧）僭越地赋予其哲学。所以，"哲学"与中国古已有之的自明哲学并不十分贴切地对应。如果有这种对应的话，将再也没有比"道""德"二字的联合更为适宜的指示：既具有中国哲学的原始特性，又具有其历时的连贯性。但在今天，道德二字已经充斥着比"哲学"更多的误解，埋没于俗氛，有待清理。

在庄子哲学中，我们自始就不可避免地与道、德打交道，庖丁解牛就是处理道、技（世间之事）的关系，而在本章这里，德的问题进一步得到关注。篇题曰"德充符"，符者，表征也，德充符就是有德无德之表征，德充德不充的表征。充者，尽义，德的充实与否，其等如何，皆有符征表见，于言于行，随在可征。《德充符》一篇就是要使我们领会"德"的显示形态，作为实践而有其表征，不是无实之理论上的空言（饶舌）。这可以使我们进一步理会理论与境界——有待于言说和无待于言说，虚实真伪之间——的层次关系，同时，这也可以接续《养生主》对官知与神欲关系的探讨，进一步阐发形、神之关系及其对于生之意义。这些都促使我们更深入地领会德之为德。唯有如此，才能将中国哲学的为学品格，彰显无遗。中国哲学的最终追求，乃是成德，使德内充，或者更准确地说，法道成教，以至于德，道德必合致也。"申徒嘉"一章可以比较好地体现这一主旨。

一、"申徒嘉，兀者也"一段

（一）"申徒嘉，兀者也"

这里，为什么庄子开篇便要特别强调申徒嘉之为兀者？而庄子选择兀者之申徒嘉作为主角，其用意何在？

甲、"兀者"

依前人的解释，兀者，通跀，又假刖为跀，是古代的一种肉刑。《说文》："刖，绝也。"绝即断，使肉体分离，凡刑之用绝者多可泛称刖，有刖鼻，有刖足，跀即断足。故本篇前文鲁兀者王骀一章，言"视丧其足犹遗土也"，后文鲁兀者叔山无趾一章，则言"踵见仲尼"，言"吾是以亡足"。与之相近者，为"介"，见《养生主》"公文轩见右师"章，司马彪作"刖"解，成玄英《疏》取之，向秀、郭象注谓"偏刖"，崔譔本字作"兀"，义同断足，则介、兀相通，兀为正字，义当依兀。

兀作为一种刑罚，是对触犯刑法者的一种制裁，特别是对于身体实施的一种肉刑。这种刑罚的后果，就是使人的形体残损。申徒嘉之兀，就不是天生使然，而是自己特种行为导致的严重后果——在人世间之严饬秩序下发生。又，与其谓之为一种后果，毋宁称之为人间秩序的烙印，作为一种符号，一种形体语言，不断向世人传播治法的威力和道德（善恶）的意义，以完成更深刻的对人群的塑造。兀字，决不是一种形态的客观描述，而是诸多社会意义的综合陈述，它承载着社会作为社会的无限内涵。

如是，兀者就从世间正常的群体范畴当中脱离出来，成为特别者或另类而被异视，从而足以构成与正常体格和世俗规范的对照。这种对照是多重、迁变的，而正是兀者角色的设定，使这种多重对照更为便利。首先一重对照，在于形之全否，由此引发形骸之完整性对人之为人有无本质性关联；其次，自然之畸形与人为致罚，有无本质之差异；再次，道德是否寄托于形骸之完整性，也即，形全者德全，形不全者无以致其德全。总之，庄子通过引入兀者的角色（较引入畸人更深入一层），将使形、神之关系得到深入讨论，也使"德"的问题，处于更通透的展开状态。

乙、"与郑子产同师于伯昏无人"

开篇，除了注意申徒嘉作为兀者的复杂意义暗示，还应注意更多的线索指引。当然，这出于庄子娴熟的叙述笔法，通过简略的语言而提供出情节发展的合理可能，一切尚未展开，一切却已然自藏而在。

作为德来说，并不是单纯的个体素质，而是与物的交往关系，更完整地说，乃是个体自处于人间世——因人的意识的涉足，世界都普遍沾染了"人间"性——的交得（而非交引或交丧）状态或境界。德是内在精神的充实，生命的本己实现，但更应该注意，它与外物相通，正是在同外物的交与过程中的内在保全，才成就德的优越价值。故德，最基本的，是一种对物或对他的关系，而其精要则在与物和顺——俱是或俱适。就庖丁解牛言，我们已见证了庖丁与牛的和顺关系，当此实现之际，庖丁便据有了德。即申徒嘉而言，也唯有在与物或他者的相与过程中，才能显示出其德的状态。

从中，我们不但可以观照申徒嘉之德，凡在交与过程中的主体都呈现出自身之德的状况。故德是对人之行事（事之相续为生）的本质性评价，人总是在德之中——与本源（天、道、命、性）之关联中，唯其程度不同，而升沉于全德与亡德（德之薄）之间。德作为人的本质相关性，作为人之存在的本真形态，时刻与每一人相关，不仅青睐有德者，也消极地彰显于无德者，标识着并驱动着人作为人的完成。

在这里，申徒嘉作为兀者，身体的残缺者而且是自致者（身体的不恰当使用者），与之构成对照的，是世俗的杰出人物子产，身体的完全者，而且是身体的卓越使用者（富贵的享有者）。就常人的标准言，申徒嘉作为常人之不出众者，且又自我败坏了常人之资格，而子产作为常人的出众者，就拥有了更完善的人格。世间的人格成就与平庸、堕落，构成了所谓的贵贱等级。进一步讲，申徒嘉作为受刑者，子产作为统治秩序中的施刑者（律法之制定或来源者,子产之主要政绩之一便是"铸刑书"),二者有更直接的寓意关联。施刑者作为正义的主持者,而受刑者作为正义之被难者,自然又将屈处于道义的下风。

庄子使申徒嘉与子产发生交往的方式,是"同师"。如是,对于身处世间两个极端的人,而竟然可以凌越秩序,同堂求师,这种反常情形使意义问题发生更多的纠葛,使义理更加充满内在的张力,铮铮自鸣,破棣欲出。在此"同师"之情节下,申徒嘉和子产都作为从学者而获得平等的身份,彼二人之来历一应抹杀,失者不必溺于失,得者不必荣其得,而俱成为待学者(学之或人之未完成者)而服从于更高的权威。这里已隐然透出更加伟大而夺人气魄的雄浑之力,能够使当世所弃与所举,贵贱之列,俱化服其中,泯然甘居弟子之业。而所谓世间之贵贱荣辱,乃顿时相形见绌,黯然失色。

所以,在本章中,庄子设计了三个角色,申徒嘉与子产形成正面的冲突,而二者的冲突又最终接引向更高的人格——伯昏无人,居于"师"的尊严地位。二者的争执,从更高层面,又与伯昏无人的境界形成参照。伯昏无人没有出场,而只是从侧面得到描述,但这正是出于庄子对道、德之解悟下的安排。伯昏无人具有不可出场性,他不能参与到言的斗诤当中去,不能置身于是非的涡流之中,他唯独作为自身之完满性(德)而在,并通过此完满性而散发自然的影响。换言之,一切的差异得失,对之都将自然平息,不能形成内心的波扰。兀者与执政之对立者的兼收并容,即可视为直接的表征,彼于子产之为弟子而无惭,于申徒嘉之为弟子而无吝。甚至,师弟关系,也只是世情的误认,对于伯昏无人来说,也根本未曾存在,彼人不为弟子而无迎,彼人愿为弟子而不拒;进一步讲,伯昏无人于弟子也就并无所教,只是德充之化而已,《德充符》开篇所谓"立不教,坐不议"是也。"伯昏无人"命名之四字也具明显的暗示意义,"昏",不明也;"无人",无此人与彼人之分,无人我之分,而不知有人("未始有物")也。这即意味着伯昏无人作为德充者之消隐,不复作为一般之人的形态呈现。而正是这种不出场,不应接(无言行之酬应),才正是德充之符,为师之资,不招而人自往,如卫之恶人(形丑)哀骀它,人不禁思与同处。

庄子为我们提供了申徒嘉、子产、伯昏无人三个人物,其中有师弟子关系,弟子二人又为相对立者。三人适为三种不同之境界,于此可以识德矣。于充而见其不充,于不充而见其为充,此亦即"德充符"之命意所在。吾人读此,当留意于三人之错综比较。

（二）"我先出则子止，子先出则我止"

本处，子产首先向申徒嘉发难，而冲突非先起于子产不可。伯昏无人者，"不可得而亲，亦不可得而疏；不可得而利，亦不可得而害；不可得而贵，亦不可得而贱。故为天下贵"（《老子》第五十六章）。若申徒嘉，以世道论之则为贱，以学问论之则稍有得，故不得与子产争先后。唯子产，席执政之位，抱全形之资，世念膺怀，德意未基，乃发之为不平之争。吾人当思，此处子产所谓何意？其所代表者何境？

子产所谓者，"我先出则子止，子先出则我止。今我将出，子可以止乎？其未邪？且子见执政而不违，子齐执政乎"。

子产一出言，德宇之量，已曝露无遗；且不必观其所藉口以言者，但由其不忍于有言，已判其德之高下。所言者，言也；出言者，行也；而两俱觇之矣，所谓开口便差。开口便差，非教人默不作言，以饰高妙，唯明凡言必有激，欲因人以申己之是非，如是便落于是非，落于是非为差耳。然所以落于是非为差者，未睹至理，故有偏至，自伐而不能容人；至理者，一理也，统是非而齐之之理也。理至则德充，是非俱化，而空茫不见涯岸。

循子产所言，其所固执以争者，"我"与"子"也，"先"与后也，"出"与"止"也，"执政"与在野也。此种对待，即所谓分别。分别即见之于名，有名则有分，有分则有义，有义则有所当为与所不当为，有所当为与所不当为则有是非，则有可与不可，则有犯分乱伦与否。再言之，即有相对，即有相对之相对，即有诸相对，根于寸心，而成于庞然之体制，虚而实应矣。以本处而言，"我"与"子"出、止不并行，"执政"与在野不相齐，将约为礼法。凡有此见者，必有此诸义，理之固然也。

《齐物论》谓："有左有右，有伦有义，有分有辩，有竞有争，此之谓八德。"德者，物各得其分为德，此德之通义。故有左右之分，则有在左之德、在右之德，左而居右，右而居左，则非其分，则为僭越，则为失德。左右者，分也，辨也，伦也；有是分则有义；有是义则有竞有争，必求物之各居其所，各安其分，以成于德。八德，非此八者为德，具此八者之分即有相应之成德。此世俗之以为固然者，故儒家言"君君臣臣"，"必也正名"。君君则德，臣不臣则不德，得分与失分之谓也。申徒嘉与子产，臣属也，出不并行，当有所逊避，礼也。然人有常分乎？礼有固然乎？德其已至乎？德与时化，性与命通，唯达性命之情，道德之精者，乃为至德，非磬折之间，雁行揖让常格之所限也。故人各德其德，其为德不同如南北相望。

而此中核心，则在有我；有我之要，乃在自尊。自尊，则不能不使我异于人，转而言之，不能不使人卑逊于我。此礼之义也。礼之义，尊尊而贵贵，上有以责下，贵有以责贱，尊有以责卑也。然人所以自尊者果何在？《逍遥游》言"知效一官，行比一乡，德合一君，而征一国者，其自视也，亦若此矣"，则人所以居人之上而自视出众者，以知、以行、以德（此非庄子许可之德，世德也，世以行之合义者为德）、以能，此皆匹合于世，应则取，不应则舍，如冯唐之老，李广难封，求在外者，故难期可，非以道德而致尊重也。老子谓"万物莫不尊道而贵德。道之尊，德之贵，夫莫之命而常自然"（《老子》第五十一章）。道家所以取尊贵者，在于道、德。道、德自我修之，内充而外符，非假制于礼法，借威于刑罚，使人迫胁而遵，非忘其形势，自然而化悦也。

（三）"子而说子之执政而后人者也"

子产初言犹在含蓄，若相约请，但欲成先后，示分别，又不必先己而后人。然其一言之而无效，则再言之，内愤积郁，疾辞迅问，如连珠之发，而言愈多，声愈厉，情愈张。此《山木》所谓，船来触舟，虚则无怒，"有一人在其上，则呼张翕之。一呼而不闻，再呼而不闻，于是三呼邪，则必以恶声随之"。人心顺则悦乐，逆则愤懑，不能尽物而虚也。子产之不能虚者，"执政"也。故初所含蓄，至于再，则情径发而直以"执政"相责，"执政"者，子产之成心也。

子产之自尊，以身为执政。是其所贵，特在为执政。执政，势要也。以势利取尊荣，为世俗之常情，吾人往往不免。世间之人，天资不同，于业也各成一能，故或掠天资为美，或以术业矜能，聊取自重。然所资之大者，未有过于名利，而势位为甚，是以利禄之途狼藉多塞，游弋贪其饵者众也。故寓言中之子产，实即吾等常人之化身。势要虽不必已为吾人所据，然吾人瘠瘵之求也，虽或绝望于势要，然吾人自别有可求之势利在。势者，相倾之具；利者，肆欲之窟；二者交乘，心病意狂。势利之所在，荣辱之所系，奔之竞之，颠之蹶之，人生碌碌，但了此事，一何茫也！一何哀也！吾人借子产，一以观申徒嘉之有得于道，一以反观吾人存心之陋。彼自恃为执政者之心，是何心也！

申徒嘉所应数语，其一曰："先生之门固有执政焉如此哉？"意谓，随先生而学，习先生之道，不当复拘守此见，而子犹旦旦措置于怀，是未尝得先生实学。况执政非区区者比，于道德将有更高的要求，须"处上而民不重，处前而民不害",不与天下争,而"天下莫与之争"(《老子》第六十六章)。今子产与匹夫争先,亦可谓如匹夫矣。

其二曰:"子而说子之执政而后人者也。"此则剖露子产之实情,言其欲挟执政之势,尊己而屈人,先己而后人。则吾人之恒不及于道者,以有己为祟,佛家所谓人我见。有己则有私,有私则有偏,偏则执,执则固,固则勉强而难移,横截而不通,不能无事于彼此先后也。子产为己之心重,达道之情奢,故德者私德也,非有容之德。"后人"二字可味!后人则人在我之外矣。又,人或本不知先后,因吾先后之分而诏之以先后,又因先后之分而睹所以为先后。德不欲先,先则遗后;德不欲彰,彰则见所不照,非所以为大德也。大德者,不自先而人先之,不自贵而人贵之。然此犹有迹,非至德也。论夫至德,则人无得而先,无得而贵,百姓成乎自然,自然而已。

申徒嘉一兀者,斥子产耽于执政之心,德沛义直,掷地有声,无一毫佞媚之柔。子产本欲自彰其贵,反昭不善,可谓窘矣。这又让我们想到《秋水》篇中,惠子相梁(执政),庄子往见之,惠子因谣而恐,搜于国中三日三夜的滑稽一幕。于彼处,庄子辛辣地以"鹓得腐鼠"来讽刺惠子对于执政之位的贪好,嘲其无端的警惕为"欲以子之梁国而吓我"。若腐鼠,陈于阴渠恶草之际,洁者避之唯恐不及,而又有趋之者哉?于是,我们可以看到,庄子哲学对于权势之不屑一顾,对于"执政"而无德操以应之者精神上的轻蔑。在道、德的面前,或者在"真人"的面前,一切外来的补衬虚饰手段,一切名利威权的光耀,俗所以自欺欺人者,尽从遮落,扫罄无余,使人赤精精,朴匜匜,还他个人之为人,绝无葛藤,绝无倚傍,大者坐其大,细者扪其细,纯者纯之,秽者秽之,一毫无隐,唯德是尚。若位之与德,非位可以寄德,德可以守位也。

(四)"鉴明则尘垢不止,止则不明也"

鉴之喻,禅宗及宋明儒喜道之,而庄子已尝屡及之。鉴以明为性,清平可以照形,为日常所需,吾人最狎近者。鉴之关系于道理,故亦易为人所注意。吾人之理,实皆从日常反复之经验中提炼得来。经验屡变,若无恒守,然积久则其间自渐多连贯可通之处,吾人偶有会心,体贴入实,乃幡然成悟。且经验愈积,此可能愈大;此可能愈大,连贯之事物愈多;及其至极,乃能无所不统,无所不贯,而万物可一,宇宙无外矣。故道理者,皆起于日用,本于观物,默然心会,体当道理遂出,非凭空凿来,纯作离物之想也。

物有质而难通,理无形而易推。凡有皆物也,凡一物之所以为物者,必有可推以及他物之为物者，亦必有可推以及凡物之为物者。物万殊也，然其为有之一有，及其所以能有，固可相通。如此处以鉴为说，鉴者清明之象，或存其明，或没其明。人之明亦然，可以取譬，以彼通此。凡物亦各有其明，唯其为明不同。其为明不同，又不害彼此之交喻。

申徒嘉引传闻之训曰："鉴明则尘垢不止，止则不明也。久与贤人处则无过。"具体言之，鉴性本明（性者，指物之能而言。物之能不同，各有专能或殊能，即目此专能或殊能为性），明性透发，于物皆照，则必无蒙蔽，尘垢未尝止息也。若积聚尘垢，则明性虽不失，而未能透发，及他物来照，则昏然失应，丧厥物用。鉴而能明，知其无尘垢也；鉴而不能明，则知必为尘垢所遮止也。吾人学而亲贤人，犹如照形之趋鉴，鉴以正容体，贤人以正德行。久与贤人处，则邪虑少萌，德行常正，故能日益寡过，以养中和之体，与贤俱贤，日渐之化使然。故孔子谓择必处仁，"无友不如己者"，道成于所习也。如容貌失整，非鉴性不明，尘埃止之也；如道德不进，非贤人失教，心地有蓬，嗜欲乱之也。尘埃止则损鉴之性，心地有藏则杜进德之机。故不可不勤行拂拭，时与洒除，销碍解藏，乃能坦然受化。

"久与贤人处则无过"，大哉斯言！诚哉斯言！子产同师伯昏无人，而犹出是言，其所以有过，固由于心地有蓬，亦出于相习未久，不足融释，非谓子产有过，当责伯昏无人于德有所未修，化而不效也。

二、"子既若是矣，犹与尧争善"一段

（五）"子既若是矣，犹与尧争善"

子产初所责备于申徒嘉者，"齐执政"而已，此固一成心，然其成心又不止于此。"执政"犹属于人能所致，体外之物，可得可失，犹有过于此者，非相刺激，不能发作。故庄子令申徒嘉反唇相讥，正便借此争执，引出另一层关系。

子产以为，申徒嘉如有自知之明，本当自行后执政而出，而彼全无感应，故以言相警，而一言不效，遂至于厉色声之；其以为申徒嘉如有自知之明，遂将贴然服从，彼乃抗颜而反讥之。故子产愤然出此。其情愈愤怒，其言则愈刻薄。

"子既若是"，若是者，若是为兀者而遭断足之刑也。其言下以为，尔既身行不谨，违法犯令，遭受刑罚之厄，此过之大者；今足刖体残，为人之貌

有缺，非完人也，较之常人犹且等而下之，不足齿数，此人之贱者也。犯法亏德，刖足亏体，两既不善，何足道哉！"子既若是"，辱及人身，诚鄙恶语也。

如是，子产与申徒嘉之矛盾，即由"齐执政"之一般世俗礼仪的计较（亏礼），转向对"兀者"之双重责难，即亏德、亏体。就常情而言，人的身体，"一受其成形"，即难以改变，特别是身体的亏缺，断不可属，则"缺"的意义即与身体的持续同在，这种"缺"作为不可抹杀的标记，反倒"突兀"地格外充分地呈现自身，掀起记忆；不但身体上的影响常在，即最初所以导致此身体缺陷之罪恶也一并延续，铸入到人格当中。这些都极易成为自卑心理的根源，同时也成为自得心理的条件。缺映照出完，使其自得。完作为完，只是局于自身，流于平庸，只有在缺的映衬下，完才显现为完，才有"神采"，才获得对自身的欣然赏鉴。对于缺来说，也是如此，缺只有在完的对照下，才不断强化自身的确定性，被动地接受其是，使缺成为缺，甚至更缺。世人在不断地寻求自身之完，根本的途径在于克服自身之缺（克己），但当此不易实现时，就走向对于他者之缺的揭露或吹疵，在轻蔑、嘲弄、羞辱、诋毁当中感受虚幻的完的快感。

申徒嘉作为兀者，在世俗道义上，仿佛任何常人都有正当的权利来使之对自身作出应有的省察，反复地注目到自身过往的缺陷，这甚至是一种责任。在此，我们可以看到两种刑罚，一种是肉体的刑罚，一种是观念的刑罚——使刑罚成为刑罚者。如果观念的刑罚未得解除，肉体的刑罚虽告结束，而其作为刑罚却会永久驻留，与观念同久，也即，任何刑罚本质上都具有观念性，从而也具有时间的超越性和主体的蔓延性（作为可附着物），如俗言，成为终生（甚至族姓）的污点。就此，刑罚结束，而未曾结束，"罪犯"永在受刑，永不能还原为正常的人格（无论身体之断绝）。这也是庄子对执持世间理念者，批评其为"天刑之，安可解"的缘故所在。刑罚是观念的延伸或形态化，刑罚的本质是观念上的分裂，刑罚的解除只有通过观念上分裂的弥合或通融才最终可能。

对于申徒嘉来说，这番遭遇了子产无情而致命的回击，其伤痛不是被慰抚，而是成为攻击的最佳部位，附带其上的罪过也被应时地唤醒。其人既如是，此而不顾，行不约礼，言不逊志，悍然与执政争是非，乃是过上加过。与之相对，子产以尧自比。这并非子产自诩可以与尧比肩，而是形容申徒嘉与他在人格上，不啻与世俗圣人尧之间的差距，是决然不可相比的。"争善"二字，揭示了争执的焦点——谁更具有道德的优越性，可以责人之过，也即，是一个犯刑违礼、身形不完的人，还是居为执政、动而守礼的人，道德更充足？依照世间的评价准绳，申徒嘉无论如何都不是有德者，所以子产的自信，使他对申徒嘉的言行难以容忍。

末句"计子之德，不足以自反邪"，意谓，推断你的德行，不能够使你做到自反其德吗？这是一句双关的话，同时从不同意义上切中申徒嘉和子产二人，并达于其一般性的哲学指示。就申徒嘉而言，其对自身的状况，理应有清楚的认知，最好卑言逊行，以偷容于世，而他却不以为然，反而变本加厉，对执政公然以道德严斥。故子产指责他简直丧失了道德上的自反能力，不可救药。对于子产而言，他说出了对自己比对申徒嘉更为有效的话。

我们可以看出，至此，二人已经陷入了沟通濒于停滞的僵局，申徒嘉不能入子产之言，子产不能入申徒嘉之言，二人的冲突在"不足以自反"的指责中达到高潮。这种尖锐的对立，展示了不同的道德理念，一方无法通达另一方，或者面临同样的丧失"自反"之德的困境，这也使我们慎重地考量，在何种程度上人们才能保持自反的能力。在此，鉴之隐喻的意义，又可以给我们更丰富的启示。世间之人，本相互为鉴，不但伯昏无人之类的贤人为鉴，子产亦为鉴，申徒嘉亦为鉴，唯有通过鉴，彼此才能交现其德。通过他者之鉴，我们与其谓看到他人，不如谓看到自己，而我们又往往对此视而不见，唯人之视，忘乎其同，这才是庄子所谓之"自反"的更一般的哲学示义。"不足以自反"，正是鉴之不明的隐义。通过子产，申徒嘉被迫要正视兀者之身，被贴上"不足以自反"的标签；而申徒嘉所兀在足，子产之兀则在心；申徒嘉之不足以自反，既形于言，而子产自身之不足以自反，犹然欠却一自反。道德者，根于己而见于人，见于人而反察乎己，则足以知德矣。夫德，默然而善应，不为而自成，于言征之，于行征之，于人征之，无往不酬，无征不信。人者，德之鉴也。

（六）"自状其过以不当亡者众，不状其过以不当存者寡"

此一句甚难解。吾人可循上下之文而试解之。

上文申徒嘉言"今子之所取大者，先生也，而犹出言若是，不亦过乎"，子产继言申徒嘉兀者而犹与尧争善，不足以自反，乃责其过且不知过也。故此所论为过之事，又自知过与不自知过之事。则本处所谓"自状其过""不状其过"者，指人自知其过与不自知其过而言也。自状者，自为陈说，自我辩解也。不自状者，不自为陈说，不做辩解也。且状，本处有特加显白之义，使

"过"作为事迹而得到观照、反省，诉诸语言，达于意识，从隐至显，由暗而彰。

又，此众、寡相对，众者易为，寡者难为，则众者常情所务而非所当可者，寡者非常情所能而近于可者也。

又，存、亡相对，亡者，对存而言。承申徒嘉亡足为说，且泛论众人之存亡得失也。

以常情而论，人皆好生恶死，好得恶失，则于存亡之际，众亦必乐存而恶亡。故其亡也以为不当亡而必为之说，其存也以为当存而申其应然之理。如是，则未有以亡为应当，以存为不应当者。

此处申徒嘉之所谓，乃有见于常情之所顺为与所难为。人之有过，虽知过矣，而少有甘心快意于亡者，故以为不当亡者众多。此中有二义：一者，有见于过、非过；二者，其必于存也。合兹二者，乃有自状之事，行辩以侥幸也。

若知之进于是而有见于道者则不然，将无是二见：一者，乃不知过、非过，故虽善不伐，虽过亦无所状；再者，其不但以存者为当存，亦以不当存者为不当存。既以不当存者为不当存，则其所以不存，非复己过，行其所应当而已。物本不当存，而非己之过，则无用自状其过矣，无过，焉用状？故"不状其过"者，重在"不状"而非在"过"字，以不见过故不状，非知过而故不为状。与此相反，"自状其过"一句，则重在"其过"，明见其过故"自状"。

如是，则上两句之意乃明。且是句也，"自状其过以不当亡者众，不状其过以不当存者寡"，两"以"字可有二用：

一者表目的或后果，前之所为，所以期合于后。句意则为，自状其过，以求（以致）不当亡，不状其过以求（以致）不当存。

二者表原因，因于后，所以致前之所为也。如取是义，则句可作："以不当亡自状其过者众，以不当存不状其过者寡。"此解为优，文从字顺。

进而言之，自状其过者，亦将自状其无过，有见于过者，必有见于无过，非无过无以解过。以为不当亡者，心有见于亡而多冀于存。执一而畏一，一以为过，一以为无过，一以为存，一以为亡，则所见皆相对之见。此子产之所为也。

若不自状者，既不自状其过，亦将不自状其无过，无见于过，则无过亦从而自隐；其以不当存者为不当存，则亦将以当存者为当存。其心之所系，在于当与不当，而不在于必存必不存。此申徒嘉之所取也。

由此，吾人于上文子产所斥申徒嘉之辞，乃可有更多的理解。子产以申徒嘉忘其形丑而与尧争善，又以彼"见执政而不违"，敢齐执政。于申徒嘉，当其时（同堂师伯昏无人），实未尝见人之完、己为不完，未尝见人为有过、为无过，未尝见执政与庶民之异同耳。故其不见子产为执政，亦不见己为兀者；不见己之为兀者，则不自状其过，待子产"状其过"而后言过也。

然申徒嘉所言虽近理，在庄子的寓言设计中，彼实只不过为言道理之可言而已。真人有其信而无言，俗者不达其理而无能言，唯介于其间者，身不足以体道而知足以明道，故言而近道，道其可道，过此以往，则言所不及矣。以此观之，申徒嘉非善之善者，实未免于疵累，何也？其不言"今子之所取大者，先生也，而犹出言若是，不亦过乎"？则其犹不能于过无过之际，泯然不介于意，其以道德过物，犹子产以礼法过物也。以道德过物，虽较子产为高明一层，然道德犹有迹，执一物（德）以形物（不德），故不能涵容异己而流于相訕，于德尚未充也。

又，此中复有一隐义，即，申徒嘉责子产之过，子产责申徒嘉之过，二人相责，其所言皆自状之词也。言皆有状，所状者意也；意者，心所可也；有可则有不可，自可而不可于人，故言者有言。此所以言辄不至，况于交责之言乎？"夫知者不言，言者不知，故圣人行不言之教。"（《知北游》）此伯昏无人之谓，非申徒嘉之谓也，申徒嘉能明其所谓而未履其所谓者也。

（七）"知不可奈何而安之若命，唯有德者能之"

甲、命与德

"自状其过以不当亡者众，不状其过以不当存者寡"，此申徒嘉自解之辞，言人多饰过文非，己则能安于所遇。其中引出当、不当的观念，不当亡则当存，不当存则当亡。然两"不当"之义不同，前者之不当，不当于私心所爱也；后者之不当，诚不当于物所固然也。由是，进而引出命的问题，进而可以正当地阐发德的内涵。

命者，物之所当，天使之然，人力所不与，无可奈何者也。人之存也固命，焉知人之不当存者非命？是以，不但存者为命，即亡者亦莫非命也。此与右师答公文轩之问同理。右师之介（亦刖足），"（其）天与？其人与"，人则人为使然，归过于人；天则无可奈何而自至，非人之咎。右师以为，"天也，非人也。天之生是使独也，人之貌有与焉"（以上见《养生主》）。人之貌有与，言备人之大体；虽备人之大体而为人，有能有智，若可以自为，然于介也，人之智能实皆无可如何，唯归诸天而已，人无行而不受天之"使"。

使，令也；令，命也。天使独，天命其独也，言天即言命也。

人知存之为命，而不知亡亦为命。物之存亡得失死生，皆系于命。人能安生之命，而不能安死之命，则未为知命。人轻犯死之命而不能安生之命，亦未为知命。生，命也；死，亦命也。存，命也；亡，亦命也。死生存亡之命，同所当重，一也。见于此之为命而不见于彼之为命，是朝三暮四与朝四暮三之间，喜怒为用，神明为亏也。

故德者非他，知有命而安之而已；知存者为命，亡亦为命，所遇无非命，遂尔得失无所用心，寂泊澹如而已。吾人或以为非命者，以义制命也。如申徒嘉遭兀见诃，为所不当为，不为所当为，以干犯礼法，此为之在我而不当以命脱之。然礼法有常义乎？死于非义之人为命，死于义者之手非命乎？义以生人，则义以杀人，孰人之义果为天下义？天下之义，其义一乎？义未有过于天，人之义，天有所不义，故命可制义，而义不足以制命，则人之存亡非必皆裁度于义，天命之适遭而已。如是，赏可以不劝，刑可以无惧，名可以不徼，利可以不趋，兀者不见其兀，执政不见为执政，人各安其所遇，忘荣忘辱，不相是非，则性情大正矣。

庄子之舍义言命，岂欲人勇于犯法乱俗哉？欲人不为世俗无定之说，樊然淆乱之义，刖于身而不已，复桎梏而不解于心，终生劳辱，莫见归途，哀伤无已也。吾人以义为大，然义源自命，义者可言之命，命者无言之义。义有当于命，有不当于命而叨义之名，然凡命皆义，命者义之正也。命无过义，义有过命，故义有不至，命其至也。权势而不媚不慢，穷困而不辱不骇，虽不言义而义在其中，虽不称德而德不可越矣。常所言仁义善恶，世德也；庄子所谓无所非命而安之者，天德也。如立志于世务，则世德有其当然，如欲游神于六合之外，则必修乎天德。庄子之命，非冥然前定，可以预卜，固守以待之者，时化而已。如以命为可待，一成不变，则命非命矣。所遇为命，命非一遇，顺时处化，与天同事，乃为安命。

乙、"游于羿之彀中"

上既言有德者安命之理，乃又设善喻以发明之。

彀中，张弓射箭，力所及者，犹言射程，过此则不及，此之内皆可及。中央者，射程以内，环羿之域，皆谓之中央；中地者，能中之地也。羿，古之善射者，游于其彀中，则几于不免（必中）矣。然以羿神射之手，中央必中之地，而犹有不中，则吾人亦可以如公文轩惊惧以问："其天乎？其人乎？"自人料之，以能则必中，以地则必中，而犹然不中，则非人也，其天也。人不胜天，其存于命也夫。人能可能也，天能不可能也；人知可知也，天命其不可知也。故虽有绝能极知，未能前定其中与不中，而一决于命。此无可如何，知有所不知，能有所不能也。是以，羿虽善射，的虽在彀之中，不能保其必中，犹然徼天之幸。彼之不中，则命也。有中有不中，其不中固为命，焉知其中非命乎？是羿之中与不中，皆命也，无所非命，又何怨哉！

又，如庸人，偶然弄箭，虽无羿之能，或能中的，吾人知其为侥幸，非技也，命也。羿之不中，实同此理。羿常中，庸人常不中，故一许为神射，一不名能射。然羿固常中，而非必中，庸人固常不中，而非必不中。羿与庸人之射，虽有取诸其能者，复有出于彼人所不知不能者，故无论人能之小大，圣凡之殊绝，皆有制于命。命者，今人所谓必然性也。唯命可言必然，人不能言必然，而命之必然，不但人之所不能出于必然，其所能亦出于必然。命之必然性，人之偶然性也。中国哲学于命之理，大有贡献，天人之际在此，人所以成人亦在此。其所教育于人者，知命而已，行其所当而已，过化而已，无（私）我而已，忘怀中不中、存与亡，行其在己者而已。得之不以为自我得之，失之不以为自我失之，所遇之化而已，则得丧何有于我？不役于得丧，则我常为真我也。人或疑此忘怀得丧，为冥顽强果，则可应之曰："此知命之行，非任心之动也。"两忘者，必真知命者为然，非易也，又岂虑其纵恶乎？

吾人回扣上文言之，则羿者，可理解为命或造化之喻。吾人之生，无往而非在造化之彀中，未尝能外。凡物之类各有常形或其正，犹羿之射有中地也。以人而言，其备五官四肢者为人之正，其五官四肢有不备者非正，无论其或始生而然，或遭遇而然，皆出于造化。造化无常行，则人物无常命，故或保其正，或不保其正，皆命之迹也。命一也，则或存或亡，或正或不正，皆命之正，无可分别。

三、"人以其全足笑吾不全足者众矣"一段

"人以其全足"以下，则引出伯昏无人，而于境界又进，道理的说明也更充分。庄子借申徒嘉言理，托伯昏无人以彰境界，这里俨然有一能言者与真知者的界限，可以促使吾人于子产和申徒嘉的境界再作多重的反省。

（八）"人以其全足笑吾不全足者众矣"

子产和申徒嘉的争执，上文虽作了说明，就庄子的文脉而言，到此方才大

白。前者但标示了"兀者"的身份，子产所言不过"子既若是"，申徒嘉也不过以存亡暗示之，到此方明白指出问题的根源在于"全足"与"不全足"的对立。而庄子上文所揭示的道理，一在于子产成心之执拗，一在于有德者对于命的安适，而此处更显示了有德者在实践生活当中的道德魅力，无形无声而具有令读之者心灵震撼的力量，使我们确信这才是有德，才具有无限的非语言所及的感染人的力量。

甲、笑

申徒嘉谓"人以其全足笑吾不全足者众矣，我怫然而怒"，这里，我们又遇到了熟悉的"笑"意，与蜩鸠之"笑"相同，又与《让王》篇有人"以随侯之珠，弹千仞之雀（千仞言在弹之彀外），世必笑之"之笑相同。庄子虽未从哲学的意义上专门探讨过笑的原理，但他无疑为我们提供了丰富的案例，并从哲学的深处为我们开通了笑之研究的隧道。笑的意义很丰富，但在庄子的使用中，有一种常见的贬义用法，即表示嘲笑、讥笑之义。自以为领略了飞之至的蜩鸠嘲笑迂远而飞的大鹏，自以为明于价值的旁观者嘲笑弹者之轻重不分，而此处全足者嘲笑不全足者的形丑，任何人似乎都可以顺利地站在特别的角度上，找到自我的优越感，从而也轻易地寻获笑料，发出对愚弱者的粲然一笑。于是，这种嘲笑，也就自然变成了相互嘲笑，成为具有普世性的笑——"世人"之笑。

这种笑，具有真诚的世间性，或者反过来，人世从根须上滋长这种笑，世人从本性上会发出这种笑。这种笑实质为一种内在自得的自觉或潜意识的生理反应，不但嘲笑如此，笑作为一般活动的实质即如此。嘲笑与欢笑的区别在于，前者瞩目于缺陷，而后者欣然于自得。对于嘲笑来说，庄子不仅仅是表达一种情绪化的反应，而更关联哲学上的意义，即一种自我认知的局限性所导致的盲目自得或虚假自满，不具有本真性与合道德性。庄子并不反对笑，而是反对知性上的误断误信，这种笑与其说洞察出了他者的无知或残缺，不如说以双倍的力度照鉴了自身的无知或残缺。唯有道德之境，才是真正的开放通敞之境，才使庸俗的笑与可笑寥然无迹。

我们甚至可以从笑的意义上，来理解庄子的文本结构和思想结构，笑奠定了二者。如第一篇《逍遥游》之铺陈鲲鹏，要在引出蜩鸠之笑，而本章则起于或系于子产之笑（作为"众"者之一），而老子也已揭示到"下士闻道，大笑之，不笑不足以为道"（《老子》第四十一章）。笑是两种意义或思想一时交锋所呈现的剧烈颤动，如水石之不同质者相抵所发出的激鸣，从而也展现为庄子文本的一般叙述结构——道俗的必然相遇——笑。而庄子哲学最终则走向对于此种笑的消除，从而生成真纯之笑，"相视而笑，莫逆于心"，"踌躇满志"（这也可以理解为或想象出一种笑），也即"乐"，内在精神真正充盈洋溢的快感（也作为通感，如濠鱼之乐）——自得——所激发的生理表现。这真纯的无待的笑——嘲笑（异视）的消融，既是庄子寓言的结构性完成，也是其哲学诠释的结构性完成。

乙、全足——德

申徒嘉谓"人以其全足笑吾不全足者众矣"，"众"对应于上文"自状其过以不当亡者众"之"众"。"众"不必作数量的计较，其所表示者为世俗的普遍性格，因而申徒嘉的遭遇具有注定性。世俗之人所自以为得者，较于申徒嘉而言不过为有全足。全足，不但指示形体的完整性，更流露出一种世俗价值或人格的优越感，而且具有生动的象征意义。

古训"德者，得也"，这种理解无比恰当地诠释了德的基础意义，有所得于身，就生成相应之德，德便是自身的某种获得（"据"）状态。如是，德作为获得义，就意味着自身的（趋近）丰富性、无限性或者完善性，也可以说"大"。全足作为天所生成，吾人不丧失，便可以说维持了得的状态，便可以说有德，这在儒、道二家是共许之义。即外在物品的获得而言，吾人的生活用品愈丰富，即表示生产能力或支配能力越强大，不论是从自然还是从社会中攫取，都表示一种自我丰富、趋近无限的能力，也可以说有德。德作为自我的完善来说，不论是行之于身，还是取之于物，不论是保厥既有，还是获所未有，都是一种自得之力。

但这种德无论如何，都将是有限之德，而且是沉沦之德，因为对于得的追求，必然会有得有丧，得失相偿，甚至得不偿失，以灭厥身；而且对于得之无止境的追求，恰恰彰显了自身之恒处未得的状态。也即，这种德只是一种相对之德，不是真正的自得状态，适其反尔。只有及时的通达于道，才可能获得这种完全之德的境界。故，全足与全德乃是不同之事，全足无与乎德的本质。

即世之众者而言，其为德的相对性表现在，他们可以凭借自身之全足而笑申徒嘉之不全足，亦将瞻仰子产之为执政而自卑其非执政。人有以自高者，亦将有以自卑，"以人之言而遗我粟，至其罪我也，又且以人之言"（《让王》），理相乘也。故真正之德，并不是在相对中不断变换据点，而是能认识到这种相对性之根本上的局限性与实质上的为一性，从而于认识上和实践中超越此相对性，如是道德乃有盈而无亏，恒自足也，足之全有不足也。

（九）"吾与夫子游十九年，而未尝知吾兀者也"

世俗之人有见于全足与不全足，且以全足为得，不全足为丧得，故从而笑不全足。有德者则与世俗不同。在此，申徒嘉通过自身的真切感受，表现了有德无德之辨。有德无德，不但通过主体自身的行为有所表现，还通过他人的感受而得到表现，并且他人的感受如何，在庄子的道德学说中，具有更高的境界意义和校准作用。

甲、"怒"

申徒嘉最初遭受兀刑之后，或许并不甚着于意，而惭于不全。他乃因众人之见笑，渐起不平之心，以至"怫然而怒"。"怒"与"笑"理应对照来理解，二者具有相对关系，都体现了世俗的人性或人的世俗性。笑作为领略自得之顺适反应，怒则作为抑损其自得（人格之耻辱）之抵抗反应，当然，这都是狭隘人格的表示——轻易即超过其负荷能力。所以，我们不但可以由"笑"字，体会众人之世俗性，也可以由"怒"字认识到，怒者之申徒嘉怀有同样的世俗性，只是各居于相对的立场。正如同，申徒嘉之兀的形象触发了众人之笑，而众人之笑又反过来刺激了申徒嘉之怒，非彼无此，非此无彼；双方皆基于全足与不全足的分辨，不有此念则无笑，不藏此念则无怒，不全足之反常形象使人之世俗性，从心底之幽暗状态骤然跃入容色之充扬形态。

乙、"适先生之所"

申徒嘉与众人，虽然表现出对立的情绪，但这种情绪具有同质性，正是世德之分裂、相对性格的鲜明展示。而只要在世俗之界内，或作为庸众而在，这种劣性（不全性和心性冲突）就无以得到克服，对立将无处不在——作为本性而非偶然迹象，即使个体不与群体之众构成对立，个体自身也会造成难以消弭的内部对立——相对观念的"相兼相制"（张载语），进而以故作镇定或隐然内疚的形式传达出来。要摆脱这种心灵的不安宁，只有走出世俗性（"游乎四海之外"之所喻），走出分裂的自身（"吾丧我"之所喻），走向天，从而也走向至人、神人、真人境界，走向"师"。此所以申徒嘉"适先生"而得其所。

师的肤浅含义则为世务之接济者，其深沉含义则为生存或内在精神之拯拔者。世务包括各业知识和技能，世务同样是生存之必须习练者，甚至世务之谙熟乃世人居世之生存尤为必要的条件。故师亦作为世俗构造之一必要部分，但其所起的作用主要为向幼稚、未成其能者输送、补给应接世务之知与术，使之通达世务，有以融入世俗，立足世间。但世务之应酬不具有本真性，而只是日渐习得者，故这样的生存具有对世性或合俗性，当然，世不是空间意义，而是观念之界性。这样的师，承担了自觉或不自觉的世俗教化职能，与其谓之完成此人，毋宁谓之完成此世。而深沉含义的师，则面向人之本真性，彰显世之非本真性，从而指引人使之成为自身、保持自身，不为世俗性所侵夺。简要言之，前者之为师，面向于世；后者之为师，面向于人。故后者能使人从世俗性中超拔出来，解脱出来，而成为自身，而是其所是。伯昏无人即居后者之义，他代表了哲学而非宗教之出世性道路的出口，成为寻求者的走向，或者说回归本己之指示。

申徒嘉怒盛于色，意森于心，此老子所以谓南荣趎"子何与人偕来之众也"（《庚桑楚》），"偕来之众"即指人所承载之世俗性（有偕）——交错纷乱，智愚相乘，喜怒代兴，相互用事，备载于身而不能解也。怒郁而不消，知积久成惑，辗转流徙于是非得丧之场，"女亡人哉！惘惘乎，汝欲反汝情性而无由入，可怜哉！"（《庚桑楚》）"亡人"——求归者，而又隔绝于真，无由自入——最深刻地揭示了世俗之人困殆至极、哀伤无告之命运。申徒嘉本怀怨怒之情而往见伯昏无人，欲有所诉，以博取师长的同情或解慰，激起言说。然而这一切都没有发生，道德境界具有对世俗的绝对超越能力，从而也使自身对世俗呈现为不可知（预见）性。道德与世俗，或天人二境，两不交入，道德者非优为于世情，杜绝世俗之谓也。

申徒嘉既如是气势汹汹而来，却"废然而反"。废然者，释然也；废然而返，初所怀携（"偕来之众"）不知其然而尽消释于无形矣。我们可注意，在"适先生之所"和"废然而反"之间，没有任何交际活动的描写，如同记忆的空白，非有而故疏之，乃本无可述，诚世间意识顿消而酬应都遣也。"废然而反"，要在"废然"二字。此不但表示自己初所怀有的怫然怒气已化而无有，自己内心之怨艾已荡然无存，更在表示自己动机之莫名消散，意不及起，言不及传，无思无言，冥然相动，以至实而往，虚而归（反用本篇"虚而往，实而归"）也。这即是庄子学说恒归宿之"忘"的境界。

丙、"不知先生之洗我以善邪？吾之自寤邪"

废然而忘境界的现前，为心识活动的遣除，或更确切说为引发妄行之妄念活动的自然体解。但这一活动，既非基于语言之理性说教，又非基于动作之方法示范，其所以实现的可能何在？为了更清晰地揭示"废然"之缘故，庄子乃引申以此两语，使吾人注意及之。

通行本有前句而无后句，据郭庆藩《庄子集释》校文"《阙误》引张君房本'邪'下有'吾之自寤邪'五字"（陈鼓应《庄子今注今译》亦于注下述及，而未从），此当补。首先于文法而言，此处"不知"为多重推测，句式为："不知……？（不知）……？……"。如是，则原文实作："不知先生之洗我以善邪？（不知）吾之自寤邪？"单言"不知先生之洗我以善邪"，语势显然不足。其二，庄子于理，如有所言，不作武断之偏论，往往取疑问句，并且双提，此处则言，或由先生之故，或非由先生之故（而由己之故）。其三，依庄子之哲理，于事物之然，不言其所使而言其自己，如单言"不知先生之洗我以善邪"，则理无着落。其四，郭象注文作："不知先生洗我以善道故耶？我为能自反耶？"此亦双提，知原文本自双言而后阙其一。且成玄英疏文谓"进退寻责，莫测所由"，由先生，进步语也；非由先生，退步语也；一进一退，相反见理，其体会语意甚亲切。综此，本处当补后一句。

就此二句而言，我们当注意"不知"二字的不定语气。知乃心识之明定，或对事物间因果关系之了然。本处虽列举了事情的两种可能缘由，实只是作为知的活动而非知之结论（活动有果，形成知之判定），而且是与子产在世俗语境中，非与伯昏无人在道境中，呈现出知的推测和辨析功能。对于申徒嘉而言，其所以"废然而反"，可加揣测却不可最终明确，亦即为不可知，或非知所行。

庄子此举，貌似削弱了伯昏无人的影响，而实则加深了其影响。就道德而言，愈不着力，乃愈有力。我们可以肯定，申徒嘉之所以"怫然而怒"与"废然而反"，必与所遇有关，只不过前者有交彰之失，后者蒙德和之庇。如是，申徒嘉之"废然而反"，理应出于伯昏无人的道德影响。庄子在这里并不是否定这种影响，而意在更精严地揭示这种影响的本质——无为之妙。也即，这种影响的实现无迹可寻，非言所言，非行所行，非思议所及，有情而无形，存而不可论，故决难把握，映入于知。援证以老子之义，即"上德无为而无以为"（《老子》第三十八章），更具体而言，即"从事于道者，道者同于道，德（通得）者同于德，失者同于失"（《老子》第二十三章）。在道家，真实之有德者，并不需要硁硁有所专为，苦身劳形，谆谆诲命，而自然有过于言行之教的效力，如同儒家所形容"君子之德风，小人之德草。草上之风，必偃"（《论语·颜渊》）。一言之，庄子此处要突出道德的无为本性，以及在道德境界中万物的自生自成现象。

庄子在表示伯昏无人之影响时，也避免主动性措辞的出现，而使用了"洗"。洗者，涤除污秽，使还纯洁也，本为主动，但这里谓"洗我以善"，善作为德的异语，并非可执之物，故洗非一有形动作。洗犹化也，洗以善，即表示伯昏无人之德对于申徒嘉的笼罩能力、浸润能力（透彻心髓）和净化能力，犹《知北游》言"疏瀹而心，澡雪而精神"，荡涤心尘，绝灭垢累也。二者在相遇之时，所发生的是精神上的相互接触以及精神的还原活动。这一精神接触，就伯昏无人而言为无为之化，就申徒嘉来说则为自己而然。自然乃对无为而言，然自然必于德之所蓄或无为之场中方能实现，失此（如"鱼脱于渊"）则不能达于自然。故自然必于道德之域中言之，且唯有道德能使本真之自然可能，使本己得以去其夭阏而天机自张。"自寤"，"自"兼自己与自然二义，"寤"者觉也，表示固有生机或本性之呈露，而非智识之觉解（故仍存疑）。

丁、"未尝知吾兀者"

"不知先生之洗我以善邪？吾之自寤邪"，此虽申徒嘉推测之言，非一可一不可，而两俱有立，实相通之义。且伯昏无人之感动于人，非遇一事而已，偶然至此，故又申言之曰"吾与夫子游十九年，而未尝知吾兀者也"。一遇之施易，十九年之操难，则有德者岂一验而足，必持其久而经其常，乃足为有德之符。又，于此可见，随人之化有穷，自得之情恒践。申徒嘉与夫子游十九年而不知，今与子产交则知之矣，此不徒为子产为德不足之信，亦申徒嘉自为德不充之征也。

且此处最可注意者，为所以显示伯昏无人有道之修辞。何以见其有道？庄子不言"夫子未尝知吾兀者"，而言"（吾）未尝知吾兀者"，此间大有辨。与不全者处，不见其为不全，分别之心塞而习俗之知亡矣，此有道之易测者也。不但己能不见人之全不全，亦使人忘己之为全不全，此不唯于物无隙，内以自全，又能无隙以化物，使物无疵疠以全其内，则有道之深微者也。内德不全者，则外物易入，内情易出，感得其应，未能浑然无迹，见人之善，见人不善，人亦与之争善恶，则断断之细人也夫，又何称焉！故德合内外，内以应外，外以征内，相与一体也。

申徒嘉与子产一相化也，申徒嘉与伯昏无人亦一相化也。化于众人则为众人，知虑日苗，相与为构，矜骄于尊卑得失之间；化于有道则为有道之人，存心于淡，镇之以朴，而忘适之适，与天为友。故申徒嘉与夫子游十九年，始终如一，自忘为兀者。彼既机变之心不张，善恶之欲无畔，则兀与不兀、全与不全，咸所不见，即德与不德，亦闭而不论，物孰能累之哉？争德则无德，见德则亏德，道隐无名，物全不竞，不见不争，德乃自凝。

（十）"今子与我游于形骸之内，而子索我于形骸之外"

如子产则不然，"今子与我游于形骸之内，而子索我于形骸之外，不亦过乎"。此则点出"形骸"二字，子产所见要在"形骸之内"，而伯昏无人所以异于众人，乃能出于"形骸之外"。众人之所以为众人，即在不免于"形骸"用事。

形骸者，人之形体，物之不齐者也。"游于形骸之内"者，见为兀者，以形骸之全不全诸差异论也。"游于形骸之外"者，不见为兀者，不以形骸之异同论也。则形骸之外，复有独贵者存焉。如是，不以形骸论者，虽申徒嘉兀者亦有与焉，人人可得求之。物各有形，无一相肖，唯天生物，物不相物也。物之形虽不同，有生则同，有形之万殊，不害为生之理一也。故形骸者，生之所托而非所以生，礼法所系而非德之本也。子产不能洞达于形骸之外，高下因形，动以礼法进退绳人，而求人之有德，不与争善，违离其道，是以有过。

依文义，所谓"形骸之外"者，德也。而德者，知命而安命，无系吝于存亡也。以形体之缺完论，则若有优劣；以道德而论，则虽不完者与完者一也。全于形者，未必全于德，不全于形者，或能全其德。则形骸之不全，无害于其为有德；反之，形骸之全，亦未必其为有德。如是，德岂非在形骸之外乎？貌有天资，德无外恃，必反循修之。

然德在形骸之外，谓德与形骸无一定之关联，可；谓二者截然作二物，不可。滞在形骸，则必将妨于为德；既已有德，则形骸必得善养。形体实而道德虚，形体末而道德本，所谓游于形骸之外，超有入无，神以守魄，非舍形骸而厌弃之也。且"游于形骸之内"，亦非形骸之事，言心也；亦不止于形骸之全否，言分也。吾人禀形而生，形骸奚其可恶？形存则生，形萎则亡，故形骸可贵非可恶也。所以言游于形骸之外者，不以心识重殃于形骸也。申徒嘉既刖而兀，吾人又从而兀之，是再刖之也。德于人者不伤，伤于人者不德；己既不伤而后能不伤人，己既伤人而后人反伤之。德充者，无伤而已。

第13节　《大宗师》选读：四子莫逆章

　　子祀、子舆、子犁、子来四人相与语曰："孰能以无为首，以生为脊，以死为尻；孰知死生存亡之一体者，吾与之友矣！"四人相视而笑，莫逆于心，遂相与为友。

　　俄而子舆有病，子祀往问之。曰："伟哉！夫造物者将以予为此拘拘也！"曲偻发背，上有五管，颐隐于齐，肩高于顶，句赘指天，阴阳之气有沴，其心闲而无事，跰𨇤而鉴于井，曰："嗟乎！夫造物者又将以予为此拘拘也。"

　　子祀曰："女恶之乎？"曰："亡，予何恶！浸假而化予之左臂以为鸡，予因以求时夜；浸假而化予之右臂以为弹，予因以求鸮炙；浸假而化予之尻以为轮，以神为马，予因以乘之，岂更驾哉！且夫得者，时也；失者，顺也。安时而处顺，哀乐不能入也，此古之所谓县解也。而不能自解者，物有结之。且夫物不胜天久矣，吾又何恶焉！"

　　俄而子来有病，喘喘然将死，其妻子环而泣之。子犁往问之，曰："叱！避！无怛化！"倚其户与之语曰："伟哉！造化又将奚以汝为？将奚以汝适？以汝为鼠肝乎？以汝为虫臂乎？"

子来曰:"父母于子,东西南北,唯命之从。阴阳于人,不翅于父母。彼近吾死而我不听,我则悍矣。彼何罪焉?夫大块载我以形,劳我以生,佚我以老,息我以死。故善吾生者,乃所以善吾死也。

"今之大冶铸金,金踊跃曰:我必且为镆铘。大冶必以为不祥之金。今一犯人之形,而曰人耳人耳,夫造化者必以为不祥之人。今一以天地为大炉,以造化为大冶,恶乎往而不可哉?"

成然寐,蘧然觉。

庄子探讨了很多哲学问题,然而这些问题无不意在养成人之一种本真的生存态度。其中,最切近于人之生存者,无过于对生死问题的注目。本章则直接迎面生死问题,展开寓言式的叙说。关于生死之理,庄子不独使纯理得到贞显,且以现实有德者之生动形象使理论的实践性得到微妙的例示,这又是现今纯粹的理性哲学研究所难以办到的。这种哲学形态,较纯粹抽象的论理,具有更深刻或更丰富的哲学禀性——作为哲学,不但其思想体现了哲学性,其形式同样是哲学性的重要构成。

作为形式的哲学性而言,即哲学不但是有所思,而且是有所传达之思。哲学作为精神性活动,从本性上言,是超越形式的(游于"形骸之外"者),但这种超越,并不是脱离形式,而是形式的不拘定之意。哲学的形式,内就哲学之自我生成而言,有其自然且应然的要求,或曰适己性。这种适己性,也成为哲学家哲学创作之适己性,从而也表现为哲学形式之多样性。这种多样之适己性,并不会造成泛哲学活动,从而损害哲学及哲学家的品格,反倒会更有利于完美地实现其自性,提升其品格。判断一形式是否具有哲学品格,不在形式本身。首先我们应当区别,哲学探究的对象与哲学本身属性的界定这两个不同问题。就对象而言,哲学并无限制,细大不捐,凡"有"统可以纳入哲学的视域当中,但并非所有对象都可作为哲学本身而在。即创作的形式而言,其为哲学之活动与否,在于曾否达到哲学洞见之深刻程度,并予以特种体裁下自觉的适己性揭示。

如庄子哲学,我们固然可以从文学形式欣赏之,然所以使其与文学创作区别开来而达到其哲学性的根据在于,他时时在传达其独特的哲学理念,文学只是其适己性的形式,或者已转化为其哲学创作活动的本己需要——"文以载道"(二者的本性并不必相伤),"(言以足志)文以足言"。如此,哲学可以有许多种存在样式,或者说每一种哲学都将生成为一独特之样式。哲学的完成一方面是内涵性的完成,一方面也是样式性的完成,这二者交相促进。哲学之与形式,如同思想之获得语言,但语言也不过为形式之一,哲学甚至可以采取非语言的形式,选择其他质料的物质性载体,或者纯然付诸行为之当下动静语默而止。哲学的本质目的在于理念的实现,或者说达到实践性的目的,而这种实践的根本指向又在于主体的本己实践,此中国古人所论"为己之学"是也。

就中国哲学而言,其所以不表现为纯粹之论理,即在追求适己性之取得。故寓言不但为庄子哲学所借助之手段,其本身即哲学之开展——哲学见于形式的自我生成环节。就寓言来说,既有观念之特殊化,又有物象之观念化,某物而非某物(不止于某物,且可及于是类物之全部);既有理论之一般性,又有情境之具体性,从而表现为于具体性情境中之理论的自发有序展开,而非理性之自我纯理演绎,进而也揭示了理论的世俗根性或曰日常起源。哲学理论的问题与推理,皆从日常经验出发,与世俗观念同产,仅在哲学之深层演绎中乃与俗见分道扬镳,显示出坚定卓越的哲学禀性;既有作为指导实践之实践性理论,又有表现理论之理论性实践。也即,庄子之寓言方式,其哲学性体现为:既是理论的,又是实践的;凡是实践的,同时都是理论的;反之,凡是理论的,同时即是实践的。末后一点弥足可贵,从哲学的实现程度言,它是后理论的,甚至是非理论的,但在庄子皆做到了理论与实践的合一,且这种实践不是置于新的思辨关系中的实践理论,而是实践本身,投入到了哲学(道德)的自在自为当中。再换言之,庄子哲学不但在谈论一种构造性的哲学,而且在谈论一种生命性的哲学,这种哲学不但可以活(付诸将来的实现),而且正在活(即当下即将来)。

本章论理宏阔,想象精奇,庄子取之不尽的天才,如同"天府"之漏泄,源源不断地为我们所见证,激荡心灵,拓洗凡胸。世间的常物,虽美好者,大概瞩多则厌,唯有天才之豪纵,每叫人骇然自失,惊极而喜,喜极欲泣。

本章寓言为四子相友问病之事。佛教经典有维摩诘现身疾病,佛遣众菩萨往诣问病事,儒家如《礼记》、史传亦颇载圣贤寝疾事,可见生死事大,众家各有了当。本处虽作一章而实有两事,一者子舆有病,子祀往问,一者子来有病,子犁往问,同为问病,而情节不同,各张理帜,故虽人物稍繁,非虚列也。又,于文理,先以相友为问病张本,又以问病而验其可友也。

一、"孰能以无为首"一段

（一）"孰知死生存亡之一体者，吾与之友矣"

本章开端先立相友之义或曰标准。可见，古人于"友"固有专义，视之甚高，必择而后交，志同道合乃堪为友，非如流俗，于凡习狎亲昵者便奉为友，往往自致败坏。孔子谓"无友不如己者"，世人多疑依直解则见轻慢，委曲为说，不知诚有以也。

四子取友的标准，即"孰能以无为首，以生为脊，以死为尻；孰知死生存亡之一体者"。此二句实作一义，前譬喻言之，后约理言之。又，于文，前作"孰能"，后言"孰知"，知、能，古人常对言，如孟子"人之所不学而能者，其良能也；所不虑而知者，其良知也"（《孟子·尽心上》），荀子"仁义法正有可知可能之理"（《荀子·性恶》）。知者，思虑之明觉也；能者，行动之履实也。然古人之"知"，义实过今，往往有兼能之意，如孔子谓"生而知之者，上也；学而知之者，次也"（《论语·季氏》），生而知之，非仅知而已，学而知之，孟、荀则以"学而能"为言，且学亦往往重身习，非口耳而止。故古人之学，多为实学。如是处"知死生存亡之一体"，非但知之，尤在能之，重在以能为知，轻于以知为知，故四人既树立其义，而不稍辩。

一体者，连贯相属之物，非有前而无后，非有此而无彼，合异以成体，"百骸、九窍、六藏，赅而存焉"（《齐物论》）。又，一体者，表相通之义。凡一体之物，未有前后截然异质而不可通者，此属于我，彼亦属我。即生死言，生者我也，死亦我也，则生可通于死，死复可通于生，本未尝截然为异质之物，唯名分有差，其实一也。

就庄子之设喻言，其指示人体首、脊、尻三段之分，分别对应无、生、死三状态或三阶段，以具体说明生死如何为一体。生死为一体，犹人之有脊尻，抚循而下，自脊至尻，脊尻俱人所有，断脊则亡，去尻则伤，非完人也。脊尻之备易知，生死一体难明，所异者，脊尻见于形，生死历于时，其为一体则同。明一体之义，则人不可有脊无尻，亦不可内其生而外其死。脊尻有分，就我而言，共成一体，是知死生俱不在我之外，不可贪生舍死，以死为非我有也。况物之分，分又有分，皆姑谓言之，如离体而言脊尻，无脊尻也，则离我（物之当是）而言死生，无死生也。世人执权为实，迷假生情，故欲其还返本实，见物一体。

又，此于死生之外，复提出一"无"字，先于生死，较普通之生死说为尤复杂。就常情言，有生方有我，未生即无我，无可以不论。就此譬喻而言，无与死生并为我一体之构成，则此无亦非我外。无者，何物？我之所从来也。我之所从来而有我，则亦非我之外，与我无涉。未生，无也；生者，有也。故吾人之生，乃从无入有之过程。吾人之死，复为从有销无之过程。

庄子所以不但言生死，而更配以无者，乃欲表现一完整之理路或曰自然之过程。我之未生，则不能名死，故曰无；我之既生而丧其生，则不能名无，故曰死。死对生也，无对有也；死者死此也，无者不定其所生也。无生而有生，有生而复死。如是循环无端，我必有我之从来，亦必有我之从去，迁化不息，无物不然，《养生主》所谓"指穷于为薪，火传也，不知其尽也"。我之与物，俱非物始，亦非物终，乃为一无限生成迁变之流。吾人执此当下之形貌，一以为人，一以为物而已。如是，虽吾所从来之从来，吾所将去之将去，亦括在其中，不言而喻。

《庚桑楚》有与本章近似之文，末义言"其次曰始无有，既而有生，生俄而死"，似采本处之说。两处义理轻重不同，故是非有上下，然可资训诂。无者，"始无有"也，又即《齐物论》"有有也者，有无也者"有无递进之义。

（二）"四人相视而笑，莫逆于心，遂相与为友"

相视而笑，相视，目击也；笑者，如庖丁之"踌躇满志"，内得而色应也；相视而笑，得彼此之意也。莫逆于心，内心相顺，无所用言也。遂相与为友，言入心通，道相契也。

在这里要注意四子间沟通意思的方式。语言对于他们意思之传达来说，似乎并无必要。其间的沟通，乃有特别的神秘性，不是语言所能达到的。本篇有言"造适不及笑，献笑不及排"，言适先于笑，既适而后笑，适者其内，笑者其外，内方造适，而后发之于笑，适之与笑，虽间不容发，而实有本末之贯。吾人睹四子之笑，知其内已先得其意矣。适者，神应，笑者，貌合，神疾貌迟，故曰不及。神应者，笑之所以也。

然开篇所写则为"相与语"，此则言"相视而笑，莫逆于心"，则语与意的关系为如何，值得我们进一步去思考。

二、"俄而子舆有病"一段

四子既相许以知死生为一体，所得者心印而已，未见征于事，故庄子复设事以征之，非验其不信，乃欲使读者明其何以可信。病者，重疾也，言有病，在此即临死、命终之意。人当死生之际，死事现前，无可躲闪，非真能齐死生者，则哀伤愁惨，怨恶逃死，料理不下，种种畏软懦恝之俗态见矣。生而无伪者，百无其一，死而可伪者，亦百无其一，至此关头，最可以勘证道德之力。且当死之时，生死之念，亦最易盘错于胸。人以迫死之故，乃见生之可贵，猛悟平生诸般营营，半属劳辱，愧悔交集；又知死之无奈，觌面相迎，人欲息省，天机转现，故心愈近理而言多可善也。

（三）"伟哉！夫造物者将以予为此拘拘也"

子舆有病，子祀往问，子舆为主，子祀为客。子祀之言，但一句而止，为引也，故要在于子舆而见道。子舆突兀作言曰："伟哉！夫造物者将以予为此拘拘也！"吾人乍闻是语，恐多茫然。即后而观，"以予为此拘拘"，乃嫌恶怨恨之语；即前而观，冠以"伟哉"，又赞叹崇敬之意；如是，前后若相牴牾。此本章之文眼，吾人必三致意焉，且庄子亦三为述之。故独观是句，则作一句说而已，空洞浮泛，再三言之，句虽小变而文义充实，便觉一句重似一句，道德之力乃透出纸背。此亦庄子所以先述其言，而后写出其形之微意。唯如是安排，相承而下，乃句句作铺垫而句句得紧凑，如编织器物，必经纬相缠，无丝毫松懈处，方匀净耐用，一缕失序，便全体受累。文章亦然，故精于理者，必工文法，句句有着落，文法不善，正道理松懈处也。

此下便写子舆之貌，可谓最参神化，仅二十字便形容得子舆无漏泄，如画在前，仅六字（"阴阳之气有沴"）便写明所以之理，更无辞费，真可谓笔笔入神，字字如金。东坡谓："味摩诘之诗，诗中有画；观摩诘之画，画中有诗。"（孙凡礼点校《苏轼文集》卷七〇《书摩诘蓝田烟雨图》，中华书局1986年版，第2209页）吾人岂不可谓，披庄生之文，文中有画，观庄生所画，画合天度乎？

"曲偻发背"数句，在今日读来，已甚难确解，仅约略形似而已。然虽不能确解，不害吾人得其精确之意。何也？文必有意，然有以精密得意者，有以形似得意者。以精密得意者，相综成文，必字字而训，锱铢而较，以求毫厘吻合，犹虑不能保其必得，此意溢于言也。以形似得意者，于作者固字字而积，言言有实，然于读者不必勉为穷索，字字求训，不求甚解而其意已自无所遗落，此言溢于意也。若以形似得意者，其文多为修辞，其言多类形式，故虽繁而不难，虽涩而不晦。此种文字，庄子书中多有之，善读者则枝经肯綮之微尝，不善者则大辄之触。以似得意，犹胜于穿凿刻求，以文害意也。

子舆所以身形如此，非如申徒嘉攘刖足之刑，为后天所遭，乃造物始生，长而自然。依本处，造物之生物，出于阴阳；阴阳为气，相合生物；气若和则得生物之正，气若不和则物生偏畸。"阴阳之气有沴"，沴者，不和也。此虽片语，庄子自然哲学之要义在是。"阴阳之气"，为生物之本，即上文"造物"之所指。

通过对子舆之形体描写，吾人知子舆为畸人，甚至为畸人当中的畸人，庄子极写之也。庄子极写子舆之畸，所以极写"伟哉！夫造物者将以予为此拘拘也"；又，极写子舆，所以极写四友"相视而笑，莫逆于心"也。此吾所谓庄子文法"句句作铺垫而句句得紧凑"之义。

吾人未睹子舆之畸形如是，则于"拘拘"但作寻常困于有形之语观，觉其容易；今既睹其形容之实，则知"拘拘"之言大有深意，出诸子舆良非容易。子舆于自身之畸形，不但不见介意，倍感痛憾，乃竟对造化之赋形而曰"伟哉"，表示由衷之赞叹，则吾人可以观其心地，知彼诚能死生存亡为一体矣。无有是心，则无是言；言虽不足俸道，亦可以鉴别为道浅深也。然吾人若遂以形恶为子舆初所叹"拘拘"之义，则又过矣。

又，当吾人未识子舆之形时，于四子相友之事，或重在其相与之言及莫逆于心而已，及吾人既知子舆身体之畸、迥违常人，则吾人于章首四子之相与为友，必有更深挚之体会。与常人为友易，与形恶之人为友难，不骇则心量已弘，况欢然为友乎？四子之友，约以死生一体，吾人初但知其标虚言，及是，则知彼皆能忘形遗貌，独重精神而相游于形骸之外也。此庄子初所不言，吾人初所不会，而随文渐次领悟，乃觉前文之空语者，竟句句惊心动魄矣。而于初所未言者，又有未言，子舆如是，焉知三子之何如哉？然言其一已足，不必人人而写其形，他者付诸想象可也。全文上下相维，初所不明者，继则明之，明而复明，重重相因，言言相入，而有无穷玩味之奥。此既为文法之尽变，又所以增吾人反复涵泳之功也。

（四）"其心闲而无事，跰𰥻而鉴于井"

首先，我们要问，庄子为什么要特别构造这个"鉴于井"的细节？"鉴于井"表示何种意义？子舆作为能死生为一者，又何以发生"鉴于井"的动机？

鉴于井，即鉴于井中之水，就古人来说，以水为鉴，乃为自我观照之一常法。通过井水之映象，吾人可以于自身之形貌得以反观，有所自察。从反面来讲，当我们未尝鉴于井之时（当然不止鉴于井之形式，其他一切可以自我直观之形式皆可采用，鉴于井仅为一象征性之表达），则吾人于自身即缺少直观，缺少对自我形象之认知。

当然，鉴于井所可能获得的自我认识是有限的，即只能映现我们局部的形貌，而不能映现更内在的特质。然吾人可以由此得一反思，即，吾人外形之自我认知，乃需要外物之借鉴，吾人通过自身无法直接达到自我之完全认知。或者说，只有当自我呈现于我之视野时，成为我之一对象，我才能对其具有自觉之观察意识，也即当我们把自身从自身剥离开时，我才能有主动之自我认识。当我是我自身，我犹固藏于浑然之体时，则我不能或不易有自我认识之动机。

如眼睛无法目视眼睛，无法目视脊背，以至吾人无法目视我们内在的头脑活动。甚至，即我们所能目视于自身之部分，如手足胸腹等，当我们无外在之因缘，而单纯为其自身时，我们实亦不足以对之有特别之意识，以其皆为吾人由来之自然。自然者，不学而能，不虑而知，任运率行，与物成体，久而忘其分也，故最难对之加以反察。唯当吾人有所参照，有可比较时，吾人方对固有之自然物有非自然之意识。此非自然之意识，即人为之自觉意识。也即，吾人如欲于吾人之自身有所认识，有所觉知，必当走出吾人（物）之自身。进而言之，吾人必走出吾人之自然状态，以入于人为之自觉状态，发生认知之活动。

进而思之，不但我们之形体特征（形），需要借鉴于外在之物以为映照，即吾人之精神特质（心）亦需要外在之物的映照，方可能有自我认识之自觉。吾人如脱离外在之借鉴，不但吾人之形貌不足有自我之观感，即自我之内在特质亦不足以有充分之自觉意识。统而言之，吾人于自我之认识，必借鉴于外在之事物，方能发生。故自我意识与外物意识，为同时并发交入的两种意识。世界性的生成，即物我观念之生成，更确切地说，为物我之整全性的分裂，庄子所谓从未始有物，到有物有封也。

再进而言之，"鉴"之可资借鉴者，或曰"鉴"之形式乃是多样的。如井水之鉴，镜面之鉴，摄影之鉴等，凡足以呈现人类自身形象之自然或人造工具，皆足以为鉴。尽管其为鉴之效果有差别，然其对吾人轮廓之大体呈现则无差别。通过彼呈现，则吾人可于吾人得前所未有之直观。

再进而言之，吾人可得自我直观之借鉴者，不但为物理机械之工具，亦可为吾人生存之同类，即他人或他者。《尚书》既已曰："人无于水监（可通"鉴"），当于民监。"（《尚书·酒诰》）当此之时，吾人之鉴即为人际交往之反应，用中国哲学之语言来说，即感应或感通。如申徒嘉于子产之言行，而得一种自我之感应。推溯子产言行之所以然，又基于对申徒嘉之感应。子产得申徒嘉为兀者之观感，进而有卑人尊己之心；申徒嘉于子产得吾身为兀者之刺激，进而有形骸内外之分析。故吾人于他人之言行，皆可得自我之观照，更甚于此者，为自我之生成，然非若彼物理机械工具之反映为直观，或曰为自然之呈现。自然之呈现，恒无疑义，以其不具意义。而他者之反应与吾自身之反应则不然，为心识活动，乃具有意义。如美与丑，尊与卑，善与恶，是以为复杂之映现，为变化不定之映现，为有争议之映现。

吾人由上，可总说两点：

一者，就能鉴来说，无物非鉴。吾人生命所经历之一切，都可以作为吾人形貌精神之映照，以供吾人对自我认知之启发。此不但局限于有光滑之表面，可以为形体之映照物，即不具光滑性之表面，不具稳定之性质者，亦可为吾人自身认知之借鉴。如所谓"仁者乐山，智者乐水"，山与水便有对吾人德性之映照功能。

庄子《德充符》言："人莫鉴于流水而鉴于止水。"这作为一个基础比喻，是就形貌之鉴的可能性而言，而非就鉴之于人的普遍意义而言。然通过此句，亦可引申之，吾人若欲照鉴形貌需借助于止水，吾人欲照鉴内在之特质，则亦必有鉴。如吾人谓吾人内在特质之鉴，亦有其标准的话，则此标准即能止之人或能止之道。唯道为能止，道之止，即道之齐一无私是也。

二者，就吾人之为人来说，无往不在照鉴中。此则表示，鉴于吾人为具必要性之物，或曰显示了事物间本体性的映照关系。此鉴或为有形质之物，或为无形质之物，或为属己之物，或为在他之物，或注意所及，或注意所不及，只性质不同而已。吾人则或明以生意，或默应其使。

此中又有可注意者，即吾人日常以人为鉴，其表现之形式最主要者莫过于语言和行为，而语言之鉴明，行为之鉴深。就语言说，既为吾人之自鉴，又为他人之借鉴，合而言之，语言为一交往之工具。吾人通过语言以实现自我之表意，吾人通过他人之语言，获得对方之意思表示。换言之，语言实现了自我内部与人我之际的交流，实现了独立意思之相互传导。吾人之欲传达者，得语言之承载及映现，因以可能。吾人之观于语言而知意，犹吾人观于井水而知形容。故语言为一重重相摄、重重相映之鉴，其本身即是交往性的，而不具有独立性或封闭性。封闭之语言，不具有语言之意义，或者说不成为语言，而只可能成为一种独特之艺术作品，尽管任何语言都首先是这种艺术之作品。然普通语言，或成为语言之语言，则具有公共性或交流性；而封闭性语言，虽有所呈现，其呈现并不能传导可供直接理解之意思，故其虽然有所呈现，其呈现是模糊的，意义不明的，乃至可以说虽呈现而无所呈现，亦即为无具体内容之呈现。也因此，语言具有不可解除的世俗性或社会性，同时也注定语言在通达于道时能力的有限性。当语言解除了世俗性之时，也即解除了对外表意之功能时，便丧失为语言，成为声音之活动。

如是，再从一般之论理回到原初的文本语境，我们可以说，跰𨇤而鉴于井，所表示之意义，即自我观照，自我认识的发生。相对于此自我认识的发生而言，此前为对自我认识之缺乏。

就日常而言，鉴于井为经常可能发生的事，并不具有特别的启示意义，但作为庄子之寓言来说，并非只是陈述一日常情节，而为于通章具有关键作用的结构性安排或义理暗示。上文已言子舆之形貌如何，后文似乎无需再烦劳鉴于井以再见其形状，庄子非如是迂也，故此处必别有所寄。吾人初闻子舆"拘拘"之语，而不知其形畸也；后吾人知其畸矣，乃庄子从旁代笔写出，而子舆犹未必知之也；今则特就子舆自身着眼，使其由未尝自鉴而得以自鉴。于境界而言，不知而能，与既知而能，乃大有区别。不知则自然率行，既知则思虑绸缪，增添无限阻力。对子舆来说，当其未能反察之时，其于"伟哉"造物之叹，为易；当其既得自我之直观，目骇心惊，则未必能矣。今既鉴于井，"曲偻发背"，非不知也，既知而复作"嗟乎"造物之叹，则称可信矣。

又，"跰𨇤而鉴于井"，对于以死生存亡为一体之人，何以可能？鉴于井，欲自照也。有欲于形骸，则非能忘形，非能忘形则不能忘死，或疑其于死生为一体非至也。然庄子不言乎，"其心闲而无事"？"其心闲而无事"，世之学者或多连上文"阴阳之气有沴"读，非。"有沴"下当绝句，"其心闲"以下别作一句。"其心闲而无事"，非正笔，而为闲笔。作正笔，则承"有沴"句言，谓形体如是而能心闲静若无事，为德高也；作闲笔，则辅"鉴于井"而言，谓其日常心闲豫无事，遂不知其然而鉴于井，为叙事之完整也。作正笔则以理郑重言，作闲笔则以事带出言，为尤无痕迹。习哲学者读庄，每好于文按实作理语解，庄子本不如是硬拙，而能虚实有分，理事斟酌，各尽其妙也。心闲者，无所用心也；无事者，无所营为也。心闲无事，非谓无所动作，言其动作无功利目的性（或欲），不成世间之事或为，故下文但言"跰𨇤"言

"鉴",纯为自然之动作,与物冥合而已。此如《逍遥游》言"彷徨乎无为其侧,逍遥乎寝卧其下",必于人物动作时之特别情态或心态有所说明,方见遇物而非求其用也。

至此,我们可以看到:庄子行文,于章首可先写子舆"曲偻发背"而不写;既有鉴于井一情节,可以后写"曲偻发背"而又先写;其既代写"曲偻发背",于理有间,而又不忘正写(鉴于井);其既写鉴于井之事,而又不忘以"心闲而无事"垫之,以祛可疑。如此种种,其文法之密,结体之妙,若平而渊崎,若疏而不失,鬼斧神工,人能而天者也。

(五)"嗟乎!夫造物者又将以予为此拘拘也"

子舆先后两言"嗟乎!夫造物者(又)将以予为此拘拘也"。两处之表达有微细不同,后句较前句多一"又"字,表明此二句有照应关系,为庄子有意经营,精心结撰,富有特殊之寓意。前已言,此为文眼,值得我们充分注意。庄子所以不厌其烦,使子舆两为是语者,欲以文法之致显示子舆深有道德也。其初言者,空语无事实,内义未彰;及再言之,形容已见,自我且察,而言有其实,故语意加深。前者以寻常之情测之,后者以非常之地处之,语无变迁,等为一效,无怨有赞,则子舆之为人可加敬矣。

本处两言"夫造物者"句之文法既明,句中"拘拘"之义复当探求。且两"拘拘"唯有前后对照,反复审视,其不同之处所蕴含的隐秘之意方能充分显露,吾人对此方能尤加深入以赏味。

两句之间,除"又"字可注意外,还应注意一"将"字。若求对两处"拘拘"有较适当之理解,应从此"将"字入手。何以然?将者,未然而方来,对过去、现在而言也。则"拘拘"两句非特指过去、现在之已知状态,而表达了其对于生命存在本身之独特理解。

就"拘拘"而言,表面之意思甚明显,挛拳不舒展,即子舆之畸形,文中所描绘者。然尚有更精妙之义理在。如以畸形为受命之拘拘,是则分别畸、正,以畸为拘拘,以正为不拘拘或曰自适。其然乎?不然乎?此非有道者之心,申徒嘉所以斥责子产"游于形骸之内"也,故必非子舆之所念。

如是,此拘拘,其意义尤广。人之受形有体貌即拘拘矣,不论其为畸形、为正形,畸形之为拘拘,而正形亦为拘拘也。拘拘者,吾人于造化所命,无以自我求适,无以自制所得,唯有承受而已。此拘拘者,见为吾人之形体,而实表示吾人所受之命,亦即造化之使然。吾人之有形,非由人而由天,吾人受何等之形,其畸其正,一出于天,是乃吾人之命也。吾人一受成形则拘于此形,何往而非拘拘耶?拘于形者,受于命也,故拘拘为吾人被命之感也。

前句无"又",后句有"又"者,前者但系于将来一念,后者则生反复之意。就子舆将至之方来说,仅为一化,而通观子舆之过去、未来,以及未来之未来,则为化之无穷相续。故着一"又"字,表其被命为前后相继、反复无尽之过程。

当子舆未尝窥于井而鉴其形容之时,其拘拘为缺乏自我之观照者(形隐而未昭),则拘拘不特对形体之畸丑而言,乃就人之有形体而为形体所拘束言。如是,凡有形即拘拘,不必有所鉴而后知其为拘拘。

当子舆跰𨇤而鉴于井之后,虽未尝言其所鉴,合上文之描述("曲偻发背……"),吾人已能知其所鉴何象矣。当此之时,子舆对自身之形貌乃有较为明晰之直观,或自我之认知,则其"拘拘"较其未亲得观照以前,为具更丰富之内涵。其更丰富之内涵,一方面表现在,"拘拘"不特为一般泛泛之形体拘束,而为如是呈现之自我当下独特之形体拘束。另一方面,就子舆来说,其言"拘拘",一方面为更有内涵之描述(如是拘拘),一方面又为不过如此之轻淡描述(拘拘而已)。

就前后二"拘拘"来说,其有不同,又有所同。当我们既识其不同之后,当复识其所同。此同者何谓?即子舆虽对自身已获具体之观照,其对自我之认知或印象更加真切,然子舆并未尝为自身形容之丑陋、身体之畸形而有所惊骇,而有任何特别之违逆拂扰之表示,如寻常之人忽见自身形容之丑陋畸特时过度激烈之反应,唯机械般重复其初时所言,"嗟乎!夫造物者又将以予为此拘拘也",不过变"伟哉"为"嗟乎"(嗟乎,亦赞叹词,语意同"伟哉"),于"将"字之前加"又"字而已。则子舆不以无知而自多,亦不以既知而自损,宠辱不惊,都作本然观而已。如是,吾人又见子舆之"拘拘"乃无所变化;既无所变化,则其为"拘拘",乃不针对特殊之具体形体而言,又可知矣。子舆语言之处变(人为构设之变,非子舆之起变)而一,此虽非"以死生存亡为一体"之直接暗寓,而可作"以畸(非常)正(常)为一"之语言形式上的象征看。

于此处,子舆之所谓"拘拘",一方面为更充实之拘拘,一方面又为形式之拘拘。其更充实,乃因有更具体丰满之内容;其为形式之拘拘,则又表示,其为拘拘与内容之具体化的充实为无关联。此即谓,无论子舆之形体为何种形态,其都将发生"拘拘"之感叹。拘拘之意义,为有限存在之一般形式,不在其形体为如何，而在其为有形体，被赋命。此种印证，正庄子下文所欲引起之讨论。

三、"女恶之乎"一段

（六）"女恶之乎？"

至此，子舆之叙既备，需子祀介入，以振其绪。其所以如此有二故：

其一，子舆之畸形既有所述，子舆本人鉴于井而复有自察之明，其前后可言者不出"嗟乎！夫造物者又将以予为此拘拘"一语矣，其"心闲而无事"，动无所为，止此而已。故从子舆身上更无可述，非有外来之介入，则文理无以为继。

其二，子舆之形既如是可骇，而又两发"造物者以予为此拘拘"之感慨，若怀不满，其语意含糊，故普通读者于其真实心理不能无疑。且吾人虽可通过文法之分析得其所谓，仍不免推测发挥，代为主张，须得子舆自家言下剖白方可。庄子知吾人当此关头，理有是问，故特假子祀之口以宣众人之意，犹借颜成子游之口以启天籁之问也。子祀、子舆既莫逆于心，必无劳问，其所以有问者，子祀代吾人问，子舆向吾人说也。

又，子祀所以问"女恶之乎"，将乘其自鉴之机，欲得子舆之明确态度。由此，我们亦可以确信，在此之前的子舆并未对自身之形态有明确之喜恶表示，子舆"拘拘"之说，不为对形体喜恶之示意。恰缘于此，而有进一步讨论其喜恶之必要。而庄子亦欲引导吾人对形骸好丑与人之喜恶关系有适当之认识也。

（七）"亡，予何恶！"

子舆之答话固然不止于此，而直接针对子祀之问者，可作止于此看，下文申说之言也。其用四字，简促有力，无所稽迟，我们可以联想到下文子犁之语："叱！避！无怛化！"语气喷薄，语意反弱。此又让我们联想到"庖丁解牛"章，文惠君所言之："嘻！善哉！技盖至此乎！"，若"嘻"字，亦为此用。可见，庄子对语势迟速，人情缓急，心之出入，言之虚实，皆察其火候而管其枢机也。

亡者，不即作否定词来理解，而可作表否定意之语辞（有声无义，或声重于义，以声传意，不以形见义），如"叱"字"嘻"字之用，着实则不活矣。此即为，言（思虑之言）未出而声（无思之言）先闻，言不及声，声不及意，若人不必诉诸明确之语言表示，而其意思已豁然托出矣。故"亡"作为语辞，比作为否定词之"无",更含蓄也更有力,作"无"则憨直粗俗矣。且子舆既作两言,准问而答在"予何恶","亡"猝然应之,为声非表意也。

"亡",乃一有力而含带意思之语辞,"予何恶"三字,亦为极有力量之表意。如是,我们于子舆对自身形体之态度,便可得极明确坚定之了解。如是,上文之分析,乃为确有着落。子舆非以自身形骸之怪异为可恶,则"拘拘"之义不指此言。

(八)"浸假而化予之左臂以为鸡"

此子舆进而抒其遐想,论造化之所至,因之以表示自己之生命观念。

甲、"浸假"

对"浸假"一词之理解。此中有三"浸假",其意义相当。浸,向、郭注以为渐,假字未有明释,陈鼓应先生则取旧说为假令、假使义。浸假,合词,不当分读,亦非可单取假设义。"浸假"之上有省略之主语,"造物"是也,句作"(造物)浸假而化予……"。浸假,为对造物之造化过程之形容,表一种时间程度义,犹倏忽、俄而。此类词,在庄子文中又偏在表时间之不定,非短暂义。又,其所领起之句子,非表一种假设义,而表一种描述义,尽管此描述为未然之可能。语意不同则句法不同,句法本当是确定的,只因为理解之走失,故不得不通过语法之调整以求其可通,反过来,亦可通过语法之不通证一说之非真。本处如表假设义,句或作"(造物)假使而化我之左臂以为鸡",于意不顺,连词"而"字,失前后关联之用;或作"(吾)假使而(造物)化我之左臂以为鸡",于意稍可通,然"浸假"后以有连词"而"故,"浸假而化我"当为紧密相承之一体,主语厕于其间,尤生妨碍,不可。且,倘吾人以"(造物)浸假而化予"为然,则造物为通体之主语,而"予"但为"化"之宾语而已;若吾人以"(吾)假使而(造物)化予"为然,则于造物之上乃增一作出假设之主语"吾",而隐然居造物之上为主而造物为客,非谓也。以作假设言,反复寻究,语多粘滞。故本句主语当为"造物"在句前,"而"表前后之修饰关系,"浸假"以状"化予"。

尤为关键者,就造物之造化活动而言,为赋命之过程,既不离其命,而又充满不确定性,非被造物可以自我预计,或者自我预计为绝无意义。《齐物论》言"汝亦大早计,见卵而求时夜,见弹而求鸮炙"。其文与本处有对应之处,唯所用之语境不同,本处言造化如此而吾因之则可,彼处言造化未必如是而吾预求则不可。无论将来之可能为如何,就被造物来说皆不容有选择之余地，或曰可预求其是（此正下文所讽），持柄代大匠斫；就造物主来说亦无需先意假设，行之而成，无非所命。如是，倘作假设言，于有道者则非情，于造物者则乖命。故此三个并列句，并非为一种假设语气，而为一种随想象所至之描述性举似。

此点尚可从句式上进一步证明之。此三句中，第一句言"浸假而化予之左臂以为鸡"，第二句为"浸假而化予之右臂以为弹"，第三句言"浸假而化予之尻以为轮"，则我之被化的过程并不是同一过程，而可左臂、右臂与尻三部分各别变化。也即，我一身之变化未必是同步之过程或曰整体发生，而可以局部异时进行。当然这里的次序也必然不是固定的，左臂、右臂、尻可以任意一种顺序先后变化或偕与变化，其变化可期，其如何变化及变为何物，则非所期。且庄子所以不厌其烦，而三列举之者，不但欲逐句各明一义，尤欲合三句以明一义，即造化之造物的过程为不可预知（神）且未尝停息（恒化）之过程（非可假设）。如是，左右臂与尻虽是身体之空间性的构造，在这里乃转化为变化之时间性的连绵，把造化造物之飘忽不定的动态过程展现得更生动淋漓。

如是，原文之三句，则并非自我之三种变化可能之假设（此可人为假设者），而是自我整体之不同部分变化之可能（此非通常可假设者）。尽管吾一身之不同部分发生了不同之变化，而其所描述者实仅模拟了人身变化之一种可能。在此，庄子所举之变化者和所变成者，虽似率意举之，而正是这种率意乃正中其意，人唯有超越常识之轨，荒诞离奇，才有可能仿佛造物者之万一（非人心所能理喻）。联合本处的修辞、句法特征，如"浸假"之使用，如排比句式，都共同强调了自然变化之完全不可测性。

乙、命（无理）与理

如上，这里有一点极为重要，即变化之发生的形式问题。通过这段材料，我们可以见出：

首先，就一人之整体而言，其变化不必是整体同步发生，而可以是局部性的，异时性的；并且其变化之部分，实无数量之限制，可以无限分化。如左臂复可以分化为大臂、小臂与手掌，而手掌复可分化为拇指、食指、中指等，乃至复可以层层划分，以至无穷，一身之中，将有不齐之万变。这在庄子所示之道理来说，并不存在问题。如是，则任何一事物之任何一部分之变化，皆是具体的，独立的，不必是通体的，或被整体之变化所决定。

其次，左臂可以化为鸡，右臂可以化为弹，尻可以化为轮，神可以化为马，则吾人身体局部之变化，乃毫无伦次，毫无定则或规律可循。就人身如此，扩展而言，一切事物之变化，皆不遵循我们通常所认可或接受之科学规律。亦即，事物之变化，非种类相生，乃为任意、偶然之变化，就将变之事物来说，其变化之所成，决不可预期，决无成法可循。其更深层的含义是，自然之变化，只有变化本身是可以确定的，而变化之过程是无理的，不可知的，不具有可揭示性，因而也并无宋明理学格物穷理工夫施行之可能和必要。故就此意义来讲，变化既不是被人决定的，又是决定人的。其既被决定，又不被决定；前者悬于天，后者因于时。天者，命也；时者，遇也。

又以此之故，我们可以说，庄子哲学乃言命不言理之学问，命高于理，此理指人之理性所拟之理，非自然之理。自然之理不可论证，故其有无亦不可断言；又以此，如自然固有其理，亦不否定之，唯不可如其理而识。理和命虽然意义可相通，但决然为二物，一般而言，理可揭示，命不可揭示。就此，我们又可引申数点：一者，庄子哲学之不主张有理，并非谓其作为哲学为无理或非理性，从而又非哲学；二者，彼哲学之言命不言理，即是其理或哲学；三者，如谓庄子哲学主张理，其理与普通哲学所言之理非同指，而为一种历时性之变化路径或结构性之排列秩序——二者皆是特殊者，而非经常之规律性或内在之本质性（有理为常，其理非常），也因此，庄子哲学不以类言物，而重言"自"；四者，如果说事物固有其理，则此理唯对天自明，行于自然，非可（凭借人智）揭示，而唯可因顺，此故，理不具有对人之实践的指导性，命（即自然）才有指导性，又因此，心对人非是本源性的主宰而神乃为本源性之主导（"神欲行"，"以神为马，予因以乘之"），所谓人之合道即指知命（对起知者言）或因顺自然。

其次，在这里，庄子最充分地表达的意思是，变化是不定的。这种不定又有两方面的意思：一是，我将要变成之物于我而言是不定的；二是，我之变化发生于身体之何处是不定的。故庄子原文所示三例之实际意义则为：一者，三例虽为三种不同之变化可能，而实皆为吾一体之中的变化；二者，三者之间似乎有左至右、上至下、形至神之次序，实则无特定之次序，所见次序为语言之性质（语言为文字之排列，语序兼生成意义），而非庄子所谓变化之性质（变化非语言可以描述或仅为极其有限之描述）；三者，其言者似乎为左臂、右臂、尻与神，而实则不必此四者；其四，吾人身体之局部变化，为鸡，为弹，为轮，为马，而实不必此数物，而有无限之可能。

丙、非假设亦非渐变

综上，此段文字虽出于子舆之口，若为子舆之设想，然实非臆度造物化我之可能，而为对化我之过程之模拟性描述。在这里，造物化我为何物，似乎并不是重要之点，因为这种列举可对应之物是极为多样，无限可能的，具体选择何物作为将化之可能，实并不具决定之意义，故乃为形式的或象征性的。又，造物具体从何部位化我，亦不重要，以造物之化我，可以从任何一部位或同时从若干部位化我，此亦具无限可能，而非具决定意义之环节。此处更为关键之点实在于对造物造化过程之描述，或从事物角度言，即其被化过程之描述。

如是，"浸假而化"作为对造物化物过程之描述词，则显出其重要。前言"浸假"一词为一具时间程度意义者，其义亦可略明。上文所总结此三句之实际意义，乃因"浸假"一词而特别彰显，本与"浸假"一词有深入之关联。"浸假"一词，表现为造物化物之纯粹偶然不定之性质，犹庄周梦蝶之"俄然觉"，又如推原有无之"俄而有无"，乃状其变化起讫之倏忽莫测，非人所知，而未尝作可能之假设语也。如视作假设之词来理解，则于造物化物过程之形式为殊欠理会。

又若如是，向、郭以浸为渐，表造物之渐进化我，虽于语义符合本训，于道理亦根本相应（凡化必渐），然于本处文法殊欠体贴，故词亦失当。此处庄子乃甚言变化之过程，非循常轨而言变化之发生。故不能以予之化为有渐而然，如化予之左臂以为鸡，而有鸡之逐渐长成之过程。此于物理当如此，而于庄子本处则为不应其义。庄子此处，正欲以非常之变化（渐变犹滞于常理）而示吾人以造化之至理也。此理为何？无往非造化之流行，变化不齐，神不可测。因是，吾人之身乃不能不变，吾人乃解体（如牛之可解体，相属而非相属），一一生变，乃不能任己而变。旨言之，变化者，自变耳，独化耳。

（九）"浸假而化予之尻以为轮，以神为马，予因以乘之，岂更驾哉！"

甲、"尻以为轮，以神为马"

上文言化左臂以为鸡、化右臂以为弹，物各独化，且纯粹言化，此外更无取义。与之不同，轮、马之化，乃二物偕同之化，此文理之变。又，以尻为轮（代指车），固然涉及行的问题，然非为重点，重点乃在"以神为马"。尻者，吾体之一分，与手足无异，故尻者，吾人形体之象征，但为列举（不必其尻，手足亦可化而为轮），如左右臂，且其变化所成，亦属任意，不可逆料。神与形对，形可以局部言之，神唯可整体观之，不可分割。又，神可化乎？不可化乎？有形可化，神既虚无无形，为生物之一源，流行于天地之间，万物得之而生，神非有异，故不当言化。如是，臂尻之化为实，而神之化为虚，假言其化也。故本处对于神之比喻，并非率尔掇取，值得别作理会。

神者，虚寂而感，虽"动而无动，静而无静"（周敦颐《通书·动静》）者也。轮不足以自行，必待马（喻力也）而后行；万物之动，动见于形，而形不自动，因神而动。尻、神之间，既言以尻为轮，神乃因轮而化以为马。尻神二者，神能应尻，非尻应神。又同体之化、相与偕者，非必能相适，如左右之臂，物虽相类，同时俱化，将与异时之化无别，何者？凡有形者，各独化也。唯形之与神，乃可同化，或更恰当言之，乃应同化，神不自神，因化而神。如是，不但尻与神同化，左右之臂，神亦当与之同化。

吾人之形体，其能行动，乃资借于神用，如轮不自行，因马之驾而驱驰也。故此处乃透露出庄子对于形神关系之看法。

于人而言，不但备形，而且备神，合神与形，乃成其人。依此处所示，吾人之形体乃被动之行动者，而具积极意义之行动力乃来源于神，或当归因于神。故神于吾人之生存为有绝大之价值，或具最高之主导作用，为行动力之来源。生命不失为生命，神使之然也。故庄子哲学特重于神之作用，只有神（而非心）与形之密合，才具有生命之本体性。

吾人可联系"庖丁解牛"章"以神遇""官知止而神欲行"之说。此处"乘""驾"之词，皆与行有关，乘以载物，驾以致动。故庄子哲学乃有一种特别之"神行"说。神行者，非如马之待鞭策，官知之待操使，乃自然而然之作用，无所用为而翩然自行。

神的问题，于此处但为一透露，而非本处立意所在，故不详言。

（十）物化

庄周梦蝶章，揭出"物化"思想，其于庄子思想之整体，可谓作出了极精练、极生动、极含蓄、极经典之表现。然托梦言之，其文闪烁，且于吾人主观之知方面呈现为相对之无定，虽富启示，终于造化之大理隔而未明。故庄周梦蝶所欲解决之问题，为吾人认识论上之迷情，非宇宙论上之真理，前者偏在主观，后者偏在客观。惟中国哲学，一方面有坚定之宇宙论上的信仰，认万物之体为自然实有，源于阴阳之气的和合，本此天道以言人道；一方面，又对人类之知的性质与能力，深予批判，而发展出其适当之知识论，且此知识论最终上求服从于宇宙论（或天道论），而下以服务于人生境界论，唯在宇宙论与人生论之双重视野内，立定其知识论之法度。故中国哲学有其强烈的一体性风格，不作支离活计,片段工夫,以此,其哲学特为周融和平,内无冲决(立说之矛盾),外无涯际(立说之界限),遂可悠久而深茂也。

本章虽要在正论生死问题,而所根植之原理实为物化思想,且不从认识论之辗转相对性言之,而克就宇宙造化活动本身之历时性作客观逼肖之描述,使物化思想之内蕴如实显现,得其正解。故本章不啻为"物化"说之延伸,且基于物化之大理而抉发生死存亡因顺之旨,较梦蝶章尤为正本清源,肆然明坦。

所谓物化,造化所行而见于物之交代也,即《德充符》所谓"是事之变,命之行也。日夜相代乎前,而知不能规乎其始者也"。以见有形而谓之物,以见非一而谓之"有分",以见其恍惚之间,莫知其然而然乃谓之化。即周与蝴蝶而言,吾人于字面观之,则相梦而已,非身果有变,然即物化之理而言,则未必为梦。梦者,恍然如梦,为寓言式之情节构造,梦以言化,且梦为有待澄清之物(不即作常义观),如觉之同有待于澄清(不必为觉)。梦蝶一事,倘质言之,可作:"昔为蝴蝶,庄周化为蝴蝶乎?今为周,其蝴蝶化为周乎?物必有分,而孰知物始?又孰知化极?"

庄周梦蝶章,庄子置物化于梦境之中,故物虽相化而不显悖情理,且梦会主客于一体,欲人往返相推,莫辨本真。今则捭梦言实,物既不伦,莫可致思,体相迥差,反令骇疑。如本处左臂之化鸡,右臂之化弹,匪夷所思,有生无生,撤其壁垒;又如下文,或以为鼠肝,或以为虫臂,尖新僻巧,小大倏尔,咸得其宜。庄子本章虽不标"物化",而无处非物之化。变化者,非空言无事实,必见于物,物必见于形,形必见于气,则气化也,形化也,物化也,变化也,时化也,造化也,皆指一事而名,理本相通。又,不必合物与化而有物化,化不外物,物不外化,化中寓物,物中含化,离化无物,离物亦无化,化即物,物即化也。此宇宙间之至理也。

物化之理,一方面欲显示天地之间万物之关系,万物者相与成化,新旧之体也;一方面欲使人安于所化,以求"自喻适志",此归宿于人生论也。即庄周与蝴蝶而言,既化为蝴蝶,虽尝为周而当"不知周也",既化为周,虽尝为蝴蝶而必自适其周,不复流连于蝴蝶也。即本处而言,左臂而化为鸡,便当安为鸡,而不持左臂念;右臂既化为弹,便当为弹而不作右臂念。"予因以求时夜"者,时夜,鸡之性也;"因以求鸮炙"者,射物,弹之性也。化而成物,则物受其命,受其命即受其性;既言化则为物不同,前后相异,一物有一物之性,物殊则性殊也。因化以求时夜、求鸮炙者,忘臂之屈伸,而尽鸡之性、尽弹之性也。如庄周梦为蝴蝶,而栩栩然蝴蝶,飞翔舞戏,吾人仿本处句式可作:"浸假而化予以为蝴蝶,予因以求戏逐于百卉之央也。"此则既为蝴蝶,则尽蝴蝶之性之谓。无论为梦为觉(梦觉既于知上不可辨析,则一之而已。凡言觉者,亲证也,当体为亲),凡吾人当其所遇,无不应自视其为物,因以尽物之性;尽物之性,乃受命之正也。则物化者,极人道而言,无过于《易·说卦传》所谓"穷理、尽性以至于命",此三者合天人之道也,唯诸家之方异耳。

(十一)"安时而处顺,哀乐不能入也,此古之所谓县解也。"

甲、论本文与《养生主》重出

"夫得者,时也;失者,顺也。安时而处顺,哀乐不能入也,此古之所谓县解也。"此一段文字,与《养生主》"老聃死,秦失吊之"一章若重出,实有关而非重出。二者虽义理略同而各适其语境,前者言夫子之适来适去,后者言形体之得失,非全相袭;且其文脉伸缩不同,前者承"遁天之刑"而为结脉,后者复有"不能自解",仍有余脉,故理俱浑全。或者将以内外篇别之,外必袭内,不幸二者咸处于内,不定其相沿也。

古人为文,不拘成文,如其为诗,多相化用,或点窜一二字,便焕然可喜,不必为忌,甚且全无己语,用之自成本色,如集句是也。正以古人于先前成语,理会深到,得其窍妙,乃能浑然脱化,成己之用。法言精理,得人则活,失人则绝,"人能弘道,非道弘人"(《论语·卫灵公》)也。古人立说,非专为己有,无不欲人人诵习之,人人据为己有,但恨人不能实会其语义而真为己有,徒作门面装潢,售以欺人而已。故古人有所谓"述而不作",言不必己出,法不必己作,所志者道明文远,天下无斯物不可不有,既有斯物不可不维持以行,所以揄扬于道,使之不息,非揄扬于己,独尸名高也。述而不作,非果有述而无作,与时偕行,开物成务,为德日新,是为作也;虽作而不悖于古之至德要道,何有于我焉,是为述也。

古今事迹不同,治术不一,如至德要道,何尝屡废?古今一也。如道而常作,非要矣;德而二三,非至矣。道悬于天地,德和诸人群,非一曲一丘之私论,四海万世之公理也。今为法权之世,道德若扫除一新,实非有新,道德之陵迟也。可新之道德,与时而化者也,道德之迹也;至德要道,非与时而化,物之生理也,道德之质也。今所新者其迹,所同者其质也;道德之质,万物之俱适,人我之均和也。和者,异而不乱。今唯尚异,求在我者,以异求异,则必至于乱,无德以畜之也。古今之凡言道德者,其应世之迹不同,其求和之心无异。于今至德要道淹昧不明，而以区区之迹当之，以辨得失，弃旧如遗土，而于至德要道蔑不加讲，徒张法律之网以维持之。法律者，何尝非至德要道之迹？惜道德而不足者，法律亦未易成其能。道德治于心，法律具于文，不能使人"有耻且格"，沉沦为竞私之权，投隙射利，公理因以历世不彰，所谓进步未知所在，居简以行简而已。

呜呼！何恶于"述而不作"哉！"君子作法于凉，其敝犹贪。作法于贪，敝将若之何？"（《左传·昭公四年》）述而无作，犹虑其妄，况作而无述，力薄智浅，其敝也若何？病狂而后已。古人贵学之相因，以立德为上，"君子耻其言而过其行"（《论语·宪问》），况圣人"欲无言"（《论语·阳货》）乎？今人无惭于夸愚，凡有一孔之见，便矜为己得，贬下古人，好为新说，为言不为实，故言日猥讹，德日浇醇，去而不返，可伤也哉！

乙、"安时而处顺"

上文为应迹，此一段则发明道理。

就上文而言，吾人除应特别理解"浸假"所含造物化物之内蕴外，还应特别理会主体方面（"予"）之活动性质，即"因以"是也。因者，相随也，物不为先而为后，动不为主而为客。变化之机决于造物，此天命也，吾所不预，亦所莫测，如其忽以予之左臂为鸡，忽以右臂为弹（鸡、弹有相反意），不经如是。然吾既不知其将然，但受其已然，则正应之道，唯有因之以尽命而已。化左臂以为鸡而因以求时夜者，尽当下为鸡之命也；以为弹而求鸮炙者，尽为弹之命也。物倘不安其所命，鸡而欲人，弹而欲鸡，或变化已迁，而犹不化，则胶柱鼓瑟，"不知合变"，违命乱性，无益之道也。因以为者，即安时而处顺也。

变化者，所以于禀形为有得有失也。变化未有其常，得失亦焉容留意？当识吾人之得失，俱造物之所化，以为得者时也，以为失者同为时行。时者，时机之时，偶然所遇也。变化为一迁变之过程，时亦为一迁流之过程，即变化而言有时，即时而可以言变化。无时，则造化息矣；无变化，时亦何从而见？故时间之真义，乃无外于变化，或曰二者为一体同流之物，莫可离析。即变化之微细者言，分忽已蓦然不同，目不容瞬；即变化之悠久者言，虽千万年而恒若如斯，日月之升沉是也。时之迟速，与变化相应。故当某物留形（就官知所得而言）之时，即变化之停机（化本无停机），其久暂不同，朝菌惠蛄，冥灵大椿，命物之寿也。驻物之寿，物化之一迁也。

吾人之得失，皆系于时，即皆系于变化，变化乃不容已，吾人之得失亦无已。吾人所可能者，安顺于时，安顺于变化而已。顺，顺于时变也，唯时之顺也。晓然于变化之理，雌应于得失之顺，则吾人可以无系吝，无贪着，无哀乐，而挺然脱身心于困苦之浊淖，得所谓"悬解"之适矣。

丙、"县解"

进而，吾人可对"县解"之义为一探讨。县，悬也。悬，物系于上而下无所抵也；引申为垂，如"附赘悬疣"；又引申为高，在上故高，如"其动也悬而天"（《在宥》）；又引申为危，居高而困缚，下无所抵定，故危，如"倒悬"。县解即悬解。悬解之文义，即倒悬之解除也。孟子谓"民之悦之，犹解倒悬也"（《公孙丑上》），则"倒悬"为古人之熟譬，对"倒悬"而言"悬解"，悬解，物之反正也。"解倒悬"非专词，"倒悬"与"悬解"可作专词，而有哲学之赋义。"倒"字之义，庄书不一见，如"草木之倒植者过半"（《外物》），则倒者形体本末倒置也；又"倒道而言，忤道而说"（《天道》），则倒者忤逆违背也。与"倒悬"相近之词为"（失性于俗者，谓之）倒置之民"（《缮性》），此庄学"倒悬"之正义。

倒悬者，于形象言之，则人悬足垂首，首足倒置，危苦之象；于义言之，则谓吾人持颠倒不正之见，生命非自然平正状态（失性）也。倒悬，为庄子对人类丧失本真生命之哲学上的专有指示。一切非自然或非顺应自然之意义，皆可称倒悬，其所摄之意义甚广，而其立名之裁成甚精。倒悬，儒家往往用以形容百姓遭遇之社会处境，庄子则特言人类个体常在之生命处境。

又，除对"悬"之为倒悬义有了解外，对于"解"之一字实当给予更深之注意。解对束缚（或有系）而言，当吾人之身体被施加绳索、桎梏、拘禁之时，或意念自处于执着、胶固之时，生命皆为外物所蹙迫，便为束缚（非自由）状态。

即人物之有某特定之形体而言，或获得某种生成而言，其便"一受其成形，不亡以待尽"。任何存在必然亲临消亡或曰向死之过程，也即化之过程。然其既为一存在，而此存在实不即与一般所谓之死直接发生转变，而有一持续之过程，或曰存在仍不失可能之期间。就吾人而言，一方面为自然之必然地走向死之过程，另一方面又可能为此存续之体维持其存有之过程，亦即抗拒（据有而不为所夺）向死之努力。如是，则存在之主体，乃有一固执之"我"的观念，及"人"与"物"观念，亦即此存在乃欲成为抵制死之到来之恒久同一物。如是，其存在即变为僵化之存在，脱离造化之过程的存在。此一努力之过程，或曰挣扎之过程，为一枉然之过程，为一紧张而痛苦之过程。

当知，吾人之有人身，不过为造化之暂现，就造化之永恒的过程来说，任何具体之存在皆为此造化之机的暂现。更准确地说，造化之机，永无停顿，无所谓暂现，唯吾人执取而以为有此暂现、有其停机而已。造化乃自在之物，其久暂则为吾人感受于造化或感受于自身之存有而产生之物，为主观者。

如是我们可知，子舆之所以再言"拘拘"，其意即在揭示此理。任何形体之存有，皆易形成一种逾越本分之执着，而有为人为我之成心，牢不可破。此即对吾人之紧密束缚。拘拘者，在常人则见作为物形体之束缚，在达者则作生命体之本然束缚（存在之本体状体）。

而"解"所表示之意义，非冲破有形之束缚（此为本体态），而为对吾人所误执之暂现或暂有形体之执念的消除，同时为对造物化生过程——形体流行——的积极融入。造物之无限可能，即吾人之无限可能。吾人之生死，即造物之无限可能于吾人之身相续无间之赋命。吾人不复以暂得暂失之我为我，而以造化之无穷可能为我。吾人不复以违背自然必然变化之意志为行事之宏愿（割制天命），而以顺应自然之必然变化为达生之则（克当天命）。如是，则吾人初所具有之否定性之必然意义，转而为肯定性之必然意义；吾人之必然不可能实现，乃转变为吾人无往而非吾人之必然实现。吾人之于自然之必然性，不能有丝毫之违背，然吾人于吾人之顺应此自然之必然性，乃有绝对之自由（或主权）。就此意义讲，吾人对自然之完全顺应，一方面为自然对吾人之完全决定，一方面又为吾人自我对自我之完全决定。如是，自然对自我之决定，吾人完全可以通过自我对自我之决定来实现。因为，自然所欲吾人实现者，吾人皆能自然而顺应无违地实现。

如是，则吾人之具体实现，虽为自然无限可能之一种可能，然吾人之实现实蕴含自然全部可能之实现。吾人于自然之无限可能——皆有实现之可能，则吾人于自然无限可能之全体亦有遍为实现之可能。而于自然之实现言，吾人不以——之具体可能之实现为吾人僵化之"我"或存在，则吾人即非为——具体之存在，或不可从此具体存在之意义上对自我有所局定（"拘拘"）。如是，则吾人非为某暂现之存在，而为无限可能之不断实现之存在。如是，则吾人非某具体之存在，而为存在之流行全体，或必于存在之全体当中领会其存在。则吾人之存在必关乎全体，而吾人即与造物不异矣。至此，则吾人乃恍然觉悟，非吾人之外有所谓天，非被造之外有所谓造物。即我之私心与被造之微量而观，乃有外在之天；即万物之全体或物化之无限可能而言，万物皆成一是，则我而非我，天非我外，我即天也。唯人常自鄙小，故见有在外之天，倘人能识物合之大，无往非我，则天不外于我矣。

总言之，造物之一切可能，即成吾人之一切可能；造物之必然性，即为吾人之必然性；造化之所行，即吾人之所行。如是，则吾人复何拘拘之有！天之无限，即我之无限矣，为鸡为弹，为轮为马，无不在我，而得大自在矣。悬解者，同天也，与时大顺，由有限之可能通向无限之可能，既拘拘而不受其拘拘也。

（十二）"且夫物不胜天久矣，吾又何恶焉"

这里针对"悬解"而更进一境，从反面言之。悬解者如彼，不解者如此。又"不能自解"与"物有结之"，乃相对为言，"自"对"物"，"有"（通又）亦对前句而言。此表面之意也。然"物"之义，殊值玩味。其线索不在本句，而在下"物不胜天"一句。

天者，造物也，造化也，自然也。胜者，能制而不为所制。胜天者，不制于天而可以制天也。不胜天者，则不能制天而为天所制。由"物不胜天"可知，此"物"为消极意义之物，或曰与天违忤之物，故有胜不胜之说。凡安时处顺者，皆合于天，而无胜不胜之事；凡不能安时处顺，即脱离于天，与天相对，而有胜不胜之事。则此物者，不能安时处顺，以行其天者也。天即为造化化生之主宰，则物乃欲抗拒造物化生于己之实现，而长保其形体不亡者也，乃欲有己之生而不欲有己之死者也。然此于自然之力终为不可能。无物不为天命所制，不受自然之变化，故言物不胜天久矣。久者，非谓时间有量，而表从来即是，未尝有不然。一切之物，皆不能胜天，而其间尤就人言。唯人与自然能成对待，有胜天之心。

回到"不能自解者，物有结之"之解释。此句实极精微。不能自解者，指人而言也；物有结之，指他而言；"物不胜天"承上"物"而又统人物而言；人物俱归于物，俱归于不胜天。

不能自解，表吾人已先有一自，以为固执，束缚于其为人之形骸，而不欲变易有死。此前所谓"倒悬"也。而"物有结之"，结者，拘也。如是，本句之意，乃为拘之又拘。吾人前拘未解，而后物之拘又来，则我为重累矣。此言夫造化微密，机不停运，如吾人不能自解，重重之拘无间迭至也。故此"物"者，指我之变化新成，非外来之物。借上文之例言之，子舆方且为子舆，而其左臂已然化而为鸡，其如留恋故形，则忘其又为鸡之拘拘矣。此"不能自解，物有结之"之正解。

四、"俄而子来有病"一段

（十三）"叱！避！无怛化！"

子来有病，言其"喘喘然将死"，则病为将死之义可明。此不但叙子来、子犁之问对，且从旁特写其妻子一笔，自具微意。欲明怛化之意，非借笔不可。妻子者，常人也，徇于常理，未能无情于子来之病，故泣之。有道如子来，而妻子犹然常俗之人，其道德不足化于妻子乎？妻子而忘其为有德者乎？其相将于自然而无辨乎？《天下》谓庄子之学"独与天地精神往来，而不敖倪于万物。不遣是非，以与世俗处"，其此之谓也。且妻子当客而泣，子来不止之而待子犁，子犁不礼主人而呼止之，此番景象，煞成奇趣。子犁责妻子无怛化，其无乃怛妻子乎？"彼游方之外者也"，而妻子"游方之内者也"，诚"外内不相及"（《大宗师》）。子来畜妻子以德，子犁警妻子以理，各有以也。

"叱！避！无怛化！"叱，呵止之声，语意不必如本字之重；怛，惊扰也。此子犁忽见妻子哭泣之容，惊惶而骤止之之辞，恐其怛化而使阴阳之气有洆也。叱，先止之以声，情急故辞亦急，缓辞则不及也；避，继止之以行，彼此不安，故令之退；无怛化，告其故也。此语意缓急之序。

妻子环泣，乃不能顺应于化的表现，其虽不能阻止造化之进行，然仍为对造化之过程的逆拒，使自然之化不能在安静的环境中平稳实现。故子犁恐"怛化"而急忙呵止之。吾人当知造化是不会为吾人所怛的，以造化绝无情意（怛为一种情感反应）。此处不过为一种修辞之生动而已。"无怛化"，无惊扰于造化，而当顺处之也。此与下"我则悍矣"同意味，皆表示一种无知之鲁莽、冲撞情态。

如再深会之，吾人虽不能逆拒造化之进程，然吾人实可参与造化之进程，故于造化之活动能有所改变。以造化非从外用力以干预吾人之变化，所谓造化之化，物之自化也；物之自化，物之时变也；时者，物之遇合也，如佛教之言因缘和合。如是，情境不同，即时不同，则造化亦因之而异。故又不能不言吾人可怛造化，唯非情感之影响，而为时机促成之影响。又可见，不但吾人当因于造化，造化亦何往而不因于吾人？唯道化不尽因人，而人尽因于造化也。

（十四）"伟哉！造化又将奚以汝为？将奚以汝适？以汝为鼠肝乎？以汝为虫臂乎？"

此处，吾人三见"伟哉！造化又将奚以汝为"，只是变感叹句作问句，又从身体（以身体之）者变为旁观者。

这里，子犁对于造化之发生，同持一种赞叹之语气，视造化为一伟大宏阔、不可思议之事。此当平常，吾人尚易理解，而处死亡之际，则吾人便难于理解矣。当吾人由对于死之恐惧、哀伤，转而为对死之迎接、对造化之赞美，则应思所以使此转变可能之伟大力量，又应思吾人当赞美之时所获得之不寻常的意义。

当吾人主动参与伟大之造化过程时，哪怕为死之到来（且唯有死，可为吾人亲身而自觉迎接之全新的创生活动，生虽为亲身经历之创生活动而当时并无觉解，故亦不能有对己之意义），吾人亦将获得此伟大之感受，尽管吾人之参与造化之过程为不得不然，而吾人之意识未必能知其所以然。故此间之转变所以可能，在吾人对此造化过程之不得不然或曰其必然性，有充分之意识而欣然接纳，全心顺应。吾人不但主动参与造化之伟大过程，且出于明白觉解造化之理——作为无可奈何之必然性与不可思议之无限性，则其所生伟大崇高之感情，乃达于最为充分。如是，原初痛苦之经验，即转变为欣乐（内在精神之鼓舞情态）之体验。

又，本处应于"鼠肝""虫臂"二词特加理会，庄子乃有意设词。"鼠肝""虫臂"皆极不寻常之物，吾人平素毫无经验，不足形于意识，因而也决难诉诸名言。于此，我们不禁要以赞叹造化创生力的同样心情来赞叹庄子之想象力，何其伟哉！唯有解放之心灵，才能富于生动之想象力，而唯有超脱日常之烦猥，游心于天地之广、万物之赜，才能认识到宇宙之浩瀚而人知之有涯，才能有悟于变化之大理，贞一于易扰之凡情。

情者，触物而动，应物之感也。知之内则情胜物，知之外则物胜情；情随于物则溺于物，情烛于理则化于理。情扰扰者，以一物为一物也；情安安者，通万物而为一物也。然庄子虽言齐物，虽言致一，要在因物以齐人心，而非以人心齐众物。以人心齐众物则以有限格无限，物失为物，丧其万殊，乃化神奇为腐朽也；因物以齐人心则化有限为无限，摒挡成心而物还自是，虽鼠肝虫臂，亦熙然出耀，是化腐朽为神奇也。

于物化也，前言为鸡为弹，为相化之不可能，非物之不可能；此言为鼠肝虫臂，亦兼物之不可能（物无不可能，以非常情之所及而言不可能），真可比奇于佛教之龟毛兔角（物虽俱非常，庄子皆抵实，佛教则诠幻，此二教之差异）。庄子拟物，越出越奇，此正"监市履狶也，每下愈况。汝唯莫必，无乎逃物"（《知北游》）。所拟形象愈乖张离奇，则醒发于人愈有力，不如此，不足以见造化之神也。

五、"父母于子"一段

（十五）"东西南北，唯命之从"

子犁拟物，虽见造物之奇，然味其语意，与子舆"浸假"数句不同。"浸假"非假设言，此则真假设言。"造化又将奚以汝为？将奚以汝适？以汝为鼠肝乎？以汝为虫臂乎？"前二句欲闻子来之逆计，后二句则子犁自作逆计。如是，鸡、弹之拟，以自造物言之而非逆计，故常而转奇；鼠肝虫臂，以自我逆计，虽奇而反见不奇，人意虽极物之微，然于造物之神不及万一也。鼠肝虫臂犹在人类理性以内，至于造化则超此理性矣。此又庄子文法之变，以不奇写奇，以奇写不奇也。故子来答之，曾无留意于鼠肝虫臂，而若曰："此非己之事，命之事也，吾何知？奚必其为鼠肝虫臂？奚不必其鼠肝虫臂？又何计焉！"

此处子来举父母于子女之关系，以明造化于物之关系。父母指使子女，无论东西南北（犹言"无所逃于天地之间"，乃代指全量空间），子女皆当应命，唯父母之意所在，不可稍徇私情。则所谓"唯命之从"，命有义务之强力，行所当为也，只是此种义务为一种人身、血缘依附关系。子女对父母负有完全之义务，此或为古人之通行观念，即孝德之内在要求（顺父母之命），甚至来源于彼时所理解之天命的规定性。本篇之另一章亦言，"子之爱亲，命也，不可解于心"，则子对于亲之爱，乃内在于心，为其天性，具体则表现为子对亲之"唯命之从"。由此，可见命、性之相通关系，及命的绝对约束力。

人生于阴阳，犹人之生于父母，且阴阳者，造化之本，生物之源，父母之父母也。故阴阳于人于万物，皆有绝对之主权。相对于绝对之主权言，则被造物即负有绝对之义务。庄子哲学所以奠定其人生境界论之原理者，即命论，命为人生所应充分通达而负担绝对义务之永恒约束（"拘拘"），故亦成就为纯粹之道德。道德者，出于对命（在物为性，为最高权威）所负之绝对义务的觉照而实践于行为也。故道家哲学亦有其道德哲学、性命之论，以其同样认为，人负有绝对之义务（或应当）——对天道、天命之理应遵行也。

"彼近吾死而我不听"，近者，临也。于我而言，生死属我，造化若客，故言彼近；于造化而言，彼自为主，行其所命，而将死（动词）我也。造化临近于吾死，则将更化而死我也。吾人倘不顺死，而争权于造化，必无力可施，徒彰吾人之愚不智而已，所谓"悍"是也。悍者，内不驯服而势成抵拒也，逆理即悍，不必肆力相抗。悍于造化，犹《徐无鬼》言"今夫子闻之（当喜）而泣，是御福也"。

吾人一生，无往而非在造化之中。始未有人，为间禀形而寄生于天地，此造化之使我生也；继有生而力养，勤劬多方，此造化之使我劳也；又劳而力衰，无用以获佚，此造化之济我老也；终也，吾人命尽而死，以息生劳而获死安，此犹造化使之然也。吾人一生，强弱不同，事为不齐，均出于造化，一以贯之者也。无造化，则生、劳、老、死又何见焉？既人一由于造化，则不可不生，不可不劳，而复不可不老以死。吾人虽生而生非我有，虽劳、老以至于死，载形于我而俱非我有，系之于造化而已。造化一也，有自然之必至。均善也，故所以善人之生者，即所以善人之死，化一也；又均不善也，彼之近生非好也，彼之近死非恶也，又岂有善不善哉？吾人以生死异利，起善不善其间，非造化意也，又何可罪也！造化无死生，化化而已，生则俱生，死则俱死，更无二事，更无二善。

大化流行，此宇宙之实相也；生生之源，此宇宙之大本也；各正性命，此为物之至德也。穷斯三者，吾国哲学所以"致广大而尽精微"，宗极之道在焉。又一言之，造化而已，即物（被造）即化，即天即人，更无二体，是以庄生言乎为物自然，"咸其自取"也。

（十六）"造化者必以为不祥之人"

子来初以父母于子比阴阳于物，要在正言其理；此以大冶铸金比造化生物，要在反以举譬。无论造化之生物，即吾人大冶铸金观之，有金倘无端而自求，不从所命，而反命于作者，拂人之意，主人必以为不祥。今拂于天理而乱天行，则为天之不祥，可以推矣。祥者，福也；不祥，非福也，妖、怪也。"凡有怪征者必有怪行"（《徐无鬼》），怪行则违理撄世而自摧残于来祸也。天何尝行福祸？镆铘不美，铅刀不恶，萤火与日光等辉，而厉与西施齐貌，但于有祸福者而应以祸福，明祸福自己招之耳。

物无知，无能期命，人有心，乃能堕其天命而自求为命。庄子假物寓言，旨在讽人也。"今一犯人之形"，犯者，"特犯人之形""犯患若是"之犯，为特具庄学风格之词，触值、遭际也，非模范之范（虽欲牵合铸金事，于意不通，此不当过求而过求之例）；一犯人之形，偶一遭遇而适为人也。"人耳！人耳！"，此省语，补之则作："（我且必为）人耳！（我且必为）人耳！"金求其利，故愿新为镆铘，人不忘其故，乃不愿舍其为人，二者有期必虽同，其用心略异。人、非人，等为所化，而人独贵其为人，而不贵其为非人，情既胶固，闭塞于理，虽复生而为人，将如逆行于车马川流之途，非危殆之甚乎？必不免矣。此巫祝之祥，神人（造化）所以为大不祥也。如殷纣倒行逆施，天命已讫，而犹欲恃之，乃发独夫之狂言"我生不有命在天"！乃罪既盈，多参在上，复何能"责命于天"？将"戮于尔邦"，此所以为纣之不祥也。"物不胜天"，故当直遂其命，径一其情。以天地为大炉，则身无外矣；以造化为大冶，则在所炉捶而得真宰矣。是以，无往不可，用心纯素，神乃不伤。

"成然寐，蘧然觉"，蘧然为觉貌，成然则为寐况。此二句所以复从形态以证子来道德之精深。或者以寐觉喻生死，生死一觉寐而已，理故可言，而不必如此看，反没本色。《应帝王》言"泰氏其卧徐徐，其觉于于"，《知北游》又有"言未卒，啮缺睡寐"，《逍遥游》言"逍遥乎寝卧其下"，高卧睡寐，亦为庄文有道之象征。所以然者，如俗"其寐也魂交，其觉也形开，与接为构，日以心斗"（《齐物论》），用心不宁，念虑丛扰，又何时而能无事以卧徐徐而觉于于哉？故非有道之士，"不从事于务，不就利，不违害，不喜求，不缘道，无谓有谓，有谓无谓，而游乎尘垢之外"（《齐物论》），不能安然以寐，蘧然而觉也。庄文所以数以睡寐继嘿言之后者，言多俗务，达者尘机不入，故无谓充耳，心闭神静，感知如风鸣虫唱，只增其睡，况言即俗器，如熏如灼，又何耐焉？此所以复照应开章"相视而笑，莫逆于心"，言而后扫，以见有言非至，止于无言也。且人于一生宏观之，则一生一死，若于一日觇之，则一寐一觉。生死固为造化之行，寐觉同于所化。有道者之于寐觉，又岂有心为之，命化而已。故"蘧然觉"，蘧然言其不知而自然；"成然寐"，成然亦言其不知而自寐。于"成然"，吾人不可望文生义，当以意逆之也。

第14节 《秋水》选读（一）：埳井之蛙章

公孙龙问于魏牟曰："龙少学先王之道，长而明仁义之行；合同异，离坚白，然不然，可不可；困百家之知，穷众口之辩，吾自以为至达已。今吾闻庄子之言，汒焉异之。不知论之不及与？知之弗若与？今吾无所开吾喙，敢问其方。"

公子牟隐机大息，仰天而笑曰："子独不闻夫埳井之蛙乎？谓东海之鳖曰：'吾乐与！出跳梁乎井干之上，入休乎缺甃之崖。赴水则接腋持颐，蹶泥则没足灭跗。还虷蟹与科斗，莫吾能若也。且夫擅一壑之水，而跨跱埳井之乐，此亦至矣。夫子奚不时来入观乎？'

"东海之鳖左足未入，而右膝已絷矣。于是逡巡而却，告之海曰：'夫千里之远，不足以举其大；千仞之高，不足以极其深。禹之时，十年九潦，而水弗为加益；汤之时，八年七旱，而崖不为加损。夫不为顷久推移，不以多少进退者，此亦东海之大乐也。'于是埳井之蛙闻之，适适然惊，规规然自失也。

"且夫知不知是非之竟，而犹欲观于庄子之言，是犹使蚊负山，商蚷驰河也，必不胜任矣。且夫知不知论极妙之言，而自适一时之利者，是非埳井之蛙与？且彼方跐黄泉而登大皇，无南无北，奭然四解，沦于不测；无东无西，始于玄冥，反于大通。子乃规规然而求之以察，索之以辩，是直用管窥天，用锥指地也，不亦小乎？子往矣！

"且子独不闻夫寿陵余子之学行于邯郸与？未得国能，又失其故行矣，直匍匐而归耳。今子不去，将忘子之故，失子之业。"

公孙龙口呿而不合，舌举而不下，乃逸而走。

本节与下节所选出自《秋水》，自是以下，尽在外篇，而衡内外之数，内篇又居泰半，非厚内篇而薄外篇，尤非目空杂篇而敢于不取。其所以然有故：一者，据草稿为文，未出新制，适当未及杂篇也；二者，虽似漫然选讲，然略有组织，颇备义理，且寓时风之感，适可其选矣；三者，内篇之文，学者习闻，然义理未必精熟，故可为资，虽选文似多，未尝以内篇独擅其美也；四者，文既繁芜，惧读者未卒一章而已昏然成寐，增选尤累也。综兹四者，故外杂之选不及内篇，而外篇之选竟付阙如。

今天下人习庄，快耳食之谈者最众，剽取一二典故，往往不得其实；读其书止于开篇者，次之；逡巡于内七篇者，又次之；稍辅假于外杂，不以成心抑扬之者，又次之；至于首尾通绎，反复数四而不止者，可谓好之者矣，又次之；至于反复数四而能不做抽剥活计，断割文理，裁剪资料，如锯木为柴，掘井发藏，投输于论文之炉火，作薪炭哗剥烧之者，则又其次也；若乎沉潜于道味，沮其名心，濯洗尘念，肺腑新而精神雪，忘言忘意，神凝如枯木，物不能惊，神动则云行，飘然离系，外绝俗态，内撤俗骨，则庄子之所期而吾未之见者也。今人读书往往为玩物，欲博闻强记而古人犹讥以为丧志，况今人之不博且弗通于文乎？学不加于身，无当于心，空翻奇于口耳，流播市井，煽动伪学而已。"不得中行而与之，必也狂狷乎！"（《论语·子路》），此孔子所以长叹伤中也。狂狷犹实有诸己，但未节制耳，若乡愿之伪，可嫉者也。

于《庄子》书观之，倘内篇非出后人叙次，诚庄子之手笔，内外杂之分篇允为停当，则庄子固达道者，而道不止于庄子，天下后世有与也，况其人与庄子足迹相接而先后不远乎？吾人爱庄子，吾人亦宜爱如庄子者，况谓庄子者不必真，非庄子者不必伪乎？又况庄子有无其文，有无其人，犹竟相意之而已乎？天下不一贤，万世不一圣，故诸子纷纷，咳唾而珠玉，片言如连璧，焉知同学而无巨子乎？况老庄之学不贵其实之宾而自隐无名乎？焉知天下一庄子而已哉？焉知所谓庄子非历世相承之"无名人"（见《应帝王》）而共推毂以托其名哉？倘有万一之实，吾人所以尊庄子者，适以贬之，吾恐真庄子有骨未泯，必将犹然以笑吾人之智，又洒然而痛吾人读其书，犹恃知之盛以"载之末年"也。庄子可以尽天地文章之理，而美善不尽于庄子，道德不系于一人。学必有因，因必有传，独木不林，独智不圣，外、杂篇未可加蔑也。况其精义至文，虽或遭错乱，偶遇沉晦，未可与内篇轻轩轾也？吾人读庄，要于义理曾否尽善，修辞曾否尽美，而抉扬其美善，以会厥文心而与天下万世之人共之，不可以吾人褊心所不能解者，率归于文义之无谓也。不然，其庄子所谓"用管窥天，用锥指地"者乎？亦庄子之罪人也。

本章寓言，亦为吾人所熟知，井底之蛙是也。其深入于俗，警戒人心，欲人勿自骄满，必有见于天地之大而人物之富，我所不如者多矣，要亦得乎其理。可见，道家思想，亦久有化俗之效。然世俗所传，则寓言是也，取其易晓而可训，不必深挚；若庄子本文，乃为一种哲学，虽采用寓言的形式，而与艺术体裁之寓言有别，故道理尤为周密，必探其极致而后已。故庄子之寓言，又不可仅作寓言观。

本章言理，与鲲鹏一章类，言乎"小知不及大知"，所谓"小大之辩"。然本章所以异者，有三：其一，鲲鹏章虽落于知，而其义理富，此则要在论知，又且重在于辩，故取辩者公孙龙为寓言形象；其二，本篇主体写井蛙，又揭出乐之义，较谈知又进一层；其三，本章还特别要表明庄子之学的非世俗性格，从而也可以回应对庄子之学的批评。

一、"公孙龙问于魏牟"一段

（一）"吾自以为至达已"

本章采用公孙龙与魏公子牟对话的形式，以述庄子之道。《让王》谓："魏牟，万乘之公子也，其隐岩穴也，难为于布衣之士，虽未至乎道，可谓有其意矣！"则魏牟者，"身在江湖之上，心居魏阙之下"，有意习道而未至，虽效隐退者为，不能去贵势之累，居有道无道之间，故庄子假之以传其言。

庄子之学睥睨百家，奚落圣贤，傲岸王侯，无可无不可，汪洋以取自适，因俗以发至论，其所寓言之人物多矣。在这里，庄子取公孙龙作为对照之形象，自具一格。公孙龙作为战国时代有名的辩者，在这里将作为世俗形象的极致代表（知之盛者）出现，我们首先应当注意他的这一身份。公孙龙与惠施相亚，皆辩者之雄。庄子尝与惠施多辩矣，今则易之以公孙龙，而龙之名尤显闻于世。

作为辩者，辩所代表之意义为如何？辩者，所以彰是非也。是非者，理之可否也。是者以为当理，非者以为不当理，知出于其间。凡知贵于辨，理者物情之辨也，辞者文言之辨也。故理见于文则为论，意达于辞则为辩，辩知一体，知所以成辩，辩所以显知，相依之道。然是非者，果出于理乎？果出于言之辩乎？果出于辩，则是非之当理与否，未可定，"然不然，可不可"，则如是之是非，又果为应理乎？理又果焉在哉？辩者，以言证理也，则出于人。人之求理，亦尚乎辩；既尚乎辩，则理有时而更矣。故名家之辩者，其理未足以服人，而其辞则摧陷人，非其无理也，理非常理，故人不易晓。然诸子之学，何一无理？何一无辩？故孟、荀皆好辩，虽庄子之学，亦可谓辩学，其体裁多为寓言，寓言者，人物以言相伸绌也。然于辩也，有尚之者，有不尚而不得已用之者，后者则道家是也。庄子本处取辩者公孙龙为揶揄之对象，非但蹙蹐一家之言，兼包世俗之学而合讽百家之知也。

本段先令公孙龙自夸己学。其言曰"龙少学先王之道，长而明仁义之行"，先王之道，治世之道，世俗最流行亦最具合世性与正统性的观念，实即仁义之教。公孙龙自少始向学，便接受先王传世之道的教育，不可谓不早；及长，又亲自践明其道，不可谓不深；自少及长，皆以当世之道为学，寝馈其中，不可谓不久。此言其学问根柢，意始终不离先王仁义之道，于世间正学，亦熟操之矣。

继述其辩才无碍，知解明利。"合同异，离坚白"，此名家论辩之代表性主题。于常情观之，同异相反，本不可合而能合之，坚白一体，本不能离而能离之，善辩者也。"然不然，可不可"，不然者犹能使之然，不可者犹能使之可，此广而论之，"合同异，离坚白"属之。"困百家之知，穷众口之辩"，百家之知，各可其可，各然其然，今公孙龙能使其然者不然，可者不可，破斥其说，应锋而解，则百家之知困矣，众人之口穷矣，公孙龙之知与辩，世间一人，无能上之者。此言其学问博赡盖世，辩达出人，于世间众学，亦过之远矣。如是，历世先王之道学之矣，仁义之行明之矣，当世百家之学过之矣，集古人之智，出一世之上，立身有本，持说有辩，诚可谓"至达"矣。

在这里，复当注意"吾自以为至达已"之"吾自以为"四字，又当注意"至达"二字。"吾自以为"，凡吾人之议论，无不由吾人自身谓之然；吾人所以由吾人自身而谓之然者，又由于吾人之已然。故吾人之一切识见，无不根据于吾人所已然者。此亦吾人之所以成我也,我者,积识所至也。故公孙龙以自少及长为言,而自见为至达;其以为跨跞世俗者,乃为世俗所驱使,从来久矣。我既如此,他者之我亦无不如此,则人人之识见,皆自以为是者也。人之识辩或有利拙,其"自以为是"则无别,皆为世俗所化而未尝果能出于世俗之界也。"至达"者,达之至也,无往不达;至者,物之极也,又可名为大。自以为是,其是也犹有余地,以为"至达"则以为己无所不知而可知已尽,则以己为大知也。

公孙龙之知与辩,其果为至达与否?以俗观之,则然。其能合同异,离坚白,意所然则必然之,意所不然则必不然之,其所可、不可亦如是,则同异、离合、然不然、可不可之论,随心指挥,无不如意,岂非达乎?达者,遂其志也;不达者,沮其志也。志之所在,直而能遂,故为达。又,世间之知,以辩为胜,以理为屈,辩所不能胜,理所不能折,则为达。达之上复有达,辩无不胜,理无能折,乃为至达。公孙龙其能此矣,故庄子谓"困百家之知,穷众口之辩",百家、众口,皆设辞以见公孙龙之为至达也。又,俗之所尚,虽有等差,不能出俗,心所囿也,故必有所止。俗者见其所见,不见其所不见,知其所知,不知其所不知,俗之所止,即其所至也。然物不止于所见,知不尽于所知,则此"至",乃相对之至,故以人为转移,在乎能辩与否。昔然之者,今或不然;今不然者,明日或又可然。故公孙龙之至达,以辩立之,以俗观之也。

(二)"闻庄子之言,汒焉异之"

此先写公孙龙之至达,所以写庄子之无方也;写庄子之无方,所以写至达之真也。故谓此章为"至达"论可也。此庄子行文进退虚实之法。

公孙龙之知辩既如是,无往不达,乘人而胜,百家之学又并包无外,皆为所困,于庄子则宜若无难。如其为至达,必能屈庄子;如其不能屈庄子,必不为至达。今公孙龙"闻庄子之言,汒焉异之",何其甚也!则其不能达于庄子矣。如是,庄子之学非百家之学,不与世俗之知相滥,而公孙龙亦非为至达,限于世俗之曲也。世俗之内,以知相辩,故有达(此达字,指达于一家之私言,非庄子之达于为一之通理)与不达之分、至达之目,若道通为一,更无异同之论,复何用辩?又无须决其至达与否也。

此处,吾人当于"汒焉异之",稍作体会。汒通茫。"异"者,有二义:一者同异之异,有别而已;一者骇异之异,惊怪也。此处兼而有之,而尤在后义。《天地》篇曰："苾间勉觑觑然惊曰：'勉也汇若于夫子之所言矣。'"惊，异也，可证。汇焉者，于目言则空洞无所瞩，于心言则张皇无所入。公孙龙能"困百家之知，穷众人之口"，而不能行其辩给于庄子。此不能行辩给于庄子，非谓与庄子争辩而理屈辞穷，此犹博得个下场处，直是不能得其言论之端绪，无门而入，虽欲与之辩而莫从，故以"汇焉"形容之。如吾人忽入于大漠远洋，一望无涯，沙碛映日，碧海涵天，只教无路可觅，怳然自失。又如子贡形容孔子之道曰："夫子之墙数仞，不得其门而入，不见宗庙之美，百官之富。得其门者或寡矣。"（《论语·子张》）唯道大德高者，绝攀沿，荡踪迹，不成一名，岂区区下伛，猥琐与世俗凡子，骋口辩，校长短，决胜负哉？谫浅者所无从而窥其隙隅也。故公孙龙闻庄子之言而愕异失语。下文曰"今吾无所开吾喙"，心茫语塞，丧其为辩，可证。此老子所谓"善言无瑕谪"（《老子》第二十七章），议者无从指摘。又其所谓"善者不辩，辩者不善"（《老子》第八十一章）乎？《骈拇》谓，"骈于辩者，垒瓦结绳，窜句（棰辞），游心于坚白同异之间，而敝跬誉无用之言"，则彼辩者，积词累句，穿纽于同异之名，处处可訾，言言有疵，虽善与人宛转而制胜，亦自为困敝，佶屈其行者也。

"不知论之不及与？知之弗若与？"此二句申言公孙龙之茫然。彼既惘惘，自揣其故，乃不如庄子辩巧乎？乃所知不如庄子博明乎？昔日以为熟于先王之道，明于仁义之行，工于论辩之术之公孙子，乃始自疑其辩知，乃不知其所以无所开其喙，则庄子之言，诚非所及。于公孙子之言，我们当注意两点：其一，彼能疑其知有不及，辩有不若，不隐其惑，故启问于魏牟；其二，彼所自料之故，犹不出于知、辩，欲于知、辩求之，大惑不解也，则其但止于知惑而终不能自脱于惑。人之惑也，非外有所受，或察于天地，或经于事变，或诵于古训，资于师说，鲜有能自解脱者，以与成心俱也。

二、"公子牟隐机大息"一段

公孙龙初自以为"至达"，及闻庄子之言，乃目眩神迷，忘其所知，而大惑不解，故求教于魏牟。此亦暗示，魏牟乃通于庄子之言者。此下皆魏牟之教言。吾人读庄，其篇往往文、理交盛，不可以一端取，今埳井之蛙一章则略不同，比较言之，理乃常理，而文乃至文，其淡薄于理者，乃充腴于文，适相补济也。然按而论之，所以丰腴于文者，非体察之精，合契自然，写物天真，又孰能之哉？人心臆想之奇，不如与天合致。由此观之，体察于物，小大宜之，自是工夫。妙理可味，物态尤可玩，何也？物者生于时命，长于所域，往来与他者相接，虽微小，亦莫不尽夫天地之变，故足以睹道理而识性命，内以反己，外以弥纶于群有。故庄子虽达于至道，而不能忘情于玩物也。吾人玩物，多沉溺于物，不能致广，反以损生；若庄子者，以之见天机而通合于至道也。

魏牟"隐机大息，仰天而笑"，如"南郭子綦隐机而坐，仰天而嘘"（《齐物论》），又如"神农隐几拥杖而起，曝然放杖而笑曰"（《知北游》），此近于一种庄学的格式写法。庄子文中"笑"字之义甚奇诡，如神农放杖而笑，乃因闻老龙吉死而伤无所发其狂言，不见有可笑处。此处则先隐机太息，忽又仰天而笑，令人错愕，则"笑"不当作普通嘲笑、讽刺之义。如蜩鸠之笑，则径然笑之而已，此乃先太息而后言笑，一叹一笑之间，则必有心之所独会，而疾见于声色者。如秦失吊老聃，"始也吾以为其人也，而今非也"，故"三号而出（骤止而不卒哭）"，心念默移也。人之情态，感物而动，有不知其然而自然者，故俯仰之间，所感不同，则息笑成异。太息者，内有所凝（或赞或悯）也；仰笑者，情有所释（郁者开散）也。

埳井之蛙，寓言中之寓言也。论理则晦，假物则明。庄子之书多用寓言，反复申喻，非故晦涩其旨，乃欲通俗使人易晓；欲人易晓，所以欲行其教也。以是，知庄子之学，本有所教，非欲人止于茫昧恍惚，闪烁其辞，无所可否，以失所立。言者，意之所寄；寓言者，言而有所寓也。观其言而不得其所寓，诵人之辞而不通其意，则何为贵言乎？以言害志，不循其本，则又不如无言矣。

（三）"吾乐与"

本处主要描写井蛙于井水上下间活动的场景。其在进入具体的描写前，先掷出"吾乐与！"三个字，此亦笔法之妙。如先写具体情态，而后曰"吾乐与"，乃以理绎情，活性转失；先写出之，则情自洋溢，乃以情冒理，尤见成心。

可注意者，这里揭出一新的题目——乐。人以知为尚，一般言"人"都注意其内涵当中"理性"的限定，而对于物或者普通之非理性存在者来说，便从性质上不能使用与人同等之知的观念，也因此，庄子言物之知，皆寓言之用法。这里用乐来表示井蛙之自得感，便十分适宜，注意到人物之间的本质差别。人物之间，其别在知。人于天地人物之理，无所不探究，不必关乎己；而物者，唯适于己，不慕于他，此其所以无纯粹知识之趣味，本不具此能力也。然人、物在知上固有分判，在乐上却应一致同归。乐作为有生命经验之存在物的本己体验或本真体验（就其本己之意义而言真），可以说是物之自适的积极表现。物之自适，也即，物当其时，成其为自身，是其所是；又即，物之自尽己性，性乃对生命所具有之本是而言。从物之自在或真是而言，物之性实不可揭示或给予理性的界定，唯可见之于自然；物之尽性与否，将于乐、不乐征之，乐者物之自得，不乐者惊动惶恐、不安其神也。

以庄子采用寓言形式，故其笔端物象，虽皆活现，而有处境之不同，因有为知之小大。实则物本无有，假设以寄人理耳。如即物而言，诚小大一如，长短等乐，水陆飞走，寿夭畸正，皆怀其自得之情。如蝴蝶之栩栩然，是蝴蝶之乐；儵鱼出游从容，是儵鱼之乐；支离疏鼓筴簸精，攘臂而游，是支离疏之乐；大鹏之抟扶摇九万里，是大鹏之乐；至于斥鴳腾跃而上，翱翔于蓬蒿之间，亦何非斥鴳之乐哉？如海鸟遇鲁侯，闻《九韶》，供太牢，而"眩视忧悲，不敢食一脔，不敢饮一杯，三日而死"（《至乐》），则非为海鸟之乐也。"夫得者困，可以为得乎？则鸠鸮之在于笼也……而虎豹在于囊槛，亦可以为得矣！"（《天地》）故海鸟宁飞翔于惊涛巉岩之上，而不愿觞于太庙，泽雉宁"十步一啄，百步一饮，不蕲畜乎樊中"（《养生主》），此以放于自得之场为贵，不歆非物也。人岂不然哉？适己者乐，适人者劳。物以无知而自得者多，人以有知而殒亡者众，知为之累也，其知有所未至而大理有所不明也。

乐者，物之天趣，有生之本，其与生命之意义，关系密矣。吾人何以知生命之得其正或处其自然与否？不可以理性之解析、推论求之，因生命为经验之事，必实体之而后得；理性之能力为出于主体自身之判断，所在有偏，或以我度物，或见其表而遗其里，或独处其偏而莫会其全；此天行与人能之别，不相参也。吾人所可知者，物之尽性与其乐之关系也。物乐则自得，自得则可谓尽性；物忧戚畏恐则不自安，不自安则不乐，不乐未可谓尽性也。故凡言性者，性不可睹，据其外以通其内也；然通其内，非谓知性之实，知物尽其性与否而已。性者，物生之自然也。性之实不可知，而物有自然则可知，自然者绝言之名，不可用诠。故虽谓物有性，非有所增损于性，其自然者皆性，性非一指也。"凫胫虽短，续之则忧；鹤胫虽长，断之则悲。故性长非所断，性短非所续，无所去忧也。"（《骈拇》）胫之长短，物物尽殊，不但凫鹤而已，即凫与凫、鹤与鹤之间，虽差以分寸毫厘，便不相同，则胫各有自然；又不但于胫，羽毛之色泽、差池，如喙如睛，又何尝有一相肖而有一非自然耶？则性不一在，凡物天生，通体自然，皆可谓之性，又未尝专有其性。一胫变其短长即失其性，一毛铢其毫忽，虽微，何尝非失其性？天之命物，凡自然者即理，行于目所不能见，耳所不能闻，心所不能测，精之又精矣。故自然为性，心所别白非性，虽心所谓自然者亦未必为性，自然所实当者乃性，自然所实当之性在物而已，在去知而与天趣合而已，是何所用忧也！

中国哲学之精神，吾人可以约之为乐生精神。乐生精神实即儒家所谓仁之精神，又所谓尽性之理；于庄子之学，乐生精神则可谓为乐自然之精神，故其义最广，不但乐生为乐生，乐死亦乐生，死生皆造化之生生也，无往非天，即无往非乐生也。物不乐生者，以起知故，知陷于愚惑、不足则不乐；物之有知者，无过于人，是以人最有知而亦最多不乐。本处言井蛙，揭出乐字，虽表面为言乐之问题，实则注目在知，所以增加了问题的复杂性。庄子欲通过知之局限，以说明物之所以非至乐也。不然，埳井之蛙而乐东海之鳖所乐，焉有乐人之乐而能乐者乎？故此处非言井蛙之乐不可乐，以其知之蒙蔽言其乐非至乐也。人物也，计乐则有余，箪食陋巷掩于王侯；计知则不足，虽王侯而穷窒于物欲，知之憾也。

本章最妙者，在对井蛙生活于埳井中之情态的描写。庄子也，不但为极论齐物、逍遥之玄宗，亦为写物传神之圣手。如至理胍德之好，无修辞以辅翼之，未足以行远。古人知之矣。但以文辞求之者，失庄子之心；专摘抉理言者，则枯槁其体，又何尝真知味耶？此所以"原天地之美而达万物之理"必并标举乎？

"出跳梁乎井干之上，入休乎缺甃之崖。"井蛙所上不出井垣，井垣促狭地也，而能作跳梁；跳梁者，大动也，此几于庭中走马乎？入休者缺甃之上，缺甃，井壁砖瓦缺坏有间，隐可容物者，井蛙入休之，有若居室之安，亦美矣。又不但缺甃而已，乃仅其崖，崖者物之边际，又物之高垂者也，井蛙居缺甃，但据崖端而已足容身，又见为崖壁以眩其高，则亦细物也。井干、缺甃言其动止之所、活动之域，以与东海广狭相照应。"赴水则接腋持颐，蹶泥则没足灭跗。"赴水，水者井中之深处。接腋持颐，于蛙言之，腋，前肢交体处也；颐，两腮下，即颔也（扬雄《方言》谓："颔、颐，颔也。南楚谓之颔，秦、晋谓之颔。颐，其通语也。"）。蛙形俯，首高尾低，腋与颐下略相平，水唯及颐腋，而不能没首，浅下者也。腋窄故用接，接，水齐之也；颐阔故用持，持，水浮之也。水浅如是，而用"赴"字，赴者勇决而往，重其事也。蹶泥,足蹈于湿泥也,泥者井之无水处也。足者,脚掌也;跗者,脚背也。足为体,故用没,没者,陷也;跗为表,故用灭,灭者,泥浆覆之也。此言其所游戏之水,浅者无水,深者亦不能没躯体,以与东海之水相照应。

本节,细言井蛙之乐,句句相当,字字着对。其有出也,有入也;有跳也,有休也;有赴也,有蹶也;有水也,有泥也;上则井干,崖则缺甃;腋则接,颐则持;足则没,跗则灭。其文少而笔工,事简而貌亲,加饰则赘,损词则敝,诚如宋玉所论东家之子"增之一分则太长,减之一分则太短;著粉则太白,施朱则太赤"(《登徒子好色赋》),真能写物之乐者也!倘吾人未见上下之文,则亦将以井蛙随处而安,动静不失其性,其乐为至乐也。

井蛙自得其乐可也,而言末所归,乃以为至乐,则悖矣。其言曰:"还虷蟹与科斗,莫吾能若也。且夫擅一壑之水,而跨跱埳井之乐,此亦至矣。""还虷蟹与科斗,莫吾能若也",还,古注疏皆作"顾视"解,固得本义,然词似单残,陈鼓应据马叙伦说,以为"还"下有"视"字,可从。还者,转也;视,望也。还视,犹言反观,对比之意,故下言"莫吾能若"。还字如独用,或作还转、周旋之义解,固佳于字,而滞于句。"虷蟹与科斗",足言之则作:"还视虷蟹与科斗(之乐)"。虷蟹与科斗,或必居水,或不能跳梁上下,唯蛙兼之(上文相对者,示相兼之意),故相顾莫若。此言井中所与同居之物之乐,非言蛙与数虫周旋游戏之乐。"莫吾能若",犹莫能若吾,倒言所以重显"吾"字。此即应公孙龙"困百家之知,穷众人之口"意。井蛙所与比乐者,虷蟹科斗之属,暗喻公孙龙所与比辩者,是类也。

"且夫擅一壑之水,而跨跱埳井之乐,此亦至矣。""且夫",申论之辞,有既然、如是之意,总言前者,而欲作结,以见"吾乐与"非虚夸而至当之归也。此处庄子之措辞颇可玩味。擅者,专有也,一壑之水全为我享,此就活动能力言,非指权属(不然,无邀海鳖矣)。壑,深沟谷也,庄子有意从大言之。跨跱,跨者蛙跳也,跱者蹲立也。"跨跱埳井",中间省介词"于",跨字收上跳梁等动态,跱字收下休、蹶等静态,总言其于埳井中之活动,而更透神气。跨跱埳井,非谓其盘踞此井为乐,而谓其动息于此埳井之内,尽其所欲为,动静咸乐。"擅一壑之水",此言大也;"跨跱埳井",此言乐也;"此亦至矣",此者,前之乐也,至者,至乐也,总言其乐至乐,回扣始语。

井蛙之乐不过跨跱而已,业已自许为至乐,故不愿人之乐,而欲人效己之乐。"夫子奚不时来入观乎",时者,及时也;入观,来观至乐之所是也。此以己之至乐推诸东海之鳖。井蛙之可笑者正在此,非谓其不能有至乐,其自视所乐则非至也。物之天性不同，处不一安，味不一嗜，色不一美，孰知天下之正处、正味、正色哉？又孰知天下之至乐哉？锢于井者，放诸海则不乐矣；游于海者，纳诸井则不乐矣。物失其所，则违离天性，性者与境相习，始于生而然，成于不知而自然。故小以宜其小，大以容其大。物无常适，因无常名。如井干也，于蛙则跳梁之所，于海鳖则视之同一穴；如水也，于蛙则一壑之水，于鳖则曾不能润足。是以，物不可无至乐之情，而不可怀至乐之心。乐者，物各乐其乐而已，天下无所谓至乐。以至乐为在己，而令人服从之，效仿之，是不见天地之大观而守其私心之吝也。至乐无乐，无乐，忘乐也，无乐之之心也。自见则乐有际，自知则知有涯，不足语于无穷矣。自至之者，有所不至，况欲人同之乎？

三、"东海之鳖左足未入"一段

（四）"东海之大乐"

"东海之鳖左足未入，而右膝已絷矣。"此形容对鳖而言，井口之小。膝者，足胫上端也，屈伸有节故宽于下（亦可作以膝代足解）；絷，束缚困于形也。东海之鳖践井蛙之约，然其右腿方入其足而已上碍其膝，更无论双足俱入，通身历井而过，故唯逡巡以退。逡巡者，缓慢却行貌，前既受絷，困无以进，不安其所，故徐徐退身。成玄英疏于是词，他处均作"却行貌"，此处独作"从容"解，甚有体会。从容即迟徐意，不迫急也，一者处困而却行，动须谨也，二者又见海鳖本态，常缓行而闲步也。则埳井广狭不及海鳖之一肢，且于一肢也又不及其半膝，何足为大？又何以为乐？

井蛙所自许以为至乐者，言其所乐者大也，世间之乐无过于此，且凡物将无不得其同然。今其地乃不能容于海鳖之右膝，更无论其跳梁跨跱，则于海鳖而言，不足为乐，只以为窘。如是，埳井之乐，非果为至乐，明矣。至乐者，将无有不乐也。

井蛙以意言之，无当于实，其妄不辩而自破。水之大者，无过于海，下则述海之况，极言其大，与井蛙言大不相类。言东海之大，所以明其为乐也。东海之乐所以异于埳井之乐者何？埳井之乐，适于小而不容于大，有所局也。东海之乐，无所改于其乐也。何谓无所改于其乐？其所届者远，其所极者深，久潦不能益之，累旱不能损之，时不能推移之。其为大也恒大，故其为乐也恒乐。恒乐者，无物不乐，其乐不为一物；无时不乐，其乐也不为一时。故此乐也，乃名之"大乐"，非大无乐。古有沧海桑田，东海亦非至大，非无推移，犹日月丽天，自有终始，须知，此乃寓言，且当人而言，以东海明大，以大显此至乐也。"禹之时，十年九潦，而水弗为加益；汤之时，八年七旱，而崖不为加损"两句，犹《逍遥游》言"大浸稽天而不溺，大旱金石流土山焦而不热"，一者言海水，一者言至人，均重其临灾异非常而能无变于己，义一也。

（五）"适适然惊，规规然自失"

此又可注意者，井蛙之反应。其言曰"于是埳井之蛙闻之，适适然惊，规规然自失也"。适适然、规规然，成疏曰："适适，惊怖之容。规规，自失之貌。"此几于无释，所以然者，此类之词要在语法之作用，而不在词义之作用，故往往随所饰之词而得义。"适适然"状"惊"字，则作惊貌，"规规然"则作自失貌。其语法之用又有两种：一者，起修饰而见分寸，增吾人一重感会，且充实音节，于声见意，其字义虽沉晦而作用可存；二者，重言也，本词作适然、规然，出于一种语意上的加甚效果而重言之，表现尤见生动。

庄子在这里，不但要表明东海之大而已，井蛙自大为一层，东海真大为一层，而井蛙之自失又为一层，自失之义，尤至理所系，小大者其表也。就本处之文理，合下文言之，邯郸学步，正因井蛙自失而发，反过来说，庄子所以又设邯郸学步一寓言，正见井蛙自失不容轻易放过，乃上下文合纽之处。进而言之，本章之结构，要为两分，公孙龙与魏牟之言为一分，魏牟所设井蛙与海鳖之谈为一分，前言为正，后谈为谐（齐谐之谐，不经也，即寓物之言），邯郸学步乃谐言之辅言也。又，本章若以大为主，以乐为应，大而后乐，然大、乐之义为显，而复有隐义，安常与失常是也。安常则以为至乐在己，不安其常则彷徨无归。义理也，正复为奇，奇复为正，如《诗经》所谓"深则厉，浅则揭"，随所宜济，奇正相生，各当于时也。

即文剖之，惊者，闻所未闻也；自失者，丧己之自大、至乐也。以己形己，则己为大；以大形小，则小者失其大。物何以乐？以安其常也。物何以惊？以丧其常（常对非常，非常者可异者也）。故此处，非但明小大之别，亦显常与非常之变。乐不必大，以安常为乐。然能安常，则非大不行。故埳井可以聚虷蟹，然有时而縶滕；泉深可以潜群鱼，然有时而涸陆，则小大遂分。东海大旱不损，大水不益，故其无所变于己，则不知有小大（无损益观），而能安其天常。上所谓"不为顷久推移，不以多少进退者"，皆言海之无变也。无变乃大。

在这里，我们与其谓庄子欲吾人比较孰乐的问题，或曰乐之小大的问题，不如谓示吾人以孰能无改其乐或不失其常（乐）的问题。吾人之生，恒不离特定的境遇，境遇者，所处环境之整体（物群）也。此整体之境遇中，事物杂多，乃有一种空间之措置，乃有一种时间之交渗，不定其小大之物而于此境遇中，各个皆有关乎其生（性）之决定影响；这种影响，即形成一整体之命运，或曰相顺而生之关系；此相顺之关系者，又即时空之秩序。凡此生物之界，若凌乱无序，实皆于此时空之内而得其精密之秩序，且为一与物俱生之秩序——事物被秩序所命，置于具体的时空之中，而秩序又被生命之活动性所不断重塑而日新，或者说生命本身即为秩序性之获得与显现，事物纳于秩序性中，而秩序性又内在于事物之性。秩序性者，事物于整全境遇中之构造或创生也，其相入无间，至微至隐。此秩序性，又即存在之整全性的表示，境遇中之任何事物皆融会境遇全体之影响而养成其特性，所谓多入于一，一映于多，一多相即之道是也。境遇有差，小而邻于无内，大而濒于无外，一物亦可为一境遇（物群），一物之一分亦可为一境遇（犹然物群），合天地万物可总视之为一境遇。故有相对之境遇，有绝对之境遇。有境遇而后有物生，有物性，性与境遇适者也。

即普通之相对境遇而言，有其向外之开放性或曰摄之生成性，亦或曰时空秩序或物性之重塑（化成）可能，此新旧之相推，百物之代谢也。故一地则为一境，一时则为一境，吾人恒有出入于不同境遇之可能，此本于时空之无限性。时空之换，有隐有显，或时未改而地迁，或地犹故处而世变，俗所谓物是人非，抑人是物非，又人物俱非也。时空之本性无限而常变，以其非漠然空虚独在之物，必与万物（或存在）为一体，乃群物之构造或持生秩序，时空变则物变，物变而时空亦变，离物（存在）无时空，二者相与赋义。

即井蛙而言，当其跳梁于井干，赴水蹶泥于埳井之时，此其自来之境遇。时空虽变，而隐约不显，故若无变，井蛙乃适可其常，习见于性，动安其动，静乐其静，无不欢然，是未尝知变者也。凡物必与其整体之境遇求适或不求而自至于适（或顺以适，或逆以适），若境遇无改则常得其适，若境遇稍改则物必渐适其新适，如境遇一旦大变，则非猝然之间可得其新适，乃沦落于不适矣。旧适既不适，而新适未成，则物必惶惑大恐，居不得其安所矣。此即井蛙忽然闻东海之乐所致也。

然物欲逃适（去不适而求适），必常守其境而安其故遇乎？意则在我，而境遇决于天，遇不遇者命也。吾人焉知井蛙之遇海鳖非其命乎？故庄子以为右师之介、申徒嘉之兀,皆天也,有命也,境遇使然,非由于己。是则,吾人欲缱绻于故适而不可得。如境遇骤换,世道亟革,吾人乃无所适从,彷徨逡巡,哀哭悲戚,亦无及矣,徒怛于命而殆于生。将何以解之哉?虽变而无变,不易其常,不改其乐而已。不改其乐,非以旧乐为乐,而从乎新命,唯时之趋也。吾人无往而非在境遇之中,境遇无往非在时化当中,此一时也,彼一时也,是以适时为乐,而不以贪旧怀故为乐。以时为大而不以所遭境遇为大,则虽东海之深广,亦不及于时化之伟奥,又何改故失常之有?游于时化之海,东海之水,一潦也,又致惊怪自失?如是,物乃得其常,常者保其适,适者守其乐,于境遇也不作一隅一壑之观,而通观其无始无终也。则井蛙之寒伧,非以其微小,以其不能无变而顺适,见井为至大,见海则失其大,见大过其大者又将失其大,无穷相失,则多惊怪,未能撤小大之藩,而内存其常,故时出时入。如其栖于井而忘其卑,睹于海而忘其深,无宠辱之惊,又岂非至乐之身哉?又奚求之?故物之乐也,不在形骸之小大,境遇之浅深,而在恒有其适;欲恒有其适者,又在知天地之全、造化之命,悟其大通。

四、"且夫知不知是非之竟"一段

(六)"知不知是非之竟"

甲、"是非之竟"

此回扣公孙龙之惑,而质直言之。物各自乐其乐,可也;然以乐独在己,以己大为至大,以己乐为至乐,则不可。知而不明则惑行,惑而不解则伤性。无知则不及于乐而自乐,知而不及于至则乐所非乐。故必有大知而后有大乐。庄子之言,大言也,大知也。其在是非之外,故谓"知不知是非之竟"。竟,终也。是非之竟,是非之所止也,意即无是非之地;不知,则恒在是非堑中浮沉流转。

此处可注意者二:一,有是非,亦有"是非之竟",二者相对物也;二,"知不知",任知而知,其知不至,知者是非也,以知而求止于是非之竟,则南辕而北辙,知所自穷。吾人或谓,是非果可以无之乎?又,庄子之学,其果遣是非而无所宗尚乎?今吾人可正言曰:庄子之学,其要在引知于"是非之竟"之地,是即庄子之是非,而以之是非百家之是非(知)者。

是非者,相待之物也,犹上所言小大。小者不容海鳌之一足,大者顷久无变于己。则大者,莫得其涯际,无从小之,亦无从而大之。是非之竟,非固不可得而非之，是亦无从而是之，是非皆无以入之。故以是非感之，皆茫然不应，如地之博厚，"载华岳而不重，振河海而不泄"（《中庸》），况空华无实，其能累之乎？是而非是，非而非非，则无是无非，是非之际泯焉，而妄是妄非息焉，物存其真，有者殊性命也，非是非也。如是乃成小大之至大，如是乃成是非之至真。区区可计者，仍不免于小也；津津可辩者，其犹未离于是非之场，虽擅，不贵也。故是非之所竟，亦辩论之所止。是以公孙龙极辩穷辞，而于庄子之言，犹茫然异之。

物有形者，皆有涯，秋毫不足小，泰山不足大，东海不足以当道之容，于道观之，凡有无非物也。道之状，有形者不足以肖之，可以肖之者，必虚也。天地之间，心可以无穷，而困于知，乃居其成心，故不能与道相应。求夫至大之物，虚无无形者，其唯心之释知而存神乎？故不求而至大者，唯天地之德，畜养万物，道本也；可修而至大者，唯齐于道，在心之神，道之副也。心一也，以知则小，致神则大。学者，将以通乎心之道，而大其心，极于一也；大心则广生，广生则厚生。故学不归心则耗，心不至道则迷，道不厚生则夸，皆背本也。归心乃凝，至道乃哲，厚生乃乐，其无憾于学矣。此吾人之大学，岂但料阐于知耳。

乙、"极妙之言"

公孙龙之知，其"知不知是非之竟"，则庄子之言，所以达于"是非之竟"也。"犹使蚊负山，商蚷驰河也"，比论公孙龙之知与庄子之知。世俗之显是非，争得失，其于至道，不啻蚊虻鼓翼以负泰山，商蚷运足以渡长河，力绝相称也。则世俗所尚之至达，于庄子之至道，如泰山之微埃，长流之涓滴，渺焉无似。"不胜任"者，唯大可以载大，小不足以载大，意谓凡陷是非者皆小知，不足缘道。

妙哉！庄子所以为譬。天下之轻测漫诋诃于庄子之言者诚如是，天下之轻拟议于古圣贤有道德之言者亦如是！然老庄、孔孟之言，非如水火乎？何以俱不可轻议？无乃是此则非彼，非此则是彼，无两全之说乎？非此之谓。自简言之，两家者皆出于道而据于德，以道德为宗，大原在天，所趋同也。自始终言之，则老庄者，始于是非而终于无是非，道无弃物也；孔孟者，始于言孝悌、言仁义，而终于不见仁义，至诚达化也。故道家之所以非仁义者，以成天地氤氲之大仁义也，岂非以性命为本？孔孟之所以有是非者，以裁世俗舛驰之大是非也，岂非与天地为友？俱相率于道德，相期于敦化，此又两家所以同贵于圣人。圣人者，备道德、淳风俗而化世道者也。古人之化世以道德，道德成自然；今人治世矜智术，智术生文法。道德以至诚动物，文法以威刑恫心。智术中才愿操，道德非大贤不化。道德之所以异于智术者，可操与能化之间也。又，古今道德之别，古之文法出于道德，今之道德亦蹈文法，孰知道德过于智术而出于大学哉！

庄子之言，"极妙之言"也。何谓极妙之言？非"自适一时之利者"。适者，乐也。一时之利，当时则可乐，时过则失其乐，易涣者也。一时之利，俗知所知；极妙之言，至道所主。由此，吾人可思，是非（论见）之言，皆一时之利；无无是非之言，则言悉一时之利也。何谓？言者有言，有因而言，所因者时境也，今日所谓条件。天下无一概之论，故去其时境，则无不病之说。以病起病，是以言端相竞，互求瑕疵，指目缺陷，或公行破斥，或弥缝补救，纷纷以为功业，层出不穷，万世无毕，而不知其各当时境、因缘之说也。此庄子所谓"一与言为二，二与一为三。自此以往，巧历不能得，而况其凡乎"（《齐物论》）。

言通为一者，庄子之说，极妙之言也。贤者言之，虽心知所谓，而犹言与所言不类，打成两橛，复因其为二而弥缝辨正之，适又成三，以此无穷，以言救言，言言皆失，如抱薪救火，是增其烈而甚其救也。贤者理周，见言之疵而亟救正之，犹若是不及，况凡者当大谬之言而不知，昧理自善，曷容救正？故以言救言，急行避影之术也；以愚解愚，饮鸩止渴之危也。今所谓"非自适一时之利者"，犹然自适一时之利；所谓"知是非之竟"者，犹然非是非之竟。然庄子之言，非极妙乎？世俗不知言皆适一时之利，境迁则陈，而以为至极之真理在是，故妄；庄子知言皆适一时之利，未有万世无弊之言，四海皆准之辩，而欲人顺时安化，与境偕适（在儒家则"义与之比"），毋必毋固，是以不妄。

俗言也，小不能大，大不能小，是不能非，非不能是，囿于其名，执于其实，方圆凿枘，名实交乱，言不澄定，故多扰扰。极妙之言，非一时之言，而言无不可。无不可者，是亦可之，非亦可之，正亦可之，奇亦可之，唯当于时境，如东海不以多少进退，涵容溥博也。一时之言，老子所谓"非常道""非常名"也，有在故也；大道之言，无常之常，在在而可，"正言若反"，名不可拘，故称玄妙。兔走触株，宋人一得，便株守之，以为可常也。故人可常者，道之迹；不可常者，道之时。道不一成，物不一齐，适时之化，均命所施，道乃不离。

（七）"始于玄冥，反于大通"

"且彼方跐黄泉而登大皇，无南无北，奭然四解，沦于不测；无东无西，始于玄冥，反于大通。"此即极妙之言。

彼者，如庄子之有道者。黄泉，言其至下也；大皇，皇，天也，言其极上也。此言上下通也。人以趋百里为难，彼则下踩黄泉之底，上登大明之天，若俯仰之易，则其世界何广，其精神何飘然迅发也！"无南无北"与"无东无西"所领数句，对偶互文，修辞也，如诗歌之反复咏唱，以缠绵其意。人于行也，规规焉必辨东西南北，以为向度，触途成忌，唯恐不谨，所谓无堵之牢也。此则无南无北，无东无西，四垠解体，方所都夷，南不为画，东弗为区，四方之名去，天地之界通，乃复归于一致。人无四方则迷，天岂然哉？是四方者，举世之大分，指迷复以生迷。至人释之矣，包六合之内，游四海之外，落天维，抽地轴，"藏天下于天下"，安宇宙于宇宙，故乃不迷。

东西南北，名生于心，意逐于向，约名定向，知之利器也。不测者，意所不至也；玄冥者，名所不生也。此皆谓为大通。大通者，无不通也，东西南北之竟，可否是非之竟也。大乃通，通乃大，有所碍则非大，有所不知则非大，有所不容则非大，要在去乎"有分有辩"之"八德"，以神合于天也。

上言东海之大，权说也。此则进而以理言大，方尽其实。东海虽大，千里、千仞、十年九潦、八年七旱，数犹可仿佛之，而至大者，非名可称，非数可拟，直归于不测、玄冥而已。此至大者何？万物为一体，天地为并生，宇宙之大全，无外之纯心也。

（八）"规规然而求之以察，索之以辩"

上言公孙子"知不知论极妙之言"，"知不知是非之竟，而犹欲观于庄子之言"，所论者其知也，而欲比观者亦庄子之知。继则曰"且彼方跐黄泉而登大皇，……始于玄冥，反于大通"，此为言庄子之言乎？庄子其人乎？以言，则至道不止于言，"始于玄冥，反于大通"，至矣。若"跐"若"登"，皆人之动作，当指有道者境界所现言。此句表示者犹《大宗师》中子桑户等所期之"孰能登天游雾，挠挑无极，相忘以生，无所终穷"境界，又即《在宥》"出入六合，游乎九州""独有之人"境界，又即《逍遥游》"乘天地之正，而御六气之辩，以游无穷"境界，此皆指示道家最高之大通境界。于文字之表现，非突破寻常之时空，作无穷之游言，不足以表示得道者之大通境界。

上文既反彰公孙之浅陋，此则正扬庄子之大通，其意味何在？公孙索之以知，而庄子"独有"其实，未尝以区区之知郑重应之，亦不曾守其空言。知言与辩，至人无所经心，如蚊鸣蛙噪之过耳，如呹风之窸窣，岂足留意哉？至道之言，犹至人之所捐，况俗言乎？圣人无心，而己以谀辞挠之；圣人已高翔于寥廓，而己犹浑哇不止。此诚"规规然而求之以察，索之以辩，是直用管窥天，用锥指地也"。规规然，循规蹈矩貌，言局促刻板也。察，明辨也；辩，辞利也。人有知，知有言，言有名，名有义，义有定，故任知者，必谨言慎名，贵义责定。然义无定分，物无正名，故白马非马，鸡见三足，是分无常而名可玩也。烈士死名，诡者弄辞，皆未得物情而耽徇于名，以丧为得，挠乱本实。至人"始（复始，返也）于玄冥，反于大通"，求返归于无名之境而已，去其名而怀其实，镌其迹而全其性，无往非通，又岂名分之罟所可笼罩哉！故天者大而知者微，实者诚而辩者末，外重者内倾，华茂者实亏，以无实之虚声以索达者之至诚，以一时之薄智以测天地之大容，果无异于"用管窥天，用锥指地"，非诞诃之也。

以辩察为能者，其为知也小。何以然？大道无方，东西南北无不包举，以南视之，则遗东西与北；其于万物也无不备载，以己视之，但得其万分之一；其于理也无所不赅，以辩论之，欲合则同异无违，欲离则坚白千里，鼓噪牵纵于名字而已。有东西南北则天地裂，有天地则混沌裂，有人我则人群裂，有物我则万物裂。天之与地，东西南北，人我物我者，皆名字耳。名字者，假名耳，假设其名，以约其用，非物果必是名，名果命是物也。故名实常舛，而是非屡移，欲以名制物，以物变名，而人竞于辩，未尝有已时。此则以辩察求当物之过。是见于物之分，而未见于物之未始有分也。

人之一生，急若白驹之过隙，而左右被名，如触陷阱，如羁绳索，规行矩步，唯恐有非誉之沮，又日夜汲汲，恒虞落后人之侮。劳辱相随，喜乐无根，终身埋首于尘埃雾露之中，小得小惊，大得大恐，神疲躯倦，久矣忘乎赤子之天情，山林之佳兴。临波则忽羡游鱼之潜沙，经行则偶明心于鸟雀之哢音。乍得乍失，旦旦伐之，如子亡归，昏茫耳目，愁惨五内，终身而不睹于本性之真，宇宙之一体，戴盆掩耳，大可哀也！庄子之学，其轶辩知，绝红尘，发鸿蒙，叫天阍，解桎梏，还为真，岂不伟哉！"久矣夫，莫以真人之言謦欬吾君之侧乎！"（《徐无鬼》）

五、"且子独不闻夫寿陵余子"一段

（九）"未得国能，又失其故行矣"

此又起一幅寓言。埳井之蛙所寓，要在于小大之辨；寿陵余子所寓，则可谓新故之辨。又或曰，事各兼二义，一显一隐。埳井之蛙，闻大而自失，非欲学也；寿陵余子闻善则欲求学，然学而不至，转亡其故。此两则寓言之相因而有辨处，后较前更进一层。

邯郸，赵国之都，商旅萃集，文物阜盛，四达之通衢，国际之要会，如今日京、沪之地，风尚之区，僻邑之人所朝夕想慕者也。寿陵，小邑；余子，未成之人。余子远羡大都之行，学步邯郸之市，其志固善，然国能岂易习哉？国能者，称善一国者也。进退失据，匍匐而归，可谓狼狈矣。故步虽拙，国能纵美，如不得其国能，独守其故步可也，不然将两失之。此魏牟所以警戒于公孙龙子，然魏牟亦尝受警戒于瞻子。魏公子"虽知之（重生），未能自胜也。"瞻子告之曰："不能自胜则从，神无恶乎？不能自胜而强不从者，此之谓重伤。重伤之人，无寿类矣！"（《让王》）知重生而未能忘势，则所知不胜情，情亦不克知，内以交构，所谓阴阳之患，又所谓"纯白不备"，"纯白不备，则神生不定"（《天地》）。如其不自胜而姑从所顺，神虽已伤而犹稍苏息，如勉为所不能，是又再伤之。重伤者，伤而又伤也，如重玄之为玄之又玄。欲重生而重伤，故悖。寿陵余子，自遭重伤之人也。于物所不能，不当强乎？则小固可恶，而大亦忌于虚慕，道未可超然躐等，随愿所至，必果洁其心室，解其纷构而后能几之也。

在这里，当问：寿陵余子是学而不至？抑或学不能至？以学而不至，不在学而在其人，或有学而至之者，唯寿陵余子未至尔。以学不能至，则非徒寿陵余子学不能至，虽他人亦将学而不能至，不在人而在学。于大道也，其非学所能，学适以不达；亦非辩察所能，"求之以察，索之以辩"者，则亦缘木求鱼之谓欤？"道也者，不可须臾离也，可离非道也。"（《中庸》）则又焉用他处求道？道自见也。老子谓："不出户，知天下；不窥牖，见天道。其出弥远，其知弥少。是以圣人不行而知，不见而名，不为而成。"（《老子》第四十七章）何也？道者自然也，"为者败之，执者失之。故物或行或随，或歔或吹，或强或羸，或挫或隳"（《老子》第二十九章），"从容无为，而万物炊累焉"（《在宥》）。故道于万物无不吹之煦之，养之亭之，而各当于时境。寿陵有寿陵之时境，邯郸有邯郸之时境，如埳井与东海，其地候不同，风俗异尚，非区区可学者也。时境不同而道均也，时境无穷而道一也。故吾人顺适于时境而已。陆则御车，水则乘舟，生长寿陵则寿陵行，生长邯郸则邯郸步，感时之风，尽地之宜，不学而自能，虽学而未必能。且于寿陵而作邯郸行，众将不以为美而以为怪也。心俭故易骄，心奢乃多慕，皆道之邪也。

至此，本章之主题似为一转，初叹其不知大者，今唯恐其有闻于大。何也？人以庄子之言为徒高乎？如今以哲学为易涉猎乎？人以兵事为危道，不知大人之言、极妙之说尤危道也。兵者殆身，一遭而已，大言灾心，成其虚枵，进无益于道德，退不济于世用，射名探利，攘窃食禄，甘为人蠹而已；灾之不已，乃神荒意迷，厥病狂醒，小以自困，大以蛊世，临险而快，乐祸如福，殃不知所止。故有圣人之道，必有圣人之才，道非其人，不可妄学。圣人之才何？人欲之浅，天机之深也。人生皆有其天机，浸润于世故，斧斤斫丧，故曰浅。唯人欲有浅深，故才能有难易。人欲不可以虚言去，必假实修，以无修而承至道，如庄子所谓"用管窥天，用锥指地"，只增其殆妄。妄之害小，真妄之辨尚存；以妄合真，妄既未解而真复助妄，其害最大，是谓重妄。

以是，道不可贪高，必适于己，德过于名，来颠来蹶。况道在天下，物无一概乎？各适其适，是乃为道，不求而自得。如井蛙也，跨跱埳井，亦足为乐，乃情溢于外，自招于东海之鳖，不幸闻彼大言，虽欲复安其故乐而难得矣。然海鳖之言，于井蛙观之诚大，于海鳖自视，亦海之常也，故其不言"东海之乐为天下之至乐"，但言"此东海之大乐"，"东海之大乐"，犹井蛙之大乐，但识为己之至乐则可，未应推诸天下之至乐。天下之至乐，虽东海之乐亦不足以当之，且又焉有所谓万物同是之至乐？当其时境而安之乃为乐，故井蛙有井蛙之大乐，海鳖有其东海之大乐，此所谓"故"也，故者性也，性者命也，三者一也（"吾生于陵而安于陵，故也；长于水而安于水，性也；不知吾所以然而然，命也。"见《达生》）。此性命之故与新故之故自不同，当吾人识吾人之性故时，则吾人非故我矣，是乃真所谓大，非方所道里之大也。方所道里，物之量也，道非量，亦非物，物物者也。物成其物，则道见，不择小大。

道在迩，当躬而有，当时而有，当境而有，要在于反身而识，反身则道有余，外身而求则道愈离，失性命故也。如井蛙，其乐有真也而知妄，其闻东海之乐有大也而乐妄，皆非知性命之情者。故必识天地时境之遇、性命之情，乃无妄而真乐。不得其真乐，守其故乐，犹胜于俱失如寿陵余子，明哲之忧，其于养生不如愚暗之乐乎？然又焉知井蛙之自失、寿陵余子之匍匐而归，非其时命乎？非不应安而乐之，乃以为怨恶乎？是又不识命矣。

　　是则人皆知辩察之为用，而不知其所不用；皆知学之为得，而不之其所以不得；皆知知之为知，而不知知之所不知。以辩察求得者，其所欲得亦以辩察而蔽；以学而欲得者，亦以学而自障；以知而求所欲知者，亦以知而阻其所欲知。俗所谓因是而有得、有学、有知者，相与蝉蜕之知也，其屡变而未始有极，一时之利而已，焉足与知极妙之言？可不长思哉！

第15节 《秋水》选读（二）：夔怜蚿章

  夔怜蚿，蚿怜蛇，蛇怜风，风怜目，目怜心。
  夔谓蚿曰："吾以一足趻踔而行，予无如矣。今子之使万足，独奈何？"蚿曰："不然。子不见夫唾者乎？喷则大者如珠，小者如雾，杂而下者不可胜数也。今予动吾天机，而不知其所以然。"
  蚿谓蛇曰："吾以众足行，而不及子之无足，何也？"蛇曰："夫天机之所动，何可易邪？吾安用足哉！"
  蛇谓风曰："予动吾脊胁而行，则有似也。今子蓬蓬然起于北海，蓬蓬然入于南海，而似无有，何也？"风曰："然，予蓬蓬然起于北海而入于南海也，然而指我则胜我，鳅我亦胜我。虽然，夫折大木，蜚大屋者，唯我能也。故以众小不胜为大胜也。"为大胜者，唯圣人能之。

  小大之辨，为庄子哲学之第一主题。所以如此说，是因为要进入庄子哲学之理境，必首先要突破自我之狭隘观念或困缚状态，逗此一机，才能认识到生命之更本真的存在，以及宇宙之宏伟，命运之奇丽，吾人乃始终置身于充满无限可能之不断创生中。此《庄子》一书开篇便呈出小大之辨的用意所在。同时，这一主旨，作为庄子哲学之奠基性的原理，也随时分布于庄子全书的各个段落，作为对道俗分判的指示性说法，彰显出二者的差异，也拓展出关于小大之辨的诸多形式。

但是，我们也应认识到，小大之辨主要作为一种预备性或骨干性的原理，在此之上有许多值得进一步展开之原理，或者说要继续顺从理论自身的辩证性演绎。比如上一节所讨论之井蛙与海鳖的寓言，井水固小，东海固大，然而认识到此小大之辨，并不意味着问题之解决——小者可以无所顾忌地纵身投入到大的境遇当中，于是便完成了生命的改造。小大之辨属于知的问题，但并不停留于知，而有生命本身与道德最隐秘的相关性，有更多的思想上的回旋曲折，以至最后从中脱离开去，抱持住生命，乘化而游。道并不使我们落入小大相对性之无限推演的陷阱当中，而是给予我们以精神之适己性的大定，或者形象地说，无限的相对循环，如亡子之无归，而道德乃亡子精神上的永恒居所，立地而达。

小大之辨，这是一种形式的比照，其实义并不一定随知获得。小大之辨，与其谓知识的命题，毋宁说是精神的命题。小大之间，不是外在性的对大的不懈追逐，而是内在性的充实。从这个意义上讲，小大之辨，乃是对于大的追求的已止，所谓"以明"。这里同样出现了道家的悖论：求大则失大，止求乃得大。这关涉到对道之更深刻的沉思——道的一体性与生命本己性的贯合。就井蛙而言，其并非单纯为大所慑，更主要的也可以说是由于内丧其主。东海之大，固惊动人心，然倘井蛙能自识本乐，其乐与东海之乐虽无二致，然就吾人的认识程度来说，反将尤被震动。故庄子的文章，充满了高度的思辨张力。

就本章而言，我们也可以与前章人为构成一种秩序。井蛙不意闻东海之乐而自失；寿陵余子闻邯郸之国步而往学，乃忘其故步，匍匐以归；此则专言事物间之相"怜"。就前者言，小大之间相学的可能性，乃正题之辅义，虽然导向了对问题的关注，但仅为一种权宜之计，令犹保故业而已。此处则就事物之丰富的差异性予以表现，文中既给出了足够长度的由相对者结成的链条，显示了应有的层次格局，又借之揭示了事物活动性之可能或所以，使其环节又相互抵消，层层解体。所以，就此来说，寓言的环节设计，既是纵向的，又是横向的，虽相怜于无竟而又各止其止。在本章，庄子对事物间之异行给予了一种最终的解释，那便是"天机"。以此，"学行于邯郸"的隐含意义，似乎也可获得更多的领会。无论于异类之物，其行不同，即同类之物，亦不曾有可习之行，任何事物都具有存在之独特性与适己之唯一性，尽管这并不能诉诸于知识的规定。

一、"夔怜蚿"一段

（一）"夔怜蚿，蚿怜蛇，蚿怜风，风怜目，目怜心。"

文章开篇用此总领，纲目备而义未发，有待下文逐层释之。然其义虽未发，而逐次相贯，于义理已有所昭显。这里，我们须着重理会"怜"字之义，正如前言"乐"，怜对于庄子来说，也有特别的哲学赋义，使事物从情感上通向于他者。

怜者，此非怜悯义，乃爱慕、称羡义。世间事物，不独作为相异者而在，也同时作为存在之可能而在，彼为我之可能，我复为彼之可能，相异即可能之显示。任何事物虽本身充满变化，然其作为当体之存在，乃某一可能之实现，其固然获得了独特性，却又限以了单一性。事物之纷繁，既使事物认识其单一性，也使事物得以观照世界之多样性，甚至是无限的可能性。从这个意义上讲，无限可能既是待实现的，又是已实现的（作为无限的事物已在而未识），或者说，世界既是走向完成，又是已经完成的，只是不具备有限个体之可经验性。在这里，无限事物之空间存在与时间存在融合莫辨，空间存在转化为时间性，时间性转化为空间性，作为一种共同的"走向可能"之形式而在。也可知，庄子的"时"之观念，从来不是单指时间观念而表时空之复合或曰事物之连绵性。

以事物之存在皆为面向可能之过程，而世界为无限可能之实现领域，夫物芸芸，故万物之间便有一种相互敞开的本性（互为可能）或映射功能，从而使事物的相通性成为可能，也使事物的一体性成为可能。自事物本身而言，皆有一种向物的冲动或扩张趋势。此事物之面向（或走向）彼事物，并非成为他者的自我异化，而是面向生成中的自身（造化即物间的流转，物化为实相而造化为虚体）。事物之面向他物，乃是面向新的可能。也因此，事物皆作为存在之本质义而在，而不作为某一具体事物而在。并且，任何事物作为特殊的可能性，又并非纯粹之可能性而为综合之特殊可能性，也即，任何事物都不能仅仅体现自身（实无所谓自身），其不但将要走向他者，而且自身已经走向他者，容摄了诸多的可能于一时。故事物之本性，皆事物间重重相摄的成果，这种综合的特殊性即事物之所是，也即其相对于时境（或世界）之适己性。

这一繁琐的表达，即可涵盖于庄子的物化思想。物化思想，揭示了事物间的一体关系，也因此成为相"怜"的理论源头。事物之相怜，如阴阳之成偶，具有存在之基础构造意义。在这里，庄子虽然为寓言，且作了有限之列举，但这足以从道理上揭示"相怜"作为事物皆具之普遍倾向与相互之存在关系。如子舆所谓"夫造物者又将以予为此拘拘也",乃有一种对未来所是之欣然或"予何恶"之态度,这也可以作"怜"来理解,物正是通过面向可能,乃获得存在意义之扩大。但这里不能把本体意义的怜与世俗意义的怜相混淆。本体意义之怜,乃无限之开放性,心无拣择,从而完全投入造物之不确定的涵化、命赋中去;而世俗意义之怜,乃有限之开放性,心从中施加拣择而有爱恶之情,这种怜与其说使自己面向可能,不如说使其面向不可能,以其并非欣然于化,而是逃避于化。

本处之怜,既作爱慕、称羡义,乃以己怜他,则以己为不足,而以他为优于己,或有可优于己者。此与井蛙之情不同,井蛙自怜,自怜不可,怜于人亦未见其可。物有所怜,而所怜复有所怜,所怜之所怜复有所怜,如是相引,可至于极多。为物不同,则其所怜不同,故物物有其所怜矣。则怜者,不自足之情,故有慕于外。当此之际,事物虽然察及他者的优越性,然其自身作为存在之平等性与天命之同一性价值,却暗塞不明,是以舍己怜人,这正是物情颠倒之象。

吾人可问,物物之如此相引,其有穷乎?其所穷何在?在进入庄子的具体阐释之前,我们唯能注意到,夔以至于心,是不同的存在形态,而心又具有更大的特殊性。作为具体的存在形态而言,不具有列举的可穷尽性,所以庄子的这个语链,至少是可以作延伸的。而且从任何事物都有其独特性言,也理能被怜。当然,庄子之论理造境,皆有精当不易的设计,吾人解之,不可造次,初观其粗,必返其精,而见其撰作之有以,似漫非漫,无心而有心。欲明其理,吾人当知诸所相怜者何在,此唯通下文乃可知。

(二)"夔怜蚿"

即夔而言,夔之为夔,乃"一足趻踔而行"。则夔者,一足之物,而此所论,乃物之所以行也。

夔所以怜蚿者,以己运一足而犹拙,彼蚿乃使万足而无难,则以彼蚿为优于己,故怜之;复不知其何以然,故问之。"趻踔",跳行貌,见行动之艰难。"予无如矣",无可如之,艰于使之也,解者或有作无有如之者,误。"独奈何",身将如何奈之,意如何俱使万足也。独奈何,非表怜悯意,谓其不足以使万足,而表惊叹(怜)意,谓其竟能使之也。万足言"使",一足亦使,故知无如为言难于使一足。此文意前后正相照应,且正中主题——行

"使"或物"使"问题。此与天籁章最后所提出之"使其自取""怒者其谁"正是一理,而彼言"天籁",此言"天机",亦正相当。又,彼事包举于风,而此则收尾于风,亦可接合。唯天籁章,连类者少,杂沓而下,其义转隐,此则物类相引,各标其是,专探于行,欲求所使,故义理较明,逐次转进,层致极充。以此,介于天籁章与井蛙章之间,既言所使,又言相怜,以沟通之,故解者或淆之,"予无如"是也。

如是,夔之所见,乃以足之多少而论。一足者,其足少,致力于一足而已,故当易任;众足者,其足多,乃将致力于多足,故当易困。今反不然,则一足何以无如,多足何以不困,此庄子所以欲假夔之问、蚿之答而教告于吾人者。

又,在这里,我们应充分认识"行"之意义。行者,物之动也。狭义而言,行者,以足运身也。故庄子于此,言行而始于有足之物,于有足之中又辨其为少足、多足。足之类不止于此,人双足,牛羊之属四足,昆虫之属六足,其间骈拇枝指,凋残刖亡,为奇为偶,又多不齐。且其为足,或指爪,或蹄甲,或蹼鳍,或长或短,为状不同,则其为行即不类。此犹有足体之可言,行有无足而可能者,故蛇屈曲而游,又有足者未必资其足,如鸟鼓翼而飞,其他附骥尾,假舟楫者无论。如是,物之行也,非必有足之谓。此犹就动物言之,至于草木之植,江河之流,亦有其行。此犹就有形者言之,无形者亦有其行,如风是也。至于目视心想,皆行。故庄子所言行之义最广。则行者,火炎水润,星坠木鸣,凡物之生动变化皆行,无物不行,万物各有其行。万物合质以备体,体以成性,性以寓动,观万物之行,亦足以论物、穷理而知性知命矣。

(三)"子不见夫唾者乎?"

不然者,所以答夔之问。蚿以为不然者,夔以为然,其所然者,使万足为尤难也。夔以己使一足之无如,揣蚿使万足之奈何,此事物当身所抱之成见。以下,蚿之怜蛇,蛇之怜风,皆本自身之成见而来。

蚿之所答,实为本章最要之处,亦庄学理境根本所植,最当注意。此言"唾者",犹《齐物论》言"大块噫气",有异曲同工之妙。人之唾也,犹大块之噫,皆为物之"行"。吾人固当注意此处对喷溅之物形态数量的描写,而尤应注意此喷唾活动(行)本身。

唾之为动,所喷散而出者,小大之物,不可胜数,极多也。又不但为极多,且为极异,未尝有相雷同全似者。一一皆各是其是,如风吹众窍,音声所取各异。彼则兼形与声，此则但明其形，为显众殊则一致也。故庄子用"大者如珠，小者如雾"以形容之。即人一喷嚏之际，成物若微少，然覈而按之，则其为量实已无限，小大之分、形体之殊，亦因以无涯。

如是无限不可数之物，则当其成时，岂一一分别为之？抑全数而成之于一动？如其一一而成之，则虽成其众分之一，犹然为劳，况其为不可胜数乎？如全数而悉成于一动，则其成功乃成之自我乎？抑成之不在我乎？如其成之在我，则我为知之乎？为不知之乎？如我知之而作成之，则为成之在我矣。如我未尝知其然而有所成，则此有所成也，犹然为在我乎？抑不在我乎？

今唾之纷纷，或小或大，如珠如雾，我未尝知其然，亦未尝有意而为之，则非在我矣。非在我者，非出于我之知而然也。则我不知其然而成非在我，既非在我，其将何在？

此唾也，既非我所知而然，亦非无其然。既有其然，且然非在我，则其然自然也。自然者，非关于人也，非谓其无所关。故吾人所谓之自然，乃对人为而言。凡人知以行之，有为为之，此皆谓出于人。凡非人知其然而行之，无为为之，此则谓出于天。又概括言之，凡出于知者，皆非天；凡不知而然者，乃谓之天。物之有知者，皆有为，不独人为如此。

然此非谓，出于天者即无理。其理，人当其时不能明白晓了，或虽欲察明其故而不能穷尽其物，虽能约略有知而犹不能准物施行，得其合符。人于求知自然之理，为不可能，或曰不具充分之条件，所得者相对之理、有限之理而已，虽所知日充日扩，犹然在相对之中，犹然须作有限者观。

如此唾之例，吾人虽欲解释其理，然唾之所出，其量实不可数，为无限之多，欲一一分别而析明之，此不可能一也。吾人即能一一明唾之所出，然其小大先后左右四方之关系，其所以然，重重相入，吾人欲一一明之，而尤难，此不可能二也。设吾人即能于其不可明之理而一一明之，吾人亦不能一一而成之，此不可能三也。如《韩非子·喻老》载："宋人有为其君以象为楮叶者，三年而成。丰杀茎柯，毫芒繁泽，乱之楮叶之中而不可别也。"然"使天地三年而成一叶，则物之有叶者寡矣"。况虽谓"丰杀茎柯，毫芒繁泽"足以乱真，徒言其表而已，若随时变色，脉理汁液，盈缩屈伸，又何及焉？人以形似为大巧，比于天地之化，则陋矣。

故识有限而化无穷，人之所知不若其所不知之多，人之所能不若其所不能之众，则人果为有知、有能乎？既不能为充分全体之知能，则人之所已知、所已能，其果为真知与真能否？则人必不应僭窃所不知以为知，僭窃所不能以为能。其知有知也，姑且之知而已；其能有能也，姑且之能而已；未必为信知信能，故亦不能保其有利无害，以意得之，以意失之，非天地之得失也。

（四）"动吾天机"

本段所归在于"天机"二字。天机者何？机之出于天也。机者，动之机也。机发则物动，天机者，动而出于天，非出于人。其所以出于天者，无从而知；其不出于人者，可以必知。人为者，必可操也，一则不二，长则非短，虽多不出于规矩掌握；今之一唾，小大众数，皆意所不能料而手所不能办，故非人为。以其不出于人，故知不可知；以其为知所不可知，故谓之天机。行至于天机而止，可以勿以知求，可以无言矣。故文中，乘"天机"之后，而曰"不知其所以然"。"不知其所以然"，即自然而然也。

凡物无不出于天。知，其不必然者也；天，其必然者也。知之成物有限，有成有毁；天之生物无限，其无成毁。天之生物，非仁之也，非不仁之也，自然而已。天其大哉！

道理自此已和盘托出，更无二义。然此垂诸空理，举例未充，故下文各就其物以示其天机。且又见事物虚实之不同，转实入虚，层层见无，故道理虽提，而文理未竭。

二、"蚿谓蛇"一段

（五）"蚿怜蛇"

此所构设者，多足与无足之对照。一、万者，足数之至少与极多之称，总有数者言，虽多少悬殊，皆为有数。此则由有数入无数，为言无之第一重。无者，对有言无，无足之无，无足而有体，非无形之无。

蚿使万足，以为己身需万足方能成行，物必待足而后运，必多足而后善，足愈少行愈难，无足则行顿矣，今蛇竟无足而行，且行也蜿蜒迅速。无足而行，此蚿之大惑也。行果可以无足而能乎？斯不但为蚿之大惑，亦吾人之大惑。大惑者何？不知其然也。庄子不云"为人使易以伪，为天使难以伪。闻以有翼飞者矣，未闻以无翼飞者也。闻以有知知矣，未闻以无知知者也"乎？（《人间世》）足、翼一也，或迈或飞，物所资之以行动。众人所闻，以有翼飞，以有足行，不知所谓无足而行，无翼而飞。然无翼无足而行者，有之，"人使"所不能，其"天使"也。物之行可见，天之行不可见。可见者其迹，不可见者其道。物不能无行，行不能无迹，行而有迹固迹，扫迹之行亦将有迹，唯天可以无迹，以其无为而神化也。故又曰："绝迹易，无行地难。"绝迹，即人伪言；无行地，即天道言。天行之化无迹，故物随以化，四时是也；人知之能不化，故动而有迹，楮叶是也。此天人有无之大异，而约归于有知、无知而已。

天机无为而动，蛇既无足而行，则蛇之行为待己足乎？为待天行乎？其以非足之形为足乎？其以无形之天机为足乎？如以非足之足为足，则虽蛇而有足，非常足也，如鸟之有翼。如以天机为足，则蛇亦非无足，以虚为实，则蛇一足，而鸡三足矣。其与名家诡说何异？蛇固不当于无足，下所言"脊胁"之力是也，然天机亦非可谓足，何者？脊胁之外无天机也。当物之生成便是天机，即物之所遇便作天机，或曰，凡物有命，凡动有时，时命即是天机，外时命而求天机，离物本以言时命，皆妄也。命不可测，时不可留，知之所穷，物还其是，天机自畅。

然蚿有知于己之天机矣，而无知于蛇之天机。一旦以所知测量天机，则天机徒作一知而已，其用遂浅，遇物往往有不通，各囿于己之所知也。则天机果一是乎？果不一是乎？天机果一是也，则焉命之曰天机？人知之无难，在是而已，一探无失，人人擅之矣。天机果非一是，则随物方圆，转瞬即逝，无从备知之，则吾人所求之天机不可以私情相推，复成无用之物。蚿有蚿之天机，蛇有蛇之天机，则物物各有其天机，无物不有其天机。物物尽在天机之中，为动为变，为止为息，井蛙之跳梁井干，休于缺甃，东海之不以多少进退，寿陵之匍匐，无非天机。则天机者，大物也，所以物万物者也。

然天机果何物乎？天机者，宇宙之大理也，天理也。以其为万物之所以然，故谓之理；以其自然而然，故谓之天。天者，不待识其理而然；理者，人知所测于天。人之所测，虽命曰天理，实无当于天理，人之理也。宇宙之大，生物无妄，而人所能测者有限之有限耳。以有限之有限当无限之全体，管窥蠡测，则其理焉能妙合无间？

故天机者，一以见天地万物万象之有理，一以见人知人能之劣弱，于天地万物万象之理所不知者多矣。故俯仰天地之大，体肩阴阳之神，人当安然顺化，去伪存诚，不应镂刻天机，掘伤本实，目眩心摇，与物大迷。

（六）"何可易邪"

此段又可注意者"何可易邪"。何可易邪，无能为变，不可更改之意。

此则表示，蛇之所以无足而行，非其选择而然，乃天生使然，天机所定，己无能有为于其间，故谓之为天机之所动。倘其未生之时，于阴阳之气潜移密运之际，可以无足而求有足，可以有足而求无足，则非天机之所动，主之在我矣。此金踊跃而愿为镆铘，人曰必人必人，非造物之祥也。

又体会蛇之语气，其言"夫天机之所动，何可易邪？吾安用足哉！"，则一以表不由自主之无奈意，再则表无可变易之明信、果决意，再则表委然天机、安于固有意。吾既无足而能行，为是久矣，吾不知足之行，唯知无足之行，又何用足为？唯能自安，故不慕于有足，有足者又不慕于多足也。俗语谓"画蛇添足"，人以蛇无足而哀之，乃断物之足以济之，念虎之无翼而傅之，其仁哀之心固遂，而蛇恐逡巡而不能前，虎恐垂头蹀躞而惮于腾跃矣。画蛇添足，无异于截鹤长胫，增损虽二，伤性则一。损则易知，增则难悟，人则易善，己则易恶，何其悖也！天机所动，何可易也，易之者，其唯天诸！天所不欲，虽以人易之，必受其败；时之未兴，虽有力造之，必不向荣。顺时命如汤沃雪，违时命如崖行车；顺则难而无难，逆则虽易非易。物各有生，天心之仁大均；乱性有无，人智之术菲薄。徒贪目前之利，以苟颠倒之生，以逸无饱之欲，积微积渐，丘山陵迟，川源枯竭，阴阳迫荡，天地易色，以遗百世之忧，如人体不节，以养疽痈，玩病自快，时至而溃，不可救药矣。身病易察，世远难顾，兴利忘祸，为戒尤甚。天机之应顺，天命之可畏，如是也夫！

三、"蛇谓风"一段

（七）"蛇怜风"

此则言蛇与风之对话，所引入者，为有形与无形之对照。从有形入无形，为言无之第二重。

蛇虽无足，然所以动者，脊胁之力。故其虽无足，而不能灭形体之用，是以其曰"有似"。有似者，有形可指象也。

如以行所用之体为足，则夔之一为足，蚿之众为足，蛇之脊胁亦未尝不可谓足。足之数目有多少，形态有异样，然其有形而致用于行，则相同。况于有足者言，行见于足而载于躯，躯体不存，足亦失用。故以足为行具者，言其切近也。足无目则无方，无心则亡主，无血脉之充流则萎痹，无脾胃之腑脏则失养，上下一体，行之成功，又焉独属于足？裂足于体，足又何在？故知所谓足者，权称也。行托于足，而周身备用，又孰知何者致行，何者不致用于行哉？

则以足论行，拘以表也。然通体为行，犹滞权说，宁达者之至论？若非截取一端则无以为名，非假设其辞则无以为说。信哉！词无达诂，理非一概，言其切近与可会者而已。

蛇之无足与夔、蚿之有足，其相去一间，非真无足者。蛇之脊胁，身体之实也；风之游荡，空虚之气也。实体难变，虚形易化，故蛇之无足与风之无足，相去远矣。

蓬蓬然，或以为写形，或以为写声，当以写形为是。《齐物论》天籁章言风声众多，而未有与蓬蓬近者。又语有飘蓬之说，飘蓬，团簇轻柔之物，故性易随风播转。钟泰先生言因飘蓬侧面状风，亦不切，焉自北海而至南海，皆遇飘蓬？云烟尘雾，亦有蓬蓬之状，凡轻柔团聚，凌乱不整而可飘扬飞腾者，皆可称蓬蓬。蓬蓬然，亦蓬然之重言，连状以见风动也。风本无形，却有势力，正为气团之属，如言"抟扶摇而上"。风势合聚，变化无常形，然非无质，今言气流、气旋是也，鼓荡长趋，梢林骚尘，拔树振屋，乱而不散，中外有分，故以"蓬蓬然"形容之，乃写出其态。又曰"似无有"，此"似无有"非不定而姑从似以言之，乃实似于无有，非真无有也。由此，可见庄子下字措辞，皆有斟酌，一字不摇，非模棱绰约，仿佛道之，令人竞胸臆也。古今写风者繁沓无算，所摹写者多其声音，或借物以显其力势，至于直写风之貌者，罕有之，以风本无形，无貌可写。然细推其实，又非无可写，思索其可写，又无过于"蓬蓬然"，此三字真写风貌之至文也。解者多执风为无形，且于文为末节，似结正写之，乃目其为至虚，不肯作形貌说之，而不知正违庄子意也。风无形有体，有体则可状，唯在其宜否，不在其显否。风虽不可见，而"蓬蓬然"直如见之矣，况目不可睹，意其不可见乎？

"起于北海"，"入于南海"，此言风能行远也。于是，又见所伏一线索。本章可谓有三条线索，相应而贯，与六物相经纬。三者为何？其一则从有入无。夔、蚿为有，蛇、风以下为无；夔言有之少，蚿为有之多，有之两极也；蛇为有之无，风为无之有（似无有），目则体有用无，心则体用俱无。此为本章明线也。其二则由近至远，境界愈显开阔。夔趻踔，未明其物，其与蚿比较在多少，不在远近，然便不便，非无暗应远近意。蚿（夔、蚿合类言之）与蛇间已露此意（"不及"），蛇与风而此意更显，目、心未有专言，推其所以相怜之意，亦当在能无形累而倏忽至远。故此处言风，不但言其无形，而特言其起北海，至南海，以见能行远之意。行之远近正与形之虚实、有无相称。远近者，功效也；所以远近者，其虚实之性也。外以见迹，内以合理，此为本章辅线也。其三，则物各具天机是也。趻踔者，夔之天机；万足杂沓者，蚿之天机；脊胁而动者，蛇之天机；蓬蓬然鼓吹于天地之间，小不胜而大胜者，风之天机；目与心，亦各有其天机也。此为本章正线也。

（八）"以众小不胜为大胜"

此间最可注意者，为一新问题。上蚿与蛇所言，皆天机问题，或曰行之所以然问题。此乃言小大之胜的问题，而归结于唯圣人者能为大胜。天机者，物之独是也；大胜者，物物相与也。则此能为大胜问题与上天机问题为一问题，为两问题？如为一问题，其间递进关系为如何？如为两问题，何以明确此章之主旨？亦即，此章为言天机问题？抑为言大胜问题？此皆吾人所当精思者。

甲、"大胜"

此段所表示之能为大胜之理，在于"以众小不胜为大胜"。"然而指我则胜我，鳅我亦胜我。虽然，夫折大木，蜚大屋者，唯我能也"，此所描述者，意即在表明此理。胜者，风物之进退也，进为胜，退为不胜。"指我则胜我"，人以指逆我，我不胜指，指入前于我也。"鳅我亦胜我"，以足踢踏我，亦自在可前，风力微而足力劲也。

首先，我们当思考，风何以不胜于小而能胜大？当然，此问题非谓，风于小者皆不能胜，于大则皆能胜。小者如羽毛，虽微风足以浮之；大者如泰山，虽飓风不足以撼之。

风之胜物与否，在其力之小大，大则胜之，小则不胜。而风力之大小，又在于所积，积则能大，不积则柔荏。

风虽为一，然其力或分或合，随物不同。其所当小者，则其力分而用小；其所当大者，则其力合而攻大。故风于小者或不能胜，而于大者则往往能胜之，其用力不一也。

风之为小不胜与为大胜，虽出于日常生活之经验，然亦吻合乎物理之当然，今属力学所究之问题。可见，宇宙间之天理本一，哲学与科学同出于自然，同起源于物象之仰观俯察，唯其立意则别。科学欲发明自然之物理（凡物之理），为知识认知之趣味或出于创造生产之用途，而哲学虽然同明自然之理，然意不在积累经天纬地、穷大极微之知，亦不在肆然兴动改造自然、创无超有之业，而在指切自身，绸缪心意，养成通达之生存态度，成就健全之人生与社会。荀子所言天（天学）人（人学）相参之分，今可谓物（客体）我（主体）轻重之殊途也。

乙、无不胜

我们复当考虑一理，即，大胜为无不胜乎？无不胜，则虽小者亦胜之，而无所谓小不胜。

反之，我们再思考，如能做到无不胜，虽小者亦将一一胜之，则此能为大胜否？

那么，大胜是无所不胜，还是有所胜、有所不胜？

又，有不胜，又何以谓之为大胜？

又，即风而言，大胜是谓其"折大木，蜚大屋"乎？抑包括"指我则胜我，鳅我亦胜我"之众小不胜？

如不以"折大木，蜚大屋"为大胜，那么其将不以"指我则胜我，鳅我亦胜我"等小不胜为不胜乎？

如"大胜"而非大胜，"小不胜"非不胜，则胜、不胜之意义何在？

知此，乃能知大胜。

丙、以进为胜

我们复反观风之大胜与小不胜。

胜者，风动物也；不胜者，风不动物也。

又，胜者，风拂除摧拔于物，去其为碍以图进也；不胜者，物虽不动，然不害风之旁行曲进也。

如是，则风或拔物或不拔物，而皆不害其能进。则果以拔物为胜乎？果以能进为胜乎？

如以拔物为胜，则风诚有小不胜矣；如以得进为胜，则虽所谓小不胜亦胜也。

何以见其然？文不曰"今子蓬蓬然起于北海，蓬蓬然入于南海"乎？如风不能胜小，则阻于小矣，焉能由北海入南海乎？则庄文言起于北海而入于南海，又不徒言其行远，且寓其历物而进，无所挠阻意。

道家喻道，往往用水，水积涓流，至澎湃，东入于海，亦能行远者，同以其濡弱无常形也。然水性下润，风性飞扬，时聚时散，不如水之能积。且水多有源而流，风常乘势而起，其盛也有摧山之威，其息也调调刁刁，若不胜毛羽，故老子谓"飘风不终朝"。有源者汩汩，任势者无恒，是以取风喻道者少于水。水之几道，在于柔下有容，风之近道，可取者在于形虚四进。本处特言其虚，故反过于水喻。

丁、风非至虚

吾人复当自问，风果有胜物之心乎？无所遇物，则无用言胜；所遇小物，虽不能胜而投间抵隙，分流以行，无劳于虑，自然而越；所遇大物，虽能摧拔扫荡，亦何所用心，自然而然已也。

则风者，气也；气者，虚也；虚者，有间而入也。《老子》不言乎"天下之至柔，驰骋天下之至坚。无有入无间，吾是以知无为之有益"（《老子》第四十三章）？然风者，又非至虚之气。故其不胜于指、足，至于屋、树，又必以力克之而后通。若至虚者，乃能以"无有入无间"，小大皆入，所在皆顺，而无物力之抵触。无所用力，则亦不以胜、不胜自明。胜不胜者，角力也。

此又令吾人想及于《人间世》："若一志，无听之以耳，而听之以心；无听之以心，而听之以气。听止于耳，心止于符。气也者，虚而待物者也。"风之为气，固虚以待物，具气之通性，然彼之为虚与此言气之为虚，犹有间，不可率然等同之。此气者，神气也，寂然感物，非如风之悍然摇物。

至此，吾人复问，风果为无不胜者耶？

风积小不胜而为大胜，其有小不胜也；又其大胜，亦以力竞而胜。以力而胜，以我克彼，乃于物有逆，排轧摧折，非顺物者也。

何以然？以风虽无形，非气之精者。风蓬蓬然可象，气之精者，弥纶无涘，至虚无形也。

故章末所言，乃归于"为大胜者，唯圣人能之"。则圣人之大胜，非风之大胜也。风之大胜，未尽善尽美，圣人之大胜，乃为至真。况风不言乎"折大木，蜚大屋者，唯我能也"？此似能大之豪言，而于庄子实作鄙辞道之，明明显露马脚处。折大木，飞大屋，何德之可称？"唯我能之"，又斥鴳"此亦飞之至也"之云。妙哉！一"似"字，含蓄得风之洋洋言胜之论，亦可警得误取风言风语以当至理之人。

戊、圣人之异风

风者无形且无心，圣人有心而可以无心者也。

故以形言之，风之无形优于圣人之存体；以心而论，圣人之神应又妙于风之无形。风犹有滞，心乃遍行无地，小大俱不能为碍，大者能胜之，小者亦能胜之，是谓无不胜。

然心有蔽有私，心蔽于知，情囿于私，反不能如风之虚凌而动其自然。如是，非有心者即能夸胜于风，必圣人之用心而后可也。

又，圣人何修以无不胜？无不胜者，唯天为能。以人，则其形为有限，其心为有私,何以能无不胜?故必至于天而后能无不胜也。则无不胜之圣人,其乃同天者也。同于天者,虚无法天,动由天机也。

如蚿与蛇,固皆出于天机,若夔与风,岂非俱出于天机乎?若圣人者亦不能外天机而求独胜。风之所以有小不胜与大胜者,如唾之有大若珠与小若雾也。其又何以知其然哉!则圣人者,亦如是而已。

(九)"风怜目,目怜心"

今略解文义初毕,然犹玄机重重,已披之文华如斯,未睹之黄中尚隐,如既跨沟谷,涉重峦,遥望泰华之颠峨峨,以为鼓气可到,将从容啸尘寰而撷风烟,忽至悬崖之岸,恍然失路,行道断绝也。此既深系文理,又攸关大义,不可弃置弗顾。

如是,我们再来思考一问题,即开篇所列,"夔怜蚿,蚿怜蛇,蛇怜风,风怜目,目怜心"。此计有五重递进,六样事物,除前四者文中论及,若目与心则未有明说,其故何也?为文有残缺?为理自圆到?其理各何在?

甲、"为大胜者,唯圣人能之"何属

欲推寻庄子之文理,须先辨析本章末句"为大胜者,唯圣人能之"者,属风之所言,属庄子文章之结言。注解之家,其读多歧。又欲辨此句,须于"故以众小不胜为大胜也"一句复有所辨。

"故"者,结前说也。或风自结己说,或庄子自结本文。依上文例,诸所问者,夔为"今子之使万足,独奈何",蚿为"不及子之无足(而行),何也",蛇为"而似无有(而行),何也",皆就物之形体特征以问其所以行之理;诸所答者,蚿则"今予动吾天机,而不知其所以然",蛇则"夫天机之所动,何可易邪",皆就本形而言其天机自动,以实理应问。如是,则风之所答,亦应为道其行之所以,而自通于理。如以至"唯我能也"为句,则自述能否,其所以之理犹阙然待出,小不胜与大胜犹离而未合,得"故"一句,乃涣然理现。"故"之一句,阙之则理晦,入之则理彰,必属风言,非庄子之旁白也。庄子藉风所言者,正欲明"以众小不胜为大胜"之理,然此未必为至理。

继而讨论末句。如以其为合上,统作风之所言,则风不应前自述"以众小不胜为大胜",俨然自许能为大胜,而后复言"为大胜者,唯圣人能之"。"唯圣人能之",语意之下,非自居为圣人,则自下于圣人。如以自居为圣人,此不合于圣人之德,且寓言于风,必即风事言之,无容阑入"圣人"之语;如以为自下于圣人,则风之"为大胜",与圣人之"为大胜",名同实异，圣人之"为大胜"必过于风之所能。

如以末句为庄子文章之结言，则一者其承本章末节风之理而为小结，一者其承本章数层之理而为总结。小结者，因风之言"以众小不胜而为大胜"，以论圣人之所为。总结者，其承本章，合上动乎天机之理，而总蓄之于圣人之大胜，从而一方面使全章从言物而归正于圣人，透入主题，一方面将动于天机与大胜发生关联，使义理融会。不然，则忽言动乎天机，又忽而转言大胜，则其文成两截乎？故文末必总以点醒文旨，不偏就一物而发，使义理熔冶为一炉也。况本章理路极清，层次分明，未可使散钱失贯，漠无归宿。

比两说而观之，上合风言者，如以"为大胜"为一义，则前后相抵，为二义，又两义相缠，于风乃言过其分，乖寓言之体。其长处，可使风稍逭其责，犹知逊下于圣人，未敢以己之折木飞屋当圣人之大胜也。以作本章结言者，既依随末节而又不属末节，乃全章之结穴处也。得是则全文皆活，而又振响于空灵，声高而音渺，文止而思回，虚实相通，有无氤氲也。

乙、文理之理解

吾人既明"为大胜者，唯圣人能之"不宜属之风言，圣人之大胜与风之大胜有辨，则文末之文理，为断为续，乃始易言。

本章原有五重递进，而今至于"蛇怜风"一节戛然而止，此原有之序列中止，而非行文终止。如行文亦终止，本章乃成有头无尾之物，非拙于为文则必陷缺佚，幸原文未尝即此终止，而有"为大胜者，唯圣人能之"一句殿后，则虽简若不称而非缺也。何者？文有收煞，非无收煞也。于何见收煞？于"圣人"二字。夔、蚿、蛇、风，皆就物言，若目与心，乃从人论。"圣人"者具目与心，目可视通万里，心可思接千载，"其疾俯仰之间，而再抚四海之外"（《在宥》），俨然已收得目、心二事。如是，庄文固未尝亲言目、心所以行之理，非无所及之，故非缺佚。要者在于，作者何以存而不论？其不言非无以言，不言所以言之也。

吾人寻常作文，按部就班，今庄子之文纲目已张，而出落绳墨，故滋吾人之惑。学者以此为雠校之事，不知乃文章家法。此正庄子练达于文章之道，恢诡谲怪之处。去人寓物，假物言天，虚者实之，实者虚之，岂必绳趋矩步，千里无逸足绝尘者乎？理达而已。一者求达于辞，不俭而使晦，亦不侈而伤冗；一者求达于心，不使思而难阶，复不使无所用心，必文以导心，使沉潜玩味，于可明处积知，于可疑处致思，思而又思，心识渐转精明也。

故本章虽列六物五重，然不必一一核论之而后为达理，须知六者一物也，五重一重也。即一重言之不必少，即五重言之不必多。然于识理也，达者无待于拟言，迟者不能一语而悟，必反复之二三方可，至于再三犹然不悟，则非言者之过，心智昏沉，蔽深垢厚，虽多无益。庄子著述，对常人以输理，假习闻以取譬，故不欲速登捷获，必文备理周而后止，简而不荒，繁而不赘，无欠有余，俾浅深可循，非无本妄逞也。

即本章而言，五重已言三重，三重一理也。一重、二重道理无差，揭出天机，异者物情也；三重以言虚无，又揭出大胜，大胜又与天机相涵。此理周三言，可谓达矣。虽言目、心，无出三重，故可以无言。此为形式之文，举一反三，此举三通六，一一备举则理渎矣。又有进者，不但为可以无言，且不可作言。如夔、蚿、蛇、风，俱非怀知之物，彼言动乎天机，自然而然，可也，人之目、心，其能自然而然乎？故此已言之文与未言之文，适成两境。"其嗜欲深者，其天机浅"（《大宗师》），前者之天机可言，后者之天机不可言，后者之天机又必待识前者之天机而后可言。此老子所谓"人法地，地法天，天法道，道法自然"，庄子正欲人之耳目息其人伪，法于万物天机蠢蠢之动，又即其所谓"堕肢体，黜聪明"意也。言目、心之天机事难，不言其天机事易；言其天机文沓，不言其天机文省；不言其天机无损，言其天机非增；以其事难文沓而为其无益，何如以其事易文省而便其无损？则庄子不但善于虚者实之，实者虚之，又能难者易之，易者难之。故此乃文章家法，又攸关义理者也。

丙、天机与大胜

末次，吾人复当疏通天机自然与圣人大胜两问题为一为二，或如何绾合之事。

"胜"的问题，并不突兀，本章自夔已言之矣，何者？"吾以一足趻踔而行，予无如矣。今子之使万足，独奈何"，"予无如矣"，"使万足，独奈何"，无如，不胜也，使万足，胜也。"无如""奈何"，皆若为不胜而实非不胜，言其胜之非易。使不使，即胜不胜。使一足则胜一足，使万足则胜万足，故当体而使，各胜其行。如蛇虽有似，然能动其脊胁而行，又能胜之矣。故胜之问题，实附行之问题而来，又见于天机自然之胜。

天机者，物之所以行也；胜者，物之克其天行也。吾人顺序观之，则夔怜蚿，蚿怜蛇，蛇怜风，如递相不如；吾人反而观之，则风以众小不胜为其大胜，蛇亦胜其无足，蚿亦胜其万足，夔亦非不胜其一足也。物相怜则逐有不胜，物反观自视则无一不胜。天之生物，所以载其体者形也，所以使其形者性也，性者命也。命与性合，性与形应，化为鸡则时夜，化为弹则鸮炙，鹏则溟飞，鸠则枪榆，形无不适，性无不安也。逾形之量，超性之分，物无能胜；准形尽性，物无不胜。形者天生之，性者天使之，即源于天，又何有于我哉？又何非我有哉？不虑而得，不学而能；蚿自动也，不虞其万；蛇自行也，不困其无；风自发也，夔自跃也；当其始也，又孰知其然？知而无益，不知无废，是谓天机自动。

如是，物各有天机，一物有一物之天机，一物中之一物，复有其天机之天机，则万物也，合为一体，析至极微，知所不能知，无不自化于天机之中。待知而后行，则物非物而乾坤息矣。如人之行，始生仰不能俯，俯不能仰，八九月而匍匐，逾岁而学步，皆自然而然。若其目、心，莫不如此。目有目之自然，心有心之自然。目之自然，目性也；心之自然，心性也；自然即性。所以殊于自然者，唯心。人之形体有限，而人之心思无量，用心过形，求欲亡检，鹪鹩栖不度足，偃鼠饮不厌腹，则灾物危身。人本欲而动，欲根形而有；性者欲之正，心者欲之主；性者物之天则，心者常用事而出入，故必有以节之以顺天则。节心者道也，道者复物自然也。故老子云"万物并作，吾以观其复。夫物芸芸，各复归其根。归根曰静，是谓复命"（《老子》第十六章），庄子谓"始于玄冥，反于大通"（《秋水》），此皆论乎不离本根，不隐天机，顺物自然之道。目虽有性，而夺于心，心既合道，目亦不眯。故物以循道为适，道以自然为宗。自然，物之实也，道其名之宾也。此本章所揭义理之大要，而至论之归也。

第16节 《田子方》选读：鲁少儒章

庄子见鲁哀公，哀公曰："鲁多儒士，少为先生方者。"

庄子曰："鲁少儒。"

哀公曰："举鲁国而儒服，何谓少乎？"

庄子曰："周闻之：儒者冠圜冠者，知天时；履句屦者，知地形；缓佩玦者，事至而断。君子有其道者，未必为其服也；为其服者，未必知其道也。公固以为不然，何不号于国中曰：'无此道而为此服者，其罪死！'"

于是哀公号之五日，而鲁国无敢儒服者。独有一丈夫，儒服而立乎公门。公即召而问以国事，千转万变而不穷。

庄子曰："以鲁国而儒者一人耳，可谓多乎？"

吾人于庄子之说，述论已多。然所取材，于庄子本书，不当一篇，所讲者未如所不讲者远甚。此十数章虽生动有趣，大足以窥见庄子之至文至理，然非即谓此有独美独胜，采取者精华，所遗者糟粕，此则大误。读庄子之书，如入南海之浦，珠翠丽然满目，又如跨云梦之区，珍禽率群突逸。人谓披沙拣金，庄文则俯拾皆是。其文不华而妙，不烦而腴，浅者不胶，高者不绝，既练且核，既达且恢，理充辞尽，神品也夫。故披拣之力省，赏味之功勤。其文长于所选者有之，短之者有之，艰涩过之者有之，谐趣可餐，义理齐妙，法度等臻者，在在有之，所择者，宜于初讲，聊备诸格而已。

今鲁少儒一章与下节商太宰问仁章，乃攸关儒、道学理之交涉，而通情于世道，刺灼针砭，古今无异，良有所谓。儒家之学，以术业渐专，而有其名，若为九流之一、百家之先，实则三代相传之治道，儒者专习而达之，与之立异同者亦无不传习。如前公孙龙言"少学先王之道，长而明仁义之行"（《秋水》），此虽假设之言，未必非实情也。又不必公孙龙子为然，老庄何一不然？非精其义者，不能深探其利弊。故仁义之名盛张于孔孟而不始于孔孟，儒家之学开门户于孔孟而其本则为孔孟所相沿以述，非作也。古之圣哲，涵仁义于道德；孔孟应世，全道德于仁义。故古人不专以仁义立教，非无其教；后之人务以仁义标帜，亦不失道德之全体。物情世变不同，学因以移，轻重若乖，善恶一理。虽大贤挺生，亦础润将雨，气候所驱，俗革情开，人心内期也。于学也，历世加明，后出转精，然亦因精致分，既阐厥宗，乃树敌声，刓名砺辩，争智角理，所谓各执一端，道术幅裂也。

本章文字虽少，又义理晓白，读之无难，然其用心为至可贵。当古之时，儒士招摇满国，竞相饰容貌，演礼仪，而偶一闻此非议，虽诚言逆耳，俨然空谷之足音，倘惕然自省，返而收拾本怀，为益何量！邦有敌国而后强，学存异端而后振，不然，因循蹈袭，固步自封，谄谀廪食之徒兴，玩虚舞弊之风恶，坐为民蠹，学愈盛而智愈昏，国益弱而侮益频。彼庄子之学虽为治世之异端，救难之远道，而能不惮时忌，投片冰以当烈焰，掘块土以塞奔流，蹩躠假仁，露发伪义，汰粗还醇，不啻为儒门之诤友也。

自儒学流行，饶真者少，嗜伪者纷，故孔子宁与狂狷，孟子"亦无有乎尔"，至荀子则蔑之曰"俗儒"，詈之曰"贱儒"，于儒之贤者犹不假辞色，况其凡庸者乎？故韩愈、程朱以下，皆惜孟子以后道统之传不绝如线，大儒寥若晨星，乃至跨汉唐而祧之。真儒、大儒未易言也。古人遵儒之制，守儒之礼，从儒之俗，发蒙而诵其书，既成而应其试，小学有之，大学有之，自龆龀而习，白首未休，犹恨世乏真儒，道德学问足堪一世柱石之望，况于今者乎？今也，儒之制度已废，风俗扫地，幼不识其书，但呕哑于俗本之唐诗，长不习其教，对小学犹然疏阔茫昧。稍知爱慕，发愤读书，言文不通，训诂不明，经法无门，但穿凿于有限之书，钩稽于可用之文，其慧未必及古人，其志学之时又大迟后于古人，古人之所优为者而今人无一过之，以有限之日而为蹑等之功，其往往在古人之下，又可断言之也。则古之真儒少，今于真儒其可过望乎？况此但道问学事尔，至于尊德性则尤不可期。古人以学问养德性，以德性培学问，故与日俱深。子夏曰"仕而优则学，学而优则仕"（《论语·子张》），学者，岂但孜孜作时文之比？仕者，岂但区区赋敛狱讼，居官食禄事也？《大学》所谓"在明明德，在新民，在止于至善"，学以致用，政以为德之事也。今人学问无本，故无以养德，处则厚己，出则营利，于古人交荐之道渺焉无闻，而欲一旦膺儒者之名，则亦忝矣。至于起陈腐，修古董，舞蹈雁行，弁服执射，冠冕以训童蒙，谆谆于村妇村老，如观戏剧，僵尸游魂，未达儒变，斯又恶劣矣。

一世芸芸，争趋儒门，杂学不醇，守身无根，揖让有余，内实匪忱，放滥其行，相习于伪，庶人争喧于市井，儒徒竞迹于公门，亦大可伤也。故庄子愤其扇伪于俗，灭性于情，乃痛施针石，为当世戒，又为万世无穷之戒也。吾人身生其后，遭世亟变，物情不可以道里计，尤须知为学之难，扪心自问，名求掩实，行不逾耻，以伪自警，奉庄子之言为今世之大戒也。

庄子之贬剥儒学，非真嫉儒学也，恶其伪学也。不但儒学有伪，道家亦有伪学，不但道家亦有伪学，百家皆有伪学，历世皆有伪学。人之相去，本不相远，幼见天真，长被俗化，机心日滑，邀宿名利。学者，所以去其利心，全彼性分，经世理物，敦崇道德，光焕仁义也。《尚书》云"惟圣，罔念作狂；惟狂，克念作圣"（《多方》），非学以进德日新，夕惕若厉，其孰能之哉？故人不可以无学，学者存诚去伪，作圣遏狂也。然学不胜欲，则去伪之具亦沦胥以伪，作圣之功反张皇助狂。此正庄子所痛心疾首于世学者也。其有谓矣，言之曰："将为胠箧探囊发匮之盗而为守备，则必摄缄縢，固扃鐍，此世俗之所谓知也。然而巨盗至，则负匮揭箧担囊而趋，唯恐缄縢扃鐍之不固也。然则向之所谓知者，不乃为大盗积者也？"（《胠箧》）人有备盗之知，盗有盗知之智，非智也，利心盛而知以诱也。于是，庄子乃深诘责之曰："世俗之所谓知者，有不为大盗积者乎？所谓圣者，有不为大盗守者乎？"（《胠箧》）

知者，公器也，可资以兴利，可假以为害。仁义者，名教也。名分亦器，善行之者，君正德以尊位，臣尽忠以履职，若不善行之者，君以之猜臣，臣以之挟君。法律者，公道也。法律亦器，良世藉法以爱人，叔世凭法以逞志。干法以为恶者，法得而治之，窃法而为恶者，法适其磐石之庇；乱名以为私者，名得而清议之，倚名以攫富贵者，名则其世守之藩篱。故法察窃钩之罪，而漏吞舟之鱼；名责匹妇之节烈，而忍公侯之昏逸。泉涸，鱼相呴濡以为恩护，而忘其所以致涸；生困，人相抚摩以为仁义，而忽其所以致困。此苟悦目前，小得大迷，痼疾不疗，喘息是偷。若佞富贵，惮势要，曲学阿世，不求而自效，因缘以求售，儒道之伪滥沦丧，古今何非出于假之名器、助彼方术哉？

儒学之道，以与功名势利之途会，故趋之者众，易为所冒。道家之说，崇无为守静之教，以自隐无名为尚，损绝于滋味之厚，淡薄于名利之诱，故伪之者少。然伪之者少，非不可伪。凡名者，无非可假之器，利者，无不可投之机，故老庄之谈，假之者亦实繁有徒，未尝无伪。况生当今之世，以考据为学问，无论孔孟、老庄、三教九流、经书秘籍，大概都以文献为贵，而非以家学自立。故人无不可治之学，为其学而不必其教，贵其书而不必信其宗，等为材料耳，孔孟、老庄无殊其业。斤斤论其因缘是非，虽入乎牛毛之细，离娄之明，唯辨析于字句名言之离合衍嬗，名曰析理，实无与于进德之功。又其学问所重，喜新厌旧，好奇恶平，无新必不道，无奇必不出，视陈言为腐朽，斥庸理为无物，遂夸奇谈，罗秘本，以奇反经，用秘夺正，虽道德之训满眼，仁义之教盈耳，并无所寄心，以不足出奇立新，矜张作文也。此名之曰创新，而犹断港绝潢，不足致远，无源无本，行潦之积也。此固足以称学问，为智而不足以为仁也。仁者之道，在敦其厚，在笃其旧，今则琐琐用辨，执意惟新，则自视出古人矣，又何以蒙其益？仁不失智，然徒智非仁，离仁害智。

古人之贵，在辛勤言天地人物之常道耳，虽孔孟老庄之言，反复其辞以立教，外仁义、道德何言哉？其得之深故操之约，操之约故用之广，乃欲世人反复其辞，达变合用，相引而熟于道德仁义之里也。今人以道德仁义、理气心性为材料，弄其聪明利给之才辩，常言是避，异论是求，无乃弃古人之所欲传，而传其所弗善，贵其所末，而轻其所本乎？以今日视古人之学，道理单只，一言可举，名无定义，章句重复，文欲一言而尽，不乐广征博论，必将掷而笑之矣。

今人之学问，可两言以约之：一者，离文献则无学问；一者，离创新则无学问。卑者不读书而谈学问，高者离文献则无学问。恐学之流而至卑，故谈学者不敢舍读书而任独智，必以读书为持学之本。然以读书为学，则倚古人以为高，耀不知以为博，暧暧姝姝，其弊也离书则无学，一旦绝其书，论事则庸夫之见，行文则浅噪之音，如车失其轮，鸟剪其羽，蹭蹬神沮，碌碌无奇。所有者古人之成言，今人疏通证明，化简为繁，化繁为简，生事其间，其解释不误而于义无增，有误以采信则转滋讹谬，反不如径读古人之书为易于了然，诚实可赖，初或稍难而后自愉快。

第 16 节 《田子方》选读：鲁少儒章

古人章句之学，今日弁髦之矣，实适得中国学问之体，于思想一途尤要。何者？道义贵于涵泳，讲说其辅也。过离本文，断章取义，则乱于其名，罕有实益，为杂凑之学，非通学也。此古人以拙为智，学通一经之窍妙。故今日之学，多为学问之权法，如借道以行，期在速达。然非大家名手，则学少涵养，依似恍惚，虽得其指示之絮絮，往往不足采信，欲为指南，反迂行道。今日之文章书籍，汗牛充栋，多如筑屋于沙，炼铁于众，足充观瞻，不实不精，良无深神，读之劳而寡获，虽多奚益！不如古人零章碎句，笔记语录，史传之遗言遗行，吉光片羽，可宝如拱璧。何者？不假虚饰，皆至真至实心得之言，足以察智识，观德意，而有养于身心，虚往实归也。学不贵多，贵有实得；得不贵饰，片言居要，辞达而已。辞达而已者乃见其诚，实得于己者乃有益于人。不必靡费虚文而使之冗，故为扑朔而使之深，广引众说而使之博，则庶几人人矜慎，无得不作，无善不述，著作精省，而在在可读可传矣。古之田叟老妪、贩夫走卒之言犹有可贵，况学于古今而有实得者乎？今人之学，其不振也，一言以蔽之，无真实心得之言也。故饰之以书，以博为学，则学在知识，而不在德行。言道德仁义之学，而道德仁义不与之俱进，口谈道德而心竞名利，则亦无足观矣。天下古今不乏著作，不乏大人君子之学，如得其传，虽举世无复著作，天下之正学亦不忧泯灭；如不得其传，虽举天下而从事著作，天下之正学亦不足止其泯灭也。

孔子以为己、为人判古今学术之异，今则或可以致知（非阳明之旨）、明德（兼道言之）当古今之歧。今人日孜孜不息者，求日新其知也，于中国思想而言，新知者古人学说之文献、大要、异同、流传也，要归于辨史，则新知不出于旧知也。古人日孜孜不息者，求日新其德也，格物、穷理、尽性、至命也，要归于修身，而旧知皆化为新知（德性所发，非知识义）也。中国哲学本非操知识之趣味，今则流而为知识之趣味矣，不可谓不与其固有之精神大乖，非其本然之体。皮之不存，毛将焉附？衡其所遗者十之七八，所存者二三而已。西人之哲学乃有知识之趣味，故哲理日新，如走马之灯，其学皆合时变，而见思想之力，时代之生存境遇新则其哲学即革新，彼受制于传统之影响者或不如所体验观感于时代精神者为巨。中国哲学则不然，其理皆万世之常经，始终一贯，孔子以后，世以其道为大中至正，孔子以前，文献可征者，亦以道德为天命所降之衷。中国哲学非不应世合变，皆本于道德以通之也；其道德所以可以通变有常者，达于性命之情也。此所谓为学之本体，人道是也。故中国哲学自三代以来，皆在此人道之传统中（初则合人道于天道，继则专人道而存天道，继则合天道于人道），其所受传统之影响为过于时变之影响也。西学贵于创造，以创造新民命；中学贵于涵养，以涵养育民德。斯二者，皆欲人止于至善，从言之道有广狭也。广则若粗，狭则若精，创新若可喜，涵养若无功，实二者皆存人道之真精神，非涵养不足言创新，非创新亦无事于涵养。创新非尽人之性之谓乎？道德非利用厚生之谓乎？以开物成务，蜕旧嬗新，故言创新；以体道养德，端本澄心，故言涵养。

创新非凡有变即创新，非苟立异即创新，大德深智之所出也。今人人、事事无不言创新，苟以有变、立异为创新，是倡乱也。涵养非优容无事即涵养、读书自娱即涵养，学求本源，揩磨性真，明体以达用，乃为涵养。古人涵养之道广矣，诗为涵养，乐为涵养，礼为涵养，史为涵养，文为涵养，虽戏剧、小说，日用洒扫，都可见之涵养，凡肆于学，游于艺，从于事，交于友，无不为涵养。涵养者，非发蒙、积知、博闻之谓，养于正大之体也。凡涵养之具皆寓教化，然此教化非耳提面命，而乃使之沉吟之，味咏之，观感之，尝试之，悄然以思，悦然以乐，若己有之。大哉！古人所谓"游"也，其庶几当于涵养之义。今人则可谓失其涵养之方矣，从所好则快意，任事则奔疲，学艺则工技。即读书而言，亦以积储为业，一意创作，扬才露己，前有所招，内有所驱，数扰匆迫，虽欲一日宁静不得，又何论尽心于涵养，成学问之规模？此虽时风有以悬制其命，然亦学术浸淫之酷。如今日之学问，不能自脱于创新之名，而反辙于涵养之道，则学问之业愈穷困，愈硗薄，愈无聊赖也。精华竭而根本枯，秋寒至而水石出，滥无益而南郭辱，如土地不粪壤而屡获则物产必瘠，欲超产之心无已而催速效之肥，地产必不日美。涵养之道狭，则创新之力小也。此《中庸》所以言"尊德性而道问学"，二者必合致而养。德性与问学，本不为二。故德性必起于问学，问学必约以德性；德性者问学之头脑，问学者德性之血肉；无问学则德性为空疏，无德性则问学为支离，古人辩之详矣。故知识本不可恶，不足养人之德性为失也；德性亦本不可离，不足致人之新知为可恶也。学问者，游心之地也；德性者，事心之道也。以德性之义狭，君严臣忠，夫纲妻从，则今人人闻之掩耳矣，如谓仁人爱物、自得尽性、心识通达、理智清明，则虽异域之邦，行之矣。

前辈学人，虽同事学问，学养德充，故能大成。不但其著作为经典，即其笔札字画，学问之余事，文章之屑绪，亦有可观。学与人一，文与人一，字与人一，无非涵养所至也。今人已难觏之矣，何者？遭时之舛，学问失养，养而失薄，岁课年考，奔命于作文，汲汲于见世，所养反不及所锢之深，故终身无恬安崇厚之气。是则，今日之学，多荒多伪，无殖则荒，不实则伪也。吾人可不惕然自省哉！孟子曰："苟得其养，无物不长；苟失其养，无物不消。"（《告子上》）庄子曰："泉涸，鱼相与处于陆，相呴以湿，相濡以沫，不若相忘于江湖。"（《天运》）旨哉！物必得其养也。不养，则孔子所谓"苗而不秀者有矣夫，秀而不实者有矣夫。"（《论语·子罕》）

儒学应世之中道，原天合情，不泰甚以纵欲，不苦埆以灭性，虽为百家之一流，而实人道之常法，其影响于人不能不深。今日如欲法古，不能不以之为本。则庄子鲁少儒之诫，其可以少乎？逆旅忘归之人，其可以返乎？道家所以不满于儒学者，多伪也；儒学之所伪，标名器也。名器者，君子用之，小人窃之，况存名于心，沾沾于一念之仁，一念之义，非仁义之至也。故道家论曰"名者，实之宾"，为其实而可以无其名，行其善而可以勿近名，则真有其实也。无名者，示人以无所假也。性者诚也，又焉赖于名？本章之作，所以惊伪学而诣道真也。

一、"鲁多儒士，少为先生方者"

本章所以设定庄子与鲁哀公对话，以孔子周游列国约当鲁哀公之时，晚而返鲁，裁正六经，也在哀公之时。当哀公之世，孔子之声誉日隆，学问日熟，而儒学之规模大定，弟子之传最广，故取之以见儒学之蒸蒸丕盛，其影响于鲁国文化至巨也。庄子显后于孔子，亦不得及见哀公，此为寓言明甚。而庄子之取鲁哀公，其意关孔子，迹又显然，但不直斥其名耳，然亦不必视作指责孔子本人之学，论其所传也。

哀公初见庄子，即告之曰："鲁多儒士，少为先生方者。"方，即道、术义。儒、道异方，好恶不同，此多则彼少，自然之数。吾人所须留心者，为何哀公论儒而又特谓"少为先生方者"？哀公当政鲁国，为一国之君，徒见其士人从学之表，而不识其里，故以儒名国，谓与道家之术不相兼容，而不知未得是非之真也。不得是非之真，则执一以废一，庄子所谓"夫随其成心而师之"（《齐物论》），荀子所谓"以所已臧（通藏）害所将受"而不能虚（《荀子·解蔽》）。鲁国多儒既非真，则"少为先生方者"亦不必实，真儒、道相争衡，尚且不得真是真非，况伪中之伪乎？天下治学者众，不务各反其真，而标异同，树门户，以争嫡胤，其多类此。此二言，哀公所以欲搪塞庄子，使之知入非其乡，说必不售也。然实皆惑言。庄子者，行将辨其伪。古今哲人，固以求真为志，然斥伪亦要，真理难期，伪情易居，世人往往不省其伪，坦然受之，唯大哲之人，乃能发之，审物名实，矛盾相攻，赧然自衄也。

此乃从哀公方面考察，吾人复可从庄子方面一察之。庄子见鲁哀公，其见何事？据哀公所答，则谓鲁以儒立国，不尚道家之方，故庄子此来不能行其道也。此庄子虽或为设言，然庄学必有人物欲行其道，以达之天下，而游说于王侯之国，使见于行政也。杰士持说干逢世主，以行其家学，此战国之习风，不但为李悝、吴起、商鞅变法之徒，苏秦、张仪纵横之士为然，孟子、荀子亦然。故彭更疑儒士"后车数十乘，从者数百人，以传食于诸侯"为"泰"，而孟子论士之仕，乃譬如农夫之于耕，引前人说"古之人三月无君则吊"，若是其急，又称传记"孔子三月无君，则皇皇如也，出疆必载质"，欲随时觏见于邦国之君。则儒者即其学言，君子即其成德言，士者即其身份言，不劳以专学，而自达于仕，或待时应聘，儒之为士与诸家之士无异，俱游行其说者也。学而不仕，诚如衣锦夜行，士者，仕也，仕者，仕于时君也，故无君则皇皇。则又不但孟、荀为然，孔子既然矣，后世必有慕于孔子者，孔子其大启斯风欤？

道家虽谦退，然亦士也，士不仕则不获其食，故老子为周守藏，庄子处则来楚王之聘，行则招惠子代相之搜。然庄子不应不屑，故书中屡言其家贫，与孔门颜渊不仕而巷居，正双璧相辉。然庄子虽不身仕，不害其以言为仕，不害道家本来求仕，不然，老庄之书何多对诸侯之谈，而战国秦汉楚墓多道家之简，非有士师不能然。商韩、老庄诸子之学、纵横名辩百家之士当其时者，无不此然。道贵得世，不贵守穷。是以诸子或不已于游行，或不已于立言，皆欲揭一家之道术以持世维新也。亦可见，当时政门四辟，士人日尊，学术日昌，君不专于一政，学不定于一策，因政发学，因学发政，学仕交优，士人辙迹环天下，合则留，不合则去，人心之振奋，思想之自由，政术之开明，轰轰烈烈三数百年，而今飘然远矣，如梦如幻，令人神往。

二、"鲁少儒"

孔子为儒家文化之创宗者，居鲁，故鲁为儒家文化的主要发源地和传习之所。这在当时为一般信可之事实。

鲁为儒乡，鲁而少儒，则天下无多儒之国矣。哀公之言当矣。然庄子反之曰"鲁少儒"，则鲁不但少为庄子之方者，亦不多为儒者之道者。故对于儒者神,又于自由之中会其天命,因乎天理,与物不逆;而儒家在于礼之节制中,现为克己、持敬精神,其完善的境界即孔子"从心所欲不逾矩",于矩(礼)中见其自由。道家所辨析者形、神为要,儒家所辨析者义(或知、理)、行为要,无行则儒学息矣,何可一日无礼(礼与时变,凡行之中节皆礼)?一言之,道家尚朴,故斥虚宅;儒家尚文,故叹乎"郁郁乎文"。

庄子在本处所作儒服与儒道的辨析,实从深刻层面与儒家内部的学理相契合,非故为贬抑,以异学相苛责。如孔子曰:"礼云礼云,玉帛云乎哉?乐云乐云,钟鼓云乎哉?"(《论语·阳货》)行礼而失其精神,则虽行而薄矣。又如《儒行》载孔子答哀公问,于儒服则曰"不知儒服",于儒行则曰"遽数之不能终其物,悉数之乃留,更仆未可终也",前者则略而不谈,后者则不厌其悉,则儒行尤本也。荀子《哀公》记"鲁哀公问舜冠于孔子","三问不对",亦可见之。荀子对于"逢衣浅带,解果其冠,……其衣冠行伪已同于世俗矣"的"俗儒"(《荀子·儒效》),十分蔑视,甚至对"弟陀其冠,神襌其辞,禹行而舜趋"之子张氏之儒,与"正其衣冠,齐其颜色,嗛然而终日不言"的子夏氏之儒等,礼貌有余,实行不足者,极尽反感,呼为"贱儒"。

然孔子非果不重礼仪,如"子贡欲去告朔之饩羊",孔子则不快曰"赐也,尔爱其羊,我爱其礼"(《论语·八佾》),其于哀公"绅、委、章甫有益于仁乎"之问,则举丧服对人之心情的显著影响答之,认为"服使然也"。可见,孔子或在孔门后学看来,儒服是有重要的不可抹杀之价值和促进修养之功能的。甚至,儒学自创始,就有服饰上法古的远意。颜渊问为邦,孔子曰:"行夏之时,乘殷之辂,服周之冕,乐则韶舞。"(《论语·卫灵公》)此可见孔子之政治上的治法虽为损益三代之礼,然有法古的显著倾向。孔子与哀公论治国之士(可仕者),曰:"生今之世,志古之道;居今之俗,服古之服;舍此而为非者,不亦鲜乎!"(《荀子·哀公》)则士之贤者,一方面固应立足当世,适合变迁的风俗,然另一方面复应志学于古道(孔子十五志学,学古之道也),执古以御今(出老子语),后一方面甚至更重要。且此特就士儒而言,俗须适今,而服乃独古(未必全古),可见儒服有刻意违俗明志之意,有特别之家学上的意义显示。孟子曰:"子服尧之服,诵尧之言,行尧之行,是尧而已矣。子服桀之服,诵桀之言,行桀之行,是桀而已矣。"(《孟子·告子下》)孟子所言儒道也,此可视作儒服、儒言、儒行、儒志之并言。儒服与儒行往往并言(甚至尤为恒言),必有不可忽视之学派意义。

就儒服与儒道之关系,可以类归之问题,或可以自然衍伸之问题为:文、质之关系。此略而不道矣。

丙、儒之形式认同与身份自觉

我们可进而讨论儒者的身份认同问题。

身份认同，其可能的来源有哪些？约分内外两层来认识，那么就外在性来说，形式可否确定一家之身份归属？

进而问，此形式为特定之形式，抑为不特定之形式？以儒家而言，特定之儒服可否确定其儒者的身份？如不能，则儒者身份之确定，有无形式？

无论对以上问题之回应，还是对儒者之身份认同之回应，都必然归结于儒道之信念。

即儒道而言，其本身即有内外两重之性质，其外在形式之表现乃同样为其内在本性或义理之要求。故此二者在儒家来说，实难以分离，不可单提。

然而，对于儒者身份之最终确定，仍须以实践性或内在性之道为决定标准。换言之，儒道可以统摄儒服，而儒服未必能转摄儒道。儒服之重要意义在于学术信念或志向的树立，这于古人之为学来说，诚然重要。然而儒服仅是公共性之道具，停留于器物的形式层面，而未必能过渡到或展示出主体行为本身的形式性，从而表明所属学派的独特性格——儒行。儒服虽然已经显示了主体内在之志向，然真实的儒者品格只有通过不断的行为才能切实塑造出来，也即只有儒行才具有儒学道义之于儒者的亲己性。就儒行来说，一方面是内在道义的贯彻，一方面也是外在之行为形式，只不过不是物的形式化而是行为的形式化。衣儒服，从广义上讲，也已属于儒行之范畴。儒行，就儒家之整体观念来说，就是礼。礼并不是单纯的器物展示，而表现为主体对器物之时空性的操练或演示。礼既有载体，又有主体，既可见又不可见（贯彻形上与形下），是器物与人道之相持活动或综合践履，也即儒行。儒道之发明，儒行之推广，使传统之礼，逐渐从宗教意义、政治意义，转化为更为深广之人文意义，成为士君子的日常德行修养，也变成为学的实质内涵，即自觉地充分地砥砺儒行。

就此而言，且就本则寓言来说，鲁国之儒服者，无论是否为真儒，都对自我之身份归属有相应程度之自觉，非真儒知己为非真儒，真儒知己为真儒。这一点，甚可发深思。何以言之？当鲁国之士根据已成风俗而日常行儒服时，出于各种便己的动机，不必有儒学之真诚志趣，且无严格之名义上的校正，自可安然混迹，略无妨碍。然而，一旦悬诸令格，"无此道而为此服者，其罪死"，则便有一正当性之裁量与法律上的后果，不复能但作一种风俗等闲视之，而必审量名实，求其相一。此际，鲁国之士的自觉性即充分彰显，是仅为其服，抑或实有其道，了然自明，无一相滥，唯哀公惑也。

当然，简率而言，众人情伪必极复杂，或慕其学而未至，或利其伪而滥叨，或不慕不利而为势裹挟，和同于俗而已，然衡之于儒道，俱为不达。学术既兴，有性之者，有学之者，有利之者，则真伪糅错；其伪也，有得止而不止，有不得止而不止，其实难分，其伪难验，求诸己而本自不昧，又岂待垂诸法令哉？除是"绝学无忧"（此非武断之灭学，而为道家息争息欲息知之教，人心未朴，灭学何益？），既崇树学业则不容无伪。学所以致伪（非无真），善所以招恶，此道家之所戒也，况又威之以法令乎？是重其伪也。鲁之举国儒服，焉知非君心、政令、功格启之乎？如后世科举之途，士子争竞而趋赴如狂也。是徒知收其末流，而不知谨于作始。天下之人，可材者众而成学者寡，以成学之寡而欲天下风靡，则必酿其伪也，伪者得势，故真学多困。如响斯应，又焉知其所起哉？又不知其真者伪耶？伪者真耶？而俱真俱伪耶？则鲁国之士之真伪，未必为庄子之所留意，而哀公其人以伪为真，庄子所以欲讽之欤？

四、"儒服而立乎公门"

庄子继则曰："独有一丈夫，儒服而立乎公门。公即召而问以国事，千转万变而不穷。"此则写出真儒形态。

甲、"独有一丈夫"

"独有一丈夫"，一者，言至少也；丈夫，伟之也。是人也，必儒学之涵养，内外交致，睟面盎背，气象森越，乃堪目之为丈夫。庄子所以极言真儒之少，乃欲明真学难至也。此中所括，不但儒学为然，道家亦然，凡古今大学术无不然。

吾人泛泛读之，必以为此庄子假设之语，其数未必如是之少，曰"独有一丈夫"，是过为甚词。其然乎？不然乎？吾人以鲁国而一人为太少，于庄子之心或通人之心观之，未必不乐其多也。鲁有真儒一人，何可幸也！孟子不谓"五百年必有王者兴，其间必有名世者"（《孟子·公孙丑下》）乎？由文王五百有余岁，乃有孔子闻而知之，圣王与圣人乃五百岁而一见，不其尤少乎？"由孔子而来至于今，百有余岁。去圣人之世，若此其未远也；近圣人之居，若此其甚也，然而无有乎尔，则亦无有乎尔。"（《孟子·尽心下》）则以孟子观之，孔子而后，未克有如孔子者也。庄子不亦谓"万世之后，而一遇大圣，知其解者，是旦暮遇之也"（《齐物论》）？则真人期之难也，于屡世或竟无之，一岂非多？有真儒一，胜于举世而伪也。

乙、"儒服而立乎公门"之涵义

此处我们须特别注意者，真儒之出现，乃"儒服"而来。就庄子所描述之真儒的形象而言，他并没有否定其儒服之形式表现。与之相对照的一则寓言为：

> 宋元君将画图，众史皆至，受揖而立，舐笔和墨，在外者半。有一史后至者，儃儃然不趋，受揖不立，因之舍。公使人视之，则解衣槃礴臝。君曰："可矣，是真画者也。"（《田子方》）

这则寓言与鲁少儒章同篇，义相类，所论为众史与真画史的区别，又如族庖与真庖之区别，所重在内里之神，而不在外形之迹，又如子产与申徒嘉的区别，所谓游于"形骸之内"与"形骸之外"是也。此可谓似者不真，真者不似。真画史，"解衣槃礴臝"，同样于其所服着意，但以其形态如是，未画而即许为真画者，又与本章大异其趣。一者以服而多伪，必待试之后判；一者以服而见真，无待于试。非无试也，笔墨所试者，技也；形态所试者，神也；此亦可谓试之矣。又可奇者，真画史解衣槃礴而为真，真儒乃儒服而后为真，其真无异，何服之相反？此正庄子文笔之妙且极尽谨严处。

吾人倘但见"解衣槃礴"，便以为庄子意贵粗疏，及两相对照，乃识不然。画史非如此不可，以内心拘礼重物则神意分也；真儒倘亦摆落形迹则不可，适以见其非真也。故画史有画史之真，儒者有儒者之真，名必合实，物必守义，而真无一成。洒落礼仪，摆落形骸，方可言真，此学庄者以为庄理之固然，不知有不然者，各有其宜也。故"儒服而立乎公门"，"儒服"二字至要至要！如但区区以为真儒亦当"解衣槃礴"，不但识儒义浅，识庄子亦浅也。反而观之，则庄子不但于达道为深，于解儒亦深。儒者尚有自毁行容者，庄子未尝以为然也。

庄子乃并未否认真儒之儒服，或者其意在表明，儒服为儒者之合当所为。至此，我们可问，真儒必儒服吗？

上面我们已经讨论过儒服与儒道之关系，儒道应该注重内外之统一，故应该有儒服之表示。当然，儒服之意义，不但指物质性之仪物，亦指气质性之表现，如人之容貌、辞气等。所以《论语》中载孔、曾之言，有如下者：

> 孔子言："君子正其衣冠，尊其瞻视，俨然人望而畏之，斯不亦威而不猛乎？"（《论语·尧曰》）

曾子言："君子所贵乎道者三：动容貌，斯远暴慢矣。正颜色，斯近信矣。出辞气，斯远鄙倍矣。"（《论语·泰伯》）

"正其衣冠，尊其瞻视"，"动容貌""正颜色"二者在其中矣。如是，可以持敬，可以取信，可以御侮。郑玄释曾子"所贵乎道"之"道"曰："此道，谓礼也"，得之。道者行也，即儒而言则儒行也，儒行即礼也。儒者之行，无行非礼（"克己复礼"），然所贵者，特其切近之行，故举三言之，三者得，亦近乎道矣。何者？容貌、颜色、辞气，无行而不与也，人之亲身所当，心意所现，三者得，而于行失之者寡矣，庶几于道也。故君子有九思，孔子首言"视思明，听思聪，色思温，貌思恭，言思忠"（《论语·季氏》），《洪范》"敬用五事"，尽在于貌、言、视、听、思，则其相传有授而为要法也。然三者似易而非易，衣冠易正，而容貌、颜色、辞气未易假也，孟子曰"胸中正，则眸子瞭焉；胸中不正，则眸子眊焉"（《孟子·离娄上》），本于衷心，达于容貌，诚伪易判，不言而自喻，其谁欺？故宋儒甚言气象。气象者，在所养，修之于身，积之于义，充之以学，光然外焕，气质所化，可以表学，可以表德也。所谓"俨然人望而畏之"（畏者，敬也）者，又岂必言与之较，文与之考，事与之察，而后断其所造哉？气象先之矣。庄子曰"独有一丈夫"，亦气象之云尔。

在此处，庄子对于真儒之认识，顾及了儒服之于真儒之形式价值。吾人又须知，真儒必可于其气象见之，气象又于其服（"正其衣冠"）而见之，然不必圜冠、句屦而佩玉也。古之儒或曾如是，然风俗变迁，衣服从时，非必圜冠、句屦、缝掖、博带而后为儒者之服，倘不索隐行怪，从其境遇，儒者之服即为儒服，可也。服以儒显，非儒以服贵，疏于行而以服为贵，儒者之耻也。此儒服有形式而又不必定其形式也。

丙、"问以国事，千转万变而不穷"

那么，可以检验真儒与否之方法何在？本章所提示者，观其服，谈其道，而威之以利害也。

如果纯就外在之形式来判断真儒与伪儒，而无所试，试无所惩，是难以做到的。规定相应之惩罚性后果，可以增加检验的效力。当然，在这里，庄子的理论假设是纯粹的，即并不指示，不儒服而来公门者，尚有真儒之存在。可注意者，这种惩罚性后果之设置，一方面，使作伪者利害相权，可达到威慑之效果；另一方面，本身作为一事，又是儒家信义的直接检验，诚则无畏，畏则无诚，平日侃侃自信，袭而取之，而于大利害前，转逡巡退缩，畏罪逃难，中心馁焉，亦非真也。

当然，真伪有大威所不能威者，最主要的考察应在对于儒道之理会，即"问以国事，千转万变而不穷"。"千转万变而不穷"，所以必如此形容者，以陋者拘方，或明于虚理而暗于事机，见用则差；或诵言以对，识其一而不识其二，习其所知而不能达所不知，物情屡变，则颠倒失措；非真达儒道者，不能应对宛转，与问无穷。何者？中心自得之熟，故可左右逢源，应物达变，非守虚理，诵空文，拘成迹，遇有棘务，便不免有手脚劳攘，斡旋不下处。"千转万变而不穷"，方可为精通于儒道。

又可注意者，哀公所问，非天命性道、仁义礼智等后儒所口习日讲之事，而为"国事"。国事者，举凡国计民生，政理政务，利弊得失，因革损益，无不包括。此犹汉代以后之策问，又如《论语》所记甚多的诸"问政"事，政者，国事也，问为政即问以国事。此一方面表明，当时政治对社会之智识分子保持开放，形成主政者问政于贤的政体或风气，政、学密迩一体；另一方面也表明儒家学者在先秦时代，其学问的内容便直接指向国事，故下以国事为学，上以国事为问。只不过，儒家之道所以异于别家者，在于强调孝悌仁义之德政理念，不徒作功利上的计较，为有本末条次之学，如《大学》所示。儒学与国事之间，并未如今日所感受到的那般疏远以及术业上极难逾越的限隔，甚至，我们可以由此说，儒学在古代承担了主要的国家治理职能，儒学即从体用（学、仕）方面或内圣外王意义上，来全面学习、掌握为政之原理与能力的学问。故所谓"学而优则仕"，是学以为仕（服事于家、国），并非只是一句选择性的表述，而有其合当性。儒学本务施之于政事，其不得者乃伏处力学以待当世之聘，或精思著述以传不朽之道，身虽不仕，而言仕也。

孔子屡言仕、不仕之道，其一言曰"邦有道，谷。邦无道，谷，耻也"（《论语·宪问》），又言曰"天下有道则见，无道则隐。邦有道，贫且贱焉，耻也。邦无道，富且贵焉，耻也"（《论语·泰伯》），三言曰"邦有道则仕，邦无道则可卷而怀之"（《论语·卫灵公》），则孔子之志可见矣。邦有道则可仕（"谷"，仕禄也），且以"贫且贱"（儒以学为业，以仕为职，无官爵故贱，无禄廪故贫）为耻，则儒乃应仕，不仕如种而不获也。然如邦无道，苟得利禄，而不足以行道，则未宜出仕，仕乃可耻。"古之人，得志，泽加于民；不得志，修身见于世。穷则独善其身，达则兼善天下。"（《孟子·尽心上》），此亦孟子之志也。故儒者贵达，仕则为达，然达必以时，道可行则不吝己，道不可行则不妄见，有益则为于国，无益则修之己，不以有益为无益，而于无益求有益，彼心也何时忘天下哉？此真君子之行，丈夫之志也。

又合此两言以观，儒道之实在综理国事，儒道之得在应变而无穷，则庄子之知儒者愈见其深也。

五、名实之间

上文已言，本章庄子所处理的对象，固然在于儒者的真伪问题，然彼实际的兴趣亦不在替儒家抉扬其理，阐发幽隐，而为作认知上的辨惑工夫。如果我们把本处的真儒、伪儒或何为儒者的问题，作一提升，即成为名实之间的关系问题。庄子假"儒者"之名，以开展辨名析理之哲学活动也。以名责实，或以实求名，名实之间往往有不能相应之处，而见解遂岐，议论乃生。

一名之实往往有数种紧密相关之内涵，所据之实又往往仅为其片面之内涵，故不能相应。即儒服而言，固可作儒者之标志性的显示，然此又并非充分。故对于名之把握，其精确之程度，取决于对其实的理会程度，由形式而达于本质，由外察而及于内照。此间道路曲折，肯綮交错，大有节次，必深学者方能厘然辨之，咸至其宜。

此处，我们顺势可复作一扩展之考察，即对于儒、道之间之名实，稍作反思。我们固然不能容易地否定儒、道之间的差异，或者实现二者内涵的沟通，但我们于此可以反省一问题：儒、道之异同，其果如我们所料想之异同否？

我们进而可问：儒、道之义，其果有沟通之可能否？儒、道两家，其内里之精神果何在？

如若我们于两家内里之精神不能深会，其于是非之争执，将皆无谓。短长互攻，所攻者非意所在，所操者又意之所惕，如斥道家为去知愚民，责儒家为媚君专制，此俱拘名守迹者也。知如有害，去之可也，人有见于去知而无见于全性；君若势不可去，尊之当也，人有见于尊君而无见于立政。若儒学，法天备古，以合群通治、治平天下为志，以大公至正为准则，于一夫也何有？如时不可舍，尊之，道也；如时舍之，犹脱敝屣，又何尚哉！德无常命，修者是命；道无常制，合时为制。推行道家之说，而至于陋衣陋食，灭学愚民，是上专其智而令民易服也；推行儒家之教，而至于以天下奉一人，非托一人奉天下，上则逢君之恶，下则乐为妻子纲，是小人得志而弄其鄙私也。此古虽有之，可痛可厄，学者之过，非学之过也。全性非无为，行仁非专君，而以为必然者，岂学之本义哉？故于儒家虽万世之常经而必达于权，于道家虽周公之善政亦为迹，此皆审于名实，唯道之从，非学有所滞也。

所以，本章所告诫于我们者，即为勿迷惑于名实。名实之所以多惑，因同一之名，其实际使用之意义，并非一致。扩展而言，名代表事物，而名之命义，即代表我们对于事物之相应理解程度。我们对于同一事物之理解，往往不同，或者说不可能全然相同。由此，我们又可以说，我们所谓的同一事物，并非同一事物，所谓的同一指示之名，并非同一之名。天下之是非，乱于名实者多矣。如名实可一，则异论其息乎？惜哉！名实未可一也。虽字释而句解，如法令之缜密，习之者织其文辞，鼓其唇舌，出入轻重，是非不犹翻覆手乎？其所以扶善者，亦有时而济恶矣。

总之，对于名实有真正的理解，从而，正当地使用名，把握实，做到正名合实，并非容易的事。所以，即使有统一的语言，也难以存在统一的认识。而世俗的认识，往往是浮薄的，表面化的。故我们不能不数省之而责其未至。

六、"以鲁国而儒者一人耳"

以鲁国人口之众，真儒者一人而已，此虽欲形真，而吾人适以觏伪。一人之外，他者皆伪，世道非大可伤乎！然庄子非徒哀世而已，振聋发警，乃欲以其学振起斯蒙，使解其所以，而不自惑于是非之伪也。

此处犹有一问题，可供吾人稍稍反思。鲁国而一人之儒者，其人为谁？可指实否？

成玄英疏以为当指孔子，非孔子不足以当此万变无穷之儒；或以为寓言无实，不必指定其人。后说是也，然前说亦有所谓。哀公之世，当孔子晚年在时十六年，及孔子亡后十一年，则鲁国传儒学者，非孔子，必皆孔子亲传弟子有力者，及其再传弟子而犹多能亲炙孔子音徽者。然如为孔子，则哀公必识之，庄子应名之，不当以"一丈夫"目之。且当孔子之时，不能言鲁国皆儒服，所以言鲁国皆儒服者，欲见孔子之后传学之盛也。

世言儒学者，皆以孔子为宗，孟子谓"所愿则学孔子"。哀公居位时，鲁国之儒学皆孔子亲传及再传未远者，可谓正乎其正、醇乎其醇也。然庄子犹谓其少儒，"以鲁国而儒者一人耳"，则有一问题，即：以孔子其人亲传儒学，儒学亦举国成俗，而其弟子及弟子之弟子犹然少真儒，应者一人而已，则遑论后世，其地不相接，其时在数百千岁以后，其能得儒学之真义乎？简言之，圣人之道，虽圣人亲传，得之者既如是之罕，则其果可传、不可传欤？此虽看似一无疑问之事，然于理有可辨者也。

　　世人若热衷于圣人之学矣，然其所操者其易，所避者其难，故群至于儒服，而实得儒道者一人。"视而可见者，形与色也；听而可闻者，名与声也。"儒服，其形色；儒者，其名声。世人务为形色名声，"以形色名声为足以得彼之情。夫形色名声，果不足以得彼之情，则知者不言，言者不知，而世岂知之哉！"（《天道》）又所谓："夫子步，亦步；夫子趋，亦趋；夫子驰，亦驰；夫子奔逸绝尘，而回瞠若乎后矣。"（《田子方》）步、趋者，形体之动，亦形色也，此可得而见，故能依似以模仿，为是孔子之步趋则自以为同于夫子矣。荀子所斥"禹行而舜趋""子张氏之贱儒"，世诚有之。若夫子之"奔逸绝尘"，以无翼而飞，以不行而至，内实之充，德化之深，非形色可取齐，非名声可沽钓，不可见，不可闻，则亦瞠乎其后，而虚实得、境界分矣。则世之所贵于夫子之道者，"为其贵非其贵"，故"我犹不足贵也"。此庄子所以谓鲁少儒也。

　　世之所以不及孔子者，此亦无他，学之真积与否尔。故孔子生时，于成德常自逊谢，而于好学独居之不让，恒引不好学为叹。其言曰："十室之邑，必有忠信如丘者焉，不如丘之好学者也。"（《论语·公冶长》）是孔子之圣出于好学不倦，俗能为硁硁忠信而好学则不至也。又，哀公、季康子尝问弟子孰为好学，孔子对曰："有颜回者好学，不迁怒，不贰过，不幸短命死矣。今也则亡。"（《论语·先进》，《论语·雍也》作"今也则亡，未闻好学者也"）则弟子之列，孔子所满意者唯一颜渊，他皆未许，孔子之后，其愈难闻矣。如是，不但庄子以鲁少儒，虽孔子亦未尝许为多儒也。

　　则圣人之道可传乎？"臣不能以喻臣之子，臣之子亦不能受之于臣，是以行年七十而老斫轮。"（《天道》）则圣人之道为不可传也。然非圣人之道不可传，世人之能传者，步趋之际，字句之间，可闻可见，可诵可言者也，若其精义之微，非睹形色而可得，非沽名誉之可有也。故庄子谓后人"所读者，古人之糟魄已夫"，此虽矫激之言，亦非远于事情。儒者若非好学如孔子，而但服其服，步其步，诵其文，守其糟粕（时更者也，世变者也，不当所用，故谓糟粕），又何望于真儒之出！此不但为孔子之忧，庄子有忧矣！此不但儒学之忧，道家之学亦忧之矣！

第17节　《天运》选读：商太宰问仁章

  商大宰荡问仁于庄子。庄子曰："虎狼，仁也。"曰："何谓也？"庄子曰："父子相亲，何为不仁！"

  曰："请问至仁。"庄子曰："至仁无亲。"大宰曰："荡闻之，无亲则不爱，不爱则不孝。谓至仁不孝，可乎？"

  庄子曰："不然。夫至仁尚矣，孝固不足以言之。此非过孝之言也，不及孝之言也。夫南行者至于郢，北面而不见冥山，是何也？则去之远也。

  "故曰：以敬孝易，以爱孝难；以爱孝易，而忘亲难；忘亲易，使亲忘我难；使亲忘我易，兼忘天下难；兼忘天下易，使天下兼忘我难。

  "夫德遗尧舜而不为也，利泽施于万世，天下莫知也，岂直大息而言仁孝乎哉！夫孝悌仁义，忠信贞廉，此皆自勉以役其德者也，不足多也。故曰：至贵，国爵并焉；至富，国财并焉；至愿，名誉并焉。是以道不渝。"

  鲁少儒一章，但就儒服与儒道之关系而论其真伪、至与不至，未尝深及儒家义理之所在，此则就其至要之理——仁孝——而逐层辨之，亦可见儒、道义理根本分歧何在。此所以谈仁义者，将以明道家之学也，然其明道家之学者，大端亦不悖于儒理，可谓兼而有之，但其存之之术异也。庄子虽不以言仁孝为至，通此章，吾人于儒家仁孝之说，亦将擘析其肌理，如食九转之丹，受益匪浅。可见，儒、道两家同本于人之天性，其所以龃龉者，皆欲责所未至，非欲绝其固有。仁孝之实，如为人之天情，道家虽百诡其辩，何能以虚言去之？仁义之本，如无其诚，儒家虽礼仪三百、威仪三千，又何能不反求其真？此中国哲学所以为本天之学，归于一源也。

然天人、诚伪之际，最是难言，故学之不可不讲，而学亦不能无异。学之讲也，其有小别，复有大别。小别者，韩非所言"孔、墨之后，儒分为八，墨离为三，取舍相反不同"（《显学》），班固《艺文志》所录"《春秋》分为五，《诗》分为四，《易》有数家之传"，北宋理学之有周、程、张、邵之学是也；大别者，如《天下》所载道术之裂，荀子所非之十二子，司马谈所论六家之旨，班固所备"诸子十家，其可观者九家"也。即别而言，一人之身，其早晚之学尚自不同，况于一家之内乎？况于诸子之间乎？凡学者，气质各殊，时势不同，利弊互见，其为学也，皆禀于性情，观乎世变，通于利病，渐于濡染，成乎积累，乃名其学。理不一见，弊不一穷，疗病之方，久亦致病。无不病之人，亦无不病之方，必明生克，工配伍，起新方，转相救治，乃可。如儒服与儒道之间，有其服而无其道，其弊也浅，浅则失敬，则以儒道救儒服；倘重其道而轻其服，其弊也虚，虚则失教，则以儒服救儒道；儒服不恒失，儒道不苟得，学有轻重偏畸，乃举以相正。以名分乱，故标仁孝；以仁孝伪，故标自然。学皆相缘而起，对俗（不思而从）而谈，故诸子之学，其皆"持之有故"，"言之成理"，因世俗之昏惑，为智识之发越，本欲利人心，革世道，非无端妄议论也。

又以是，人之为学不可以已，稍已，便获居成之弊，如人饥求一饱，反食滞痞积，不能运化其物，必日适其量，乃获滋益。为学不但求日新其知，且求日克己病。学者，有未学也，以识未广，事未善，智未开，情未节，德未修，故人求学以实诸未有，以达所不达。知所不足，乃为学日力；学之怠也，皆缘于不知反求，反求而未见不足。务一日之学则有一日之功，便消得一分病痛；备一家之学则有一方之助，便收得末流之放。故诸子之学，既为道术之分散失统，复为学术之交攻互补，如药物有温者，有寒者，有顺而下者，有逆而施者，各当于病。凡学也，皆应运而生，起于当起，时未至，求一而不得，时既至，乃如百卉之并荣。气不一化，理不一胜，必交攻为胜也。如是，以家学观之，诸子若相为害，辟之而后快；以道术观之，未尝非合而散、散而合，共成一体，不可一无。儒家仁义之学，虽内自有疗，然大同小违，不如道家之攻，荡涤振刷，为尤迅猛。疾有小病，有大病；疗有小疗，有大疗；其斯之谓乎？

庄子斥儒家仁义之说者，其文屡见，然多举仁义为鹄的，射之而已，不免流于空文，未有如本章广绎之以理，缕析之成目，若是深切著明也！谈仁义者，虽儒家恐未能是过！庄子去仁义之名，为相忘之实，此诚非率之于为德之易简，而百倍其艰难者也。圣人无期，为德岂有已哉？

一、"商大宰荡问仁于庄子"一段

商，宋先也。大宰，太宰也。太宰，官首也。荡，太宰名也。庄子，非仁义者，而太宰乃问仁于庄子，必以庄子为精于识仁也。本章的主题，在于言仁。

（一）"虎狼，仁也"

太宰问仁，庄子乃径然以"虎狼，仁也"对之，使人莫名其妙。此正庄子当机行教之术，先以非常可怪之论惊诧之，疑惑之，拂乱其意，愤悱其心，而后徐徐疏导之。此如禅宗之棒喝，要在震动一番心灵，而后挣得缚出，又如拈弄无把柄的话头，要在使闻者丧厥把柄，四下无倚，一霎透出灵机。然，其于骤闻之者固然有此效果，于习为此说者，又本然如此，非只一意作弄。法则无作，教则有作；理只是平常，教则临境有机，不妨走些偏锋，斗些伎俩。所谓伎俩者，开塞之法也。理直告之则得之易，得之易则受之浅，故必因人之识，一面诱之使进，此所谓开之法；一面又含蓄之，不令易企，直教反复筹思，一旦自己将壳儿打破，此所谓塞之法。无开则绝其思，无塞则惰其志，俱不足以入深。此亦无他，即孔子愤、悱之说也。

如是，我们便有了对于仁的初步认识："虎狼，仁也。"于初学而言，此是退步法；于既学者言，此又是进步法。退步法者，未识人仁，先自虎狼不如人者谈起，下者既明，则高者无难矣。进步法者，先识得人仁，便以人道自重，反拘煞仁义，见得虎狼之仁，则其义愈广，为更进步话头也。并是一句，横说、竖说，俱有着落，则理非空言，各占地步，非挈定撑在一壁，便作是非不移。然此二法，或以退步为进步，见不容不存几希之余地；或以进步为退步，见本体之量原充得未尽；俱求反得自家之仁而已。

仁的问题，本特别针对于人类有心志者而言。今庄子乃因虎狼之物言之。

此不可解一。

于人之外言仁，固非不可。儒家蒙学之教，往往举羊跪乳、乌反哺，以例仁孝，而庄子又特于生物之凶残好杀者言之。此不可解二。

仁者，好生之心也；虎狼，残虐以为性也。此相反之质，而合于一理，如冰炭同炉也。世人所不能解，必轻躁以为妄说。

以世俗观念之仁，察庄子之说，僻违而难通。如是，则庄子所谓之仁，必有以异于常人所谓之仁。其所谓仁，吾人所未解者也。

庄子于行文之始，即赋予思想以此般强烈的张力。其文也，起承转合，更无一毫松懈处。

吾人寻"虎狼，仁也"之说，可得如下数层之认识：

其一，仁，不是仅仅局限于人类内部的道德品性，而可以从更广泛、更普遍的视野里来加以观照、理会。儒家常言"仁者，人也"（《中庸》），孟子、荀子所辩者，要在人禽异同之际，欲使人自别于禽兽，贵其所以为人。人之所以为人者，无论是本于性之，还是源自学之，即在具仁义之心。故仁义之道者，人道也，人禽几微之辨也。理学虽然大段发明物皆有理、万物一理之说，而亦特贵于人之气质与其德性。于早期儒学，孔子始专言仁、义，后学始有探于性，孟、荀始欲论定人性，孟子始合仁义与人性，而未尝见合仁义与物之性者，有之，其在是处庄子"虎狼，仁也"之说欤？"虎狼，仁也"，犹告子"生之谓性"，虽辟告子、庄子为异端，然二说实大有功于儒理。以其尤近理，故儒者弹击之。何也？二说皆通物言之，人物一齐，达于形上之道，故尤近理；然则率人于物，而人禽莫辨，是亡人伦也，尤过于墨子爱无等差之说，故儒者排之，宋儒所谓有理一、无分殊者也。到北宋时，学者便发明得儒家理一出来，讲到虎狼、草木有仁处而不疑，但收之以分殊，不教逐物去耳。

其二，虎狼作为本性凶残之代表，或者作为通常所谓仁的反面，是可以有仁的。亦即，通常所谓之不仁，亦可能有与仁相通之处，吾人不能一概绝之。虎狼，象也；仁，理也；象以类物，理以合义也。中国古代之哲学，往往取象为说，不用精密之概念，吾人或拘泥其成词，实则其象即有类通之用（《系辞传下》"以类万物之情"）。如此处，但言虎狼，虎狼于仁，物之尤者也，虎狼而外，不至虎狼之暴虐者，不计其数，则虎狼所以统禽兽也，禽兽所以言生物也。虎狼可以言仁，则生物将无不可以言仁，犹举一足之夔、万足之蚿，而凡有足者尽括之于内，无用繁称博举，亦不必系于一名（概念、范畴），作虎狼观而又不当仅作虎狼观，即殊相即共相也。

如是，虎狼之为仁，既是特指，又为泛指。"虎狼，仁也"，诚见虎狼有仁；此一命题又蕴含："犬羊，仁也"，"猫鼠，仁也"……；此无数命题，又可约归于"生物，仁也"一命题；从此一概之命题或就仁之通义来说，人道之仁与虎狼之仁，又本不必相远。庄子之论，本来平常，乍闻便觉奇特；闻来奇特，以理解之，又还自平常。

其三，就不仁与仁的相通方面或可以转化处言，人类之仁，也可能与仁之本质相反。亦即，不仁既然可以为仁，那么仁亦或可为不仁。吾人以虎狼非仁，此常见也，常见于理或不然；吾人以人之仁为仁，此亦常见，亦于理或有不然。既然于彼，则不能不然于此，相对之说也。无论果然与不然，吾人皆当于世俗之常见，反思之，批评之，而后得近其情实。

总之，通过这样一种突兀、简洁、有力的表述，庄子看似抛出了一武断的观点，实则要激起吾人心底的一团疑问。庄子使"仁"对我们而言，成为含藏了许多问题（隐义）的观念；或者说，"仁"不再具有我们日常语言中的自明性，而是一个模糊不清甚至是内在矛盾的观念；亦即，看似自明的仁的观念，恰是一个极需要澄清的观念。不在给出结论，而在激起疑惑，欲使人依理以审视之，此庄子之所长而大有功于吾国学术也。此为本章讨论仁之问题的起点。

（二）"父子相亲，何为不仁"

"虎狼，仁也"，此虽述而问也。庄子之言虽有机关，决不予人以无解的公案，其必理周文备，循循以诱人于豁然之境，出邨屋而睹青天也。非妙达人心者，不能巧中时机；非合契至道者，不能曲尽其微。

"父子相亲"，在这里是庄子对"虎狼，仁也"的直接诠释，或语言上的形式转化。

尽管对"虎狼，仁也"的讲法，我们不甚熟悉以至难于理解，但对"父子相亲"一说法，我们是熟悉的，可解的。实际上，"虎狼，仁也"，所蕴含的即虎狼之父子相亲关系，而我们理解了"父子相亲"，也即理解了"虎狼，仁也"。这看似是在进行语言上的重新诠释，实则不过为嵌合的观念系统的拆解，使嵌合程度高的观念组合，降解到程度更低的观念组合，或者更为易解（清晰化程度更高）的观念组合。

如果简单用"父子相亲"来诠释仁，那么对于仁的最本质内涵的把握，则在于"相亲"；而其主体或前提，则是"父子"。

就"父子相亲"来说，它既是具体的，又是普遍的或具有一般意义，在人而并不局限于人。也即,一切具有父子(相生)关系之事物间,都可能具有这种道德上的固有或内在属性。仁之德性的可能,乃基于生命体之亲缘关系(父子),完全依于天然而有,并非人类所创造出的独特文明现象。只要自然中存在这种亲缘关系,便有这种仁之可能;自然中这种亲缘关系的普遍程度如何,仁之为德的普遍程度便如何。父子即为这种关系的代指。仁作为相亲之情,只有在父子之间发生者,才最具本源性,或者可称作天性、天情。在《人间世》里,庄子将"子之爱亲"(子之亲父)和"臣之事君"同归于无法逃避的大戒,但他很有分寸地划清了二者的界限。父子之间为亲属关系,而君臣之间为权属关系,即父子之亲而言,乃"不可解于心",是心性之内在约束,而君臣之义,"无所逃于天地之间",乃外在之主权约束,故二者不同质。君臣之间,无天然之仁,而有后天之义,唯有父子之间乃有此相亲之仁。这一点揭示是极重要的,它确定了先天本性与后天义务的区别。父子相亲,贯通于生命界,为生物之天性,亦是仁之本义。此性即仁,此仁实为最原始之生命力的相互倾注。

在这一观念上,庄子与儒家最初对于仁的理解,是一致的。孔子认为,身为人之弟子,当"入则孝,出则弟"(《论语·学而》),日常以孝悌为行,"君子笃于亲,则民兴于仁"(《论语·泰伯》)。有子乃更明确地总结道:"孝弟也者,其为仁之本与!"(《论语·泰伯》)孔子时期,仁的观念已经获得了极大的丰富,提升到很高的程度,并不局限于以父子之亲言仁,但他始终保持了父子相亲之于仁的根源性。在孔子之后儒学的发展中,亲亲之义,更获得了理论上的自觉发扬,建立起了与仁之间直接的名义关联,如《中庸》谓"仁者人也,亲亲为大",《孟子》曰"亲亲,仁也。敬长,义也"(《孟子·告子下》),"人人亲其亲,长其长,而天下平"(《孟子·离娄上》),"不得乎亲,不可以为人;不顺乎亲,不可以为子"(《孟子·离娄上》)。可见,到孟子时期,亲亲为仁之观念不仅没有因论理水平的提高被削弱,反而得到强化,成为儒理的核心。

不过,也应注意,自孔子至孟子,对于亲缘关系,都作了相对细致的结构分化,以父子关系与兄弟关系并举,以孝与悌并言,这更能反映儒家伦理秩序的基本轮廓。与庄子以命、义之理区分父子与君臣关系不同,儒家将二者实际都引入到亲缘关系中来,为之提供性命的根基,给予日常的培养。这在孟子更加明显。他认为,"孩提之童,无不知爱其亲者;及其长也,无不知敬其兄也"(《孟子·告子下》)。爱亲、敬兄,都是人的良知、良能,自然而生。

"亲其亲，长其长"，也即孝悌、仁义，为天下秩序或全部社会秩序之两项人性基础，为天下之达德。在本处，庄子注重仁的本源性，至于本源中的分殊性或结构性，并不为其所重视，这也可以看作与儒学的一点差异。

相亲，就生物体而言，是一种普遍自然的生命现象。对于虎狼来说，并不缺少这种自然之生物本能；反而观之，人类的父子相亲之仁，从相同的意义上来讲，并不是一种文化的产物，而是生物之自然本能。

就此，庄子并不否认生命体间之客观关系及相亲之自然事实；就自然或就事实而言，任何主体都无法否定其发生与存在所具有的客观性。则庄子并非要推翻主张仁义价值之儒家的理论根基；而从父子相亲之自然事实来讲，认可这就是人性，人性表现为父子相亲；就父子相亲的意义上讲，可以命之为仁。并且，由此，我们甚至可以说，庄子从更本源，也即更自然的意义上，来为父子相亲之性奠定基础，因而也使这一观念更加牢固。虎狼犹有仁，而况于人？

我们可以说，仁的等价物为"父子相亲"。进一步，"父子相亲"的等价物为"亲亲"，亲亲同样蕴含了相互性。父子者，亲也；相亲者，父亲子，子亲父也；亲亲者，（亲）亲亲也，（父子）亲父子也，父子相亲也。亲亲，实际为一形式命题，亲，一方面可以表示静态之人际关系（名词），一方面又可表示此种关系内涵之实现活动（动词），也即，"亲亲"中的两"亲"字为同一内涵所赋定。"亲"（名词）便有"亲"（动词）之活动或义务要求，反之，"亲"（动词）之实践活动便产生"亲"（名词）之观念，我们无法从先后顺序上把二者区分出来。再进一步，"父子相亲"或"亲亲"，还可以分解成——父父，子子——两个分句，而其任何一个句子仍蕴含两个句子或其相互性。

文理由名义嵌合而成，我们仿佛在使用一个名义或一个句子，实际是在使用许多名义和句子，甚至我们之任何一名一言，都可以关联于整个名义系统、语言系统，因而也关联于整个文化系统——文化系统与语言系统相应。任何一个名词都有其分义，即使其成为自身或自是其是之要求、应当或义务，这也可以称为事物（可名者）之反身性或合义性。当然，名或语言作为文化的产物，其合义性便体现为人的活动性，通过人的实践、改造活动，实现对物与对人自身之合义性，也即代天理物，各尽其性。于此，我们不妨说，名或语言就是道义系统，就是行动力。从父便会走向为父（父父），从亲便会走向为亲（亲亲），从桌椅便走向桌椅之实现。名义规定着事物，也创造着事物。

如是，父子相亲为人性之事实陈述，仁为此事实陈述之约名。仁要求父子相亲，父子相亲而实现仁之分义。仁并未表示父子相亲之外的内容，父子相亲亦并非较仁之表达为欠缺内涵。二者的区别在于，在形式上，仁为单名，父子相亲为句法陈述。脱离陈述之单名是空洞的、不可解的，而无单名之陈述则难以指约行远。

二、"请问至仁"一段

（三）"至仁"

就商太宰的理解来说，"虎狼，仁也"为难解之命题；就"父子相亲"之意义上讲，"虎狼，仁也"，亦自可通。此所谓"名实未亏"而难易为用也。

然商太宰终不以仁仅止于"虎狼，仁也"如此而已，故又继续追问"至仁"之问题。

在这里有一问题，即：太宰所问"至仁"之"至"的意味何指？其所谓"至"，必与庄子之言"至"不同。

揣太宰之意，其亦许虎狼为有仁，然以为至仁必于人道乃能见之，不能取齐于虎狼之禽兽，如但以虎狼之父子相亲，便许为仁，则仁无难矣，又何尚焉？故仁必不止于虎狼之仁。如是，其问实谓：就仁而言，人与虎狼其为相同、为有异？如有异，人类之仁何以过于禽兽？或曰：就仁来说，其自然意义为大，抑其人文化成之意义为重？

即仁之自然意义言，则人与虎狼无二，此庄子初所明者。即仁之人文意义言，人乃与虎狼见异，人自许其仁为超越于禽兽之道德价值，此太宰心中所暗蓄者。推而言之，人类之仁所以能过于禽兽之方面，大概在于：其一，禽兽为完全之自然本能，而人类必诉诸于自觉之意识，以及名言教训与行为之礼法约束，充分保障此仁之贯彻；其二，禽兽之仁，仅及于父子相亲，仁而私也，人类之仁乃可以亲亲而仁民而爱物，忠以本之，恕以推之，"老吾老，以及人之老；幼吾幼，以及人之幼"（《孟子·梁惠王上》），也即，可以由父子之仁扩充为天下一体、万物一体之仁。此两方面，皆"虎狼，仁也"所不能包含者。

吾人虽亦不能无太宰之疑，然须还持一问，即："虎狼，仁也"，太宰固不以为至仁，而庄子以为至仁否？或曰，此义之外复有至仁之说否？

（四）"至仁无亲"

这一论断为本章之核心观念，亦为道家哲学之最高信念。儒、道之是非皆于此一言决之。

上文骤言"虎狼，仁也"，如行陡坡；继言"父子相亲，何为不仁"，则以相亲为仁，而势获舒缓；此处话锋又转，提出"至仁无亲"，直如扪摸于万仞之绝壁。

在这里，"亲"字本为对仁之内涵诠释。对于仁之义，唯从父子相亲出发，乃可获理解。而今言无亲，则将仁之肯定性内涵直接扫除，无异于取消了仁的可理解性。

我们可说，就一般之意义讲，仁对应于父子之亲，此其正义；然就"至"之意义或终极之意义上讲，则至仁并不可继续对应于父子之亲，为其所拘。

"至仁"之否定"亲"之涵义限定，乃对于其自身内涵之超越而非内在性之否定，毋宁说是对其实体之进一步逼近。

就此意义来讲，至仁对于仁之超越，即无亲对于亲的超越；无亲，乃为至亲。故就仁、亲两名义来说，二者其实仍为形式之对等。亲之有待于内涵之界定或明确，犹如仁之有待于内涵之界定或明确。

故此命题可分解为以下命题：有亲则非至亲，非至亲则非至仁。我们所应特别注意者：有亲之意义为有相应之亲的观念，从而仁表现为遵照此观念之实践；无亲则表示，此观念之自然消除，然非实体意义上（自存之天性）之消除。所以，这里我们对于"亲"之意义，应分别对待。"无亲"只是无观念性的"亲"及由此意识主导下的亲亲实践，如礼法约束等。

到此，我们又须对"虎狼，仁也"，重加理会。"虎狼，仁也"，其完善之陈述为："虎狼之父子相亲，仁也。"我们于父子相亲与仁之关系，及两命题之等价性，已有充分注意，但我们尚于"虎狼"一词之意义犹缺乏领会。"虎狼"虽然是一自然物，但其实我们已经在与"人"的对照下来使用其观念，已经俨然人文化，即与人的观念互涵，从而可以先在地得出：虎狼不仁，虎狼非至仁。所谓人文化，即世界中的事物成为人类意识的产物，凝定为符号或名言，成为被人类赋义之物，而不必是其自然之所是，如仁即为一文化产物。父子虽似纯然生物学关系，实为一"名"，有其狭义之内涵与广义之内涵，或曰规定性。父子为一名实统一之体。"父子相亲"为"仁"，则为由父子、相亲、仁所组合而成之名实系统。对于人类来说，存在这样的名实系统，而对于虎狼来说,并不存在这样的名实系统。名实系统为对事物之符号化表示及反思、认定、组合等认知活动的产物。简言之,人与虎狼的区别在于,人有自觉意识(觉解),虎狼无自觉意识,人有知而虎狼无知。

就有自觉意识与否,或有知与否,我们可以得到以下数组命题:人而有亲,虎狼无亲;又,人有亲有仁,虎狼无亲无仁;又,统虎狼之物、非人者而言,可曰"天地不仁"(《老子》第五章);又就人之同天者而言,可曰"圣人不仁"(《老子》第五章)。那么,就虎狼来说,可以谓之为仁,也可以不谓之为仁。谓之为仁者,有父子之实也;不谓之为仁者,无父子、仁不仁之名(意识)也。故虎狼之仁,有而不自有,为而无以为,自然而已。吾人上言,虎狼者,类物之名,凡有生物之实者,皆可类通。则天地为生物之大者,虎狼仁也,天地非仁欤?天地不仁,虎狼非不仁欤?理相通也。或仁或不仁,其取义不同。

如是,"虎狼,仁也",义有三重:其一,父子相亲为仁;其二,凡生物俱有仁;其三,虎狼之仁,无亲之仁,或无仁之亲也。则"虎狼,仁也",又与"至仁无亲",自相贯通。可知,庄子言"虎狼,仁也",并非权说。世人以虎狼虽有父子相亲之实,然无自觉意识,因以无名教之厚、礼法之彰,故不许为至仁;然庄子以虎狼父子之亲,天性与人无异,且为之而无以为,自然而然,不乱于名,不制于宾,不攖于教,故未尝不许以为至仁。天下之仁,何者为至仁?虎狼之仁,人不仁之矣;人之仁,虎狼亦有所不安。是则物各当其性,无为而自然者为至仁也。以至仁衡之,世俗之仁,其失于自然远矣。老子所谓"为者败之,执者失之"(《老子》第二十九章)。则庄子谓"虎狼,仁也",而不同于儒家"仁者,人也"之说,正以虎狼全得其仁性之自然,毫无做作,人之仁,拘之以名,守之以教,束之以礼,畏之于法,其旦旦亡锢,有仁之名而丧其仁性,反未必为真仁也。其有深意在此。

(五)"夫至仁尚矣,孝固不足以言之"

此以下,将展开对至仁无亲之驳、证。

甲、"谓至仁不孝,可乎?"

以"至仁无亲",取消了仁的规定性,也就取消了仁之成立,无亲则无仁。故商太宰对此不能不有所批评。

商太宰对于此论题之批评的过程,也即就世俗之见,对仁之意义不断揭示之过程,或还原之过程。其言曰:"无亲则不爱,不爱则不孝。谓至仁不孝,可乎?"

在上，庄子将仁之问题，转嫁为亲之问题，以亲言仁。在此，商太宰将亲的问题继续还原为爱之问题，将爱之问题归结为孝之问题，从而，得出"至仁不孝，可乎"之讦难。

在这里，我们一方面应注意，商太宰将亲还原为爱、孝的问题；一方面应注意，他同时将"无"转变为"不"，在否定的意味上显著增强。如是，我们一方面可以思考，就仁、亲、爱、孝之间，内涵是否一致？一方面可以思考，"无"是否对应于"不"？

就仁、亲、爱、孝诸观念言，在不同的使用中，义有广狭，诚然有辨，即本处而言，皆指示父子之情，我们不妨视为语义之转换或互训。此犹言：何者为仁？（父子相）亲也。何者为亲？（父子之）爱也。何者为爱？孝（之情与行）也。反其序，亦无不可。故此诸观念，相依持而成，同实异名，一立则俱立，一无则俱无。太宰欲通过此语义之转变，而暴露庄子之说之悖理。如但言"至仁无亲"，义犹恍惚，如言"至仁不孝"，则于常理似彰彰为悖论矣。

此语言上论辩之技巧，运用得当，本非不可，而太宰实皆误用。太宰借助了两种手法，来加强自己的论证，一是语义转化，一是否定词之暗换。就前者而言，仁、亲、爱、孝诸观念本可相涵，至仁则无亲，无亲则无爱，无爱则无孝，无孝则至仁，循环无端可也。而太宰之不可有二。其一，亲、爱、孝数义，本无大别，以此推彼，犹以己出己，无所新得，难以致评。其二，庄子之"无亲"，非无其实，而为无其心，或曰非灭人亲爱之天性，而灭其假名。庄子以心意言之，太宰乃以实行当之，得出"至仁不孝"，言过其实矣。即否定词之暗换而言，庄子本谓"无亲"，"无亲"非"不亲"，"不爱"则非"无爱"。无亲者，无见于亲人、相亲之事，就立意上言；不亲，则言不相亲爱，自实效上言。此犹言"无为"而非"不为"。老庄亦有作"天地不仁""大仁不仁"之说者，吾人须会此"不仁"实谓不如人之持仁爱之心，义等于"无仁"，与太宰之用意不同。太宰借此转化，既改变了原意，又刻意加强了推理的否定性力度，实俱不当。

乙、"此非过孝之言也，不及孝之言也"

以下之文，俱是庄子之驳正。"夫至仁尚矣，孝固不足以言之。此非过孝之言也，不及孝之言也。"此其论证之第一重。

庄子认为，至仁与孝是不对等的观念，就严格之名实关系来说，孝固可表示一定程度之仁，即孝有仁；然并不足以表示至仁，故孝非至仁。反而言之，则为至仁非孝。"至仁尚矣"，尚者，无上也，在一般之孝之上。在这里，庄子不言爱，而单言孝，爱在其中矣。

然而，庄子紧承"孝固不足以言之"之后曰："此非过孝之言也，不及孝之言也。"前句似贬孝，使不及于至仁，此句又似扬孝，而谓不及孝。则此抑扬之间，重增吾人之惑，而为理窍也。

过者，越也，与不及对言。此句可解为，至仁非孝所足以表示，然此非谓孝为可过，容易实现，而表示吾人所谓"孝"犹不及于孝。不及孝者，非"至孝"也。凡寻常之孝的观念及其行为表示，皆不能达于至孝之境界。在此，庄子与太宰所用"孝"之观念，并不一致。从仁、孝的本然关系讲，仁并非过孝，同指父子相亲，所谓"不足以言之（至仁）"之孝，只是指世俗之"孝"。

故至孝实与至仁为同一层次之问题，爱亦然，亲亦然。这也可以印证我们上言四者为语义转训之关系。此四者，如表示为一例之句法形式，则为：至仁无亲，至亲无爱，至爱无孝，至孝无仁；或为：至仁不仁，至亲不亲，至爱不爱，至孝不孝。此四者，互为诠释，义理一贯。

于至孝、至仁之问题，所以有对一般亲、孝观念之否定，乃为其不能及于至孝或至仁之标准或境界。至孝为对一切具体观念性之孝的"过"，至仁为对一切具体观念性之亲的"过"；反言之，则为"不及"。就任何片面或某种程度之亲、孝而言，皆不足以与至仁、至孝相当。故皆不能从一般之亲、孝的意义上来把握至仁、至孝。

普通之亲、孝观念及行为表示，既与至仁、至孝有关，而又有不可逾越的本质限制，即，一般之亲、孝，较至仁、至孝来说，具有不同程度之不充分性或不纯粹性。充分性之意义，即所谓全不全的问题；纯粹性之意义，即所谓私无私之问题。普通之亲、孝都植根于观念性，而观念皆具有有限性，故一般之亲、孝，都不纯不粹，达不到至仁、至孝之程度。

"夫南行者至于郢，北面而不见冥山，是何也？则去之远也。"冥山，显然有寓意，我们可理解为在北方之山。南行至于郢，言行程已远。当郢而北望冥山，则冥山不复可见。冥山者，所从来也。行远者，出离其物，与之为二，相对以察，求识其物也。远而不见，失冥（山）也。故所行愈远，愈失物真；唯当其冥然，乃守其真。其寓意为，至仁至孝，冥山也；仁、孝，行而至郢也；吾人于天性本冥然而自得，今以仁、孝求之，揉括其物，若得其近，而实违之尤远，远而不返，乃丧性真。以俗之仁、孝论至仁、至孝，犹如立乎郢土而望冥山也。"至仁无亲"，无亲即所谓冥之也。妙哉斯譬！

三、"以敬孝易"一段

（六）孝与忘孝

这一小节为对"至仁"或"至孝"观念之充分展开，并表现出义理上的浅深与修养上的次第，为庄子论证之第二重，亦为最重要的一重。其几微之际，思理之深，辨析之精，不但于道家之说为无以尚之，即于儒家仁孝之理，亦烛其底蕴。此由浅至深，绾合儒理与道家之理，首尾一体，了然无迹，可以令人忘其尔我之际，而一体服膺之矣。

甲、"以敬孝易，以爱孝难"

在这里，庄子言"以敬孝易，以爱孝难"，可注意者有二：其一，二者于孝皆用"以"字，以者，用也，表手段、方式义；其二，又引入敬的观念，与爱并言，可见，世间对于孝的实现方式，在爱之外尚有敬之一途。吾人可把握者，一方面，敬、爱皆用行孝，为"孝"之观念下衍生之二观念；一方面，体现了敬、爱有别，敬之于孝的实现较爱来说为浅易。

上文太宰言"无亲则不爱，不爱则不孝"，止于言爱而未及于敬，可见敬、爱之间是不等的，爱犹及孝，敬则非孝之实，不可互训。那么，敬、爱的差别何在？

敬者，内心恭谨而严事之分，不肆其情，若不克承也。又，或敬其在我者，或敬其在人者，若无所见，又若克有见，则敬者必有所敬。不知所敬则无用于敬，其若敬者，畏也，非敬也。有所敬则情有所分而界其止矣。于所敬，则不敢不敬，必用克己之功，将外有余而内不足。父子而必敬，其情乃不相即，情不相即，而交相屈，则曰疏矣，习语所谓"生分"。

爱者，发于诚，形于外，欢然若不能自已，欲亲而无尊卑之见，欲利而无相害之心也。敬必有所制，尊尊卑卑，过则犯，不及则慢，必恭必谨，使情有所遏抑屈伸；爱则本其自然，若犯而不校，若慢而不嫉，亲密无间，不以小嫌而离其心，尤合于父子之天情。本以父子相亲为物之天性，从而谓之爱，从而言其孝，从而命曰仁，爱其情，孝其行，仁其德，相贯之物也。以爱为不足，又从而加之敬，敬以辅仁孝也。如以辅之者难为，则无用辅，是以敬孝易于以爱孝也。以敬孝，无其实者，亦可；以爱孝，非有其实者，则不可。敬者，礼貌，以外制内也；爱者，情实，以内行内也。敬以辅爱，因以夺爱，敬日增而爱愈薄。

此处，吾人又须有辨。此处之敬，但言存心用事，以礼维持，使得近本情之孝，爱失而求于敬或求辅于敬也；非如后世理学言持敬工夫，又极精深，以敬即为天理，不把作别一物事，存其天理，致心中和，便为敬。又处之难易，专就虚实、表里言之，虚（表）者易为，实（里）者难为；若就天人而言，则自然者转易为，人伪者转难事也。

乙、"以爱孝易，而忘亲难"

敬，近于持迹，温凊定省，不必有其情，情而不必悦其性。爱则天之情，孝之本，能行爱于父子，孝至矣。故以爱孝为难。然爱孝虽难，犹非至孝，何也？非以爱之外复有孝，以爱非至爱，故孝非至孝。既以爱孝矣，何为非至爱？有"以"也，存爱、存孝之迹也。迹者何？爱之念也，孝之念也，亲之念也。故必忘亲而后乃能至孝。见亲而孝，是有为于心也；心有为乃私心而非即天情也。有为之念，一息不尽，则天情便不粹然，精神便有流泄。故必忘亲而后亲，忘孝而后孝。忘者，至孝之必要修养，人生得真之根本方术，庄学之指归也。

爱者，出于天性而为天理。言事者，必理之责，言孝，将必以爱为责，孝者，父子之爱也。然吾人须问：所责之爱与所自出之爱，为同为异？

情所自出，则无用责，而不知其为爱非爱，本非有名；责所当爱，必责而后爱，必爱人所责，则非其自出，人意淆之，而爱非真爱矣。如是，敬一名也，爱一名也，亲一名也，名亦既作，遂标于外，而横于心，与实分裂为二，不可复合，则以外锢内矣。故必求忘，忘之名，则不乱于名，其实乃存。爱也，敬也，孝也，所以为至者，必于其实，非徒率之以名。名有限而实无端，得情之至，不但具真爱、真孝，又不见其为爱、为孝也。大德混一，无物不备，小德自在而无所遗也。若以小德而谋大，以敬言爱则窒于爱，以爱言孝则窒于孝，以孝言至孝则又窒于至孝，所遗者多矣，名有所专也。

丙、"忘亲易，使亲忘我难"

我们现在来看，此处的递进关系或欲修养到最高道德程度之主要步骤，简示之如下：

敬—爱—忘亲—使亲忘我—兼忘天下—使天下兼忘我。

在本处的六层递进序列关系中，我们可注意有两种性质的区分：一是情感之表现形式上的变化，孝以下事也，由敬孝（敬以下则不必言）以言爱孝，此为初进；一是主体与客体关系上的转进，忘以上事也，由忘亲而达于使天下兼忘我，此迭进而至极也。上论孝之常理，下论忘之内理。忘非一忘了之，其义理实大有包容，其工夫亦尽有次第。

就主客关系上之变化来说，庄子每相互言之，而非片面强调在我之表示，亦强调及人之效果。就主体之修养而言，或实现至孝之步骤而言，应兼顾两重效果，在己者与在人者。在己者为可以自我调控者，故相对为易；在人者非可自我主动调控者，故相对为难。

然应注意，在客体之于我之反应上的改变，庄子行文所用为一"使"字。由于庄子哲学的独特理念，此"使"字我们在其文中经常遇到，如《逍遥游》"其神凝，使物不疵疠而年谷熟"，如《齐物论》"夫吹万不同，而使其自己也"，"是亦近矣，而不知其所为使"，故"使"字极可味。"使亲忘我难"，则在人状态的改变，亦将由在我境界之改变来实现。然此使，又非我刻意干预于他者之意志和行为，而为道德效力之自然感化。就修养之效果来说，在我者为其切近之效，在人者为其疏远之效。道德之愈至，则其化成之力愈大，所届之地愈远。故疏远之效，为程度愈深之征。然非自我内在改变之深，又不足以及远，或曰不足以致用于外。至孝则自忘亲，忘亲则自使亲忘我，所以未使亲忘我者，我之忘亲未至也。行而不远，化不及物，乃我德之不充，将以反修其德。

总而言之，一切道德的根源，尽在于自我之修养。主体之修养，兼有远近、内外之效，必自近而至远，由内以及外。此种程序，即表现为效果实现上的难易。

丁、"使亲忘我易，兼忘天下难"

本节所言者，孝之问题，精确言之，为至孝的问题。然至孝之问题，并非仅关涉父子两主体，或独为亲亲之事，乃最终与天下有关。

如是，天下作为整体之存在，在局部之孝的实现问题方面，亦有其作用或价值，故应予以合理之对待，加以道德之融释。

再言之，至孝的问题，并非只是个体间之行事，而为全体之事。天下所表示者，即价值实现之完全充分性，或曰为最高程度，也即"至"之意义所在。凡不能扩充至天下之整体意义者，皆为不充分，皆为不至，而为有限之道德形态。

就达于天下之整体意义言，此为境界之最高程度，然此最高程度，实不但为"至孝"之最高程度，亦为"至仁""至爱"等一系列之可能德性的最高实现程度。故就至孝之最高境界而言，其所达到者，实为普遍道德之最高境界，或即庄子哲学之最高境界。我们可以说，至孝之关涉天下，一方面见事物之相关一体性，必于世界之整体当中方有其存在，一方面为至德之要求，如欲充尽其德，非就天下之整体而获其安适之境界不可。

就最高境界而言，其所实现者，并非局部的、分析的、个体的，而是全体的、浑融的、相互性的。这样的境界，不复局限于仁、孝的问题，而又保留了一切自然的本性——本性不依赖于人为有意之促成，而为自然而然之实现，不然则不谓之为本性。于此，道德之于物，诚如游鱼之"相忘于江湖"，德如水也，群鱼之上下游弋，天机自张，不德如搅其水而使惊，涸于陆而使呴也。

就忘亲一环节，我们可知，使亲忘我为我忘亲之应当效果，就难易来说，使亲忘我在我忘亲之后。反过来，就其充分性来说，使亲忘我则为（我）忘亲之必要条件。如无后件，前件之实现便难以真正成立。二者有内在相通之关系。

就忘亲与忘天下来说，忘亲之延伸乃可有忘天下一境界。就个体与全体的关系来说，个体之忘的实现，较天下之忘的实现为易。然天下之忘的实现，又反过来将同样作为忘亲之必要条件而在。所以，至孝的问题，必然延展至忘天下之环节。就忘天下的环节来说，又最终以使天下兼忘我为最后之境界。如是，乃为最充分之忘的境界，或曰大忘的境界，同时也为至孝、至仁以及至德之境界。

以是，我们与其说庄子此一系列之工夫的转进，为讨论至孝或至仁之问题，不如说他在讨论至忘或大忘的问题。因为，至孝或至仁，所以谓之为"至"，即以其完全之自然性，而其所以不至，即以人为意识对自然性的干扰阻遏。故所以实现至孝、至仁的方式，即在对人为意识之深层、全面影响之化除，完全疏通并从而顺任自然本性或充盈精神之驱动，这个工夫即所谓"忘"。就实现至孝、至仁的过程而言，庄子在这里所揭示的方式与步骤，可作一般意义之道德修养方法和修养步骤来理解，其所表示者，为一般之人生态度——忘而直行其情，也即无为而为之。而且，本处在理致上辨析得更显清晰、精当，具有宝贵的理论价值。

戊、无者忘也

我们可以发现，庄子之行文，屡变其义。初问仁，而言亲；既言亲，而又论孝；既言无亲，下乃言忘亲。此若义不相属，实即其所属处，归于至当也。仁之取义众多，易则一日归仁，难则尧舜犹病，不知其乃从父子相亲一点真机而来，最是的当真血脉，虎狼有之，孝不越是，过此以往，仁未易言也。

即"至仁无亲"而言，庄子所谓"无亲"果何义？此易惑者也。确而言之,至仁无亲,非去其父子亲爱之情,而为忘亲。不忘亲,非无亲也,亲而非至也;忘亲乃至亲,又非无亲也。又,忘亲,非但求我忘亲,而尤贵于使亲忘我,使亲忘我,则不以我之累而累亲;又不贵其但使亲忘我,尤贵使我忘天下、使天下兼忘我,如是,则天下无累于我,我乃真能无累于天下,我真能无累于天下,亲乃能真无累于我。父子相亲者,父母以子之情为情,子以父母之情为情,其忧戚与共,荣辱一体者也。必使己身长安,乃可以使父母之情安,所以自安之术,在于成道德也。唯道德,内可以安己,外可以安人,此儒、道之所同求。然儒家志在励人之行,道家志在全人之性,故志同而道不同。儒家则"君子顷步而弗敢忘孝也。……一举足而不敢忘父母,一出言而不敢忘父母"(《礼记·祭义》)。"父母虽没,将为善,思贻父母令名,必果;将为不善,思贻父母羞辱,必不果。"(《礼记·内则》)其忧惕如此,不忘于道义,所以不忘于父母也。则儒家之孝,贵在不忘亲,事死生如一,又可谓以义全孝。

  道家之言至孝,则与儒家大异其趣,而归于忘。那么,忘所表示之意义或欲实现之价值为何?或曰,忘所要克服之人类道德之局限性何在?

  忘所表示或追求者,为对人与人之间、人与物之间、人与世界之间之一种分裂或背驰关系的克服,为对人类自身存在以及与世界整体存在之自然无间关系的回归。正是人类远离自然的认识方式和行为方式,破坏了道德的纯粹性与完善性,从而带来了对本初道德的侵蚀和损害,使之支离、僵化、浅薄。忘,是对一切分化活动的唯一弥合方式,或是对"大"或"至"的唯一回返方式。

  就忘来说,道术或修养道德的意义即在于,自我主动地对于世间的分裂、对待状态加以弥合、挽救。世间的分裂、对待关系,给人物俱带来不适感,或使之难以融入其境,因而生起强烈的本性还返意愿。陶潜之句,"羁鸟恋旧林,池鱼思故渊",最足以写出此困顿之情。对此困境,我们最本能的反应便为逃避,寻找与本性相适的环境,"守拙归园田",然何适而非此,"无所逃于天地之间"。问题的根源不但在于所处之环境,而在于我们同化之心境,心已撄之,内将自乱,不待物诱乃然。所以,拯救的方式,在于不择地而安,唯有通过走向至人之道德的纯全修养来实现,或者说,至人的最终境界,即致力于实现世界重新的统一或万物整体的自然性。

  任何对立分化都是相对的,故不能只是通过寻求一方之克服来消除这种相对。任何片面的克服,都不足以真正地克服这种对立,而必然在对待双方的共同融释中才能实现。

而且，任何有限的克服都不能对治此分裂之弊，唯有完全的克服，才能真正克服此弊。所以，孝不但是亲子双方的融释，还必然关联人类一切主体之存在及活动，必求得人类全体对立分化之融释。不然，任何局部之融释的实现，都将不彻底，真正的忘也无法达到。因而，局部的或暂时的忘的实现，是一种矛盾或错误的说法。没有局部的忘的实现，而只有全体的最终的忘的实现。不然，一切程度不同之忘，皆仍具有相对意义，其对待之根基犹存而未亡。故必求至德，至德乃至忘之境也。同时，我们还应理会，这种忘与病理之忘不同：一方面，病理之忘，有所忘，有所不忘，并非人之有为意识之完全解除；一方面，庄子之忘或作为哲学意义之忘，乃一种精神境界的转化，为对人类有为动机之瓦解，而非对事物之自然关联之解除，如亲者使不亲，而在于使亲者忘其亲而至亲。

就忘的实现来说，有难有易，我们可以设定不同的考察角度，或从相对的逻辑意义上来分析忘的可能秩序，同时作为忘的程度的检验标准。就忘来说，自我主观上的改变是相对容易调节的，这取决于自我，故忘亲为易。然亲为一相互之关系，忘亲亦为一相对之效果。使亲忘我，一方面可以作为我忘亲的延伸，一方面又可以作为我忘亲之效果的检验。就忘亲来说，不但我之主观忘亲为其效果，使亲忘我亦为其效果之一分，或为其充分效果。当未能使亲忘我之际，不但于亲一方面是未洽适的，于我忘亲之实现亦表明是不充分的。也即，忘亲必当是我忘亲与使亲忘我之同时实现，不然所谓之忘亲，要么从本质上是不可能之事，要么即为有限定之事。

在这一节，庄子提示了我们如下的观念：一方面不但应注意道德的动机，还应注意道德的效果；一方面，道德的较高境界及最高境界，并非从单一的效果来认证，而是从双向的、全面的效果来加以确证。在人的效果比在我的效果，更为深远，也更值得作为道德境界的判断标准。道德的价值不单在于自我之满足，而体现在对他性、对物性当中，处物而适，乃成其德；如欲处物而适，则必使物我俱得其适。故道德可以说是因物适己，使物适己，内求于己。

这一点，跟儒家的代表孟子的主张有相近之处。孟子谓："君子以仁存心，以礼存心。仁者爱人，有礼者敬人。爱人者，人恒爱之；敬人者，人恒敬之。"（《孟子·离娄下》）又曰："爱人不亲反其仁，治人不治反其智，礼人不答反其敬。行有不得者，皆反求诸己，其身正而天下归之。"（《孟子·离娄上》）儒、道两家对于道德上之在他效果的共同重视，并不只是提供一重对内在道德浅深的检验，其所揭示者正是道德的本质，即使是道家，也并没有背离道德的本质——"修己以安人"(《论语·宪问》)。不修于己则无德,不安于人则无德。

本节亦可谓为庄子之德充符也。

四、"夫德遗尧舜而不为也"一段

本段文字为末节,进一步说明道家之道德义,并直接批评儒家之仁义道德观念,可视为庄子论证之第三重。

(七)"夫德遗尧舜而不为也"

"夫德遗尧舜而不为也,利泽施于万世,天下莫知也。"道家并非无成德之心与利物之心,只是对于德、利的理解与儒家或世俗不同。就此两句来说,我们宜于从后句起解。万世,与当世或目前相对,此言利泽之小大。道家不主张于目前之利,一一计较之,精明以稽察之,欲毫发无遗。此种利益,人人共见,人人共逐,非有可尚,亦不能久,力疲而止,竭泽而亡。其所追求者,为万世长久之利,此利又非物欲之满足,而乃人生之安乐,尽性之事也。老子谓:"名与身孰亲?身与货孰多?"(《老子》第四十四章)聚宝货,积名誉,未及全身尽性之利为大。人以生身为本,生身以尽性为贵,尽性以安常为要。欲过其性,则性累于欲,日逐利而不失,然性则困苶矣。故逐当世之利而日劳,虽一岁而惶怵;求尽性之利乃日逸,虽万世且无弊。此所谓"日计之而不足,岁计之而有余"(《庚桑楚》),不察察以为生,不苛苛以为政,人损其所余,而饶其所性也。顺性之利,出于自然,成于固有,故曰"天下莫知"。为天下之大利者,不使天下知其利。

明此,前句"德遗尧舜而不为也"则可解而不误。遗者,迈也,过也。此非谓德过尧舜而故收敛不为其事,乃谓其所成德,远迈尧舜而若无所为,尧舜之德业有为者不及于是也。"不为",人不见其为,犹"莫知"而人不见其利也。如是,其所为德乃为大德,其所生利乃为大利,非太息于世道之不淑,而肆力以"言仁孝",以救其人人可见之害,行其日渐之德,逐于日成之利而已。此有为为之,所动者人之耳目,所乱者人之心思,小计之而有余,大计之而不足,利害俱进,而相摩荡于无穷,万世不见其止也。

庄子在此特提出"不为",与无为相当。道家之无为,特别是庄子之无为观念,不可单从行为之虚静或无所作为来理解,更应从行为之动机来理解。无为主要之内涵为：无以为，无所为；亦即指行为不具有主观之积极欲求，不具有目的性、功利性之特征；再言之，无为，乃指合乎自然之自发行动，而非自觉意识（偏私而不可靠，或曰往往背天而动）引导下之行为。

自然具有存在之整体合理性，而意识唯具有在我之有限合理性。人类之自我意识，乃破坏自然之整体秩序的根本原因。

就道德而言，道德愈大，则其自我之意识愈弱，个体之独立欲求愈少，而愈能融合于自然之整体秩序当中。故这里言"德遗尧舜而不为"，行天地之正，而不夺物以己私也。

唯能顺应于自然之整体秩序，乃能发挥或实现自然之整体利益。而当万物整体利益得其自然实现时，整体中之各别事物即自然实现其利益，而并不见有增助者。唯无为乃无不为，唯无利物之心，乃能利泽施于万世。

（八）"此皆自勉以役其德者也"

庄子哲学所提倡者，为道德上的绝对自然或完全自然。这种绝对或完全之自然，只有在不受到任何人为干预或侵扰之前提下，乃能保持，乃为有最大之利益，乃可造就至仁之境、至德之世。

儒家提倡以明确的仁义观念来树立人性，推行教化，维持社会，乃使道德沦为一种有限之相对德性，分化为差别而多样之解析德性。如此，则道德不断地被对象化，成为意识之观照物，成为欲念之追求物，从而根本地成为自我之外在对待物。道德行为于是变为出于特定动机之功利活动——对某目的物的追求，而非自发之纯粹活动。

故庄子在此严厉地批评儒家："夫孝悌仁义，忠信贞廉，此皆自勉以役其德者也，不足多也。"（《天运》）儒家对于人性不是单纯地顺任之，而必求诸自觉意识，或显示于知。其表现最突出者，即对于人性之不断的反省活动（孟子所谓对天所与我者之思），从而建立起丰富精密的名言系统及深具名教功能之礼乐传统。就道德而言，庄子哲学于达道、至德之外，别无表彰，儒家则广德之目，众儒之行，行有其德，德有其义，仁义有别也，孝悌有别也，忠信有别也，狷狂有别也，而其见于实行，别中又别，精义无穷，司马谈所谓"累世不能通其学，当年不能究其礼"（《史记·太史公自序（论六家要旨）》），而儒书所载孔子之言犹曰"悉数之乃留，更仆未可终也"（《礼记·儒行》），是诚汗漫矣。

今庄子所举者，"孝悌仁义，忠信贞廉"八端而已。孝悌固本于性也，忠信固益于德矣，然不辨则不明，不学则不知，其果为合性乎？其为离性乎？如是，仁义本人人所固有，人人所安行者，今乃立其名而严其义，终身学之而犹恐不及，是何其难也！又谓一朝自反而有余，又何其易也！本易也而难之，既难之而又易之，学之者恐难者既未易企，并易者亦疑惑而失之。于是，孝者反不识于孝，仁者反不解于仁，识者解者徒能名之而不能有之，则学非无过也。其以所学当性欤？性者，良知、良能，天之所赋，不为而自然。学者所以反识而存性也，名者所以指约而得物也。恃名则物分于名，溺学则性歧于学。学虽名为存性，而性亦致用于学，此庄子所喻南行至郢以望冥山欤？行愈远而山愈失，学日深而性弥塞。此所谓"自勉以役其德者"也。

"自勉以役其德者"，勉者，勤苦也；役其德者，为孝悌仁义诸德所役使也；句言，人本好德，欲息其役，今乃勤勉以赴所德，如狂夫逐日，疾走而不及，又如尺棰取半，万世而不竭。为行于自囿之场，反剧其躬身之役，则所德者，不能息役而更为人役，役于所德与役于凡物，无二也。道德与自我之本质相分离，二者为求与所求之关系。故道德之本始状态，转变为自我被道德所役使之无穷困境，最终使道德之实现成为不可能。

然吾人须知，庄子所以批评儒家仁义之教者，皆于至德之高度言之，乃为终教，非权教。儒学内部亦有常教，有终教。常教者，教所不至，勉人于为善集义，此人生所居也；终教者，功极教成，达于至诚至圣，此理上有之也。权教不能无言，言而不能不正其名，欲人学于至道也，道非学不至，至则不学，虽庄子亦然。至于仁精义熟，道通德顺，乃不为而化矣。此理，到宋明理学，乃愈推愈出，阳明乃揭出"无善无恶"、本体工夫之说，于思辨之理大近矣。唯儒家要全得人道之善，道家要全得自然之天；善则可贞，天则无常；善乃磨而愈精，天乃忘而切近。自然者，因物以相适；仁善者，利物以怀之；俱天下之通德而周行无悖者也。

（九）"道不渝"

我们欲理解"至贵，国爵并焉"以下数句之意，当承"夫孝悌仁义"一句来讲。何者？孝悌仁义、忠信贞廉，此德之分目也；德分故人勤于辩论，以习其异同之际，乃反为德役。如是，役人者，非至德也，其德不足以合众德而一之也。若至德则不然，不名一德，而孝悌仁义俱存于是，无劳斤斤之辨。仿下文句式言之，则：至德，众德并焉。

"至贵"以下数句，皆承此而言。至贵，国爵统于是而无外，贵无上也，无遗贵也。并，无外之意。至富，则国财总于是，富无过也，无漏财也。至愿，则名誉无不归之，小大兼收之。愿者，望也，心所归为愿，德高望重，名誉乃归。

关于"道不渝"的理解。渝，变也。不渝，不变也，一也。在这里，道不渝，等同于至道不渝。道则至也，不言至而至意自在。此句又可作：至道，物情一焉。

道之所以不渝，乃在于道大无外。而仁义之异于道，则在于其为相对性之道德。故仁有不仁，义有不义。以此仁观之，则物之非是者则为不仁；以此义观之，则物之非是者即成不义。故《齐物论》言："自我观之，仁义之端，是非之涂，樊然淆乱，吾恶能知其辩！"樊然淆乱，即表示渝之义。凡不具有最高之绝对性者，皆相对之物，而必入于樊然淆乱之途而可渝。

故道之所以不渝，即在其整全唯一性，或曰其不可分别性，未始出于冥（山）也。冥（山）者，天也。天（自然）无南北，则虽行远而未始出其宗，何往非冥？以人不忘其知，故与道睽。所以不渝于道者，忘而已；不能忘道，其又将自勉以役于道。道者，无役而已；无役，解物倒悬而已。

第18节 《在宥》选读：云将东游章

云将东游，过扶摇之枝，而适遭鸿蒙，鸿蒙方将拊脾雀跃而游。云将见之，倘然止，贽然立，曰："叟何人邪？叟何为此？"鸿蒙拊脾雀跃不辍，对云将曰："游。"

云将曰："朕愿有问也。"鸿蒙仰而视云将曰："吁！"云将曰："天气不和，地气郁结，六气不调，四时不节。今我愿合六气之精，以育群生，为之奈何？"鸿蒙拊脾雀跃掉头曰："吾弗知，吾弗知。"云将不得问。

又三年，东游，过有宋之野，而适遭鸿蒙。云将大喜，行趋而进曰："天忘朕邪？天忘朕邪？"再拜稽首，愿闻于鸿蒙。鸿蒙曰："浮游不知所求，猖狂不知所往。游者鞅掌，以观无妄。朕又何知！"云将曰："朕也自以为猖狂，而百姓随予所往，朕也不得已于民。今则民之放也，愿闻一言。"

鸿蒙曰："乱天之经，逆物之情，玄天弗成。解兽之群，而鸟皆夜鸣，灾及草木，祸及止虫。意！治人之过也。"云将曰："然则吾奈何？"鸿蒙曰："意！毒哉！仙仙乎归矣！"

云将曰："吾遇天难,愿闻一言。"鸿蒙曰："意!心养。汝徒处无为,而物自化。堕尔形体,吐尔聪明,伦与物忘,大同乎涬溟,解心释神,莫然无魂。万物云云,各复其根。各复其根而不知,浑浑沌沌,终身不离。若彼知之,乃是离之。无问其名,无窥其情,物故自生。"

云将曰："天降朕以德,示朕以默。躬身求之,乃今也得。"再拜稽首,起辞而行。

本章言云将东游,再遇鸿蒙而再求问之事。其文大奇,又非单言可尽,必句句而解之,方乃见之。有学者以为"辞义皆浅俗",不知其何当也。

于事、理而言,本章可注意者:一为言"游"之事,一为言治天下之事。于游也,文中作两种游,两种游又作两段游,此其写事之脉络。吾人读之,乃于庄学之游义,可别作一番深会。于治天下之事,庄子书中不少言之,本书未尝专及之,有之,即以本章为代表。而本章虽为言治天下之道,却又就君人者掠开一笔,以云之润泽天下寓言之。本书虽至此方展示庄子之治天下之道,而实已章章言之矣。何者?至德无外,至道不渝,凡言道德者,无不怀之于身而通于万物,化行于天下,治身与治天下,成德与为政,不二事也。故至人往往以逃天下为迹,其将与天地为偶,以道德为栖,况于天下哉?唯至德之人,乃可以怀天下,非治之而治,不治而治也。故《逍遥游》言"是其尘垢秕糠,将犹陶铸尧舜者也",《天运》言"其德遗尧舜而不为也"。至德之人,天下其绪余也,又何足任哉?以天下为任,犹"皆自勉以役其德",天下复成一物而役我,役我则德不全而天下反愈不治。此其理也。

一、"云将东游"一段

(一)名相之理会

本章既为寓言,凡名物都不可指实论之,然庄子之取义非苟,吾人又须细心以体之。其度在于适可而止,不能漫不经心,等闲视之,亦不能自同于索隐射覆,迂而诡也。

先观"云将""鸿蒙"之义。此二者为本章之主角。"云将东游",如乍观之,则"云"为主语,"将"为副词,"东游"为谓语,"将"字如"鸿蒙方将"之"将"。然在此,"云将"为名,合作主语。又已"过扶摇之枝",则非将矣。故此为云将游而遇鸿蒙,以见云将为主而鸿蒙为客。

考"云将"之义，古说皆以为云之主将或主帅，释"将"为主、帅。钟泰先生以为云行，将犹行。云将本为名，但指示其人，不必问义，故说无不可。味"云将""鸿蒙"之取名，皆天地自然之象，此之言云，犹别处言风，皆就风云之常态而言，不必特选其主帅，况风云之主帅何在？古书有云神、云师，楚辞多言之，如屈原"云中君"，王逸注以为："云中君，云神，丰隆也，一曰屏翳。"而"云将"仅此一见，后人以下文言主治天下，故以主言之，此望文生义。屈子取为人格神，庄子只取其自然风物之象而拟人寓言而已，此正庄子之超越处，不以世俗天帝、神怪为说也。又以云将为云行，其于"云将东游"，游即行也，义有复欤？

吾人倘不欲深求，舍之不论，但作云解，可也；如求备于说，云将，将，持也，又"与人偕来之众"之偕也。云将，言云有形可象，上下升降，氤氲水气，有所负载也。又，云介于有形、无形之间，有形不如草木土石之僵固，无形不如风之清虚，物之飘移聚散不定，动而无系，然不能无迹，有无之间，故特以"将"言之。谓云者有持不尽，暗喻人心有怀内藏，非同于世俗之知乱欲蠢，又未达于至人之虚无有也。又进而言之，云将，以其不能至虚无形，故动而有方，将者，动之几也，行所向也。云行虽不定，然不能无东西南北之方。故《秋水》言"无南无北，奭然四解，沦于不测；无东无西，始于玄冥，反于大通"，以无方为至，无方者，无所将也，又《天运》所谓"动于无方，居于窈冥"是也，云未能如是。以是，吾人读本章，于所言方向之词，与其所适用之人，应加注意。

鸿蒙，生物之初也，无将无方者也。旧说多作元气解，初或以为此执宇宙论上之观念以坐之，不如以境界论言之为当，实不然。以鸿蒙为元气，此既合常训，又合本文，甚的当，待下言之。对于鸿蒙之理解，文初有两项提示。其一，云将东游而遇鸿蒙，则鸿蒙在东方。鸿蒙所以在东方者，日出东方，大明始耀，当其未出而蓄之者，即鸿蒙，犹《易》言"明夷"，又如《齐物论》所言圣人之图耀、"以明"，又即庄书之"玄冥"。则鸿蒙者，含光内景，幽冥恍惚之况也。玄冥，多言北极，鸿蒙则大抵东极之谓，皆指极境而言，又如"冥山""玄水"之譬。其二，文言"过扶摇之枝"，既以枝言，则扶摇为木。《山海经》言"汤谷上有扶桑，十日所浴"（《山海经·海外东经》，则久来相传汤谷为日出之地，汤谷、扶桑、日出皆表极东之所，数者并为相关联之物象。是以，扶摇与东方有关，即指扶桑，为东方神木。言"过扶摇之枝"者，有两用意：其一，暗应云飘扬在上意；其二，表扶摇所植为鸿蒙所居之处，故过而即遇之，如《知北游》言："知北游于玄水之上，登隐分之丘，而适遭无为谓焉"。又，扶摇乃兼（或本）形容神木之词，状其盘旋直上、高大凌云意。

关于云将、鸿蒙作为寓象而言，有双重性，即：一方面被适度人物化，如言鸿蒙"拊髀雀跃"，以"叟何人"为问，"行进而趋"，"再拜稽首"等，其动态多为人的特征；一方面，又有其本来之物性，且其语言唯多从其本身之特征出发，乃易于理解。两方面比较而言，应尤以后者为重，前者之描写，乃使行文生动，后者之论说，乃切于文理。此与埳井之蛙一寓言不同，后者虽假设井蛙与海鳖之语言，然仍写其本态之生活，此则参差人、物之间。以是，吾人不当惑其为假设二人物之对话，云将如尧，鸿蒙如许由，而当解其实取自然之二物以寓不同境界之交涉。也只有能解此意，才能见本文刻画下语，句句贴趁云将与鸿蒙而来，便有十分之妙也。

"拊髀雀跃"，言鸿蒙之至乐也。乐自内发，欢以忘形，其充实不可以已，而非有欲于外也。"拊髀雀跃"凡三言之，在本章之用意极深，犹《大宗师》三及"嗟乎！夫造物者又将以予为此拘拘也"。吾人于此，略分析之。初言"拊髀雀跃"者，乃鸿蒙方将出游之时。鸿蒙之出游，必与云将之游有别。其见于文者，云将为"东游"，游有方也，虽游有方，其遇鸿蒙乃"适遭"，非所期也；鸿蒙则但言"而游"，不言其方，本无方也，又初不以遇为意，是不见所遇也。然可置疑者，鸿蒙何以出游？其如云将有意向方而动乎？其所以异于云将者何在？"鸿蒙方将拊髀雀跃而游"，告之矣。此不言"鸿蒙方将出游，拊髀雀跃"，而言"鸿蒙方将拊髀雀跃而游"，此文理大不同。前者以游而欢，后者因欢而游，此又如庖丁"提刀而立，为之四顾，为之踌躇满志"，志气饱满，神使之动也。文中凡三言之者，既为对鸿蒙形态之随时传写，又为对其境界之隐含验证，所以见鸿蒙之无变于己、无改于内也。此即上章"道不渝"之旨。

"倘然止，贽然立"，倘然，适然也，莫知其来，不自禁也；贽然，敬立之貌；二词皆表示不知其然而然意。句谓，云将意未止而行自止，意未贽立而自贽立，已于不知不觉间受鸿蒙之化矣。"叟何人邪？叟何为此？"先之以行，后之以言，不识其人，不识其为，故问。同为游也，云将如此，鸿蒙为彼，己既亲为，而于彼竟不识，则其境界判矣。"鸿蒙拊髀雀跃不辍"，行不失己也；"对云将曰"，顺其所遇也。云将贽立，为遇所动；鸿蒙不辍，不留于遇也。

此处，最可注意者，为鸿蒙所对"游"之一字。鸿蒙对云将之问，不言之东，不言之西，不言何之，唯一游字，虽不免于有言，然可谓言而至简矣。此处庄子所以欲使鸿蒙有言者，乃明"游"义。不言，则不能正应云将之东游，又不能资云将之启沃。下文云将所以愿有问者，未尝非于此一字之言，反身而悟，知鸿蒙为有道之士而可师。于"游"也，有所修饰则有所辨彰，无所修饰则意蕴浑然而素朴不凿，有言而不失其言也。其意若曰"游者游而已"，或曰"游即游也"。于今日言之，则为形式之同一关系，即物是其自身。游之为游，无所为而行也，无为乃得其真，有所欲为，彰其行迹，则非游矣。庄子所以取云以言游者，正以云气天然最富游态，无根而动，悠然清徐，飘忽不定，然云究为有形有迹、可识可察之物，如风，虽列子御之，旬又五日而后返，其功有限。故庄子乃别标鸿蒙一境，以示真游。于此也，云将有游之名而无其真，鸿蒙有其实而无事于名，虽吐以成言，犹强字曰"道"，不失其仿佛也。

又，于此"游"字，尚应别作深会，非但与云将较量其"游"之孰真孰欠，而有本体之意义。我们切不可视"游"为一专名专行，以外出之旅行为游。凡行皆可为游也，游字为活动之表示，又为境界之表示，有是境界之行，即可为游。庄子之学或其道德所期者，化吾人之行为游也。游者，或静以居，或动而漫衍，无不可，其行为乃具最广之开放性，无不可之也，而又无所之也。无不可之者，"以游无穷"也，"游乎四海之外"也，"游乎天地之一气"也；又无所之者，"行不知所往，处不知所持"（《知北游》），"行不知所之，居不知所为，与物委蛇而同其波"（《庚桑楚》），是无心而往，动于天机，行其自然也。以真游则无方（方，向也）不可，以不真游，则其愈远涉于游愈不可。天地之间，无存非物（凡有皆可名，指而物之），无物非行（动静之迹也），道至德全，则无行非游也。故游者，无心而动，人生之真态，天行之本体，物大得其自然之谓也。则游者，道德之实象；道德者，游之理境；倘能释心而游，则道德在是矣。

二、"朕愿有问"一段

（二）"我愿合六气之精，以育群生"

朕，我之自称，非朕兆之朕。云将此愿有问，与前何人、何为之问不同，前者不识之言，此乃有所识而后问。则于伫立谈言之顷，云将已知服于鸿蒙，亦具卓识。"鸿蒙仰而视云将曰：'吁！'"，仰而视者，云行在上，又应云而言，笔笔不失物性；吁，闻问若惊，口出长声，深叹之辞，弗善之意，而不入于言理也。

云将不顾鸿蒙之意，而强聒言之。其所言曰："天气不和，地气郁结，六气不调，四时不节。今我愿合六气之精，以育群生，为之奈何？"此又句句道着云事。何者？云者，升腾于天地之间，地气上升，天气下沉，聚合生云，云者蒸化于天地之气者也。如谓云将为人间之君主，则所言诸事，皆与相远，天道之运，非人君之务也。故此数语，必扣云性，方可解得确切。

（三）"愿合六气之精，以育群生"

古人于天地万物之根本构成，乃以气表示之。气者，物之精也。物必有精而后成。物之成形，其粗也；物之所以成形，其精也。精者，精微之质，所以成万物者也。故天地万物，小大精粗，无不通于一气。天气者，在天之气。地气者，在地之气。六气者，游布之气，成玄英疏作："阴、阳、风、雨、晦、明，此六气也。"《逍遥游》言"乘天地之正，而御六气之辩，以游无穷者"，与本处云将前三语正相应。其言"天地"犹此言"天气""地气"，天地皆本于气也，又气性本动，上下无不之，故虽天地无时非动而可乘；六气者，则前后同指，据"御六气之辩"可游无穷，则六气实充塞宇宙，与天地之气无异，但细分之而已。四时者，天地之气、六气运行之节律也，四时实亦以气变言之。

由是，我们可得：四时者，六气之周运也；六气者，天地二气之分化也；天地二气，本于一气也。云将所言者，始于天地之分气，而未言气始。则气始何在？一气也。一气何气？元气也，鸿蒙即元气。如是，吾人乃大悟鸿蒙之为物。于文初，吾人但知云将、鸿蒙为取象自然，于鸿蒙唯知为东方之物，无迹无方。今睹天气、地气、六气，乃恍然识得，此文通篇之眼，在一"气"字，而"气"字之要又在一"游"字。天下之善游，未有过于气者。云，亦气也，但云虽成物，亦为气之所成，不如鸿蒙为万物之元气，元气者，万物之生气也。东方，生物之方，元气所居，此又庄子所以欲云将遇之而设为东游之意。

云气往来于天地之间，关通乎天地之气与六气，然其亦天地之一气而已，乃见"天气不和，地气郁结，六气不调，四时不节"，而欲有为于其间以燮理之。则吾人须问，天地、六气之"不和""不调"，所谓何事？而和、调，又所谓何事？天地六气果不和、不调与否？倘天地、六气果不和、不调，谁能调和节理之？云将奋发自言"今我愿合六气之精，以育群生"，其志则伟矣，其事则悖也。此所谓以小谋大。古今之任事者，不但凭于虚勇，尤在明于道理。其所务愈下，则不惮于变故乱常，其动愈促，为效愈速，智力以驱之也；而所务愈上，则谨于变不失性，其行若迟，为效愈远，德和以化之也，所谓"利泽施于万世，天下莫知"。

于云将后语，我们应注意一"愿"字，而又当归重于一"我"字。我之所愿者，在我而以为然。其然与否，乃当于我之意而未必当于物之情。又，愿则生事，为则生效，或害或利，而事变夥而万物挠。何以然？知所不能尽，力所不能及也。知寡任众则乱群，力微任巨则伤生，则万物群聚奔走号呼相救而不暇矣。天人不侔，其甚哉！吾人之欲有为，非出于兴利，则出于除害，非出于为己，则出于为人，然无不根结于"我愿"，我愿复出于我见，无论为己与为人，我见辄狭矣。有为其出于知之必要者多，而能合于物情之必要者少，知其然而未必知其不然，见以为不然而未必通其固然，则所以兴利者乃或兴害，所以除害者乃或益害。则我愿之心，殆哉！

（四）"云将不得问"

鸿蒙闻问已吁之，不欲以有心之言渎耳，今乃以愿合六气以育群生为问，于鸿蒙视之，悖道求治，所问愈卑，必以为不祥之言。文中述其反应曰："鸿蒙拊髀雀跃掉头曰：'吾弗知，吾弗知。'"鸿蒙一面拊髀雀跃犹故，而一面掉头自行，不复顾之，又一面告之曰"吾弗知，吾弗知"。无应实难，应之亦非，此处最难处当。庄子用一种极合分寸之语言来描述鸿蒙之回应，此吾人所应体会者。"拊髀雀跃"，为鸿蒙之本态，如一符号标记，具此，便本态不失。掉头者，头反正而前行也，又应"仰而视"，此所谓"怛化"欤？又过于"吁"之也。鸿蒙虽为浑灏之元气，然此不能不假设其言，故乃有应。吾人不可于此求疵于鸿蒙，意当见云将之昧道而唐突其问，故道离之，不与作答也。尧让天下于许由，许由逃之，云将以育群生为问，鸿蒙掉头独行，事类也。

"吾弗知"，鸿蒙两言之，以却云将之问，而又见鸿蒙避之唯恐不及之情态。"吾弗知"者，乃鸿蒙真诚直率之回答，非故为推塞之词，对于育群生之道，彼实无所知；其无所知，又以此种可操可授之道，乃并不曾有之，不能有之，求之者妄测也。则于弗知之中，又可引申出不可其求之意，非吾不知，本无有也，夫又何问何求？鸿蒙，即施气而育群生者也，鸿蒙生之畜之而不知其道，则是诚无有其道，又孰能识之？然吾人须辨，鸿蒙所不识者，正庄子所欲吾人识者。不识不知，万物自然，此即是道；有识有知，人主之者，谓道非道也。

"云将不得问。"有问有答，此事之常。问而不合，此亦其常。然问而不得，此义甚别。不得者，或不得所问之义，或问而不能施其问，此问而不能施其问，问无所入也。然问而不当，教之可也，何以不得其问？以答无可答，非所宜答，故不能强答。详此处不得问之意，以直接而言，鸿蒙掉头而行，人既去而不得问；以所应语而言，既言"吾弗知"，则不得所问。然鸿蒙究竟非无所答（指有所言），虽从表面观之，为拒绝其问，然云将所欲问者，实不外于是。何以言之？"吾弗知"者，不可作答云将所问观之，亦不可谓非答其所问，鸿蒙所有者"吾弗知"而已，此自述其诚也。吾人以有成之心视之，所求有在，故为不得所问；倘以吾人所诚当求者视之，则所问在是矣，吾人以告为告，而不知以不告为告，故反不识得，当面错过。鸿蒙一语，断得两家下落分明，问不识答，答不识问，知者弗得，得者弗知。妙哉！然此处犹含蓄，待二者再遇，则鸿蒙乃为详说，虽详说之，不外于弗知之告而已。

三、"又三年"一段

本段落乃言云将三年后再遇鸿蒙，而殷勤备至以求教的场景。其主要之用意，在显示云将三年以来境界之变化，吾人当着意体会。

（五）"又三年，东游"

"又三年"者，此所以给予云将以反思与反修之余地。道不可一言而悟，悟不可一发而尽，尽不可一行而修，必日渐月磨，乃有所成。此如庖丁三年之后，方能未尝见全牛，又如颜回修之有日而后忘礼乐，又修之有日乃能坐忘。又，三年等数，皆拟言，如人实修，或终身未及一境，长短未有定期，要非日久不能，不可漫以为容易。此三年之内，云将何思何修？鸿蒙之教也。云将初不识得鸿蒙之意，乃以为不得问，既归而思之，始有所悟，既有所悟，乃心加敬。

"东游"者，似与初言"东游"无异，然二者已自不同。初言东游，乃漫然而游，虽或意有所取，与今者必不同。何以言之？初未遇鸿蒙，今已遇鸿蒙；初东而不必东，不期于鸿蒙，今于云将而言，乃必将东，期遇鸿蒙而访问焉。初遇鸿蒙不知问而不得问，今云将以为知问而可问矣；初遇鸿蒙不识其人，今以为已识而当求益也。此其所以为东游之行。故下又遇鸿蒙之时，云将大喜，喜得所期也。于是，两次"适遇鸿蒙"之意亦随之不同。初遇者，云将不期于遇而适遇；再遇者，云将怀期而适遇。怀期而犹可以为适遇乎？云将虽怀所期，而不能必其所期，是期与不期，俱不能必其志也。不能必而遇，故为适遇。凡期之在人，遇不遇无不在适。况先言鸿蒙亦拊髀雀跃而游乎？二者相遇于"有宋之野"，亦明适遇之意。

云将之言行尤有可觇者。首先，其礼容最为醒目，足见云将卑躬尽敬之意。既见鸿蒙，乃"行趋而进"，趋者，小步快行，多见于臣之朝君；既进所言，又"再拜稽首"。此皆礼之重者。礼以表敬，礼愈重则敬愈深也。又云将对鸿蒙之称谓，亦可注意，乃由"叟"而奉之以"天"。"叟何人邪？叟何为此？"叟，老者之称，相与尔我之际，敬无殊于常夫。今一则曰："天忘朕邪？"再则曰："天忘朕邪？"与鸿蒙初曰："吾弗知，吾弗知！"相映成趣。天者，至极之称也。天忘朕邪者，天无心也；再言之者，见其情欢喜殷切也。庄子行文，字有重叠之法，句亦有重叠之法，以申重其意。于此，我们可见，云将初所以慢鸿蒙者，不识鸿蒙也；今而极尊事者，已深识鸿蒙也。其所以识鸿蒙，在既见之后，再见之前，三年之内也。由此，我们亦可反念，鸿蒙初拊髀雀跃，非但云将不足以识之，而其能使常人不可识之也。故唯有道者可以识道，唯尽道者可以有道，他者虽在目前，无能识也。今云将与道近矣，然犹在若存若亡之际。又，尊鸿蒙为天，为诣为真耶？鸿蒙，元气，生物之祖，天地犹在其所生之内，故天非诣而实当，鸿蒙即天也。此天，非天地之天，而为生物自然之天，犹言造化、造物。凡同天者，亦可名天。

又可注意者，云将此番重遇鸿蒙，其心虽殷切，然不复以问渎之，不复以育群生之术怛之矣。故文中但曰"再拜稽首，愿闻于鸿蒙"。云将所以愿有闻者，期以能告不能，以有道教无道也。然彼知道不可以问问之，故不以问问，而以请请。自此至章末，云将遂无一自我而问之语（下"然则无奈何"，乃承以反问语，非自出问也），一则曰"愿闻"，再则曰"愿闻"而已，不为主而为客也。庄子之笔，诚毫发之微而不舍，无言不贯，玲珑剔透，如物天成。

（六）"今则民之放也"

甲、"游者鞅掌，以观无妄"

云将愿闻于鸿蒙，鸿蒙即有所告之。吾人当思，鸿蒙何以昔不告而今告？又，今之所告异于昔之所不告否？

吾人上文已分析，三年之后之云将已非此前之云将。昔者叟之，今则天之，是心下也；昔者以问问之，今也则知不问矣，是近道也。心躁智昏，与道相去，故道亦捐之；心下近道，故道亦近之而不相远。是以昔不宜深言，今则宜之。

鸿蒙之言曰："浮游不知所求，猖狂不知所在。游者鞅掌，以观无妄。朕又何知！"此犹就鸿蒙自身上说，如道之自况，非正应云将。自云将视之，犹未得问也。

此中应注意对"浮游"与"猖狂"二词之理解。而对于此二词之理解，又应根据"不知所求""不知所在"二义。就此二义来说，其根本又在于"不知"一语。求者、在者，知所欲知也。知则有能有所：知者，能知也；所欲所求，则所知也。是则知不能无所知，有所知则有所欲求。所求，物也；所在，地也；此二者，非知无以明之。唯不知，则行而无所求，是为浮游；唯不知所在，则动而无地，是为猖狂。浮游、猖狂，皆同义复合词，浮即游，猖即狂，皆表无心、无常之义，而浮游偏言其动态，猖狂偏言其形态。同义互训，此读古书之一常法。古人解字简要，往往以单字同义者相训，或同音者转训，亦可谓古人成法。猖狂之义与今言大别，今为放肆无惮惧义，庄文则取无心质朴，形体无拘，不被俗教之义；可与印证者，即"拊髀雀跃"，可与反证者，即"行趋而进""再拜稽首"。鸿蒙游于形骸之外，云将犹相与于形骸之内也。

鞅掌，事物纷纭众多，往来交错之貌。无妄，万物并行不悖，并育无害，动而顺理之谓。此"无妄"二字，最宜体会。鞅掌者，物相也；无妄者，实相也。世俗所见者，鞅掌而乱也，故欲从而治之；有道者所见，虽纷乱而有理，《中庸》所谓"万物并育而不相害，道并行而不相悖"也，又《易·系辞传上》所云"言天下之至赜而不可恶也，言天下之至动而不可乱也"。所以无妄者，天行也；天行者，天理也；天理者，自然也，自然而然，无为而自化，无施而自均，无治而自和，不待于人者也。

以万物虽鞅掌而无妄，故鸿蒙言"游者鞅掌，以观无妄"，者，通诸，之于也。此处可注意者，所用"游""观"字样。游者，无事也；观者，无与也。老子曰："万物并作，吾以观其复。"（《老子》第十六章）万物并作，鞅掌也；观其复，观物无妄也，复者，无妄而有常，即道理也。老子特发明观物之义，庄子特发明游物之义，此则合游、观而俱显之矣。吾人于道家之学，如拈字为宗，则天字而外，其最要者无过于观与游乎？观以为工夫也，游以为境界也；观见天道，识其无妄，则可以消愿有为之心，无事而游矣；既能无事而游心，则随往而观见无妄，天理流行，万物自然，乐何若也！大哉，"神而不可不为者，天也。故圣人观于天而不助"（《在宥》）。助天而治，则以妄行于无妄，无妄则妄，治乃始乱也。于此，吾人愈可识得不助于天，无为于人，乃游之本义。观物最见道家之法门，游物最见庄学之气质。此二者老庄之神髓也。

此而后，北宋儒学又最见得天理流行之妙，故亦最得观见天理流行之乐。如程伯子（颢）"云淡风轻近午天，望花随柳过前川"（《二程文集·偶成》），此其身得游、观之趣；又言"万物静观皆自得，四时佳兴与人同"，此其亲得观物之理。邵尧夫（雍）作《击壤集》，自序曰"伊川翁自乐之诗也，非唯自乐，又能乐时，与万物之自得也"，又谓"况观物之乐复有万万者焉"。诚哉！二人识得感时观物之乐，既乐物之自得（其理），又自得其（心性之）乐。当此，自然流行即理，体之而见，不必更发明其理为若何之理也。北宋理学自濂溪（周敦颐）启之，大程与邵雍推扩之，以乐天（理）之心为学为人，开得儒学好乐一境，此最与庄子哲学之气味投合，亦最到儒学与庄学难辨处。理学之兴，其与庄子之渊源必有在也。此中国哲学儒、道合流之一大枢机乎？

到此，我们又可反而识得云将初见鸿蒙所言"天气不和，……。今我愿合六气之精，以育群生，为之奈何"之妄。鞅掌者，"天气不和，地气郁结，六气不调，四时不节"也。云将视天地自然之行为有妄，此以私意观之，非以天地大通之道观之。以天道观之，则不和乃和，不调乃调，不节乃节也。六气本自合，群生本自育，不待人和合之而后育。如此，则物本无妄，欲干物而纲纪之者，人心之妄也。

鸿蒙之言，最后复归于"朕又何知"。何知者，弗知也，既不见群生之妄，又不见治之之术，但无事而浮游而已。己之浮游，亦不知而自然，非怀知而游。此又暗示云将之游为持知而游也。

本章之中，吾人所最可注意者在于鸿蒙前后之言，其所言前后详略各有变化，然自始至终所表示者，皆在无知或不可于知之意。全章粗疏之线索在二者之两次相遇，然精致之线索则在鸿蒙语言之前后变化，或曰逐渐展开其义理之过程。吾人略连贯之。鸿蒙初言一"游"字而已，则宗旨已标，然凡夫不识，亦不急于令人识；再言一"吁"字，乃微不可于用问，问答者，对扬以知也；再则连言"无弗知"，则明示以无知，此言弗知，即释游义也；再则言"浮游"以下数句，文加详，理加明，而揭出"游者鞅掌，以观无妄"，又合游与知而通之；下则言"乱天之经"一段，乃反言用知之过；下则劝归，令无事于求知；末则言之綦详，仍不过诠解"各复其根而不知"之意而已。如此，本章之主题，其叙述者在游之事，其对治者在治人之过，其所本者在弗知之理也。三者又或隐或显，内在关联，相互发明，义本一体：游则弗知，弗知则不治；治则用知，用知则弗游。此亦庄子行文之常法，先标其义，而又姑使之含蓄收藏，下乃逐机详阐，步步发明，或正言之，或反言之，理穷而后已，尤贵使人徐徐理会也。此读庄子之书，所以不可不并重其文法。

乙、"朕也不得已于民"

鸿蒙既自况己道，然后云将有所准衡，以述己德。其言曰："朕也自以为猖狂，而百姓随予所往，朕也不得已于民。今则民之放也，愿闻一言。"

"朕也自以为猖狂"，此言己东西南北无不之，可谓有猖狂之实矣，与鸿蒙本不相远。"而百姓随予所往"，云有雨泽之施，故百姓随往，此言非我欲百姓随我，而百姓自随我，故下言"朕也不得已于民"，意犹谓非我之过也。"今则民之放也"，放者，弃舍义，昔日不得已而治之，今为求道之故，又不得已而放舍百姓不顾也。云将欲以此表明自己向道之诚，昔所有者，今能无之，斋洁其心，可以受道矣。此为云将内在领会之变化。

"百姓随予所往"，此大可注意。"云无心以出岫"，云将谓"自以为猖狂"，非妄语。然其能行润泽荫护于民，故百姓随之。"百姓随予所往"，此表德之辞也。德者何？利物有施，民怀归也。世俗之有德者，能怀来百姓；民之归往，适为世俗有德之征，可以王天下也。王者，往也。然于老庄之道，特别是于庄子之道，此适相反。"商太宰问仁"章，尝言"使亲忘己难""使天下忘己难"，故至道者，非所以亲民，乃所以使民忘亲也。亲者，仁也，其本则在于父子之间，其推而广之，则在于天下之人。仁义之道，亲而有尊，然庄子之道所不事也。唯行于世俗仁义之德、亲亲之道，民乃知趋于王德之人，以德为招也；道家者，所以解散仁义，淡薄世利，使民自化而还于淳朴，忘德忘圣，不知所往也。故本处，"往（王）"与"放"二字之义，适相对照。王者，往也，集聚也。放者，遣也，解散也，与庄子"天放"义不侔，尤非仿效义。

于世俗观之，"百姓随予所往"固为大德，于至道观之，则虽可尚，而仍非至德。云将自以为猖狂，而不得已于百姓，然根本言之，非百姓之过，实自己之德行可踪迹，故使百姓往随。"羊肉不慕蚁，蚁慕羊肉，羊肉膻也。舜有膻行，百姓悦之，故三徙成都，至邓之墟而十有万家。"（《徐无鬼》）云将其有膻行欤？而彼不自知也。于此，可见百姓往随，与使天下忘亲，乃截然两重境界，云将诚有未逮。则其不得已于民，非德盛而不得已，乃德未至，可已而未能已也。以是观之，云将之"今则民之放"，又非果合于道真，执道之迹而已，其所以使民随之，与所以放民使勿随，用心一也。其使民随，有以迎之也；其使民放，有以将之也。其使民随，有为也；今其放民，缘有为又有为，已民而非所已也。彼固自以为近道而更远其情，彼固自以为猖狂，而未果猖狂也。猖狂者，无随无放，适其自然，岂一见以使随，一见而使放，以意为之哉？云将之放民，非出于至德，而有为为之也。

丙、"治人之过也"

由鸿蒙之猖狂，引出云将之猖狂，由云将之使民随，又引出鸿蒙对治人之批评。其言曰："乱天之经，逆物之情，玄天弗成。解兽之群，而鸟皆夜鸣，灾及草木，祸及止虫。意！治人之过也。" 在这里，鸿蒙则突出表明了有为与自然之冲突，人为之危害。"治人之过"，此本章之中心观念，亦可谓庄子哲学之根本为政理念。

"乱天之经，逆物之情。"乱，逆也。天，物之总名也，物（犹言万物），天之散称也。经者常也，常者理也；情者实也，实者性也（生而然者即性，故庄学性、情二字，有合言者，有言"性情"，有言"情性"者，有单言可通者，如《马蹄》"此马之真性"，即此所谓"物之情"，有并言而等者，如《则阳》"遁其天，离其性，减其情，亡其神"，数名皆表相等之观念，指实一也）；在天之常，即在物之性。故二句同义，又为总言。经、情，皆为庄子哲学之一般观念，可泛用于一切事物，情字之义较儒家喜怒哀乐之情为广。天自有其常，物固有其性，今以有为乱之矣。"玄天弗成"，玄与明对，用知则明，无知则玄，玄者，不知其然而自然也。天本玄也，言"玄天"，所以特突出其无知、无为义，以与治人之有知、有为相对。治者有为，与天道之玄而无为，正相反逆，故弗成之。弗成，犹不助不佑也。

"解兽之群，而鸟皆夜鸣，灾及草木，祸及止虫。"此"乱天之经"二句之解言，示其逆乱也。兽、鸟、草木、止虫，皆物也，天之所有也。"当是时（至德之世）也，山无蹊隧，泽无舟梁，万物群生，连属其乡，禽兽成群，草木遂长。"（《马蹄》）则庄子之理想，万物群生共处，相互连通，居无其界，禽兽不扰而成群，草木不伐而茂遂。物之所以成群者，以相亲也；草木所以遂长者，以无害也。如以知而治之者，则求去物之害（上文"不和""不调""不节"）而取其利。然于物情也，此之利或彼之害，此之害或彼之利，物无常利常害，又孰为利害之正以为顺治之则哉？则利害兴，智识黠，而物性乱矣。兽有相猜之心，失其亲而解其群；鸟有捕捉之惊，丧其安而夜乃鸣；风雨不时，荣枯无常，草木不能尽其年；颠簸惊惶，日乃数徙，止虫不能守其栖。所以言及于草木、止虫者，示灾祸无不遍也。万物一体，相与无赖，俱被灾害，以亡其适矣。

此皆"治人之过也"。治人者，有二义：其一，治于人，以事言；其二，犹治者，以人言。吾人首先可从文义勘定之。云将谓"今则民之放也"，表面欲顺无为之道，然心则未至，虽不敢以治道为问，所请仍意在于是。其与初见鸿蒙时之思想，虽有变化，于道仍望而未见，犹其故态。鸿蒙此处所言，似直承云将"猖狂"之语而来，实更合并其"天气不和"之初问，痛为抉发其病根，令无躲藏。则鸿蒙所斥者云将"愿合六气之精，以育群生"事也。故本处包鸟兽万物为说，非独百姓随行而已。如但言"治人"之事，不足以括其大，亦不足以应上文"愿合六气"事。故治人不当指事而言。观庄子书中责过之语，如"此亦治天下者之过也""此亦圣人之过也"（《马蹄》），"是上好知之过也"（《胠箧》），每责人为言，指斥行为之主体，俗所谓"天下本无事，庸人自扰之"。故此"治人之过"，亦当指人而言，祸自人起也，其较责事，为尤严厉。吾人所以以"治人"为事者，一者知寓言实为治人而发，一者乱其为寓言而径合人事，不知寓言必遵其法，切所寓为言也。"治人"虽不直斥云将，实即因云将而发，故所言"乱天之经"，皆合其"愿合六气之精"诸语，于世间治人者而言，并不适当。吾人始终须不忘扣住云将来解，方妙方合。然云将何以称"人"，此犹对鸿蒙称"叟"，又寓言所设，且所以责过于人也。

"然则无奈何？"此承鸿蒙之论而来，为反问而非正问。云将初率言"为之奈何"，今则知警矣。"然则无奈何？"犹言"然则必不可为乎"，依鸿蒙意，必导出此结论。"意！毒哉！仙仙乎归矣！"意同噫，叹词，有深忤意。"意，治人之过也"之"意"，因灾祸之惨酷，其情必已深重，此"意"较前"意"又更加重，若无可如何意味。吾人读书，其人之声色语气，虽文字无异，而轻重缓急，**必因境而变**，不可墨守。毒哉，钟先生于此体会较深，谓"责其问之无已，犹今云困窘人也"，然意若谓鸿蒙厌烦其屡问，又差一间。毒哉，必因云将之追问而发。鸿蒙已惨酷其害，明斥其过，厉告之已，极言若不可以加矣，而云将犹不能遂默尔无言，乃幡然追问，何其持心之笃而不可教也！故毒哉，非厌云将之渎问，当为深惜其成心之厚，悲悯其迷误之深，本当已而犹不已，若不可救药也，近于叔山无趾责孔子"彼何宾宾以学子为"，不能脱"己桎梏"，为"天刑之，安可解"（《德充符》）。

"仙仙乎归矣"，鸿蒙以为，至道在前，亲睹之而不见，微示之而不解，今琐屑与之言，可谓极矣，而犹存心屡问不已，彷徨别求之，可谓至道之言不能止于其耳，神圣之教不能入乎其心，非言可及，不必求无益也。不然，国能未得，故步转失，故劝其归。仙仙者，轻盈徐徐也，状云行之态。此言又若谓，今子犹不得大觉悟，子之不幸也，然又幸子而未觉悟，以时而归，尚可仙仙不失故态，如一旦介于闻与未闻之间，则若存若无，反重增疑惑，失其所安，虽欲守旧将不得矣。此"归矣"，可注意者：一者，其义；一者，其所指。归，当指返归之归，非归本之归，即事言，非即理言，故下云将言遇难，恳乞其言，可不必求深。此归矣者，当指云将而言，非鸿蒙自谓。其据有三：一，"仙仙乎归"，指云行之态，鸿蒙则"抚髀雀跃"而已；二，鸿蒙之游，浮游猖狂，不当言归；三，云将有东游之来，可言归，即此一点，尤可证，云将之再东游乃期访鸿蒙而来，故鸿蒙可劝其归。

四、"吾遇天难"一段

本章所归重在鸿蒙之言，而其响应皆自云将发来，二人一唱一和，乃交织成本章之文理，义理亦应机当物而偕出之，既自然，又亲切，既妙趣，又充沛，总总有应而发，发而无妄，问答交酬，道理澜翻，可惊可喜，可思可绎。如是，吾人初只作寓言观者，乃又顿然不可作寓言观，此不但为庄子哲理之演示，而尤为其教法之演示也。

吾人往往以为，古人远矣，其所存者文字而已，文字者其意、理而已，不识古人并其教法、学法而往往一并遗付于吾人，吾人如云将之当鸿蒙而不识欤？《论语》虽不能尽孔子之教法，而孔子之教法在是矣。《庄子》虽不足以尽庄子之教法，而庄子之教法在是矣。《论语》中多载孔子之独语，其与弟子问答之际，往往一问一答而止，要在夫子之言，其条理不可见，为吾人之憾。或儒家尚质尊师，贵言而有中于道，反而思之，体而行之，可矣，求真诚之益，无事于竞扬之辩，所以如此。孔子之教，不止于《论语》，庄子之教，可传者独《庄子》，而《庄子》足以传庄子矣。倘去门户之见，于师弟子之间，或有弟子之行迹，或忘其为师为友，非反复辩难，曲尽其疑，至于无惑而不止；其问皆肫切锐利之问，中节合窾，步步若不留余地，其答皆应机随化之答，熨帖而心悦，处处无矫揉之情，如道之自生自成。此也，放诸古今之间，不但答者为精，而问者亦精，善答且善问之典范，恐无以过于庄子矣。吾人或谓，此撰作之书，非日常之录。吾正以是而谓庄子为教学之典范，其不但欲使吾人通其说而已，尤欲使吾人知何以有其说，何以问乃为善问、善学也。其义理或隐，得其教法而按之，则虽隐而可详也。

诚哉！《学记》之言不我欺也！其言曰："善问者，如攻坚木，先其易者，后其节目，及其久也，相说以解；不善问者反此。善待问者，如撞钟，叩之以小者则小鸣，叩之以大者则大鸣，待其从容，然后尽其声；不善答问者反此。此皆进学之道也。记问之学，不足以为人师，必也听语乎？力不能问，然后语之；语之而不知，虽舍之可也。"（《礼记》）吾谓庄子自设问答，为弟子为师之地步，无不尽，《学记》之言诚当之而无愧！并儒家而言之，亦其优者也！庄子所以与《学记》之言若合符节者，以古今学术其理念或相径庭，而其所以为之之方则无不同，非学之问之不足以有学问，非如此以学以问亦不足以得所学所问。学问固志于道，而于学于问，复有其道，不可忽也。此古人为学所以必远近求师，贵于亲炙。何者？积学有疑，既愤且悱，因疑而问，师者应机对答，皆于内心真实处下其针砭启发之功，问不苟问，答不苟答，乃彼此俱有实益，为问可以不渎，师道可以不滥，岂必日抠衣执笔，形影相逐，为弟子者字疑句问，不胜其烦，为师者耳提面命，不胜其劳也！

庄子往矣，然吾人识得其教万世无穷之法，便犹然若晤一堂。彼云将、颜成子游、井蛙、子产、惠施之属，皆或可当于吾人之未达于道者，而从容夸吾人之知，显吾人之身，致吾人之问，责吾人所未解，欲以辩智也决胜于庄子。而庄子则悠然视吾人之来而笑以接之，宛转以导其心，而凌然以发其意，豁然以通其塞。吾人非落魄以惊，则悦然以契，乃识庄子之高，道术之如是尊，学问之如是快于志也。人或以庄子落拓无形，诞漫无方，出鬼入神，其天才为不可及，其学术为不可法，能与游之于无何有之乡，不可琢磨于文字之内，岂其然哉？庄子可谓备道、教、学于一体，虽千万世之人如识其文，必如持身相随也。

至此，鸿蒙本已劝云将亟归为得，然云将之成心无已，其好学之心，亦可谓不已。此其精诚所至，必求实有所得，而道不果弃之也。鸿蒙"浮游不知所求"之句，为即有道之身以言道，正言也；"乱天之经"之句，斥治人之过，反言也；此末之所言，又何进焉？其进大矣！一者，以下乃"汝""尔"言之，不复空言于道，乃直指云将之身心以教之，所举近也；一者，上所言但"治人之过"，而治人之所以过，其内在之理，则待此而明，其所以修之之道，又待此乃知也。然此为教之不得已，如人而不知礼何以为仁敬，教者把臂使之磬折揖让，又无已而使之戴圜冠以端首，垂佩玉以正行，其下乘也；上文所言，即道正、反示意，其中乘也；若其上乘，目击道存，无待于言之补凑也。故鸿蒙之教，若愈言愈精，实每况而愈下，为必待问而后知，必待教而后学者设也。老子不谓"知者不言，言者不知"（《老子》第五十六章）？然知者有时亦不已于言，行其权法也。道有常而法无常，人虽殊而法无不有宜，故道不弃人，则法不弃人矣。不言而悟，道高者所收则少；有方可修，道卑者所收乃广，庄子不为区区有圣人之才者设教，如常夫有心而求之，虽如云将之"毒"，亦有其入途，可以渐至也。

（七）"心养"

鸿蒙上言治人之过，此则应云将之问而言所以为治之道，当身切体，指确而意明，有心者可以禀教矣。为治有道乎？其道在人乎？在己乎？此则明治道本于治心，而不在治人，所谓心养也。欲心养者，在养其心。此段皆可视作心养之道。

"意！心养。"意，通噫。"噫"之一字，胜却三五言语，其意味又值得体会。本处较前之强烈情绪稍转舒缓，又作退步意，犹曰"无何而有所告，其在心养乎"。"心养"，钟泰先生取《毛传》及朱子说，以"心养"为心漾，心忧无定貌，非。乃由泥于"噫"之意，故曲解"心养"之义。实庄文数"噫"字，其存意皆处处不同，先定文气而后出文言，一言之内，无不相洽，吾人当由此推彼，自彼推此，不可泥以捍格也。"心养"者，告之之辞，又所告之总摄也，犹曰"一言以蔽之，其在心养"。此亦正应云将"愿闻一言"之请。鸿蒙既教之有宗，又言之有详，博约而兼举之，使可解之不惑，操之有要也。下文即释其所以为"心养"之道。

关于"心养"，或以为即"养心"；或以为"养心"而作"心养"，为不辞；二者俱非也。"心养"非"养心"，"心养"亦非不辞。何者？其犹《大学》言"格物"与"物格"也。"心养"与"养心"相通，而非一事："养心"言其功夫所施，"心养"言其功效所至，未至则"养心"，既至则"心养"也。又言"心养"，于修辞上，可使"心"字得到突出，斩绝葛藤，直达于根本。由是，我们益可见，庄子行文无一字之苟，吾人不可贸然以己之粗心视之。言"心养"，则至道在是，而养心亦在是矣。于此，我们不但须识得归根在心上之病与心上之功，又须识得庄子"养"之为方也。庄子言"养"者众多，凡物皆可言养，皆待于养，如其所言，有"养生""养形""养神""养德""养鸟"等,所用"养"义广矣,要皆包在"养生"之内。故吾人可知,庄子之学为养之之学,学而无养,如劳而不获,虽事何益?即此处之养心而言,又与"夫乘物以游心,托不得已以养中,至矣"(《人间世》)之说为近。养心,即养中也,中、心者,精神之地,性情之本也;心养,则得游心也。养有工夫所施之养,有本体自然之养,或曰,有因害之养,有离害之养,凡所以利物之性、使物尽性者皆养,亦须有辨。

"汝徒处无为,而物自化。"汝者,亲教之之称。徒处,独处也。徒者,独也,独者,身之只也。庄文所常用者"独"字,独亦可谓庄学惯用之词,宜于表显其理,深具其哲学特色。所经见者,如"警乎大哉,独成其天"(《德充符》),"块然独以其形立"(《应帝王》),"出入六合,游乎九州,独往独来,是谓独有。独有之人,是谓至贵"(《在宥》),"向者先生形体掘若槁木,似遗物离人而立于独也"(《田子方》),"独与天地精神往来,而不敖倪于万物"(《天下》),则独之义于庄学可谓至要矣,乃达道立本之词。

"独",于庄子哲学,可有数方面之涵义:一者,"朝彻而后能见独,见独而后能无古今"(《大宗师》),其哲学所从事之最高境界,可用"见独"或"独处(立)"来表示之。二者,所谓"独"之意义,即《田子方》所谓"似遗物离人而立于独",独乃表不受一切外在事物之影响,而能够真正自我树立。就此意义而言,独即"物物而不物于物"(《山木》)之境界,或非"役人之役,适人之适,而不自适其适者"(《大宗师》)之境界,或成离物之系"无用之用"之境界,皆相贯通。简言之,即自得、自适境界。独者,自也,庄学所以言独,如其言自也。此独、自之义,从今日哲学之语言言之,即最为纯粹之自我,或曰完全程度之我成为我。当然,纯粹之自我,于经验实难理解之,其于庄子哲学所表示者,乃在一切皆出于我之本然之性,我之遇物或与物,乃完全顺遂我之天性,无一毫之挫辱,故独又可表示我之本性之充养或内在精神之保全。三者,就道德工夫所施而言,独为其最切实可行或唯一可行之处。以上三义,从最高境界意义("见独")或本体意义(存性或存天。儒、道二家皆有本体哲学之精神,故道家自始便有反、复之说,儒家渐弘复性之理,以天为大源之所必至也。吾国学术本有是义,非相比附,不可以宾夺主,若攘于人也)来观照,其犹具工夫修养方面之重要性,又即本处所欲发明者也。何以言之?"汝徒处无为,而物自化",正应上"治人之过",又应上"我愿合六气之精,以育群生"之妄。云将所欲者,不修其在己者,而求其在物者，故见天气之不和，地气之郁结，见己不得已于民，皆欲行治于人，而不思反修诸己也。道虽深广，达于天下，无不本于己；德虽无量，遍利万物，无不化诸己。己有德而天下德矣，己有道而天下道矣，道尊德盛，其效自至。唯如是，乃所谓为治以德，而欲求其德，又唯成于己而已。故曰"汝徒处无为，而物自化"，可以无远求矣。"汝徒处无为"，不但见己之独（性、情），亦见万物之各有其独，则可以无为于物，无为于己，己与物可以各独化其化，复交化其化而不乱（无妄）也。则"徒处无为"，己之任化也，己亦物也，物亦独也，总而名之，则物自化也，独化而已。

"汝徒处无为，而物自化"，所以释"心养"也，然心养也，徒处也，无为也，物自化也，字字皆道着庄子哲学之命脉，不可草草观之。"堕尔形体"至"物故自生"，此又释"汝徒处无为，而物自化"义。其间又可分作两层：至"莫然无魂"为一层，以下复为一层。

何以为"徒处无为"？"堕尔形体，吐尔聪明。"堕者，本当指堆积物或建筑物之毁坏，遂引申为毁义，此则言形体功能之消除不用，所谓"形如槁木"，即形容此。吐聪明者，《大宗师》作"黜聪明"，《淮南子》作"绌聪明"，学者或以"黜""绌"为正字，未尝不可，以"吐"为不辞，不可。吐者，弃也，其义本明。词初各有专用，后渐引申为泛泛之义，会其意不必拘其词，况数者同其假乎？聪明者，耳目之用，概指形体之功能。此二句，共一义，互相发，近实言之，则"官知止"是也。"伦与物忘，大同乎涬溟"。前二句即己身而言，后二句即交物而言。伦者，物际也，物之分也。"伦与物忘"，倒装句，正作"与物忘伦"，忘伦者，不见其伦际，无伦也。与物无伦，无物我之分，不知为我为物也，即当庄子"物化"之义。《知北游》言："物物者与物无际，而物有际者，所谓物际者也。不际之际，际之不际也。"即深明与物无伦际之理。"大同乎涬溟"，申前句也。既无伦无分，乃为大同。涬溟者，氤氲无涯，万物并生，不可辨识貌，如《秋水》言"不见水端"，义同"玄冥"，言大同之境也。

"解心释神，莫然无魂。"解，释也。莫，"广莫之野"之"莫"，通漠。漠然者，无心、无知貌。《天道》言："夫虚静恬淡、寂漠无为者，天地之平而道德之至，故帝王圣人休焉。"虚、静、恬、淡、寂、漠、无为，数词之义同指而近，皆道家哲学表"道德之至"境界之常用语。"心""神""魂"与下文之"知"四词，又庄子哲学表世俗精神活动之常用词，"心""知"常见，"魂"较少见，而"神"有正反两用。此处，神者，精神被用之状态，附属于心之活动，心为主，气为客（或虚），心动便帅神以动，非神气自然之感应，如《天道》谓"（治世之）五末者，须精神之运，心术之动，然后从之者也"。若解其心，乃现为神气凝敛，无心而自行也。魂者，亦精神活动之名。《齐物论》言"其寐也魂交，其觉也形开"，则魂、形对言，其用当通常所谓形神之神，心知思虑活动属之。《刻意》言"其神纯粹，其魂不罢，虚无恬淡，乃合天德"，又神、魂对言，见其本相当也，要归于虚无恬淡，非神、魂杂也。"解心释神，莫然无魂"，三名一意，二句一实，欲人去其心知，安静其神，泊止其魂，勿精神营营，劳思无已也。其大义，与《应帝王》"汝游心于淡，合气于漠，顺物自然而无容私焉，而天下治矣"同。此直扣人心言之矣。

（八）"复其根而不知"

此为释"徒处无为，而物自化"之第二层。第一层释"徒处无为"，就主体而言，见养心之术；第二层释"而物自化"，就客体（物）而言，以见心养之致也。此可谓"枝枝相对，叶叶相当"（朱子形容《中庸》语，原作："《中庸》一书，枝枝相对，叶叶相当，不知怎生做得一个文字齐整！"其移于庄子之文无不肖），秩然不乱也。

本小节大体为四言韵语，如《诗经》句法，必韵读其句，且其起放收落，又有层次，如唱之一咏数叹也。"万物云云，各复其根"，此整齐老子语。"各复其根而不知，浑浑沌沌，终身不离"，此发挥老子语。老子本意在归根而静，复命知常，重在根；此所发挥者在复根而不知义，有命有常，则无用于知，重在不知，相涵者也。"浑浑沌沌"，此拓一地步写"不知"状也；"终身不离"，此结一地步，明当守此为常，终身不失也。下"若彼知之，乃是离之"，又转一地步，作反面说也。有知则凿破浑沌，离厥本根矣。"无问其名，无窥其情"，又言不知，唱而再叹，以郑重诫之也。不知者，无问、无窥也。无问，应云将之数问；无窥，当自老子"不窥牖，见天道"言之。知者，物名、物情也，道之名、情亦属之。物有其名，亦有其情。名者，约其指也；情者，测其实也；知者，名以综物之情也。凡古今之为知者，名以约物，情以述物，控名责实，无非如此。故必去窥问之心，无名无实，而后可以言无知，无知而后心养矣。"物故自生"，乃结言也。所以求归根而不知者，欲物自化自生，去人而全天也。

此处可注意者，有三个问题：其一，根的问题；其二，知的问题；其三，自化的问题。

　　此处之根，即老子哲学之根。可注意者，此根不可作事物之形下根本看，如言树木之归根，非谓归其地下之根，而指道言，物所固有之自然也。不然，常守于根，则无生机之发，或偏重其未发，非物之情也。万物之生，无不本于道，其生发荣衰，无不自然而然，时至则自行，不为而自成，不求而自化，故万物生死皆出入于道。以道为根，犹以道为母，皆指所以养物者言。又，此根乃与末对言，末者，用知也，如《天道》有"五末"之言："三军五兵之运，德之末也；赏罚利害，五刑之辟，教之末也；礼法度数，形名比详，治之末也；钟鼓之音，羽旄之容，乐之末也；哭泣衰绖，隆杀之服，哀之末也。"故事皆有末，逐末而又有末，末者，治术也。于此处言之，则末者，治人之知也。顺道与用知，为治之根与末也。根、末又可以离、不离言，不离为根，离则为末。

　　知的问题，乃与根的问题为一体之问题。复根则无知，知则阻其归根。物之所以失其根者，以用知之故也。何以用知乃失其根？知者，心思之营为也，无而欲有，少而欲多，朴而欲奢，既有而欲多，既多而欲极，未有止境，故渐行渐远。知与欲，相辅而无穷者也。则物既有知，将不能安其自然，必求自达之道而好制其在我之命。然道不可极，极则亡，亡则复始。物不明道，则用知无已，底于亡而后已，所谓"玄天弗成"是也。

　　物之自生自化，所以论乎人我、物我之际。有为者，以己施于物（合人言）也；无为者，无所施于物也。此所以然者，天道自然，无假于人为；天机自运，无有为之者。故庄子言"徒处无为"，徒处，与物无偶，求其在人在己者而已。"物自化"，"物故自生"，以物不自足，加以人为之助，如宋人之揠苗，此庸人之举，为愚非为智也。人无为而物自化，人以物不足而为之，是乃乱物。故有为不如无为。有为出于有知，故有知不如无知。此老庄之学也。然吾人切不可以无知为愚民，所以求无知者，全人之性也，非教其饥不知食，渴不知饮，相与而无亲也。无知者，所以尽性、亲人、和物之道也。不然，知以竞利，利以劳形苦心而逐于末，内以亡己之性，外以间人之亲，乱物之群，而使各不相安也。人心朴，乃世道淳，世道淳乃人心乐。老庄之本意在是，欲人人之心还其朴素，如吾人所眷恋之童年乡土，决非欲使民愚蠢而易治，助人君贵戚在上肆其志也。如谓其有愚人之心，与其谓愚民，反不如谓愚治人者，使其居于无知无为之地也。

　　鸿蒙既对云将之身详切教之如此，云将乃终于有得。其言曰："天降朕以德,示朕以默,躬身求之,乃今也得。"降,施也。初言感鸿蒙教导之恩也。"示朕以默",此言大可味。即近而言,默者,"堕尔形体,吐尔聪明",默也;"解心释神,莫然无魂",默也;"各复其根而不知,浑浑沌沌",默也;"无问其名,无窥其情",亦默也。故鸿蒙此处所言,无非示默之教,云将又一字而结证其义。默者,无为不知也。即远而言,则自初时遇鸿蒙,鸿蒙所有之行,有言无言,长言短言,无非示默之教而已。故庄子此"默"字更有点睛之妙。"躬身求之",此不但谓云将知躬身以自反求为有得,尤在指示修养之道在于躬身反求也,上鸿蒙"汝""尔"呼之者,即责其反躬之意。"乃今也得",此得者非谓即尔得道或有成于德,识其方也。既识其方,后可循之以修。"再拜稽首,起辞而行",照应上文"行趋而进""再拜稽首",示云将所得在言,非在于行。故其结尾若言云将之有得,而实言其未尝得也。此意尤含蓄,读者多不悟。唯见诸行为实得,不然,犹然故态也。道德之修,岂言下之捷也哉!

第19节 《天地》选读：今以天下惑章

　　孝子不谀其亲，忠臣不谄其君，臣子之盛也。亲之所言而然，所行而善，则世俗谓之不肖子；君之所言而然，所行而善，则世俗谓之不肖臣。

　　而未知此其必然邪？世俗之所谓然而然之，所谓善而善之，则不谓之道谀之人也。然则俗故严于亲而尊于君邪？

　　谓己道人，则勃然作色；谓己谀人，则怫然作色。而终身道人也，终身谀人也，合譬饰辞聚众也，是终始本末不相坐。垂衣裳，设采色，动容貌，以媚一世，而不自谓道谀；与夫人之为徒，通是非，而不自谓众人，愚之至也。

　　知其愚者，非大愚也；知其惑者，非大惑也。大惑者，终身不解；大愚者，终身不灵。三人行而一人惑，所适者犹可致也，惑者少也；二人惑则劳而不至，惑者胜也。而今也以天下惑，予虽有祈向，不可得也。不亦悲乎！

　　大声不入于里耳，《折杨》《皇华》则嗑然而笑。是故高言不止于众人之心；至言不出，俗言胜也。以二缶钟惑，而所适不得矣。而今也以天下惑，予虽有祈向，其庸可得邪！知其不可得也而强之，又一惑也！故莫若释之而不推。不推,谁其比忧?

  厉之人,夜半生其子,遽取火而视之,汲汲然唯恐其似己也。

  《逍遥游》言:"瞽者无以与乎文章之观,聋者无以与乎钟鼓之声。岂惟形骸有聋盲哉?夫知亦有之。"耳目者,形体之用也。人任耳目,然耳目有时而不明。心者,知识之官也。人任心思,心思有时而不知,则与耳目聋盲同。知者,人生之大用,文明之权舆,人所信重而孜孜以求索不息者也。然知难,而真知尤不易。吾人生命之荣辱与世运之兴衰,无不系于知之启闭,其多艰与多舛,无不酿于知之不真。吾人若富有知识,练达于心,然往往不免于偏蔽,以偏知褊心而肆力于事功,乃利害相仍,疾痾杂生,未见祸乱之可已。吾人未审于所知也,所自以为知者,非果真知也。故哲学者,明真知之学也。欲明真知,必先明其所不知。此一般哲学清其途障、廓其尘氛之先务,而庄子哲学尤致力于是,要在迪人于深知也。

  《齐物论》言:"夫随其成心而师之,谁独且无师乎?奚必知代,而心自取者有之?愚者与有焉。"有知则有愚,愚者,对有知之称也。知之问题为一普遍之问题,则愚之问题亦将为一普遍之问题。非有愚则知不可见,知既贵显而愚亦彰彰。有以不知而愚者,复有以知而愚者。故愚者,非材下之谓,人人有与也,浅深不同而已。人何以有愚?成心使之然。人未有无师成心者,不必前有执取为然,凡内师其心者无不然。有心则有愚,知与心俱,愚亦与心俱也。故"愚者有与焉",愚者,师心者之称,非独谓材下之人。则世俗之病,无不本源于众人之有愚。人皆言智,而庄子乃特有意于求愚,此亦诡矣。然此中有至理。凡未跻于道者,皆可谓有愚未去。故愚与知,两极而相偕者也。

  就本章之内容来说,可言者有五:一者臣子之道,其引也;二者谄谀之道,其情也;三者世俗之谓,其实也;四者愚惑之道,其质也;五者解惑之道,其旨也。本章若讨论臣子之道,而实则发端之例而已,虽有可鉴,意不在此,所尤为重要之问题在对于世俗及愚之讨论。世俗与愚为问题之表里,或可谓异名同实:世俗者即人而言,愚者即知而言,俱不达于道(真知或无知之知)之名。吾人姑且以此为庄子选讲之归宿,以见庄子之悲心,以揄扬其至愿,使从学者可时时有警于心,并警于世之芸芸者,以勿陷于道谀,无陷于大愚也。为道无他,亦行年六十而知五十九之非,不以既成自居而已。居无成心,庶几勤道日近,抟扶摇而上,一旦知隐心解,而自同于青冥廓然之天也。

一、"孝子不谀其亲"一段

（一）"臣子之盛"

本章材料所讨论之问题，与前"虎狼仁也"一章相关，都寓有对世俗价值观念的批判。其起始乃讨论世间之忠孝观念，或伦理之义。此前所讨论者专在父子之仁孝，此所讨论者并及于君臣之忠。忠孝固然有差别，然在古人视之，皆无所逃于天地之间，同谓之"戒"，故往往并论。父子、君臣，乃代表社会秩序之大伦，或通今日而言，为国、家之基础伦理，或以亲情，或以制法，生而被之，无可如何者也。然今之父子非古之父子，今之君臣非古之君臣，要在亲不过性，制不逾义，日求其平而已。

道家或庄子对于忠孝等道德伦理之价值，实并非否定，其所否定者乃道德割制于名义，其所肯定者乃道德当全其精实。

"孝子不谀其亲，忠臣不谄其君，臣子之盛也。"谄、谀，不辨是非，弃正行邪，逢人之意也。以之事亲则失爱，以之事君则失忠，恶德也。不谄不谀，则事人以义，义则利之，忠孝之实也，故许为臣子之盛。然而，这里犹就世俗观念言之，并非表示不谀、不谄即为忠孝之至。"盛"所谓者，乃一种较高的程度，而非充分之程度。不谀、不谄，只是相对于谀、谄而言，为一种超越。故这里所意味者，为对谀亲、谄君现象之批评，同时也说明，在忠孝之实践中，往往容易流为谄谀之情。

然此处并非欲讨论忠孝之义，只是作为引子，导出对谀、谄二义之理解，并进而归于世俗认识之自相矛盾。

（二）对谄、谀之诠释

"亲之所言而然，所行而善，则世俗谓之不肖子；君之所言而然，所行而善，则世俗谓之不肖臣。"

谄谀的主要对象为君亲之言、行。其本质为言行之正义原则之丧失，而无所是非，或者更准确地说，是一味地以之为是。凡其所言，无不然；凡其所行，无不善。

这样一种"是"，并非出于价值原则之判断，而是出于对言行主体之选择。判断之根据不复依照于言行本身之性质，而取决于对象之所是。故这样一种谄谀的做法，为对原则之抛弃或违背。

此与是非之相对性复有别。是非之相对，乃认识程度之差别，而谄谀并不关涉是非之认识本身。

《左传·昭公二十年》记晏子之言："君所谓可，而有否焉，臣献其否，以成其可；君所谓否，而有可焉，臣献其可，以去其否。是以政平而不干，民无争心。"君者行政出令，其所见或可或否，知不能无蔽，此人人皆然，不独在君。故臣将以不同济之，以成其和，此臣事君尽忠之分也。就任何具体之认识而言，往往皆具有相对性或条件性，故其是非乃可以发生转化或偏移。谄谀之人则虽知而故为，怠弃了求知之努力，妨碍了知识之交益，使偏者愈偏，倾者愈倾，败而后已，故不再发挥是非相对性的积极作用。

我们进而可以讨论，有无完全正当之认识或行为？认识可否为彻底之然？行为可否为彻底之善？我们应当从言、行之适用性来评价言行之然否、善否。任何言、行，就其适用来说，都是有条件的（时境）或者说都是系统的（交涉），与现实之整体环境密切相关，故具有无限之经验性成分。

认识之价值都必然带有实践性，而非停留于纯粹之论理。价值，所谓义也，在于行而宜之，不但在持之有故、言之成理。因而，也就不可避免地具有经验性。而任何经验性即同时意味着片面性、不充分性、差异性、多样性等可能，因而，即表现为可否、是非之间的相互对立以及救正、变通关系。

（三）世俗之道谀

以上就臣、子之忠、孝以言谄谀。于世俗看来，所言即然，所行即善，于子则谓不肖子，于臣则谓不肖臣。不肖者，谄谀之佞也。

"而未知此其必然邪？世俗之所谓然而然之，所谓善而善之，则不谓之道谀之人也。然则俗故严于亲而尊于君邪？"道，通导，顺导也，道谀义同谄谀。故者，可有二义：一者故意，有意为之，情偏也；才者通固，本然也。本处当取后义，意指其性自然趋此，犹"形固可使如槁木"等用法，谓其为本性然否也。其初责道谀之臣子，此乃复责道谀之世俗。责道谀之人，此退步法也；责世俗，此进步法也。责一道谀之人，无所轻重，责于世俗，乃理之所寄。

即臣、子而言，谄谀之行，若固为非，而所以谓之为非者，其能免于谄谀乎？所责臣子之谄谀，乃出于世俗之评论，而世俗之是非，乃可为一世确定不移之是非乎？或曰，世俗之所言而即然，世俗之所行而即善，一切以世俗为极则乎？未必然也。

君者尊也，父者亲也。又，君者，一人也；父者，一人也。君父虽尊亲，然以一人之故，臣子恐陷于世俗谄谀之讥，其所谓然而不能尽然，其所行事而不能尽善，世俗既制臣子之是非，并君父之是非亦挟之矣。则君臣父子之义，乃命于世俗。常以父子之亲、君臣之义，为两大戒，而世俗之力并君臣父子无不牢笼，尤不可逃之戒。世俗者，称之有名，指之无形，可畏之大物也。

此乃由孤立之臣子，而转移为对世俗之体本身的认识。世俗者，谄谀之薮也。

一味附和世俗，与一味附和君亲，其相去果几何？即亲而谄，即君而谀，与即世俗而附和之，其为谄谀有别乎？

且臣子之谄谀，其为出于世俗、为非出于世俗？世俗之所非与世俗之所行，其果能一致与否？或口能非之而行则蹈之，或言虽是之而行则违之。世俗之所非者，其自免于身者几何？其称名甚正，而其行己甚私，如是而为世俗也。

道谀于一人为道谀，道谀于众人则即不为道谀乎？道谀之义，其以人数之多寡而定乎？抑以言、行之臧否而定乎？言无不然，行无不善，即为道谀乎？言而有不然，行而有不善，即为不道谀乎？以言不可尽然，行不可尽善，是以可尽、不可尽别道谀，而非以言行之当否别道谀也。言之然不然，行之善不善，其迹也；言而当，行而当，其实也。以实则不害其俱当、俱不当，以迹则有时而不当矣。以世俗之众而专是非之理，使贵贱等服从之，犹非是非之极也。

世俗所以易同其是非者，以世俗之人众也，然众未可定是非之极。以君亲为是非者，世俗非之；以世俗为是非者，亦必有非之者，是非其有在也。知人之是非，而忘乎己之同人于是非，则人之不幸也。

如是，则世俗之是非，未必为是非；世俗之所谓谄谀又未必为谄谀，又未必非为谄谀。其为谄谀与否，特未定也。其可以定乎？定之有道乎？此庄子所以引导吾人审思者也。老子谓"自见者明"。思之思之，是非乃显，乃通于微。

二、"谓己道人"一段

（四）终身道人、终身谀人

物愈大则识愈难，道如此，道谀亦如此。以一人而行其道谀于一人，则人人若识道谀，而蒙世俗之讥，然行道谀于世俗，人能识其为道谀者则寡。小者易察，大者易忘也。此进一步发挥道谀之理。

我们可以分辨臣子有是行者为道谀，或他人有是行者为道谀。如是，则吾人必知道谀之所是。然而吾人果知其是乎？或言，吾人所谓之道谀将止于是乎？再进一步，吾人谓世俗为道谀之源，然世俗果何谓乎？

臣子，有可指者也；世俗，无可指者也。谓臣子者，出于我；谓世俗者，亦出于我。则所谓之谄谀，所谓之世俗，皆本于人人之自我而已。自我者，按之则一人，放之则世俗。自我者，世俗之本也；世俗者，自我之积也。

甲、自我与认知

认知作为有对象之活动，其对象往往是外在性的，或在他的。

而自我，作为内在性的、主体性的存在，认识的主体，即意味着与外在性对象的分离。

也即，对于对象所作之判断，往往不含对自身之判断在内。

此也即说，我们之认识往往缺少一反己之过程。而这一缺少，即造成吾人认识之片面以至错误。

也即，我们在对外在之对象做出判断时，可能是正确的；而在我们对自身作出相同问题的判断时，又是悖反的。此非认识之难，一反己之难也；一自反犹易，时时自反以至终身自反其知，为难也。知者，以能反观而后生。反观，所以形物也，如镜不反照，则吾人面目之妍媸不能自见。凡物亦然，不能反而形之，则不能有识。吾人于他者能反而辨其是非，于己则不能辨其是非，何者？非不能辨也，不能反己也；虽或反己，而不能去私也。反之未有，又焉求知？故自知难。

就认知来说，有形式之方面与实质之方面，或曰名、实二重考量。

正当的认知必然要把握对象之本质或曰其实。就具有被认知可能的对象来说，其"实"乃是稳定的（约定故），而其形式则可能是变化不定的。比如谄谀，吾人自以为知其义矣，然或言无不然为谄谀，或言有不然同为谄谀，或言言皆不然，同为谄谀。何者？吾人有所准则也。吾人有所准则，则是非有所取，或取于君，或取于俗。以合君，则不合世俗；以合世俗，或将不合于君。如是，虽不谄谀于世俗，而谄谀于君也；虽不谄谀于君，而或谄谀于世俗也，其必有所取，不然则无以行其是非。谄谀者，有所附和也。故庄子所论之谄谀，为最广义之谄谀，乃从知识论之意义出发，而非从道德伦理之意义着眼。此特须辨者。如是，则谄谀之本质，即庄子所谓"成心"，成心者，是非之固执者也。出于君则入于俗，出于俗则入于君，人不免于成心，即此成心便为俗，出于君与出于俗，俱俗也。

反过来，如果我们不能把握认知对象之实，从而做出正确之判断，则我们实际上并未获得对对象之充分认知，或曰有知，将颠倒错乱，冲突决裂，我们自以为有知者，实为知之假相，非审也。

在这里，即表现为，就道谀而言，自我对自身之道谀行径缺少洞察，而刻意否定，"谓己道人，则勃然作色；谓己谀人，则怫然作色"。这就意味着对于道谀来说，自我还没有真正把握其义，从而不能就自身做出正确虚衷的判断。

乙、"终始本末不相坐"

庄子把自我在这里发生的矛盾现象，称之为"终始本末不相坐"。其言曰："终身道人也，终身谀人也，合譬饰辞聚众也，是终始本末不相坐。"

这一句，整体比较难理解，稍有不慎，便会误读。本句承上"谓己道人"句言，就句法来讲，前三分句为一例，以"也"字收之，言世俗所行，终身如此；末句为一层，为结语，以"是"字领之，通本句及上句言，总括其病。前三句，又分两层，前两句言道谀之实，第三句言道谀之事，以"合譬饰辞聚众"行道谀也。如是，句法如此，虽不得其确义，大体可以不失。本句难者，在末后两分句。

"合譬饰辞聚众也"，此句与前两句一例言，可作："终身合譬饰辞聚众也。"其句义最难明，大意言道谀之事，又可分析为三："合譬"，"饰辞"，"聚众"。饰者，矫揉也；饰辞，修饰其辞，以动于人，非修辞立诚之比。道谀以弄言为主，故必重其辞，饰辞则巧于道谀。譬者，比方其事，使易喻也；合者，同也，通也；合譬，取譬于俗，相与周合无异也。众者，俗人也；聚众，与俗为群也，犹言呼朋引类。此谓，人言则合譬饰辞，取俗邀宠，行则聚众，与俗为辈，无一不俗。此与下文"垂衣裳，设采色，动容貌，以媚一世""与夫人之为徒，通是非"正相应，皆就道谀之媚态、巧辞、游从诸行径言之。"与夫人之为徒"，徒者，群类也。

"是终始本末不相坐"，此总结前两句。相坐者，相应也。坐，本处谓两物合致、正应，坐合之坐。郭注以"罪坐"之坐解之，后人乃以为脱"罪"字，非。坐即罪，"罪坐"乃释文，非本文，作本文则义复，其不可一；坐即"始终本末"言，无以论罪，其不可二；郭注乃谓从俗者恒不见罪坐，以从俗为趋，与原文之讥俗之意正相反，其不可三；原文以世俗之人，怒道谀之名而身安其行，为本末不相坐，郭注乃割裂"合譬饰辞聚众"，以"合譬饰辞"与

"聚众"为本末不相罪，与原文不相干，其不可四；郭注以道谀为本，滞在其迹，庄子以智愚为念，以捣俗为本，发明"终始本末不相坐"之理，小大不相侔，其不可五。于郭注之非，钟泰先生曰："此一节郭注全误，至谓服物在于从俗，是岂庄旨！明眼人自能辨之，更不待驳。"（钟泰《庄子发微》，上海古籍出版社2002年版，第280页）可谓言之诚当。郭注发明庄旨，传世注庄者推为第一，然其曲解、误解亦不为少，读者必加明辨，不必"道谀"之也。吾人读庄，要在参合众说，涵养体味，折衷至当，妙解神悟，超然直上，以合契于庄子之心，方不失道家正大之义，方不窜乱于世俗求全猥琐之心也。

钟先生以为"更不待驳"，实仍有辨之之必要，以晓轻信。即本处而言，必先辨文法，乃知"终始本末不相坐"之意；文法既清，字义乃明，可得"坐"字之义。钟先生释"坐"为因，句谓"终不因始，末不因本"，得矣，然犹未尽善。庄子之"不相坐"，谓终始、本末不能抵合，两相冲决，犹言矛盾、凿枘。始终本末，可以理解为一种对应关系。不相坐，即始与终，本与末，不能贯彻一致，始如此而终不如此，本如此而末不如此。在这里，具体而言，即在他人者如此，转而在自我则不能如此。

此种对于道谀的认知，前后抵触，内具矛盾，因而是谬误甚至是荒唐可笑的。这样一种认知，无论其对于他者之道谀的认定是否恰当，就自身而言便存在致命的缺陷。也即，这不是一种合理的认知，很可能是一种错误的认知，由此，不能得出有效的判断或是。

（五）"愚之至也"

庄子将上述"终始本末不相坐"的矛盾认识，归结为"愚"，用愚来表示人类的这样一种普遍认知状态。愚，也即无知或非真知之意。其言曰："垂衣裳，设采色，动容貌，以媚一世，而不自谓道谀；与夫人之为徒，通是非，而不自谓众人，愚之至也。"

本段分两层，每层又偶言之。第一层，指出"终始本末不相坐"，着重揭示世人认知上的不应理；此层则加强常人与世俗关联性的说明，进一步揭示其认知上的矛盾，以引申出世人之"愚"的一般观念。

"垂衣裳，设采色，动容貌"，我们不一定从矫饰的意义上来理解，此三者所表示者，为人类一般的合世趋向。凡礼仪规范，举止言行，无不从世俗（近于今之言社会）之整体出发而设定，世俗有最广泛的教化功能和同化能力，此人生来所难以避免者。"与夫人之为徒，通是非"，则又上升一层说，世俗即为人人相互交往之群体指称，我们不免与常人交往，自然具有群体的一般属性，并且在是非观念、行为准则上，都将普遍接受世俗的引导，如所谓忠孝观念、谄谀之行，即受世俗之约束批评。此常人皆然，非人独然而己不然，有其实而拒捍其名，则非理，故谓之"愚之至"。愚者，不智也；不智，知不至也。知小不至为小愚，知大不至则为大愚。

人的"愚"之状态，就自身看待他人来说是易见的；而在自身看待自身来说，则不易蒙认可；而在他者看来，我之为愚，又自彰彰。故吾人皆见他人之愚者多，能自见其愚者少，人人皆愚他人，而亦为人人所愚。此如庄子言梦觉："方其梦也，不知其梦也。梦之中又占其梦焉，觉而后知其梦也。且有大觉而后知此其大梦也。而愚者自以为觉，窃窃然知之。君乎？牧乎？固哉！丘也与汝皆梦也。予谓汝梦，亦梦也。"（《齐物论》）吾人责人之愚者，其亦不免于愚也，愚愚相责，其未有已，用知而然也。

愚的问题，并非对"愚"之为愚的道理的迷惑，而是对于愚的具体判断或实践判断的迷惑。如是，当把事实之愚的道理揭示出来时，即难以否认。

在这里，复隐藏一种观念，即人所寻求者往往为对自我意义或价值之肯定，而竭力避免对自我意义或价值之否定。愚，便是这样一种否定，它将使人的意义或价值沦于微薄以至空虚。

当判断物为外在之对象时，我们的理性乃能正常地发挥其作用；而当其对象为自我时，即受到自我肯定情绪或心理之干扰，而忽视理性的有效运用或不能正当地使用理性，对于自我所呈现的同样现象，视而不见。

愚的最初表现或直接表现，为对事理之违背。当人否定必然性之事理时，则即表示其认知之能力乃有程度之不足或有根本之缺陷，如是则可命之为愚。

在这里，这个判断之推理过程如下：

世人为道谀之人，且自己认可世人为道谀之人；

自我与世人为伍，其是非相同，并没有特别差异；

如是，则自己之为人与世俗之为人是同等的；

然自己对世人则以之为道谀，就自己则否认己为道谀；

所以，这是矛盾的，这种判断不是一贯的（"始终本末不相坐"），因而是违理的；

又且，这种矛盾或违理是显然的；

否定或固执显然之错误者，即为愚；

故如是之人为愚；对这种显然抵触之错误而不予以承认者，为愚之至。

这里的"愚之至",表示程度之深,而非至极之意。其在此处的主要意义是指示,愚不但为相对性的无知——对更高程度之知的缺乏,本质上更是自我对自我施以否定的无知,或者更明确地说,为所有之知自身对所有之知自身的否定。如是,认识主体一手苦心营建其知,一手又公然摧破其知,从而处于荒唐的境地。此即庄子所谓"名实未亏而喜怒为用"。这种认识上的自我矛盾现象,是庄子对于世俗之知最本源的揭示,故从这个意义上说可以称作"愚之至"。

三、"知其愚者,非大愚也"一段

(六)大惑、大愚

甲、愚与一般认知错误之区别

愚乃一种认知上的判断能力问题,而非认识于对象及范围的充分性问题。

在我们寻求认知之过程中,必然会一直经历很多错误之环节,然此为人类认知能力根据其认识对象之变化而出现者。随着对认识对象经验积累的丰富与理解的深入,认识会自发作出调整。在整个认识过程中,认知能力始终在发挥正当之功能,于认识之取得具有关键性作用。故,正当之认知错误,为不可避免,而又随时可以作出自我之调整。此人类理性所有之能力。求知即真假认识相对辩证发展的过程,一方面固然可以说新知在不断取得,另一方面也可以说旧知在不断校正。

然愚则不能作认知之自我调整,或者说认知能力乃受制于认知以外之心理因素,而丧失其正当作用。故愚者不容易突破其认知之局限,因而又不易自觉其判断之彼此矛盾。

自我之自许心理,乃我之所以成我,亦即我之私的情感。也即,自我之观念,本身即是一种私的表示,或曰私的产物。自我之基本信念为(寻求)对自我之肯定。当然,自我之高级形态,乃能突破自我而为更高之肯定或更充实之肯定。此也即庄书所谓"行年六十而知五十九之非"的意义,又其"吾丧我"之终极意义。吾人虽然永不免于认知之局限,然吾人永能不断突破此局限,更严正地说,吾人当求不断突破此认知的局限。就庄子哲学来说,或对于寻求通达于道来说,就是要从根本上克服人类认知之局限,或解决此矛盾。也从这个意义——突破世俗之知而获得真知("有真人而后有真知")——来说,庄子之学乃是地道的哲学。如何使人类能够从知的本性以内和知的本性以外,来探寻人类之知的通明，从而免于知的愚惑，是庄子哲学一贯的宗旨。唯其解决，既极知之内，乃出知之外，以不知养知（《缮性》"以恬养知"），乃哲学之方式，不同于科学以知养知。

人类的一切文明都起源于知，然而其间的理念不无差别。就儒、道二家而言，我们可以说，儒家哲学以德运智，行以发知，强调礼（儒行）的涵养功能，而庄子哲学乃以知养德，德首先为知的通达，转舍心知而后入于道德，故知于道家哲学为批判之首要问题。道家于知的局限性有充分的认识，而求超越于知的形式。庄子哲学最终将使人不再成为知的揭示者，而成为物之所自是（尽性而非求知，自明而非人为揭示）。因为，我们所有之知，无不来源于对既存世界中之万物之理的发明，任何一事物之存在本身所蕴含的可知内容，都将超越我们的认识能力，从原理上说，其内容或理，虽被不断揭示，却永远超越我们的认知能力。从而，我们只能确立相对性的知，而不能建立绝对的知，一切之知都可能被推翻或削弱其真理性。只有存在本身或物之是，才具有真的意义，而这种真的意义又不可完全被揭示（"彼非所明"），从而也无法保证已揭示者之可靠性。

所以，愚之问题的出现，乃知与私之冲突和纠结，而道者，乃对人类之愚的最终揭示（唯先知愚乃进道之资）与克治。

乙、"知其愚者，非大愚也"

首先，愚必然为一种对显而易见之理的漠视或轻忽，此理为主体所可能认识而非不可企及。在这里，即于人我无分别中，强生异同，以己为是，以人为非。

再者，以轻忽道理之故，其在作出相应判断之时，并无观照道理之自觉，或曰合乎是非与否之审查。自觉，乃反己之过程。凡不自觉者，即表示其反己之过程受到阻碍。

再者，对道理之观照或自觉，随时可能，也可永不发生，丧失其动机。这决定了愚之程度的小大。

我们可以从自觉与否来判断愚之程度。自觉所表示者，为一种认知所具有的自我修正或完善能力，同时意味着对既有认识缺陷或错误之反省和克服能力。

这里，又有两种情况：一种是永无自觉之可能，即所有之问题永不会成为认识之对象，或曰对象化；一种是，即使问题能够对象化，而认知之能力犹然无法克服其缺陷或错误，不能达到自觉之水平，所谓不可理喻而任情固执者（唯我者），因而要么永远不复能够突破其认识之局限，要么有待于特定因素之介入，而导致认知能力之提高，以实现觉悟。

能够及时反省的"惑"，不是大惑；能够及时调整的认知，不是大愚。最高程度的愚惑，至于终身不解、终身不灵。所谓"终身"者，即谓不知而与生俱在，或其固执之深虽欲解之而难入其心，终身莫除。如是，愚、惑也有忘而不觉、安其自然之境界。

丙、"而今也以天下惑"

愚、惑最直接的后果，即，使我们不能达到对道理之正确认识，因而也无法实现对自我之正确认识或评价。

人生之行为，乃基于其主动之认识而发动。就此，我们可以说，知对于行具有指导意义，更完善地说，这是一个动态的指导过程。

认知之所以对行为有指导功能，即在于其设置了行为之对象或目的。认知，是一个不断对象化生存世界的活动。而对象与目的又有必然的内在关联。

人类之本性具有相同的认知功能和相似的认知缺陷，这使得人类表现出最大程度的共性，从而也形成人类之主体的认识状况或水平。就此主体来说，就是世俗。世俗，是人类的一般存在状况，包括认知能力。

任何认识和行动，都应以道理为归宿或终极目的，也即要符合人类自我理性的审查。而人类之认知能力乃往往不能充分发挥自我理性之相应功能。故而有愚、惑之可能。愚、惑乃认知之效果，而非人类认知之禀性。作为认知能力来说，人类的一切高低的文化成就都将依赖此能力，而所谓之高低，不过为此能力通塞之故。

就愚、惑之为人类之一般认知状态来说，此亦可谓一种自然之常态。然此常态并非即为理应维持或加以辩护之对象。相反，此说明人类认知之自然状态是不充分的、不完善的，或者说，愚惑之见，乃非应理者。如是，人类之个体乃须普遍予以理性之启发或者认知之觉悟。进一步言，即人类之认知能力或理性，要不断实现自我之反省或自我之批判，从而实现自我认知之修正与进步。

这也从而说明，认知之进步或真理之实现，并非少数智者之事，而为人类全体之事。如若人类整体不能实现认知能力之提升（庄书所谓"以天下惑"），则对道理之追求，必将受到阻碍以至落空。道理并非少数智者对行为准则之断定，而为行为之正当性或应然性之普遍原理，只是往往被世俗之环境所隐没而已。道理之被遵行，为人类之共同福利，然其实现却往往受到来自世俗内部最顽强的抑制。个体意志之从俗性，而非合道之祈向，因此也成为世俗的根本特征。

即三人之行，其惑者之多少，已足见行道之难易，而况于天下之众？"而今也以天下惑",天下者,世俗之异称,"以天下惑"者,言惑为世俗之普遍性格。故老子亦谓:"吾言甚易知,甚易行。天下莫能知,莫能行。……知我者希,则我者贵。是以圣人被褐怀玉。"(《老子》第七十章)道者,熙然之理境也;俗者,扰攘之现境也。道即俗言,俗对道名,二者相与争多少,制进退,如理学所谓天理、人欲间事。然"圣人不易民而教"(《商君书·更法》),"斯民也,三代之所以直道而行也"(《论语·卫灵公》),故世俗之民,任其心知,失至德之教则为俗,敛其心知,从于至教,合于天行则进于道。道不舍物,人自离之,以知而钟惑者也。

人类群体之愚、惑,固然可悲,然人类整体之认知状态,又是一切"祈向"之根基。道为群设,非独修己,无俗则道可息矣。古之贤哲,所以苦心倡学明道,其所祈向,欲天下之人人皆顺性无为,上合天德,而内怀至乐也。然道德之意,非惑者可受,故要在解天下之大惑,释其大愚。此圣贤之同心而深虑者,亦万世而奉此津津一念也。

四、"大声不入于里耳"一段

(七)"至言不出,俗言胜也"

"大声不入于里耳,《折杨》《皇华》则嗑然而笑。"大声,非指音量,高雅庄重之音,《折杨》《皇华》是也。旧以后二为俗曲,误。两句申一意,前句类言之,后句例言之,如此语意方备。《折杨》《皇华》不类俗曲名,又虽俗曲,闻之纵悦乐,不必"嗑然而笑"。嗑然,发笑声。以俗不识其音,故笑,犹老子所谓"下士闻道,大笑之",不笑不足以为大声也。此须从语法上辨之,不可袭误。此二句又作引证之言,结论在:"高言不止于众人之心;至言不出,俗言胜也。""高言"句,正结也;"至言"句,又因以反结。此作文之引进转合收放笔法。

高言者,出俗之言也。又高言而不至于道理,犹然俗言。故高言者,合道应理之言也。以是,高言希而可贵。高言为出俗之言,或曰不合俗之言,为世俗所不解或所不能行,故言"不入""不止"。

世俗所言,计于私而偏浅;高言所论,达于全,忘于私而大通。通者,观彼我之是非而有以齐之也;齐之者,非是非等论,乃以大理统之也;大理者,是亦是之,非亦是之,是非所同是也。然非离俗言而有高言,知俗言之所是、之所非、之所异、之所同,而后知高言之所在。高言者,无俗言之舛错不通也。道俗之别,要在大通与否,未至于大通之道,并可谓之俗言。

此于文何以见之?未至于"释之而不推",其言虽有地步之高下,皆俗言也。

"亲之所言而然,所行而善,则世俗谓之不肖子;君之所言而然,所行而善,则世俗谓之不肖臣。"不肖子、不肖臣,此当世之所非,若不俗矣,而不知其犹然俗言也。

"世俗之所谓然而然之,所谓善而善之,则不谓之道谀之人也。"俗言之所然而然之,所善而善之,一切以从俗合众为极,若得其所归,不知此正俗言之巢穴也。

"与夫人之为徒,通是非,而不自谓众人。"以人为道谀,以己为非道谀,而忘其情形之同,虽致怫然之怒,未始出于俗言也。

故俗言者,言之不审,理之未周而私己者也。知言之不审而非之,犹自蹈于不审之私,虽欲免俗而未能也。

有可知之俗,有不可知之俗。可知之俗,俗之俗者也;不可知之俗,俗之深隐者也。心知恶于俗,乃心故与俗立异,以标其不俗,亦俗者也。《逍遥游》谓宋荣子"举世誉之而不加劝,举世非之而不加沮。……彼其于世,未数数焉也,虽然,犹有未树也",其未树者在刻意绝俗乎?无意于俗而自俗者,犹有可谅;非真有得于不俗而矫揉造作,琴棋据案,古董充架,丽服幽居,宝马香车,徒以骄富,非洵有格,乃失其自然而尤可恶者。故有若俗而不俗者,有若不俗而内俗者,此俗之所当辨也。

大惑终身不解,大愚终身不灵。由是言之,大俗终身在俗。若出俗者,岂不知而然乎?必有通于道理,而明是非之嫌似。人何以出俗?反于己,察于私,审于俗而去之,则远于俗也;知俗之所以生而穷其本,脱其囿,则不俗矣。此非有不俗而可安也,有一日之知则有一日之俗,以知行知,俗、不俗交相乘,必日审之而日去之,则亦劳矣。唯一旦至于真俗两忘,绝去于知,动顺自然,乃后纯乎无俗。俗不可强去,尤不可使人强去。

(八)"知其不可得也而强之,又一惑也!"

上皆就世俗之惑者言之,此则进而就察于世俗之惑者言之。非但惑者惑,欲解人之惑者,亦未免于惑。惑之机深矣!俗之界广矣!下文庄子将有言于解惑绝俗之道。

"以二缶钟惑,而所适不得矣。"此语注说之歧义最多。其意,吾人已先得之，即上文"三人行而一人惑，所适者，犹可致也，惑者少也；二人惑则劳而不至，惑者胜也"，此则取譬言之。郭注作："各自信据，故不知所之。"此以意混沦言之，非比词为训，不强曲解也。成疏乃发挥作"夫迷方之士，指北为南，而二惑既生，垂脚不行"，所取文为"二垂踵惑"。《经典释文》谓："缶应作垂，锺应作踵，言垂脚空中，必不得有之适也。"可见，成疏乃训从旧说，非出自造。然作"二垂踵惑"，其说虽古而未善。一者，"垂踵"未经见，不甚成词成句；二者，以垂为悬，释"垂踵"为垂脚空中不行，尤无是情，虽不同方，而不至于垂脚，人立身又何处垂得脚？三者，释"垂"为边垂之垂，以二垂为二边、二方或歧路，稍优，实亦不合事情，言方向不同，不必远用垂字之义，亦曲。此皆改易本文，迂为之说，而比照"二人惑则劳而不至"为解。

郭庆藩《庄子集释》详载郭嵩焘之说，多发人醒。其曰："以二缶锺惑，谓不辨缶钟二者所受多寡也，持以为量，茫乎无所适从矣。上文一人惑，二人惑，据人言之；此以二缶锺惑，据事言之。""二缶钟"不必误。郭引《小尔雅》："釜二有半谓之薮，薮二有半谓之缶，缶二谓之钟。"其以缶、钟二者皆量器，是也，然以"二"为"缶钟"二者之指，则非，故其解亦不切。人以耳目测物则差，故制器以量之，焉有持量器而惑者？"以二缶钟惑"，固言人之惑也，亦郭象所谓"各自信据"而然，却与上言三人行两人惑则不至有不同，三人者以多少言也，二缶钟者以名实言也。《小尔雅》既谓"缶二谓之钟"，则二缶即一钟，异名同谓也。人知钟之为钟而忘乎二缶亦钟，此犹古语言"知二五而不知十也"。即本处所论，则人知他者之为道诔，而不自明己亦道诔之人，名实一而结论参差，乃为愚惑也。"以二缶钟惑"，"二缶钟"之不辨故惑，惑故行则不至，未知惑之所息也。此其文理。

于本章，庄子所揭示之愚惑之情，有两点应注意：其一，不在对于未知者之不知，而在对于可知者之不知；其二，不在异己者意见之分歧，而在对于自身愚惑之无以反观内察。其所发明之意，要在人之自迷其知，自昏其智，或曰，一以为智，一以为愚，于物之可齐者，用心不一，以成妄动。于知也有不知，于智也有愚，无不愚之智，无无不知之知。此亦庄子哲学之通理。

今天下之人，其智皆不能辨二缶与钟之异同，以俗非俗，可谓惑矣，予虽欲使俗闻道，达道于天下，不可得也。于此，也可辨"予虽有祈向"之义。祈者，求也；向者，往也；祈向，犹言"愿合六气之精"之愿。然此处之祈向，非就私言，而乃祈向于世俗，愿世俗之所至也。故下文承曰"知其不可得也而强之"，强之者，强世俗之所不能而教之以至道也。如此，世不以为谬悠之说、骇怪之行者，鲜矣。此《逍遥游》所谓"今子之言，大而无用，众所同去也"。

"知其不可得也而强之，又一惑也！"此一语而数义臻焉。何者？此一以见"今以天下惑"，"高言不止于众人之心"，虽欲用心而祈向不得之悲；一以见虽贤智察世俗之惑者，其去道毫厘则犹恐转瞬而惑，惑者惑，而救惑者亦惑，如见万物芸扰，而愿合治之者乃又增其乱也。故强之者，一方面为就世俗说，此不可强之事也；一方面为对理惑者说，己若救世，义正理顺，然己之惑实又深也。

吾人或知己为俗而欲去之，然若吾人所以去俗之道犹然俗也，如以羊易牛，以五十步笑百步，以俗去俗，虽终身勤去之而不可得。己不能观俗之所生，而以俗智去俗，乃自同于愚惑之行。己无真智，而欲以智去，虽辗转抽换，不出故智，是所谓强之也。

俗者，人人所不免，生而然也。所以有俗、不俗之别者，智之察也。智有以察智，相察无已，故不俗者，不出于用智乃可。"然则俗故严于亲而尊于君邪"，"未知此其必然邪"，察俗之智（或曰不俗之智），其果为智乎？愚乎？人智之果能相远乎？

用智者，不安其常也，故能见非常。然智之用有小大，其有所见，亦有所不见，如是则不能免于蔽。故智各有蔽。蔽者，愚惑之所生也。愚惑之所在，谓之俗，则智者犹有其俗。俗者，众人同于非真知而已。

众人安于俗而不知其俗，寻其固然，此虽愚惑而未尝远于自然；以智逃俗，如以走避影，而不知其不可得，则尤可哀者也。智不足以逃惑，而用智以逃惑，于身则不能见之，反而视之，乃自谓不愚，而仍愚也。以愚而惑，智者可解；以智而惑，其孰解之？则智之惑尤深，故为惑之惑。此皆爝火之照，非日月之大明也。人皆知知之为益，智之为助，而不知无知之益，去智之利，故惑日长也。

（九）"莫若释之而不推"

庄子解惑去俗之道何在？"莫若释之而不推。不推，谁其比忧？"本章之主旨在是。

释，放也，搁置也。推，求也，强行之也。不推，不强之也。谁其比忧，即"其谁比忧"。比忧，与忧比也。比，"义之与比"之比，二物相及，从也,并也,引申之,处也,接也,怀也,有也。句谓,其谁居忧,其谁怀忧,其谁有忧。

俗也,有不俗也;不俗之中,复有俗也,是以又有不俗;……,其终至于无竟。

惑也,有不惑也;不惑之中,又有惑也,是以又有不惑;……,其终亦至于无竟。

如是,若俗、不俗,惑、不惑,愚、不愚,皆相推之说,其极不可穷。此故何也?智也有不智也。何以故?智也不免于私也。用私故不能免于蔽,终有蔽也,去蔽亦有蔽也,以知之故也。何以故?知有限也。如是,释而不推,则无忧矣。释者,求不惑也。不惑非不当求,而必以可求之道求之,不当以不可求之道求之。人皆欲自智,故化而成俗。

然俗者,当安之?抑当去之?俗不可求安,亦不可求去。尚俗非也,去俗亦非也。尚之、去之,皆非。不尚、不去,则俗不俗矣。何谓也?人人皆有自智之心,则人人求明于分、审于私、精于利也,人人而然,俗乃因以流行。俗与不俗相竞,则无穷焉。去人自智之心,则忘于私、淡于利、不求其分,则不以不俗而高,不以俗而为卑,各安其所安矣。

五、"厉之人"一段

(十)"汲汲然唯恐其似己也"

此为上文所论之理之事证。本段虽短小,而情节生动。

厉之人,貌丑者也,照应上文愚惑之人。夜半者,其用有二:一者,表时也;一者,表暗也。暗故需取火以照。暗,夜半之常也;取火以照,人为之能也。天有其时,物有其常,而人往往不能守其时、安其常,乃恒先时而动,施以人为之助。暗而不能视物,明则能视之矣。人之有求,则急切不可待,人之好知,如燃炬火以察物。故必于夜半取火以照,而睹其形容。此庄子所寓意也。然,此中之人为,又有浅深。取火以照,人为之浅者也;其所以求照,则人为之深者也。又可注意"遽""汲汲""唯恐"等措辞。此庄子着重之笔,乃表达出厉之人急不可待之心情,而见其存心恐惧之深。

此所表现者何义?莫能释而不推也,又"知其不可得也而强之,又一惑也"。

物之得否为人，人之容貌丑好，此皆自然而然，生而有之，非人所能用力于其始也。此即所谓之命，或谓之曰天，或谓之曰常。天之生是也好，吾人能预求之乎？天之生是也丑，吾人能预使之好乎？此皆吾人所无能为者。

然人于其间乃起分别，于是遂有好丑，好丑之念不去于心，于是夜半生子而强期之，举火以照而急求其不似己。物之天生者，吾人不求而自至，虽求而不能去，则焉用求哉？顺其天则无求，不安于天而恃心智，则求之。其求之也，未知其果为得失也；其用智也，不知其果为智为愚也。

呜呼！吾人何往而非强之哉！吾人以为强之而有得也，而尝计其失者乎？而常较得失之孰多孰少乎？则人之用心果未尝审也，其为智也或果不免于惑也。呜呼！哀哉！

后篇

第20节 释疑（上）

大疫顿发，其传如焰燎。教务委顿，师生乖仳，时不能接洽宛转于一堂，所幸今日犹能存网络之一线，虽不睹不闻，犹能作文笔之酬答，反别开生趣。昔之在堂，或有果怯，言者有言而已，所能接应者往往数人、十数人而止。今则一一事机均等，有来有复，足以专对，因人行药，非同一概。网络教学，固可省唇吻之劳，而有言必阅，有过必矫，虽对初学，心莫容隐，百人之群，其烦重亦有难任矣。所幸者，言非空发，文可长存，人百病十，似者观之，亦足有省。孔子曰："不愤不启，不悱不发。"无间于后进与先进，虽当下学，亦本如此。又曰："可与言而不与之言，失人；不可与言而与之言，失言。"人未有不可与言者，言亦未有不可用于人者，不卑不高，唯其当而已。是则愤悱之助，庸言之谨，力不唐捐，功存一役，犹偿所劳也。于《讲章》正篇之后，特汇其可录，择其可述者，撮为三篇，名曰"释疑"，庶其有当于讲助也。文字当时直情径出，虽无大谬，偶遇文气，则为改饰一二，无关宏旨。又漫衍不齐，亦非一律，要随机触发，犹庄子之有卮言。凡此皆为初学之筌蹄，非大雅之妙枢，何敢辞高明之哂也。

吾人今日读庄，喜为研究，穷高极深，出奇索隐，固有功于发明，然于庄子之学，广而言之，于中国哲学，非尽善者也。庄学为临文之学，又为理念之学，其文非死体，其理非空理，因人根心，对境准机，而各有所宜。吾人必临文，擘析其文理脉络，条理贯通而后文活；吾人必相接以思，酬以问答，偏正曲直，浅深隐显，随机而引，启沃灌注，其理乃活。理可一言而尽，虽穷之极之无以增其高，若其实造，千差万别，境乃不齐，前念是者，后念或非。非析文不能明理，非酬晤不足尽义。吾国哲学不空言理，贵于允惬于心，实有所辩，躬有所践，因人而发，亦因人而异，虽懵然者犹可有所与而不拒也。是以学不可以远人，未可薄其漫衍而不精、复沓而寡新也。昔之大贤或会聚而面讲，或书信往来不倦，以学之所系、进德之要津也。不但大贤如此，虽常师弟子间，亦不能不如此。何者？问之切而入之深，乃彼此能有真益。今日少以此论学者，此实最宜于讲求吾国故学，其法未可轻易捐弃。标此，非敢僭居师位，自我作法，唯愿学士不一意贪高慕远，不忽诸师友彼此讲论之际，切之磋之，琢之磨之，而倡此切实有益之道也。天下君子其有以谅之乎！

一、答庄子为豁达说

我们所谓的豁达，通俗一些讲，即能放开，或者说看得淡。豁达之人，常人所介意的，其并不介意，常人若有其物的，其人并不觉有其物。然而如果我们作为常人来说，于豁达之人，大概是有距离的，更确切地说，是有间隔的。所以我们于豁达之人的观察，往往表示不能理解。也因此，我们仅能于豁达之人，观照到他外在的表现而已，不容易理解他何以能如此。也因此之故，豁达之人也有浅深的不同，换句话说，有果真称得上豁达的人，有并非真可以视作豁达的人。为什么这样说呢？豁达不但是一种外在的表示，行为举止的脱洒，它更关乎人的一种心境，是由其内心而发为其外在的举动。魏晋时期这种豁达的名士，便有不少。时人评价这样的人，也确实用"达"这个字。与之同来的，便有不少伪名士，故作豁达，时人用"作达"来指称这类虚伪之士，犹如我们今日称虚伪的表现为"做作""矫情"。其缘故在于，这些作达的人，只能模仿达士的外形，而不能真正契合他们内心的境界。所以豁达不应该是做作出来、模仿出来的。

豁达之士之所以豁达，固然由于其特殊的心境，以至超乎寻常的理解，但他们并不只是出于天性使然，而是关乎学力的。也即，这样一种境界是可以学习而至，不是不可攀跻的。其所以能够学习而至，是因为它确然有一番道理。这番道理，对于豁达之人是很能理会的，而对于寻常之人则很不容易理会。理会了这番道理，便转化为自身内在的一种信念，内在信念又自然发作为自身的外在的行为，一切的应事接物、举手投足、耳目盼眄，自然都是这种精神的流露。对于能理会的人，这应是寻常的事，而对于不能理会的人，却成为最不寻常的事。所以豁达与否，终究只是所守的道理不同。豁达并非只是一种瞬时的情绪和骇人的举动，而是根本于特种道理的，不能忽视它内在的涵义，好似空洞无物，独自生成，率性自然，实际上，它并非如此，即所谓率性自然，也并不是率性自然的。这一点，很值得我们去体会。

在庄子这里，他所表示的不过是对死的一种态度，充分言之，就是对于生死的态度，因为生死是相对之物，也是一体之物。生便蕴含着死，死便蕴含着生。不是机械地说，有此便有彼，而是说，生的观念（或名）其实是依着死的观念（或名）而有，反过来也可以说，死的观念也是依着生的观念而起。何以然？生，我们怎么来解释它之为物或作为何种状态呢？我们必然要把它作一种区别，才能使之得到澄清或显现，才能使生成为生。最简单的区分就是二分：一种是生，另一种就是非生。我们知道了非生也就知道了生，知道了生也就知道了非生。我们给非生以死之名，那么这里就是生跟死的相对，就是生死的纠缠关系了。所以最确切地对于生的解释，就要用死来作界分；死，也要用生来作界分。生就是不死，死就是不生。比方我们要解释死，说心脏的活动停止了，或大脑的活动停止了，等等。这些好似没有直接用到生字，与生无关，其实不然，大脑活动，心脏活动，就是我们对生的一种关键性的描述。在这里，对生的根本性描述，也成为对死的根本性描述。可见，生死实在是一个观念，只是一个作肯定用法，一个作否定用法。孔子讲"未知生，焉知死"，也可见这两个观念的**联系是极紧密**的，甚至就是一回事。我们所以生，即是我们对于死的一种应对；对于**死**的应对，也必然构成我们的生。凡建立生死的观念，对于日常来说，是有意义的，或者说是有作用的。我们称这种生和死有分别而相对的观念，是日常的生死观念。

庄子的生死观念跟日常的生死观念不一样，这种生死观念的差别，是道理上的差别。这种道理上的根本差别，也可以说构成了道家跟儒家的差别。凡是出于某种道理上的观念，它的适用就不是单一的，也即不止是适用于生死观念，其他的一切观念如小大、得失、善恶、祸福等等，都将适用。所以这种道理是一种根本的通彻的道理，并包天地，囊括万物，千万世而非古，统死生而不遗。我们说这种根本的道理，生成了相应的观念，也可以说，成就了我们生活的态度，成就了我们存在的态度（我们可以把这种存在称为生，但如果是狭义的生就有不相应之处，存在是兼生与死的一般状态；如果把生理解为一种存在，则死将成为一种存在，也因而是一种生。可见，我们的名的使用都不是确定的，而是待诠释的，待赋义的）。

我们要理解庄子鼓盆而歌的豁达，或他的这种特殊表现，我们必要理解他对于生死的观念。他并不认为人的形体对于自然来说是有特别的尊贵之处，人获得的生命只不过是气或者说物质偶然的凝结，这些东西又很快会消散或者说转化为别的存在状态，而且这种从一种状态到另一种状态，或者说从一物到另一物的转变，是无穷无尽的，我们作为人只不过是天地造化的瞬间产物，并且我们永远只是处于天地造物的过程当中。我们的一造，就是一个生死。这个一造乃从前一造而来，又将走向另一造。如果我们以一造为一死生，那么我们就有无限的死生。更且，我们虽视生死为一造，这一生一死也实在是无法确定的，只能作个别的人为的规定。正如"朝菌不知晦朔，蟪蛄不知春秋，此小年也。楚之南有冥灵者，以五百岁为春，五百岁为秋；上古有大椿者，以八千岁为春，八千岁为秋，此大年也"（《逍遥游》），时间的度量并不一致。我们以死生为一巨变，实际上，我们无岁不变，无时不变，昨日之我非今日之我，明日之我复非今日之我。我们或许以为，只是精神心理的变化，身体形骸无变，所以不能言变，更不能言死生。然而我们的形骸果昨日今日无所差异吗？我们无时不变，如以我为我，何者是我呢？可见，连我都不能确定，何况我的死生呢？

天地间只是一大变，无物不变，无时不变。我们如以死生为一大变，日间之变为小变，然大之大复有大，小之小复有小，大者复小，小者转大，吾人果何执以为小大？庄子有朝三暮四一则寓言，为我们所熟知。不知这朝三暮四的道理，就是庄子根本的道理。我们知生死为一大变，而不知日间之变也为一大变，分分忽忽之变无不为大变，吾人知哀终身之大变，而不知哀日间之大变。吾人知生为变之可喜者，不知死亦为变，知死为变之可哀者，而不知生亦为变，生死为变既同，而或喜或哀，用情不一，不为朝三暮四乎？吾人不能执天地瞬息之造以为常，不能以一时之得以为得，亦不能以一时之失以为失。于天地之理也，生之变为生，死之变亦可为生；死之变为死，生之变亦为死。我们视死生为得失，则乐生哀死；我们视死生为同一变化之流行，则死生复何以为死生？既识只有变化，而不见有死生，则复何哀何乐？"劳神明为一而不知其同也"，岂非尤哀之可哀！"适来，夫子时也；适去，夫子顺也。安时而处顺，哀乐不能入也，古者谓是帝之县解。"（《养生主》）生一时也，死一时也，安时而处顺而已！

豁达亦一名，在常人看来豁达者，在豁达者自身而言，又不见有何豁达之处，却只是平常。不知者，责其豁达之真否，知者莫逆于心，相与于无相与。其所以迥然异情者，无他，道理异耳。达者不以名累知，不以知用情，不以情伤性。世俗之知，果真知乎？非真知乎？以生为可乐、以死为可哀，为真知乎？以生死一而止，非无穷者，为真知乎？是吾人所当致思者。庄子非教吾人求知之知者，教吾人行道之知者。"有真人而后有真知"（《大宗师》），有真知而后有真人。庄子之所有启发吾人者，在此。

二、答言哲学与科学（一）

选修《庄子导读》课者，学习自然科学、技术科学方面的同学特多，而一味强调哲学之重要，似不足以服其心，或平其念，使之于二者皆有所观照而各处其是。哲学与科学二者之关系，宜为初对哲学感兴趣者剖析之。

人文学科的学习，特别是中国哲学，与自然科学很不同，甚至与西方哲学的学习也有较大的差异。就哲学而言，中国哲学与西方哲学的差异并不在于研究对象的差异，二者都以宇宙全体和人生实相为共同的对象。其差异之所在，系于研究方式，而研究方式的差别，又表现在论理的形式及著述的体裁上，并形成了各自的研究典范，进而形成了自古以来相循的传统。换句话说，中国哲学并不是不可以有西方哲学的面貌及其开展的方式，而西方哲学同样也并非不能有中国哲学的面貌和形式，事实上这样的成果是有的，不必相互模仿而后有。如今日，我们已经全数为模仿之能事，非今人智而古人愚，今人能而古人不能。然而其可能而不能，非是不能，而乃不为，或者说各行其选择，各致其性情之所近。此皆大文化传统之孕育，使之各成所趋，若异道然。所以这是哲学旨趣上的差异，并非哲学本身的差异。

作为哲学的认定，不应着眼于具体的观点之有无和论述的样态为如何，而应着眼于其对象或曰问题之近似与否，或者相应方面之有无。哲学的统一性在于其对象意识和探讨问题的方式。就哲学的原初形态来说，哲学不仅是最高的，而且是最全的，或者说哲学是人类认识的大全，再或者说，哲学可以引申出宇宙社会的一切认识。哲学孕育了包括后来的科学等一切高级学术的萌芽。即使就今日的学术来说，哪怕完全不讨论哲学的问题，各学科也是不能脱离哲学而具有哲学之色彩的。因为，一切学术无不以知识为追求，知识本身就是最大、最为根本的哲学问题，所以任何学术都不能不与哲学有关或以之为前提。

但在人类认识本身的发展中，哲学与科学二者毕竟分化了。二者的分化其实也很难说是研究对象的差异，最本质的还在于研究方式。在传统时代，人类的认识能力相对有限的情况下，原始科学的研究跟哲学的研究很难做出清晰的划分，所谓科学研究其实也可以大体称作是哲学的，带着哲学化的色彩，或者说二者同源同态。其所以如此，是因为二者的研究方式还比较接近，相近的方法必然有相通之处，显著的差别只表现在专门的研究对象而已。但现代科学则已大大突破了传统的认识方式，这使哲学与科学必然相去日远。哲学还是曾经的哲学，科学已经不复是曾经的科学了。

何以言之呢？或者说，何以有哲学与今日科学之分野？其原因即在二者研究方式之异途。哲学乃纯粹用思之事，其所凭借者人类之感觉与理性之思维而已，中国哲学所谓"闻见之知"与"德性（心性）之知"，或曰五官与天官（心）而已。科学则不然。科学之不然，不是指闻见与心思之能力，哲学用之，科学则不用之，而是指科学除了这些，有更延伸或扩张之外在的辅助能力。人类自身具有的天然能力，是一切认识的起点，但不是终点。哲学犹然是昔日的哲学，或者以昔日的哲学为典范，而希踪模仿之，而科学则不是昔日的科学。有崇拜旧哲学者，却没有崇拜旧科学者。旧哲学犹能于人心提供根本的满足，而旧科学则为已陈之刍狗。这就显出了二者所以分途之处，也显示出二者各自之所是。

哲学的研究方式自其典范建立之日起，就是成熟的，所有的只是从变化的世界中引申出的观念的差异或变迁，其感知和思维的能力并没有显著的变化，科学则不然。科学可以使人的感知能力远远超越其固有的能力，科学家的感知遵从其思维，而其思维同样服从于其感知，甚至感知对于科学家来说是第一性的或曰决定性的，思维本身唯有依据外来的感知的深刻变化才能发生质变。不然，哲学家的思维同样会随时带来科学的革命了。这里我们不讨论这种能力扩张在哲学的视角之下是好事还是坏事。简言之，哲学是内在性的、主体性的研究方式，科学是注重外在性、客观化的研究方式；哲学的研究能力具备于人自身，科学的研究能力则同时倚重于外在的工具；哲学是易于自足的学问，科学是永无止足的学问。离了特殊的实验环境,科学很难得到开展,从而失其为科学;而过分依赖于外在的环境,哲学将发生蜕化,从而不成其为哲学。

进一步来认识哲学和科学的区别,我们甚至已经在开头提到了,哲学是大全。哲学需要观察对象,即天地、万物、人类生活之全部,然哲学并不需要竭尽全力去穷尽其对象,或者说哲学在它成立时起,就已经周遍了万物,穷尽了对象。所以哲学永远不为事物之无穷无尽、人类有限之生不能穷尽事物而苦恼。我们甚至可以说,哲学就是要解决人类的这种苦恼,比如庄子哲学。哲学使特殊的事物具有道理的共通性,使人类的特别认识成为一般认识,进而再去指导他的无限的特别认识。也即,当哲学成就的时候,世界就再无什么神秘之处了,一切已经呈现于人类的洞见当中,哪怕耳目所直接观照不到的对象,哪怕千百年后新生成的对象。用一个悖论表达:哲学将使我们知道我们不知道的事物。当然,我们还可以引出另一个悖论作为对照:哲学将使我们自以为知道的事物归于无知。

就此,我们对于科学与哲学的差异,或许能理会得更多。哲学永远占据着对人类自身的理解,这种理解不因经验知识的增多和减少而变化,也即不随科学而变化。换句话说,科学只能带来哲学的变化,不能带来哲学的进步。从另一层意义上说,科学以为哲学所无法解决的问题,科学自身也无法根本解决;科学所寻求解决的终极问题,哲学已然能够解决,或允当地说,都有所解决。就宏观与微观世界来说,科学所知仍是有限中之有限,其所获得的确定性的结论,几等同于无。而就人类最终的问题——生死,哲学往往都给予了最充分的解决。

再根本言之,科学在它的一般形态上与哲学分途了,而在其起源形态和高级形态上又将与哲学会合。我们不能否认,一切学术都以获得真理——至少是知识——为目的,科学就不能摆脱这个任务,或者说,这是科学的最高目的。知识之哲学性,乃是科学与哲学纠葛之宿命,或者说,是科学承受哲学约束之紧箍咒。

当然,我并不是要去否定科学。否定科学之无限发展的必要,或者探讨科学的本质,并不是一件艰难的事,但抗拒它的势力则是一件可惧的事。当今日科学成为第一哲学时,哲学本身便十分危险,它反将受到特殊性之挟制,而斫丧自身。斫丧哲学本身,无异于斫丧人类自身,因为哲学是对人类自身在感性和理性所允许的程度上,最彻底、最精致的保护。我们更好地理解了二者的关系,对于人类来说,将是一件极有必要的事。哲学的力量,将始终使人类回归于自身。儒家讲"道不远人",老子讲"不窥牖,见天道",庄子讲"吾生也有涯,而知也无涯",都是在引导人类回归于天道,回归于本性,否则就将不可避免地步入险殆之境和背本之路。

在这里我们似乎可以思考一个问题,是获得新的重大的认知重要呢?还是对知识本身的探讨重要?可不可以比较,有无可比性?

本来打算跟大家谈谈中国哲学之注重读书的体验,因为读书的体验即反诸自身的体验。而今却从哲学与科学的关系上荡漾开去,也是我的一点愚见,也跟庄子之学有关,不算离题的话,权当一点引起大家思考的触机。我的话有一个前提,就是文科的学生自然对文科较有体会,对我的话大概有些同情,理工科的学生对科学较熟,对哲学则或许理会得不够。故我贸然谈了一些促进理解哲学的话,只是意在大家习于科学、不要忽视了哲学的重要性,不是要大家弃科学而务哲学,当然,这也是不可能的。

有些时候,如果我们认真反省一下生活,体味一下老庄的话,我们诚然倚赖于科学,不免有求远之弊。及此,我又有一个问题,我们的生活到底是以当下满足为好呢?还是以不断寻求满足为好?这两种都关乎哲学,而后一种犹关乎科学。科学在不断满足我们的需求(我们姑不说欲望),或者准确地说,我们不断要求通过科学来满足我们的需要,而最终科学的产物会否取代了我们自身呢?

三、答言哲学与科学(二)

吾人从各种立场接触哲学,融入自己切身的体会,很值得赞赏!大家都来作一种反思,无论科学还是哲学都将受到益处。科学与哲学到底是无法分开的学问,我们可以说,哲学是人类认知走向深度科学化或试图更科学化地解释世界的产物,也可以说科学,无论是古代科学还是近代科学的发生,都可以算作是哲学的衍伸之产物,唯其日行日远而已。两者并不是截然分开的事物。所谓科学,是运用人类之理性方式来对客观对象加以有步骤、有计划之观察和了解,以明确其特征,发现其规律。而哲学之宗旨,也在于对于道理之揭示,尽管这种道理看似空虚。哲学给人类带来洞见,科学给人类带来新知。但二者都难以彻底避免愚昧,故我们当不断寻求其自身内部的反思和批判,这也是二者自身本质的要求。换句话说,哲学未必真哲学,科学未必真为科学。

进一步讲,我们既不反对哲学,也不反对科学,而是反对僭居哲学与科学、伪冒哲学与科学者,哪怕是以正统自居、主流得势者。真正的哲学,可以导出科学,或者自身科学化;真正的科学,也必不会违背哲学,而可以奠定哲学。所谓科学,我们应该指其合理的精神和检验的严格性,而不是指某种特定的形式。于科学昌盛之世,我们不能迷信科学,正如我们不当迷信哲学,因为我们有的永远只是科学的代言人,他们可以说不科学的话,因为其并非科学本身,科学永远不会自身说话。同时,我们也应当更积极、更主动、更自觉地投身于科学,正如我们需要投身于哲学。因为,如果有真理和真相的话,这种认识只有可能发生于科学和哲学的阵地,或者说如果我们在从事探明真理或真相的活动,那么这种活动就是哲学或科学,就可以用二者来名之了。

当然,科学不是一门特殊的学问,一切对象的认识和问题的解决都可以成为科学的系统,一切根本的问题及其不同的解决都可以成为哲学的构成部分。科学于人类的认知和实践,以实驾虚;哲学于人类的认识和活动,则以虚御实。二者不应当相悖,因为二者都服从于事实和真理。但是他们的事实并不就同一的维度而言,有就日常的感知而言,有就极度的观测而言,有就表象而言,有就内里而言,有止于耳目之内,有出乎耳目之外者,事实的确定也并不一致。我们甚至可以说,事实就是真理,认定事实就是通向真理,一定的事实匹配一定的真理。当事实出现的时候,就是真理揭示的时候,认识真理,并不比认定事实困难。

但是,我们也应觉察到,所谓的事实并不自动呈现,总要依赖于人类的判断。从事探讨感情的学问,并不能满足我们的感情;谈论智慧的学问,也并不能直接给予我们智慧。哲学和科学有益于我们认知上的理性的清明,并不能取代我们真实的体验,或者必应转化为我们真实的体验。科学和哲学是要引导我们的意志,改善我们的生活,不是仅止于理论。也即,理性的生活,只是我们生命的部分,甚至不是主要的部分。生命是一个多面向的存在。当我们注重通过认知来顺应它时,可能我们已经偏离了它,甚至压抑了它。也即,当生命寻求理解自身的时候,反倒遮蔽或侵损了真实的自身,这就是哲学和科学的流弊。

然而哲学和科学作为人类自我调适的精神,是主动的,而不是被动的,它可以在否定中肯定自己,在肯定中又蕴含对自身的否定。也即,当理性过度使用,造成对生命的压抑时,理性可以回头来否定自身,重新回归于真实的自我,强调直觉和感性的力量。这就造成了哲学和科学的演化。一切的进步,都起源于对认识和行为弊端的克服。事物永远是对我们的呈现,认知永远不能脱离我们的主观,故我们永求真理而不得。这是人类理性之无限力量,也是人类理性之永恒局限。我们固可暂时安顿于一时所知的港湾，却永将预备在知识的未定之流中漂泊回转。这是一种事实，这也即蕴含一定不易的真理。

庄子哲学便指向这个问题，并同时解决了这个问题，尽管他的解决不会令我们轻易地信可，因为我们宁愿寄希望于永恒的漂流，也不容易接受一个素朴的事实或真理；我们永远不易于用纯粹的自身来保全自身，而渴望用外在的事物来装潢自身，我们自身永远成不了自身的标准。所以，庄子用了人与影子竞走的寓言，我们的行动，永远有一个阴影与之相伴，不断吞噬我们，并最终颠覆我们。

就人类的前途而言，哲学的危机是暂时的，而科学的危机恐怕是愈重的，因为科学在愈发成为独断的哲学。任何宣称真理的唯一掌握者，而催动一切生命义无反顾地奔赴之者，都是可怕的，因为真理并不是唯一的，而是多样的。在哲学的道路上，是千蹊万径的，这使他避免了偏执的危险，而科学要如此，是极困难的，几乎等于毁灭自身。哲学，人人可以去了解它，并尽批评之能事，而科学的特性使常人失去了批评的能力。这也是它难以避免危险的一个原因。

科学是人类发展的必然道路，为了避免它的危险，所以我们需要更多地了解哲学。了解哲学并无特别之处，只是要警惕——勿迷失了生机烂漫的人之本身。

四、答问成心

问一：

对"未成乎心而有是非，是今日适越而昔至也"，我觉得这句话强调的是"成心"与"是非"的先后关系，可能不是强调"成心"与"物来"的先后关系，试考虑庄子对"成乎心而有是非"的态度。

答一：

此点注意很重要，我再体会一下。不过，成心与是非似一回事，不当分先后。有成心而有是非，成心者，又岂非己之是非？此处所论可以肯定者即是非之先。然是非之先，非成心乎？亦顺应上文人皆有成心之意。"未成乎心"，省语，必有事以言乎成与未成，如适越即一事。故此可泛指，不拘何物何事，皆然。是非，其实亦省言，某事某物某理某言之是非也。"成乎心"与"成心"亦似乎有辨。成心可为一成语，（未）成乎心则非足语，应有所指。吾所谓物来，语虽若就物为言，而实则指物之然否或曰是非。其意即为，物之是非未著而吾已先不免于是非或曰偏见、成见矣。君所言简略，吾不能完全达意，此吾草草所解，容更思之。君如有他解，可再来商，商则入细矣。

来商：

> 详细说来应该是这样："成心"与"是非"若就两事看，则一为未发，一为已发。举例说我以儒道为体以应事，当一事来，如处置丧事，则以我观之，必大办丧礼，守丧三年，此则为是，而墨家之节丧则为非。然成心与是非确如所言，可为一事也，则是成心动之时，即是偏见起之时，故我为是，它为非。概括言之：若有成心，则无论事来与不来，皆有是非也；苟无成心，亦不论事来与不来，是非皆无矣。

再答：

君能及此义，难得。如阳明所谓病根常在，虽未发不为无病。诚可以体用言，或以隐显言。然如作是解，则原文"未成乎心而有是非"，岂非言已见是非，当为接物而发者乎？以不发则是非隐也。文末所括二言自为真理，知此则为达庄矣，可不用复辩。然于成心、是非先后之说，精则精矣，于本处却似过高。诚如末言，若无成心，则是非皆无，岂论先后，然又焉有今适昔至之喻？则庄说为无谓矣。如所概括之前说，则无论事来与不来，皆有是非，则成心与是非为一体，二者之关系又不止于体用。成心、是非皆可以有体用。有根本一源之是非，有具体应物之是非。以根本之是非言，其实与成心等；以具体之是非言，其与成心固有先后，然又非"未成乎心"矣。是以成心与是非，就已发未发义言，皆为根本之谓，则无先后；如有先后，又不可称未成。如是推求，左右不免龃龉。且又有说焉。"未成乎心"，所未成者与所有之是非，不必为体用，甚则不当为体用，彼未成者或不失事理之本然，而既有者，是非则皆非也。如适越为一事实，循其自然而至，未可非也。初发而逆意，则妄矣。"未成乎心而有是非"，转言之，"未有是非而有是非"也。然须知，此未有之是非与所有之是非，并非一物。如必欲以体用言之，其体用乃当反说，以既有之是非为体，以未成之是非为用，无体则无用，体必先成，如是则益见成心与是非为一指。通一章与综庄子之意观之，庄子所批评者，人之皆有成心，多是非之先见也。此可谓本义。因文发解，别有心得，如体用之说，则为引申义或发挥义。随文而不滞于文，别有心得，乃学者所贵，而必以明本义为先。不然，即落于庄子所讥"未成乎心而有是非"之过。本义甚明且甚易知，然以先得高明之说，反易为掩。非但易掩，又且易为所误，以使初所欲人知者转不得知。

如此处，本意在于成心是非，乃可能别之为二，又进而别之为先后；有先后，本同列皆非之二物，竟可至于一是一非，则南辕而忘乎北矣。此岂非文末所谓"以无为有，虽有神禹且不能知"者乎？是非成心皆先其未有或未然而生于心，以未有为有，逆计前知，则入于庄子所谓之妄矣。庄子之说，正为我辈设耳。读君之说，以理则无需复言，以文则需深察。再思之，以为有不可。然吾又何敢必焉，古言校书之难，如扫落叶，成心之难剔，亦大类是，而人尤不易自觉，直为迷梦中客尔。君以为然乎？不然乎？谨答。

再商：

> 愚似混淆"成乎心"与"成心"，庄子此句所谓，确如昨日所解。然于今日所言，尚有两点疑惑。一、在庄子看来，成心与是非所言是否需分对事与对理言？如此则于理，是否成心与是非亦有先后乎？而所解之句所说为：事成乎心而对事有是非之论。试以佛学之因果说喻之：成心为因，事来为缘，对事之判断所得之是非为果，无缘则无有是非矣，此即同于庄子所谓"未成乎心而有是非"。另一方面，就理上言，则不需外物来，成心便有是非，然此有先后乎？无先后乎？则吾不能决也。二、关于今日前所言："诚如末言，若无成心，则是非皆无，岂论先后，然又焉有今适昔至之喻。"愚以为此言似未当。以我们看来：无成心，自然无是非，后自不必再论，然庄子所说为无成心而有是非，故有今适昔至之喻。不知余所理解是否确当？

再答：

君自始所言，于庄说为发展，吾所不反对者。须知庄子陈义虽高，然当其时代，本言其所言而止。若体用之说，若理事之别，初无许多计较，彼何尝一一虑及而预谋其说也。彼当时之说达彼意而已，非如君所思就彼问题转加精密。然道理混融，虽彼作者之意有在，而其言实包蕴无穷，吾后人层层引申沟通，弥补罅漏，彼理乃日彰也。天下学者之乐事，无过于"奇文共欣赏，疑义相与析"。然须知道理并无罅漏，浑然一体，天然具足，分析者人事耳，铺述者文言也。欲明其理，不得不解剥之，欲有所传，不得不寄于文言。言则有序，不能并臻辐凑，一时备具。故吾人论学常以抽丝剥茧为况，茧本一体，丝自已存，丝团成茧，茧抽成丝，抽则有端末矣。又如习拳，内外上下，精气与神，本无不运，而教人则不能不节节而解。于是本不可以先后言者而若有先后矣，本不可以理事分者若可二分矣。如是之问题甚多，其实多语言思维衍生之问题，实体或事实本不如是。然分析此等问题，于思维极得锻炼之效，所见愈深，而论理愈精。故体用、理事之关系为如何，不可一言而定，乃逐有层级，于相应之层级言，皆有所可，分有所可，不分亦有所可，而终于名言所不及之境。何以中国哲学常至于言语道断？以言语于论理则可，于实体则不然。言语为一事，实体为一事；言语以分析为能，实体则以贯通成用，不可混而径以为无别也。此通理。

若复就本处问题而言，"未成乎心而有是非"，其意亦甚简，即是非未成于心而心已有此是非。上已言之，此处又加明。今日适越而昔至，身方适越而足未至，然心已蠢然而若至，事未成而心已成，以无有为有，若"梦饮酒者，旦而哭泣"，事不能先预谓其然，以常不然，变化未可期必也。其实如此。然须知，适越与昔至，至未至则有异，而适越则一事。故未成乎心而有是非，成不成则有异，然其谓一事之是非则同。今日适越为未至越，其句犹言"未至乎越而至越"，未至越不为非，则"未成乎心"亦不为非。此成心犹适越，与人皆有成心之成心，其意义可否有别，前者非不可，后者则不可。"未成乎心而有是非"，句义以"未成乎心"为轻，以"而有是非"为重。于此"未成乎心"之成心不为成心，乃事之将来，吾人之遇耳；"而有是非"，乃真有成心，吾人所预怀者也。如此似可怡然理顺。第二疑似不必，吾所辩者在成心与是非先后之说，然吾之所以致君之疑者，在未能明析成心之有二义，一为事理成就于心之成心（可义），一为先事固必、成见之成心（不可义）。先事而有是非，即有成心。庄子所谓成心与是非初就同事言，无先后理事区别意。读书要先得其基本义或素朴义，然后求其精微义。吾于君意略已清晰，吾之说也补缀略完。吾所讲初未详明，得君琢磨，于此所解更透，不但如此，而于庄学又进一步。可不幸哉！吾不意君于吾草草之说且能留意，功夫不细，吾一言一行，岂得苟哉！吾尝于学生之辱问者言，讨论之道，不有益于彼，则有益于我。此吾衷心之谈，非虚语也。

五、答问《胠箧》义

君读书，能起疑起问，切中窾窍，不但为自己进步之机，并为我感发之资。聊奉所知，以酬朋友。

庄子之作，诚文理俱臻于妙，无意不达，无理不传，如鬼如神，不可方物，有大开合，有大机杼，有大手眼，有大怀抱，独立而无匹，百代之绝调。

爱之者不为少，知之者未必多，能得其辞助者已足以惊俗，况于理之宛转不穷乎？故习庄者，下为词人，中为达士，上为天地之友。君于刘氏熙载之书甚引重，若论庄处，以断续言之者，嫌属刻意，如鹏与学鸠，岂忽此忽彼之为断，又岂必待小大之辨乃成续？是褒之反贬也。大鹏则寓下学鸠之笔，学鸠又扣住大鹏之笔，合二者又寓下小大之辨一结语，唯其进退浅深，轻重隐显，尽多理致，不一而足，非浅尝辄止，循循诱人，无不如意。故言断续之妙，不如谓引贯之功。其行文也，非有其前则无后，于读者也则知其前竟不知其有后，既知其后乃复解其所以为前而知前之当出以后，字无一不精，语无一虚设，直是贯通到底，如竹之爆破，内蕴毕现，如庖丁解牛，析土委地。不以一言为断为续也。

所问之一，世俗之知，若摄缄縢固扃鐍，乃为盗贼积。圣知之法，则为大盗积。所谓"窃钩者诛，窃国者侯"是也。不见可欲，则民不争，不见可贵，则民不羡。所以固扃鐍者，启民之欲也；立为仁义者，重君亲之尊也。是以致盗贼。所谓"多藏诲盗，冶容诲淫"是也，又如项羽观始皇之游，欲取而代彼也。积财生盗，积法生大盗。圣人与盗贼相生者也。吾人谓摄缄縢固扃鐍者，守财也，所以备盗也。则知生于盗，盗生于知，相系者也。如圣人不去，则盗必生；如盗贼不去，则圣人必不可去。无财矣，何者为盗？无盗矣，何用守财？圣人既去，盗贼无所资其法矣。盗贼既去，圣人无所用其知矣。故必兼相去而后治也。圣知之人既去，圣知之法焉存？则于盗贼之名也何有？天下孰复为盗贼，非纵舍之而何为？无其实则灭其名，无其名将销其事矣。念所不生，虽积金玉之美不盗也。名所不起，虽有扃鐍之固不用也。

所问之二，"德荡乎名，知出乎争"，以名而邀德，以争而饰知，故知也者，争之器也。其所未知也求知，其所已知也而求益知，其所不能知也而不能舍其知，又其所知也异于人之知，其所以为知也未必真知。又，一知也，善人用以行其善，恶人用以成其恶，其利善人与利恶人等，又况善人常少、不善人常多乎？人日求知则新故交斗，知非真知则利害丛生。彼我之知不同，则人我相轧。行于彼者不可行于我，彼此任知，而知不可一。于其不可一而求一，则抑扬生矣，禁锢生矣，始于用德，终于用力，随以刑罚死亡，则物失其所，入于可骇矣。天下之以无知为有知，以寡知为多知，以强力行其独知，以诿知僭冒大知，使人从我者众矣。人之所知，即以为实能有知，然其知之增也有限，其所不知者无限，如地球之于太空，尚为沧海之一粟，况所载之人乎？所知愈大，其利愈大而其害同其愈大。如核之力大，其毁伤亦大，未有核弹，人之亡也系于天，既有核也，人之亡也有于人；未有核弹，人之亡也，可以久，既有核弹，人之亡也不定朝夕。此世也出于人工，假于智能，为祸福之种者，又岂独核弹哉？凡生物化学一切技术之所至，即人类灾难之所伏。高铁之疾骋也，山原为之凿破；手机之日用也，舍之不可寸行。则人知之成能，其为天地之害，身心之役者甚矣！况利为有在而可目，害多不可见而无穷者乎？

天无知而无不运，人用知而知不周，故利于己者或损于人，利于人者或损于物，利于欲者或损于性，利于近者或损于远，求其生者或致其死。物有自然，知者以人意而或使之然，或使之不然也，皆丧物之自然也。始于人心，而及于万物，使不存故貌，不安故处，不得故性，日消日亡，岂非足人欲而乱万物、燔天地乎？故于知也，必至于不仁，忍于行己，勇于戕物，索田以稼，索鸡以卵，索牛以乳，索地以金，索山以材，索水以鱼，索事以器具，索心以仁义，人欲必达，物力必竭，人性必害，岂非皆知有以使然乎？

知者人也，性者天也。性不可绎，归于自然。天也无知而自化，江海不为深，山岳不足重，云气不足高，万物不足众，道并载而无遗，并行而不悖。若以人之所知行于其所不知，则乱万物者众矣，万物既乱，为己害者殷矣。人之于天，其体也等一微尘之万一，其知也若以管窥天，以锥画地，如"涉海凿河，使蚊负山"也，岂不远而殆哉？人之心，乐其得也而忘其失，居其安也而迷其危，见其进也而蔽于退，愿其利也而矇其害，希不颠蹶陨溃，为病为厉也。若是者，不犹常服药以养体，饮鸩以止渴，燃其以自煎乎？吾人也以害养利，以苦养乐，以危养安，以失养得，以死养生，利之得即利之失，生之得也即生之丧，徒计其利而遮其不利，非计也。

吾人必归于自然而已，任自然，则不以心易性，不以知易常，不以彼易己，不以人易天。无飞机汽船，吾人不得为人乎？无广厦美邸，吾人不得为人乎？然又岂至于茹毛饮血、树栖洞处为世之极则乎？老子所谓"至治之极，邻国相望，鸡狗之声相闻，民各甘其食，美其服，安其俗，乐其业，至老死不相往来"（《史记·货殖列传》）。如斯可矣。欲不欲肆，知足知止，非若世人相率（此二字最要）于不知餍足，求进无已也。故必舍所不知以守所知，释其任知而归于天常。以知尽性，不尽者多矣，以知尽人，入于非人者多矣。知必有为而明，如性情则无为而自然。以对称为美，斯天下之不美者众矣；以仁义为善，则天下之不善者纷矣。其理一也。美不一是，善不一指，以一是为美则灭美，以一指为善则贼善。可不慎哉！

所问之三，美言可饰，虚说无实，千言万语，无当于耕战，以此论之，诚为得矣。天下岂可以以言而理哉？然苏秦张仪，其不耕不战，周行数国，取功非常，一以成合，一以成纵，运天下如股掌之上，岂非以其辞锋乎？苏秦张仪徒骋纵横之策，言之卑者也，犹能如是，况庄周之言有至理而不足以当耕战之用乎？如人不任知，则事业可息，圣人不作，盗贼解体，民皆守朴。朴者，民之天性也，自然而然，有不假于力，不借于知，不胶漆以德者。德者，有所揭则非其本，无为而自然者乃实德。知者不言，言者不知，以言与所知为二也。"上德无为而无以为，下德为之而有以为"，德之上下虚实，其辨如此。

道德者所以安人之命，刑政者亦所以安民之命，其求安民之命则同，其所以安民之命则不同。道德以化，政治以力也，以功也，以教也，以刑罚也。政治亦用道德，然其为道德不同。自然之道德，不一其行，各循天性；政治之道德必出于划一，不可一以言仁义，一以非仁义，是非必分，善恶必彰，赏罚必明，不如是，自乱之道也。又政治必求独立，求独立必在能富强，至富强必在竭民之力与知。故国之交也，无力则地削权逼，有力则肆志而见疑；无知与力则国贫而愚，有知与力则民骄而诈亿。国任力与知则交伐交攻，人恃力与知则交暴而交欺。力不足者，则慕富强；力既有余，则安富尊荣以失富强。如是则常左右于富强与不富不强之间，而未有已时也。"天之道损有余以补不足"，有余、不足无常体，则世界永为动荡之局也。行耕战者，既能亡人之国，亦不旋踵为人所戮力以灭，岂一战而偃干戈、放牛马、序万世之统哉！无盗贼则圣知息，逼强敌则耕战急。势之所迫，非必意之所乐也。

力可任而不可极，富可积而不可盈，力极则手足折，富盈则志气隳，人不病之则鬼神以中之。且富强者，人皆欲己之富而妒人之富，欲己之强而畏人之强，其于人之国而言富强则国不安，于国之人而言富强则人不安，必相竞无已，相上无已也。道德则不如是，不以华耀朴，不以美羞丑，不以强凌弱，不以众暴寡，不以知诈愚，不以善恶恶，不以本逐末，不以外伤内，不以知灭性也。"太上，下知有之；其次亲之誉之；其次畏之；其次侮之。"则政治之体，以威武为下也。又政治之必致富强者，外以御侮，内以给欲也。兵者不得已而用之，用之在人不在我。欲者可已而不已，其已不已由我不由人也。然以兵止兵，兵不可去，取安一时；以道德化之，人皆不争，虽有兵甲无所陈之矣。兵之用速，德之化大。所以有兵者，道不可孤行，化不可一成也。人人安守道德，则至治矣。

又，政治者，群道也，相生相养之道也。其初也简，夫妇相偶，母子相庇，亲亲相长，兄弟相护而已。其终也巨，人各有私，私欲求专，饮食专矣，妃偶专矣，土地专矣，神祇专矣，国家专矣，人物尽专矣，一切智能之具无不专，其初以为己者，乃成乎为人，其初尚可以由己者，乃不能由乎己，天下之治遂扰扰而不平。力归于一而有独夫，财归于一而有独富，知归于一而有独教，专权专土专民专利：初以奉人者今以奉己，初以为民者今以为爵禄，初以惠民者今以敲剥于民，初以事民之安全者今以成民之桎梏，言而有讳，动而有刑，不言不动也有功名之诱与夫鞭箠之策，虽欲一时由衷之言，坦然之为，犹畏逊不敢自出。呜呼，哀哉！则政治之所以养人与其所以伤生，正未审其分数之孰优也。则政治之为物，唯见其出于不得已，未见其为全生尽道之体也。

吾人人知精神之应保，欲望之当清，不以知力自见，不以外物自役，乡居足以安土，布褐足以蔽体，饮食足以充饱，麋鹿与群，濠鱼与乐，风以御之，籁以听之，天地与往来，死生为一体，大哉天乎！无忧戚之苦，有天府之和，当此之际，政治与帝王之名，不但俱刍狗弃之，直不知作何物也。庄子欲大吾人于天地，吾人乃蹙缩于政罟，如鱼之相煦以湿；庄子欲吾人止泊道德之乡、广漠之野，吾人乃愿耕战之强、血气之猛，寻祸于无穷；庄子欲饮吾人于天乐，携吾人以逍遥，吾人乃贪口腹之味，恋崎岖之行，如鸱枭之美腐鼠；庄子欲解吾人于桎梏，散吾人之神意，吾人乃不忘情于利害，以功名为可志，以掊击为可恃。有漏之卮不可满，怀欲之心不可填，吾人其漏卮之谓乎？乃不见天地之大美，而徒局蹐于垧井之缺甓。

然庄周之理弘大，非可以目前求也。《春秋》三世之法，不以一蹴跻。理穷其极，事必拾级。不然，虽有此理，情非其情，理犹不真。于富强也，吾不为主而为客，吾不为先而为后，吾不为教而为戒，吾不为喜而为哀，慈柔以应，出于不得已，斯可矣。不以人而丧己，不以人而役己，人交不丧不役，斯为得矣。《论语》谓："上失其道，民散久矣。如得其情，则哀矜而勿喜。"《老子》谓："以道佐人主者，不以兵强天下，其事好还。……善者果而已，不以取强。"又谓："兵者不祥之器，非君子之器，不得已而用之，恬淡为上，胜而不美，而美之者，是乐杀人。夫乐杀人者，则不可得志于天下矣。……言以丧礼处之。"《左传·哀公元年》："臣闻国之兴也，视民如伤，是其福也；其亡也，以民为土芥，是其祸也。"吾人于兵战也必如是，于从政也亦应如是，必有"哀矜勿喜"之心，必有"恬淡""不以取强"之心，必有"视民如伤"之心，则岂有好有为而不再慎于所为者乎？玉如有玷则磨之，民如有伤则抚之，如其无事则不以多事累之。民命为本，为政非本也，如无病之躯，则药石不下。民不自得，则政以理之；民可自得，则政以辅之；民皆自修道德，则政无所立矣。久于鲍鱼之肆者忘其臭，学于邯郸之衢者忘其步，日仰仗于人者忘其所能,事非必假政府而后为办也。帝王之于天下,政府之于人民,其今也犹未可已,然将来也其必有为附赘悬疣之日。人人皆备万物之全,人人皆顺万物之理,割此附赘悬疣,又何黯然不舍乎?

第21节　释疑（中）

六、答言玄妙

我们不可一味地追求某种理论的崇高和玄妙，而应首先寻求一种对自己的相适应的考察，不然可能更加地增添困惑。中国哲学的表达，在庄子这里也很典型。往往是寻求适宜于读者去理解的，故而很多都是对话的复述或借助对话的形式——这给予我们生动的情境。这样的著作比如《论语》《孟子》《庄子》《韩非子》，再像宋明理学的著作，比如《朱子语类》《传习录》等，很多也是这种师生讨论的情景，所谓语录是也。这大概也是指责中国哲学缺少规范的论理形式的主要原因之一。庄子采用的寓言形式，更是别开天地，把玄理寓于物象，从而使哲学观念的表达呈现出从具象到抽象的过程。

　　一种观念必然是依赖于具体而又超越于具体的，这就是为什么哲学一定要创设"形而上"的原因。形，就是我们所能直接观察感知的，其上则不复受形体的具体约束，而转入思想之辩证的领域。也即，通过具体的形象关系，我们获得的并不止于具体的经验——这样的经验的应用是极有限的，一旦环境发生变化，经验即可能失去其适用性。我们从中获得的将是一种理念——从某种特殊的情境或经验的观照能力，到一切可能对象或经验之观照能力。形象是立体的，理念是"无方体"的；前者的认识是容易的，后者的把握是困难的；前者的性质似乎为实，后者的则似乎为虚。这二者如何协调在一起，是一件不易妥当解决的事。如果虚而违背经验，将损害其真理性；如果实而僵滞不化，也不能带来真理性，只是一种局部的真实罢了。

我们要做到孔门所谓的"一以贯之"。比如满盘的散珠，如果不能连贯起来，就不能作为美丽的装饰物，体现它无与伦比的价值。我们对于我们的精神活动，也要逐渐获得这种一贯的能力，使我们的特殊经验或具体的物象之活动，向我们揭示出更大的价值，或提供更深远的指引。我们常引用"一沙一世界"，"一叶一菩提"，便意味着我们从随遇的任一事物出发，都能做出对事物之普遍本性或世界之普遍实相的观照。又如庄子谓"天地与我并生，万物与我为一"，这里天地也好，万物也罢，所指示的都是一物，即宇宙的全体意义。我与某物的具体经验，可以进而上升到我与物之全部世界之经验或相应之论说，也即我所获得的理将达到其最高程度的普遍性和统一性。换句佛教喜用的术语"摄"来表示，即一摄一切。这一过程，符合理性上升的过程，又表现出超越理性的能力。在此终极的境界，概念的辨析也变得失效，因为概念并非用于对此的揭示，概念的前提是分离，或经验之对象化，而这里是混沌融合的神秘体验。这又很玄妙了。

我们其实并不是在描述这种玄妙，或者准确地说，我们对这种情境的描述并非这种情境本身，即庄子所谓"言与一为二"，我们只是在语言容许我们的理性可以发挥作用的阶段，去走向这一极境。如果我们无知，这些自然不会发生；如果我们有知，那么我们的知又自然会驱使我们走向此处，只是在进程上会有远近的差殊。这是一般科学的倾向，只不过科学谨守界限，不敢妄做形上之腾跃，哲学则以此形上之腾跃为理所当然之归墟，通于极端而后已。如是，在一般科学看来，哲学已非可理解之事，或者入于武断，但我们生存（或生命）的固有能力或状态之表现，又岂止一端呢？

这又特别是中国哲学的精神，在西方这种精神可能除了在部分哲学之外，更多地表现在宗教当中。西方的最高精神是神或上帝，而中国哲学的最高精神是道。道，就是我们对于存在之最一般的本性和规律的认识。它必然贯通或表现于万物之中，并从而决定万物之身心内外的一切活动。对于具有自由意志的人类来说，其自由更本质地表现在对于道的寻求上，而不是表现在对于道的摆脱上。摆脱道，给人带来毁灭，而不是自由；自由地追求道，才会给人带来顺道的自由。

对于大全的认识，即是面向道。这种认识可能与否，是一回事；这种认识之如何，又是另一回事。而这两回事，哲学本身都加以探求，并有所阐发。只不过，我们人类思想历史的早期，关于认识之如何关注为多，在近代以来，关于认识之可能与否，也即认识能力之本身的认识，或曰理性之自我批评的活动，这样的关注又致流行。但对于历史中的哲学来说，特别是对于我们自身的哲学来说，对于认知自身的认识，已经蕴含于认识之如何的展开当中，所以哲学所获之成就，并不因为对认识自身之批判而即失去基础或动摇基础，经过我们的批评之后，它们作为对于大全的异样的理论，仍然屹立不朽，仍然有为今所用的价值。但它们不是单一地作为纯粹的一家之言而得到继承，更多地应当是作为一家之言而得到应用，对于人类的精神有所哺养。

总之，理解哲学的困难是难以免除的，但我们不必贸然地去挑战它最困难的部分，我们可以缓缓前进，如登山相似，愈下愈缓，愈上愈峭。此乃日渐之功，非以言语可尽释所惑。

七、答问至人、神人、圣人为同境界否

其文曰：

> 夫乘天地之正，而御六气之辩，以游无穷者，彼且恶乎待哉？故曰：至人无己，神人无功，圣人无名。（《逍遥游》）

我们怎么来确定这句话的意义呢？当然，首先由这句话本身，如果它的意思足够显明，我们是不需借助于旁证的。但如果语境过于简省，我们无法做出适当的判断，就需要利用其他的手段。

初步可行的，就是我这里做的，扩展一下语境，把握一下它直接联系的语意如何。这句话是自"夫乘天地之正"几句而来的，"乘天地之正"几句又是究极的话，由此得出的，似乎应该是最终的境界，最终的境界还可以做出分别吗？

如果我们还不能直接这样贸然地得出结论，我们要做的，就是继续放大语境，把整个段落完整地考察一番。这时，"故至人无己……"之"故"字，便可更有着落。"故"引出的应当是作为本段之整体上的结论。而通观整段，其

层进的迹象又十分显然。而且这个结论，从其基本的表达来说，又应当是正面的，积极的。那么，它就不应当对应于上文中消极的描述，如列子以下之人物所行。反过来施用结论，我们也可以笼统地说，这些人尚且是有己，有功，有名的，只是程度上有差别。

如是，我们得到，"至人无己，神人无功，圣人无名"三句，是正面的结论，而非负面的消极结论。作为正面的积极的结论，其所表示的都是最高境界或最终境界，而不是等而下之的境界。就最高或最终境界来说，其所指示应该是相同的，至少是相通的。对最高境界的描述，可以有很多种措辞或用语。反过来，不同的措辞或用语，未必不可以指示同一境界，或作为同一境界的不同方面的指示。

如果我们还不能肯定这个结论，认为这里未尝不能容许层次的区别，比如这里是按递升或递降的次序来表达的，就递升来讲，至人不如神人，神人不如圣人；递降则反之。我们就应更严格地就这三句话来作分析。

第一，就我们通常遇到的这三者的语意来说，至人表示极致的意思，而圣人也是对极致境界的一种道德上的表示，神人则似乎较圣人尤高。如是，神人在这里居中，其无论卑于圣人，还是下于至人，都不符合通常的观念，甚至也不符合庄子的用法（圣人在庄子有指示儒家圣人的地方，表示贬义，神人则无此等用法）。三者同表人之极致境界，而以至人为最低，似乎也于文义不通。再者，以递减为次序，也不符合一般的用法，也与文章结构不对应。

第二，除了就三个名词作分析，我们还应对其内涵作分析，这更重要。"无己""无功""无名"，这三者是否指示同一内涵？或者换个问法，这三者分别如何实现？再进一步问，要做到无己，是否同时且需无功、无名？无功无名，是否也是无己的应有之义？否定言之，如果不能无功、无名，是否能够做到无己？就无功、无名二者，也可以同时有此追问。我们通常说功名，可见功和名是性质极近而极类的。我们说己，己是对自我的一种认定，或者说我作为我，与他者相对立或分别。

而名的本质功能何在呢？不正是实现物的区别吗？名作为特殊的符号，是对相应之物的指示，凡足以构成这一特定之物的指示，我们都可以称为名。名不但与物对应，还与物存在于我们意识中的观念相对应。名是对物的一种观念指示。我就是这样一种指示，所以我就是一个名，或连带着名的观念或意识。所以要做到无己，非无名是不能的。而名又作为我的产物，是人为的艺术，非是自然的杰作。名的产生，实本源于自我意识的活动。意识使物成为物，也即从混沌当中,从直观当中剥离出来,成为特殊者,可供辨识者。所以要做到无名,又非无己不可。名的制作,是什么呢?是人为。人为是什么呢?人为不就是功吗?所以,要做到无功,也非无名不可。无己,无功,无名,三者相互错综,义本一致。言无己,则无功、无名在其中矣,言他二者,亦复如是。则三者又孰高孰低?孰本孰末呢?一有则俱有,一无则俱无,非异名同谓而何?聊以此问,为解牛之技,供初学求索之鉴。读书辨义,要在有方。

八、答言名义互转

至人、神人、圣人三者的境界是否均为无我,此一问题乃联系《齐物论》天籁章与《逍遥游》鲲鹏章的观点而得到的启发。三"人"的境界,诚然可以用"无我"或"丧我"来指示。况且原文第一句就有"至人无己"的说法。当然,三句比一句理解起来要复杂,正如,阐明三籁比单纯之一籁要复杂得多,因为这里面就产生了交错的关系,需要做疏通的工作,这也与我们遇到缺乏了解的不同对象,习惯于比较同异一样。

广而言之,这也是我们理解一物,同时也是理解众物的必然途径。因为,如果我们不能理解一物,也就无法理解众物;未尝理解众物,也难以谈得上理解了某一物。所谓理解,本身即是一种关系上的理解,就蕴含了或融合了不同事物间的特质。换句话说,我们总是用别的事物来诠释某一事物,或者更准确地说,我们总是用已经有所理解的事物,来获取对新遭事物的理解。也就是说,我们的理解,无论走得多远,都建立在一个共同的底基之上。有些时候,我们所获得的对新遭事物的理解,只不过是旧的、固有的或已有理解的变形、变相或变式。所以,复杂性,其实不在于语言是否把它展开了,更重要的是它本身就蕴含着这种复杂性。

比如至人、神人、圣人三者,作为名而言,我们没有办法来理解它们,我们单凭名而能做出某些理解,也只不过是依赖对其修饰词的理解,即"至""神""圣"三者;而对三者的理解,又寄托于我们的惯常理解,或者连锁于其他情境,也即曾经使我们理解至、神、圣三者的情境。如果没有这种连续的代入,或者如果我们没有既有的对于特定对象的理解,我们是很难有新的理解的。如果没有凭借,这三个观念只能是空洞的。我们要获得对它们的理解,就要结合这里的语境,即"至人无己,神人无功,圣人无名"。造成三者的特殊性的,不在于名而在于实,至人关于无己,神人关于无功,圣人关于无名。如果我们想判断三者的区别，就要解析无己、无功、无名三者的区别或同异。这里就不再展开。

其实，我们的问题还可以继续扩大，形成更一般的观念，即，就同一角度或观点来说，我们所作的区别的意义不大，甚至不会造成本质的差别，也即结果可能是完全相同的。当然，这是就人的认知而言，对于实然的物理世界，我们尚且保留其客观性。然而，除了我们的认识之外，世界又何尝成为世界呢？或者世界又如何成为其自身呢？即"世界"这样一名或这样一种观念，犹是人造的产物，何况其他？如此，我们之确定马之为马，是凭什么呢？不是凭马之非牛吗？同样，我们确定牛之为牛，不是凭着牛之非马吗？马之为马，牛之为牛，在于此与彼间的差别的形成。如果马不能与牛区别开来，那么马或牛的概念就失去了作用或者毫无意义了。

这里我们要问，马之与牛的区别，与牛之与马的区别，是同是异呢？造成马与牛区别的，也同样造成了牛与马的区别。如是，我们之命此为马与命彼为牛，不是永纠缠在一起而不可剥离吗？也即我们所以有马的条件，不是也使我们同时有牛吗？如果我们说，马并不一定总是与牛相对，马与一切非马的对象都形成相对，那问题就变成，马不但与牛构成区别，马将与一切非马构成区别。尽管参照或比较的对象不同了，但所以构成这种关联的关系并没有改变。牛与马的纠缠，同时也是马与一切非马的纠缠，即马之为马，乃以与一切非马之区别而然；马与非马的区别，既使马成为马，也同时使非马成为非马。换句话说，马与非马，具有同一的本质，而不是相反。

我们举生死之例，似乎更易理解。我们寻常对于生的诠释是什么呢？不是非死吗？对于死的诠释是什么呢？不是非生吗？当然，死、生往往不直接成为标准，而有更细节的标准，比如心跳、脑功能、气息、体温等，或者是日常的标准，或者是医疗的标准，但无论其具体的认定标准如何，生和死不都凭着这同一标准吗？由此，我们不可以说生以死为标准，死以生为标准吗？如是，二者不在本质上成为一回事了吗？从此标准之然为生，从此标准之不然为死。我们在生之外增加了对死的认识吗？我们在死之外，又增添了对生的认识了吗？马和非马不亦是如此吗？只不过，我们的经验使我们不能考察一切非马，即使随着我们认识的扩大，或有为着论证的必要，我们要扩大认识，情况并不会发生多少改变。

认识范围的扩大，并不改变认识的性质，认识的可能总与其范围之整体相对应，或不逾越于认识范围之整体而可能。认识并无神秘之处，只是事物相互关系之揭示，属于一方的，也同时属于另一方。使马与牛区别的，也是使牛与马区别的；使马与牛、羊区别的，也是使牛与马、羊，使羊与牛、马，相区别的；使马与一切非马相区别的，也是使一切非马与一切非非马相区别的。认识的对象愈广泛，认识的关系即愈复杂，但却有一个稳定的对等的本质，使所有的认识成为可能。也即，所以使马与非马，或言万物，成立其差别的，正是其相同的部分。尽管我们未必能说出这种相同之处，但我们能够确信这个相同之处，或者当我们能够说出其相异之处时，我们就能够同时说出这种相同之处。

我们无需用数学来穷尽这一切之物或复杂的关系，我们只需要用哲学之"马"与"非马"的简单相对，来表示这种关系就足够了。这种简单关系就蕴含着无限的复杂性了。这也是为什么道家哲学往往用小大、死生、有无等等相对观念来表达其理论的缘故。这些无限的相对关系，其本原的模型就是"A—非A"。A是有限的，而非A是无限的，这样一种相对关系，即表示，我们对于任一有限之物的理解，都是从无限而来，或可以推至无限的；换句话说，就是，我们对任一某物的理解都是从全体之意义上来把握的，A与非A即表示全体。当然，不同的人在具体的某时对于全体的把握可能是不一样的，所以有精密与不精密的程度差别。比如，在只有羊和草的环境里，对于牧羊人来说，只需要把羊和草区别开来就行了，在他眼里，羊就是吃草者，草就是被羊吃者，凡是足以把羊具有而草所无的，或草所有而羊所无的发现之后，任一点或诸点的综合，都足以把它们二者区别开。但如果这个理想的环境又引入了狼，则对于羊的认定又将会带上狼的特征，羊是温驯而不是凶暴的，羊的牙齿跟狼的是有区别的，等等，反过来，对于狼的理解也一样要带有羊的特征。如是，随着这个生物群的扩大，羊还会带上所接触的一切事物的特征。这并不妨碍每一特殊阶段之为全体内的把握。

现在我们再回归马与非马的例子。我们说，马与牛的区别，使马必关着牛，而不能摆脱牛的特征，但我们认定马之为马，并不必非要牵一头牛来比照，我们似乎可以完全从马本身获得马之为马者。比如，我们认为马有四条腿，漂亮的鬃毛和尾巴，皮毛如何，头脸如何，耳朵如何，蹄脚如何，等等，可以通过各种内外的特征来把握马。这里固然不需要牛与马的共同性了，但又引入了新的共同性。或者说，这里的问题已经不再是马之为马，而是一物体之为此一物体，耳之为耳，眼之为眼，皮毛之为皮毛，肤色之为肤色，等等。再言之，此一问题转化为，马之整体与马之局部的关系，马之局部与局部的关系，甚至这里已经无"马"之事，因为这里已经无使马成为马的可能——马是作为一整体物而与另一整体物间的对照。如此，使耳成其为耳的理由，即在于耳非眼非足非尾等，使马之物成其为物的，也将是耳、眼、足、尾等，马之物何在呢？

一概念，必然要解析开来，我们才能给予其相应的理解，或者才能有某种适当的理解。更本质地讲，我们总要从事物之外或破坏了事物之自身，才能来理解此一事物。我们要理解A就要理解非A，A就是A并不能给予我们以任何有意义的理解，这只是空洞的形式的理解，准确地说，这并不能形成任何理解。所以庄子的相对性，不只是动摇了我们对于知的确定的认识，而且还会加深我们对知的本身的认识。知是一种人为的构造，无论是出于有意还是无意；知是一种相互嵌入的构造；知是一种拥有共同内核的嵌入的构造。马之成为马，正是牛之所以成为牛或牛之使马成为马。孰能定马之为马、牛之为牛哉？天地间非独马与牛也，或曰吾人所现之世界非独有马与牛也。以牛言马，则马之为马亦牛之所以为牛；以羊言马，则马之所以为马乃羊之所以为羊也；以树言马，则马之所以为马又乃树之所以为树。合而言之，则马非备万物而不能明其马之为马也，万物皆然。

天地间，固有常名，然岂有常解？故昔人有盲人摸象之事，又有蝌蚪寻母之教，执一以求物，则鲜不失物，然执百以求物，亦未见其果得也。以四蹄求马，牛羊皆是；以无角求马，则驼驴皆是；以齿以尾，以奔以驾，无不有同类而应者。所求愈多，而所得愈近，然以为必马而无疑，犹有待也。于吾人日常之经验，物类少则辨之易，物类多则辨之难，易或足用，难或仍迷，又非以知之多寡为定。论宇宙之大，浩瀚无涯，论事物之数，多而不尽。则吾人固有未尝经验与不能经验者，不害其物之未尝有无也。则吾人但可谓吾人之常识足以别物，不得谓物即此而定。然所以别物者，即所以同物，识皆相对而有故也。

或疑"而当我们跳脱万物之外来看万物，那是否万物之间也没什么区别呢"，此甚切要之问。我们可以作一转问，即，我们能够从万物之间确定区别吗？比如，你如何区别牛之与马？如何区别牛之与草？我想这就常识讲，毫无困难。但如果我们再就常识所作的区别，进一步追问，比如牛有角，马无角，牛能持重，马能奔跑，这些意义在区别牛与马上果有何效果呢？这些不同的标准，不是既作为我们判别马的综合的根据，也是我们判别牛的共同根据吗？我们判别牛的根据，能否超越判别马的根据呢？如果我们说马跑得快，那不是在说：马比牛跑得快吗？如是，凡是使我们区别事物的，又马上使我们消除了它们之间的区别。当然，这种区别和相同的意义值得我们去仔细对待。比如，我们认为马跟牛的一个区别是，马一般比牛善于奔跑，并跑得快。这样，我们就把牛从某个角度区别开了，除此之外，当然还有无限多的角度。这是一种区别的意义。但是，马比牛善于奔跑，并跑得快，不是在告诉我们，牛比马不善于奔跑，并跑得比马慢吗？我们对马的理解并不比我们对牛的理解更多。也即，当我们在牛马的比较当中，我们理解了马，也就理解了牛。

无论是从形体上，还是从动态中的特征上，认识的根本任务是把它们区别开。一个对另一个的区别，也是另一个对这个的区别，只需要做到一方对另一方的区别，就可以完成任务了。再进一步，我们说，认识并不是单纯的一方之特征，这样我们是无法将之与他者区别开来，从而使此物成为此物的。也即，认识必然根植于某种相互的关系，无论是平等的，对高一级的，还是对低一级的事物间的关系，比如牛与马，牛与家畜，牛与黑牛。如果我们不能在牛马之间确定我们的认识在什么本质上有什么不同，那么这种区别将从何处显现呢？如果我们只是不断引入别种的事物，来增添关系的复杂性，那么我们的这种做法，除了拖延时间和增加重复的思想外，又有什么最终的意义呢？

我们能够从本质上增加知识是一回事，我们能够得着牛马的区别并各尽其用，又是另一回事。因为我们的应用仅需要满足需要就可以了，而知识本身却需要穷根究底。如果知识最终不能发现什么确实的东西，那么知识的活动本身不过从此一据点跳跃到另一据点而已，这种跳跃本身好像给他带来新的收获。诚然，如果知识不是从一个事物跳到另一事物，或从一个时间跳到另一个时间，也即若没有变化的发生，知识也就停滞了，或者消亡了。

当然，知识的消亡，并不意味着人类的毁灭，正如"吾丧我"并不是一般意义上的死亡。这里我回应了倒数第三段的问题。其实它也已经回应了其他的问题。这里，我再对三籁的问题说明一下。天籁、地籁、人籁也是相关的观念，简单地说，当我们理解了地籁时，天籁已经呼之欲出了，确实是呼之欲出，原文正是在子游的一问当中展开对天籁之理的述说的。而当我们理解了天籁与地籁的统一，也即获得了天籁的完全意义时，我们也就理解了人籁了。我们一般好像觉得人籁容易理解，因为人籁正是我们的创造物。但我们最容易理解的，却是最难理解的。为什么呢？因为我们不能再对它做出理解，如果没有有别于人籁的事物出现，也即非人籁，我们只能以人籁理解人籁，这却不会对我们原有的理解有任何的增助。所以，只有当我们理解了天籁之后，作为人籁的对照意义，我们才能更好地理解已经理解的人籁，这使人籁的意义增加了。

但此时的人籁的意义,并不多于或少于天籁的意义,二者在一种相互关系中,俱获得应有的理解。

这时,好像我们是从天籁走回了人籁,而不是从人籁走向天籁,这也并非如此。如果我们不能理解"自然""自己"这些观念,我们也无法理解天籁;而自然、自己的意义,如果没有人为的对照,也是无法理解的,正如,人为如果没有自然、自己的观念对照,也无法理解一样。所以,这些观念本身,就是在原初的对立当中被创造出来的,当它们被应用于引申的关系或观念当中时,也必然要保留其原初的相对性。如果不能很好地理解这些关系,就不免要得出——"逃离人籁、地籁之围,以得天籁"这样的结论了。正如死生一样,我们可以改变它们,但我们最终是无处可逃的,何谓呢?因为死生乃是自然的,我们对于死生并不应过于惊喜,也不必过于惊骇,也即,就其作为本然而言,我们并不应逃避它,而应顺应它,逃避反倒是违逆了它的自然,是有害的。这是一种极端,同时,我们还应注意另一个极端,沉溺于其中,贪生畏死,无所不用其极,用以贵生的反以丧生,用以顺应自然的反而违背自然。

九、答习庄重在交流并及自然义

关于《庄子》的学习,我所要求于同学的,与其为一份得体的作业,毋宁为一种真诚的交流。教学的过程,并不是有所告诉,而是有所交流,至少在我看来对于中国哲学来说理应是这样的。只有在交流中,我们的所知和知所不及之处,才能显现出来,这个知与不知才是我们彼此的真的知与不知。也唯有当此之时,思想才是展开的,并且是热望着展开的。道理可能是唯一的,但寻求道理的起点对于每一个人来说并不是相同的,其终点也必将不同。作为教育的责任,是要让每个人超越自身的起点,并对终点有所瞩目,可以凭着自己的力去孤入,甚至超越引领者的脚步。

从这里,我就得着一直以来盼望着的交流的稀有的声音,甚至是一种感动,特别是如下的一句话:"在学生看来,各类选修课,唯老师之课最为自由,但也唯老师之课最为晦涩。"你道着了我对课程的希望,我给予你们读书的自由,探索的自由,表达的自由,但我也要给予你们这种自由的检验,尽管这些检验决不是终极的检验。这种检验可能在你们那里变成了晦涩。晦涩,换句话说,就是对于庄子的思想而言,并不一定如我们所理解的程度而止,可能有更丰富的内涵值得进一步玩味,而这些于目前的我们的体会或许是有欠的,未尝觉悟到,或轻心忽之的。

在这里,我特提几个问题。1.因为个人的经历,可以使我们对顺其自然有很好的理解,这种自然可以说是一种经验上的成熟,我们只有在时间的流逝当中才能获得,未必能对没有时间检验的举措有先见之明,或曰尚缺乏"前知"的能力。那么,我们如何确定当下的行动是否为顺应自然呢?2.由此,我们对于庄子的"自然"应该有特别的理解,世俗之人也并非没有自然的观念,这种自然观念对于庄子来说,可能并不自然。所以他有必要向我们进一步来揭示自然,我们也有必要进一步理解庄子的自然。那么自然既非不能饮食于物,又非可以过度讲究目极五色、耳极五声,那么庄子的自然该如何理解?3.对于人来说,到底算不算作自然呢?其自然不自然又该如何区分呢?这很要紧,也可以影响我们对于物之自然的理解,二者必然要贯彻同一个自然观念的标准。我再做一个正反的推理:如果人是自然物,那么人类的认知都是合乎自然的吗?如果人类不是自然物,又何者使之不自然了呢?这两者又可合并为一个问题,人之为人的本质是什么?再问一步,知对于人类来说,是必要的吗?知的可能性何在?

我的问题,并不是要导向答案,而是要导向思考。这些问题,可能对于理解庄子有所提示,也可能有助于减轻理解上的偏差。寻求自然,并不是放弃思考;克服知的偏弊,同样需要用知。庄子哲学的"秘密",就存在于"自然"当中,而这又极容易使我们误解了庄子的自然,用所已获得的自然的成见来把握这自然。所以,要紧的是去理解"自然",或者说"天"之义。我们可以读读《马蹄》篇,对于天人之间的分际,可能会有更好的认识。如是,当我们理解了庄子的自然之后,就可能很容易地把我们误以为自然的非自然状态辨别出来,从而真正地回归于自然。

十、答言至乐

庄子有对至乐的论述,这个问题跟死生有着不解的关联。至乐是什么呢?我们可以列举庄子文中所列举的为乐之事,"身安、厚味、美服、好色、音声"是也(《至乐》)。这些乐是世间热于追逐、终生不已之物。所以文中叹言:"人之生也,与忧俱生。"如是,乐果为乐乎?庄子并未直接以为不乐。以为乐乎?庄子又以为有不乐。则忧乐果何所定乎?其可定不可定乎?这是庄子行文的逻辑。然庄子又非使此诸疑问悬而不决,议而不定。其有理也,循其理乃可有真乐，是谓至乐。这个至乐从何而生，就归到"无为"。当然，无为在这里是不容易理解的，是抽象的道理。

文章下面诸节则有生动的展示，比如庄子妻死节，髑髅节都是。至乐是什么呢？要理解它，还应从它的反面出发，有忧就不是乐，大忧就不是大乐，无忧才是乐，大无忧才是大乐。大乐，也就是至乐，当然，这里的"大"有其专义，不是相对之大。如何才能无忧而有乐呢？要理解至乐，还应当从如何获得至乐那里出发。这个出发点，就是"无为"。无为才能使我们无欲望之累，无灾身之祸，才能予我们以淡漠之乐。这种乐，跟普通的满足之乐不同，而是充实天真之乐，是内在洋溢之乐。或者说，这就是不乐之乐。如果我们自觉为乐，那就失去乐之本真价值了，而很快会转变为我们欲求的对象。所以说"至乐无乐"。

另，髑髅的寓言，也并非使我们了解死，而是使我们珍视生。我们要理解那是庄子寓言的笔法。死之乐，只是构成对生之忧危苦恼的对照，从而使我们了解我们生之现况，使我们认识我们如是之生，并不是可乐的，我们之所乐并非可乐，我们应当寻求真正的可乐。当然，这里又涉及对无为的理解，无为并不是行动上的表示，更重要的是精神上的状态。简单地说，无为并不是让我们成为枯潭死水，而是要我们摆脱束缚——功利欲望的束缚，更重要的是在摆脱这束缚之后，回归于天真之后，那便是一个活跃的世界，自由的世界了。再换句话说，至乐是对生命本真的释放，我们以前使它太拘束，太困窘，太斫丧其生机了。当我们摆脱束缚的时候，并不会仅仅摆脱束缚而已，自我才真正开始属于自我，世界才真正开始属于我的世界。我回归了世界，就如渴鱼跃回了江海，岂非至乐哉！至乐未必给予我们乐，但至乐至少不会给予我们苦。没有痛苦，没有忧愁，又何乐过之呢？乐必有忧，忧喜无端，是以可苦。苦既不见，乐亦无求，病原既除，则四体畅矣。

我们要问，这到底是自然的吗？我们只能答，这可以如自然。自然谁的自然呢？可见自然也并非自然的。道之通达，对于人类来说，是极需学问思辨之力的。这是我们要了然的。

十一、答论真知与适己

关于不明之一，"人人对于真理愈发寻求则愈不可得，认知愈是增长便愈是与真理渐行渐远。然则真理又如何缘求"，这是此处疑问的关键。我先举一个简单的例子,比如我们今日的科学,其研究的进展将遵循一个一般的规律,就是越研究越细致,所表现的结果又体现在分科越来越细致,任何新的局部的研究都可以从原来的整体当中独立出来,以至无限的分化下去(因为永远有新的对象出现)。比如我们对牛加以研究,可能首先从它的直观外形入手,研究它的外在构成,再研究它的内在构成;就外在构成来说,我们可能从它的肢体到它的头角,最终又到它的毛发;就其内在的构造来说,可能从研究它的消化系统到它的呼吸系统,再到循环系统,再到它的生殖系统,最终到它的细胞、分子构成等等。我们每一个过于追求知识丰富的过程,是不是意味着我们的知识也越来越走向极端呢?当我们只喜欢或习惯或认为理应从一根牛毛或单个细胞来看待牛时,我们对于牛本身的天性,是得到更好的理解呢?还是离牛的天性距离更远了呢?我们越了解牛,大概我们越能从牛身上榨取更多的肉和奶,让它们更长久地免除疾病,降低成本,来承担满足人类需求的这些功能。

我们如此来理解牛,尚且是对我们有利的,而我们对于人类自身不也是如此吗?我们的生物、医学越发达,人就愈成为解剖的对象,治愈疾病和产生疾病,满足欲望和产生欲望,驾驭机器并成为机器,厌恶痛苦却无法脱离痛苦。这种知识的进步,每一种知识,不都在给人类带来一定的利益的同时,也给人类自身带来相等的甚至是更大的摧残吗?我们对于我们生存的地球越了解,对于自然的规律越能把握,我们对于地球和自然的败坏不是越严重吗?我们简直忘记了我们人的真正需要——每一个体的不等的需求。我们利用规律在最大化地寻求一致、制造雷同,因为我们创造了太多肤浅的满足,只有肤浅的满足才可以大量的制造。知识使我们把自身当作物质来看待了,而我们的心灵因此受到压迫,以致使我们的发展越来越畸形。《论语》讲"虽小道,必有可观者焉。致远恐泥,是以君子不为也"。我们于知识求索的道路上,所须警惕者"致远恐泥"也。

所不解之二,谓"至于'适己者乐,适人者劳',吾全然不能得其端也"。此不正是"适己者乐,适人者劳"?我们之理解自己,是胜任愉快的,甚至是不劳而得的,但如果我们需要去理解他人所理解的事物或道理,则是不容易的事,甚至是一时难以可能的事,因为我们有时会用"百思不得其解"来表示,正如用"全然不能得其端"一样。思而不通,我们都曾有这样的痛苦,也算人间众多不幸当中共通的一种不幸。但我想这种不幸或许也未尝无益,如果它是要首先通过增加这种痛苦,从而最终来达到减轻我们痛苦的目的。之所以我们可以通过别人的道理,来减轻自己的这种痛苦,是因为我们的这种痛苦有其近似处,所以解决之道或许可以广泛地为人所借鉴。进一步说,如果我们之适己只是目前的,稍后便会不自觉地滑入适人而遗弃了适己,那么这样的适己并不值得推许,或者这并不曾做到适己;如果我们的适人,同时可以带来我们自觉的适己,这样的适人跟适己也并不造成严重的冲突。当然,我们在这里必要明白一个前提,即,我们针对的是可以谈得上的主动的适者,至于花草虫鱼,谈论其适己、适人是无意义的。所以我要回应在此问中最尖锐的质疑,即"于万物,入眼即为至美,入耳即为仙乐,不为外物所困,一切随心之所向。此乃所言之高境界乎"。

首先,如果说"入眼即为至美,入耳即为仙乐",将是一句有问题的表达,因为,入眼即是,入耳即是,表示的是什么意思呢?不是万物对于耳目或观照者来说,都是同一状态或同一程度吗?如果是同一程度,我们何以发生至美与不至美的区别呢?当我们有入眼即是至美之念时,难道不是因为我们曾经认为入眼并非即至美之念,或者我们认为另有事物并不是至美吗?这不是说,我们并不能做到"入眼即是至美"吗?老子讲"天下皆知美之为美,斯恶已"(《老子》第二章)。所以,当我们入眼即是至美的时候,其实并不应有美;如果有美,这必是一种极具特别意义的美,并不是我们通常所谓的美,这个美的意义只不过是自然而已。

其次,我们已经引出了自然的观念,对于人类以外的事物,我们可以笼统地说,其如果不是完全属于自然,至少可以说属于自然的成分居多。对于美丽的花朵来说,它自身不会有美的观念,更不会有系统的美学。自然之美与否,主要是对有识有知者而言,或者说,是对人类而言。人类是目前自然中唯一具有高度认识能力之存在物,他的认识与其他所知自然物的认识能力,不可同日而语。我们大可讲,人类之外,极可能还有具有人类之认识能力甚至超越人类之认识能力的生物存在,不过,这并不使这里的论说动摇。因为,这里并不是要表明人类的认知能力独特,而是要标明这种程度的认知必然要遵从自身的原理或复杂的思维规律。人之与物的区别,要紧的我想就在于,物类受自然规律的制约更严格,也更被动,而人类可以主动地追求对规律的认识,并加以利用。当然,在人类追求对自然规律的认识中,他可能并没有获得规律,或所得的规律并非确定的规律,与其说获得了规律,毋宁说只是获得了认识。这就意味着,人类可以就其认识来说,与规律并不完全一致,甚至脱离规律,违背规律。

甚至，人并不需要去发挥他的认识，而只需要服从自己行动的意志或意愿就可以了。在悬崖面前，可以选择停步，但意志如果驱动我们，我们也可能继续前进；尽管从本能上来说，我们极力希望存活，但如果存活只是带来无尽的屈辱，我们可能宁愿选择死亡。对于人类来说，他虽然不能自觉地服从规律，但他不能不服从自己的意愿，如果他的意愿能力尚且正常的话。而促使我们发动意愿的动力，又往往来源于我们的感受和思想，无论感受还是思想，都属于我们的认知，它们共同带给我们意志的决断。规律可以不发生变化，但我们的认知就像水的流动，谁能坚信明天的我依然坚持今天的看法呢？

我们这连续地转变的认识，前后参差，又如何确保它们持续地符合道理呢？如果我们总不能放弃知的帮助，那么我们有什么理由不使我们的知更可靠一些呢？换句话，怎么能不让我们追求真知或真理呢？哪怕我们的认知最终告诉我们，我们无法获得真知——如果仅仅使用知本身作为工具的话，我们的真知就是知的变动性，或者真知就是探求真知的过程，我们获得真知不是因为我们获得了什么空洞的观念，而是我们在行动，等等，这些都可能使我们获得某种程度的反思的知，也因而使我们的知具有一定的真理性，尽管并不充分。无知，也是对知的一种自觉探求的结果，也会给予我们一种稳定的生命的态度。在知的态度上，并不具有唯一的答案，但都应当符合特定的道理，也即如果我们选择从某种视角去追索，我们应有与之相应的通彻之见。

造化在赋予人类心灵的时候，也同时给予了他善和恶；在赋予人类理智的同时，也使正见与谬误充斥了他的头脑；以至于善与恶、正见与谬误莫可分辨。也正因此，造化给予了我们无限的自由，使我们在善恶之间、真伪之间做出较好的选择。这些选择，可能朝准一个方向，也可能背离这个方向。这些对于人类来说，并不是现成的，或者说，并没有天然自明的真理，如果人类不加明确的话。所以我说，"人于天地万物之理，无所不探求，不必在己"，意思即人要通过理解、通过认知来存在，或者说，人的内在本性驱动人追求认知以实现自己的存在。

当然，这并不是说，我们可以随心所向，恰恰我们不能随心所向，所以我们需要认知。我们也不能随心所欲地获得知，我们必然要遵从知的原则，正如，没有几何我们只是遵从具体的经验，既有几何，我们便不能不遵从几何的原理。未尝有知，我们即不会面临知的困扰，一旦有知，我们就不能不使自身接受知的原则的裁制。

就我们自身而言，我们的生命应当寻求自己的实现，我们也确实如此来寻求自己的实现,但我们的实现不能给我们造成不必要的损害甚至毁灭。如果我们的活动,是引导我们从自觉的意义上追求实现,而在不自觉的意义上却使我们走向毁灭,这是与我们自身的意愿相违背的。正如,几何上的错误推理,与几何自身的原理相违背,我们自身的生命的行事,也会与我们自身的生命原理相违背。这种违背,并非我们的意愿,乃与我们原初的意愿背道而驰,一旦揭示这谬误,我们亦不能不加正视,因为我们无意中否定了自身。

就人类来说,生命的过程应该是自我实现的过程,而且应该是最自然最充分的实现的过程,不应当是压抑的过程,更不应当是逐渐走向自我毁灭的过程,从肉体和精神两个方面来毁灭自身。我们说,人类不是有自杀现象吗?我们不是有选择自杀的意志的自由吗?我们说,选择自杀,正是生命的实现意志在自身的经历或遭际中被完全摧灭的结果,是一种生机的无法实现的灾难,是追求适己的不再可能。自杀是一种极端的例子,仿佛违背了适己、全生的原理,其实并不然,它正是人类追求适己、全生的一种极端的恶果——生之不可能。

当然,人生下来注定走向死亡,但并非立即就应走向死亡,他有一个生的实现过程,这个过程也是情感、认知等一切人性活动的积累过程。而其之所以走向死亡,有自然的最终的原因,更有许多非自然的原因,也即生的实现本无如是多的痛苦,但人类的求生的欲望却给生存本身带来了更多的痛苦,也即我们并没有真正地实现自己之生或做到适己。不能适己正是人类痛苦的根源,无论是低级的欲望还是高级的精神活动。当不适己达到不可承载之重时,便意味着生的不自然终结。自然给人类带来死亡的痛苦,人类自身又因为盲目而加剧了这种痛苦,使之成为普遍的痛。如果用适己、不适己来揭示人类社会的心理,可以让我们看到所有问题的根源。

虽然如此,人类在因盲目而加剧自身痛苦的同时,也可以因为其理性而缓解并消除这种痛苦。人类的一切努力,除了给人类带来满足的快乐以外,更注意解除人类已有的痛苦。最终的问题,不在于我们能够改变什么,而在于我们能够认识什么;对于不能改变者,我们也能加以认识,从而,我们不能改变外在,我们可以因认识外在而改变自身。对于人而言,根本的也不在于我们会获得什么,而在于我们需要什么;如果我们只是获得,却并不符合我们真正的需要,那仍不能给我们带来快乐。

这一切认识当中,人对自身的认识,将是最有价值的认识,其他一切认识都将附着在人对自身的认识之上,尽管并不一定都对人类有益。我们对人的认识，又不当仅向外求，更须向内求，也即向人的天性求。天性之所以，就是天道。中国哲学里言天道，就如科学系统里言真理，这是出于主观之客观，在人类之主观中确定它的客观性，如逻辑之为物。天道、真理，俱谓运用人类理性之最终产物。

所不解之三，谓"亦或想让井蛙们知自身知识之浅陋，从而使其不断完善自身，寻求大道"，我想这就是答案。庄子并非欲使井蛙羡慕东海之鳖，而为千里之游，如果这样，庄子无异于自己否定了自己，我们就有充足的根据来批评他。但庄子并非如此粗疏地用心。也即，他并不是要使蛙成为鳖，也不是要使蜩与学鸠模仿大鹏，而是要井蛙与蜩鸠冲破自身认识的局限，在更开阔的视野下来看待自身，看待万物，也即要做到"以道观之"，避免无谓的自恃和嘲讽。我们须知，当有无谓的自恃和嘲讽时，我们就会有赞美、诋毁、愤怒、痛快、哀伤等数不尽的情绪的变化。沉溺于情绪之中，首先对自身是一件悲哀的事。更按实来讲，庄子也不是在嘲笑井蛙，而是在刺激世俗之人类，比如世人对于死生之态度，便是未得通达之见，未尝从天道之自身来观照生死，所以有哀乐之感，贪生畏死，而其他一切忧悲苦恼，皆将系此而来，岂不可悯？吾人唯日近于道，而后日增其明，解惑释疑，恬然怡然，外累既去，内景遂清。道者，所以遵天行而适己性也。"道并行而不相悖，万物并育而不相害"，唯道为然。然道者，吾人卓绝之识、性命之行也。

十二、答言知与意义

"吾生也有涯，而知也无涯。以有涯随无涯，殆已。"怎么理解庄子这种治学思想呢？这实在是一个剖绝根本的问题，特别是把它单独拿出来反问自身的时候。我们确实要经历这一个反思的步骤，仿佛是"去生，还是去死"的抉择一般。这个问题使我们手足无措，舌挢而难下，虽有所言，亦恐怕难以调和一致。这实在是一个**足够**哲学的问题。这等的问题，在庄子那里，又何止一二呢？这大概是庄子之所以为伟大的哲人的缘故。一伟大的哲学，它必然给予我们以某种特定的观念，庄子哲学亦是如此。所以，如果我们在庄子那里没有获得某种定见，是未尝心知其意。但这种特定的观念或问题的解答、生活的态度对于我们来说，反不是最震撼、最宝贵的。它对于问题的洞见，乃足以动摇我们，那力量比千仞的山还要重，还要给我们带来力量，要么使一切焕然，要么使一切沮丧，要么使一切充满意义，要么使一切霎时烟灭。

对于知的无涯的性质来说，我们到底该取如何的态度呢？是知其无涯而勇猛赴之，义无反顾？还是知其无涯而恍然醒悟，戛然止步？这些倾向，人的心中可能都会有，回环往来，令彼纠葛苦恼。而这是一个能够得到说明从而解决的问题吗？如果我们试着或者强烈愿望来解决这个问题，我们必然还要前进，我们不能只从知的无涯来做出判断，我们还要深入到知的本性来寻找根据。"德荡乎名，知出乎争"，我们要问，知对于人类来说，是如何产生的？知之于人的价值何在？其有无必要？毫无疑问，自然界本来无如是的知，但随着人类历史的发展，知在不断地被积累、创造和利用。知甚至成了人所以为人的本质：人与其他一切存在的区别，就在于人类能够拥有这样的知和无限拓展知的能力。

对于知，我们也不应当局限于知来理解它，知的根源在于人。我们能够理解人，那么我们也就能够理解知。而人又该如何理解呢？人是天生地养，生其生，死其死之存在，他到底为何而有呢？他是浑浑噩噩地生而死，还是必要有所追求，有所志慕呢？其所志所慕，所努力实现者，是自己的口腹之欲，衣食之需？还是名，还是利，还是知，还是兼而有之？老子已经引导我们去反思："名与身孰亲？身与货孰多？得与亡孰病？"（《老子》第四十四章）

我们的任何行事，都不能摆脱意志的影响。我们做一件事，必要有意志上的自觉和主动，我们总要顺应意志或明或暗的驱使，才能有行为的力量。即如读书，我们纯粹为了读书而读书的人，其实很少，尽管这也是一种目的，甚至是值得鼓励的目的，但大多数人读书，不过为了将来可观的事业，或谋一份得体的工作，或者不过为了一点糊口的生计，哪怕于将来毫无筹划，只是为了同别人一样，消遣一段无谓的时光，我们总不会毫无用心地挥霍自己的青春。当我们的意志越明确的时候，我们的行为就越能够主动；当我们的意志越不明确，越局限于眼前的利害时，我们的生活就越消极。总之，用我们习惯的话讲，人越有追求，其生命的历程越丰富，越觉充实；越没有追求，则其生命越消沉，越颓废。这两种精神状态的差别，是显而易见的。当然，不是越追求，生命就果真能够满足，苦恼困闷的事同样也可能增多，但至少，积极的追求能够促进人的行动。这就不能不关乎意义。

意义，就是对人生行事之价值的衡量，也是行事的动力所在。我们不妨说，我们的任何行事都取决于我们自身的意志，至少不会自然地违背自己的意志。那么，关键的问题就是，我们的意志该如何去设定自身。我们的意志，或明或暗地主宰我们的行动，从而也给予我们行动的意义。我们的人生，就是一系列的行动。我们的意志越明确，越专注，我们的意义就越大，越统一；反之，则不然。同时，我们的意志，也是我们独立和自由的源泉。我们不但通过我们意志的指引，来获得意志的满足，同时，我们也通过意志对我们的指引和对意义的获得，来显示其独立和自由的本性。意志不但告诉我们应该做什么，也告诫我们不应该做什么，当然，它不是通过语言，而是通过我们的一切情绪和心理，来达到这个功能。比如，当我们由于身体的需要，意志指引我们进行劳动来获得报酬，满足需要；但如果我们在这种正当的需要之外，我们的追求仍在无限扩张，使我们的意志本身为物质的利益所陷泥，用庄子的话说，就是"役于物"，那么这就将迫害意志的独立和自由，同时，也削弱了我们行为的意义和价值。用我们今天的话说，就是，手段颠倒为目的，目的颠倒为手段。

　　人类的价值应该是围绕着人之自身的，在何种程度上，人的行事是为人自身而服务，又在何种程度上，远远突破了为自身而服务，这是不容易辨别，也是更难把握的事。我们之役于知，同役于物一样，人类对于知的欲望，如果超越了对于生的需要，那么生本身就不再保持为目的，而成为知的手段，作了知的牺牲。所以，这就成为一件危殆的事。如烛火之烧，所以为明，亦所以自竭也，其烧愈烈，其亡愈迫。"山木自寇也，膏火自煎也。"故庄子以为，劳辱之生，不如髑髅之宁也。理虽一极，足以自反。吾人之欲生有余乎？其欲知有余乎？知与生之可以两全乎？"夫神大用则竭，形大劳则敝；神形早衰，欲与天地长久，非所闻也。"舍生无以为知，则知之加，生之损也。以知为贵，则死而无已；以生为本，外动可息。在乎人之自辨也。"为学日益，为道日损"，是之为言，非为学也，为道也。

第22节　释疑（下）

十三、答问忘情说

魏晋时人，其所以高蹈绝俗，以见至性至情者，正受道家思想的浸润，而其中尤以庄子的影响为大。老子思想所感染于人者，以素朴为贵，披褐带索，沉静寡为者，其效也。庄子思想所激励于人者，以自得为意，乖张蔑俗，独行其是，为人所不能为，言人所不能言，直跳出规矩绳墨之外，非与莫逆于心者为友，则与天地之精神相往来，此吾人所视为浪漫者。《世说新语》当中，此例不少，特见于《任诞》为多。如下一则：

> 阮步兵丧母，裴令公往吊之。阮方醉，散发坐床，箕踞不哭。裴至，下席于地，哭；吊唁毕，便去。或问裴："凡吊，主人哭，客乃为礼。阮既不哭，君何为哭？"裴曰："阮方外之人，故不崇礼制；我辈俗中人，故以仪轨自居。"时人叹为两得其中。

阮籍之行，与庄子之行，其相袭辙也。庄子书中，多为因理设想之辞，而《世说》之事，乃可作实迹看。如吾人践庄子之理，其可至者，则如阮籍、刘伶之徒。然此数子所能，亦非庄子之所欲至，何哉？老子谓"不欲碌碌如玉，珞珞如石"（《老子》第三十九章），行乖迹显，逾礼夺分，惊众慢法，不足以致内外之和，非所以全安之道。故学庄子之道者，其至也，不但使"吾丧我"，尤重在使人忘我，我之自忘有以使人忘也，独忘我而不能使人忘我，则犹有不免夫？然如鼓盆而歌一例，非理所不能有，非其至也，且借此以显理而已，破吾人之习，非于破而更破。若忘情者，固可谓无哀死之心，然岂有乐死之心哉？哀乐将俱无也。此所以于死而见鼓盆之歌者，以示能不囿于世俗哀死之情也。世俗之人，以死为大哀，久矣。今既明死生皆天地一气之聚散，生者适来，死者适去，皆偶然之乘，变化不定者，自然而已。生不可塞，死不可御，命之行也，顺之而已，何哀之有？天地之间，往来无穷者，无非命也，"劳神明为一而不知其同也"，朝为喜，暮为怒，所以为愚也。知天地之大通，则哀乐不能入，其情将何系于物哉？黯黮于理，则人为情用；理既昭彰，情用自息。吾人所谓宠辱不惊者，即以察事变之情实而无所动于心也。

所问"忘情"，忘有数义：一者，有而失其处，遗忘是也；二者，消解于无形，有而归于无，忘、丧一义。如以本有而今但忘之，如吾人手握锁钥而他处寻之，则忘情之说，似不合于庄子之理。何者？如吾人以世俗之理观之，则生荣死哀，不能不有情；以庄子之理观之，生死俱为造化之命，死之化无异于生之化，能明乎此，则情既不起，淡然如一，则非但忘之而已。且忘情之说，语有不通。人之喜时，不知其喜，怒时不知其怒。人情发作，亦自然而然，不必反思而有，何言其忘与不忘？情既发，其初本忘，不待更忘；情既忘，情还其情，无事于忘。若忘情之说，以初情见于自然，后见于不能自抑，乃求忘之，使人勿常陷泥于情，不得自拔也。情有其未发、已发，已发有其先后始终，故必明所忘之情为何情，而后忘情之说为可通。

情未有不自然者，人处用情之中，其情之深，亦未有能自觉其情者。然情来不化，积而成累，郁而为害，故不可不调节其情。节制其情，其法不同，要归于理。理不同，则处情亦不同，或引使之过，或节以为中，或损以至寡，或化而使无。如吾人视人生为难得，感一体之得失，则其情也重；如吾人见人皆有死，非独在我，则其情也弱；如吾人知天地造化，无穷已时，或今为此，死复为彼，虽一生之命尽，而无穷之化新，新新日来，为我不已，则欣然乐往，死而不戚。如是，则观点不同，为情自异。《秋水》篇有曰："以道观之，物无贵贱。以物观之，自贵而相贱。以俗观之，贵贱不在己。"人情之异，出于所观；情之得失，系于有我。不知我之为我，则以物为我，以人为我，物有成毁，人有是非，日相接而岁相构，触处成累，为情纷纭，岂不大苦？故不可不进于道。道大无外，知所遇一也，则情累自息。

忘情，非抑情也，亦非有情而不知也，亦非绝情也，虽木然者，吾人亦得谓之为情，是情岂可无也？忘情非可一概而论，有当使之不起者，有虽起而不知觉者。如人死而必哭泣悲哀，此于庄子之理为不必，非有而使忘，本无有也。至于是非不动，宠辱不惊，淡然恬静之情，虽达于至道，亦不能无之，但不生心而已。

又，情根于心，虽生于自然，亦有习而然者；又有习而非其本然者，有习而至其当然者。如鸟兽，亦不能无喜怒哀伤，"汝不知夫养虎者乎？不敢以生物与之，为其杀之之怒也"（《人间世》），是虎之有怒也。鸟兽之死也，有恋恋之情，鸣喑之声，是鸟兽之有哀也。然鸟兽之死也无葬，人之死也有葬，鸟兽之死也无礼，人之死也有礼。礼与情虽二事，然有相合者。有因情制礼，有以礼生情，是情与礼相长者也。是知，人情有因礼义而生，非其自然之度者。若礼义不同，风俗迥异者，或死而哭，或死而歌，则亦可知，人情有出于教化感染，习以成性者，非其本然也。

又，人既不能无习，风俗浸润，日渐之化，使人之于情，若鱼鸟之入网罗，非多情之可悯，即虚伪之可嫉，则又不能不习于道理，以平复之。故庄子之于情，必习而后能化，非身处人世，自然而能也。理到则情到，理隔则情睽。见于道，安于化，则情虽不忘而无不可矣，又岂沾沾于忘哉？

常人之于情，世俗之常情也，人如是，已不能不如是，教化同，则情自无二。至人既达乎常人所不能达，则至人之于情，亦自不同于常人。常人不明其理，至人独得其理也。情生于天，成于理，故有其下不及情而若无情者，有至人忘情而若无情者，其无情似而其所以无情则不似。又世人之不及情者，又往往非其天真，而由于傲很，凡过于自私者，非因物喜怒，变迁无常，即漠然不仁，痛痒无关，下之下者，非可与至人同日而语也。

十四、答问相濡以沫及齐物

初读《庄子》，易于被"相濡以沫"之言所感动，及至对庄文的本义有所了解后，又容易引起感受上的落差，从而产生对庄子之道的困惑甚至质疑，从根本上说，这是因为我们不能做到充分理解的缘故。那么我们就先来理解一下

"相濡以沫"的具体语义。其文本如下："泉涸，鱼相与处于陆，相呴以湿，相濡以沫，不如相忘于江湖。与其誉尧而非桀也，不如两忘而化其道。"我们首先应该赞叹庄子笔触的神奇，简单的八个字"相呴以湿，相濡以沫"，就把处于干涸之境中的鱼群的状态鲜活地描绘出来了，如此简练，又如此传神！让我们真正体会到"增之一分则太长，减之一分则太短；著粉则太白，施朱则太赤"的完美分寸。这是直接的恰好，间接的也即寓意的比例也同样恰好。

鱼群的相呴相濡，正谓人道之以仁义相爱相济。这在庄子看来，不是出发点，而是后果。我们不能只从反对或摒弃"相濡以沫"来评价庄子具体的观念，而应在他的完整语境当中来理解。那完整的语境是什么呢？即"相忘于江湖"到"相濡以沫"。对于鱼来说，其出于干涸的陆地，并非自身的行为所致，而是自然的作用。鱼的相濡以沫是本能的互救，反倒是有意义的，因为是自然的，不过也可以说因为是自然的，所以是无意义的。对于人类来说，就不然了。因此我们应当把握寓体之物与所寓之意的区别，寓言将意义赋予无意义之物，我们则须从无意义之物回归于意义。正如，我们争论大鹏逍遥和蜩鸠逍遥是无意义的，作为自然生物，它们都没有这些意识和心理活动，只有人或理智存在才有可能。

人之所以不然，因为人有意志有欲望，人可以做出选择，产生善恶不同的后果。意志即意味着后果，后果即意味着责任。这里的责任不但对他者而有意义，对自身同样有意义。我们应注意我们的行为会对自身、对他人造成什么后果，这就决定了我们的责任意识，或道德要求。泉水的干涸是自然力的作用，人的行为的善恶，既有客观的形势作用，又有主观上的意志，而且后者更加重要，或者说是决定性的。也即，人类之中的灾难，有出于自然的，有出于人为的。我们会因为我们自身的行为而导致特定的好或坏的后果，我们会基于生存的欲望而对这其中的不利后果进行补救。当然对人类社会的问题的补救途径有很多，有道德的，有风俗的，有法律的，有军事的，有宗教的，有哲学的，等等，凡是社会发展出来的手段，都是作为人之欲望之实行和利益之救济的需要而产生的。仁义作为一种道德力量和道德约束，就是主要的救济形式之一。所以老子讲"六亲不和有孝慈，邦家昏乱有贞臣"（《老子》第十八章），就是这个道理。

补救手段必然是后于所补救的对象的。鱼群的相濡以沫，必然是后于相忘于江湖的。当没有生存的危机，就没有补救的必要。如果人情朴实，欲望淡泊，社会上的邪恶不法之事也就大大减少。而如果人人欲望强烈，追求最大化的满足，虽有仁义、法律也不能有力地约束。这里其实就面临一个选择：是相濡以沫，还是相忘于江湖？是放任欲望，还是回归素朴？是以人治人，还是回归自然？这又进一步导向这样一个问题：人的欲望是自然的吗？进而，在何种程度上自然，何种程度上不自然？我们应该反思，社会的失序混乱，人的心理的挫折扭曲，其根源何在？是内在于人，还是外在于人？这些反思，对于我们理解庄子的思想是有益的。

认为齐物等思想，根本上"只不过他们仍然无法达到真正的两忘境界，仅仅是自我安慰"，果是如此吗？我在这里不作过多的讨论。我只是提示两个问题，第一，入世的动力是什么？就大多数人而言，不外名利，换句话说即追求财富和荣誉，只有这些才会让人无限地行动起来，所谓"鸡鸣而起，孳孳为利"。如此，第二个问题，就我们自身剥除了名利欲，我们还剩下什么？剥除了这两者，可能我们并不是一无所有，而是有了更多。所以我们不要单纯以为，老庄之徒只是穷极无聊，困顿不得志，聊取自慰而已，决不是这样的。难道你没看到，庄子在去除了有用之用之后，其浮于海，憩于树，乘天地之正，御六气之辩吗？这固然有理想的成分，但这绝无现实之可能吗？

总之，我们要体会，庄子是要我们注重在去除了世俗的欲望和追求之后，我们所本有的东西。我们真正本有的东西就是我们的自然，我们要自然地生活。如果我们不认为庄子提供了完全正确的答案，但庄子提供了完全正确而有必要的问题：我们的自然是什么，或者我们的本性是什么，我们的真我是什么。这都是同一个问题。

十五、答言志道与死生

"古之学者必有师。师者，所以传道受业解惑也。人非生而知之者，孰能无惑？惑而不从师，其为惑也，终不解矣。生乎吾前，其闻道也固先乎吾，吾从而师之；生乎吾后，其闻道也亦先乎吾，吾从而师之。吾师道也，夫庸知其年之先后生于吾乎？是故无贵无贱，无长无少，道之所存，师之所存也。"韩愈论从师之说，真千古颠扑不破之理。从师之理与为学之理，一道也；为学之理，与解惑之理，一道也。吾人皆求从师解惑之人，其闻道或有先后，今日吾先，或后日乃后，今日吾后，或后日乃先。其所以为先为后，在勤求不已而已，不求又何先后之有？若夫求之，非困苦疑惑，又孰从而使之然哉？故古人以疑惑为进学之地。如无疑惑，亦安于其常而已。其常者，庸庸之常，人人之常，死于沟渎无所知者之常也，又何足以为不昧此生，而无愧于生人之贵也！又孟子述伊尹之言曰："天之生此民也，使先知觉后知，使先觉觉后觉也。予，天民之先觉者也，予将以斯道觉斯民也，非予觉之而谁也？思天下之民，匹夫匹妇有不被尧、舜之泽者，若己推而内之沟中，其自任以天下之重如此。"然道固可以引重，而吾人未易言也。今日以为知道，明日或觉其似是而非矣。志于道，而未足以自立，可以自立而未足以权事，则非谓有道也。行其道，而不足以安身，安身矣而未足以尽心尽性，更者，安身未至于忘身，尽己之心而不能尽人之心、尽人之性，则亦有馁矣。有以一身之形骸为我者，有以群天下之众、备天地之万物为我者，如是知我之为莫重，而亦知一私之我为莫轻也。行其重则重，行其轻则轻，故人为万物贵也。人能达己而达人，达己而达物，物则不能。知无不达，则近于道矣。

此徒为言高？抑实有此理乎？人有爱父母之心，则可以有爱邻人之心，有爱邻人之心，则虽路人可以循其爱矣，则虽蛮貊之邦可以行矣。孟子谓"源泉混混，不舍昼夜，盈科而后进，放乎四海"是也，又所谓"是不为也，非不能也"。若道，必本于人情，而通于人性，然非必人所恒愿，不劝而自驱也。何者？人之情性，固出于天，然成于私。天，其所本然也；私，岂皆天之所本然哉？若道则大公而无私，如日之照物而无择，如雨露之润物而均沾也。正以其大公而无私，故成其道德，若一有其私，好此恶彼，生此死彼，则天地亦不公，而天地亦非道矣。所谓无私者，无为也，无为而无不为，非以无为，不能无不为。无为者，天道自然之常，去其私而非吝其行也。天道公，则若无情，老子所谓"天地不仁，以万物为刍狗"是也。

吾人欲天地有情乎？无情乎？吾人固不可责于天地，然吾人如有可责，则不欲其有情也。何以然？情者，心之感于物也，感而悦则好之，感而不悦则恶之，故人情无不有好恶，而好恶往往不能以理节之，乃流于私而成乎过恶，至相仇雠贼虐。人情岂易平者哉？皆以己之好恶为情，天下因情而不公者，举目在也。人世常如此，无礼法以制之，其亡久矣。天地如常有情，则万物之舛，天地之亡亦久矣。故天地也，人世也，不能无道以维持之，使恶不至于极恶，而使善有以消恶。人之不学而能者，有善也，亦有恶也。或曰人之善也，常起于人之所不学而能，又以人之不学而终于恶。其始也微而不易见，其终也显然而易睹。故恶若常有余于善，实则人之为恶未尝不始于善，非生而即恶。天所以生人，即有以全之，所以全之者，利其生也；又必一一之人皆全之利之，而不能有全利，有不全利。是以，天道在于兼善，所谓"万物并育而不相害，道并行而不相悖",故道大。凡据于道也,行其在己者,则利其在人者,不相与而相与之道也,不相成而相成之道也,老子所谓"天之道,不争而善胜,不言而善应,不召而自来,繟然而善谋",孔子所叹"天何言哉,四时行焉,百物生焉",天岂汲汲以应万物之蕃变哉?而万物无不变,有所谓神者。神非他,道德之神也,或曰以道德而有所谓神也,异名同谓也。人有"本诸身,征诸庶民,考诸三王而不缪,建诸天地而不悖,质诸鬼神而无疑,百世以俟圣人而不惑"者乎?君子之大道是也。此泛论道德之义,而道家之道存焉。

若所细论之死生、无为、相忘于江湖诸说,知其一而不知其二。若死生也,吾人知死生为一,大化无尽,然彼死犹生,不害吾人之有此生,吾人未死,孰能从而死之?吾人未生,孰能从而生之?庄子所以教吾人安其死者,乃所以教吾人安其生。而所以必知死生为一贯者,以吾人不能安吾人之死生也。如溪之流也,不止于海则竭矣,既汇于江河,而至于大海,则其可以不竭矣。溪水之量无变,而其所以为己者不复区区一丘一壑之水,而为无端涯之物矣。人之合于天,吾虽区区之量,为人为鸟兽为土苴,而同于天地之无尽矣。吾人不知死生之一理,则常忧生畏死,生之日不满百,而忧戚之时多,则虽生而苦矣。若知死生之为一理,则其生也无忧戚之累,无忧戚之累则有心灵之适,以动则多乐,多乐则少人事相侵之过,外物之累不足累之矣。人事之相争,非求物不足乎?求物不足,非贪生畏死乎?死生大矣,不善处之,则所以善吾生者,乃所以善吾死也。

老子曰:"民之轻死,以其上求生之厚,是以轻死。夫唯无以生为者,是贤于贵生。"今人人皆欲贵生,而不得其道,不得其道则人人轻生而不自知,可不哀乎!则理岂可不求明乎?若谓等生于死,则生失其灵动,其实乎?反而观之,吾人之以死生为相反,死者失其生,则生之可爱愈可爱,死之可畏愈可畏,爱畏之心,其为生之质乎?吾人之生岂欲常陷爱畏乎?则爱畏非生之质,而为人生之累,可知也。心有爱畏,以射则多不中,以出入于湍水则危,庄子所谓"以瓦注者巧,以钩注者惮,以黄金注者惛"是也。以生为爱者,则亦将惛惮于生,而不灵不适也。爱畏之情,其于人,如桎梏之于身,不脱其桎梏则身虽有技,其能巧乎?不去爱畏之情,其心可以入神乎?身心俱弊于外物,则其所固有者不全不粹而劳伤随啮之矣。

人知贵生之为得,而不知贵生之损于生;人知齐死生之有失,而不知齐死生之有益于生。人不摇于情,不滞于累,乃能真自由也。日忧惧惶恐,虽有美食,体肤不充。多喜者多惧,多欲者多忧,因事为变,人逐之,其有穷乎?

此所谓以物丧己，非得己也。无为者，不为于外物，不为于外物，不役志于外物也，非绝物逃世之谓。绝物逃世，生天地之间，谁人而能？知无为而后有勇，非所以为怯懦苟且也。世之人所以誉我者，亦所以毁我，世之物所以成我者，亦所以役我。我求合于人，而无终岁之可合，今日为是而明日为非矣。吾求得于物乎，鸡鸣而起，孳孳为之，犯霜露，冒风雨，察人色，揣人情，勾心斗角，日以缴利射覆，三十而二毛，五十而斑白，六十七十而老病，以貌则衰，以财则启衅，至于无用之身而稍息，亦以有余用而欲罢不能，不胜其苦。

　　人生如是，虽碌碌其果一日为己乎？唯为己而非为物也，非为人也，乃可以谓之无为。如吾读书，非以幸甲等，非以得名誉，非以求财利，如以此心读书，则虽读而得其下流者而已。然非谓读书而无名誉，无财利之来，其来自来，非在我读书之初志而求之也。是所谓无为而无不为。读某书固不能无为而无不为，唯道而后能然。是知，读书与闻道为二事，读书可以至于闻道，而不必其闻道也。读书易，而闻道难；闻道犹易，而行道难。故不可以空言为闻道，而必见之于行，其道乃立。所谓立者，左右逢源，无如而不自得也。

　　又所谓江湖岂真存自由？江湖之存否自由不可知，蹄涔潦水之不能自由可信也。道之予吾人彻底之自由与否未可信也，而世俗之无处不见不自由则可必也。然吾人不可以世俗与道为两截，若天地之悬隔，未尝有绝无道之世，亦未尝有全离世之道，世与道交相进而非交相丧也。道有益而行之难，吾人不可以其行之难，而疑其有益也。匍匐于地底，与漂浮于虚空，皆非也。匍匐于地底则没其性，漂浮于虚空则离其性，二者皆非庄子之所教。庄子之所教，尽吾人之天性也。有非天性者则勇于破除之，使勿为吾人之阻；有为吾人之天性者，吾人则导之达之，使灵使尽，而无终身之憾。吾人且勿论道之虚实，吾人自问，吾人今日之生活为吾人真正所甘愿之生活否？所以为愉悦之生活否？吾人所不乐者何在？吾人所乐者又果何在？吾人所不乐者，为俗之迻迤否？吾人所果乐者，为无蝇营狗苟、真诚恻怛、温煦以爱之境界否？所果乐之境界，非以人为人而不以物量人，不以功利使人者乎？要言之，吾人欲独成吾人之为人，为吾人之所当为，而不欲累于物、迫于外也。吾人无累于物，无迫于外，以生以长，则真所谓无为也。此可能乎？人离于物不可能也，不以物伤人其可能也。兼相爱，交相利，道之实也。其为爱利不同，而其所以为兼为交则同也。

　　姑与谈此。或俱有失也，吾人宁失于濯濯，勿失于卑卑。"朝闻道，夕死可也"，是古人之志也。古人而然，吾人岂甘愿下之哉？闻道非欲人徇道也，所以达己也。一为真己，终身若可以无憾。天下之可憾者多矣，吾人复蹈之哉？可不志之！

十六、答言中国哲学重理念不拘形式

　　关注哲学，对于人来说，是一件应当的事；对于一个学人来说，尤其是必要的事；对于一个在中国生长的学人来说，理解中国哲学，又是一件必要的事；而于中国哲学当中，理解庄周，那也是一件应当的事，而且注定将是一件引起愉快和有所触动（我姑且不用震撼来渲染他了）的事。

　　中国哲学比之西方哲学有它的特色，也有它的长处，便是有姿有色，文理并彰，读来少论理的枯燥，重于能达而不拘泥于形式。故有言可也，无言可也；一言可也，千百言可也；韵言可也，散行可也；寓言可也，卮言可也，重言可也。总使人易会为好，不贵理之首尾周彻，条然体备。换句话说，中国哲学注重入人之效。所以我们觉得庄子或许只是一文士罢了，或者不脱一文士。这只是一种成见。

　　中国自来便流行文以载道的理念，揭出这话与否并不紧要，它的历史的实际就是如此。中国哲学的文里，就存着恢弘的道，而且不同的文里存着不同的恢弘的道。它的文有限，它的道却无穷。所以《老子》五千言，便赅尽天地之理；半部《论语》，治天下而有余。若《庄子》文则繁矣，实有第一篇可无第二篇，有第二篇可无第三篇；存得一部《庄子》之文足以见庄子之学，存得一篇也仍不失见庄子之学。且不独此也，一篇之中存得半篇也可知庄子之学，存得一章也仍全得庄子之学。这便是中国哲学的神奇之处，也正是它的长处。在外人看来，我们如同摆弄戏法，只是毫无章法，算不得哲学，是我们文化的短处。不知，这正是它的长处。中国哲学直要亲切到你的心灵深处，与你不作两体，不留隔膜。中国哲学是有其不朽处的，放诸百世愈能见！唯我们不可袭它的糟粕，道听途说，把它作弄坏了！所以学习中国哲学，必要得正。

十七、答读庄不宜学古而泥古

　　学历史的同学，特别是中国古代史的同学，大概对于中国的文化、思想能多一些体会，读古书也有根基。我们固然应当特别注意那特殊的时期，不过我们还是要具通观的眼光。唐代的思想较魏晋直是更卓绝，不过却多倾注在佛道里面，而于文辞之英华，则亦不让前代焉。若宋代，也尽是纷披，开吾国理性之轨,削艳彩,发素质,去虚入实,辟异端而崇中正,吾国文化粹之粹、醇乎醇者也。若元明无不有其独到。《明儒学案》以为本朝理学独胜先辈,牛毛茧丝,无微不析,非妄语也。至若清代,若沉沦于训诂考据,然鸿儒硕士,不可指数,其标"实事求是",原原本本,有证有据,博而能约,学而守礼,必有实学以使然,正世道之进,非可作迟暮景色看也。

如是,一代文艺,一代学术,一代思想,皆有所至,应时而生,正如今日,不可但以复三代,复魏晋,复宋明为志,亦不可但以复希腊罗马为志,必造吾人之新思想,以立吾人之新世道也。历史之动人,不但在其当时之瑰奇可羡,乃在其应运而生,足任创造之器。有其势乃有其所造,非其势则不能兴其所造。如以封建责郡县,又以郡县讥封建,皆无当之论,必各以其时,乃见所用,乃知宜否。思想文化亦然。此所谓通古今之变之义。故知世论学,各臻其极,乃可贵也。战国诸子不负战国,魏晋贤达不负魏晋,隋唐大德不负隋唐,宋明道学不负宋明,乾嘉诸老不负乾嘉,则优其智、富其业矣。以孔孟排老庄,非也;以老庄笑孔孟,亦非也。吾人当各求其是,求审于时,求益于己,成学于身所遭际,斯可也。吾人唯当扩充吾人所不知,不可抱一成格,守一规矩,合者乐之,乖者舍之。谨于所知,慎所未知,则言寡失,行寡尤矣。大鹏之飞,蜩与学鸠笑之,以为榆枋之间为飞之至,此正庄子所欲启发于吾人者也。"最"岂易言哉!

又庄子的思想固然难极其堂奥,却也不必先生艰难之心。中国哲学的特色,实在还有一点,就是终点是极难的,圣人也不尽,起点却是极易的,匹夫匹妇也能知能行。我若发一问:鹏之飞为大,还是学鸠之飞为大?想人必不犹豫即可回复于我,当然是鹏之飞为大。鹏之飞为大,则学鸠之飞为小矣。此小大之辨也。何难之有?然若以为就此易易而止,则又误了,借小大的主题说,就是我们又小了。可我们知道我们小的时候了,我们则又大了。当然这只是微示其例,说明读古人经典,起处非难,归处不易,沉潜久之,便日深一日,左右逢源,成自得之学。不然,只是学话,只是死句,只是门面事。

十八、勉疫间勿懈读书

不知同学乘病疫困顿无聊之际,在家中读了几种书?状态如何?以前大家没有这种拘束的经历,精力、精神不能长久持守凝聚,不必至于厌倦之极,便思游衍于外,驰散动摇,迁流无常,乍得乍失,随起随耗。今虽苦闷已极,亦无可为，不得不于身心上打并令稳。这也是一种特别的进学之机。往常轻肆于外，便忽视了内在的体验，精神多是松懈，今则可以稍得盘桓于内，以观以察，以省以思，渐几笃定。初时烦闷，犹须抚抑，后转起生趣，生趣既起，便欲罢不能，入于佳境。古人有面壁之功，今之处境，也仿佛是面壁，只是教心不驰乱，而有所定，然后从事于动为，俯仰读书，无不自得而若遗乎我，快慰频荐而不知自处困也。心不笃定，则目视不精，耳闻不聪，思常飞跃，以为有鸿鹄之至，譬如漏器，填而不满，譬如南辕，牵而使北，故虽用日不少，功劳则乏，心有所分、力有不专使然也。略观同学消息，时有发布读书所得者，不禁为之喜，辄窃叹：非昔日某君矣，又当加敬矣。唯学可以使人日新，使德日进，使业日广，使人日增崇其敬也。大家倘能安忍于半日专精读书，便有半日之不同，有半月如此，其效又大，况一月两月，积而不已，面貌岂无大变？取敬岂不加厚哉？同学精力胜于老师，锐气朝发，吞云吐月，倘能加勤，后生可畏，诚可畏也！不然，安于故常，玩愒岁月，犹是昔日阿蒙，则甚为可惜。不但如此，学思不能与日同长，徒成老大，而又面目可憎矣。

十九、答言三籁

南郭子綦混沦的一段讲给子游之后，子游所得与吾人寻常所得并无二致，他表示对三籁的理解为："地籁则众窍是已，人籁则比竹是已"。对于天籁，他没有获得相应的描述而欠缺认识。这正是庄子笔法的妙处。庄子自己很清楚，经他一番热烈的描述之后，大家自然会对天籁之为物存有疑问，进而去询问或寻求这个天籁为何物。这是庄子为我们具有一般觉解能力的人所设置之关节，或言我们的认识未尝脱了庄子的意料。如庄子直接在形象的描述之后，加以晓白的论理，如从诸多经验而得出一个确切的定义或定理，那这效果必不是甚好的。吾人径受其理，则不能深切地出自我们自身的领会。庄子故令我们心生疑惑，进而转思其事。这种辗转反思的工夫，乃是最重要的。因为道理并不在眼前，而在现象的背后，若不从现象进到其背后，道理是隐而不见的。当然，道理之在现象背后，非二者分离，只是就我们的认识来说如此。认识现象是一回事，觉察其道理则是另一回事，尽管二者是相关的，且往往从前者可以导向后者。

当我们理解地籁之实质的时候（姑谓南郭子綦的那番描述就是地籁，其并未尝即谓地籁），也就是理解天籁的时候，"吹万不同，而使其自己也"。

地籁所有，是"吹万不同"；天籁所是，"使其自己"。知地籁之咸其自己，则地籁即天籁矣；知天籁之万有不同，则天籁即地籁矣。天地皆自然，岂有辨哉？知天地之为自然而然，则人籁之义亦将由之以显。凡人之合于天者，则虽人籁亦无非天籁，人之不合于天者，则非天籁而但为人籁而已。天地可统名之为天，人则有天之人，有人之人，非尽可谓之为天。是以有天人之对待。天下之物众多，有心而灵秀者，未有过于人，以人而易天者，亦未有越于人者。则天下之动，其从于天乎？其从于人乎？是庄学之旨在乎天人之际也。

二十、答言好庄且须平情于诸子

庄子与惠施，辩友也。惠子亡而庄子伤，自兹以往，无以为质，无以与言之矣。吾人读庄，能注意惠施，很是难得，然不能于惠子别有同情，似又有些遗憾，但能于庄子有虔诚的理解，又在一定程度上弥补了这些遗憾。如果我们想要更好地理解惠施，可以把《庄子》书里关于惠施的文字，集合起来观照一番，或许能加深理解。

我们主谈庄子，诚然应当多用力于理解庄子，哪怕我们不能理解他，也应试着去理解他。不然，我们接触庄子就毫无价值了，只是加深了我们自身固有的成见，与庄子何干呢？但我们也万勿走向另一个极端，因为读了庄子，便不能平心地去理解其他诸子的思想了。正如邯郸学步，既"未得国能，又失其故行"，则是大可哀的！这则寓言正是发源于庄子，见《秋水篇》。

我对读者的一点忠告是，我们学习庄子，是要破除世俗的偏见，但万勿在学习了庄子之后，反倒又增加了我们世俗的成见。这种无不可和一无所可的态度，都是不真诚的，或者准确地说，都是偏见。习庄子而深锢者，也是庄子所厌恶甚至畏惧的偏见，因为天下之偏见之为偏见，其性质是无二的。习而受益，与习而极高，是不一样的结果。我们只需要习而受益就可以了，未必一定要走到极端。比如《逍遥游》里，庄子认为宋荣子犹有待，列子也仍有待，算不上至人，其实宋荣子又哪里该到我们去指责的境地呢，更何况列子？道不同，持其所是可也。儒墨之各是其是，各非其非，岂无同弊？又岂无俱可？非一概可论也。

二十一、答言庄子之学本攸关世道

吾人读庄，虽然只是就世间生活相做一点关联，却是很有益的。如果我们只是把庄子的道理作庄子的道理，跟我们的世界毫无瓜葛，那就取消了庄子之学的意义了，也使学问本身不再有任何价值。庄子的语言固然是含蓄的、晦涩的、想象的，一句话，不切实际的，但他正是要我们读出我们现实的世界，读出那荒诞、那苦厄、重新燃起我们对于纯净生活的向往和热爱，给予我们追求真实生命的动力。凡是悖理的，都要端正其理；凡是伤性的，都要减少进而取消这些伤害。生活绝不是安忍于污泥当中，享受神仙的曼妙，而是要抗争，为了自己的真实生命，也为了普遍的人的价值。我们当想，钻营以谋求高处于庙堂之上，尚且是容易的，因为大家都能争先恐后地如此去竞逐，而栖处污泥之中，却是艰难的，我们不能单凭想象的惬意去观待这种生活。所以"心安者亦是逍遥"，诚然不错，但当我们身处于任何时地中时，决不容易获得这种心安。世俗欲望的力量，会在人的周围现出种种的诱惑，牵动我们从既有的环境中走出来，像角马的迁徙一样，汇入惊险的壮观的大流。如果庄子哲学，养成了我们的麻痹和怠惰，那就是我们误解了他。

二十二、答言吾人之意见往往大而无当

或言："世界万物没有绝对的正确，也没有绝对的错误，它们只在它们所存在的范围内展现其合理性。我们批评，不接受封建主义，不是因为它低级、一无是处，而是因为它无法适应新的生产关系的需要，而它作为一种延续千年的社会制度，它在属于它的时代大放异彩，永载史册。"这番话，骤闻之，算是很通情达理的话了。但我们在放下姿态，拓展心胸，容纳一些异见的时候，我们实际并不一定接受这些异见，或带来实际的效果。我们即使在许可异见的同时，也往往不免流露我们自己的见解。我们尽管可以否定"封建主义"并不低级，但我们不能不作出"无法适应新的生产关系的需要"的判断，甚至还可以从容地赞许"它作为一种延续千年的社会制度，它在属于它的时代大放异彩"。刻意的批判是值得警惕的，一味的赞许也应加以警惕，我们不能从一个极端走向另一个极端，这很容易发生。很多时候，我们的话是"大而无当"的，因为对于"一种延续千年的社会制度"这样一种东西，我们很难确指我们言说的对象是什么。所以，这必然会带来认识的错杂以及混乱。

从"时"变的意义上来看待问题，是极重要的，但我们也不能忽视事物本身的性质。我们不能仅从外在来看待事物，也应走向它的内在。小大固然是辩证统一的，我们并非在小大的无穷对待中漂泊无止，也不是可以放任人类自由

的活动而一无是非。逍遥，并不是放任，尽管二者很相像。如果我们没有理解庄子的道的意义，我们虽然想避免无尽的比较，也徒枉然。为了消除无限的枉然的活动，所以我们应当追寻庄子的道。如果庄子仅是为了让我们既看到许由的田园生活的价值，又看到尧治理天下的能力，那么这样的论理就显得不那么具有必要了。因为，既没有问题，也就无需解决问题，而庄子哲学作为道的探究，正是为了要解决某种必然的问题。

如果我们简单地认为，一切事物，特别是人类的行事，都无可无不可，各安其所，那就渐渐游离庄子的本旨了，特别是在对待人类行事的态度上。我们可以说自然界的事物，是各安天性的，而人类世界当中，芸芸众生都对其天性有自明的意识吗？或者能够了解自身之价值吗？这并不是通脱的几句话就能说清楚的，这是一个极为深远的思辨的过程和实践的过程。正如西方的神谕说"认识你自己"，这是一个过程，而不是一个结论。换句话说，认识你自己，是一条循着特定方向的河流，而不是一块可以稳立其上的磐石。

庄子要我们反省的正是"每个人都有各自的长处"或短处（这其实是一"处"，我们的长处就是他人的短处，我们的短处也是他人的长处。进而，我们自身的每一长处同时即是短处，每一短处同时也即是长处。此庄子相对而通向绝对之大理也），然而这不意味着要我们肯定我们的长处和短处。他的问题的更深处，不在于我们有什么长处和短处，而在于我们所谓的长处和短处是否为我们所固有。这并非一个"指日可待"的事情，而是"无待"的事情；这个无待也并不是抹杀我们自身和外物的存在，而是要达乎"吾丧我"的"心如槁木，形若死灰"的境界。我们的意识是不大以此为然的，所以我们并没有轻易地就理解了这逍遥。由此，我们也可以看到，当我们自以为娴熟地获得某种见地时，我们的处境或许更充满了危机。如果我们深入地考察自己的意见，若不是逻辑使之暴露种种缺陷，即现实的后果也可以使我们自身对其竭力加以抵制。

二十三、答言道与技

生今之世，吾人易从庖丁精神引申出工匠精神，这种想法很值得肯定，对于我们的时代来说也很有必要。业精于勤，技工于熟，非有百千锤炼，石则顽石，铁则顽铁而已。此富强之要途，立身之长术。然所谓精益求精，其何得以然？必出于有形入于无形，阶于形下而通乎形上，至于目所不能视，耳所不能闻，乃为精之益精，所谓神也。凡为技术，非必目不视、耳不闻为贵，至于精熟，百千其事，乃自至于目不视耳不闻而从心所欲不逾矩也。如古人习琴，初则手乱于弦，继则手与弦应，继则心与琴应，继则琴我俱忘，若乎一体，融融怡怡，无入而不自得。

　　古今为术有同有不同，其同者所以利物备用也，有师有弟子，必相传而后能也；其所不同，古人由耳目之用，至于精神之运，有师不可传于弟子，父子不相授受者，非实体之则不能知，虽心会之而口或不能言。今之为技则不然，必以耳目为用，严为程式，密为法则，任于机械而忽于心术，重于所能而轻所难能。故古人者由技而进于道，今人者往往由技而困于技。古人之技若不如今人之技，今人于道则不若古人之为道矣。物理日精，后之必胜于前；道术日裂，前之乃优于后。吾人但求器之利，古人则系心于人之所以为人、器之所以为器。器远于人哉？器而远人，则君子所不器，故孔子谓虽小道必有可观，致远恐泥。今人为物，重其效，则物有为人而远人者也。器物所为，其在力乎？在欲乎？在合人之性，通天之情乎？故吾人制器虽日精日工，或有丧其所以然者。

　　庄子之庖丁解牛，非欲谈解牛之理，所以贵乎养生。养生者，非今人之以按摩针灸饮食之疗为养生，所以循理自然而养生也。人为欲养生而养生以人为，不知人为有非自然，乃所以害生者，愈有为愈违其旨，所谓缘木求鱼，南辕北辙者也。今人谋幸福而重制作，凡所有欲无不求得，不知其所以足欲者，乃所以长欲而使至于无极也。人为者，孰而可？孰而不可？不在人为之精粗，要在其可否也。若欲明人为之可否，又在于知"道"。

　　古人事简，今人务殷，事简则易能，务殷虽穷年累月而难竟。凡精于技者，必善与物同者也，此则无间于古今。虽百世而有技若神者，必出乎耳目之外而精神为运，虽欲以耳目从之，莫由也。唯合于道者为能然。然论技则如是，论养生则如彼，可以相喻，非一概而论也。

二十四、言读庄非求知而可常为乐地

　　吾人谈庄，绝非欲馈人以知识者，恰欲破人之积习，泯除铅华，直凑方寸地也。倘吾人能于内在心灵、日常经验，不拘于时，不拘于文，随在有所搅动，而引起转念回思之机，虽一时仍百感交集，疑困丛生，打并不下，可谓于其效为略见矣。不知读者以为然否？既关是学，慎勿草草！此后也，虽或于人世间历百千磨折，万种伤恼，不能自主，而留此一片净域，脱尘网，释凡累，可以任吾天真之暂行，见吾之为真我，亦无限之慰也！此天真留得一隙，便有一隙之乐，充得全体，便有全体之乐，充得天地，便为天地之至乐。呜呼，岂徒乐哉？有不蕲然而然者，是吾性命之情也。唯尽吾性命之情，乃为安己也，乃为尽己也。吾人岂为物役而下于物者哉？岂区区以多少之量如升斗而度者哉？吾人者，求为真人之心不息者也。